I0034005

Série Maîtrise de l'IA : Livre 2 : Deep Learning et Super-héros de l'IA: Maîtriser TensorFlow, Keras, et PyTorch

Première édition

Première édition : août 2025

Publié par Cuantum Technologies LLC

Plano, Texas (États-Unis)

ISBN: 979-8-89860-074-7

"Artificial intelligence is the new electricity."

- Andrew Ng, Co-founder of Coursera and Adjunct Professor at Stanford University

Qui nous sommes

Bienvenue dans ce livre créé par Cuantum Technologies. Nous sommes une équipe de développeurs passionnés, déterminés à créer des logiciels offrant des expériences créatives et résolvant des problèmes concrets. Notre objectif est de développer des applications web de haute qualité qui offrent une expérience utilisateur fluide et répondent aux besoins de nos clients.

Dans notre entreprise, nous croyons que la programmation ne se limite pas à écrire du code. Il s'agit de résoudre des problèmes et de créer des solutions qui ont un impact réel sur la vie des gens. Nous explorons en permanence de nouvelles technologies et techniques afin de rester à la pointe de l'industrie, et nous sommes ravis de partager nos connaissances et notre expérience avec vous à travers ce livre.

Notre approche du développement logiciel repose sur la collaboration et la créativité. Nous travaillons en étroite collaboration avec nos clients afin de comprendre leurs besoins et de créer des solutions adaptées à leurs exigences spécifiques. Nous pensons qu'un logiciel doit être intuitif, facile à utiliser et visuellement attrayant, et nous nous efforçons de créer des applications qui répondent à ces critères.

Ce livre vise à proposer une approche pratique et concrète pour débuter dans la **maîtrise du pouvoir créatif de l'IA**. Que vous soyez un débutant sans expérience en programmation ou un développeur expérimenté souhaitant élargir ses compétences, ce livre est conçu pour vous aider à développer vos aptitudes et à construire une base **solide en apprentissage profond génératif avec Python**.

Notre philosophie

Au cœur de Cuantum, nous croyons que la meilleure façon de créer des logiciels passe par la collaboration et la créativité. Nous valorisons les contributions de nos clients, et nous travaillons en étroite collaboration avec eux pour créer des solutions qui répondent à leurs besoins. Nous pensons également qu'un logiciel doit être intuitif, simple à utiliser et esthétiquement plaisant, et nous nous efforçons de créer des applications conformes à ces principes.

Nous croyons également que la programmation est une compétence qui peut s'apprendre et se développer avec le temps. Nous encourageons nos développeurs à explorer de nouvelles technologies et techniques, et nous leur fournissons les outils et les ressources nécessaires pour rester à l'avant-garde de l'industrie. Nous pensons aussi que programmer doit être une activité plaisante et gratifiante, et nous nous efforçons de créer un environnement de travail stimulant la créativité et l'innovation.

Notre expertise

Dans notre entreprise de logiciels, nous sommes spécialisés dans le développement d'applications web qui offrent des expériences créatives et résolvent des problèmes réels. Nos développeurs possèdent une expertise dans un large éventail de langages et de frameworks, notamment Python, l'intelligence artificielle, ChatGPT, Django, React, Three.js et Vue.js, entre autres. Nous explorons sans cesse de nouvelles technologies pour rester à la pointe de l'innovation et nous sommes fiers de notre capacité à créer des solutions adaptées aux besoins de nos clients.

Nous avons également une grande expérience dans l'analyse et la visualisation de données, l'apprentissage automatique et l'intelligence artificielle. Nous croyons que ces technologies ont le potentiel de transformer notre façon de vivre et de travailler, et nous sommes fiers de faire partie de cette révolution.

En conclusion, notre entreprise est dédiée à la création de logiciels web favorisant des expériences créatives et apportant des solutions concrètes. Nous privilégions la collaboration et la créativité, et nous nous engageons à développer des solutions intuitives, accessibles et visuellement attractives. Nous sommes passionnés par la programmation et impatients de partager avec vous nos connaissances et notre expérience à travers ce livre. Que vous soyez débutant ou développeur confirmé, nous espérons que ce livre sera pour vous une ressource précieuse dans votre parcours vers la maîtrise de votre domaine.

TABLE DES MATIÈRES

QUI NOUS SOMMES **5**

NOTRE PHILOSOPHIE 6
NOTRE EXPERTISE 6

INTRODUCTION **17**

CHAPITRE 1 : INTRODUCTION AUX RÉSEAUX DE NEURONES ET À L'APPRENTISSAGE PROFOND **23**

1.1 PERCEPTRON ET PERCEPTRON MULTICOUCHE (PMC) 24
1.1.1 Le Perceptron *24*
1.1.2 Limitations du Perceptron *28*
1.1.3 Perceptron Multicouche (MLP) *30*
1.1.4. La Puissance de l'Apprentissage Profond *34*
1.2 RÉTROPROPAGATION, DESCENTE DE GRADIENT ET OPTIMISEURS 36
1.2.1 Descente de Gradient *37*
1.2.2 Rétropropagation *47*
1.2.3 Optimiseurs dans les Réseaux de Neurones *49*
1.3 SURAPPRENTISSAGE, SOUS-APPRENTISSAGE ET TECHNIQUES DE RÉGULARISATION 59
1.3.1. Surapprentissage *60*
1.3.2 Sous-apprentissage *67*
1.3.3 Techniques de régularisation *75*
1.4 FONCTIONS DE PERTE EN APPRENTISSAGE PROFOND 91
1.4.1 Erreur Quadratique Moyenne (MSE) *92*
1.4.2 Perte d'entropie croisée binaire (Log Loss) *96*
1.4.3. Perte d'entropie croisée catégorielle *100*
1.4.4. Fonction de perte Hinge *104*
1.4.5. Fonctions de perte personnalisées *108*
EXERCICES PRATIQUES CHAPITRE 1 111
Exercice 1 : Implémentation d'un Perceptron Simple *111*
Exercice 2 : Entraînement d'un Perceptron Multicouche (MLP) *112*
Exercice 3 : Descente de Gradient sur une Fonction Quadratique *113*
Exercice 4 : Rétropropagation avec le MLP de Scikit-learn *114*
Exercice 5 : Application de la régularisation L2 (Ridge) à un réseau de neurones *114*
Exercice 6 : Implémentation de la perte d'entropie croisée binaire *115*
RÉSUMÉ DU CHAPITRE 1 116

CHAPITRE 2 : APPRENTISSAGE PROFOND AVEC TENSORFLOW 2.X **119**

2.1 INTRODUCTION À TENSORFLOW 2.X 119
2.1.1 Installation de TensorFlow 2.x *126*
2.1.2 Travailler avec les Tenseurs dans TensorFlow *127*

2.1.3 Construction de réseaux de neurones avec TensorFlow et Keras *138*
2.1.4 Jeux de données TensorFlow et pipelines de données *142*
2.2 CONSTRUCTION, ENTRAÎNEMENT ET AJUSTEMENT FIN DES RÉSEAUX DE NEURONES DANS TENSORFLOW 146
2.2.1 Construction d'un modèle de réseau neuronal *146*
2.2.2 Compilation du modèle *151*
2.2.3 Entraînement du modèle *154*
2.2.4 Évaluation du modèle *158*
2.2.5 Ajustement fin du modèle *160*
2.3 UTILISATION DE TENSORFLOW HUB ET MODEL ZOO POUR LES MODÈLES PRÉENTRAÎNÉS 174
2.3.1 Aperçu de TensorFlow Hub *175*
2.3.2 Ajustement fin des modèles préentraînés *180*
2.3.3 TensorFlow Model Zoo *184*
2.3.4. Apprentissage par transfert avec des modèles préentraînés *189*
2.3.5 Modèles de NLP préentraînés *190*
2.4 SAUVEGARDE, CHARGEMENT ET DÉPLOIEMENT DE MODÈLES TENSORFLOW 195
2.4.1. Sauvegarde des modèles TensorFlow *195*
2.4.2. Chargement des modèles TensorFlow *203*
2.4.3 Déploiement des modèles TensorFlow *209*
EXERCICES PRATIQUES CHAPITRE 2 216
Exercice 1 : Sauvegarder et Charger un Modèle TensorFlow *216*
Exercice 2 : Sauvegarde et chargement des points de contrôle du modèle *217*
Exercice 3 : Déploiement d'un modèle TensorFlow avec TensorFlow Serving *217*
Exercice 4 : Conversion d'un modèle vers TensorFlow Lite *218*
Exercice 5 : Ajustement fin d'un modèle pré-entraîné depuis TensorFlow Hub *219*
RÉSUMÉ DU CHAPITRE 2 220

CHAPITRE 3 : APPRENTISSAGE PROFOND AVEC KERAS 223

3.1 INTRODUCTION À L'API KERAS DANS TENSORFLOW 2.X 223
3.1.1 Caractéristiques clés de l'API Keras *224*
3.1.2 Types de modèles Keras : API Sequential vs. API Functional *225*
3.1.3 Compilation et entraînement du modèle *234*
3.1.4 Évaluation et test du modèle *237*
3.2 CONSTRUCTION DE MODÈLES SÉQUENTIELS ET FONCTIONNELS AVEC KERAS 240
3.2.1 Construction de modèles avec l'API Sequential *240*
3.2.2 Construction de modèles avec l'API Fonctionnelle *248*
3.3 POINTS DE CONTRÔLE DU MODÈLE, ARRÊT PRÉCOCE ET CALLBACKS DANS KERAS 260
3.3.1 Points de contrôle du modèle dans Keras *260*
3.3.2 Arrêt précoce dans Keras *265*
3.3.3 Utilisation de plusieurs callbacks *269*
3.3.4 Callbacks personnalisés dans Keras *273*
3.4 DÉPLOIEMENT DES MODÈLES KERAS EN PRODUCTION 277
3.4.1 Sauvegarde et chargement d'un modèle Keras *278*

3.4.2 Déploiement de modèles Keras avec TensorFlow Serving *283*
3.4.3 Déploiement de modèles Keras avec Flask (Intégration d'applications Web) *290*
3.4.4 Déploiement de modèles Keras sur appareils mobiles avec TensorFlow Lite *296*
EXERCICES PRATIQUES CHAPITRE 3 300
Exercice 1 : Sauvegarde et Chargement d'un Modèle Keras *300*
Exercice 2 : Déploiement d'un modèle Keras avec TensorFlow Serving *301*
Exercice 3 : Déploiement d'un modèle Keras avec Flask *302*
Exercice 4 : Conversion d'un modèle Keras en TensorFlow Lite *303*
Exercice 5 : Utilisation de la sauvegarde de points de contrôle et de l'arrêt anticipé *304*
RÉSUMÉ DU CHAPITRE 3 305

QUIZ PARTIE 1 : RÉSEAUX DE NEURONES ET BASES DE L'APPRENTISSAGE PROFOND 307

RÉPONSES AU QUIZ : 310

CHAPITRE 4 : APPRENTISSAGE PROFOND AVEC PYTORCH 315

4.1 INTRODUCTION À PYTORCH ET SON GRAPHE DE CALCUL DYNAMIQUE 316
4.1.1 Les tenseurs dans PyTorch *316*
4.1.2 Graphes de Calcul Dynamiques *322*
4.1.3 Différentiation Automatique avec Autograd *328*
4.2 CONSTRUCTION ET ENTRAÎNEMENT DE RÉSEAUX DE NEURONES AVEC PYTORCH 331
4.2.1 Définition d'un Modèle de Réseau de Neurones dans PyTorch *332*
4.2.2 Définition de la fonction de perte et de l'optimiseur *336*
4.2.3 Entraînement du réseau de neurones *339*
4.2.4 Évaluation du Modèle *345*
4.3 APPRENTISSAGE PAR TRANSFERT ET AJUSTEMENT FIN DES MODÈLES PYTORCH PRÉ-ENTRAÎNÉS 350
4.3.1 Modèles pré-entraînés dans PyTorch *352*
4.3.2 Extraction de Caractéristiques avec des Modèles Pré-entraînés *356*
4.3.3 Fine-Tuning d'un Modèle Pré-entraîné *358*
4.3.4 Entraînement du Modèle avec l'Apprentissage par Transfert *362*
4.3.5 Évaluation du Modèle Affiné *368*
4.4 SAUVEGARDE ET CHARGEMENT DE MODÈLES DANS PYTORCH 372
4.4.1 Sauvegarde et Chargement du Modèle Entier *373*
4.4.2 Sauvegarde et Chargement du state_dict du Modèle *378*
4.4.3 Sauvegarde et Chargement des Points de Contrôle du Modèle *382*
4.4.4 Meilleures pratiques pour la sauvegarde et le chargement de modèles *390*
4.5 DÉPLOIEMENT DE MODÈLES PYTORCH AVEC TORCHSERVE 391
4.5.1 Préparation du modèle pour TorchServe *392*
4.5.2 Écriture d'un gestionnaire de modèle personnalisé (Optionnel) *398*
4.5.3 Création de l'archive de modèle (.mar) *402*
4.5.4 Démarrage du serveur de modèle TorchServe *403*
4.5.5 Réalisation de prédictions via l'API *404*
4.5.6 Surveillance et gestion des modèles avec TorchServe *407*

EXERCICES PRATIQUES CHAPITRE 4 408
Exercice 1 : Sauvegarde et Chargement du state_dict d'un Modèle *408*
Exercice 2 : Sauvegarde et Chargement d'un Point de Contrôle du Modèle *409*
Exercice 3 : Déploiement d'un modèle PyTorch avec TorchServe *410*
Exercice 4 : Chargement d'un Modèle Pré-entraîné et Fine-tuning *412*
RÉSUMÉ DU CHAPITRE 4 413

CHAPITRE 5 : RÉSEAUX DE NEURONES CONVOLUTIFS (CNN) 415

5.1 INTRODUCTION AUX CNN ET AU TRAITEMENT D'IMAGES 415
5.1.1 L'architecture d'un CNN *417*
5.1.2 Couche Convolutive *421*
5.1.3 Couche de Pooling *429*
5.1.4 Fonctions d'activation dans les CNN *437*
5.1.5 Traitement d'Images avec les CNN *438*
5.2 IMPLÉMENTATION DES CNN AVEC TENSORFLOW, KERAS ET PYTORCH 444
5.2.1 Implémentation de CNN avec TensorFlow *445*
5.2.2 Implémentation de CNN avec Keras *448*
5.2.3 Implémentation de CNN avec PyTorch *452*
5.3 TECHNIQUES CNN AVANCÉES (RESNET, INCEPTION, DENSENET) 457
5.3.1 ResNet: Réseaux Résiduels *458*
5.3.2 Inception : GoogLeNet et modules Inception *465*
5.3.3 DenseNet : Connexions Denses pour une Réutilisation Efficace des Caractéristiques .. *472*
5.4 APPLICATIONS PRATIQUES DES CNN (CLASSIFICATION D'IMAGES, DÉTECTION D'OBJETS) 480
5.4.1 Classification d'Images Utilisant les CNN *481*
5.4.2 Détection d'objets utilisant les CNN *485*
5.4.3 Comparaison entre la classification d'images et la détection d'objets *489*
5.4.4 Applications réelles des CNN *492*
EXERCICES PRATIQUES CHAPITRE 5 493
Exercice 1 : Implémentation d'un CNN Basique pour la Classification d'Images *493*
Exercice 2 : Ajustement fin d'un ResNet pré-entraîné pour CIFAR-10 .... *494*
Exercice 3 : Détection d'objets avec Faster R-CNN *496*
Exercice 4 : Implémentation d'un module Inception dans un CNN personnalisé *496*
RÉSUMÉ DU CHAPITRE 5 498

CHAPITRE 6 : RÉSEAUX DE NEURONES RÉCURRENTS (RNN) ET LSTM 501

6.1 INTRODUCTION AUX RNN, LSTM ET GRU 502
6.1.1 Réseaux de Neurones Récurrents (RNN) *502*
6.1.2 Réseaux de neurones à mémoire à long et court terme (LSTM) *507*
6.1.3 Unités récurrentes à portes (GRUs) *512*
6.2 IMPLÉMENTATION DES RNN ET LSTM DANS TENSORFLOW, KERAS ET PYTORCH 516
6.2.1 Implémentation des RNN et LSTM dans TensorFlow *517*
6.2.2 Implémentation des RNN et LSTM dans Keras *521*

6.2.3 Implémentation des RNN et LSTM dans PyTorch *526*
6.3 Applications des RNNs dans le Traitement du Langage Naturel 533
6.3.1 Modélisation du langage avec les RNNs *535*
6.3.2 Génération de texte avec les RNNs *539*
6.3.3 Analyse de sentiment avec les RNNs *543*
6.4 Réseaux de Transformers pour la modélisation de séquences 547
6.4.1 L'architecture Transformer *548*
6.4.2 Implémentation du Transformer dans TensorFlow *552*
6.4.3 Implémentation du Transformer dans PyTorch *559*
6.4.4 Pourquoi utiliser les Transformers ? *562*
Exercices Pratiques Chapitre 6 566
Exercice 1 : Implémenter un RNN Simple pour la Classification de Séquences *566*
Exercice 2 : Implémenter un LSTM pour la génération de texte *567*
Exercice 3 : Implémenter un Transformer pour l'apprentissage séquence à séquence *569*
Résumé du Chapitre 6 570

QUIZ PARTIE 2 : FRAMEWORKS AVANCÉS D'APPRENTISSAGE PROFOND 573

Chapitre 4 : Apprentissage profond avec PyTorch *573*
Chapitre 5 : Réseaux de neurones convolutifs (CNNs) *573*
Chapitre 6 : Réseaux de neurones récurrents (RNNs) et LSTMs *574*
Réponses : 574

CHAPITRE 7 : CONCEPTS AVANCÉS D'APPRENTISSAGE PROFOND 581

7.1 Autoencodeurs et Autoencodeurs Variationnels (VAE) 581
7.1.1 Autoencodeurs : Une vue d'ensemble *582*
7.1.2 Auto-encodeurs variationnels (VAE) *589*
7.2 Réseaux antagonistes génératifs (GANs) et leurs applications 593
7.2.1 Introduction aux GANs *593*
7.2.2 Implémentation d'un GAN simple avec PyTorch *595*
7.2.3 Applications des GANs *598*
7.3 Apprentissage par transfert et ajustement fin des réseaux préentraînés 604
7.3.1 Qu'est-ce que l'apprentissage par transfert ? *604*
7.3.2 Quand utiliser l'apprentissage par transfert *606*
7.3.3 Ajustement fin d'un réseau préentraîné avec Keras *607*
7.3.4 Ajustement fin du modèle *611*
7.3.5 Apprentissage par transfert avec PyTorch *615*
7.4 Apprentissage auto-supervisé et modèles de fondation 618
7.4.1 Qu'est-ce que l'apprentissage auto-supervisé ? *618*
7.4.2 Tâches prétextes d'apprentissage auto-supervisé *619*
7.4.3 Modèles de fondation : Un nouveau paradigme en IA *622*
7.4.4 Exemples de modèles de fondation *623*
Exercices Pratiques Chapitre 7 627

Exercice 1 : Construire et Entraîner un Autoencoder Simple *627*
Exercice 2 : Implémenter un Auto-encodeur Variationnel (VAE) *628*
Exercice 3 : Fine-tuner un modèle ResNet pré-entraîné pour la classification d'images *630*
Exercice 4 : Apprentissage auto-supervisé avec perte contrastive *631*
Résumé du Chapitre 7 632

CHAPITRE 8 : L'APPRENTISSAGE AUTOMATIQUE DANS LE CLOUD ET L'INFORMATIQUE EN PÉRIPHÉRIE 635

8.1 Exécution de modèles d'apprentissage automatique dans le cloud (AWS, Google Cloud, Azure) 636
8.1.1 Amazon Web Services (AWS) *636*
8.1.2 Plateforme Google Cloud (GCP) *640*
8.1.3 Microsoft Azure *645*
8.2 Introduction à TensorFlow Lite et ONNX pour les appareils en périphérie 649
8.2.1 TensorFlow Lite (TFLite) *650*
8.2.2 ONNX (Open Neural Network Exchange) *657*
8.2.3 Comparaison entre TensorFlow Lite et ONNX pour le déploiement en périphérie *663*
8.3 Déploiement de modèles sur les appareils mobiles et en périphérie 664
8.3.1 Techniques d'optimisation de modèles pour les appareils en périphérie *665*
8.3.2 Déploiement de modèles sur les appareils Android *666*
8.3.3 Déploiement de modèles sur les appareils iOS *669*
8.3.4 Déploiement de modèles sur les appareils en périphérie (IoT et systèmes embarqués) *672*
8.3.5 Meilleures pratiques pour le déploiement en périphérie *675*
Exercices Pratiques Chapitre 8 676
Exercice 1: Convertir un Modèle TensorFlow en TensorFlow Lite *676*
Exercice 2 : Exécuter un modèle TensorFlow Lite sur Android *677*
Exercice 3 : Déployer un modèle avec ONNX Runtime *678*
Exercice 4 : Déployer un modèle TensorFlow Lite sur Raspberry Pi *679*
Exercice 5 : Convertir un modèle TensorFlow Lite en Core ML *680*
Résumé du Chapitre 8 680

CHAPITRE 9 : PROJETS PRATIQUES 683

9.1 Projet 1 : Prédiction des prix immobiliers par régression 683
9.1.1 Énoncé du problème et jeu de données *684*
9.1.2 Prétraitement des données *685*
9.1.3 Construction et évaluation du modèle de régression linéaire *687*
9.1.4 Interprétation des coefficients du modèle *688*
9.1.5 Amélioration du modèle avec la régression Ridge *690*
9.1.6 Hypothèses et diagnostics du modèle *691*
9.1.7 Analyse de l'importance des caractéristiques *693*
9.1.8 Améliorations potentielles et travaux futurs *694*

9.1.9 Conclusion ... 694
9.2 Projet 2 : Analyse de sentiment utilisant des modèles basés sur les Transformers ... 695
9.2.1 Énoncé du problème et ensemble de données ... 696
9.2.2 Prétraitement des données ... 697
9.2.3 Construction et entraînement du modèle BERT ... 699
9.2.4 Évaluation du modèle ... 700
9.2.5 Inférence avec du nouveau texte ... 702
9.2.6 Techniques avancées ... 703
9.2.7 Conclusion ... 708
9.3 Projet 3 : Classification d'images avec les CNN ... 709
9.3.1 Augmentation de données et prétraitement ... 709
9.3.2 Architecture CNN améliorée ... 711
9.3.3 Planification du taux d'apprentissage ... 713
9.3.4 Entraînement avec arrêt précoce ... 714
9.3.5 Évaluation et visualisation du modèle ... 715
9.3.6 Visualisation Grad-CAM ... 717
9.3.7 Interprétabilité du modèle ... 719
9.3.8 Conclusion ... 721
9.4 Projet 4 : Prévision de séries temporelles avec les LSTM (Amélioré) ... 722
9.4.1 Collecte et prétraitement des données ... 722
9.4.2 Architecture LSTM améliorée ... 724
9.4.3 Entraînement avec arrêt précoce et planification du taux d'apprentissage ... 725
9.4.4 Évaluation et visualisation du modèle ... 727
9.4.5 Analyse de l'importance des caractéristiques ... 729
9.4.6 Méthode d'ensemble ... 731
9.4.7 Conclusion ... 733
9.5 Projet 5 : Génération d'images basée sur les GAN ... 733
9.5.1 Architecture GAN améliorée ... 734
9.5.2 Perte de Wasserstein avec Pénalité de Gradient ... 735
9.5.3 Croissance progressive ... 737
9.5.4 Normalisation Spectrale ... 739
9.5.5 Mécanisme d'auto-attention ... 740
9.5.6 Boucle d'Entraînement Améliorée ... 742
9.5.7 Métriques d'évaluation ... 745
9.5.8 Conclusion ... 747
QUIZ PARTIE 3 : IA DE POINTE ET APPLICATIONS PRATIQUES ... 749
Réponses ... 751
CONCLUSION ... 753
OÙ CONTINUER ? ... 757
EN SAVOIR PLUS SUR NOUS ... 759

Introduction

À l'ère de l'intelligence artificielle, l'apprentissage profond (deep learning) s'est imposé comme l'une des technologies les plus puissantes et transformatrices au monde. Des voitures autonomes et assistants vocaux à l'analyse d'images médicales et aux traductions automatisées, l'apprentissage profond a permis aux machines d'apprendre et d'exécuter des tâches autrefois considérées comme relevant exclusivement de l'intelligence humaine.

Mais qu'est-ce que l'apprentissage profond exactement, et pourquoi est-il si révolutionnaire ? L'apprentissage profond désigne un sous-ensemble de l'apprentissage automatique où des algorithmes, inspirés de la structure du cerveau humain, sont capables d'extraire automatiquement des caractéristiques à partir de grands ensembles de données et de résoudre des problèmes complexes avec une intervention humaine minimale. Grâce à l'apprentissage profond, les ordinateurs peuvent apprendre à reconnaître des modèles, interpréter des données et prendre des décisions avec une précision incroyable.

En tant que futur **superhéros de l'apprentissage profond et de l'IA**, votre mission est de maîtriser les outils et techniques qui animent cette révolution technologique. **TensorFlow**, **Keras** et **PyTorch** font partie des frameworks d'apprentissage profond les plus puissants au monde, utilisés par les chercheurs, les développeurs et les entreprises pour construire des systèmes d'IA à la pointe de la technologie. Dans ce livre, vous apprendrez à manier ces outils avec assurance et à porter vos compétences au niveau supérieur en maîtrisant les architectures d'apprentissage profond et en les appliquant à des défis concrets.

Bienvenue dans *Superhéros de l'Apprentissage Profond et de l'IA : Maîtriser l'Apprentissage Profond avec TensorFlow, Keras et PyTorch*. Ce livre est conçu pour vous transformer en **superhéros de l'apprentissage profond**, capable de relever les défis d'IA les plus complexes en utilisant des frameworks modernes et des techniques de pointe.

Pourquoi l'Apprentissage Profond ?

L'apprentissage profond est au cœur des avancées les plus passionnantes de l'IA aujourd'hui. Contrairement à l'apprentissage automatique traditionnel, où les caractéristiques doivent être créées manuellement et soigneusement sélectionnées, les modèles d'apprentissage profond sont capables d'apprendre automatiquement les caractéristiques à partir de données brutes. Cette capacité à "apprendre par l'expérience" rend l'apprentissage profond particulièrement puissant dans des domaines tels que la **vision par ordinateur**, le **traitement du langage naturel (NLP)** et la **reconnaissance vocale**.

Réfléchissez-y : lorsque vous téléchargez une photo sur votre plateforme de médias sociaux préférée et qu'elle identifie automatiquement vos amis, ou lorsque vous utilisez un assistant vocal comme Siri ou Alexa pour définir des rappels, vous interagissez avec un système d'apprentissage profond. L'apprentissage profond a permis aux machines de "voir" des images, d'"entendre" la parole et de "comprendre" le langage avec un niveau de précision sans précédent.

Dans ce livre, vous apprendrez à construire vous-même ces modèles d'apprentissage profond, en utilisant **TensorFlow**, **Keras** et **PyTorch**. Ces frameworks ont été soigneusement conçus pour rendre l'apprentissage profond accessible, évolutif et efficace. Que vous construisiez un réseau neuronal à partir de zéro ou que vous affiniez un modèle pré-entraîné, ce livre vous donnera les outils et les techniques nécessaires pour réussir.

Que Vais-Je Apprendre ?

Superhéros de l'Apprentissage Profond et de l'IA est conçu pour vous aider à maîtriser les frameworks d'apprentissage profond et à les appliquer à des défis concrets. Voici un aperçu de ce à quoi vous pouvez vous attendre :

Introduction aux Réseaux de Neurones et à l'Apprentissage Profond : Vous commencerez par comprendre la structure des réseaux de neurones et le fonctionnement de l'apprentissage profond. Nous aborderons des concepts fondamentaux tels que les **perceptrons**, les **perceptrons multicouches (MLPs)**, la **rétropropagation** et la **descente de gradient**. Cette section posera les bases pour construire des modèles plus complexes.

Apprentissage Profond avec TensorFlow : TensorFlow est l'un des frameworks d'apprentissage profond les plus utilisés au monde. Vous apprendrez à construire, entraîner et déployer des modèles d'apprentissage profond avec **TensorFlow 2.x**, en exploitant ses puissantes API pour la programmation de haut et de bas niveau.

Apprentissage Profond avec Keras : **Keras** est une API intuitive et facile à utiliser construite sur TensorFlow, conçue pour créer des modèles d'apprentissage profond rapidement et efficacement. Vous explorerez comment créer des modèles **séquentiels** et **fonctionnels**, comment implémenter des **callbacks** et comment déployer des modèles Keras dans des environnements de production.

Apprentissage Profond avec PyTorch : **PyTorch** est un autre framework d'apprentissage profond populaire connu pour son graphe de calcul dynamique, qui facilite le débogage et l'expérimentation avec les modèles. Dans cette section, vous apprendrez à implémenter des réseaux de neurones à l'aide de PyTorch et à appliquer l'**apprentissage par transfert** pour exploiter des modèles pré-entraînés pour vos propres tâches.

Architectures Avancées d'Apprentissage Profond : Au fur et à mesure que vous progresserez dans le livre, vous plongerez plus profondément dans des architectures avancées telles que :

Réseaux de Neurones Convolutifs (CNNs) pour la reconnaissance et le traitement d'images.

Réseaux de Neurones Récurrents (RNNs) et **LSTMs** pour traiter des données séquentielles comme du texte ou des séries temporelles.

Modèles Transformer pour des performances de pointe dans le traitement du langage naturel (NLP).

Techniques d'IA de Pointe : Vous explorerez les **Réseaux Antagonistes Génératifs (GANs)**, les **Autoencodeurs**, l'**Apprentissage par Transfert** et l'**Apprentissage Auto-Supervisé**, qui sont parmi les techniques les plus puissantes pour générer de nouvelles données, améliorer les performances des modèles et résoudre des défis d'IA complexes.

Projets Pratiques : Ce livre ne se limite pas à la théorie. Vous travaillerez sur des projets concrets, tels que :

Classification d'images à l'aide de **Réseaux de Neurones Convolutifs (CNNs)**.

Analyse de sentiment à l'aide de **modèles basés sur les Transformers**.

Prévision de séries temporelles à l'aide de **Réseaux de Neurones Récurrents (RNNs)**.

Génération d'images avec des **Réseaux Antagonistes Génératifs (GANs)**.

À la fin de ce livre, vous aurez les compétences et la confiance nécessaires pour construire des modèles d'apprentissage profond à partir de zéro, affiner des modèles pré-entraînés et déployer des systèmes d'IA capables de résoudre des problèmes complexes du monde réel.

À Qui s'Adresse Ce Livre ?

Ce livre s'adresse à tous ceux qui souhaitent maîtriser l'apprentissage profond et l'IA, que vous soyez un débutant cherchant à élargir vos connaissances ou un praticien expérimenté de l'apprentissage automatique visant à approfondir des techniques avancées. Si vous êtes familier avec les concepts de base de l'apprentissage automatique et que vous souhaitez passer à l'étape suivante, ce livre vous fournira les outils nécessaires pour devenir un **superhéros de l'apprentissage profond et de l'IA**.

Vous devriez avoir une compréhension de base de Python et des principes d'apprentissage automatique. Si vous avez déjà terminé le Volume 1 de cette série, vous êtes bien préparé pour relever les défis de ce livre.

Embrassez Vos Superpouvoirs

Le voyage pour devenir un **superhéros de l'apprentissage profond** commence maintenant. Au fur et à mesure que vous avancez dans ce livre, rappelez-vous que l'apprentissage profond ne consiste pas seulement à comprendre les algorithmes, mais aussi à les appliquer pour créer des solutions significatives. Que vous construisiez un système d'IA qui classifie des images, traite le langage ou génère du nouveau contenu, l'apprentissage profond offre des possibilités illimitées.

Les outils et frameworks que vous apprendrez dans ce livre — **TensorFlow**, **Keras** et **PyTorch** — sont conçus pour vous donner les moyens d'agir, facilitant la concrétisation de vos idées. Avec ces superpouvoirs, vous pouvez contribuer au domaine en pleine croissance de l'IA et repousser les limites du possible.

Commençons votre voyage vers la maîtrise de l'apprentissage profond et de l'IA !

Partie 1 : Les bases des réseaux de neurones et de l'apprentissage profond

Chapitre 1 : Introduction aux Réseaux de Neurones et à l'Apprentissage Profond

Ces dernières années, les **réseaux de neurones** et l'**apprentissage profond** sont apparus comme des forces transformatrices dans le domaine de l'apprentissage automatique, propulsant des avancées sans précédent dans divers domaines tels que la reconnaissance d'images, le traitement du langage naturel et les systèmes autonomes. Ces technologies de pointe n'ont pas seulement révolutionné les applications existantes, mais ont également ouvert de nouvelles frontières de possibilités en intelligence artificielle.

Les modèles d'apprentissage profond, qui sont construits de manière complexe sur la base des réseaux de neurones, possèdent la remarquable capacité de discerner et d'apprendre des motifs extrêmement complexes à partir d'ensembles de données vastes et complexes. Cette capacité les distingue des algorithmes d'apprentissage automatique traditionnels, car les réseaux de neurones s'inspirent du fonctionnement complexe des neurones biologiques dans le cerveau humain. En émulant ces processus neuronaux, les modèles d'apprentissage profond peuvent aborder et résoudre des tâches extraordinairement complexes qui étaient autrefois jugées insurmontables, repoussant les limites de ce qui est réalisable en intelligence artificielle.

Ce chapitre sert d'introduction essentielle aux éléments fondamentaux des réseaux de neurones. Nous entamerons ce voyage en explorant le **Perceptron**, la forme la plus simple mais cruciale de réseau neuronal. De là, nous approfondirons progressivement des architectures plus sophistiquées, avec un accent particulier sur le **Perceptron Multicouche (PMC)**. Le PMC constitue une pierre angulaire dans le domaine de l'apprentissage profond, servant de tremplin pour des modèles de réseaux neuronaux encore plus avancés. En comprenant parfaitement ces concepts fondamentaux, vous acquerrez les connaissances et compétences essentielles nécessaires pour construire et entraîner des réseaux neuronaux dans un large spectre de défis d'apprentissage automatique. Cette compréhension fondamentale vous équipera des outils nécessaires pour naviguer dans le paysage passionnant et en rapide évolution de l'intelligence artificielle et de l'apprentissage profond.

1.1 Perceptron et Perceptron Multicouche (PMC)

1.1.1 Le Perceptron

Le **Perceptron** est la forme la plus simple d'un réseau de neurones, développé par Frank Rosenblatt à la fin des années 1950. Cette innovation révolutionnaire a marqué une étape importante dans le domaine de l'intelligence artificielle. À sa base, le perceptron fonctionne comme un classifieur linéaire, conçu pour catégoriser les données d'entrée en deux classes distinctes en établissant une frontière de décision.

L'architecture du perceptron est élégamment simple, composée d'une seule couche de neurones artificiels. Chaque neurone de cette couche reçoit des signaux d'entrée, les traite à travers une somme pondérée, et produit une sortie basée sur une fonction d'activation. Cette structure directe permet au perceptron de traiter efficacement des données linéairement séparables, ce qui fait référence à des ensembles de données qui peuvent être divisés en deux classes à l'aide d'une ligne droite (en deux dimensions) ou d'un hyperplan (en dimensions supérieures).

Malgré sa simplicité, le perceptron possède plusieurs composants clés qui permettent son fonctionnement :

1. **Nœuds d'entrée :** Ils servent de points d'entrée pour les caractéristiques initiales des données dans le perceptron. Chaque nœud d'entrée correspond à une caractéristique ou un attribut spécifique des données traitées. Par exemple, dans une tâche de reconnaissance d'image, chaque pixel pourrait être représenté par un nœud d'entrée. Ces nœuds agissent comme l'interface sensorielle du perceptron, recevant et transmettant les données brutes aux couches suivantes pour traitement. Le nombre de nœuds d'entrée est généralement déterminé par la dimensionnalité des données d'entrée, garantissant que toutes les informations pertinentes sont captées et rendues disponibles pour le processus de prise de décision du perceptron.
2. **Poids :** Associés à chaque entrée, ces paramètres cruciaux déterminent l'importance de chaque caractéristique dans le réseau neuronal. Les poids agissent comme des facteurs multiplicatifs qui ajustent la force de la contribution de chaque entrée à la sortie du neurone. Pendant le processus d'apprentissage, ces poids sont continuellement mis à jour pour optimiser les performances du réseau. Un poids plus important indique que l'entrée correspondante a une influence plus forte sur la décision du neurone, tandis qu'un poids plus faible suggère une importance moindre. La capacité à affiner ces poids permet au réseau d'apprendre des modèles et des relations complexes au sein des données, lui permettant de faire des prédictions ou des classifications précises.
3. **Biais :** Un paramètre supplémentaire qui permet de décaler la frontière de décision. Le biais agit comme une valeur seuil que la somme pondérée des entrées doit dépasser pour produire une sortie. Il est crucial pour plusieurs raisons :

- Flexibilité : Le biais permet au perceptron d'ajuster sa frontière de décision, lui permettant de classifier des points de données qui ne passent pas directement par l'origine.
- Décalage : Il fournit un décalage à la fonction d'activation, ce qui peut être essentiel pour apprendre certains modèles dans les données.
- Apprentissage : Pendant l'entraînement, le biais est ajusté avec les poids, aidant le perceptron à trouver la frontière de décision optimale pour les données données. Mathématiquement, le biais est ajouté à la somme pondérée des entrées avant de passer par la fonction d'activation, permettant une prise de décision plus nuancée dans le perceptron.

1. **Fonction d'activation :** Un composant crucial qui introduit une non-linéarité dans le réseau neuronal, lui permettant d'apprendre des modèles complexes. Dans un perceptron simple, il s'agit généralement d'une fonction échelon qui détermine la sortie finale. La fonction échelon fonctionne comme suit :

- Si la somme pondérée des entrées plus le biais est supérieure ou égale à un seuil (généralement 0), la sortie est 1.
- Si la somme pondérée des entrées plus le biais est inférieure au seuil, la sortie est 0.

Cette sortie binaire permet au perceptron de prendre des décisions claires et discrètes, ce qui est particulièrement utile pour les tâches de classification. Cependant, dans des réseaux neuronaux plus avancés, d'autres fonctions d'activation comme la sigmoïde, la tangente hyperbolique ou ReLU sont souvent utilisées pour introduire des transformations non linéaires plus nuancées des données d'entrée.

Le processus d'apprentissage d'un perceptron implique l'ajustement de ses poids et de son biais en fonction des erreurs qu'il commet pendant l'entraînement. Ce processus itératif continue jusqu'à ce que le perceptron puisse correctement classifier tous les exemples d'entraînement ou atteigne un nombre spécifié d'itérations.

Bien que la simplicité du perceptron impose des limitations à ses capacités, notamment son incapacité à résoudre des problèmes non linéairement séparables (comme la fonction XOR), il reste un concept fondamental dans la théorie des réseaux neuronaux.

Le perceptron sert de bloc de construction crucial, posant les bases pour des architectures de réseaux neuronaux plus complexes. Ces structures avancées, y compris les perceptrons multicouches et les réseaux neuronaux profonds, s'appuient sur les principes de base établis par le perceptron pour s'attaquer à des problèmes de plus en plus complexes en apprentissage automatique et en intelligence artificielle.

La combinaison de ces composants permet au perceptron de prendre des décisions basées sur ses entrées, fonctionnant efficacement comme un simple classifieur. En ajustant ses poids et son biais à travers un processus d'apprentissage, le perceptron peut être entraîné à reconnaître des modèles et à faire des prédictions sur de nouvelles données non vues.

Le perceptron apprend en ajustant ses poids et son biais en fonction de l'erreur entre sa sortie prédite et la sortie réelle. Ce processus est appelé **apprentissage du perceptron**.

Exemple : Implémentation d'un Perceptron Simple

Examinons comment implémenter un perceptron à partir de zéro en Python.

```
import numpy as np
import matplotlib.pyplot as plt

class Perceptron:
    def __init__(self, learning_rate=0.01, n_iters=1000):
        self.learning_rate = learning_rate
        self.n_iters = n_iters
        self.weights = None
        self.bias = None
        self.errors = []

    def fit(self, X, y):
        n_samples, n_features = X.shape
        self.weights = np.zeros(n_features)
        self.bias = 0

        for _ in range(self.n_iters):
            errors = 0
            for idx, x_i in enumerate(X):
                linear_output = np.dot(x_i, self.weights) + self.bias
                y_predicted = self.activation_function(linear_output)

                # Perceptron update rule
                update = self.learning_rate * (y[idx] - y_predicted)
                self.weights += update * x_i
                self.bias += update

                errors += int(update != 0.0)
            self.errors.append(errors)

    def activation_function(self, x):
        return np.where(x >= 0, 1, 0)

    def predict(self, X):
        linear_output = np.dot(X, self.weights) + self.bias
        return self.activation_function(linear_output)

    def plot_decision_boundary(self, X, y):
        plt.scatter(X[:, 0], X[:, 1], c=y, cmap='viridis')
        x1_min, x1_max = X[:, 0].min() - 1, X[:, 0].max() + 1
        x2_min, x2_max = X[:, 1].min() - 1, X[:, 1].max() + 1
        xx1, xx2 = np.meshgrid(np.arange(x1_min, x1_max, 0.1),
```

```
                              np.arange(x2_min, x2_max, 0.1))
        Z = self.predict(np.c_[xx1.ravel(), xx2.ravel()])
        Z = Z.reshape(xx1.shape)
        plt.contourf(xx1, xx2, Z, alpha=0.4, cmap='viridis')
        plt.xlabel('Feature 1')
        plt.ylabel('Feature 2')
        plt.title('Perceptron Decision Boundary')

# Example data: AND logic gate
X = np.array([[0, 0], [0, 1], [1, 0], [1, 1]])
y = np.array([0, 0, 0, 1])  # AND logic output

# Create and train Perceptron
perceptron = Perceptron(learning_rate=0.1, n_iters=100)
perceptron.fit(X, y)

# Test the Perceptron
predictions = perceptron.predict(X)
print(f"Predictions: {predictions}")

# Plot decision boundary
perceptron.plot_decision_boundary(X, y)
plt.show()

# Plot error convergence
plt.plot(range(1, len(perceptron.errors) + 1), perceptron.errors, marker='o')
plt.xlabel('Epochs')
plt.ylabel('Number of Misclassifications')
plt.title('Perceptron Error Convergence')
plt.show()

# Print final weights and bias
print(f"Final weights: {perceptron.weights}")
print(f"Final bias: {perceptron.bias}")
```

Analysons cette implémentation du Perceptron :

1. Importations et Définition de ClasseNous importons NumPy pour les opérations numériques et Matplotlib pour la visualisation. La classe Perceptron est définie avec des paramètres d'initialisation pour le taux d'apprentissage et le nombre d'itérations.
2. Méthode FitLa méthode fit entraîne le perceptron sur les données d'entrée :
   - Elle initialise les poids à zéro et le biais à zéro.
   - Pour chaque itération, elle parcourt tous les points de données.
   - Elle calcule la sortie prédite et met à jour les poids et le biais en fonction de l'erreur.

   - Elle garde une trace du nombre d'erreurs à chaque époque pour une visualisation ultérieure.

3. Fonction d'ActivationLa fonction d'activation est une simple fonction échelon : elle renvoie 1 si l'entrée est non négative, et 0 sinon.
4. Méthode PredictCette méthode utilise les poids et le biais entraînés pour faire des prédictions sur de nouvelles données.
5. Méthodes de VisualisationDeux méthodes de visualisation sont ajoutées :
   - plot_decision_boundary : Celle-ci trace la frontière de décision du perceptron ainsi que les points de données.
   - Graphique de convergence d'erreur : Nous traçons le nombre de classifications erronées par époque pour visualiser le processus d'apprentissage.
6. Exemple d'UtilisationNous utilisons la porte logique AND comme exemple :
   - L'entrée X est un tableau 4x2 représentant toutes les combinaisons possibles de deux entrées binaires.
   - La sortie y est [0, 0, 0, 1], représentant le résultat de l'opération AND.
   - Nous créons une instance de Perceptron, l'entraînons et faisons des prédictions.
   - Nous visualisons la frontière de décision et la convergence des erreurs.
   - Enfin, nous affichons les poids et le biais finaux.
7. Améliorations et AjoutsCette version étendue comprend plusieurs améliorations :
   - Suivi des erreurs pendant l'entraînement pour la visualisation.
   - Une méthode pour visualiser la frontière de décision.
   - Traçage de la convergence des erreurs pour montrer comment le perceptron apprend au fil du temps.
   - Affichage des poids et du biais finaux pour l'interprétabilité.

Ces ajouts rendent l'exemple plus complet et illustratif du fonctionnement et de l'apprentissage du perceptron.

1.1.2 Limitations du Perceptron

Le perceptron est un élément fondamental des réseaux de neurones, capable de résoudre des problèmes simples comme les tâches de classification linéaire. Il excelle dans des tâches telles que l'implémentation des portes logiques AND et OR. Cependant, malgré sa puissance dans ces scénarios de base, le perceptron présente des limitations importantes qu'il est essentiel de comprendre.

La limitation principale d'un perceptron réside dans sa capacité à résoudre uniquement des problèmes **linéairement séparables**. Cela signifie qu'il peut seulement classifier des données pouvant être séparées par une ligne droite (en deux dimensions) ou un hyperplan (en dimensions supérieures). Pour visualiser cela, imaginez tracer des points de données sur un graphique - si vous pouvez dessiner une seule ligne droite qui sépare parfaitement les différentes classes de données, alors le problème est linéairement séparable et un perceptron peut le résoudre.

Cependant, de nombreux problèmes du monde réel ne sont pas linéairement séparables. Un exemple classique est le **problème XOR**. Dans l'opération logique XOR (OU exclusif), la sortie est vraie lorsque les entrées sont différentes, et fausse lorsqu'elles sont identiques. Lorsque tracés sur un graphique, ces points ne peuvent pas être séparés par une seule ligne droite, rendant impossible pour un seul perceptron de résoudre ce problème.

Entrée 1	Entrée 2	Sortie
0	0	0
0	1	1
1	0	1
1	1	0

Lorsqu'ils sont tracés sur un graphique 2D, ces points forment un motif qui ne peut pas être séparé par une seule ligne droite.

Cette limitation du perceptron a conduit les chercheurs à développer des architectures plus complexes qui pouvaient traiter des problèmes non linéairement séparables. Le développement le plus significatif a été le **Perceptron Multicouche (MLP)**. Le MLP introduit une ou plusieurs couches cachées entre les couches d'entrée et de sortie, permettant au réseau d'apprendre des frontières de décision non linéaires plus complexes.

En empilant plusieurs couches de perceptrons et en introduisant des fonctions d'activation non linéaires, les MLP peuvent approximer n'importe quelle fonction continue, les rendant capables de résoudre une large gamme de problèmes complexes que les perceptrons simples ne peuvent pas traiter. Cette capacité, connue sous le nom de théorème d'approximation universelle, constitue le fondement des architectures modernes d'apprentissage profond.

1.1.3 Perceptron Multicouche (MLP)

Le **Perceptron Multicouche (MLP)** est une extension sophistiquée du modèle de perceptron simple qui répond à ses limitations en incorporant des couches cachées. Cette architecture permet aux MLP de s'attaquer à des problèmes complexes et non linéaires qui étaient auparavant insolubles par les perceptrons à couche unique. La structure d'un MLP se compose de trois types distincts de couches, chacune jouant un rôle crucial dans la capacité du réseau à apprendre et à faire des prédictions :

- **Couche d'entrée** : Cette couche initiale sert de point d'entrée pour les données dans le réseau neuronal. Elle reçoit les caractéristiques brutes d'entrée et les transmet aux couches suivantes sans effectuer de calculs. Le nombre de neurones dans cette couche correspond généralement au nombre de caractéristiques dans les données d'entrée.
- **Couches cachées** : Ces couches intermédiaires sont au cœur de la puissance du MLP. Elles introduisent de la non-linéarité dans le réseau, permettant d'apprendre et de représenter des motifs complexes et des relations au sein des données. Chaque couche cachée se compose de multiples neurones, chacun appliquant une fonction d'activation non linéaire à une somme pondérée des entrées provenant de la couche précédente. Le nombre et la taille des couches cachées peuvent varier, les réseaux plus profonds (avec plus de couches) étant généralement capables d'apprendre des motifs plus complexes. Les fonctions d'activation couramment utilisées dans les couches cachées incluent ReLU (Rectified Linear Unit), sigmoïde et tanh.
- **Couche de sortie** : La couche finale du réseau produit la prédiction ou la classification ultime. Le nombre de neurones dans cette couche dépend de la tâche spécifique à accomplir. Pour la classification binaire, un seul neurone avec une fonction d'activation sigmoïde peut être utilisé, tandis que pour la classification multi-classes, plusieurs neurones (souvent avec une activation softmax) seraient employés. Pour les tâches de régression, des fonctions d'activation linéaires sont généralement utilisées dans la couche de sortie.

Chaque couche d'un MLP est composée de multiples neurones, également connus sous le nom de nœuds ou unités. Ces neurones fonctionnent de manière similaire au modèle de perceptron original, effectuant des sommes pondérées de leurs entrées et appliquant une fonction d'activation. Cependant, la nature interconnectée de ces couches et l'introduction de fonctions d'activation non linéaires permettent aux MLP d'approximer des fonctions complexes et non linéaires.

L'ajout de couches cachées est l'innovation clé qui permet aux MLP d'apprendre et de représenter des relations complexes au sein des données. Cette capacité rend les MLP aptes à résoudre des problèmes non linéaires, comme le problème classique XOR, qui a mis en difficulté les perceptrons à couche unique. Dans le problème XOR, la sortie est 1 lorsque les entrées sont différentes (0,1 ou 1,0) et 0 lorsqu'elles sont identiques (0,0 ou 1,1).

Ce motif ne peut pas être séparé par une seule ligne droite, rendant impossible pour un perceptron simple de le résoudre. Cependant, un MLP avec au moins une couche cachée peut apprendre la frontière de décision non linéaire nécessaire pour classifier correctement les entrées XOR.

Le processus d'entraînement d'un MLP implique l'ajustement des poids et des biais de tous les neurones à travers toutes les couches. Cela est généralement fait en utilisant l'algorithme de rétropropagation en conjonction avec des techniques d'optimisation comme la descente de gradient. Pendant l'entraînement, le réseau apprend à minimiser la différence entre ses prédictions et les sorties réelles, affinant progressivement ses représentations internes pour capturer les motifs sous-jacents dans les données.

Comment fonctionne le Perceptron Multicouche

Dans un Perceptron Multicouche (PMC), les données circulent à travers plusieurs couches interconnectées de neurones, chacune jouant un rôle crucial dans la capacité du réseau à apprendre et à faire des prédictions. Décomposons ce processus plus en détail :

1. **Flux de données :** L'information voyage de la couche d'entrée à travers une ou plusieurs couches cachées avant d'atteindre la couche de sortie. Chaque couche est composée de multiples neurones qui traitent et transforment les données.

2. **Calcul neuronal :** Chaque neurone du réseau effectue un ensemble spécifique d'opérations : a) **Somme pondérée :** Il multiplie chaque entrée par un poids correspondant et additionne ces produits. Ces poids sont cruciaux car ils déterminent l'importance de chaque entrée. b) **Addition du biais :** Un terme de biais est ajouté à la somme pondérée. Cela permet au neurone de décaler sa fonction d'activation, offrant plus de flexibilité dans l'apprentissage. c) **Fonction d'activation :** Le résultat est ensuite passé à travers une fonction d'activation, introduisant une non-linéarité au modèle.

3. **Fonctions d'activation :** Elles sont cruciales pour introduire la non-linéarité, permettant au réseau d'apprendre des motifs complexes. La ReLU (Unité Linéaire Rectifiée) est un choix populaire pour les couches cachées en raison de sa simplicité et de son efficacité :

   - Fonction ReLU : f(x) = max(0, x)
   - Elle retourne directement l'entrée si elle est positive, et zéro dans le cas contraire.
   - Cela aide à atténuer le problème du gradient qui s'évanouit dans les réseaux profonds.

4. **Processus d'apprentissage :** Le réseau apprend grâce à un processus appelé rétropropagation : a) Passe avant : Les données circulent à travers le réseau, générant des prédictions. b) Calcul d'erreur : La différence entre les prédictions et les valeurs

réelles est calculée. c) Passe arrière : Cette erreur est propagée en arrière à travers le réseau. d) Mises à jour des poids : Les poids et les biais sont ajustés pour minimiser l'erreur.

5. **Optimisation :** La Descente de Gradient est communément utilisée pour optimiser le réseau :
   - Elle ajuste itérativement les poids dans la direction qui réduit l'erreur.
   - Diverses variantes comme la Descente de Gradient Stochastique (SGD) ou Adam sont souvent employées pour une convergence plus rapide.
6. **Fonction de perte :** Elle mesure l'écart entre les prédictions du réseau et les valeurs réelles. L'objectif est de minimiser cette fonction pendant l'entraînement.

Grâce à ce processus itératif de propagation avant, de rétropropagation et d'optimisation, le PMC apprend à faire des prédictions de plus en plus précises sur la tâche donnée.

Exemple : Perceptron Multicouche avec Scikit-learn

Utilisons Scikit-learn pour implémenter un classificateur PMC résolvant le problème XOR.

```
import numpy as np
import matplotlib.pyplot as plt
from sklearn.neural_network import MLPClassifier
from sklearn.metrics import accuracy_score, confusion_matrix
from sklearn.model_selection import learning_curve

# XOR dataset
X = np.array([[0, 0], [0, 1], [1, 0], [1, 1]])
y = np.array([0, 1, 1, 0])  # XOR logic output

# Create MLP classifier
mlp = MLPClassifier(hidden_layer_sizes=(2,), max_iter=1000, activation='relu',
                    solver='adam', random_state=42, verbose=True)

# Train the MLP
mlp.fit(X, y)

# Make predictions
predictions = mlp.predict(X)

# Calculate accuracy
accuracy = accuracy_score(y, predictions)

# Generate confusion matrix
cm = confusion_matrix(y, predictions)

# Plot decision boundary
def plot_decision_boundary(X, y, model):
    h = .02  # step size in the mesh
    x_min, x_max = X[:, 0].min() - .5, X[:, 0].max() + .5
```

```
    y_min, y_max = X[:, 1].min() - .5, X[:, 1].max() + .5
    xx, yy = np.meshgrid(np.arange(x_min, x_max, h),
                         np.arange(y_min, y_max, h))
    Z = model.predict(np.c_[xx.ravel(), yy.ravel()])
    Z = Z.reshape(xx.shape)
    plt.figure(figsize=(8, 6))
    plt.contourf(xx, yy, Z, cmap=plt.cm.RdYlBu, alpha=0.8)
    plt.scatter(X[:, 0], X[:, 1], c=y, cmap=plt.cm.RdYlBu, edgecolors='black')
    plt.xlabel('Input 1')
    plt.ylabel('Input 2')
    plt.title('MLP Decision Boundary for XOR Problem')
    plt.show()

plot_decision_boundary(X, y, mlp)

# Plot learning curve
train_sizes, train_scores, test_scores = learning_curve(
    mlp, X, y, cv=5, n_jobs=-1, train_sizes=np.linspace(.1, 1.0, 5))

plt.figure(figsize=(10, 6))
plt.plot(train_sizes, np.mean(train_scores, axis=1), 'o-', color="r", label="Training
score")
plt.plot(train_sizes, np.mean(test_scores, axis=1), 'o-', color="g", label="Cross-
validation score")
plt.xlabel("Training examples")
plt.ylabel("Score")
plt.title("Learning Curve for MLP on XOR Problem")
plt.legend(loc="best")
plt.show()

# Print results
print(f"Predictions: {predictions}")
print(f"Accuracy: {accuracy}")
print("Confusion Matrix:")
print(cm)
print("Model Parameters:")
print(f"Number of layers: {len(mlp.coefs_)}")
print(f"Number of neurons in each layer: {[len(layer) for layer in mlp.coefs_]}")
```

Cet exemple de code fournit une implémentation et une visualisation complètes du Perceptron Multicouche (PMC) pour résoudre le problème XOR.

Décortiquons-le :

1. Importations et Préparation des DonnéesNous importons les bibliothèques nécessaires, notamment numpy pour les opérations numériques, matplotlib pour les graphiques, et diverses fonctions de scikit-learn pour le classificateur PMC et les métriques d'évaluation.

2. Création et Entraînement du PMCNous créons un classificateur PMC avec une couche cachée contenant deux neurones. La fonction d'activation 'relu' et l'optimiseur 'adam' sont utilisés. Le modèle est ensuite entraîné sur le jeu de données XOR.
3. Prédictions et ÉvaluationNous utilisons le modèle entraîné pour faire des prédictions sur les données d'entrée et calculons la précision à l'aide de la fonction accuracy_score de scikit-learn. Nous générons également une matrice de confusion pour visualiser la performance du modèle.
4. Visualisation de la Frontière de DécisionLa fonction plot_decision_boundary crée une représentation visuelle de la façon dont le PMC classifie différentes régions de l'espace d'entrée. Cela aide à comprendre comment le modèle a appris à séparer les classes dans le problème XOR.
5. Courbe d'ApprentissageNous traçons une courbe d'apprentissage pour montrer comment la performance du modèle évolue à mesure qu'il voit plus d'exemples d'entraînement. Cela peut aider à identifier si le modèle est en surapprentissage ou s'il pourrait bénéficier de plus de données d'entraînement.
6. Affichage des RésultatsEnfin, nous imprimons divers résultats, notamment les prédictions, la précision, la matrice de confusion et les détails sur l'architecture du modèle.

Cet exemple complet démontre non seulement comment implémenter un PMC pour le problème XOR, mais fournit également des visualisations et des métriques précieuses pour comprendre la performance et le processus d'apprentissage du modèle. C'est un excellent point de départ pour poursuivre l'expérimentation avec les réseaux de neurones.

1.1.4. La Puissance de l'Apprentissage Profond

Le **Perceptron Multicouche (PMC)** sert de pierre angulaire aux modèles d'**apprentissage profond**, qui sont essentiellement des réseaux de neurones comportant de nombreuses couches cachées. Cette architecture est à l'origine du terme "profond" dans l'apprentissage profond. La puissance de l'apprentissage profond réside dans sa capacité à créer des représentations de données de plus en plus abstraites et complexes à mesure que celles-ci traversent les couches du réseau.

Décomposons cela davantage :

Architecture en Couches

Dans un Perceptron Multicouche (PMC), chaque couche cachée sert de bloc de construction pour l'extraction et la représentation des caractéristiques. La couche cachée initiale apprend généralement à identifier les caractéristiques fondamentales au sein des données d'entrée, tandis que les couches suivantes combinent et affinent progressivement ces caractéristiques pour former des représentations de plus en plus sophistiquées et abstraites. Cette structure hiérarchique permet au réseau de capturer des motifs et des relations complexes au sein des données.

Hiérarchie des Caractéristiques

À mesure que la profondeur du réseau augmente par l'ajout de couches cachées, il développe la capacité d'apprendre une hiérarchie de caractéristiques plus complexe. Ce processus d'apprentissage hiérarchique est particulièrement évident dans les tâches de reconnaissance d'images :

- Les couches inférieures du réseau se spécialisent souvent dans la détection d'éléments visuels de base tels que les bords, les coins et les formes géométriques simples. Ces caractéristiques fondamentales servent de blocs de construction pour des représentations plus complexes.
- Les couches intermédiaires du réseau combinent ces caractéristiques élémentaires pour reconnaître des motifs, des textures et des objets rudimentaires plus complexes. Par exemple, ces couches peuvent apprendre à identifier des textures spécifiques comme la fourrure ou les écailles, ou des composants d'objets de base comme des roues ou des fenêtres.
- Les couches supérieures du réseau intègrent les informations des couches précédentes pour identifier des objets complets, des scènes complexes, voire des concepts abstraits. Ces couches peuvent reconnaître des visages entiers, des véhicules ou des paysages, et peuvent même discerner les relations contextuelles entre les objets dans une scène.

Abstraction et Généralisation

L'approche d'apprentissage hiérarchique employée par les réseaux profonds facilite leur capacité à généraliser efficacement à des données nouvelles, jamais vues auparavant. En extrayant automatiquement les caractéristiques pertinentes à différents niveaux d'abstraction, ces réseaux peuvent identifier les motifs et les principes sous-jacents qui s'étendent au-delà des exemples spécifiques utilisés lors de l'entraînement.

Cette capacité réduit considérablement le besoin d'ingénierie manuelle des caractéristiques, car le réseau apprend à discerner par lui-même les caractéristiques les plus saillantes des données. Par conséquent, les modèles d'apprentissage profond peuvent souvent bien fonctionner sur divers ensembles de données et dans des contextes variés, démontrant de solides capacités de généralisation.

Transformations Non-linéaires

Un aspect crucial de la puissance du PMC réside dans son application de transformations non-linéaires à chaque couche. À mesure que les données se propagent à travers le réseau, chaque neurone applique une fonction d'activation à sa somme pondérée d'entrées, introduisant une non-linéarité dans le modèle.

Ce traitement non-linéaire permet au réseau d'approximer des relations non-linéaires complexes au sein des données, lui permettant de capturer des motifs et des dépendances complexes que les modèles linéaires ne parviendraient pas à représenter. La combinaison de multiples transformations non-linéaires à travers les couches permet au PMC de modéliser des fonctions très complexes, le rendant capable de résoudre un large éventail de problèmes difficiles dans divers domaines.

Cet apprentissage hiérarchique en couches est la raison principale du succès sans précédent de l'apprentissage profond dans divers domaines. Dans la reconnaissance d'images, par exemple, les modèles d'apprentissage profond ont atteint des performances de niveau humain en apprenant à reconnaître des motifs complexes tels que des formes, des textures et même des objets complexes. De même, dans le traitement du langage naturel, les modèles d'apprentissage profond peuvent comprendre le contexte et les nuances dans le texte, menant à des percées dans la traduction automatique, l'analyse de sentiment, et même la génération de texte.

La capacité de l'apprentissage profond à apprendre automatiquement les caractéristiques pertinentes à partir de données brutes a révolutionné de nombreux domaines au-delà de la simple reconnaissance d'images, notamment la reconnaissance vocale, la conduite autonome, la découverte de médicaments, et bien d'autres. Cette polyvalence et cette puissance font de l'apprentissage profond l'un des domaines les plus passionnants et en évolution rapide de l'intelligence artificielle aujourd'hui.

1.2 Rétropropagation, Descente de Gradient et Optimiseurs

Lors de l'entraînement d'un réseau de neurones, l'objectif principal est de minimiser la **fonction de perte** (également appelée **fonction de coût**). Cette fonction sert de mesure quantitative de l'écart entre les prédictions du réseau et les valeurs cibles réelles, fournissant une métrique cruciale pour évaluer la performance du modèle.

Le cœur du processus d'entraînement réside dans la tâche complexe d'ajustement précis des poids et des biais du modèle. Cet ajustement méticuleux est essentiel pour améliorer la précision prédictive du réseau au fil du temps. Pour y parvenir, les réseaux de neurones emploient un processus d'apprentissage sophistiqué qui repose sur deux techniques fondamentales : la **rétropropagation** et la **descente de gradient**.

Ces algorithmes puissants travaillent de concert pour affiner itérativement les paramètres du réseau, lui permettant d'apprendre des motifs et des relations complexes au sein des données. C'est grâce à l'application synergique de ces techniques que les réseaux de neurones tirent leur remarquable capacité à résoudre des problèmes difficiles dans divers domaines.

1.2.1 Descente de Gradient

La **Descente de Gradient** est un algorithme d'optimisation fondamental utilisé en apprentissage automatique pour minimiser la fonction de perte en affinant itérativement les paramètres du modèle (poids et biais). Ce processus itératif est au cœur de l'entraînement des réseaux de neurones et d'autres modèles d'apprentissage automatique. Voici une explication plus détaillée du fonctionnement de la descente de gradient :

Initialisation

L'algorithme commence par attribuer des valeurs initiales aux paramètres du modèle (poids et biais). Cette étape est cruciale car elle fournit un point de départ pour le processus d'optimisation. Dans la plupart des cas, ces valeurs initiales sont choisies aléatoirement, généralement dans une petite plage autour de zéro. L'initialisation aléatoire aide à briser la symétrie et garantit que différents neurones apprennent différentes caractéristiques. Cependant, le choix de la méthode d'initialisation peut avoir un impact significatif sur la dynamique d'entraînement du modèle et sa performance finale. Certaines techniques d'initialisation populaires incluent :

- Initialisation Xavier/Glorot : Conçue pour maintenir la même variance des activations et des gradients à travers les couches, ce qui aide à prévenir la disparition ou l'explosion des gradients.
- Initialisation He : Similaire à Xavier, mais optimisée pour les fonctions d'activation ReLU.
- Initialisation uniforme : Les valeurs sont tirées d'une distribution uniforme dans une plage spécifiée.

L'étape d'initialisation prépare le terrain pour les itérations suivantes de l'algorithme de descente de gradient, influençant la trajectoire du processus d'optimisation et affectant potentiellement la vitesse de convergence et la qualité de la solution finale.

Propagation Avant

Le modèle traite les données d'entrée à travers ses couches pour générer des prédictions. Cette étape cruciale implique :

- La propagation de l'entrée à travers chaque couche du réseau de manière séquentielle
- L'application des poids et des biais à chaque neurone
- L'utilisation de fonctions d'activation pour introduire de la non-linéarité
- La génération de valeurs de sortie (prédictions) basées sur les valeurs actuelles des paramètres

Durant cette phase, le réseau stocke les valeurs intermédiaires (activations) à chaque couche, qui sont essentielles pour l'étape ultérieure de rétropropagation. La propagation avant permet au modèle de transformer les données d'entrée en une prédiction, préparant ainsi le terrain pour évaluer et améliorer sa performance.

Calcul de la Perte

La fonction de perte est un composant crucial dans le processus d'entraînement des réseaux de neurones. Elle quantifie l'écart entre les prédictions du modèle et les valeurs cibles réelles, fournissant une mesure numérique de la performance du modèle. Ce calcul sert plusieurs objectifs importants :

1. Évaluation de la Performance : La valeur de perte offre une métrique concrète pour évaluer la précision du modèle. Une perte plus faible indique que les prédictions du modèle sont plus proches des valeurs réelles, tandis qu'une perte plus élevée suggère une performance moins bonne.
2. Cible d'Optimisation : L'objectif principal de l'entraînement est de minimiser cette fonction de perte. En ajustant continuellement les paramètres du modèle pour réduire la perte, nous améliorons les capacités prédictives du modèle.
3. Calcul du Gradient : La fonction de perte est utilisée pour calculer les gradients pendant la rétropropagation. Ces gradients indiquent comment ajuster les paramètres du modèle pour réduire la perte.
4. Suivi des Progrès d'Apprentissage : En surveillant la perte au fil du temps, nous pouvons suivre les progrès d'apprentissage du modèle et identifier des problèmes tels que le surapprentissage ou le sous-apprentissage.

Les fonctions de perte courantes incluent l'Erreur Quadratique Moyenne (MSE) pour les tâches de régression et la Perte d'Entropie Croisée pour les tâches de classification. Le choix de la fonction de perte dépend du problème spécifique et du comportement souhaité du modèle.

Calcul du Gradient

L'algorithme calcule le gradient de la fonction de perte par rapport à chaque paramètre. Ce gradient représente la direction de l'augmentation la plus raide de la perte. Voici une explication plus détaillée :

1. Définition Mathématique : Le gradient est un vecteur de dérivées partielles de la fonction de perte par rapport à chaque paramètre. Pour une fonction de perte $L(\theta)$ avec des paramètres $\theta = (\theta_1, \theta_2, ..., \theta_n)$, le gradient est défini comme :

$\nabla L(\theta) = (\partial L/\partial\theta_1, \partial L/\partial\theta_2, ..., \partial L/\partial\theta_n)$

1. Interprétation : Chaque composante du gradient indique combien la perte changerait si nous faisions un petit changement au paramètre correspondant. Une composante de gradient positive signifie qu'augmenter ce paramètre augmenterait la perte, tandis qu'une composante négative signifie qu'augmenter ce paramètre diminuerait la perte.

2. Méthode de Calcul : Pour les réseaux de neurones, les gradients sont généralement calculés en utilisant l'algorithme de rétropropagation, qui calcule efficacement les gradients pour tous les paramètres en propageant l'erreur vers l'arrière à travers le réseau.
3. Importance : Le gradient est crucial car il fournit l'information nécessaire pour mettre à jour les paramètres d'une manière qui réduit la perte. En se déplaçant dans la direction opposée au gradient, nous pouvons trouver des valeurs de paramètres qui minimisent la fonction de perte.

Mise à jour des Paramètres

Cette étape cruciale consiste à ajuster les paramètres du modèle (poids et biais) dans la direction opposée au gradient, d'où le terme **gradient négatif**. Cette approche contre-intuitive est fondamentale pour le processus d'optimisation car notre objectif est de minimiser la fonction de perte, non de la maximiser. En se déplaçant à l'opposé du gradient, nous descendons effectivement le paysage de perte vers des valeurs plus basses.

L'ampleur de cet ajustement est contrôlée par un hyperparamètre appelé **taux d'apprentissage**. Le taux d'apprentissage détermine la taille du pas à chaque itération lors du déplacement vers un minimum de la fonction de perte. C'est un équilibre délicat :

- Si le taux d'apprentissage est trop élevé, l'algorithme risque de dépasser le minimum, pouvant conduire à un comportement divergent.
- Si le taux d'apprentissage est trop faible, l'entraînement progressera très lentement, et l'algorithme pourrait rester bloqué dans un minimum local.

Mathématiquement, la règle de mise à jour peut être exprimée comme :

$\theta\_nouveau = \theta\_ancien - \eta * \nabla L(\theta)$

Où :

- θ représente un paramètre (poids ou biais)
- η (eta) est le taux d'apprentissage
- $\nabla L(\theta)$ est le gradient de la fonction de perte par rapport à θ

Ce processus de mise à jour est répété pour tous les paramètres du réseau, affinant progressivement la capacité du modèle à faire des prédictions précises. L'art de l'entraînement des réseaux de neurones réside souvent dans la recherche du bon équilibre dans cette étape de mise à jour des paramètres, par un réglage minutieux du taux d'apprentissage et potentiellement en employant des techniques d'optimisation plus avancées.

Itération

Le processus de descente de gradient est intrinsèquement itératif. Les étapes 2 à 5 (Propagation Avant, Calcul de la Perte, Calcul du Gradient et Mise à jour des Paramètres) sont répétées de nombreuses fois, chaque itération affinant les paramètres du modèle. Cette répétition continue jusqu'à ce que l'une des deux conditions soit remplie :

- Un nombre prédéfini d'itérations est atteint : L'algorithme peut être configuré pour s'exécuter pendant un nombre spécifique de cycles, indépendamment de la perte atteinte.
- Un critère d'arrêt est satisfait : Cela pourrait être lorsque le changement de perte entre les itérations tombe en dessous d'un certain seuil, indiquant une convergence, ou lorsque la perte atteint un niveau satisfaisant.

La nature itérative de la descente de gradient permet au modèle d'améliorer progressivement ses performances, se déplaçant graduellement vers un ensemble optimal de paramètres. Chaque itération offre au modèle une opportunité d'apprendre de ses erreurs et de faire des ajustements incrémentiels, menant finalement à un réseau neuronal plus précis et fiable.

Il est important de noter que la descente de gradient peut converger vers un minimum local plutôt que le minimum global, particulièrement dans des paysages de perte complexes et non convexes typiques des réseaux de neurones profonds. Diverses techniques, comme l'utilisation de différentes initialisations ou d'algorithmes d'optimisation plus avancés, sont souvent employées pour atténuer ce problème et améliorer les chances de trouver une bonne solution.

Comment Fonctionne la Descente de Gradient

L'idée fondamentale de la descente de gradient est de calculer le gradient (ou la dérivée) de la fonction de perte par rapport aux poids du modèle. Ce gradient est un vecteur qui pointe dans la direction de l'augmentation la plus raide de la fonction de perte. En se déplaçant dans la direction opposée à ce gradient, nous pouvons efficacement réduire la perte et améliorer les performances de notre modèle.

L'algorithme de descente de gradient fonctionne comme suit :

1. Calculer le gradient : Calculer les dérivées partielles de la fonction de perte par rapport à chaque poids du modèle.
2. Déterminer la taille du pas : Le **taux d'apprentissage** est un hyperparamètre crucial qui détermine l'amplitude de chaque pas que nous faisons dans la direction du gradient négatif. Il agit comme un facteur d'échelle pour le gradient.
3. Mettre à jour les poids : Déplacer les poids dans la direction opposée au gradient, mis à l'échelle par le taux d'apprentissage.

La règle de mise à jour des poids pour la descente de gradient peut être mathématiquement exprimée comme :

$$w_nouveau = w_ancien - \eta * \nabla L(w)$$

Où :

- **w_nouveau** est le poids mis à jour
- **w_ancien** est le poids actuel
- **η** (eta) est le taux d'apprentissage
- **L** est la fonction de perte
- **∇L(w)** est le gradient de la perte par rapport au poids

Le taux d'apprentissage joue un rôle critique dans le processus d'optimisation :

- Si le taux d'apprentissage est trop grand : L'algorithme peut prendre des pas trop importants, dépassant potentiellement le minimum de la fonction de perte. Cela peut conduire à un entraînement instable ou même à une divergence, où la perte augmente au lieu de diminuer.
- Si le taux d'apprentissage est trop petit : L'algorithme fera des mises à jour très petites aux poids, résultant en une convergence lente. Cela peut augmenter significativement le temps d'entraînement et peut causer le blocage de l'optimisation dans des minima locaux.

Trouver le bon taux d'apprentissage implique souvent de l'expérimentation et des techniques comme la planification du taux d'apprentissage, où le taux d'apprentissage est ajusté pendant l'entraînement pour optimiser la convergence.

Types de Descente de Gradient

1. Descente de Gradient par Lots

Cette méthode met à jour les poids en utilisant le gradient calculé à partir de l'ensemble des données en une seule itération. C'est une approche fondamentale en optimisation pour les réseaux de neurones et les modèles d'apprentissage automatique. Voici une explication plus détaillée :

Processus : À chaque itération, la Descente de Gradient par Lots calcule le gradient de la fonction de perte par rapport aux paramètres du modèle en utilisant l'ensemble complet des données d'entraînement. Cela signifie qu'elle traite tous les exemples d'entraînement avant de faire une seule mise à jour des poids du modèle.

Avantages :

- Précision : Elle fournit une estimation plus précise de la direction du gradient, car elle considère tous les points de données.
- Stabilité : Le chemin d'optimisation est généralement plus lisse et plus stable comparé à d'autres variantes.
- Convergence : Pour les problèmes d'optimisation convexes, elle garantit la convergence vers le minimum global.

- Déterministe : Étant donné les mêmes conditions initiales, elle suivra toujours le même chemin d'optimisation.

Inconvénients :

- Coût Computationnel : Elle peut être extrêmement coûteuse en termes de calcul, particulièrement pour les grands jeux de données, car elle nécessite que l'ensemble complet des données soit chargé en mémoire.
- Vitesse : Elle peut être lente à converger, particulièrement pour des jeux de données très volumineux, car elle ne fait qu'une mise à jour par époque.
- Exigences en Mémoire : Pour des jeux de données très volumineux qui ne tiennent pas en mémoire, elle devient impraticable ou impossible à utiliser.
- Minima Locaux : Dans des problèmes non convexes (communs en apprentissage profond), elle peut rester bloquée dans des minima locaux ou des points selles.

Cas d'Utilisation : La Descente de Gradient par Lots est souvent utilisée dans des scénarios où le jeu de données est relativement petit et les ressources computationnelles ne sont pas une contrainte. Elle est particulièrement utile lorsqu'une haute précision est requise et que le paysage de perte est bien comporté.

Considération d'Implémentation : En pratique, la Descente de Gradient par Lots pure est rarement utilisée pour des problèmes d'apprentissage automatique à grande échelle en raison de ses limitations. À la place, des variantes comme la Descente de Gradient par Mini-Lots ou la Descente de Gradient Stochastique sont plus couramment employées, car elles offrent un meilleur équilibre entre efficacité computationnelle et efficacité d'optimisation.

2. Descente de Gradient Stochastique (SGD)

La Descente de Gradient Stochastique est une variante de l'algorithme de descente de gradient qui offre des avantages significatifs en termes d'efficacité computationnelle et d'évolutivité. Contrairement à la descente de gradient par lots, qui traite l'ensemble complet des données avant de faire une seule mise à jour, la SGD met à jour les paramètres du modèle après chaque exemple d'entraînement individuel. Cette approche offre plusieurs avantages clés et considérations :

Efficacité et Vitesse : La SGD est considérablement plus rapide que la descente de gradient par lots, particulièrement pour les grands jeux de données. En mettant à jour les poids plus fréquemment, elle peut progresser rapidement vers la solution optimale, convergeant souvent en moins d'époques.

Utilisation de la Mémoire : La SGD nécessite moins de mémoire car elle traite un exemple à la fois, la rendant adaptée aux grands jeux de données qui peuvent ne pas tenir entièrement en mémoire. Cette caractéristique est particulièrement avantageuse dans des scénarios avec des ressources computationnelles limitées.

Apprentissage en Ligne : La capacité à mettre à jour les paramètres après chaque exemple rend la SGD bien adaptée aux scénarios d'apprentissage en ligne, où les données arrivent en flux continu et le modèle doit s'adapter continuellement.

Mises à Jour Bruitées : La SGD introduit plus de bruit dans le processus d'optimisation en raison de la variance des gradients calculés à partir d'échantillons individuels. Ce bruit peut être à la fois une bénédiction et une malédiction :

- Échapper aux Minima Locaux : La stochasticité ajoutée peut aider l'optimiseur à échapper aux minima locaux peu profonds ou aux points selles dans le paysage de perte, menant potentiellement à de meilleures solutions.
- Convergence Erratique : Le bruit entraîne également un chemin de convergence plus erratique, avec des fluctuations plus importantes de la fonction de perte comparée à la descente de gradient par lots.

Effet de Régularisation : Le bruit inhérent à la SGD peut agir comme une forme de régularisation, améliorant potentiellement la capacité du modèle à généraliser aux données non vues. Cet effet est similaire à l'ajout de petites perturbations aléatoires aux poids, ce qui peut aider à prévenir le surapprentissage.

Sensibilité au Taux d'Apprentissage : La SGD est plus sensible au choix du taux d'apprentissage comparée aux méthodes par lots. Un taux d'apprentissage trop élevé peut causer des oscillations significatives, tandis qu'un taux trop bas peut entraîner une convergence lente.

Implémentations et Variations : En pratique, de nombreuses implémentations utilisent un compromis entre la SGD pure et la descente de gradient par lots, connue sous le nom de descente de gradient par mini-lots. Cette approche met à jour les paramètres après le traitement d'un petit lot d'exemples (par exemple, 32 ou 64), équilibrant les avantages des deux méthodes.

Comprendre ces caractéristiques de la SGD est crucial pour l'appliquer efficacement dans diverses tâches d'apprentissage automatique, particulièrement en apprentissage profond où l'optimisation de grands réseaux de neurones est computationnellement intensive.

3. Descente de Gradient par Mini-Lots

Cette méthode trouve un équilibre entre la descente de gradient par lots et la descente de gradient stochastique, offrant un compromis qui exploite les forces des deux approches. La descente de gradient par mini-lots met à jour les poids après le traitement d'un petit sous-ensemble (mini-lot) d'exemples d'entraînement, typiquement allant de 32 à 256 échantillons. Cette approche fournit une stratégie d'optimisation plus nuancée qui répond à certaines limitations des deux méthodes, par lots et stochastique.

Comment Fonctionne la Descente de Gradient par Mini-Lots :

1. **Division des Données :** Le jeu de données d'entraînement est divisé en petits lots d'une taille fixe (la taille du mini-lot).
2. **Propagation Avant :** Pour chaque mini-lot, le modèle effectue une propagation avant, calculant les prédictions pour tous les échantillons du lot.
3. **Calcul de la Perte :** La perte est calculée pour le mini-lot en comparant les prédictions aux cibles réelles.
4. **Propagation Arrière :** Les gradients de la perte par rapport aux paramètres du modèle sont calculés en utilisant la rétropropagation.
5. **Mise à Jour des Paramètres :** Les paramètres du modèle sont mis à jour en fonction des gradients calculés, typiquement en utilisant un algorithme d'optimisation comme la SGD avec momentum, RMSprop, ou Adam.
6. **Itération :** Les étapes 2 à 5 sont répétées pour chaque mini-lot jusqu'à ce que l'ensemble complet des données ait été traité, complétant une époque.
7. **Époques :** Plusieurs époques sont généralement effectuées pour affiner davantage les paramètres du modèle.

Avantages de la Descente de Gradient par Mini-Lots :

- Elle réduit la variance des mises à jour des paramètres, menant à une convergence plus stable. En utilisant un sous-ensemble des données, elle fournit une estimation plus fiable du gradient que la SGD tout en restant plus efficace computationnellement que la descente de gradient par lots.
- Elle peut tirer parti d'opérations matricielles hautement optimisées, la rendant computationnellement efficace. Le matériel moderne, particulièrement les GPU, est conçu pour effectuer des opérations matricielles efficacement, et le traitement par mini-lots s'aligne bien avec ces optimisations.
- Elle permet des pas plus grands et résulte souvent en une convergence plus rapide. Le bruit réduit dans les estimations du gradient permet des taux d'apprentissage plus agressifs, accélérant potentiellement le processus d'optimisation.
- Elle offre un bon compromis entre la précision de la descente de gradient par lots et la vitesse de la SGD. La descente de gradient par mini-lots combine les avantages des deux méthodes, offrant un équilibre entre efficacité computationnelle et efficacité d'optimisation.
- Elle permet une meilleure utilisation des architectures multi-cœurs et de l'accélération GPU, car les calculs pour chaque mini-lot peuvent être parallélisés efficacement.
- Elle permet des mises à jour fréquentes des paramètres du modèle, offrant plus d'opportunités pour que le modèle converge vers une bonne solution, particulièrement dans les premières étapes de l'entraînement.

La descente de gradient par mini-lots est la variante la plus couramment utilisée en pratique, particulièrement dans les applications d'apprentissage profond. Sa capacité à équilibrer l'efficacité computationnelle avec l'efficacité d'optimisation la rend particulièrement bien adaptée pour l'entraînement de grands réseaux de neurones sur des jeux de données substantiels. Le choix de la taille du mini-lot est un hyperparamètre important qui peut significativement impacter les performances du modèle et la dynamique d'entraînement, nécessitant souvent de l'expérimentation pour trouver la valeur optimale pour un problème donné.

Exemple : Descente de Gradient pour une Fonction de Perte Simple en Python

Implémentons un exemple simple de descente de gradient pour minimiser une fonction de perte quadratique.

```
import numpy as np
import matplotlib.pyplot as plt

def loss_function(w):
    """Quadratic loss function: f(w) = w^2"""
    return w**2

def gradient(w):
    """Derivative of the loss function: f'(w) = 2w"""
    return 2 * w

def gradient_descent(initial_w, learning_rate, n_iterations):
    """Perform gradient descent optimization"""
    w = initial_w
    weights = [w]
    losses = [loss_function(w)]

    for i in range(n_iterations):
        grad = gradient(w)
        w = w - learning_rate * grad
        weights.append(w)
        losses.append(loss_function(w))

    return weights, losses

def plot_results(weights, losses):
    """Plot the optimization results"""
    fig, (ax1, ax2) = plt.subplots(1, 2, figsize=(12, 5))

    # Plot loss curve
    ax1.plot(range(len(losses)), losses, marker='o')
    ax1.set_xlabel("Iteration")
    ax1.set_ylabel("Loss")
    ax1.set_title("Loss vs. Iteration")

    # Plot weight trajectory
```

```
    ax2.plot(range(len(weights)), weights, marker='o')
    ax2.set_xlabel("Iteration")
    ax2.set_ylabel("Weight")
    ax2.set_title("Weight vs. Iteration")

    plt.tight_layout()
    plt.show()

# Gradient Descent parameters
initial_w = 10
learning_rate = 0.1
n_iterations = 20

# Perform Gradient Descent
weights, losses = gradient_descent(initial_w, learning_rate, n_iterations)

# Plot results
plot_results(weights, losses)

print(f"Initial weight: {weights[0]:.2f}")
print(f"Final weight: {weights[-1]:.2f}")
print(f"Initial loss: {losses[0]:.2f}")
print(f"Final loss: {losses[-1]:.2f}")
```

Cet exemple de code démontre l'optimisation par descente de gradient pour une fonction de perte quadratique simple.

Voici une analyse complète du code :

1. Instructions d'importation :

- numpy pour les opérations numériques
- matplotlib.pyplot pour l'affichage des résultats

2. Définitions des fonctions :

- loss_function(w) : Définit la fonction de perte quadratique f(w) = w^2. Cette fonction simple a un minimum global à w = 0.
- gradient(w) : Calcule la dérivée de la fonction de perte, qui est f'(w) = 2w pour notre fonction quadratique.
- gradient_descent(initial_w, learning_rate, n_iterations) : Implémente l'algorithme de descente de gradient.
    - Initialise le poids et stocke les valeurs initiales
    - Itère n_iterations fois :
        - Calcule le gradient

        - Met à jour le poids en utilisant la formule : w_nouveau = w_ancien - learning_rate * gradient
        - Stocke le nouveau poids et la perte correspondante
    - Renvoie les listes des poids et des pertes pour toutes les itérations
- **plot_results(weights, losses)** : Crée deux sous-graphiques pour visualiser le processus d'optimisation :
    - Perte vs. Itération : Montre comment la perte diminue au fil du temps
    - Poids vs. Itération : Illustre la trajectoire du poids vers la valeur optimale

3. Exécution principale :

- Définit les hyperparamètres : poids initial, taux d'apprentissage et nombre d'itérations
- Appelle la fonction gradient_descent pour effectuer l'optimisation
- Affiche les résultats en utilisant la fonction plot_results
- Imprime les poids et les pertes initiaux et finaux

Concepts clés illustrés :

- Descente de Gradient : L'algorithme met à jour itérativement le poids dans la direction opposée au gradient, se rapprochant progressivement du minimum de la fonction de perte.
- Taux d'Apprentissage : Ce paramètre contrôle la taille du pas à chaque itération. Un taux d'apprentissage faible conduit à une convergence lente, tandis qu'un taux élevé peut provoquer un dépassement.
- Convergence : Les graphiques montrent comment le poids et la perte convergent à mesure que le nombre d'itérations augmente.
- Fonction Quadratique : Pour ce cas simple, nous savons que le minimum global est à w = 0. L'algorithme devrait s'approcher de cette valeur.

Cet exemple offre une vision complète de la descente de gradient, incluant la visualisation du processus d'optimisation et des sorties supplémentaires pour une meilleure compréhension. Il sert de bonne base pour explorer des scénarios d'optimisation plus complexes en apprentissage automatique et en apprentissage profond.

1.2.2 Rétropropagation

La **rétropropagation** est un algorithme fondamental dans l'entraînement des réseaux de neurones, utilisé pour calculer les gradients de la fonction de perte par rapport aux poids et aux biais. C'est une extension efficace de la descente de gradient spécifiquement conçue pour les réseaux de neurones multicouches, permettant l'entraînement d'architectures profondes.

Comment fonctionne la rétropropagation : Un regard détaillé

La rétropropagation est un processus en deux phases qui calcule efficacement comment chaque poids du réseau contribue à l'erreur globale. Décomposons ces phases :

- **Passe avant (Propagation directe)** :
  - Les données d'entrée sont introduites dans la couche d'entrée du réseau.
  - Les données se propagent à travers chaque couche, chaque neurone calculant sa somme pondérée et appliquant une fonction d'activation.
  - À chaque couche, les valeurs intermédiaires (activations) sont stockées. Elles seront cruciales pour la passe arrière.
  - La couche finale produit la prédiction ou la sortie du réseau.
- **Passe arrière (Propagation de l'erreur)** :
  - L'erreur est calculée en comparant la sortie du réseau à la sortie désirée.
  - En partant de la couche de sortie, l'algorithme calcule le gradient de la fonction de perte par rapport à chaque poids.
  - Ce calcul se déplace vers l'arrière à travers le réseau, couche par couche.
  - À chaque couche, l'algorithme détermine combien chaque poids a contribué à l'erreur.
  - Les gradients calculés sont ensuite utilisés pour mettre à jour les poids en utilisant la descente de gradient ou un autre algorithme d'optimisation.

La règle de la chaîne : Le cœur de la rétropropagation

La rétropropagation calcule le gradient de la fonction de perte efficacement en utilisant la **règle de la chaîne** du calcul différentiel. Ce principe mathématique est crucial pour comprendre comment fonctionne la rétropropagation :

- La règle de la chaîne nous permet de calculer la dérivée d'une fonction composée.
- Dans un réseau de neurones, la fonction de perte est une composition de nombreuses fonctions (une pour chaque couche et activation).
- En appliquant la règle de la chaîne, nous pouvons décomposer cette fonction complexe en composantes plus simples.
- Cette décomposition nous permet de calculer efficacement le gradient par rapport à chaque poids, sans avoir à calculer directement la dérivée de toute la fonction.

L'efficacité de la rétropropagation provient de sa capacité à réutiliser ces calculs intermédiaires lorsqu'elle se déplace vers l'arrière à travers le réseau, réduisant significativement la complexité computationnelle par rapport aux approches naïves.

Comprendre la rétropropagation est crucial pour quiconque travaille avec des réseaux de neurones, car elle constitue la base de la façon dont ces modèles puissants apprennent à partir des données et améliorent leurs performances au fil du temps.

Exemple : Intuition de la rétropropagation

Pour donner une intuition, imaginez un réseau de neurones simple à deux couches. Pendant la passe avant, nous calculons la somme pondérée des entrées et faisons passer le résultat à travers une fonction d'activation (par exemple, sigmoïde). Dans la passe arrière, nous calculons comment le changement de chaque poids affecte la fonction de perte et ajustons les poids en conséquence.

1.2.3 Optimiseurs dans les Réseaux de Neurones

Bien que la **descente de gradient classique** puisse être efficace, elle fait souvent face à des défis tels que des taux de convergence lents ou le piégeage dans des minima locaux. Ces limitations peuvent entraver la performance globale et l'efficacité du processus d'optimisation. Pour résoudre ces problèmes et améliorer l'entraînement des réseaux de neurones, les chercheurs et praticiens ont développé une variété d'algorithmes d'optimisation sophistiqués, collectivement connus sous le nom d'**optimiseurs**.

Ces techniques avancées s'appuient sur les principes fondamentaux de la descente de gradient et les modifient, introduisant des approches innovantes pour accélérer la convergence, échapper aux minima locaux et s'adapter aux paysages de perte complexes rencontrés en apprentissage profond.

En incorporant des mécanismes supplémentaires tels que le momentum, les taux d'apprentissage adaptatifs et les mises à jour spécifiques aux paramètres, ces optimiseurs visent à surmonter les lacunes de la descente de gradient de base et à fournir des solutions plus robustes et efficaces pour l'entraînement des réseaux de neurones dans divers domaines problématiques.

Optimiseurs Courants

1. Momentum

Le momentum est une technique d'optimisation qui aide les réseaux de neurones à converger plus rapidement et plus efficacement. Il y parvient en ajoutant une fraction de la mise à jour de poids précédente à la mise à jour actuelle. Cette approche présente plusieurs avantages clés :

- Lissage du chemin de descente du gradient : En incorporant des informations des mises à jour précédentes, le momentum aide à lisser la trajectoire d'optimisation. Cela réduit les oscillations dans les zones à forte courbure du paysage de perte.
- Accélération de la convergence : Le momentum permet à l'optimiseur de développer une "vélocité" dans les directions de gradient constant, permettant un progrès plus rapide vers l'optimum.

- Échappement des minima locaux : Le momentum accumulé peut aider l'optimiseur à surmonter les petits minima locaux, menant potentiellement à de meilleures solutions globales.

Mathématiquement, la mise à jour par momentum peut être exprimée comme :

v_t = γv_{t-1} + η∇L(w) w = w - v_t

Où :

- v_t est la vélocité au temps t
- γ (gamma) est le coefficient de momentum, typiquement fixé entre 0,9 et 0,99
- η (eta) est le taux d'apprentissage
- ∇L(w) est le gradient de la fonction de perte par rapport aux poids

La mise à jour est ensuite effectuée en utilisant la vélocité calculée v_t. Cette formulation permet à l'optimiseur de maintenir une "mémoire" des gradients passés, amortissant efficacement les oscillations et accélérant les progrès dans des directions constantes.

Exemple : Implémentation d'un Optimiseur à Momentum

Implémentons un optimiseur à momentum à partir de zéro et utilisons-le pour minimiser une fonction quadratique simple. Cet exemple aidera à illustrer comment le momentum fonctionne en pratique.

```
import numpy as np
import matplotlib.pyplot as plt

def quadratic_function(x):
    return x**2

def quadratic_gradient(x):
    return 2*x

def momentum_optimizer(start_x, learning_rate, momentum, num_iterations):
    x = start_x
    velocity = 0
    x_history, f_history = [x], [quadratic_function(x)]

    for _ in range(num_iterations):
        grad = quadratic_gradient(x)
        velocity = momentum * velocity - learning_rate * grad
        x = x + velocity
        x_history.append(x)
        f_history.append(quadratic_function(x))

    return x, x_history, f_history

# Set hyperparameters
```

```
start_x = 5.0
learning_rate = 0.1
momentum = 0.9
num_iterations = 50

# Run momentum optimizer
final_x, x_history, f_history = momentum_optimizer(start_x, learning_rate, momentum,
num_iterations)

# Plotting
plt.figure(figsize=(12, 5))
plt.subplot(1, 2, 1)
plt.plot(range(num_iterations + 1), x_history)
plt.title('x vs. Iteration')
plt.xlabel('Iteration')
plt.ylabel('x')

plt.subplot(1, 2, 2)
plt.plot(range(num_iterations + 1), f_history)
plt.title('f(x) vs. Iteration')
plt.xlabel('Iteration')
plt.ylabel('f(x)')

plt.tight_layout()
plt.show()

print(f"Final x: {final_x}")
print(f"Final f(x): {quadratic_function(final_x)}")
```

Explication du code :

1. Importation des bibliothèques :
    - Nous importons NumPy pour les calculs numériques et Matplotlib pour les graphiques.
2. Définition de la fonction objectif et de son gradient :
    - quadratic_function(x) : Représente notre fonction objectif simple f(x) = x^2.
    - quadratic_gradient(x) : Calcule le gradient de la fonction quadratique, qui est 2x.
3. Implémentation de l'optimiseur à momentum :
    - La fonction momentum_optimizer() prend comme paramètres le x initial, le taux d'apprentissage, le coefficient de momentum et le nombre d'itérations.
    - Nous initialisons la vélocité à 0.
    - À chaque itération :

- Nous calculons le gradient.
- Mettons à jour la vélocité : vélocité = momentum *vélocité - taux_apprentissage* gradient
- Mettons à jour x : x = x + vélocité
- Stockons x et f(x) pour le traçage.

4. Configuration des hyperparamètres :
   - Nous définissons le x initial, le taux d'apprentissage, le coefficient de momentum et le nombre d'itérations.
5. Exécution de l'optimiseur à momentum :
   - Nous appelons la fonction momentum_optimizer() avec nos hyperparamètres.
6. Traçage des résultats :
   - Nous créons deux sous-graphiques : un pour x en fonction de l'itération et un autre pour f(x) en fonction de l'itération.
   - Cela aide à visualiser comment x converge vers le minimum et comment la valeur de la fonction diminue.
7. Affichage des résultats finaux :
   - Nous affichons la valeur finale de x et la valeur correspondante de la fonction.

Cet exemple démontre comment le momentum aide à l'optimisation en accumulant de la vélocité dans la direction des gradients cohérents. L'algorithme minimise efficacement la fonction quadratique, convergeant vers la solution optimale (x = 0) où f(x) est minimisée.

Les graphiques générés par ce code montreront comment x s'approche de 0 et comment f(x) diminue au fil des itérations, illustrant l'efficacité de l'optimiseur à momentum pour minimiser la fonction objectif. Vous remarquerez que la trajectoire de x peut dépasser initialement le minimum mais converge ensuite, ce qui est un comportement caractéristique de l'optimisation basée sur le momentum.

2. RMSprop (Root Mean Square Propagation)

RMSprop est un algorithme d'optimisation à taux d'apprentissage adaptatif qui résout certaines limitations de la descente de gradient de base. Il a été proposé par Geoffrey Hinton dans son cours Coursera sur les réseaux de neurones. Voici une explication plus détaillée du fonctionnement de RMSprop :

1. Taux d'apprentissage adaptatifs : RMSprop adapte le taux d'apprentissage pour chaque paramètre individuellement. Cela signifie qu'au lieu d'utiliser un taux d'apprentissage fixe pour tous les paramètres, RMSprop calcule un taux

d'apprentissage séparé pour chaque paramètre basé sur l'information historique du gradient.

2. Mise à l'échelle du gradient : RMSprop réduit le taux d'apprentissage pour les paramètres avec de grands gradients et l'augmente pour les paramètres avec de petits gradients. Cette mise à l'échelle aide à stabiliser le processus d'apprentissage et empêche l'optimisation de dépasser dans les directions à gradients abrupts.

3. Moyenne mobile des gradients au carré : RMSprop maintient une moyenne mobile des gradients au carré pour chaque paramètre. Cette moyenne mobile est utilisée pour normaliser le gradient actuel, ce qui aide à amortir les oscillations et permet un taux d'apprentissage effectif plus grand.

4. Formulation mathématique : La règle de mise à jour pour RMSprop peut être exprimée comme suit : $v_t = \beta v_{t-1} + (1 - \beta) (\nabla L(w))^2$ $w = w - \eta * \nabla L(w) / \sqrt{v_t + \varepsilon}$ Où v_t est la moyenne mobile des gradients au carré, β est le taux de décroissance (typiquement fixé à 0,9), η est le taux d'apprentissage, $\nabla L(w)$ est le gradient actuel, et ε est une petite constante pour éviter la division par zéro.

5. Avantages : En adaptant les taux d'apprentissage, RMSprop assure que le modèle converge plus rapidement, particulièrement dans des scénarios avec des gradients clairsemés ou lors du traitement d'objectifs non stationnaires. Il aide également à éviter le problème du gradient évanouissant souvent rencontré dans les réseaux de neurones profonds.

6. Considérations pratiques : RMSprop est particulièrement efficace pour les réseaux de neurones récurrents (RNN) et dans les contextes en ligne et non stationnaires. Il est souvent préféré aux méthodes de descente de gradient de base ou aux méthodes basées sur le momentum dans de nombreuses applications d'apprentissage profond en raison de sa capacité à gérer efficacement une large gamme de paysages d'optimisation.

Exemple : Implémentation de RMSprop à partir de zéro

Implémentons l'optimiseur RMSprop à partir de zéro et utilisons-le pour minimiser une fonction quadratique simple.

Cet exemple aidera à illustrer comment RMSprop fonctionne dans le monde réel.

```
import numpy as np
import matplotlib.pyplot as plt

def quadratic_function(x):
    return x**2

def quadratic_gradient(x):
    return 2*x

```

```
def rmsprop(start_x, learning_rate, beta, num_iterations):
    x = start_x
    x_history, f_history = [x], [quadratic_function(x)]
    v = 0
    epsilon = 1e-8

    for _ in range(num_iterations):
        grad = quadratic_gradient(x)
        v = beta * v + (1 - beta) * (grad**2)
        x = x - learning_rate * grad / (np.sqrt(v) + epsilon)
        x_history.append(x)
        f_history.append(quadratic_function(x))

    return x, x_history, f_history

# Set hyperparameters
start_x = 5.0
learning_rate = 0.1
beta = 0.9
num_iterations = 50

# Run RMSprop
final_x, x_history, f_history = rmsprop(start_x, learning_rate, beta, num_iterations)

# Plotting
plt.figure(figsize=(12, 5))
plt.subplot(1, 2, 1)
plt.plot(range(num_iterations + 1), x_history)
plt.title('x vs. Iteration')
plt.xlabel('Iteration')
plt.ylabel('x')

plt.subplot(1, 2, 2)
plt.plot(range(num_iterations + 1), f_history)
plt.title('f(x) vs. Iteration')
plt.xlabel('Iteration')
plt.ylabel('f(x)')

plt.tight_layout()
plt.show()

print(f"Final x: {final_x}")
print(f"Final f(x): {quadratic_function(final_x)}")
```

Décomposition et Explication du Code :

1. Importation des Bibliothèques :
    - Nous importons NumPy pour les calculs numériques et Matplotlib pour le traçage.

2. Définition de la Fonction Objectif et de son Gradient :
    - La fonction quadratic_function(x) : Représente notre fonction objectif simple $f(x) = x^2$.
    - La fonction quadratic_gradient(x) : Calcule le gradient de la fonction quadratique, qui est 2x.
3. Implémentation de RMSprop :
    - La fonction rmsprop() prend comme paramètres le x initial, le taux d'apprentissage, beta (taux de décroissance) et le nombre d'itérations.
    - Nous initialisons la moyenne mobile des gradients au carré v à 0.
    - epsilon est une petite constante pour éviter la division par zéro.
    - À chaque itération :
        - Nous calculons le gradient.
        - Mettons à jour la moyenne mobile : $v = \beta v + (1 - \beta) (grad^2)$
        - Mettons à jour x : $x = x - \eta * grad / (\sqrt{v} + \varepsilon)$
        - Stockons x et f(x) pour le traçage.
4. Configuration des Hyperparamètres :
    - Nous définissons le x initial, le taux d'apprentissage, beta et le nombre d'itérations.
5. Exécution de RMSprop :
    - Nous appelons la fonction rmsprop() avec nos hyperparamètres.
6. Traçage des Résultats :
    - Nous créons deux sous-graphiques : un pour x en fonction de l'itération et un autre pour f(x) en fonction de l'itération.
    - Cela aide à visualiser comment x converge vers le minimum et comment la valeur de la fonction diminue.
7. Affichage des Résultats Finaux :
    - Nous affichons la valeur finale de x et la valeur correspondante de la fonction.

Cet exemple démontre comment RMSprop adapte le taux d'apprentissage basé sur la moyenne mobile des gradients au carré. L'algorithme minimise efficacement la fonction quadratique, convergeant vers la solution optimale (x = 0) où f(x) est minimisée.

Les graphiques générés par ce code montreront comment x s'approche de 0 et comment f(x) diminue au fil des itérations, illustrant l'efficacité de l'optimiseur RMSprop pour minimiser la fonction objectif.

3. Adam (Adaptive Moment Estimation)

Adam est un puissant algorithme d'optimisation qui combine les avantages du Momentum et de RMSprop, ce qui en fait l'un des choix les plus populaires pour l'entraînement des réseaux de neurones profonds. Voici une explication plus détaillée du fonctionnement d'Adam :

1. Taux d'Apprentissage Adaptatifs : Comme RMSprop, Adam calcule des taux d'apprentissage adaptatifs pour chaque paramètre. Cela permet à l'optimiseur d'ajuster la taille du pas pour chaque poids individuellement, conduisant à des mises à jour plus efficaces.
2. Intégration de Momentum et RMSprop : Adam maintient deux moyennes mobiles :
    - m_t : Une moyenne mobile du gradient (similaire au Momentum)
    - v_t : Une moyenne mobile du gradient au carré (similaire à RMSprop)
3. Correction de Biais : Adam inclut des termes de correction de biais pour m_t et v_t, ce qui aide à contrecarrer le biais d'initialisation vers zéro, particulièrement durant les premières étapes de l'entraînement.
4. Règle de Mise à Jour : La règle de mise à jour d'Adam peut être exprimée comme suit : $m_t = \beta 1\ m_{t-1} + (1 - \beta 1)\ \nabla L(w)$ $v_t = \beta 2\ v_{t-1} + (1 - \beta 2)\ (\nabla L(w))^2$ $\hat{m}_t = m_t / (1 - \beta 1^t)$ $\hat{v}_t = v_t / (1 - \beta 2^t)$ $w = w - \eta * \hat{m}_t / (\sqrt{\hat{v}_t} + \varepsilon)$Où $\beta 1$ et $\beta 2$ sont les taux de décroissance pour les moyennes mobiles, η est le taux d'apprentissage et ε est une petite constante pour éviter la division par zéro.
5. Avantages :
    - Combine les avantages du Momentum (gestion des gradients clairsemés) et de RMSprop (gestion des objectifs non stationnaires)
    - Converge souvent plus rapidement et vers de meilleures solutions comparé à d'autres optimiseurs
    - Fonctionne bien avec une large gamme d'architectures de réseaux de neurones et de types de problèmes
    - Nécessite peu de mémoire et est efficace sur le plan computationnel

En exploitant ces techniques sophistiquées, Adam atteint souvent des performances supérieures dans l'entraînement des réseaux de neurones profonds, ce qui en fait un choix privilégié pour de nombreux praticiens dans le domaine de l'apprentissage automatique et de l'intelligence artificielle.

Exemple : Utilisation de l'Optimiseur Adam dans Scikit-learn

Revisitions notre exemple de Perceptron Multi-Couches de la section précédente et utilisons l'**optimiseur Adam** pour entraîner le réseau.

```
import numpy as np
import matplotlib.pyplot as plt
from sklearn.neural_network import MLPClassifier
from sklearn.model_selection import train_test_split
from sklearn.metrics import accuracy_score, confusion_matrix

# XOR dataset
X = np.array([[0, 0], [0, 1], [1, 0], [1, 1]])
y = np.array([0, 1, 1, 0])  # XOR logic output

# Split the data into training and testing sets
X_train, X_test, y_train, y_test = train_test_split(X, y, test_size=0.2, 
random_state=42)

# Create MLP classifier with Adam optimizer
mlp = MLPClassifier(hidden_layer_sizes=(4, 2), max_iter=1000, solver='adam',
                    activation='relu', random_state=42, learning_rate_init=0.01)

# Train the model
mlp.fit(X_train, y_train)

# Make predictions
y_pred = mlp.predict(X_test)

# Calculate accuracy
accuracy = accuracy_score(y_test, y_pred)
print(f"Accuracy: {accuracy:.2f}")

# Display confusion matrix
cm = confusion_matrix(y_test, y_pred)
print("Confusion Matrix:")
print(cm)

# Visualize decision boundary
x_min, x_max = X[:, 0].min() - 0.5, X[:, 0].max() + 0.5
y_min, y_max = X[:, 1].min() - 0.5, X[:, 1].max() + 0.5
xx, yy = np.meshgrid(np.arange(x_min, x_max, 0.02),
                     np.arange(y_min, y_max, 0.02))
Z = mlp.predict(np.c_[xx.ravel(), yy.ravel()])
Z = Z.reshape(xx.shape)

plt.figure(figsize=(8, 6))
plt.contourf(xx, yy, Z, alpha=0.8, cmap=plt.cm.RdYlBu)
plt.scatter(X[:, 0], X[:, 1], c=y, cmap=plt.cm.RdYlBu, edgecolor='black')
plt.xlabel('Feature 1')
plt.ylabel('Feature 2')
plt.title('MLP Decision Boundary for XOR Problem')
plt.show()
```

```
# Plot learning curve
plt.figure(figsize=(10, 5))
plt.plot(mlp.loss_curve_)
plt.title('MLP Learning Curve')
plt.xlabel('Iterations')
plt.ylabel('Loss')
plt.show()
```

Explication de la décomposition du code :

1. Importation des bibliothèques :
    - Nous importons NumPy pour les opérations numériques, Matplotlib pour le traçage, et divers modules de Scikit-learn pour les tâches d'apprentissage automatique.
2. Création du jeu de données XOR :
    - Nous définissons le problème XOR avec l'entrée X et la sortie correspondante y.
    - La fonction XOR renvoie 1 si les entrées sont différentes, et 0 si elles sont identiques.
3. Division des données :
    - Nous utilisons train_test_split pour diviser nos données en ensembles d'entraînement et de test.
    - Cela nous permet d'évaluer la performance de notre modèle sur des données non vues.
4. Création et configuration du classifieur MLP :
    - Nous initialisons un MLPClassifier avec deux couches cachées (4 et 2 neurones).
    - Nous définissons le solveur sur 'adam', qui est l'optimiseur Adam.
    - La fonction d'activation est définie sur 'relu' (Unité Linéaire Rectifiée).
    - Nous définissons un taux d'apprentissage et un état aléatoire pour la reproductibilité.
5. Entraînement du modèle :
    - Nous utilisons la méthode fit pour entraîner notre modèle sur les données d'entraînement.
6. Prédictions et évaluation des performances :

   - Nous utilisons le modèle entraîné pour faire des prédictions sur l'ensemble de test.
   - Nous calculons et affichons la précision de notre modèle.
   - Nous générons et affichons également une matrice de confusion pour voir les performances détaillées.
7. Visualisation de la frontière de décision :
   - Nous créons une grille maillée pour couvrir l'ensemble de l'espace d'entrée.
   - Nous utilisons le modèle entraîné pour prédire la classe de chaque point de la grille.
   - Nous traçons la frontière de décision en utilisant contourf et dispersons les points de données originaux.
8. Traçage de la courbe d'apprentissage :
   - Nous traçons la courbe de perte au fil des itérations pour visualiser comment la perte du modèle diminue pendant l'entraînement.
   - Cela aide à comprendre si le modèle apprend efficacement ou s'il fait du surapprentissage/sous-apprentissage.

Cet exemple offre une vue complète de l'utilisation de l'optimiseur Adam avec un Perceptron Multi-Couches pour le problème XOR. Il comprend la division des données, l'évaluation du modèle et des techniques de visualisation qui sont cruciales pour comprendre et interpréter les performances du modèle.

1.3 Surapprentissage, sous-apprentissage et techniques de régularisation

Lors de l'entraînement d'un réseau de neurones, atteindre le bon équilibre entre la complexité du modèle et la généralisation est crucial. Cet équilibre se situe entre deux extrêmes : le **sous-apprentissage** et le **surapprentissage**. Le sous-apprentissage se produit lorsqu'un modèle manque de la complexité nécessaire pour capturer les motifs sous-jacents dans les données, ce qui entraîne de mauvaises performances tant sur les jeux de données d'entraînement que de test.

À l'inverse, le surapprentissage se produit lorsqu'un modèle devient excessivement complexe, mémorisant le bruit et les particularités des données d'entraînement plutôt que d'apprendre des motifs généralisables. Cela conduit à d'excellentes performances sur l'ensemble d'entraînement mais à de mauvais résultats lorsqu'il est appliqué à de nouvelles données non vues.

Pour relever ces défis et améliorer la capacité d'un modèle à généraliser, les praticiens de l'apprentissage automatique emploient diverses **techniques de régularisation**. Ces méthodes visent à contraindre ou pénaliser les modèles trop complexes, réduisant ainsi le risque de surapprentissage et améliorant les performances du modèle sur des données non vues.

Cette section explore les subtilités du sous-apprentissage, du surapprentissage et de la régularisation, examinant leurs concepts sous-jacents et présentant des stratégies efficaces pour atténuer ces problèmes dans l'entraînement des réseaux de neurones.

1.3.1. Surapprentissage

Le **surapprentissage** est un défi courant en apprentissage automatique où un modèle devient excessivement complexe, apprenant non seulement les motifs sous-jacents dans les données mais aussi le bruit et les fluctuations aléatoires présents dans l'ensemble d'entraînement. Ce phénomène produit un modèle qui performe exceptionnellement bien sur les données d'entraînement mais échoue à généraliser efficacement à de nouvelles données non vues. Essentiellement, le modèle "mémorise" les données d'entraînement au lieu d'apprendre des motifs généralisables.

Les conséquences du surapprentissage peuvent être graves. Bien que le modèle puisse atteindre une haute précision sur les données d'entraînement, ses performances sur les données de test ou dans les applications du monde réel peuvent être significativement moins bonnes. Cette disparité entre les performances d'entraînement et de test est un indicateur clé du surapprentissage.

Causes du surapprentissage

Le surapprentissage se produit généralement en raison de plusieurs facteurs :

1. Complexité du modèle

La complexité d'un modèle par rapport à la quantité et à la nature des données d'entraînement est un facteur critique dans le surapprentissage. Lorsqu'un modèle devient trop complexe, il peut conduire au surapprentissage en captant du bruit et des motifs non pertinents dans les données. Ceci est particulièrement évident dans les réseaux de neurones, où avoir un nombre excessif de couches ou de neurones peut fournir au modèle une capacité inutile à mémoriser les données d'entraînement plutôt qu'à apprendre des motifs généralisables.

Par exemple, considérons un jeu de données avec 100 échantillons et un réseau de neurones avec 1000 neurones. Ce modèle a beaucoup plus de paramètres que de points de données, ce qui lui permet potentiellement de mémoriser chaque point de données individuel plutôt que d'apprendre les motifs sous-jacents. Par conséquent, le modèle peut obtenir d'excellents résultats sur les données d'entraînement mais échouer à généraliser à de nouvelles données non vues.

La relation entre la complexité du modèle et le surapprentissage peut être comprise à travers le compromis biais-variance. À mesure que la complexité du modèle augmente, le biais (erreur due à la simplification excessive) diminue, mais la variance (erreur due à la sensibilité aux petites fluctuations dans l'ensemble d'entraînement) augmente. L'objectif est de trouver l'équilibre optimal où le modèle est suffisamment complexe pour capturer les vrais motifs dans les données mais pas trop complexe pour s'adapter au bruit.

Pour atténuer le surapprentissage dû à une complexité excessive du modèle, plusieurs stratégies peuvent être employées :

- Réduire le nombre de couches ou de neurones dans les réseaux de neurones
- Utiliser des techniques de régularisation comme la régularisation L1 ou L2
- Mettre en œuvre le dropout pour éviter une dépendance excessive à des neurones spécifiques
- Employer l'arrêt précoce pour éviter des itérations d'entraînement excessives

En gérant soigneusement la complexité du modèle, nous pouvons développer des modèles qui généralisent bien aux nouvelles données tout en capturant les motifs essentiels dans l'ensemble d'entraînement.

2. Données limitées

Les petits jeux de données posent un défi important en apprentissage automatique, particulièrement pour les modèles complexes comme les réseaux de neurones. Lorsqu'un modèle est entraîné sur une quantité limitée de données, il peut ne pas disposer d'exemples suffisants pour apprendre avec précision les véritables motifs et relations sous-jacents dans les données. Cette rareté d'exemples diversifiés peut entraîner plusieurs problèmes :

Surapprentissage du bruit : Avec des données limitées, le modèle peut commencer à s'adapter aux fluctuations aléatoires ou au bruit présent dans l'ensemble d'entraînement, confondant ces anomalies avec des motifs significatifs. Cela peut conduire à un modèle qui performe exceptionnellement bien sur les données d'entraînement mais échoue à généraliser sur de nouvelles données non vues.

Manque de représentativité : Les petits jeux de données peuvent ne pas représenter adéquatement toute l'étendue de la variabilité dans l'espace du problème. Par conséquent, le modèle peut apprendre des représentations biaisées ou incomplètes des motifs sous-jacents, conduisant à de mauvaises performances sur des points de données qui diffèrent significativement de ceux de l'ensemble d'entraînement.

Instabilité dans l'apprentissage : Des données limitées peuvent provoquer une instabilité dans le processus d'apprentissage, où de petits changements dans l'ensemble d'entraînement peuvent entraîner de grands changements dans la performance du modèle. Cette volatilité rend difficile l'obtention de résultats cohérents et fiables.

Métriques de performance trompeuses : Lors de l'évaluation d'un modèle entraîné sur des données limitées, les métriques de performance sur l'ensemble d'entraînement peuvent être trompeuses. Le modèle peut atteindre une haute précision sur ce petit ensemble mais ne pas maintenir cette performance lorsqu'il est appliqué à une population plus large ou dans des scénarios réels.

Difficulté de validation : Avec un petit jeu de données, il devient difficile de créer des divisions train-test représentatives ou d'effectuer une validation croisée robuste. Cela peut rendre difficile l'évaluation précise des véritables capacités de généralisation du modèle.

Pour atténuer ces problèmes, des techniques telles que l'augmentation de données, l'apprentissage par transfert et la régularisation minutieuse deviennent cruciales lorsqu'on travaille avec des jeux de données limités. De plus, collecter des données plus diverses et représentatives, lorsque c'est possible, peut améliorer significativement la capacité d'un modèle à apprendre les véritables motifs sous-jacents et à généraliser efficacement.

3. Données bruitées

La présence de bruit ou d'erreurs dans les données d'entraînement peut avoir un impact significatif sur la capacité d'un modèle à généraliser. Le bruit dans les données fait référence aux variations aléatoires, aux inexactitudes ou aux informations non pertinentes qui ne représentent pas les véritables motifs sous-jacents. Lorsqu'un modèle est entraîné sur des données bruitées, il peut interpréter par erreur ces irrégularités comme des motifs significatifs, conduisant à plusieurs problèmes :

Interprétation erronée des motifs : Le modèle peut apprendre à s'adapter au bruit plutôt qu'aux relations sous-jacentes réelles dans les données. Cela peut entraîner des corrélations fallacieuses et des conclusions erronées.

Généralisation réduite : En s'adaptant au bruit, le modèle devient moins capable de généraliser à de nouvelles données non vues. Il peut bien performer sur l'ensemble d'entraînement bruité mais ne pas maintenir cette performance sur des données de test propres ou dans des applications du monde réel.

Complexité accrue : Pour s'accommoder du bruit, le modèle peut devenir inutilement complexe, essayant d'expliquer chaque point de données, y compris les valeurs aberrantes et les erreurs. Cette complexité accrue peut conduire au surapprentissage.

Performance inconstante : Les données bruitées peuvent causer une instabilité dans la performance du modèle. De petits changements dans l'entrée peuvent entraîner des changements disproportionnellement grands dans la sortie, rendant le modèle peu fiable.

Pour atténuer l'impact des données bruitées, plusieurs stratégies peuvent être employées :

- Nettoyage des données : Prétraiter soigneusement les données pour éliminer ou corriger les erreurs évidentes et les valeurs aberrantes.
- Fonctions de perte robustes : Utiliser des fonctions de perte moins sensibles aux valeurs aberrantes, comme la perte de Huber ou la perte log-cosh.

- Méthodes d'ensemble : Combiner plusieurs modèles pour moyenner l'impact du bruit sur les modèles individuels.
- Validation croisée : Utiliser des techniques de validation croisée approfondies pour s'assurer que la performance du modèle est cohérente à travers différents sous-ensembles de données.

En abordant le défi des données bruitées, nous pouvons développer des modèles plus robustes, fiables et capables de capturer les véritables motifs sous-jacents plutôt que de s'adapter au bruit et aux erreurs dans l'ensemble d'entraînement.

4. Entraînement excessif

Entraîner un modèle pendant une période prolongée sans critères d'arrêt appropriés peut conduire au surapprentissage. Ce phénomène, connu sous le nom de "surentraînement", se produit lorsque le modèle continue d'optimiser ses paramètres sur les données d'entraînement bien après avoir appris les véritables motifs sous-jacents. En conséquence, le modèle commence à mémoriser le bruit et les particularités spécifiques à l'ensemble d'entraînement, plutôt que de généraliser à partir des données.

Les conséquences d'un entraînement excessif sont multiples :

- Généralisation diminuée : À mesure que le modèle continue de s'entraîner, il devient de plus en plus adapté aux données d'entraînement, perdant potentiellement sa capacité à bien performer sur des données non vues.
- Sensibilité accrue au bruit : Avec le temps, le modèle peut commencer à interpréter les fluctuations aléatoires ou le bruit dans les données d'entraînement comme des motifs significatifs, conduisant à de mauvaises performances dans des scénarios réels.
- Inefficacité computationnelle : Continuer à entraîner un modèle au-delà du point de performance optimale gaspille des ressources computationnelles et du temps.

Ce problème est particulièrement problématique lorsqu'on n'emploie pas de techniques conçues pour prévenir le surentraînement, telles que :

- Arrêt précoce : Cette technique surveille la performance du modèle sur un ensemble de validation pendant l'entraînement et arrête le processus lorsque la performance commence à se dégrader, empêchant efficacement le surentraînement.
- Validation croisée : En entraînant et évaluant le modèle sur différents sous-ensembles de données, la validation croisée fournit une évaluation plus robuste de la performance du modèle et aide à identifier quand la poursuite de l'entraînement n'est plus bénéfique.

Pour atténuer les risques d'un entraînement excessif, il est crucial d'implémenter ces techniques et de surveiller régulièrement la performance du modèle sur les ensembles d'entraînement et de validation tout au long du processus d'entraînement. Cette approche garantit que le modèle atteint une performance optimale sans surapprendre les données d'entraînement.

5. Manque de régularisation

Sans techniques de régularisation appropriées, les modèles (en particulier les plus complexes) sont plus susceptibles de surapprendre car ils n'ont aucune contrainte sur leur complexité pendant le processus d'entraînement. La régularisation agit comme une forme de contrôle de complexité, empêchant le modèle de devenir trop complexe et d'apprendre le bruit dans les données. Voici une explication plus détaillée :

Les techniques de régularisation introduisent des contraintes ou des pénalités supplémentaires à la fonction objectif du modèle, le décourageant d'apprendre des motifs trop complexes. Ces méthodes aident à trouver un équilibre entre bien s'adapter aux données d'entraînement et maintenir la capacité à généraliser à des données non vues. Quelques techniques de régularisation courantes incluent :

- Régularisation L1 et L2 : Elles ajoutent des pénalités basées sur l'amplitude des paramètres du modèle, favorisant des modèles plus simples.
- Dropout : Désactive aléatoirement des neurones pendant l'entraînement, forçant le réseau à apprendre des caractéristiques plus robustes.
- Arrêt précoce : Interrompt l'entraînement lorsque la performance sur un ensemble de validation commence à se dégrader, évitant le surapprentissage.
- Augmentation des données : Augmente artificiellement la diversité de l'ensemble d'entraînement, réduisant la tendance du modèle à mémoriser des exemples spécifiques.

Sans ces techniques de régularisation, les modèles complexes ont la liberté d'ajuster leurs paramètres pour s'adapter parfaitement aux données d'entraînement, y compris au bruit ou aux valeurs aberrantes. Cela conduit souvent à une mauvaise généralisation sur de nouvelles données non vues. En mettant en œuvre une régularisation appropriée, nous pouvons guider le modèle vers l'apprentissage de motifs plus généraux et robustes susceptibles de bien fonctionner sur divers ensembles de données.

Comprendre ces causes est crucial pour mettre en œuvre des stratégies efficaces visant à prévenir le surapprentissage et développer des modèles qui généralisent bien aux nouvelles données.

Exemple de surapprentissage dans les réseaux de neurones

Démontrons le surapprentissage en entraînant un réseau de neurones sur un petit ensemble de données sans régularisation.

```
import numpy as np
import matplotlib.pyplot as plt
```

```
from sklearn.datasets import make_moons
from sklearn.model_selection import train_test_split
from sklearn.neural_network import MLPClassifier
from sklearn.metrics import accuracy_score

# Generate synthetic data (moons dataset)
X, y = make_moons(n_samples=200, noise=0.20, random_state=42)

# Split data into training and testing sets
X_train, X_test, y_train, y_test = train_test_split(X, y, test_size=0.3,
random_state=42)

# Function to plot decision boundary
def plot_decision_boundary(X, y, model, title):
    x_min, x_max = X[:, 0].min() - 0.5, X[:, 0].max() + 0.5
    y_min, y_max = X[:, 1].min() - 0.5, X[:, 1].max() + 0.5
    xx, yy = np.meshgrid(np.arange(x_min, x_max, 0.02),
                         np.arange(y_min, y_max, 0.02))
    Z = model.predict(np.c_[xx.ravel(), yy.ravel()])
    Z = Z.reshape(xx.shape)
    plt.figure(figsize=(10, 8))
    plt.contourf(xx, yy, Z, alpha=0.8, cmap=plt.cm.RdYlBu)
    plt.scatter(X[:, 0], X[:, 1], c=y, cmap=plt.cm.RdYlBu, edgecolor='black')
    plt.title(title)
    plt.xlabel('Feature 1')
    plt.ylabel('Feature 2')
    plt.show()

# Train a neural network with too many neurons and no regularization (overfitting)
mlp_overfit = MLPClassifier(hidden_layer_sizes=(100, 100), max_iter=2000,
random_state=42)
mlp_overfit.fit(X_train, y_train)

# Train a neural network with appropriate complexity (good fit)
mlp_good = MLPClassifier(hidden_layer_sizes=(10,), max_iter=2000, random_state=42)
mlp_good.fit(X_train, y_train)

# Train a neural network with too few neurons (underfitting)
mlp_underfit = MLPClassifier(hidden_layer_sizes=(2,), max_iter=2000, random_state=42)
mlp_underfit.fit(X_train, y_train)

# Visualize decision boundaries
plot_decision_boundary(X_train, y_train, mlp_overfit, "Overfitting Model (100, 100
neurons)")
plot_decision_boundary(X_train, y_train, mlp_good, "Good Fit Model (10 neurons)")
plot_decision_boundary(X_train, y_train, mlp_underfit, "Underfitting Model (2
neurons)")

# Evaluate models
models = [mlp_overfit, mlp_good, mlp_underfit]
model_names = ["Overfitting", "Good Fit", "Underfitting"]
```

```
for model, name in zip(models, model_names):
    train_accuracy = accuracy_score(y_train, model.predict(X_train))
    test_accuracy = accuracy_score(y_test, model.predict(X_test))
    print(f"{name} Model - Train Accuracy: {train_accuracy:.4f}, Test Accuracy:
{test_accuracy:.4f}")
```

Maintenant, décomposons ce code et expliquons ses composants :

1. Génération et prétraitement des données :
   - Nous utilisons make_moons de sklearn pour générer un jeu de données synthétique avec deux demi-cercles entrelacés.
   - Le jeu de données est divisé en ensembles d'entraînement et de test à l'aide de train_test_split.
2. Fonction de tracé des frontières de décision :
   - La fonction plot_decision_boundary est définie pour visualiser les frontières de décision de nos modèles.
   - Elle crée une grille sur l'espace des caractéristiques et utilise le modèle pour prédire la classe de chaque point de la grille.
   - La frontière de décision résultante est tracée avec les points de données dispersés.
3. Entraînement du modèle :
   - Nous créons trois modèles de réseaux de neurones différents pour démontrer le surapprentissage, le bon ajustement et le sous-apprentissage :
   - Modèle de surapprentissage : Utilise deux couches cachées avec 100 neurones chacune, ce qui est probablement trop complexe pour ce jeu de données simple.
   - Modèle de bon ajustement : Utilise une seule couche cachée avec 10 neurones, ce qui devrait être approprié pour ce jeu de données.
   - Modèle de sous-apprentissage : Utilise une seule couche cachée avec seulement 2 neurones, ce qui est probablement trop simple pour capturer la complexité du jeu de données.
4. Visualisation :
   - Nous appelons la fonction plot_decision_boundary pour chaque modèle afin de visualiser leurs frontières de décision.
   - Cela nous permet de voir comment chaque modèle interprète les données et fait des prédictions.

5. Évaluation du modèle :
   - Nous calculons et affichons les précisions d'entraînement et de test pour chaque modèle.
   - Cela nous aide à quantifier la performance de chaque modèle et à identifier le surapprentissage ou le sous-apprentissage.

Résultats attendus et interprétation :

1. Modèle de surapprentissage :
   - La frontière de décision sera probablement très complexe, avec de nombreuses petites régions qui s'adaptent parfaitement aux données d'entraînement.
   - La précision d'entraînement sera très élevée (proche de 1.0), mais la précision de test sera plus faible, indiquant une mauvaise généralisation.
2. Modèle de bon ajustement :
   - La frontière de décision devrait séparer les deux classes en douceur, suivant la forme générale des demi-lunes.
   - Les précisions d'entraînement et de test devraient être similaires et raisonnablement élevées, indiquant une bonne généralisation.
3. Modèle de sous-apprentissage :
   - La frontière de décision sera probablement une simple ligne, incapable de capturer la forme incurvée des demi-lunes.
   - Les précisions d'entraînement et de test seront plus faibles que pour les autres modèles, indiquant une performance médiocre due à la simplicité du modèle.

Cet exemple démontre les concepts de surapprentissage, de sous-apprentissage et de bon ajustement dans les réseaux de neurones. En visualisant les frontières de décision et en comparant les précisions d'entraînement et de test, nous pouvons clairement voir comment la complexité du modèle affecte la capacité d'un réseau de neurones à généraliser des données d'entraînement à des données de test non vues.

1.3.2 Sous-apprentissage

Le sous-apprentissage se produit lorsqu'un modèle d'apprentissage automatique est trop simpliste pour capturer les modèles et relations sous-jacents dans les données. Ce phénomène entraîne de mauvaises performances sur les jeux de données d'entraînement et de test, car le modèle ne parvient pas à apprendre et à représenter la complexité inhérente des données qu'il tente de modéliser.

Causes du sous-apprentissage

Le sous-apprentissage se produit généralement en raison de plusieurs facteurs :

1. Complexité insuffisante du modèle

Lorsqu'un modèle manque de la complexité nécessaire pour représenter les modèles sous-jacents dans les données, il ne parvient pas à capturer les relations importantes. C'est une cause fondamentale du sous-apprentissage et peut se manifester de diverses manières :

- Dans les réseaux de neurones :
  - Trop peu de couches : Les modèles d'apprentissage profond nécessitent souvent plusieurs couches pour apprendre des représentations hiérarchiques de données complexes. Avoir trop peu de couches peut limiter la capacité du modèle à capturer des modèles complexes.
  - Neurones insuffisants : Chaque couche a besoin d'un nombre adéquat de neurones pour représenter les caractéristiques à ce niveau d'abstraction. Trop peu de neurones peuvent entraîner un goulot d'étranglement d'information, empêchant le modèle d'apprendre des représentations complètes.
- Dans les modèles linéaires :
  - Tentative d'ajuster des données non linéaires : Les modèles linéaires, par définition, ne peuvent représenter que des relations linéaires. Lorsqu'ils sont appliqués à des données avec des modèles non linéaires, ils vont inévitablement sous-apprendre, car ils ne peuvent pas capturer la véritable structure sous-jacente des données.
  - Exemple : Essayer d'ajuster une ligne droite à des données qui suivent une tendance quadratique ou exponentielle entraînera de mauvaises performances et un sous-apprentissage.

Les conséquences d'une complexité insuffisante du modèle incluent :

- Mauvaises performances sur les données d'entraînement et de test
- Incapacité à capturer des modèles nuancés dans les données
- Simplification excessive des relations complexes
- Pouvoir prédictif et capacité de généralisation limités

Pour remédier à une complexité insuffisante du modèle, on pourrait envisager :

- Augmenter le nombre de couches ou de neurones dans les réseaux de neurones
- Utiliser des architectures de modèle plus sophistiquées (par exemple, des réseaux convolutifs ou récurrents pour des types de données spécifiques)

- Incorporer des transformations non linéaires ou des méthodes à noyau dans des modèles plus simples
- Ingénierie des caractéristiques pour créer des représentations d'entrée plus informatives

Il est important de noter que bien que l'augmentation de la complexité du modèle puisse aider à résoudre le sous-apprentissage, cela doit être fait avec précaution pour éviter de basculer vers l'autre extrême du surapprentissage. L'objectif est de trouver le juste équilibre de complexité du modèle qui capture les véritables modèles sous-jacents dans les données sans s'adapter au bruit.

2. Ensemble de caractéristiques inadéquat

Un ensemble de caractéristiques insuffisant ou inapproprié peut conduire au sous-apprentissage, car le modèle manque des informations nécessaires pour capturer les modèles sous-jacents dans les données. Ce problème peut se manifester de plusieurs façons :

- Caractéristiques importantes manquantes : Des prédicteurs clés qui influencent significativement la variable cible peuvent être absents du jeu de données. Par exemple, dans un modèle de prédiction du prix des maisons, l'omission de facteurs cruciaux comme l'emplacement ou la superficie limiterait sévèrement la capacité du modèle à faire des prédictions précises.
- Caractéristiques trop abstraites : Parfois, les caractéristiques disponibles sont trop générales ou de haut niveau pour capturer les nuances du problème. Par exemple, l'utilisation de catégories trop larges au lieu de données plus granulaires peut entraîner une perte d'informations importantes.
- Manque d'ingénierie des caractéristiques : Les données brutes doivent souvent être transformées ou combinées pour créer des caractéristiques plus informatives. Ne pas effectuer l'ingénierie des caractéristiques nécessaire peut laisser des modèles précieux cachés au modèle. Par exemple, dans une analyse de séries temporelles, ne pas créer de caractéristiques de décalage ou de moyennes mobiles pourrait empêcher le modèle de capturer les dépendances temporelles.
- Caractéristiques non pertinentes : L'inclusion d'un grand nombre de caractéristiques non pertinentes peut diluer l'impact des prédicteurs importants et rendre plus difficile pour le modèle d'identifier les véritables modèles. C'est particulièrement problématique dans les jeux de données à haute dimension où le rapport signal-bruit peut être faible.

Pour résoudre ces problèmes, les data scientists et les praticiens de l'apprentissage automatique devraient :

- Mener une analyse exploratoire approfondie des données pour identifier les caractéristiques potentiellement importantes

- Collaborer avec des experts du domaine pour s'assurer que toutes les variables pertinentes sont prises en compte
- Appliquer des techniques de sélection de caractéristiques pour identifier les prédicteurs les plus informatifs
- Mettre en œuvre l'ingénierie des caractéristiques pour créer de nouvelles variables plus significatives
- Réévaluer et mettre à jour régulièrement l'ensemble des caractéristiques à mesure que de nouvelles informations deviennent disponibles ou que le problème évolue

En assurant un ensemble de caractéristiques riche, pertinent et bien conçu, les modèles sont mieux équipés pour apprendre les véritables modèles sous-jacents dans les données, réduisant ainsi le risque de sous-apprentissage et améliorant la performance globale.

3. Temps d'entraînement insuffisant

Lorsqu'un modèle n'est pas entraîné pendant un nombre suffisant d'époques (itérations sur l'ensemble du jeu de données d'entraînement), il peut ne pas avoir assez d'opportunités pour apprendre les modèles dans les données. Cela est particulièrement pertinent pour les modèles complexes ou les grands jeux de données où plus de temps d'entraînement est nécessaire pour converger vers une solution optimale. Voici une explication plus détaillée :

- **Processus d'apprentissage :** Les réseaux de neurones apprennent en ajustant itérativement leurs poids en fonction de l'erreur entre leurs prédictions et les valeurs cibles réelles. Chaque passage à travers l'ensemble du jeu de données (une époque) permet au modèle d'affiner ces poids.
- **Complexité et taille du jeu de données :** Les modèles plus complexes (par exemple, les réseaux de neurones profonds) et les jeux de données plus volumineux nécessitent généralement plus d'époques pour apprendre efficacement. C'est parce qu'il y a plus de paramètres à optimiser et plus de modèles de données à reconnaître.
- **Convergence :** Le modèle a besoin de temps pour converger vers une bonne solution. Un temps d'entraînement insuffisant peut entraîner le blocage du modèle dans un état sous-optimal, conduisant au sous-apprentissage.
- **Taux d'apprentissage :** Le taux d'apprentissage, qui contrôle l'ampleur des ajustements des poids du modèle à chaque itération, joue également un rôle. Un taux d'apprentissage très faible pourrait nécessiter plus d'époques pour que le modèle converge.
- **Arrêt précoce :** Arrêter le processus d'entraînement trop tôt peut empêcher le modèle de capturer pleinement les modèles sous-jacents dans les données, entraînant de mauvaises performances sur les jeux de données d'entraînement et de test.

- **Suivi des progrès :** Il est crucial de surveiller la performance du modèle pendant l'entraînement en utilisant des données de validation. Cela aide à déterminer si plus de temps d'entraînement est nécessaire ou si le modèle a atteint sa performance optimale.

Pour remédier à un temps d'entraînement insuffisant, envisagez d'augmenter le nombre d'époques, d'ajuster le taux d'apprentissage ou d'utiliser des techniques comme la planification du taux d'apprentissage pour optimiser le processus d'entraînement.

4. Régularisation trop agressive

Bien que la régularisation soit généralement utilisée pour prévenir le surapprentissage, appliquer trop de régularisation peut contraindre excessivement le modèle, l'empêchant d'apprendre les véritables modèles dans les données. Ce phénomène est connu sous le nom de sur-régularisation et peut conduire au sous-apprentissage. Voici une explication plus détaillée :

- Méthodes de régularisation : Les techniques courantes de régularisation comprennent la régularisation L1 (Lasso), L2 (Ridge) et Elastic Net. Ces méthodes ajoutent des termes de pénalité à la fonction de perte en fonction des paramètres du modèle.
- L'équilibre est clé : L'objectif de la régularisation est de trouver un équilibre entre l'ajustement aux données d'entraînement et le maintien de la simplicité du modèle. Cependant, lorsque la régularisation est trop forte, elle peut pousser le modèle vers une simplification excessive.
- Effets de la sur-régularisation :
    - Réduction des paramètres : Une régularisation excessive peut forcer de nombreux paramètres à s'approcher de zéro, supprimant effectivement des caractéristiques importantes du modèle.
    - Perte de complexité : Le modèle peut devenir trop simple pour capturer les modèles sous-jacents dans les données, entraînant de mauvaises performances sur les jeux de données d'entraînement et de test.
    - Sous-apprentissage : Les modèles sur-régularisés présentent souvent des signes classiques de sous-apprentissage, tels qu'un biais élevé et une variance faible.
- Réglage des hyperparamètres : La force de la régularisation est contrôlée par des hyperparamètres (par exemple, lambda dans la régularisation L1/L2). Un réglage approprié de ces hyperparamètres est crucial pour éviter la sur-régularisation.
- Validation croisée : L'utilisation de techniques comme la validation croisée k-fold peut aider à trouver la force de régularisation optimale qui équilibre entre sous-apprentissage et surapprentissage.

Pour remédier à la sur-régularisation, les praticiens devraient soigneusement régler les paramètres de régularisation, éventuellement en utilisant des techniques comme la recherche par grille ou la recherche aléatoire, et toujours valider la performance du modèle sur un ensemble de validation séparé pour s'assurer que le bon équilibre est atteint.

5. Modèle inadapté au problème

Choisir une architecture de modèle inappropriée pour le problème spécifique peut conduire au sous-apprentissage. Cela se produit lorsque le modèle sélectionné manque de la complexité ou de la flexibilité nécessaire pour capturer les motifs sous-jacents dans les données. Voici une explication plus détaillée :

Problèmes linéaires vs non-linéaires : Une inadéquation courante est l'utilisation d'un modèle linéaire pour un problème non-linéaire. Par exemple, appliquer une simple régression linéaire à des données présentant des relations complexes et non-linéaires entraînera un sous-apprentissage. Le modèle ne parviendra pas à saisir les nuances et les courbures dans les données, ce qui conduira à de mauvaises performances.

Inadéquation de complexité : Parfois, le modèle choisi peut être trop simple pour la complexité du problème. Par exemple, utiliser un réseau de neurones peu profond avec peu de couches pour une tâche d'apprentissage profond nécessitant une extraction hiérarchique des caractéristiques (comme la reconnaissance d'images) peut conduire au sous-apprentissage.

Modèles spécifiques à un domaine : Certains problèmes nécessitent des architectures de modèle spécialisées. Par exemple, utiliser un réseau de neurones feedforward standard pour des données séquentielles (comme des séries temporelles ou du langage naturel) au lieu de réseaux de neurones récurrents (RNN) ou de transformers peut entraîner un sous-apprentissage, car le modèle ne parvient pas à capturer les dépendances temporelles.

Problèmes de dimensionnalité : Lorsqu'on traite des données de haute dimensionnalité, l'utilisation de modèles qui ne gèrent pas bien ce type de données (par exemple, des modèles linéaires simples) peut conduire au sous-apprentissage. Dans ces cas, les techniques de réduction de dimensionnalité ou les modèles conçus pour les espaces de haute dimensionnalité (comme certains types de réseaux de neurones) peuvent être plus appropriés.

Résoudre l'inadéquation du modèle : Pour éviter le sous-apprentissage dû à l'inadéquation du modèle, il est crucial de :

- Comprendre la nature du problème et la structure des données
- Considérer la complexité et la non-linéarité des relations dans les données
- Choisir des modèles qui correspondent aux exigences spécifiques de la tâche (par exemple, CNN pour les données d'images, RNN pour les données séquentielles)
- Expérimenter différentes architectures de modèles et comparer leurs performances

- Consulter des experts du domaine ou la littérature pour les meilleures pratiques dans la sélection de modèles pour des types de problèmes spécifiques

En sélectionnant soigneusement une architecture de modèle appropriée qui correspond à la complexité et à la nature du problème, vous pouvez réduire considérablement le risque de sous-apprentissage et améliorer la performance globale du modèle.

Reconnaître et résoudre le sous-apprentissage est crucial dans le développement de modèles d'apprentissage automatique efficaces. Cela nécessite souvent une analyse attentive de la performance du modèle, l'ajustement de sa complexité, l'amélioration de l'ensemble des caractéristiques, ou l'augmentation du temps d'entraînement pour obtenir un meilleur ajustement aux données.

Exemple : Sous-apprentissage dans les réseaux de neurones

Démontrons le sous-apprentissage en entraînant un réseau de neurones avec trop peu de neurones et de couches.

```
import numpy as np
import matplotlib.pyplot as plt
from sklearn.neural_network import MLPClassifier
from sklearn.model_selection import train_test_split
from sklearn.datasets import make_moons

# Generate a non-linearly separable dataset
X, y = make_moons(n_samples=1000, noise=0.3, random_state=42)
X_train, X_test, y_train, y_test = train_test_split(X, y, test_size=0.2,
random_state=42)

# Function to plot decision boundary
def plot_decision_boundary(X, y, model, title):
    x_min, x_max = X[:, 0].min() - 0.5, X[:, 0].max() + 0.5
    y_min, y_max = X[:, 1].min() - 0.5, X[:, 1].max() + 0.5
    xx, yy = np.meshgrid(np.arange(x_min, x_max, 0.02),
                         np.arange(y_min, y_max, 0.02))
    Z = model.predict(np.c_[xx.ravel(), yy.ravel()])
    Z = Z.reshape(xx.shape)
    plt.figure(figsize=(10, 8))
    plt.contourf(xx, yy, Z, alpha=0.8, cmap=plt.cm.RdYlBu)
    plt.scatter(X[:, 0], X[:, 1], c=y, cmap=plt.cm.RdYlBu, edgecolor='black')
    plt.title(title)
    plt.xlabel('Feature 1')
    plt.ylabel('Feature 2')
    plt.show()

# Train an underfitted neural network
mlp_underfit = MLPClassifier(hidden_layer_sizes=(1,), max_iter=1000, random_state=42)
mlp_underfit.fit(X_train, y_train)

# Evaluate the underfitted model
train_score = mlp_underfit.score(X_train, y_train)
```

```
test_score = mlp_underfit.score(X_test, y_test)

print(f"Underfitted Model - Train Accuracy: {train_score:.4f}")
print(f"Underfitted Model - Test Accuracy: {test_score:.4f}")

# Visualize decision boundary for the underfitted model
plot_decision_boundary(X, y, mlp_underfit, "Underfitted Model (1 neuron)")

# Train a well-fitted neural network for comparison
mlp_well_fit   =   MLPClassifier(hidden_layer_sizes=(100,   100),   max_iter=1000,
random_state=42)
mlp_well_fit.fit(X_train, y_train)

# Evaluate the well-fitted model
train_score_well = mlp_well_fit.score(X_train, y_train)
test_score_well = mlp_well_fit.score(X_test, y_test)

print(f"\\nWell-fitted Model - Train Accuracy: {train_score_well:.4f}")
print(f"Well-fitted Model - Test Accuracy: {test_score_well:.4f}")

# Visualize decision boundary for the well-fitted model
plot_decision_boundary(X, y, mlp_well_fit, "Well-fitted Model (100, 100 neurons)")
```

Cet exemple de code démontre le sous-apprentissage dans les réseaux de neurones et fournit une comparaison avec un modèle bien ajusté.

Voici une analyse détaillée du code :

1. Génération et préparation des données :

- Nous utilisons make_moons de sklearn pour générer un ensemble de données non linéairement séparable.
- L'ensemble de données est divisé en ensembles d'entraînement et de test à l'aide de train_test_split.

2. Fonction de visualisation :

- La fonction plot_decision_boundary est définie pour visualiser la frontière de décision des modèles.
- Elle crée un graphique de contour des prédictions du modèle et superpose les points de données réels.

3. Modèle sous-ajusté :

- Un MLPClassifier avec un seul neurone dans la couche cachée est créé, ce qui est intentionnellement trop simple pour le problème non linéaire.
- Le modèle est entraîné sur les données d'apprentissage.

- Nous évaluons la performance du modèle sur les ensembles d'entraînement et de test.
- La frontière de décision est visualisée à l'aide de la fonction plot_decision_boundary.

4. Modèle bien ajusté :

- Pour comparaison, nous créons un autre MLPClassifier avec deux couches cachées de 100 neurones chacune.
- Ce modèle est plus complexe et mieux adapté pour apprendre les motifs non linéaires dans les données.
- Nous entraînons et évaluons ce modèle de manière similaire au modèle sous-ajusté.
- La frontière de décision pour ce modèle est également visualisée.

5. Résultats et visualisation :

- Le code affiche les précisions d'entraînement et de test pour les deux modèles.
- Il génère deux graphiques : un pour le modèle sous-ajusté et un pour le modèle bien ajusté.

Cet exemple complet nous permet de comparer visuellement et quantitativement la performance d'un modèle sous-ajusté avec un modèle bien ajusté. Le modèle sous-ajusté, avec son unique neurone, produira probablement une frontière de décision presque linéaire et aura une faible précision. En revanche, le modèle bien ajusté devrait être capable de capturer la nature non linéaire des données, résultant en une frontière de décision plus complexe et une précision plus élevée sur les ensembles d'entraînement et de test.

1.3.3 Techniques de régularisation

La **régularisation** est une technique cruciale en apprentissage automatique qui vise à prévenir le surapprentissage en ajoutant des contraintes ou des pénalités à un modèle. Ce processus réduit efficacement la complexité du modèle, lui permettant de mieux généraliser sur des données non vues. L'idée fondamentale derrière la régularisation est de trouver un équilibre entre bien ajuster les données d'entraînement et maintenir un niveau de simplicité qui permet au modèle de fonctionner avec précision sur de nouveaux exemples non vus.

La régularisation fonctionne en modifiant la fonction objectif du modèle, généralement en ajoutant un terme qui pénalise certaines caractéristiques du modèle, comme de grandes valeurs de paramètres. Ce terme supplémentaire encourage le modèle à trouver une solution qui non seulement minimise l'erreur d'entraînement, mais garde également les paramètres du modèle petits ou clairsemés. En conséquence, le modèle devient moins sensible aux points de données individuels et plus robuste au bruit dans les données d'entraînement.

Les avantages de la régularisation sont nombreux :

- Meilleure généralisation : En empêchant le surapprentissage, les modèles régularisés ont tendance à mieux performer sur de nouvelles données non vues.
- Sélection de caractéristiques : Certaines techniques de régularisation peuvent automatiquement identifier et prioriser les caractéristiques les plus pertinentes, effectuant efficacement une sélection de caractéristiques.
- Stabilité : Les modèles régularisés sont souvent plus stables, produisant des résultats plus cohérents à travers différents sous-ensembles de données.
- Interprétabilité : En encourageant des modèles plus simples, la régularisation peut conduire à des solutions plus interprétables, ce qui est crucial dans de nombreuses applications réelles.

Il existe plusieurs techniques de régularisation courantes, chacune avec ses propres propriétés et cas d'utilisation uniques. Celles-ci incluent :

a. Régularisation L2 (Ridge)

La **régularisation L2**, également connue sous le nom de **régularisation Ridge**, est une technique puissante utilisée pour prévenir le surapprentissage dans les modèles d'apprentissage automatique. Elle fonctionne en ajoutant un terme de pénalité à la fonction de perte qui est proportionnel à la somme des carrés des poids des paramètres du modèle. Ce terme supplémentaire décourage efficacement le modèle d'apprendre des poids excessivement grands, ce qui peut souvent conduire au surapprentissage.

Le mécanisme derrière la régularisation L2 peut être compris comme suit :

- Terme de pénalité : Le terme de régularisation est calculé comme la somme des carrés de tous les poids du modèle, multipliée par un paramètre de régularisation (souvent noté λ ou alpha).
- Effet sur la fonction de perte : Ce terme de pénalité est ajouté à la fonction de perte originale. En conséquence, le modèle doit maintenant équilibrer entre minimiser la perte originale (pour s'adapter aux données d'entraînement) et maintenir les poids petits (pour satisfaire la contrainte de régularisation).
- Impact sur les mises à jour des poids : Pendant le processus d'optimisation, ce terme supplémentaire encourage des mises à jour de poids qui non seulement réduisent l'erreur de prédiction mais gardent également les poids petits. Les grands poids sont pénalisés plus lourdement, poussant le modèle vers des solutions plus simples.
- Préférence pour des poids plus petits : En favorisant des poids plus petits, la régularisation L2 aide à créer un modèle qui est moins sensible aux points de données individuels et plus susceptible de capturer des modèles généraux dans les données.

La force de la régularisation est contrôlée par le paramètre de régularisation. Une valeur plus grande de ce paramètre entraîne une régularisation plus forte, pouvant potentiellement conduire à un modèle plus simple qui risque de sous-apprendre s'il est réglé trop haut. Inversement, une valeur plus petite permet des modèles plus complexes, avec le risque de surapprentissage s'il est réglé trop bas.

En encourageant le modèle à apprendre des poids plus petits, la régularisation L2 réduit efficacement la complexité du modèle et améliore sa capacité à généraliser sur des données non vues. Cela en fait un outil crucial dans la boîte à outils du praticien de l'apprentissage automatique pour construire des modèles robustes et fiables.

La fonction de perte avec régularisation L2 devient :

$$L(w) = L_0 + \lambda \sum w^2$$

Où λ est le paramètre de régularisation qui contrôle la force de la pénalité. Des valeurs plus grandes de λ entraînent une régularisation plus forte.

Exemple : Application de la régularisation L2

```
import numpy as np
import matplotlib.pyplot as plt
from sklearn.neural_network import MLPClassifier
from sklearn.model_selection import train_test_split
from sklearn.datasets import make_moons
from sklearn.metrics import accuracy_score, classification_report

# Generate a non-linearly separable dataset
X, y = make_moons(n_samples=1000, noise=0.3, random_state=42)
X_train, X_test, y_train, y_test = train_test_split(X, y, test_size=0.2, random_state=42)

# Function to plot decision boundary
def plot_decision_boundary(X, y, model, title):
    x_min, x_max = X[:, 0].min() - 0.5, X[:, 0].max() + 0.5
    y_min, y_max = X[:, 1].min() - 0.5, X[:, 1].max() + 0.5
    xx, yy = np.meshgrid(np.arange(x_min, x_max, 0.02),
                         np.arange(y_min, y_max, 0.02))
    Z = model.predict(np.c_[xx.ravel(), yy.ravel()])
    Z = Z.reshape(xx.shape)
    plt.figure(figsize=(10, 8))
    plt.contourf(xx, yy, Z, alpha=0.8, cmap=plt.cm.RdYlBu)
    plt.scatter(X[:, 0], X[:, 1], c=y, cmap=plt.cm.RdYlBu, edgecolor='black')
    plt.title(title)
    plt.xlabel('Feature 1')
    plt.ylabel('Feature 2')
    plt.show()

# Train a neural network without regularization
mlp_no_reg = MLPClassifier(hidden_layer_sizes=(100,), max_iter=2000, random_state=42)
mlp_no_reg.fit(X_train, y_train)

# Train a neural network with L2 regularization
```

```
mlp_l2 = MLPClassifier(hidden_layer_sizes=(100,), alpha=0.01, max_iter=2000, random_state=42)
mlp_l2.fit(X_train, y_train)

# Evaluate both models
def evaluate_model(model, X_train, y_train, X_test, y_test):
    train_pred = model.predict(X_train)
    test_pred = model.predict(X_test)

    train_accuracy = accuracy_score(y_train, train_pred)
    test_accuracy = accuracy_score(y_test, test_pred)

    print(f"Train Accuracy: {train_accuracy:.4f}")
    print(f"Test Accuracy: {test_accuracy:.4f}")
    print("\\nClassification Report:")
    print(classification_report(y_test, test_pred))

print("Model without regularization:")
evaluate_model(mlp_no_reg, X_train, y_train, X_test, y_test)

print("\\nModel with L2 regularization:")
evaluate_model(mlp_l2, X_train, y_train, X_test, y_test)

# Visualize decision boundaries
plot_decision_boundary(X_train, y_train, mlp_no_reg, "Decision Boundary (No Regularization)")
plot_decision_boundary(X_train, y_train, mlp_l2, "Decision Boundary (L2 Regularization)")
```

Cet exemple de code démontre l'application de la régularisation L2 dans les réseaux de neurones et la compare avec un modèle non régularisé.

Voici une analyse détaillée du code :

1. Préparation des données :
    - Nous utilisons make_moons de sklearn pour générer un ensemble de données non linéairement séparable.
    - L'ensemble de données est divisé en ensembles d'entraînement et de test à l'aide de train_test_split.
2. Fonction de visualisation :
    - La fonction plot_decision_boundary est définie pour visualiser la frontière de décision des modèles.
    - Elle crée un graphique de contour des prédictions du modèle et superpose les points de données réels.
3. Entraînement du modèle :

- Deux modèles MLPClassifier sont créés : un sans régularisation et un avec régularisation L2.
- La régularisation L2 est contrôlée par le paramètre alpha, défini à 0,01 dans cet exemple.
- Les deux modèles sont entraînés sur les données d'entraînement.

4. Évaluation du modèle :
   - Une fonction evaluate_model est définie pour évaluer la performance de chaque modèle.
   - Elle calcule et affiche les précisions d'entraînement et de test.
   - Elle génère également un rapport de classification, qui inclut la précision, le rappel et le score F1 pour chaque classe.
5. Visualisation des résultats :
   - Les frontières de décision des deux modèles sont visualisées à l'aide de la fonction plot_decision_boundary.
   - Cela permet une comparaison visuelle de l'effet de la régularisation sur la prise de décision du modèle.
6. Interprétation :
   - En comparant les métriques de performance et les frontières de décision des deux modèles, nous pouvons observer les effets de la régularisation L2.
   - Généralement, le modèle régularisé peut montrer une précision d'entraînement légèrement inférieure mais une meilleure généralisation (précision de test plus élevée) par rapport au modèle non régularisé.
   - La frontière de décision du modèle régularisé est souvent plus lisse, indiquant un modèle moins complexe qui est moins susceptible de surapprendre.

Cet exemple complet nous permet de comparer quantitativement et visuellement la performance d'un modèle avec et sans régularisation L2, démontrant comment la régularisation peut aider à créer des modèles plus robustes et généralisables.

b. Régularisation L1 (Lasso)

La **régularisation L1**, également connue sous le nom de **régularisation Lasso**, est une technique puissante utilisée en apprentissage automatique pour prévenir le surapprentissage et améliorer la généralisation du modèle. Elle fonctionne en ajoutant un terme de pénalité à la fonction de perte qui est proportionnel aux valeurs absolues des poids du modèle. Cette approche unique a plusieurs implications importantes :

1. Induction de parcimonie : La régularisation L1 favorise la parcimonie dans les paramètres du modèle. Cela signifie que pendant le processus d'optimisation, certains poids sont ramenés exactement à zéro. Cette propriété est particulièrement utile dans la sélection de caractéristiques, car elle élimine efficacement les caractéristiques moins importantes du modèle.
2. Sélection de caractéristiques : En ramenant certains poids à zéro, la régularisation L1 effectue une sélection implicite des caractéristiques. Elle identifie et conserve uniquement les caractéristiques les plus pertinentes pour la tâche de prédiction, tout en écartant les moins importantes. Cela peut conduire à des modèles plus simples et plus interprétables.
3. Robustesse aux valeurs aberrantes : La pénalité L1 est moins sensible aux valeurs aberrantes par rapport à la régularisation L2. Cela la rend particulièrement utile dans les scénarios où les données peuvent contenir des valeurs extrêmes ou du bruit.
4. Formulation mathématique : Le terme de régularisation L1 est ajouté à la fonction de perte comme suit : $L(\theta) = Loss(\theta) + \lambda \Sigma|\theta\_i|$ où θ représente les paramètres du modèle, Loss(θ) est la fonction de perte originale, λ est l'intensité de la régularisation, et $\Sigma|\theta\_i|$ est la somme des valeurs absolues des paramètres.
5. Interprétation géométrique : Dans l'espace des paramètres, la régularisation L1 crée une région de contrainte en forme de diamant. Cette géométrie augmente la probabilité que la solution optimale se trouve sur l'un des axes, ce qui correspond à certains paramètres étant exactement zéro.

En incorporant ces caractéristiques, la régularisation L1 non seulement aide à prévenir le surapprentissage mais contribue également à créer des modèles plus interprétables et computationnellement efficaces, particulièrement lorsqu'on traite des données de haute dimension où la sélection de caractéristiques est cruciale.

Exemple : Application de la régularisation L1 (Lasso)

```
import numpy as np
import matplotlib.pyplot as plt
from sklearn.linear_model import Lasso
from sklearn.model_selection import train_test_split
from sklearn.preprocessing import StandardScaler
from sklearn.metrics import mean_squared_error, r2_score

# Generate synthetic data
np.random.seed(42)
X = np.random.randn(100, 20)
true_weights = np.zeros(20)
true_weights[:5] = [1, 2, -1, 0.5, -0.5]  # Only first 5 features are relevant
y = np.dot(X, true_weights) + np.random.randn(100) * 0.1

# Split the data
```

```
X_train, X_test, y_train, y_test = train_test_split(X, y, test_size=0.2,
random_state=42)

# Standardize features
scaler = StandardScaler()
X_train_scaled = scaler.fit_transform(X_train)
X_test_scaled = scaler.transform(X_test)

# Train models with different L1 regularization strengths
alphas = [0.001, 0.01, 0.1, 1, 10]
models = []

for alpha in alphas:
    lasso = Lasso(alpha=alpha, random_state=42)
    lasso.fit(X_train_scaled, y_train)
    models.append(lasso)

# Evaluate models
for i, model in enumerate(models):
    y_pred = model.predict(X_test_scaled)
    mse = mean_squared_error(y_test, y_pred)
    r2 = r2_score(y_test, y_pred)
    print(f"Lasso (alpha={alphas[i]}):")
    print(f"  MSE: {mse:.4f}")
    print(f"  R2 Score: {r2:.4f}")
    print(f"  Number of non-zero coefficients: {np.sum(model.coef_ != 0)}")
    print()

# Visualize feature importance
plt.figure(figsize=(12, 6))
for i, model in enumerate(models):
    plt.plot(range(20), model.coef_, label=f'alpha={alphas[i]}', marker='o')
plt.axhline(y=0, color='k', linestyle='--')
plt.xlabel('Feature Index')
plt.ylabel('Coefficient Value')
plt.title('Lasso Coefficients for Different Regularization Strengths')
plt.legend()
plt.tight_layout()
plt.show()
```

Explication du code :

1. Importation des bibliothèques nécessaires :
    - NumPy pour les opérations numériques
    - Matplotlib pour la visualisation
    - Scikit-learn pour le modèle Lasso, la division des données, le prétraitement et les métriques d'évaluation

2. Génération de données synthétiques :
    - Création d'une matrice de caractéristiques X aléatoire avec 100 échantillons et 20 caractéristiques
    - Définition des poids réels où seules les 5 premières caractéristiques sont pertinentes
    - Génération de la variable cible y en utilisant les poids réels et en ajoutant du bruit
3. Division des données en ensembles d'entraînement et de test :
    - Utilisation de train_test_split pour créer des jeux de données d'entraînement et de test
4. Standardisation des caractéristiques :
    - Utilisation de StandardScaler pour normaliser les échelles des caractéristiques
    - Ajustement du scaler sur les données d'entraînement et transformation des données d'entraînement et de test
5. Entraînement des modèles Lasso avec différentes intensités de régularisation :
    - Définition d'une liste de valeurs alpha (intensités de régularisation)
    - Création et entraînement d'un modèle Lasso pour chaque valeur alpha
    - Stockage des modèles entraînés dans une liste
6. Évaluation des modèles :
    - Pour chaque modèle, prédiction sur l'ensemble de test et calcul de l'erreur quadratique moyenne (MSE) et du score R2
    - Affichage des métriques d'évaluation et du nombre de coefficients non nuls
    - Le nombre de coefficients non nuls montre combien de caractéristiques sont considérées comme pertinentes par le modèle
7. Visualisation de l'importance des caractéristiques :
    - Création d'un graphique montrant les valeurs des coefficients pour chaque caractéristique à travers différentes valeurs alpha
    - Cette visualisation aide à comprendre comment la régularisation L1 affecte la sélection des caractéristiques
    - Les caractéristiques dont les coefficients sont ramenés à zéro sont effectivement supprimées du modèle

Cet exemple démontre comment la régularisation L1 (Lasso) effectue la sélection de caractéristiques en ramenant certains coefficients exactement à zéro. À mesure que l'intensité de la régularisation (alpha) augmente, moins de caractéristiques sont sélectionnées, ce qui conduit à des modèles plus parcimonieux. La visualisation aide à comprendre comment différentes intensités de régularisation affectent l'importance des caractéristiques dans le modèle.

c. Dropout

Le **Dropout** est une technique puissante de régularisation dans les réseaux de neurones qui combat le surapprentissage en introduisant du bruit contrôlé pendant le processus d'entraînement. Il fonctionne en "déconnectant" aléatoirement (c'est-à-dire en mettant à zéro) une proportion des neurones pendant chaque itération d'entraînement. Cette approche a plusieurs implications et avantages importants :

1. Prévention de la co-adaptation : En désactivant aléatoirement des neurones, le dropout empêche les neurones de trop dépendre de caractéristiques spécifiques ou d'autres neurones. Cela force le réseau à apprendre des représentations plus robustes et généralisées des données.
2. Effet d'ensemble : Le dropout peut être considéré comme l'entraînement d'un ensemble de nombreux réseaux de neurones différents. Chaque itération d'entraînement crée effectivement une architecture de réseau légèrement différente, et le modèle final représente une moyenne de ces nombreux sous-réseaux.
3. Réduction du surapprentissage : En introduisant du bruit et en empêchant le réseau de mémoriser des motifs spécifiques dans les données d'entraînement, le dropout réduit significativement le risque de surapprentissage, particulièrement dans les réseaux grands et complexes.
4. Amélioration de la généralisation : Le réseau devient plus capable de généraliser à des données non vues, car il apprend à faire des prédictions avec différents sous-ensembles de ses neurones.

Détails d'implémentation :

- Pendant l'entraînement, à chaque itération, une fraction des neurones (contrôlée par un hyperparamètre généralement fixé entre 0,2 et 0,5) est aléatoirement désactivée. Cela signifie que leurs sorties sont mises à zéro et ne contribuent pas à la propagation avant ou ne reçoivent pas de mises à jour lors de la rétropropagation.
- Le taux de dropout peut varier pour différentes couches du réseau. Généralement, des taux de dropout plus élevés sont utilisés pour les couches plus grandes afin de prévenir le surapprentissage.
- Pendant les tests ou l'inférence, tous les neurones sont utilisés, mais leurs sorties sont mises à l'échelle pour refléter l'effet du dropout pendant l'entraînement. Cette mise à

l'échelle est cruciale pour maintenir l'amplitude de sortie attendue avec laquelle le réseau a été entraîné.

- Mathématiquement, si une couche avec un taux de dropout p a n neurones, pendant les tests, la sortie de chaque neurone est multipliée par (1-p) pour maintenir la somme attendue des sorties.

En implémentant le dropout, les réseaux de neurones peuvent atteindre une meilleure performance de généralisation, une réduction du surapprentissage et une robustesse améliorée face aux variations d'entrée, ce qui en fait un outil précieux dans la boîte à outils du praticien en apprentissage profond.

Exemple : Régularisation par Dropout

Le dropout est généralement implémenté dans des frameworks comme TensorFlow ou PyTorch. Voici un exemple utilisant Keras, une API de haut niveau pour TensorFlow.

Exemple : Application du Dropout dans Keras

```
import numpy as np
import matplotlib.pyplot as plt
from sklearn.datasets import make_moons
from sklearn.model_selection import train_test_split
from sklearn.preprocessing import StandardScaler
from tensorflow.keras.models import Sequential
from tensorflow.keras.layers import Dense, Dropout
from tensorflow.keras.callbacks import EarlyStopping
from tensorflow.keras.regularizers import l2

# Generate synthetic data
X, y = make_moons(n_samples=1000, noise=0.1, random_state=42)
X_train, X_test, y_train, y_test = train_test_split(X, y, test_size=0.2,
random_state=42)

# Standardize features
scaler = StandardScaler()
X_train_scaled = scaler.fit_transform(X_train)
X_test_scaled = scaler.transform(X_test)

# Create a neural network with dropout regularization and L2 regularization
model = Sequential([
    Dense(100, activation='relu', input_shape=(2,), kernel_regularizer=l2(0.01)),
    Dropout(0.3),
    Dense(50, activation='relu', kernel_regularizer=l2(0.01)),
    Dropout(0.3),
    Dense(1, activation='sigmoid')
])

# Compile the model
model.compile(optimizer='adam', loss='binary_crossentropy', metrics=['accuracy'])
```

```
# Define early stopping callback
early_stopping = EarlyStopping(monitor='val_loss', patience=10,
restore_best_weights=True)

# Train the model
history = model.fit(
    X_train_scaled, y_train,
    epochs=200,
    batch_size=32,
    validation_split=0.2,
    callbacks=[early_stopping],
    verbose=0
)

# Evaluate the model on test data
test_loss, test_accuracy = model.evaluate(X_test_scaled, y_test)
print(f"Test Accuracy: {test_accuracy:.4f}")

# Plot training history
plt.figure(figsize=(12, 4))
plt.subplot(1, 2, 1)
plt.plot(history.history['loss'], label='Training Loss')
plt.plot(history.history['val_loss'], label='Validation Loss')
plt.title('Model Loss')
plt.xlabel('Epoch')
plt.ylabel('Loss')
plt.legend()

plt.subplot(1, 2, 2)
plt.plot(history.history['accuracy'], label='Training Accuracy')
plt.plot(history.history['val_accuracy'], label='Validation Accuracy')
plt.title('Model Accuracy')
plt.xlabel('Epoch')
plt.ylabel('Accuracy')
plt.legend()

plt.tight_layout()
plt.show()

# Plot decision boundary
def plot_decision_boundary(model, X, y):
    x_min, x_max = X[:, 0].min() - 0.5, X[:, 0].max() + 0.5
    y_min, y_max = X[:, 1].min() - 0.5, X[:, 1].max() + 0.5
    xx, yy = np.meshgrid(np.arange(x_min, x_max, 0.02),
                         np.arange(y_min, y_max, 0.02))
    Z = model.predict(np.c_[xx.ravel(), yy.ravel()])
    Z = Z.reshape(xx.shape)
    plt.contourf(xx, yy, Z, alpha=0.8, cmap=plt.cm.RdYlBu)
    plt.scatter(X[:, 0], X[:, 1], c=y, cmap=plt.cm.RdYlBu)
    plt.xlabel('Feature 1')
    plt.ylabel('Feature 2')
    plt.title('Decision Boundary')
```

```
plt.figure(figsize=(10, 8))
plot_decision_boundary(model, X_test_scaled, y_test)
plt.show()
```

Explication du code :

1. Importation des bibliothèques nécessaires :
   - NumPy pour les opérations numériques
   - Matplotlib pour la visualisation
   - Scikit-learn pour la génération de jeux de données, le prétraitement et la division entraînement-test
   - TensorFlow et Keras pour la construction et l'entraînement du réseau de neurones
2. Génération de données synthétiques :
   - Utilisation de make_moons pour créer un jeu de données non linéairement séparable
   - Division des données en ensembles d'entraînement et de test
3. Prétraitement des données :
   - Standardisation des caractéristiques avec StandardScaler
4. Création du modèle de réseau neuronal :
   - Utilisation d'un modèle Sequential avec trois couches Dense
   - Ajout de couches Dropout après les deux premières couches Dense pour la régularisation
   - Application de la régularisation L2 aux couches Dense
5. Compilation du modèle :
   - Utilisation de l'optimiseur 'adam' et de la fonction de perte 'binary_crossentropy' pour la classification binaire
6. Implémentation de l'arrêt précoce :
   - Création d'un callback EarlyStopping pour surveiller la perte de validation
7. Entraînement du modèle :
   - Ajustement du modèle sur les données d'entraînement
   - Utilisation d'une division de validation pour surveiller les performances

    - Application du callback d'arrêt précoce

8. Évaluation du modèle :
    - Calcul et affichage de la précision sur les données de test
9. Visualisation de l'historique d'entraînement :
    - Tracé de la perte d'entraînement et de validation
    - Tracé de la précision d'entraînement et de validation
10. Visualisation de la frontière de décision :
    - Implémentation d'une fonction pour tracer la frontière de décision
    - Application de cette fonction pour visualiser comment le modèle sépare les classes

Cet exemple démontre une approche plus complète pour construire et évaluer un réseau de neurones avec des techniques de régularisation. Il comprend la génération de données, le prétraitement, la création de modèle avec dropout et régularisation L2, l'arrêt précoce, et la visualisation à la fois du processus d'entraînement et de la frontière de décision résultante. Cela fournit une image plus complète de la performance du modèle et de la façon dont la régularisation affecte ses capacités d'apprentissage et de généralisation.

Dans cet exemple, nous appliquons le **Dropout** à un réseau de neurones dans Keras, en utilisant un taux de dropout de 0,5. Cela aide à prévenir le surapprentissage en rendant le réseau plus robuste pendant l'entraînement.

d. Arrêt précoce

L'**arrêt précoce** est une puissante technique de régularisation utilisée en apprentissage automatique pour prévenir le surapprentissage. Cette méthode surveille en continu la performance du modèle sur un ensemble de validation distinct pendant le processus d'entraînement. Lorsque la performance du modèle sur cet ensemble de validation commence à stagner ou à se détériorer, l'arrêt précoce intervient pour interrompre l'entraînement.

Le principe derrière l'arrêt précoce repose sur l'observation que, à mesure que l'entraînement progresse, un modèle améliore initialement sa performance sur les ensembles d'entraînement et de validation. Cependant, il arrive souvent un moment où le modèle commence à surapprendre les données d'entraînement, ce qui entraîne une diminution de la performance sur l'ensemble de validation tout en continuant à s'améliorer sur l'ensemble d'entraînement. L'arrêt précoce vise à identifier ce point d'inflexion et à mettre fin à l'entraînement avant que le surapprentissage ne se produise.

Les aspects clés de l'arrêt précoce comprennent :

- Ensemble de validation : Une partie des données d'entraînement est mise de côté comme ensemble de validation, qui n'est pas utilisée pour l'entraînement mais uniquement pour l'évaluation des performances.
- Métrique de performance : Une métrique spécifique (par exemple, la perte de validation ou la précision) est choisie pour surveiller la performance du modèle.
- Patience : Ce paramètre détermine combien d'époques l'algorithme attendra une amélioration avant de s'arrêter. Cela permet de petites fluctuations de performance sans mettre fin prématurément à l'entraînement.
- Sauvegarde du meilleur modèle : De nombreuses implémentations sauvegardent le modèle le plus performant (basé sur la métrique de validation) pendant l'entraînement, garantissant que le modèle final est celui qui a le mieux généralisé, pas nécessairement le dernier entraîné.

L'arrêt précoce est particulièrement précieux lors de l'entraînement de réseaux de neurones profonds pour plusieurs raisons :

- Efficacité computationnelle : Il prévient les calculs inutiles en arrêtant l'entraînement lorsque des améliorations supplémentaires sont peu probables.
- Généralisation : En s'arrêtant avant que le modèle ne surapprenne les données d'entraînement, il aboutit souvent à des modèles qui généralisent mieux sur des données non vues.
- Régularisation automatique : L'arrêt précoce agit comme une forme de régularisation, réduisant le besoin d'ajustement manuel d'autres paramètres de régularisation.
- Adaptabilité : Il adapte automatiquement le temps d'entraînement au jeu de données spécifique et à l'architecture du modèle, nécessitant potentiellement moins d'époques pour des problèmes plus simples et plus pour des problèmes complexes.

Bien que l'arrêt précoce soit une technique puissante, il est souvent utilisé conjointement avec d'autres méthodes de régularisation comme la régularisation L1/L2 ou le dropout pour des résultats optimaux. L'efficacité de l'arrêt précoce peut également dépendre de facteurs tels que le calendrier du taux d'apprentissage et l'architecture spécifique du réseau de neurones.

Exemple : Arrêt précoce dans Keras

```
from tensorflow.keras.models import Sequential
from tensorflow.keras.layers import Dense
from tensorflow.keras.callbacks import EarlyStopping
from sklearn.model_selection import train_test_split
from sklearn.datasets import make_classification
import matplotlib.pyplot as plt

# Generate a sample dataset
```

```
X, y = make_classification(n_samples=1000, n_features=20, n_classes=2,
random_state=42)

# Split the data into training and validation sets
X_train, X_val, y_train, y_val = train_test_split(X, y, test_size=0.2,
random_state=42)

# Define the model
model = Sequential([
    Dense(64, activation='relu', input_shape=(20,)),
    Dense(32, activation='relu'),
    Dense(1, activation='sigmoid')
])

# Compile the model
model.compile(optimizer='adam', loss='binary_crossentropy', metrics=['accuracy'])

# Define early stopping callback
early_stopping = EarlyStopping(
    monitor='val_loss',
    patience=10,
    min_delta=0.001,
    mode='min',
    restore_best_weights=True,
    verbose=1
)

# Train the model with early stopping
history = model.fit(
    X_train, y_train,
    validation_data=(X_val, y_val),
    epochs=100,
    batch_size=32,
    callbacks=[early_stopping],
    verbose=1
)

# Plot training history
plt.figure(figsize=(12, 4))
plt.subplot(1, 2, 1)
plt.plot(history.history['loss'], label='Training Loss')
plt.plot(history.history['val_loss'], label='Validation Loss')
plt.title('Model Loss')
plt.xlabel('Epoch')
plt.ylabel('Loss')
plt.legend()

plt.subplot(1, 2, 2)
plt.plot(history.history['accuracy'], label='Training Accuracy')
plt.plot(history.history['val_accuracy'], label='Validation Accuracy')
plt.title('Model Accuracy')
plt.xlabel('Epoch')
```

```
plt.ylabel('Accuracy')
plt.legend()

plt.tight_layout()
plt.show()
```

Explication du code :

1. Importation des bibliothèques nécessaires :
    - TensorFlow/Keras pour construire et entraîner le réseau de neurones
    - Scikit-learn pour la génération de jeux de données et la division entraînement-test
    - Matplotlib pour la visualisation
2. Génération d'un jeu de données échantillon :
    - Utilisation de make_classification pour créer un problème de classification binaire
3. Division des données en ensembles d'entraînement et de validation :
    - Ceci est crucial pour l'arrêt précoce, car nous avons besoin d'un ensemble de validation distinct pour surveiller les performances
4. Définition du modèle :
    - Création d'un réseau de neurones feedforward simple avec deux couches cachées
5. Compilation du modèle :
    - Utilisation de l'optimiseur 'adam' et de la fonction de perte 'binary_crossentropy' pour la classification binaire
6. Définition du callback d'arrêt précoce :
    - monitor='val_loss' : Surveiller la perte de validation pour détecter les améliorations
    - patience=10 : Attendre 10 époques avant d'arrêter si aucune amélioration n'est constatée
    - min_delta=0.001 : La variation minimale de la quantité surveillée pour qualifier une amélioration
    - mode='min' : Arrêter lorsque la quantité surveillée a cessé de diminuer
    - restore_best_weights=True : Restaurer les poids du modèle de l'époque avec la meilleure valeur de la quantité surveillée

    - verbose=1 : Afficher des messages lorsque l'arrêt précoce est déclenché

7. Entraînement du modèle :
    - Utilisation de model.fit() avec le callback d'arrêt précoce
    - Définition d'un nombre élevé d'époques (100) - l'arrêt précoce empêchera leur exécution complète si nécessaire

8. Visualisation de l'historique d'entraînement :
    - Tracé de la perte d'entraînement et de validation
    - Tracé de la précision d'entraînement et de validation
    - Cela aide à identifier visuellement où l'arrêt précoce s'est produit et comment il a affecté les performances du modèle

Cet exemple démontre comment implémenter l'arrêt précoce dans un scénario pratique, incluant la préparation des données, la création du modèle, l'entraînement avec arrêt précoce et la visualisation des résultats. Les graphiques montreront comment les performances du modèle évoluent au fil du temps et à quel moment l'arrêt précoce est intervenu pour prévenir le surapprentissage.

1.4 Fonctions de perte en apprentissage profond

Dans le domaine de l'apprentissage profond, la **fonction de perte** (également appelée **fonction de coût**) sert de métrique cruciale pour évaluer l'alignement entre les prédictions d'un modèle et les valeurs réelles. Cette fonction agit comme un mécanisme de rétroaction vital pendant le processus d'entraînement, permettant au modèle d'affiner ses paramètres grâce à des techniques d'optimisation sophistiquées telles que la **descente de gradient**.

En minimisant systématiquement la fonction de perte, le modèle améliore progressivement sa précision et sa capacité à généraliser à des données non vues, conduisant finalement à de meilleures performances au fil du temps.

Le paysage des fonctions de perte est divers, avec différentes formulations adaptées à des tâches spécifiques dans le domaine de l'apprentissage automatique. Par exemple, certaines fonctions de perte sont particulièrement bien adaptées aux problèmes de **régression**, où l'objectif est de prédire des valeurs continues, tandis que d'autres sont conçues explicitement pour les tâches de **classification**, qui impliquent la catégorisation des données en classes distinctes.

Le choix d'une fonction de perte appropriée est une décision critique qui dépend de multiples facteurs, notamment la nature du problème en question, les caractéristiques du jeu de données et les objectifs spécifiques du modèle d'apprentissage automatique. Dans les sections suivantes, nous nous plongerons dans une exploration de certaines des fonctions de perte les plus fréquemment utilisées dans le domaine de l'apprentissage profond, examinant leurs propriétés, applications et les scénarios dans lesquels elles s'avèrent les plus efficaces.

1.4.1 Erreur Quadratique Moyenne (MSE)

L'Erreur Quadratique Moyenne (MSE) est l'une des fonctions de perte les plus largement utilisées pour les **tâches de régression** en apprentissage automatique et en apprentissage profond. Elle est particulièrement efficace lorsque l'objectif est de prédire des valeurs continues, comme les prix immobiliers, la température ou les cours boursiers. La MSE fournit une mesure quantitative de la concordance entre les prédictions d'un modèle et les valeurs réelles dans l'ensemble de données.

Le principe fondamental de la MSE est de calculer la moyenne des différences au carré entre les valeurs prédites ($\hat{y}$) et les valeurs réelles (y). Cela peut être représenté mathématiquement comme :

$$MSE = \frac{1}{n}\sum_{i=1}^{n}(\hat{y}_i - y_i)^2$$

Dans cette formule :

- n représente le nombre total d'échantillons dans l'ensemble de données. Cela garantit que l'erreur est normalisée sur l'ensemble du jeu de données, quelle que soit sa taille.
- $\hat{y}_i$ désigne la valeur prédite pour le i-ème échantillon. C'est la sortie générée par le modèle pour une entrée donnée.
- y_i est la valeur réelle (vraie) pour le i-ème échantillon. C'est la valeur connue et correcte que le modèle essaie de prédire.

Le processus de calcul de la MSE implique plusieurs étapes :

- Pour chaque échantillon, calculer la différence entre la valeur prédite et la valeur réelle $(\hat{y}_i - y_i)$.
- Élever cette différence au carré pour éliminer les valeurs négatives et donner plus de poids aux erreurs plus importantes $(\hat{y}_i - y_i)^2$.
- Additionner toutes ces différences au carré pour tous les échantillons $\sum_{i=1}^{n}(\hat{y}_i - y_i)^2$.
- Diviser la somme par le nombre total d'échantillons pour obtenir la moyenne $\frac{1}{n}$.

L'une des caractéristiques clés de la MSE est qu'elle pénalise les erreurs plus importantes plus lourdement que les petites en raison du terme de mise au carré. Cela rend la MSE particulièrement sensible aux valeurs aberrantes dans l'ensemble de données. Par exemple, si la prédiction d'un modèle est décalée de 2 unités, la contribution à la MSE sera de 4 (2^2). Cependant, si la prédiction est décalée de 10 unités, la contribution à la MSE sera de 100 (10^2), ce qui est significativement plus grand.

Cette sensibilité aux valeurs aberrantes peut être à la fois un avantage et un inconvénient, selon le problème spécifique et l'ensemble de données :

- Avantage : La MSE amplifie l'impact des erreurs significatives, ce qui la rend particulièrement précieuse dans les applications où de grands écarts peuvent avoir des conséquences graves. Cette caractéristique encourage les modèles à privilégier la minimisation des erreurs substantielles, ce qui est crucial dans des scénarios tels que la prévision financière, le diagnostic médical ou le contrôle de qualité industriel où la précision est primordiale.
- Inconvénient : Lorsqu'on traite des ensembles de données contenant de nombreuses valeurs aberrantes ou un bruit considérable, la sensibilité accrue de la MSE aux valeurs extrêmes peut potentiellement conduire au surapprentissage. Dans de tels cas, le modèle pourrait ajuster de manière disproportionnée ses paramètres pour s'adapter à ces valeurs aberrantes, compromettant potentiellement sa performance globale et sa capacité de généralisation. Cela peut aboutir à un modèle qui fonctionne bien sur les données d'entraînement mais échoue à prédire avec précision de nouveaux points de données non vus.

Malgré sa sensibilité aux valeurs aberrantes, la MSE reste un choix populaire pour les tâches de régression en raison de sa simplicité, de son interprétabilité et de ses propriétés mathématiques qui la rendent adaptée aux techniques d'optimisation couramment utilisées en apprentissage automatique, comme la descente de gradient.

a. Exemple : MSE dans un Réseau de Neurones

Implémentons un réseau de neurones simple pour une tâche de régression et utilisons la MSE comme fonction de perte.

```
import numpy as np
import matplotlib.pyplot as plt
from sklearn.datasets import make_regression
from sklearn.model_selection import train_test_split
from sklearn.neural_network import MLPRegressor
from sklearn.metrics import mean_squared_error, r2_score
from sklearn.preprocessing import StandardScaler

# Generate synthetic regression data
X, y = make_regression(n_samples=1000, n_features=1, noise=20, random_state=42)

# Split the data into training and testing sets
X_train,   X_test,   y_train,   y_test   =   train_test_split(X,   y,   test_size=0.2,
random_state=42)

# Scale the features
scaler = StandardScaler()
X_train_scaled = scaler.fit_transform(X_train)
X_test_scaled = scaler.transform(X_test)
```

```
# Create a simple neural network regressor
mlp = MLPRegressor(hidden_layer_sizes=(50, 25), max_iter=1000,
                   activation='relu', solver='adam', random_state=42,
                   learning_rate_init=0.001, early_stopping=True)

# Train the model
mlp.fit(X_train_scaled, y_train)

# Make predictions
y_pred_train = mlp.predict(X_train_scaled)
y_pred_test = mlp.predict(X_test_scaled)

# Compute metrics
mse_train = mean_squared_error(y_train, y_pred_train)
mse_test = mean_squared_error(y_test, y_pred_test)
r2_train = r2_score(y_train, y_pred_train)
r2_test = r2_score(y_test, y_pred_test)

print(f"Training MSE: {mse_train:.2f}")
print(f"Test MSE: {mse_test:.2f}")
print(f"Training R^2: {r2_train:.2f}")
print(f"Test R^2: {r2_test:.2f}")

# Plot actual vs predicted values
plt.figure(figsize=(12, 5))

plt.subplot(1, 2, 1)
plt.scatter(X_train, y_train, color='blue', alpha=0.5, label='Actual (Train)')
plt.scatter(X_train, y_pred_train, color='red', alpha=0.5, label='Predicted (Train)')
plt.xlabel('Feature')
plt.ylabel('Target')
plt.title('Actual vs Predicted Values (Training Set)')
plt.legend()

plt.subplot(1, 2, 2)
plt.scatter(X_test, y_test, color='blue', alpha=0.5, label='Actual (Test)')
plt.scatter(X_test, y_pred_test, color='red', alpha=0.5, label='Predicted (Test)')
plt.xlabel('Feature')
plt.ylabel('Target')
plt.title('Actual vs Predicted Values (Test Set)')
plt.legend()

plt.tight_layout()
plt.show()

# Plot learning curve
plt.figure(figsize=(10, 5))
plt.plot(mlp.loss_curve_, label='Training Loss')
plt.plot(mlp.validation_scores_, label='Validation Score')
plt.xlabel('Iterations')
plt.ylabel('Loss / Score')
plt.title('Learning Curve')
```

```
plt.legend()
plt.show()
```

Cet exemple de code élargi fournit une implémentation plus complète d'un réseau de neurones pour la régression en utilisant scikit-learn. Voici une analyse détaillée des ajouts et modifications :

1. Génération et prétraitement des données :
    - Nous avons augmenté la taille de l'échantillon à 1000 pour une meilleure représentation.
    - Ajout de la normalisation des caractéristiques avec StandardScaler pour normaliser les variables d'entrée, ce qui est crucial pour les réseaux de neurones.
2. Architecture du modèle :
    - Le MLPRegressor possède maintenant deux couches cachées (50 et 25 neurones) pour une complexité accrue.
    - Nous avons ajouté l'arrêt précoce pour éviter le surapprentissage.
    - Le taux d'apprentissage est explicitement défini à 0,001.
3. Évaluation du modèle :
    - En plus de l'Erreur Quadratique Moyenne (MSE), nous calculons maintenant le score de coefficient de détermination (R^2) pour les ensembles d'entraînement et de test.
    - R^2 fournit une mesure de la capacité du modèle à expliquer la variance de la variable cible.
4. Visualisation :
    - La représentation graphique a été étendue pour montrer les prédictions des ensembles d'entraînement et de test.
    - Nous utilisons deux sous-graphiques pour comparer côte à côte les performances du modèle sur les données d'entraînement et de test.
    - Des valeurs alpha sont ajoutées aux nuages de points pour une meilleure visibilité lorsque les points se chevauchent.
    - Un nouveau graphique pour la courbe d'apprentissage a été ajouté, montrant comment la perte d'entraînement et le score de validation évoluent au fil des itérations.
5. Considérations supplémentaires :

  - L'utilisation de numpy est démontrée avec l'importation, bien qu'elle ne soit pas explicitement utilisée dans cet exemple.
  - Le code suit désormais un flux plus logique : préparation des données, création du modèle, entraînement, évaluation et visualisation.

Cet exemple élargi fournit un cadre plus robuste pour comprendre la régression par réseaux de neurones, incluant les étapes de prétraitement, l'évaluation du modèle et une visualisation complète des résultats. Il permet de mieux comprendre les performances du modèle et son processus d'apprentissage.

1.4.2 Perte d'entropie croisée binaire (Log Loss)

Pour les tâches de **classification binaire**, où l'objectif est de classer les données dans l'une des deux catégories distinctes (par exemple, 0 ou 1, vrai ou faux, positif ou négatif), la fonction de perte **d'entropie croisée binaire** est largement utilisée. Cette fonction de perte, également connue sous le nom de log loss, sert de métrique fondamentale pour évaluer la performance des modèles de classification binaire.

L'entropie croisée binaire mesure la divergence entre les étiquettes de classe réelles et les probabilités prédites générées par le modèle. Elle quantifie la concordance entre les prédictions du modèle et les résultats réels, fournissant une évaluation nuancée de la précision de classification. La fonction pénalise plus sévèrement les erreurs de classification confiantes que celles moins confiantes, encourageant le modèle à produire des estimations de probabilité bien calibrées.

- Asymétrie : La perte d'entropie croisée binaire traite différemment les classes positives et négatives, ce qui la rend particulièrement précieuse pour gérer les ensembles de données déséquilibrés où une classe peut être significativement sous-représentée. Cette caractéristique permet au modèle d'adapter plus efficacement sa frontière de décision pour tenir compte des disparités entre classes.
- Interprétation probabiliste : La fonction de perte correspond directement à la vraisemblance d'observer les étiquettes réelles étant donné les probabilités prédites par le modèle. Ce cadre probabiliste fournit une interprétation significative de la performance du modèle en termes d'incertitude et de confiance dans ses prédictions.
- Gradient lisse : Contrairement à certaines fonctions de perte alternatives, l'entropie croisée binaire offre un gradient lisse dans tout l'espace de prédiction. Cette propriété facilite une optimisation plus stable et efficace pendant le processus d'entraînement du modèle, permettant une convergence plus rapide et potentiellement de meilleures performances globales.
- Plage bornée : La valeur de perte d'entropie croisée binaire est contrainte entre 0 (indiquant une prédiction parfaite) et l'infini, les valeurs plus basses signifiant une performance supérieure du modèle. Cette nature bornée permet une comparaison

intuitive des performances du modèle à travers différents ensembles de données et domaines de problèmes.

- Sensibilité aux erreurs confiantes : La fonction de perte pénalise fortement les erreurs de classification confiantes, encourageant le modèle à être plus prudent dans ses prédictions et à réduire la surconfiance dans les sorties erronées.

En utilisant la perte d'entropie croisée binaire, les praticiens de l'apprentissage automatique peuvent efficacement entraîner et évaluer des modèles pour une large gamme de problèmes de classification binaire, de la détection de spam et l'analyse de sentiment au diagnostic médical et à la détection de fraude.

La formule est la suivante :

$$L = -\frac{1}{n}\sum_{i=1}^{n}[y_i log(\widehat{y_i}) + (1 - y_i)log(1 - \widehat{y_i})]$$

Où :

- $\widehat{y_i}$ est la probabilité prédite pour la classe 1,
- y_i est l'étiquette réelle (0 ou 1),
- n est le nombre d'échantillons.

L'entropie croisée binaire pénalise les prédictions qui sont éloignées de l'étiquette réelle, ce qui la rend très efficace pour la classification binaire.

Exemple : Entropie croisée binaire dans les réseaux de neurones

Implémentons l'entropie croisée binaire dans un réseau de neurones pour une tâche de classification binaire.

```
import numpy as np
import matplotlib.pyplot as plt
from sklearn.datasets import make_classification
from sklearn.model_selection import train_test_split
from sklearn.neural_network import MLPClassifier
from sklearn.metrics import accuracy_score, log_loss, confusion_matrix,
classification_report
from sklearn.preprocessing import StandardScaler

# Generate synthetic binary classification data
X, y = make_classification(n_samples=1000, n_features=2, n_classes=2,
n_clusters_per_class=1,
                           n_redundant=0, n_informative=2, random_state=42)

# Split the data into training and testing sets
X_train, X_test, y_train, y_test = train_test_split(X, y, test_size=0.2,
random_state=42)
```

```
# Scale the features
scaler = StandardScaler()
X_train_scaled = scaler.fit_transform(X_train)
X_test_scaled = scaler.transform(X_test)

# Create a neural network classifier
mlp = MLPClassifier(hidden_layer_sizes=(10, 5), activation='relu', max_iter=1000,
                    solver='adam', random_state=42, early_stopping=True,
                    validation_fraction=0.1)

# Train the model
mlp.fit(X_train_scaled, y_train)

# Make predictions
y_pred_prob = mlp.predict_proba(X_test_scaled)[:, 1]
y_pred = mlp.predict(X_test_scaled)

# Compute metrics
logloss = log_loss(y_test, y_pred_prob)
accuracy = accuracy_score(y_test, y_pred)
conf_matrix = confusion_matrix(y_test, y_pred)

print(f"Binary Cross-Entropy Loss: {logloss:.4f}")
print(f"Accuracy: {accuracy:.4f}")
print("\\nConfusion Matrix:")
print(conf_matrix)
print("\\nClassification Report:")
print(classification_report(y_test, y_pred))

# Plot decision boundary
def plot_decision_boundary(X, y, model, ax=None):
    h = .02  # step size in the mesh
    x_min, x_max = X[:, 0].min() - 1, X[:, 0].max() + 1
    y_min, y_max = X[:, 1].min() - 1, X[:, 1].max() + 1
    xx, yy = np.meshgrid(np.arange(x_min, x_max, h), np.arange(y_min, y_max, h))
    Z = model.predict(np.c_[xx.ravel(), yy.ravel()])
    Z = Z.reshape(xx.shape)

    if ax is None:
        ax = plt.gca()

    ax.contourf(xx, yy, Z, alpha=0.8, cmap=plt.cm.RdYlBu)
    ax.scatter(X[:, 0], X[:, 1], c=y, cmap=plt.cm.RdYlBu, edgecolor='black')
    ax.set_xlabel('Feature 1')
    ax.set_ylabel('Feature 2')
    return ax

# Plot results
plt.figure(figsize=(15, 5))

plt.subplot(131)
plot_decision_boundary(X_test_scaled, y_test, mlp)
```

```
plt.title('Decision Boundary')

plt.subplot(132)
plt.plot(mlp.loss_curve_, label='Training Loss')
plt.plot(mlp.validation_scores_, label='Validation Score')
plt.xlabel('Iterations')
plt.ylabel('Loss / Score')
plt.title('Learning Curve')
plt.legend()

plt.subplot(133)
plt.imshow(conf_matrix, interpolation='nearest', cmap=plt.cm.Blues)
plt.title('Confusion Matrix')
plt.colorbar()
tick_marks = np.arange(2)
plt.xticks(tick_marks, ['Class 0', 'Class 1'])
plt.yticks(tick_marks, ['Class 0', 'Class 1'])
plt.xlabel('Predicted Label')
plt.ylabel('True Label')

plt.tight_layout()
plt.show()
```

Maintenant, analysons le code :

- Génération et prétraitement des données :
  - Augmentation de la taille de l'échantillon à 1000 pour une meilleure représentation.
  - Ajout de la normalisation des caractéristiques avec StandardScaler pour normaliser les variables d'entrée, ce qui est crucial pour les réseaux de neurones.
- Architecture du modèle :
  - Le MLPClassifier dispose désormais de deux couches cachées (10 et 5 neurones) pour une complexité accrue.
  - Ajout de l'arrêt précoce pour éviter le surapprentissage.
  - Inclusion d'une fraction de validation pour l'arrêt précoce.
- Évaluation du modèle :
  - En plus de la perte d'entropie croisée binaire et de la précision, nous calculons maintenant la matrice de confusion et le rapport de classification.
  - Ces métriques offrent une vision plus complète des performances du modèle, incluant la précision, le rappel et le score F1 pour chaque classe.

- Visualisation :
    - Ajout d'une fonction pour tracer la frontière de décision, qui aide à visualiser comment le modèle sépare les deux classes.
    - Inclusion d'un graphique de courbe d'apprentissage pour montrer comment la perte d'entraînement et le score de validation évoluent au fil des itérations.
    - Ajout d'une visualisation de la matrice de confusion pour un résumé visuel rapide des performances du modèle.
- Considérations supplémentaires :
    - L'utilisation de numpy est démontrée avec l'importation et dans la fonction de tracé de la frontière de décision.
    - Le code suit désormais un flux plus logique : préparation des données, création du modèle, entraînement, évaluation et visualisation.

Cet exemple de code fournit un cadre robuste pour comprendre la classification binaire à l'aide de réseaux de neurones. Il comprend des étapes de prétraitement, une évaluation du modèle avec plusieurs métriques et une visualisation complète des résultats. Cela permet de mieux comprendre les performances du modèle, son processus d'apprentissage et ses capacités de prise de décision.

Le tracé de la frontière de décision aide à comprendre comment le modèle sépare les deux classes dans l'espace des caractéristiques. La courbe d'apprentissage donne un aperçu du processus d'entraînement du modèle et des problèmes potentiels de surapprentissage ou de sous-apprentissage. La visualisation de la matrice de confusion fournit un résumé rapide des performances de classification du modèle, montrant les vrais positifs, vrais négatifs, faux positifs et faux négatifs.

En utilisant cette approche complète, vous pouvez acquérir une compréhension plus approfondie du comportement et des performances de votre modèle de classification binaire, ce qui est crucial pour les applications d'apprentissage automatique du monde réel.

1.4.3. Perte d'entropie croisée catégorielle

Pour les tâches de **classification multi-classes**, où chaque point de données appartient à l'une des plusieurs catégories distinctes, nous utilisons la fonction de perte **d'entropie croisée catégorielle**. Cette fonction de perte sophistiquée est particulièrement adaptée aux scénarios où le problème de classification implique plus de deux classes. Elle sert d'extension naturelle à l'entropie croisée binaire, adaptant ses principes pour gérer simultanément plusieurs probabilités de classe.

L'entropie croisée catégorielle quantifie la divergence entre la distribution de probabilité prédite et la distribution réelle des étiquettes de classe. Elle mesure efficacement à quel point les prédictions du modèle s'alignent avec les résultats réels pour toutes les classes. Cette fonction de perte est particulièrement puissante car elle :

- Encourage le modèle à produire des estimations de probabilité bien calibrées pour chaque classe.
- Pénalise plus sévèrement les erreurs de classification confiantes que celles moins confiantes, favorisant des prédictions plus précises et fiables.
- Gère les ensembles de données déséquilibrés en tenant compte des fréquences relatives des différentes classes.
- Fournit un gradient lisse pour l'optimisation, facilitant l'entraînement efficace des réseaux de neurones.

La formule mathématique de l'entropie croisée catégorielle, que nous explorerons plus en détail bientôt, capture ces propriétés et fournit un cadre robuste pour l'entraînement de modèles de classification multi-classes. En minimisant cette fonction de perte pendant le processus d'entraînement, nous pouvons développer des réseaux de neurones capables de distinguer entre plusieurs classes avec une haute précision et fiabilité.

$$L = -\frac{1}{n}\sum_{i=1}^{n}\sum_{c=1}^{C} y_{ic}\, log(\widehat{y_{ic}})$$

Où :

- C est le nombre de classes,
- $\widehat{y_{ic}}$ est la probabilité prédite que l'échantillon i appartienne à la classe c,
- y_{ic} est 1 si la classe réelle de l'échantillon i est c, et 0 sinon.

L'entropie croisée catégorielle pénalise davantage les prédictions incorrectes lorsque la probabilité prédite pour la classe correcte est faible.

Exemple : Entropie croisée catégorielle dans les réseaux de neurones

Implémentons un problème de classification multi-classes en utilisant la perte d'entropie croisée catégorielle.

```
import numpy as np
import matplotlib.pyplot as plt
from sklearn.datasets import load_digits
from sklearn.model_selection import train_test_split
from sklearn.neural_network import MLPClassifier
from    sklearn.metrics    import    log_loss,    accuracy_score,    confusion_matrix,
classification_report
from sklearn.preprocessing import StandardScaler

# Load the digits dataset (multi-class classification)
```

```
digits = load_digits()
X, y = digits.data, digits.target

# Split the data into training and testing sets
X_train, X_test, y_train, y_test = train_test_split(X, y, test_size=0.3,
random_state=42)

# Scale the features
scaler = StandardScaler()
X_train_scaled = scaler.fit_transform(X_train)
X_test_scaled = scaler.transform(X_test)

# Create a neural network classifier for multi-class classification
mlp = MLPClassifier(hidden_layer_sizes=(100, 50), activation='relu', max_iter=1000,
                    solver='adam', random_state=42, early_stopping=True,
                    validation_fraction=0.1)

# Train the model
mlp.fit(X_train_scaled, y_train)

# Predict probabilities and compute categorical cross-entropy loss
y_pred_prob = mlp.predict_proba(X_test_scaled)
logloss = log_loss(y_test, y_pred_prob)
print(f"Categorical Cross-Entropy Loss: {logloss:.4f}")

# Compute and display accuracy
y_pred = mlp.predict(X_test_scaled)
accuracy = accuracy_score(y_test, y_pred)
print(f"Accuracy: {accuracy:.4f}")

# Display confusion matrix and classification report
conf_matrix = confusion_matrix(y_test, y_pred)
print("\\nConfusion Matrix:")
print(conf_matrix)
print("\\nClassification Report:")
print(classification_report(y_test, y_pred))

# Visualize learning curve
plt.figure(figsize=(10, 5))
plt.plot(mlp.loss_curve_, label='Training Loss')
plt.plot(mlp.validation_scores_, label='Validation Score')
plt.xlabel('Iterations')
plt.ylabel('Loss / Score')
plt.title('Learning Curve')
plt.legend()
plt.show()

# Visualize confusion matrix
plt.figure(figsize=(10, 8))
plt.imshow(conf_matrix, interpolation='nearest', cmap=plt.cm.Blues)
plt.title('Confusion Matrix')
plt.colorbar()
```

```
tick_marks = np.arange(10)
plt.xticks(tick_marks, digits.target_names)
plt.yticks(tick_marks, digits.target_names)
plt.xlabel('Predicted Label')
plt.ylabel('True Label')
plt.tight_layout()
plt.show()

# Visualize some predictions
n_samples = 5
fig, axes = plt.subplots(2, n_samples, figsize=(12, 5))
for i in range(n_samples):
    idx = np.random.randint(len(X_test))
    axes[0, i].imshow(X_test[idx].reshape(8, 8), cmap=plt.cm.gray_r)
    axes[0, i].axis('off')
    axes[0, i].set_title(f'True: {y_test[idx]}')
    axes[1, i].imshow(X_test[idx].reshape(8, 8), cmap=plt.cm.gray_r)
    axes[1, i].axis('off')
    axes[1, i].set_title(f'Pred: {y_pred[idx]}')
plt.tight_layout()
plt.show()
```

Analysons cet exemple de code :

- Préparation et prétraitement des données :
    - Nous utilisons le jeu de données digits de sklearn, qui constitue un problème de classification multi-classes (10 classes, chiffres 0-9).
    - Les données sont divisées en ensembles d'entraînement et de test.
    - La mise à l'échelle des caractéristiques est appliquée à l'aide de StandardScaler pour normaliser les données d'entrée, ce qui est crucial pour les réseaux de neurones.
- Architecture du modèle :
    - Le MLPClassifier dispose désormais de deux couches cachées (100 et 50 neurones) pour une complexité accrue.
    - L'arrêt précoce est ajouté pour éviter le surapprentissage, avec une fraction de validation pour le suivi.
- Entraînement et évaluation du modèle :
    - Le modèle est entraîné sur les données d'entraînement mises à l'échelle.
    - Nous calculons la perte d'entropie croisée catégorielle et la précision comme précédemment.

  - De plus, nous calculons et affichons maintenant la matrice de confusion et le rapport de classification pour une évaluation plus complète.

- Visualisation :
  - Courbe d'apprentissage : Un graphique montrant comment la perte d'entraînement et le score de validation évoluent au fil des itérations, aidant à identifier les problèmes potentiels de surapprentissage ou de sous-apprentissage.
  - Visualisation de la matrice de confusion : Une carte de chaleur de la matrice de confusion, fournissant un résumé visuel des performances de classification du modèle pour toutes les classes.
  - Échantillons de prédictions : Nous visualisons quelques échantillons de test aléatoires, montrant à la fois les étiquettes réelles et les prédictions du modèle, ce qui aide à comprendre où le modèle pourrait faire des erreurs.

Cet exemple de code offre une approche complète de la classification multi-classes utilisant des réseaux de neurones. Il intègre un prétraitement approprié, une évaluation détaillée du modèle et des visualisations pertinentes qui mettent en lumière les performances et le comportement du modèle. Cette approche approfondie permet une meilleure compréhension de la façon dont le modèle classifie différentes catégories et identifie les domaines potentiels d'amélioration. De telles connaissances sont cruciales pour le développement et l'amélioration des applications d'apprentissage automatique du monde réel.

1.4.4. Fonction de perte Hinge

La **fonction de perte Hinge** est principalement utilisée dans l'entraînement des **Machines à Vecteurs de Support (SVM)**, une classe d'algorithmes d'apprentissage automatique puissants connus pour leur efficacité dans les tâches de classification. Bien que traditionnellement associée aux SVM, la fonction de perte Hinge a trouvé des applications au-delà de son domaine d'origine et peut être efficacement appliquée aux réseaux de neurones dans des scénarios spécifiques, particulièrement pour les tâches de classification binaire.

La polyvalence de la fonction de perte Hinge découle de ses propriétés uniques. Contrairement à d'autres fonctions de perte qui se concentrent uniquement sur l'exactitude des prédictions, la fonction de perte Hinge introduit le concept de marge. Cette marge représente une région autour de la frontière de décision où le modèle est encouragé à faire des prédictions confiantes. En pénalisant non seulement les classifications erronées mais aussi les classifications correctes qui tombent dans cette marge, la fonction de perte Hinge favorise le développement de modèles plus robustes et généralisables.

Dans le contexte des réseaux de neurones, la fonction de perte Hinge peut être particulièrement utile lorsqu'il s'agit de problèmes de classification binaire où une séparation claire entre les classes est souhaitée. Elle encourage le réseau à apprendre des frontières de décision qui maximisent la marge entre les classes, conduisant potentiellement à de meilleures performances de généralisation. Cette propriété fait de la fonction de perte Hinge une option attrayante pour les scénarios où l'accent est mis sur la création d'un modèle qui non seulement classifie correctement, mais le fait avec un haut degré de confiance.

La fonction de perte Hinge est définie comme :

$$L = max(0,1 - y_i \cdot \hat{y}_i)$$

Où :

- y_i est l'étiquette réelle (-1 ou 1),
- $\hat{y}_i$ est la valeur prédite.

La fonction de perte Hinge pénalise les prédictions qui sont incorrectes ou proches de la frontière de décision, ce qui la rend utile pour les tâches où une marge entre les classes est souhaitée.

Exemple : Fonction de perte Hinge dans les réseaux de neurones

Implémentons un problème de classification binaire en utilisant la fonction de perte Hinge dans un réseau de neurones.

```
import numpy as np
import matplotlib.pyplot as plt
from sklearn.datasets import make_classification
from sklearn.model_selection import train_test_split
from sklearn.preprocessing import StandardScaler
from tensorflow.keras.models import Sequential
from tensorflow.keras.layers import Dense
from tensorflow.keras.optimizers import Adam
from tensorflow.keras import backend as K

# Custom hinge loss function
def hinge_loss(y_true, y_pred):
    return K.mean(K.maximum(1. - y_true * y_pred, 0.), axis=-1)

# Generate binary classification dataset
X, y = make_classification(n_samples=1000, n_features=2, n_redundant=0,
                           n_informative=2, random_state=42, n_clusters_per_class=1)
y = 2*y - 1  # Convert labels to -1 and 1

# Split the data
X_train, X_test, y_train, y_test = train_test_split(X, y, test_size=0.2,
random_state=42)

# Scale the features
scaler = StandardScaler()
X_train_scaled = scaler.fit_transform(X_train)
X_test_scaled = scaler.transform(X_test)

# Create the model
```

```
model = Sequential([
    Dense(64, activation='relu', input_shape=(2,)),
    Dense(32, activation='relu'),
    Dense(1, activation='tanh')
])

# Compile the model with hinge loss
model.compile(optimizer=Adam(learning_rate=0.001),                              loss=hinge_loss,
metrics=['accuracy'])

# Train the model
history = model.fit(X_train_scaled, y_train, epochs=100, batch_size=32,
                    validation_split=0.2, verbose=0)

# Evaluate the model
test_loss, test_accuracy = model.evaluate(X_test_scaled, y_test)
print(f"Test Loss: {test_loss:.4f}")
print(f"Test Accuracy: {test_accuracy:.4f}")

# Plot decision boundary
def plot_decision_boundary(X, y, model, scaler):
    x_min, x_max = X[:, 0].min() - 0.5, X[:, 0].max() + 0.5
    y_min, y_max = X[:, 1].min() - 0.5, X[:, 1].max() + 0.5
    xx, yy = np.meshgrid(np.arange(x_min, x_max, 0.02),
                         np.arange(y_min, y_max, 0.02))
    Z = model.predict(scaler.transform(np.c_[xx.ravel(), yy.ravel()]))
    Z = Z.reshape(xx.shape)
    plt.figure(figsize=(10, 8))
    plt.contourf(xx, yy, Z, cmap=plt.cm.RdYlBu, alpha=0.8)
    plt.scatter(X[:, 0], X[:, 1], c=y, cmap=plt.cm.RdYlBu, edgecolors='black')
    plt.xlabel('Feature 1')
    plt.ylabel('Feature 2')
    plt.title('Decision Boundary with Hinge Loss')
    plt.show()

# Plot learning curves
plt.figure(figsize=(12, 5))
plt.subplot(1, 2, 1)
plt.plot(history.history['loss'], label='Training Loss')
plt.plot(history.history['val_loss'], label='Validation Loss')
plt.title('Model Loss')
plt.xlabel('Epoch')
plt.ylabel('Loss')
plt.legend()

plt.subplot(1, 2, 2)
plt.plot(history.history['accuracy'], label='Training Accuracy')
plt.plot(history.history['val_accuracy'], label='Validation Accuracy')
plt.title('Model Accuracy')
plt.xlabel('Epoch')
plt.ylabel('Accuracy')
plt.legend()
```

```
plt.tight_layout()
plt.show()

# Plot decision boundary
plot_decision_boundary(X, y, model, scaler)
```

Décomposons cet exemple de code :

1. Préparation des données :
   - Nous générons un ensemble de données synthétiques de classification binaire en utilisant make_classification.
   - Les étiquettes sont converties de 0/1 à -1/1, ce qui est typique pour la perte hinge.
   - Les données sont divisées en ensembles d'entraînement et de test, et les caractéristiques sont normalisées à l'aide de StandardScaler.
2. Fonction de perte Hinge personnalisée :
   - Nous définissons une fonction hinge_loss personnalisée en utilisant les opérations du backend de Keras.
   - La fonction calcule la moyenne du maximum entre 0 et (1 - y_true * y_pred).
3. Architecture du modèle :
   - Un réseau de neurones simple avec deux couches cachées (64 et 32 neurones) et une activation ReLU est créé.
   - La couche de sortie utilise l'activation tanh pour produire des valeurs entre -1 et 1.
4. Compilation et entraînement du modèle :
   - Le modèle est compilé en utilisant l'optimiseur Adam et notre fonction de perte hinge personnalisée.
   - Le modèle est entraîné pendant 100 époques avec une division de validation de 20%.
5. Évaluation :
   - La performance du modèle est évaluée sur l'ensemble de test, affichant la perte et la précision du test.
6. Visualisation :
   - Des courbes d'apprentissage sont tracées pour montrer la perte et la précision d'entraînement et de validation au fil des époques.

- Un graphique de frontière de décision est créé pour visualiser comment le modèle sépare les deux classes.

Cet exemple démontre comment implémenter la perte hinge dans un réseau de neurones pour la classification binaire. L'utilisation de la perte hinge encourage le modèle à trouver une frontière de décision avec une grande marge entre les classes, ce qui peut conduire à une meilleure généralisation dans certains cas. Les visualisations aident à comprendre le processus d'apprentissage du modèle et sa frontière de décision finale.

1.4.5. Fonctions de perte personnalisées

Dans de nombreux scénarios d'apprentissage automatique, les fonctions de perte prédéfinies peuvent ne pas capturer adéquatement les complexités de tâches spécifiques ou d'objectifs d'optimisation. C'est là que l'implémentation de **fonctions de perte personnalisées** devient cruciale. Les fonctions de perte personnalisées permettent aux chercheurs et aux praticiens d'adapter le processus d'apprentissage à leurs exigences uniques, potentiellement conduisant à une amélioration des performances du modèle et à des résultats plus significatifs.

La flexibilité de créer des fonctions de perte personnalisées est une fonctionnalité puissante offerte par la plupart des frameworks modernes d'apprentissage profond, notamment **Keras**, **PyTorch** et **TensorFlow**. Ces frameworks fournissent les outils et les API nécessaires pour que les utilisateurs définissent leurs propres fonctions de perte, permettant un haut degré de personnalisation dans le processus d'entraînement du modèle. Cette capacité est particulièrement précieuse dans des domaines spécialisés ou lorsqu'on traite des distributions de données non conventionnelles où les fonctions de perte standard peuvent être insuffisantes.

Les fonctions de perte personnalisées peuvent être conçues pour incorporer des connaissances spécifiques au domaine, équilibrer plusieurs objectifs ou répondre à des défis particuliers dans les données. Par exemple, dans l'analyse d'images médicales, une fonction de perte personnalisée pourrait être élaborée pour mettre davantage l'accent sur l'évitement des faux négatifs.

Dans le traitement du langage naturel, une fonction de perte sur mesure pourrait être développée pour capturer des similitudes sémantiques nuancées au-delà de ce que les métriques standard offrent. En permettant aux utilisateurs de définir des fonctions de perte basées sur les besoins spécifiques de leur application, ces frameworks donnent aux développeurs les moyens de repousser les limites du possible en apprentissage automatique et en intelligence artificielle.

Exemple : Fonction de perte personnalisée dans Keras

```
import tensorflow as tf
from tensorflow import keras
from tensorflow.keras import backend as K
import numpy as np
import matplotlib.pyplot as plt
```

```
# Custom loss function
def custom_loss(y_true, y_pred):
    # Example: Weighted MSE that penalizes underestimation more heavily
    error = y_true - y_pred
    return K.mean(K.square(error) * K.exp(K.abs(error)), axis=-1)

# Generate sample data
np.random.seed(42)
X = np.linspace(0, 10, 1000).reshape(-1, 1)
y = 2 * X + 1 + np.random.normal(0, 1, X.shape)

# Split data
split = int(0.8 * len(X))
X_train, X_test = X[:split], X[split:]
y_train, y_test = y[:split], y[split:]

# Define model
model = keras.Sequential([
    keras.layers.Dense(64, activation='relu', input_shape=(1,)),
    keras.layers.Dense(32, activation='relu'),
    keras.layers.Dense(1)
])

# Compile model with custom loss
model.compile(optimizer='adam', loss=custom_loss)

# Train model
history = model.fit(X_train, y_train, epochs=100, validation_split=0.2, verbose=0)

# Evaluate model
test_loss = model.evaluate(X_test, y_test)
print(f"Test Loss: {test_loss:.4f}")

# Plot results
plt.figure(figsize=(12, 4))

# Plot training history
plt.subplot(1, 2, 1)
plt.plot(history.history['loss'], label='Training Loss')
plt.plot(history.history['val_loss'], label='Validation Loss')
plt.title('Model Loss')
plt.xlabel('Epoch')
plt.ylabel('Loss')
plt.legend()

# Plot predictions
plt.subplot(1, 2, 2)
y_pred = model.predict(X)
plt.scatter(X, y, alpha=0.5, label='True')
plt.plot(X, y_pred, color='red', label='Predicted')
plt.title('Model Predictions')
plt.xlabel('X')
```

```
plt.ylabel('y')
plt.legend()

plt.tight_layout()
plt.show()
```

Cet exemple de code démontre l'implémentation et l'utilisation d'une fonction de perte personnalisée dans Keras. Analysons-le :

- Importations : Nous importons les bibliothèques nécessaires, notamment TensorFlow, Keras, NumPy et Matplotlib.
- Fonction de perte personnalisée : Nous définissons une fonction de perte personnalisée appelée custom_loss. Cette fonction implémente une Erreur Quadratique Moyenne (MSE) pondérée qui pénalise davantage la sous-estimation en utilisant un poids exponentiel.
- Génération de données : Nous créons des données synthétiques pour un problème simple de régression linéaire avec du bruit ajouté.
- Division des données : Les données sont divisées en ensembles d'entraînement et de test.
- Définition du modèle : Nous créons un réseau de neurones simple avec deux couches cachées.
- Compilation du modèle : Le modèle est compilé en utilisant l'optimiseur Adam et notre fonction de perte personnalisée.
- Entraînement du modèle : Nous entraînons le modèle sur les données d'entraînement, en utilisant une division de validation pour le suivi.
- Évaluation du modèle : Le modèle est évalué sur l'ensemble de test.
- Visualisation : Nous créons deux graphiques :
    - Un graphique de la perte d'entraînement et de validation au fil des époques.
    - Un nuage de points des données réelles et des prédictions du modèle.

Cet exemple montre comment implémenter et utiliser une fonction de perte personnalisée dans un scénario réel. La fonction de perte personnalisée dans ce cas est conçue pour pénaliser la sous-estimation plus lourdement que la surestimation, ce qui pourrait être utile dans des scénarios où sous-estimer la variable cible est plus coûteux que la surestimer.

En visualisant à la fois le processus d'entraînement et les prédictions finales, nous pouvons obtenir des informations sur la façon dont le modèle se comporte avec cette fonction de perte personnalisée. Cette approche permet d'affiner la fonction de perte pour mieux répondre aux exigences spécifiques du problème, ce qui peut potentiellement conduire à de meilleures performances du modèle dans des applications spécifiques à un domaine.

Exercices Pratiques Chapitre 1

Exercice 1 : Implémentation d'un Perceptron Simple

Tâche : Implémentez un perceptron pour la **porte logique ET**. Entraînez le perceptron en utilisant l'algorithme d'apprentissage du Perceptron et testez-le sur les mêmes données.

Entrée 1	Entrée 2	Sortie
0	0	0
0	1	0
1	0	0
1	1	1

Solution :

```
import numpy as np

class Perceptron:
    def __init__(self, learning_rate=0.01, n_iters=1000):
        self.learning_rate = learning_rate
        self.n_iters = n_iters
        self.weights = None
        self.bias = None

    def fit(self, X, y):
        n_samples, n_features = X.shape
        self.weights = np.zeros(n_features)
        self.bias = 0

        for _ in range(self.n_iters):
            for idx, x_i in enumerate(X):
                linear_output = np.dot(x_i, self.weights) + self.bias
                y_predicted = self.activation_function(linear_output)

                # Update rule
                update = self.learning_rate * (y[idx] - y_predicted)
                self.weights += update * x_i
                self.bias += update

    def activation_function(self, x):
```

```
        return np.where(x >= 0, 1, 0)

    def predict(self, X):
        linear_output = np.dot(X, self.weights) + self.bias
        return self.activation_function(linear_output)

# AND gate dataset
X = np.array([[0, 0], [0, 1], [1, 0], [1, 1]])
y = np.array([0, 0, 0, 1])

# Train Perceptron
perceptron = Perceptron(learning_rate=0.1, n_iters=10)
perceptron.fit(X, y)

# Test Perceptron
predictions = perceptron.predict(X)
print(f"Predictions: {predictions}")
```

Exercice 2 : Entraînement d'un Perceptron Multicouche (MLP)

Tâche : Entraînez un **perceptron multicouche (MLP)** sur la porte logique XOR. Utilisez le MLPClassifier de Scikit-learn et rapportez la précision.

Entrée 1	Entrée 2	Sortie
0	0	0
0	1	1
1	0	1
1	1	0

Solution :

```
from sklearn.neural_network import MLPClassifier
import numpy as np
from sklearn.metrics import accuracy_score

# XOR gate dataset
X = np.array([[0, 0], [0, 1], [1, 0], [1, 1]])
y = np.array([0, 1, 1, 0])

# Train MLP classifier
mlp = MLPClassifier(hidden_layer_sizes=(2,), max_iter=1000, random_state=42)
mlp.fit(X, y)

# Test the MLP and compute accuracy
```

```
predictions = mlp.predict(X)
accuracy = accuracy_score(y, predictions)
print(f"Accuracy: {accuracy:.2f}")
```

Exercice 3 : Descente de Gradient sur une Fonction Quadratique

Tâche : Implémentez la **descente de gradient** pour minimiser la fonction de perte quadratique suivante :

$$L(w) = w^2$$

Commencez avec un poids initial de w=10w = 10w=10 et un taux d'apprentissage de 0,1. Effectuez 20 itérations et tracez la courbe de perte.

Solution :

```
import numpy as np
import matplotlib.pyplot as plt

# Define loss function (quadratic) and its gradient
def loss_function(w):
    return w**2

def gradient(w):
    return 2 * w

# Gradient descent parameters
learning_rate = 0.1
n_iterations = 20
w = 10  # Initial weight

# Store weights and losses
weights = [w]
losses = [loss_function(w)]

# Perform gradient descent
for i in range(n_iterations):
    grad = gradient(w)
    w = w - learning_rate * grad
    weights.append(w)
    losses.append(loss_function(w))

# Plot the loss curve
plt.plot(range(n_iterations + 1), losses, marker='o')
plt.xlabel("Iteration")
plt.ylabel("Loss")
plt.title("Gradient Descent Minimizing Loss Function")
plt.show()
```

Exercice 4 : Rétropropagation avec le MLP de Scikit-learn

Tâche : Entraînez un **perceptron multicouche (MLP)** sur le **jeu de données digits** en utilisant le MLPClassifier de Scikit-learn et rapportez la précision sur l'ensemble de test. Le modèle doit utiliser la rétropropagation pour ajuster les poids.

Solution :

```
from sklearn.datasets import load_digits
from sklearn.model_selection import train_test_split
from sklearn.neural_network import MLPClassifier
from sklearn.metrics import accuracy_score

# Load digits dataset (multi-class classification)
digits = load_digits()
X = digits.data
y = digits.target

# Split the data into training and testing sets
X_train, X_test, y_train, y_test = train_test_split(X, y, test_size=0.3,
random_state=42)

# Train MLP classifier
mlp = MLPClassifier(hidden_layer_sizes=(100,), max_iter=1000, solver='adam',
random_state=42)
mlp.fit(X_train, y_train)

# Test the MLP and compute accuracy
y_pred = mlp.predict(X_test)
accuracy = accuracy_score(y_test, y_pred)
print(f"Test Accuracy: {accuracy:.2f}")
```

Exercice 5 : Application de la régularisation L2 (Ridge) à un réseau de neurones

Tâche : Entraînez un réseau de neurones avec **régularisation L2** (Ridge) sur le **jeu de données moons** en utilisant le MLPClassifier de Scikit-learn. Rapportez la précision sur l'ensemble de test et observez comment la régularisation L2 affecte le surapprentissage.

Solution :

```
from sklearn.datasets import make_moons
from sklearn.model_selection import train_test_split
from sklearn.neural_network import MLPClassifier
from sklearn.metrics import accuracy_score

# Generate moons dataset (binary classification)
X, y = make_moons(n_samples=500, noise=0.20, random_state=42)

# Split the data into training and testing sets
X_train, X_test, y_train, y_test = train_test_split(X, y, test_size=0.3,
random_state=42)
```

```
# Train MLP classifier with L2 regularization (alpha controls regularization strength)
mlp = MLPClassifier(hidden_layer_sizes=(100,), alpha=0.01, max_iter=1000,
solver='adam', random_state=42)
mlp.fit(X_train, y_train)

# Test the MLP and compute accuracy
y_pred = mlp.predict(X_test)
accuracy = accuracy_score(y_test, y_pred)
print(f"Test Accuracy with L2 Regularization: {accuracy:.2f}")
```

Exercice 6 : Implémentation de la perte d'entropie croisée binaire

Tâche : Implémentez manuellement la fonction de perte d'entropie croisée binaire et utilisez-la pour calculer la perte pour les points de données suivants :

- Étiquette réelle : $y = 1$, Probabilité prédite : $\hat{y} = 0.9$
- Étiquette réelle : $y = 0$, Probabilité prédite : $\hat{y} = 0.3$

Solution :

```
import numpy as np

# Binary cross-entropy loss function
def binary_crossentropy(y_true, y_pred):
    return -(y_true * np.log(y_pred) + (1 - y_true) * np.log(1 - y_pred))

# Example data
y_true_1 = 1
y_pred_1 = 0.9
y_true_2 = 0
y_pred_2 = 0.3

# Compute binary cross-entropy loss for each case
loss_1 = binary_crossentropy(y_true_1, y_pred_1)
loss_2 = binary_crossentropy(y_true_2, y_pred_2)

print(f"Binary Cross-Entropy Loss (y=1, y_pred=0.9): {loss_1:.4f}")
print(f"Binary Cross-Entropy Loss (y=0, y_pred=0.3): {loss_2:.4f}")
```

En complétant ces exercices, vous acquerrez une expérience pratique dans la construction et l'entraînement des réseaux de neurones, ainsi que dans l'application des techniques de régularisation pour améliorer la généralisation des modèles.

Résumé du Chapitre 1

Dans le **Chapitre 1**, nous avons exploré les concepts fondamentaux des **réseaux de neurones** et de l'**apprentissage profond**, en commençant par les éléments de base qui rendent ces technologies si puissantes dans l'intelligence artificielle moderne. Ce chapitre a servi d'introduction aux réseaux de neurones en couvrant leur architecture, leurs processus d'apprentissage et les différents défis qui surgissent pendant l'entraînement.

Nous avons commencé avec le **Perceptron**, la forme la plus simple d'un réseau de neurones. Le perceptron est un classificateur linéaire qui tente de trouver une frontière pour séparer deux classes de données. Bien que puissant pour les problèmes linéairement séparables, le perceptron présente des limitations, notamment son incapacité à résoudre des problèmes non linéaires, comme le problème XOR. Cela nous a conduit à introduire le **Perceptron Multicouche (MLP)**, une architecture de réseau neuronal plus complexe capable de gérer des relations non linéaires. Le MLP ajoute une ou plusieurs **couches cachées** entre les couches d'entrée et de sortie, lui permettant d'apprendre des motifs plus complexes en utilisant des fonctions d'activation non linéaires comme **ReLU**.

Ensuite, nous avons approfondi l'algorithme de **rétropropagation** et la **descente de gradient**, les mécanismes fondamentaux qui permettent aux réseaux de neurones d'apprendre. La rétropropagation calcule efficacement les gradients de la fonction de perte par rapport aux paramètres du réseau et ajuste les poids par descente de gradient pour minimiser la perte. Nous avons également discuté des différentes variantes de la descente de gradient, comme la **descente de gradient stochastique (SGD)** et la **descente de gradient par mini-lots**, qui améliorent l'efficacité et la vitesse d'entraînement, particulièrement sur de grands ensembles de données.

Nous avons ensuite exploré les **optimiseurs**, qui jouent un rôle crucial dans l'amélioration de la convergence des réseaux de neurones. Des algorithmes comme **Momentum**, **RMSprop** et **Adam** améliorent la descente de gradient en adaptant le taux d'apprentissage ou en lissant le processus d'optimisation, aidant les réseaux de neurones à converger plus rapidement et à échapper aux minima locaux.

Le chapitre a également abordé les défis courants du **surapprentissage** et du **sous-apprentissage**. Le surapprentissage se produit lorsqu'un modèle performe bien sur les données d'entraînement mais médiocrement sur des données inédites, tandis que le sous-apprentissage se produit lorsque le modèle est trop simple pour capturer les motifs sous-jacents dans les données. Pour atténuer ces problèmes, nous avons introduit plusieurs **techniques de régularisation**, notamment la **régularisation L2 (Ridge)**, la **régularisation L1 (Lasso)**, le **dropout** et l'**arrêt précoce**. Ces techniques aident à contrôler la complexité du modèle et améliorent la généralisation en pénalisant les modèles trop complexes ou en arrêtant l'entraînement avant que le surapprentissage ne se produise.

Enfin, nous avons discuté de diverses **fonctions de perte**, qui servent d'objectif aux réseaux de neurones à minimiser pendant l'entraînement. L'**erreur quadratique moyenne (MSE)** est utilisée pour les tâches de régression, tandis que l'**entropie croisée binaire** et l'**entropie croisée catégorielle** sont largement utilisées respectivement pour les tâches de classification binaire et multi-classes. Comprendre comment ces fonctions de perte fonctionnent est essentiel pour sélectionner celle qui convient à une tâche donnée et garantir que le réseau puisse apprendre efficacement à partir des données.

En conclusion, ce chapitre a posé les bases pour comprendre les réseaux de neurones et leur processus d'entraînement. En maîtrisant ces concepts fondamentaux, vous êtes maintenant prêt à explorer des architectures de réseaux de neurones plus avancées et des techniques d'apprentissage profond, qui seront couvertes dans les chapitres suivants. La maîtrise de ces sujets vous permettra de construire des modèles puissants capables de résoudre des problèmes complexes du monde réel.

Chapitre 2 : Apprentissage profond avec TensorFlow 2.x

TensorFlow, un framework d'apprentissage profond open-source développé par Google, permet aux développeurs de construire et d'entraîner des modèles d'apprentissage automatique sophistiqués grâce à sa structure flexible de graphe computationnel. Cet outil puissant a révolutionné le domaine de l'intelligence artificielle et de l'apprentissage automatique.

TensorFlow 2.x, la dernière itération majeure, introduit une pléthore d'améliorations par rapport à ses prédécesseurs, améliorant considérablement l'expérience des développeurs. En adoptant un style de programmation impératif avec exécution immédiate, il s'aligne davantage sur les pratiques Python standard, le rendant nettement plus intuitif et convivial tant pour les novices que pour les praticiens expérimentés.

Ce chapitre explore en profondeur les composants fondamentaux de TensorFlow, offrant une exploration complète de ses éléments essentiels. Nous vous guiderons à travers le processus complexe de création de modèles robustes, de définition d'architectures de couches complexes et de manipulation efficace de divers ensembles de données.

Notre objectif est de vous doter d'une compréhension approfondie des capacités et des meilleures pratiques de TensorFlow. À la fin de ce chapitre, vous aurez acquis une base solide et étendue, vous permettant d'aborder avec confiance la construction de modèles d'apprentissage profond sophistiqués et puissants en utilisant TensorFlow. Ces connaissances serviront de tremplin pour vos futures initiatives dans le domaine de l'intelligence artificielle et de l'apprentissage automatique.

2.1 Introduction à TensorFlow 2.x

TensorFlow 2.x est un framework robuste et polyvalent spécifiquement conçu pour le développement et le déploiement de modèles d'apprentissage automatique en environnement de production. À sa base, il offre une API de haut niveau connue sous le nom de **Keras**, qui simplifie considérablement le processus de création et d'entraînement des modèles. Cette interface conviviale permet aux développeurs de prototyper et d'itérer rapidement sur leurs idées, la rendant accessible tant aux débutants qu'aux praticiens expérimentés.

Alors que Keras offre une approche simplifiée, TensorFlow 2.x conserve également la flexibilité nécessaire pour explorer des personnalisations de plus bas niveau. Cette double nature permet aux développeurs d'exploiter des composants préfabriqués pour un développement rapide tout en conservant la possibilité d'affiner et d'optimiser leurs modèles à un niveau granulaire si nécessaire.

Le framework repose sur plusieurs composants clés qui forment sa fondation :

1. Tenseurs

Ce sont les éléments fondamentaux de TensorFlow, servant de structure de données principale. Les tenseurs sont essentiellement des tableaux multidimensionnels, similaires dans leur concept aux tableaux NumPy, mais avec plusieurs améliorations clés :

- Accélération GPU : Les tenseurs sont optimisés pour exploiter les capacités de traitement parallèle des GPU, permettant des calculs nettement plus rapides sur de grands ensembles de données.
- Calcul distribué : Les opérations sur les tenseurs de TensorFlow peuvent être facilement distribuées sur plusieurs appareils ou machines, permettant un traitement efficace d'ensembles de données massifs et de modèles complexes.
- Différentiation automatique : Les tenseurs dans TensorFlow prennent en charge la différentiation automatique, ce qui est crucial pour implémenter la rétropropagation dans les réseaux de neurones.
- Polyvalence : Ils peuvent représenter divers types de données, des scalaires simples aux matrices multidimensionnelles complexes. Cette flexibilité permet aux tenseurs de gérer différents types d'entrées et de sorties dans les modèles d'apprentissage automatique, tels que :
    - Scalaires : Valeurs numériques uniques (par exemple, un score de prédiction unique)
    - Vecteurs : Tableaux unidimensionnels (par exemple, une liste de caractéristiques)
    - Matrices : Tableaux bidimensionnels (par exemple, des images en niveaux de gris ou des données de séries temporelles)
    - Tenseurs de dimensions supérieures : Pour des structures de données plus complexes (par exemple, des images couleur, des données vidéo ou des lots d'échantillons)
- Évaluation paresseuse : TensorFlow utilise une stratégie d'évaluation paresseuse, où les opérations sur les tenseurs ne sont pas immédiatement exécutées mais sont plutôt intégrées dans un graphe computationnel. Cela permet l'optimisation de l'ensemble du calcul avant l'exécution.

Cette combinaison de fonctionnalités rend les tenseurs incroyablement puissants et efficaces pour gérer les tâches diverses et gourmandes en ressources computationnelles requises dans les applications modernes d'apprentissage automatique et d'apprentissage profond.

2. Opérations (Ops)

Ce sont les fonctions fondamentales qui manipulent les tenseurs, formant l'épine dorsale de tous les calculs dans TensorFlow. Les opérations dans TensorFlow englobent un large spectre de fonctionnalités :

Opérations mathématiques de base : TensorFlow prend en charge un ensemble complet d'opérations arithmétiques fondamentales, permettant une manipulation fluide des tenseurs. Ces opérations comprennent l'addition, la soustraction, la multiplication et la division, permettant des calculs sans effort comme la somme de deux tenseurs ou la mise à l'échelle d'un tenseur par une valeur scalaire. L'implémentation efficace du framework garantit que ces opérations sont effectuées avec une vitesse et une précision optimales, même sur des ensembles de données à grande échelle.

Fonctions mathématiques avancées : Au-delà de l'arithmétique de base, TensorFlow offre une suite étendue de fonctions mathématiques sophistiquées. Cela inclut une large gamme d'opérations trigonométriques (sinus, cosinus, tangente et leurs inverses), des fonctions exponentielles et logarithmiques pour des calculs complexes, et des opérations statistiques robustes comme la moyenne, la médiane, l'écart-type et la variance. Ces fonctions avancées permettent aux développeurs d'implémenter des modèles mathématiques complexes et d'effectuer des analyses de données intriquées directement au sein de l'écosystème TensorFlow.

Opérations d'algèbre linéaire : TensorFlow excelle dans la gestion des calculs d'algèbre linéaire, qui constituent la base de nombreux algorithmes d'apprentissage automatique. Le framework fournit des implémentations hautement optimisées d'opérations cruciales comme la multiplication matricielle, la transposition et les calculs d'inverses. Ces opérations sont particulièrement vitales dans les scénarios d'apprentissage profond où les manipulations matricielles à grande échelle sont monnaie courante. La gestion efficace de ces opérations par TensorFlow contribue significativement à la performance des modèles traitant des données de haute dimension.

Opérations de réseaux de neurones : Répondant spécifiquement aux besoins des praticiens de l'apprentissage profond, TensorFlow incorpore un riche ensemble d'opérations spécialisées pour les réseaux de neurones. Cela inclut un éventail diversifié de fonctions d'activation telles que ReLU (Unité Linéaire Rectifiée), sigmoïde et tangente hyperbolique (tanh), chacune servant différents objectifs dans les architectures de réseaux de neurones. De plus, le framework prend en charge des opérations avancées comme les convolutions pour les tâches de traitement d'image et diverses opérations de pooling (max pooling, average pooling) pour l'extraction de caractéristiques et la réduction de dimensionnalité dans les réseaux de neurones convolutifs.

Calcul de gradient : L'une des fonctionnalités les plus puissantes et distinctives de TensorFlow est sa capacité à effectuer une différentiation automatique. Cette fonctionnalité permet au framework de calculer les gradients de fonctions complexes par rapport à leurs entrées, une capacité fondamentale pour l'entraînement des réseaux de neurones par rétropropagation. Le moteur de différentiation automatique de TensorFlow est hautement optimisé, permettant des calculs de gradients efficaces même pour des architectures de modèles volumineuses et complexes, facilitant ainsi l'entraînement de réseaux de neurones profonds sur des ensembles de données massifs.

Opérations personnalisées : Reconnaissant les besoins divers de la communauté d'apprentissage automatique, TensorFlow offre la flexibilité aux utilisateurs de définir et d'implémenter leurs propres opérations personnalisées. Cette fonctionnalité puissante permet aux développeurs d'étendre les capacités du framework, en implémentant des algorithmes novateurs ou des calculs spécialisés qui pourraient ne pas être disponibles dans la bibliothèque standard. Les opérations personnalisées peuvent être écrites dans des langages de haut niveau comme Python pour un prototypage rapide, ou dans des langages de plus bas niveau comme C++ ou CUDA pour l'accélération GPU, permettant aux développeurs d'optimiser les performances pour des cas d'utilisation spécifiques.

Opérations de flux de contrôle : TensorFlow prend en charge une gamme d'opérations de flux de contrôle, y compris des instructions conditionnelles et des structures de boucle. Ces opérations permettent la création de graphes de calcul dynamiques qui peuvent s'adapter et changer en fonction des données d'entrée ou des résultats intermédiaires. Cette flexibilité est cruciale pour implémenter des algorithmes complexes qui nécessitent des processus de prise de décision ou des calculs itératifs au sein du modèle. En incorporant des opérations de flux de contrôle, TensorFlow permet le développement de modèles d'apprentissage automatique plus sophistiqués et adaptatifs capables de gérer une grande variété de scénarios de données et de tâches d'apprentissage.

L'ensemble étendu d'opérations prédéfinies, combiné à la capacité de créer des opérations personnalisées, fournit aux développeurs les outils nécessaires pour implémenter pratiquement n'importe quel algorithme d'apprentissage automatique ou tâche computationnelle. Cette flexibilité et cette puissance font de TensorFlow un framework polyvalent adapté à un large éventail d'applications, de la simple régression linéaire aux modèles d'apprentissage profond complexes.

3. Graphes

Dans TensorFlow, les graphes représentent la structure des calculs, servant de plan directeur pour la façon dont les données circulent à travers un modèle. Bien que TensorFlow 2.x ait évolué vers une exécution immédiate par défaut (où les opérations sont exécutées instantanément), le concept de graphes computationnels reste crucial pour plusieurs raisons :

Optimisation des performances : Les graphes permettent à TensorFlow de mener une analyse complète de l'ensemble de la structure computationnelle avant l'exécution. Cette perspective holistique facilite une gamme d'optimisations, notamment :

- Fusion d'opérations : Cette technique implique la fusion de plusieurs opérations distinctes en une seule opération plus rationalisée. En réduisant le nombre total de calculs individuels, la fusion d'opérations peut considérablement améliorer la vitesse et l'efficacité du traitement.

- Gestion de la mémoire : Les graphes permettent des stratégies sophistiquées d'allocation et de libération de mémoire pour les résultats intermédiaires. Cette optimisation assure une utilisation efficace des ressources mémoire disponibles, réduisant les goulots d'étranglement et améliorant les performances globales.

- Parallélisation : La structure du graphe permet à TensorFlow d'identifier les opérations qui peuvent être exécutées simultanément. En exploitant les capacités de traitement parallèle, le système peut réduire considérablement le temps de calcul, en particulier pour les modèles complexes avec de multiples opérations indépendantes.

- Analyse du flux de données : Les graphes facilitent le suivi des dépendances de données entre les opérations, permettant une planification intelligente des calculs et minimisant les transferts de données inutiles.

- Optimisations spécifiques au matériel : La représentation sous forme de graphe permet à TensorFlow de mapper les opérations sur du matériel spécialisé (comme les GPU ou les TPU) de manière plus efficace, tirant pleinement parti de leurs caractéristiques architecturales uniques.

Entraînement distribué : Les graphes servent d'outil puissant pour distribuer les calculs sur plusieurs appareils ou machines, permettant l'entraînement de modèles à grande échelle qui ne tiendraient pas sur un seul appareil. Ils fournissent une représentation claire des dépendances de données, ce qui offre plusieurs avantages clés :

- Partitionnement efficace du modèle : Les graphes permettent un partitionnement intelligent du modèle sur différentes unités matérielles, optimisant l'utilisation des ressources et permettant l'entraînement de modèles qui dépassent la capacité mémoire d'un seul appareil.

- Communication rationalisée entre composants : En exploitant la structure du graphe, TensorFlow peut optimiser les schémas de communication entre les composants distribués, réduisant les surcharges réseau et améliorant la vitesse d'entraînement globale.

- Stratégies avancées de parallélisme de données : Les graphes facilitent la mise en œuvre de techniques sophistiquées de parallélisme de données, telles que le parallélisme de pipeline et le parallélisme de modèle, permettant une mise à l'échelle plus efficace de l'entraînement sur plusieurs appareils ou nœuds.

- Synchronisation et cohérence : La structure du graphe aide à maintenir la synchronisation et la cohérence entre les composants distribués, garantissant que toutes les parties du modèle sont mises à jour correctement et de manière cohérente tout au long du processus d'entraînement.

Accélération matérielle : La structure du graphe permet à TensorFlow de mapper efficacement les calculs sur du matériel spécialisé comme les GPU (Graphics Processing Units) et les TPU (Tensor Processing Units). Ce processus sophistiqué de mappage offre plusieurs avantages clés :

- Gestion optimisée de la mémoire : Elle rationalise les transferts de données entre le CPU et les dispositifs accélérateurs, minimisant la latence et maximisant le débit.
- Optimisations spécifiques au matériel : Le système peut exploiter les fonctionnalités uniques et les jeux d'instructions des différents accélérateurs, adaptant les opérations pour des performances optimales sur chaque plateforme.
- Vitesse d'exécution améliorée : En distribuant intelligemment les calculs sur les ressources matérielles disponibles, TensorFlow augmente significativement la vitesse de traitement globale sur une gamme diversifiée de plateformes informatiques.
- Équilibrage dynamique de charge : La structure du graphe permet une distribution adaptative de la charge de travail, assurant une utilisation optimale de toutes les ressources matérielles disponibles.
- Exécution parallèle : Les opérations complexes peuvent être décomposées et exécutées simultanément sur plusieurs cœurs d'accélérateur, réduisant considérablement le temps de calcul pour les modèles à grande échelle.

Sérialisation et déploiement de modèles : Les graphes fournissent une représentation portable et efficace du modèle, offrant plusieurs avantages clés pour les applications pratiques :

- Persistance efficace des modèles : Les graphes permettent de sauvegarder et de charger des modèles de manière rationalisée, préservant à la fois la structure et les paramètres avec une surcharge minimale. Cela facilite l'itération rapide des modèles et le contrôle de version pendant le développement.
- Déploiement fluide en production : La représentation basée sur les graphes permet une transition en douceur des environnements de développement vers les environnements de production. Elle encapsule toutes les informations nécessaires à l'exécution du modèle, assurant la cohérence à travers différents scénarios de déploiement.

- Service de modèles multiplateforme : Les graphes agissent comme un langage universel pour la représentation des modèles, permettant un déploiement flexible sur diverses plateformes et configurations matérielles. Cette portabilité simplifie le processus de service des modèles dans divers environnements informatiques, des services cloud aux appareils en périphérie.
- Inférence optimisée : La structure du graphe permet diverses optimisations lors du déploiement, comme l'élagage d'opérations inutiles ou la fusion de plusieurs opérations, conduisant à une vitesse d'inférence améliorée et une consommation réduite de ressources dans les environnements de production.

Bien que l'exécution immédiate soit maintenant la valeur par défaut dans TensorFlow 2.x, offrant une facilité d'utilisation et de débogage améliorée, le concept de graphe reste une partie essentielle de l'architecture de TensorFlow. Les utilisateurs avancés peuvent toujours tirer parti des graphes pour des applications critiques en termes de performances ou lors du travail avec des systèmes complexes et distribués. Le décorateur @tf.function dans TensorFlow 2.x permet aux développeurs de passer facilement entre l'exécution immédiate et le mode graphe, combinant le meilleur des deux mondes.

4. API Keras

L'API Keras est une pierre angulaire de TensorFlow 2.x, servant d'interface principale pour la création et l'entraînement de modèles d'apprentissage profond. Cette API de réseaux de neurones de haut niveau a été entièrement intégrée à TensorFlow, offrant une approche conviviale et intuitive pour la construction de systèmes complexes d'apprentissage automatique.

Les caractéristiques clés de l'API Keras incluent :

- **Interface cohérente et intuitive** : Keras fournit une API uniforme qui permet aux utilisateurs de construire rapidement des modèles en utilisant des couches et des architectures prédéfinies. Cette cohérence à travers différents types de modèles simplifie la courbe d'apprentissage et améliore la productivité.
- **Définitions de modèles flexibles** : Keras prend en charge deux principaux types de définitions de modèles :
    - *Modèles séquentiels* : Ce sont des empilements linéaires de couches, idéaux pour les architectures simples où chaque couche possède exactement un tenseur d'entrée et un tenseur de sortie.
    - *Modèles fonctionnels* : Ils permettent des topologies plus complexes, permettant la création de modèles avec une topologie non linéaire, des couches partagées, et des entrées ou sorties multiples.

Cette flexibilité répond à un large éventail d'architectures de modèles, des réseaux feed-forward simples aux modèles à branches multiples complexes.

- **Couches et modèles prédéfinis** : Keras est fourni avec un riche ensemble de couches prédéfinies (comme Dense, Conv2D, LSTM) et de modèles complets (comme VGG, ResNet, BERT) qui peuvent être facilement personnalisés et combinés.
- **Support intégré pour les tâches courantes** : L'API inclut des outils complets pour :
    - *Prétraitement des données* : Utilitaires pour l'augmentation d'images, la tokenisation de texte et le remplissage de séquences.
    - *Évaluation de modèles* : Méthodes faciles à utiliser pour évaluer les performances des modèles avec diverses métriques.
    - *Prédiction* : Interfaces rationalisées pour faire des prédictions sur de nouvelles données.

Ces fonctionnalités intégrées font de Keras un outil complet pour les flux de travail d'apprentissage automatique de bout en bout, réduisant le besoin de bibliothèques externes et simplifiant le processus de développement.

- **Personnalisation et extensibilité** : Bien que Keras fournisse de nombreux composants préconçus, il permet également une personnalisation facile. Les utilisateurs peuvent créer des couches personnalisées, des fonctions de perte et des métriques, permettant l'implémentation d'architectures et de techniques novatrices.
- **Intégration avec l'écosystème TensorFlow** : Étant pleinement intégré à TensorFlow 2.x, Keras fonctionne harmonieusement avec d'autres modules TensorFlow comme tf.data pour les pipelines d'entrée et tf.distribute pour l'entraînement distribué.

La combinaison de simplicité et de puissance de l'API Keras en fait un excellent choix tant pour les débutants que pour les praticiens expérimentés dans le domaine de l'apprentissage profond. Son intégration dans TensorFlow 2.x a considérablement rationalisé le processus de construction, d'entraînement et de déploiement de modèles d'apprentissage automatique sophistiqués.

Ces composants fondamentaux fonctionnent en harmonie pour fournir un environnement puissant, flexible et convivial pour développer des solutions d'apprentissage automatique. Que vous construisiez un simple modèle de régression linéaire ou une architecture d'apprentissage profond complexe, TensorFlow 2.x offre les outils et les abstractions nécessaires pour donner vie à vos idées de manière efficace et performante.

2.1.1 Installation de TensorFlow 2.x

Avant de pouvoir commencer à travailler avec TensorFlow, vous devez l'installer sur votre système. TensorFlow est une bibliothèque open-source puissante pour l'apprentissage automatique et l'apprentissage profond, développée par Google. Elle est conçue pour être flexible et efficace, capable de fonctionner sur diverses plateformes, notamment les CPU, les GPU et même les appareils mobiles.

La façon la plus simple d'installer TensorFlow est via pip, le gestionnaire de paquets de Python. Voici la commande à utiliser :

```
pip install tensorflow
```

Cette commande téléchargera et installera la dernière version stable de TensorFlow, ainsi que ses dépendances. Il est important de noter que TensorFlow existe en versions CPU et GPU. La commande ci-dessus installe la version CPU par défaut. Si vous disposez d'un GPU NVIDIA compatible et souhaitez exploiter sa puissance pour des calculs plus rapides, vous devrez installer séparément la version GPU.

Une fois le processus d'installation terminé, il est crucial de vérifier que TensorFlow a été correctement installé et fonctionne comme prévu. Vous pouvez le faire en important la bibliothèque dans Python et en vérifiant sa version. Voici comment procéder :

```
import tensorflow as tf
print(f"Version TensorFlow : {tf.__version__}")
```

Lorsque vous exécutez ce code, il devrait afficher la version de TensorFlow que vous venez d'installer. Par exemple, vous pourriez voir quelque chose comme "Version TensorFlow : 2.6.0". Le numéro de version est important car différentes versions de TensorFlow peuvent avoir des fonctionnalités et une syntaxe différentes.

Si vous voyez TensorFlow 2.x affiché comme version installée, cela confirme que vous avez correctement installé TensorFlow 2, qui introduit des améliorations significatives par rapport à son prédécesseur, notamment l'exécution immédiate par défaut et une intégration plus étroite avec Keras. Cela signifie que vous êtes maintenant prêt à construire et entraîner des modèles d'apprentissage automatique en utilisant les API puissantes et intuitives de TensorFlow.

N'oubliez pas que TensorFlow est une bibliothèque vaste et complexe. Bien que l'installation de base soit simple, vous pourriez avoir besoin d'installer des packages supplémentaires ou de configurer davantage votre environnement en fonction de vos besoins spécifiques et de la complexité de vos projets. Consultez toujours la documentation officielle de TensorFlow pour obtenir les instructions d'installation les plus récentes et des conseils de dépannage.

2.1.2 Travailler avec les Tenseurs dans TensorFlow

Au cœur de TensorFlow se trouvent les **tenseurs**, qui sont des tableaux multidimensionnels de données numériques. Ces structures de données polyvalentes constituent la base de tous les calculs dans TensorFlow, servant de principal moyen de représentation et de manipulation de l'information à travers le réseau neuronal.

TensorFlow exploite la puissance des tenseurs pour encapsuler et manipuler différents types de données qui circulent dans les réseaux neuronaux. Cette approche polyvalente permet une gestion efficace de :

- **Données d'entrée** : Informations brutes introduites dans le réseau, englobant une large gamme de formats tels que des images haute résolution, du texte en langage naturel ou des lectures en temps réel de capteurs provenant d'appareils IoT.
- **Paramètres du modèle** : Le réseau complexe de poids et de biais apprenables que le modèle ajuste et affine continuellement pendant le processus d'entraînement pour optimiser ses performances.
- **Activations intermédiaires** : Les sorties dynamiques des couches individuelles lorsque les données se propagent à travers le réseau, fournissant des aperçus des représentations internes apprises par le modèle.
- **Sorties finales** : L'aboutissement des calculs du réseau, se manifestant sous forme de prédictions, classifications ou autres types de résultats adaptés à la tâche spécifique.

La remarquable flexibilité des tenseurs leur permet de représenter des données à travers un spectre de complexité et de dimensionnalité, s'adaptant à divers besoins computationnels :

- **Tenseur 0D (Scalaire)** : Une unité fondamentale d'information, représentant une seule valeur numérique comme un comptage, un score de probabilité ou toute donnée atomique.
- **Tenseur 1D (Vecteur)** : Une séquence linéaire de nombres, idéale pour représenter des séries temporelles, des formes d'onde audio ou des rangées individuelles de pixels extraites d'une image.
- **Tenseur 2D (Matrice)** : Un tableau bidimensionnel de nombres, couramment utilisé pour représenter des images en niveaux de gris, des cartes de caractéristiques ou des ensembles de données structurés avec des lignes et des colonnes.
- **Tenseur 3D** : Une structure tridimensionnelle de nombres, fréquemment utilisée pour les images couleur (hauteur x largeur x canaux de couleur), les trames vidéo ou les séquences temporelles de données 2D.
- **Tenseur 4D et au-delà** : Des structures de données de dimensions supérieures capables de représenter des informations complexes et multimodales telles que des lots d'images, des séquences vidéo avec dimensions temporelles et spatiales, ou des architectures de réseaux neuronaux complexes.

Cette polyvalence dimensionnelle permet à TensorFlow de traiter et d'analyser efficacement une large gamme de types de données, des simples valeurs numériques aux ensembles de données complexes et multidimensionnels comme les flux vidéo ou les images médicales. En représentant toutes les données sous forme de tenseurs, TensorFlow fournit un cadre unifié pour construire et entraîner des modèles d'apprentissage automatique sophistiqués à travers diverses applications et domaines.

Création de Tenseurs

Vous pouvez créer des tenseurs dans TensorFlow de manière similaire à la création de tableaux dans NumPy. Voici quelques exemples :

Exemple 1 :

```
import tensorflow as tf

# Create a scalar tensor (0D tensor)
scalar = tf.constant(5)
print(f"Scalar: {scalar}")

# Create a vector (1D tensor)
vector = tf.constant([1, 2, 3])
print(f"Vector: {vector}")

# Create a matrix (2D tensor)
matrix = tf.constant([[1, 2], [3, 4]])
print(f"Matrix:\\\\n{matrix}")

# Create a 3D tensor
tensor_3d = tf.constant([[[1, 2], [3, 4]], [[5, 6], [7, 8]]])
print(f"3D Tensor:\\\\n{tensor_3d}")
```

Ce code démontre comment créer différents types de tenseurs dans TensorFlow. Analysons-le :

- Importation de TensorFlow : Le code commence par importer TensorFlow sous le nom 'tf'.
- Création d'un tenseur scalaire (tenseur 0D) : scalar = tf.constant(5) Cela crée un tenseur avec une seule valeur, 5.
- Création d'un vecteur (tenseur 1D) : vector = tf.constant([1, 2, 3]) Cela crée un tenseur unidimensionnel avec trois valeurs.
- Création d'une matrice (tenseur 2D) : matrix = tf.constant([[1, 2], [3, 4]]) Cela crée un tenseur bidimensionnel (matrice 2x2).
- Création d'un tenseur 3D : tensor_3d = tf.constant([[[1, 2], [3, 4]], [[5, 6], [7, 8]]]) Cela crée un tenseur tridimensionnel (2x2x2).

Le code imprime ensuite chacun de ces tenseurs pour montrer leur structure et leurs valeurs. Cet exemple illustre comment TensorFlow peut représenter des données de différentes dimensions, des simples valeurs scalaires aux tableaux multidimensionnels complexes, ce qui est crucial pour travailler avec différents types de données dans les modèles d'apprentissage automatique.

Exemple 2 :

```
import tensorflow as tf

# Scalar (0D tensor)
scalar = tf.constant(42)

# Vector (1D tensor)
vector = tf.constant([1, 2, 3, 4])

# Matrix (2D tensor)
matrix = tf.constant([[1, 2], [3, 4], [5, 6]])

# 3D tensor
tensor_3d = tf.constant([[[1, 2], [3, 4]], [[5, 6], [7, 8]]])

# Creating tensors with specific data types
float_tensor = tf.constant([1.5, 2.5, 3.5], dtype=tf.float32)
int_tensor = tf.constant([1, 2, 3], dtype=tf.int32)

# Creating tensors with specific shapes
zeros = tf.zeros([3, 4])  # 3x4 tensor of zeros
ones = tf.ones([2, 3, 4])  # 2x3x4 tensor of ones
random = tf.random.normal([3, 3])  # 3x3 tensor of random values from a normal
distribution

# Creating tensors from Python lists or NumPy arrays
import numpy as np
numpy_array = np.array([[1, 2], [3, 4]])
tensor_from_numpy = tf.constant(numpy_array)

print("Scalar:", scalar)
print("Vector:", vector)
print("Matrix:\\n", matrix)
print("3D Tensor:\\n", tensor_3d)
print("Float Tensor:", float_tensor)
print("Int Tensor:", int_tensor)
print("Zeros:\\n", zeros)
print("Ones:\\n", ones)
print("Random:\\n", random)
print("Tensor from NumPy:\\n", tensor_from_numpy)
```

Explication du code :

1. Nous commençons par importer TensorFlow sous le nom tf.
2. Scalaire (tenseur 0D) : Créé à l'aide de tf.constant(42). Il représente une valeur unique.
3. Vecteur (tenseur 1D) : Créé à l'aide de tf.constant([1, 2, 3, 4]). C'est un tableau unidimensionnel de valeurs.
4. Matrice (tenseur 2D) : Créée à l'aide de tf.constant([[1, 2], [3, 4], [5, 6]]). C'est un tableau bidimensionnel (3 lignes, 2 colonnes).

5. Tenseur 3D : Créé à l'aide de tf.constant([[[1, 2], [3, 4]], [[5, 6], [7, 8]]]). C'est un tableau tridimensionnel (2x2x2).
6. Tenseurs avec types de données spécifiques : Nous créons des tenseurs avec des types de données spécifiques en utilisant le paramètre dtype :
   - float_tensor : Un tenseur de nombres flottants 32 bits.
   - int_tensor : Un tenseur d'entiers 32 bits.
7. Tenseurs avec formes spécifiques : Nous créons des tenseurs avec des formes spécifiques :
   - zeros : Un tenseur 3x4 rempli de zéros en utilisant tf.zeros([3, 4]).
   - ones : Un tenseur 2x3x4 rempli de uns en utilisant tf.ones([2, 3, 4]).
   - random : Un tenseur 3x3 rempli de valeurs aléatoires issues d'une distribution normale en utilisant tf.random.normal([3, 3]).
8. Tenseur à partir de NumPy : Nous créons un tenseur à partir d'un tableau NumPy :
   - D'abord, nous importons NumPy et créons un tableau NumPy.
   - Ensuite, nous le convertissons en tenseur TensorFlow en utilisant tf.constant(numpy_array).
9. Enfin, nous imprimons tous les tenseurs créés pour observer leur structure et leurs valeurs.

Cet exemple complet présente diverses façons de créer des tenseurs dans TensorFlow, y compris différentes dimensions, types de données et sources (comme les tableaux NumPy). Comprendre ces méthodes de création de tenseurs est crucial pour travailler efficacement avec TensorFlow dans des projets d'apprentissage profond.

Opérations sur les Tenseurs

TensorFlow fournit une suite complète d'opérations pour manipuler les tenseurs, offrant des fonctionnalités similaires aux tableaux NumPy mais optimisées pour les tâches d'apprentissage profond. Ces opérations peuvent être largement catégorisées en plusieurs types :

- **Opérations Mathématiques :** TensorFlow prend en charge une large gamme de fonctions mathématiques, des opérations arithmétiques de base (addition, soustraction, multiplication, division) aux opérations plus complexes comme les logarithmes, les exponentielles et les fonctions trigonométriques. Ces opérations peuvent être effectuées élément par élément sur les tenseurs, permettant un calcul efficace sur de grands ensembles de données.
- **Découpage et Indexation :** Similaire à NumPy, TensorFlow vous permet d'extraire des portions spécifiques de tenseurs en utilisant des opérations de découpage. Ceci est

particulièrement utile lorsque vous travaillez avec des lots de données ou lorsque vous devez vous concentrer sur des caractéristiques ou dimensions spécifiques de vos tenseurs.

- **Opérations Matricielles :** TensorFlow excelle dans les opérations matricielles, qui sont fondamentales pour de nombreux algorithmes d'apprentissage automatique. Cela inclut la multiplication matricielle, la transposition et le calcul des déterminants ou des inverses de matrices.
- **Manipulation de Forme :** Des opérations comme le redimensionnement, l'expansion des dimensions ou la compression des tenseurs vous permettent d'ajuster la structure de vos données pour répondre aux exigences des différentes couches de votre réseau neuronal.
- **Opérations de Réduction :** Celles-ci incluent des fonctions comme la somme, la moyenne ou le maximum sur des axes spécifiés d'un tenseur, qui sont souvent utilisées dans les couches de pooling ou pour calculer des fonctions de perte.

En fournissant ces opérations, TensorFlow permet une implémentation efficace d'architectures de réseaux neuronaux complexes et prend en charge l'ensemble du flux de travail d'apprentissage automatique, du prétraitement des données à l'entraînement et l'évaluation des modèles.

Exemple 1 :

```
# Element-wise operations
a = tf.constant([2, 3])
b = tf.constant([4, 5])
result = a + b
print(f"Addition: {result}")

# Matrix multiplication
matrix_a = tf.constant([[1, 2], [3, 4]])
matrix_b = tf.constant([[5, 6], [7, 8]])
result = tf.matmul(matrix_a, matrix_b)
print(f"Matrix Multiplication:\\\\n{result}")

# Slicing tensors
tensor = tf.constant([[1, 2, 3], [4, 5, 6], [7, 8, 9]])
slice = tensor[0:2, 1:3]
print(f"Sliced Tensor:\\\\n{slice}")
```

Analyse du code :

1. Opérations élément par élément :

```
a = tf.constant([2, 3])
b = tf.constant([4, 5])
result = a + b
```

```
print(f"Addition: {result}")
```

Cette partie démontre l'addition élément par élément de deux tenseurs. Elle crée deux tenseurs 1D 'a' et 'b', les additionne et affiche le résultat. La sortie sera [6, 8].

2. Multiplication matricielle :

```
matrix_a = tf.constant([[1, 2], [3, 4]])
matrix_b = tf.constant([[5, 6], [7, 8]])
result = tf.matmul(matrix_a, matrix_b)
print(f"Matrix Multiplication:\\n{result}")
```

Cette section montre la multiplication matricielle. Elle crée deux matrices 2x2 et utilise tf.matmul() pour effectuer la multiplication matricielle. Le résultat sera une matrice 2x2.

3. Découpage de tenseurs :

```
tensor = tf.constant([[1, 2, 3], [4, 5, 6], [7, 8, 9]])
slice = tensor[0:2, 1:3]
print(f"Sliced Tensor:\\n{slice}")
```

Cette partie démontre le découpage de tenseur. Elle crée un tenseur 3x3 puis le découpe pour extraire une sous-matrice 2x2. La tranche [0:2, 1:3] signifie qu'elle prend les deux premières lignes (indices 0 et 1) et les deuxième et troisième colonnes (indices 1 et 2). Le résultat sera [[2, 3], [5, 6]].

Cet exemple de code illustre les opérations de base sur les tenseurs dans TensorFlow, y compris les opérations élément par élément, la multiplication matricielle et le découpage de tenseurs, qui sont fondamentaux pour travailler avec des tenseurs dans les tâches d'apprentissage profond.

Exemple 2 :

```
import tensorflow as tf

# Create tensors
a = tf.constant([[1, 2], [3, 4]])
b = tf.constant([[5, 6], [7, 8]])

# Mathematical operations
addition = tf.add(a, b)
subtraction = tf.subtract(a, b)
multiplication = tf.multiply(a, b)
division = tf.divide(a, b)

# Matrix multiplication
matrix_mult = tf.matmul(a, b)
```

```
# Reduction operations
sum_all = tf.reduce_sum(a)
mean_all = tf.reduce_mean(a)
max_all = tf.reduce_max(a)

# Shape manipulation
reshaped = tf.reshape(a, [1, 4])
transposed = tf.transpose(a)

# Slicing
sliced = tf.slice(a, [0, 1], [2, 1])

print("Original tensors:")
print("a =", a.numpy())
print("b =", b.numpy())
print("\\nAddition:", addition.numpy())
print("Subtraction:", subtraction.numpy())
print("Multiplication:", multiplication.numpy())
print("Division:", division.numpy())
print("\\nMatrix multiplication:", matrix_mult.numpy())
print("\\nSum of all elements in a:", sum_all.numpy())
print("Mean of all elements in a:", mean_all.numpy())
print("Max of all elements in a:", max_all.numpy())
print("\\nReshaped a:", reshaped.numpy())
print("Transposed a:", transposed.numpy())
print("\\nSliced a:", sliced.numpy())
```

Analysons cet exemple complet d'opérations sur les tenseurs dans TensorFlow :

1. Création de Tenseurs : a = tf.constant([[1, 2], [3, 4]]) b = tf.constant([[5, 6], [7, 8]]) Nous créons deux tenseurs 2x2 'a' et 'b' en utilisant tf.constant().
2. Opérations Mathématiques :
   - Addition : addition = tf.add(a, b)
   - Soustraction : subtraction = tf.subtract(a, b)
   - Multiplication : multiplication = tf.multiply(a, b)
   - Division : division = tf.divide(a, b) Ces opérations sont effectuées élément par élément sur les tenseurs.
3. Multiplication Matricielle : matrix_mult = tf.matmul(a, b) Cette opération effectue la multiplication matricielle des tenseurs 'a' et 'b'.
4. Opérations de Réduction :
   - Somme : sum_all = tf.reduce_sum(a)
   - Moyenne : mean_all = tf.reduce_mean(a)

- Maximum : max_all = tf.reduce_max(a) Ces opérations réduisent le tenseur à une seule valeur à travers toutes les dimensions.

5. Manipulation de Forme :
   - Redimensionnement : reshaped = tf.reshape(a, [1, 4]) Cette opération change la forme du tenseur 'a' de 2x2 à 1x4.
   - Transposition : transposed = tf.transpose(a) Cette opération inverse les dimensions du tenseur 'a'.
6. Découpage : sliced = tf.slice(a, [0, 1], [2, 1]) Cette opération extrait une portion du tenseur 'a', en commençant à l'index [0, 1] et en prenant 2 lignes et 1 colonne.
7. Affichage des Résultats : Nous utilisons .numpy() pour convertir les tenseurs TensorFlow en tableaux NumPy pour l'affichage. Cela nous permet de voir les résultats de nos opérations dans un format familier.

Ce second exemple démontre une large gamme d'opérations sur les tenseurs dans TensorFlow, des opérations arithmétiques de base aux manipulations plus complexes comme le redimensionnement et le découpage. Comprendre ces opérations est crucial pour travailler efficacement avec les tenseurs dans les tâches d'apprentissage profond.

Exécution Immédiate dans TensorFlow 2.x

L'une des améliorations majeures de TensorFlow 2.x est **l'exécution immédiate**, qui représente un changement significatif dans le fonctionnement de TensorFlow. Dans les versions précédentes, TensorFlow utilisait un modèle de calcul de graphe statique où les opérations étaient d'abord définies dans un graphe de calcul puis exécutées ultérieurement. Cette approche, bien que puissante pour certaines optimisations, rendait souvent le débogage et l'expérimentation difficiles.

Avec l'exécution immédiate, TensorFlow permet désormais d'exécuter les opérations immédiatement, de manière similaire au fonctionnement du code Python standard. Cela signifie que lorsque vous écrivez une ligne de code TensorFlow, elle est exécutée immédiatement, et vous pouvez voir les résultats instantanément. Cette exécution immédiate présente plusieurs avantages :

- **Développement Intuitif :** Les développeurs peuvent écrire du code plus naturel, de style Python, sans avoir besoin de gérer des sessions ou de construire des graphes de calcul. Cette approche simplifiée permet une expérience de codage plus fluide et interactive, permettant aux développeurs de se concentrer sur la logique de leurs modèles plutôt que sur les subtilités du framework.
- **Capacités de Débogage Améliorées :** Avec des opérations exécutées immédiatement, les développeurs peuvent utiliser les outils de débogage Python standard pour inspecter les variables, suivre le flux d'exécution et identifier les erreurs en temps réel. Cette boucle de rétroaction immédiate réduit considérablement le temps et l'effort

nécessaires pour résoudre les problèmes et affiner les architectures complexes de réseaux de neurones.

- **Structures de Modèles Flexibles :** L'exécution immédiate facilite la création de structures de modèles plus dynamiques qui peuvent s'adapter et évoluer pendant l'exécution. Cette flexibilité est particulièrement précieuse dans les contextes de recherche et d'expérimentation, où la capacité à modifier et tester différentes configurations de modèles à la volée peut conduire à des percées innovantes et au prototypage rapide d'architectures nouvelles.
- **Lisibilité du Code Améliorée :** L'élimination de la création et de la gestion explicites des graphes se traduit par un code plus propre et plus concis. Cette lisibilité améliorée facilite non seulement la compréhension et la maintenance de leur propre code par les développeurs individuels, mais favorise également une meilleure collaboration et un meilleur partage des connaissances au sein des équipes travaillant sur des projets d'apprentissage automatique.

Ce passage à l'exécution immédiate rend TensorFlow plus accessible aux débutants et plus flexible pour les développeurs expérimentés. Il aligne le comportement de TensorFlow plus étroitement sur d'autres bibliothèques populaires d'apprentissage automatique comme PyTorch, facilitant potentiellement la courbe d'apprentissage pour ceux qui sont familiers avec de tels frameworks.

Cependant, il convient de noter que bien que l'exécution immédiate soit la valeur par défaut dans TensorFlow 2.x, le framework permet toujours le mode graphe lorsque nécessaire, en particulier pour les scénarios où les avantages de performance de l'optimisation des graphes sont cruciaux.

Exemple 1 :

```
# Example of eager execution
tensor = tf.constant([1, 2, 3])
print(f"Eager Execution: {tensor + 2}")
```

Ce code démontre le concept d'exécution immédiate dans TensorFlow 2.x. Analysons-le :

1. D'abord, un tenseur est créé en utilisant tf.constant([1, 2, 3]). Cela crée un tenseur unidimensionnel avec les valeurs [1, 2, 3].
2. Ensuite, le code ajoute 2 à ce tenseur en utilisant tensor + 2. En mode d'exécution immédiate, cette opération est effectuée instantanément.
3. Enfin, le résultat est affiché à l'aide d'une f-string, qui montrera le résultat de l'opération d'addition.

Le point essentiel est que dans TensorFlow 2.x avec l'exécution immédiate, les opérations sont effectuées instantanément et les résultats peuvent être visualisés immédiatement, sans avoir besoin d'exécuter explicitement un graphe de calcul dans une session. Cela rend le code plus intuitif et plus facile à déboguer par rapport à l'approche basée sur les graphes utilisée dans TensorFlow 1.x.

Exemple 2 :

```
import tensorflow as tf

# Define a simple function
def simple_function(x, y):
    return tf.multiply(x, y) + tf.add(x, y)

# Create some tensors
a = tf.constant([[1, 2], [3, 4]])
b = tf.constant([[5, 6], [7, 8]])

# Use the function in eager mode
result = simple_function(a, b)

print("Input tensor a:")
print(a.numpy())

print("\\nInput tensor b:")
print(b.numpy())

print("\\nResult of simple_function(a, b):")
print(result.numpy())

# Demonstrate automatic differentiation
with tf.GradientTape() as tape:
    tape.watch(a)
    z = simple_function(a, b)
    gradient = tape.gradient(z, a)

print("\\nGradient of z with respect to a:")
print(gradient.numpy())
```

Cet exemple démontre les principales fonctionnalités de l'exécution immédiate dans TensorFlow 2.x. Analysons-le :

1. Importation de TensorFlow : import tensorflow as tf Cela importe TensorFlow. Dans TensorFlow 2.x, l'exécution immédiate est activée par défaut.
2. Définition d'une fonction simple : def simple_function(x, y): return tf.multiply(x, y) + tf.add(x, y) Cette fonction multiplie deux tenseurs puis les additionne.
3. Création de tenseurs : a = tf.constant([[1, 2], [3, 4]]) b = tf.constant([[5, 6], [7, 8]]) Nous créons deux tenseurs 2x2 en utilisant tf.constant().

4. Utilisation de la fonction en mode immédiat : result = simple_function(a, b) Nous appelons notre fonction avec les tenseurs a et b. En mode immédiat, ce calcul s'effectue instantanément.
5. Affichage des résultats : print(result.numpy()) Nous pouvons immédiatement afficher le résultat. La méthode .numpy() convertit le tenseur TensorFlow en tableau NumPy pour une visualisation facile.
6. Différentiation automatique : `with tf.GradientTape() as tape: tape.watch(a) z = simple_function(a, b)

gradient = tape.gradient(z, a)Ceci démontre la différentiation automatique, une fonctionnalité clé pour l'entraînement des réseaux de neurones. Nous utilisons GradientTape pour calculer le gradient de notre fonction par rapport au tenseur a. 7. Affichage du gradient :print(gradient.numpy())` Nous pouvons visualiser immédiatement le gradient calculé.

Points clés concernant l'exécution immédiate démontrés dans cet exemple :

- Exécution immédiate : Les opérations sont effectuées dès qu'elles sont appelées, sans avoir besoin de construire et d'exécuter un graphe de calcul.
- Débogage facile : Vous pouvez utiliser les outils de débogage Python standard et les instructions d'impression pour inspecter vos tenseurs et opérations.
- Calcul dynamique : Le code peut être plus flexible et plus pythonique, permettant des conditions et des boucles qui peuvent dépendre des valeurs des tenseurs.
- Différentiation automatique : GradientTape facilite le calcul des gradients pour l'entraînement des réseaux de neurones.

Ce modèle d'exécution immédiate dans TensorFlow 2.x simplifie considérablement le processus de développement et de débogage des modèles d'apprentissage automatique par rapport à l'approche basée sur les graphes des versions antérieures.

Dans TensorFlow 1.x, vous deviez définir un graphe de calcul puis l'exécuter explicitement dans une session, mais dans TensorFlow 2.x, ce processus est automatique, rendant le flux de développement plus fluide.

2.1.3 Construction de réseaux de neurones avec TensorFlow et Keras

TensorFlow 2.x intègre parfaitement **Keras**, une API de haut niveau puissante qui révolutionne le processus de création, d'entraînement et d'évaluation des réseaux de neurones. Cette intégration réunit le meilleur des deux mondes : le backend robuste de TensorFlow et l'interface conviviale de Keras.

Keras simplifie la tâche complexe de construction de modèles d'apprentissage profond en introduisant une approche intuitive basée sur les couches. Cette approche permet aux développeurs de construire des réseaux de neurones sophistiqués en empilant des couches, un peu comme une construction avec des blocs Lego. Chaque couche représente une opération ou une transformation spécifique appliquée aux données lorsqu'elles traversent le réseau.

La beauté de Keras réside dans sa simplicité et sa flexibilité. En spécifiant seulement quelques paramètres clés pour chaque couche, comme le nombre de neurones, les fonctions d'activation et les modèles de connectivité, les développeurs peuvent rapidement prototyper et expérimenter diverses architectures de réseau. Ce processus rationalisé réduit considérablement le temps et l'effort nécessaires pour construire et itérer sur des modèles d'apprentissage profond.

De plus, Keras abstrait de nombreux détails de bas niveau de l'implémentation des réseaux de neurones, permettant aux développeurs de se concentrer sur l'architecture et la logique de haut niveau de leurs modèles. Cette abstraction ne compromet pas la puissance ou la personnalisation ; les utilisateurs avancés peuvent toujours accéder et modifier les opérations TensorFlow sous-jacentes si nécessaire.

En essence, l'intégration de Keras dans TensorFlow 2.x a rendu l'apprentissage profond plus accessible à un public plus large de développeurs et de chercheurs, accélérant le rythme d'innovation dans le domaine de l'intelligence artificielle.

Création d'un modèle séquentiel

La façon la plus simple de créer un réseau de neurones dans TensorFlow est d'utiliser l'**API Sequential** de Keras. Un modèle séquentiel est un empilement linéaire de couches, où chaque couche est ajoutée l'une après l'autre de manière directe et séquentielle. Cette approche est particulièrement utile pour construire des réseaux de neurones à propagation avant, où l'information circule dans une seule direction, de l'entrée vers la sortie.

L'API Sequential offre plusieurs avantages qui en font un choix populaire pour la construction de réseaux de neurones :

- **Simplicité et intuitivité :** Elle fournit une approche directe pour construire des réseaux de neurones, la rendant particulièrement accessible aux débutants et idéale pour implémenter des architectures simples. La conception couche par couche reproduit la structure conceptuelle de nombreux réseaux de neurones, permettant aux développeurs de traduire facilement leurs modèles mentaux en code.
- **Lisibilité et maintenabilité améliorées :** La structure du code des modèles Sequential reflète fidèlement l'architecture réelle du réseau, améliorant considérablement la compréhension du code. Cette correspondance directe entre le code et la structure du réseau facilite le débogage, la modification et la maintenance à long terme du modèle, ce qui est crucial pour les projets collaboratifs et les processus de développement itératifs.
- **Prototypage rapide et expérimentation :** L'API Sequential permet une expérimentation rapide avec diverses configurations de couches, facilitant l'itération rapide dans le développement de modèles. Cette fonctionnalité est particulièrement

précieuse dans les contextes de recherche ou lors de l'exploration de différentes conceptions architecturales, car elle permet aux scientifiques des données et aux ingénieurs en apprentissage automatique de tester et de comparer rapidement plusieurs variations de modèles avec un minimum de changements de code.

- **Inférence automatique de forme :** Le modèle Sequential peut souvent déduire automatiquement les formes des couches intermédiaires, réduisant la nécessité de calculs manuels de forme. Cette fonctionnalité simplifie le processus de construction de réseaux complexes et aide à prévenir les erreurs liées à la forme.

Cependant, il est important de noter que, bien que l'API Sequential soit puissante pour de nombreux scénarios courants, elle peut ne pas convenir aux architectures plus complexes qui nécessitent des ramifications ou plusieurs entrées/sorties. Dans de tels cas, l'API Fonctionnelle ou les méthodes de sous-classement dans Keras offrent plus de flexibilité.

Exemple : Construction d'un réseau de neurones simple

```
import tensorflow as tf
from tensorflow.keras.models import Sequential
from tensorflow.keras.layers import Dense, Dropout
from tensorflow.keras.datasets import mnist
import numpy as np

# Load and preprocess the MNIST dataset
(X_train, y_train), (X_test, y_test) = mnist.load_data()
X_train = X_train.reshape(60000, 784).astype('float32') / 255
X_test = X_test.reshape(10000, 784).astype('float32') / 255

# Create a Sequential model
model = Sequential([
    Dense(128, activation='relu', input_shape=(784,)),  # Input layer
    Dropout(0.2),                                                # Dropout layer for
regularization
    Dense(64, activation='relu'),                       # Hidden layer
    Dropout(0.2),                                       # Another dropout layer
    Dense(10, activation='softmax')                     # Output layer
])

# Compile the model
model.compile(optimizer='adam',
              loss='sparse_categorical_crossentropy',
              metrics=['accuracy'])

# Display the model architecture
model.summary()

# Train the model
history = model.fit(X_train, y_train,
                    epochs=5,
                    batch_size=32,
```

```
                    validation_split=0.2,
                    verbose=1)

# Evaluate the model
test_loss, test_accuracy = model.evaluate(X_test, y_test, verbose=0)
print(f"Test accuracy: {test_accuracy:.4f}")

# Make predictions
predictions = model.predict(X_test[:5])
print("Predictions for the first 5 test images:")
print(np.argmax(predictions, axis=1))
print("Actual labels:")
print(y_test[:5])
```

Analysons cet exemple complet :

1. Importation des bibliothèques nécessaires : Nous importons TensorFlow, les modules Keras et NumPy pour les opérations numériques.
2. Chargement et prétraitement des données : Nous utilisons le jeu de données MNIST, qui est intégré à Keras. Les images sont redimensionnées de 28x28 à des vecteurs de dimension 784 et normalisées dans l'intervalle [0, 1].
3. Création du modèle : Nous utilisons l'API Sequential pour construire notre modèle. Le modèle se compose de deux couches Dense avec activation ReLU et d'une couche de sortie avec activation softmax. Nous avons ajouté des couches Dropout pour la régularisation afin de prévenir le surapprentissage.
4. Compilation du modèle : Nous utilisons l'optimiseur Adam et la fonction de perte sparse categorical crossentropy. Nous spécifions la précision comme métrique à surveiller pendant l'entraînement.
5. Résumé du modèle : model.summary() affiche l'architecture du modèle, y compris le nombre de paramètres dans chaque couche.
6. Entraînement du modèle : Nous utilisons model.fit() pour entraîner le modèle sur les données d'entraînement. Nous spécifions le nombre d'époques, la taille des lots, et réservons 20% des données d'entraînement pour la validation.
7. Évaluation du modèle : Nous utilisons model.evaluate() pour tester la performance du modèle sur l'ensemble de test.
8. Réalisation de prédictions : Nous utilisons model.predict() pour obtenir des prédictions pour les 5 premières images de test. Nous utilisons np.argmax() pour convertir les probabilités softmax en étiquettes de classe.

Cet exemple démontre un flux de travail complet pour la construction, l'entraînement et l'évaluation d'un réseau de neurones à l'aide de TensorFlow et Keras. Il comprend le prétraitement des données, la création de modèle avec dropout pour la régularisation, la compilation du modèle, l'entraînement avec validation, l'évaluation sur un ensemble de test, et la réalisation de prédictions.

2.1.4 Jeux de données TensorFlow et pipelines de données

TensorFlow fournit un module puissant appelé **tf.data** pour charger et gérer les jeux de données. Ce module simplifie considérablement le processus de création de pipelines d'entrée efficaces pour les modèles d'apprentissage profond. L'API tf.data offre une large gamme d'outils et de méthodes qui permettent aux développeurs de construire facilement des pipelines de données complexes et performants.

Les fonctionnalités clés de tf.data incluent une gamme de capacités puissantes qui améliorent la gestion et le traitement des données dans TensorFlow :

- **Chargement efficace des données :** Cette fonctionnalité permet de gérer des jeux de données volumineux qui dépassent la capacité de mémoire disponible. En implémentant un mécanisme de streaming, tf.data peut charger efficacement les données depuis le disque, permettant un traitement fluide des jeux de données à grande échelle sans contraintes de mémoire.
- **Transformation des données :** tf.data offre une suite complète d'opérations pour la manipulation des données. Celles-ci comprennent des techniques de prétraitement pour préparer les données brutes pour l'entrée du modèle, des mécanismes de regroupement par lots pour grouper les points de données pour un traitement efficace, et des capacités d'augmentation à la volée pour améliorer la diversité des jeux de données et la généralisation du modèle.
- **Optimisation des performances :** Pour accélérer le chargement et le traitement des données, tf.data intègre des fonctionnalités avancées telles que le parallélisme et le préchargement. Ces optimisations exploitent les processeurs multicœurs et les stratégies intelligentes de mise en cache des données, réduisant considérablement les goulots d'étranglement computationnels et améliorant l'efficacité globale de l'entraînement.
- **Flexibilité des sources de données :** La polyvalence de tf.data est évidente dans sa capacité à interfacer avec un large éventail de sources de données. Cela inclut une intégration transparente avec les structures de données en mémoire, les formats d'enregistrement spécialisés de TensorFlow (TFRecord), et le support pour des sources de données personnalisées, offrant aux développeurs la liberté de travailler avec divers types de données et paradigmes de stockage.

En exploitant tf.data, les développeurs peuvent créer des pipelines de données évolutifs et efficaces qui s'intègrent parfaitement aux flux de travail d'entraînement et d'inférence de TensorFlow, améliorant ainsi les processus de développement et de déploiement de modèles.

Exemple : Chargement et prétraitement des données avec tf.data

```
import tensorflow as tf
from tensorflow.keras.datasets import mnist
import matplotlib.pyplot as plt
import numpy as np

# Load the MNIST dataset
(X_train, y_train), (X_test, y_test) = mnist.load_data()

# Normalize the data
X_train = X_train.astype('float32') / 255.0
X_test = X_test.astype('float32') / 255.0

# Create TensorFlow datasets
train_dataset = tf.data.Dataset.from_tensor_slices((X_train, y_train))
train_dataset                                                              =
train_dataset.shuffle(buffer_size=1024).batch(32).prefetch(tf.data.AUTOTUNE)

test_dataset = tf.data.Dataset.from_tensor_slices((X_test, y_test))
test_dataset = test_dataset.batch(32).prefetch(tf.data.AUTOTUNE)

# Data augmentation function
def augment(image, label):
    image = tf.image.random_flip_left_right(image)
    image = tf.image.random_brightness(image, max_delta=0.1)
    return image, label

# Apply augmentation to training dataset
augmented_train_dataset          =          train_dataset.map(augment,
num_parallel_calls=tf.data.AUTOTUNE)

# View a batch from the dataset
for images, labels in augmented_train_dataset.take(1):
    print(f"Batch of images shape: {images.shape}")
    print(f"Batch of labels: {labels}")

    # Visualize some augmented images
    plt.figure(figsize=(10, 10))
    for i in range(9):
        ax = plt.subplot(3, 3, i + 1)
        plt.imshow(images[i].numpy().reshape(28, 28), cmap='gray')
        plt.title(f"Label: {labels[i]}")
        plt.axis('off')
    plt.show()

# Create a simple model
model = tf.keras.Sequential([
    tf.keras.layers.Flatten(input_shape=(28, 28)),
    tf.keras.layers.Dense(128, activation='relu'),
    tf.keras.layers.Dropout(0.2),
    tf.keras.layers.Dense(10, activation='softmax')
])
```

```
model.compile(optimizer='adam',
              loss='sparse_categorical_crossentropy',
              metrics=['accuracy'])

# Train the model
history = model.fit(augmented_train_dataset,
                    epochs=5,
                    validation_data=test_dataset)

# Evaluate the model
test_loss, test_accuracy = model.evaluate(test_dataset)
print(f"Test accuracy: {test_accuracy:.4f}")

# Plot training history
plt.figure(figsize=(12, 4))
plt.subplot(1, 2, 1)
plt.plot(history.history['accuracy'], label='Training Accuracy')
plt.plot(history.history['val_accuracy'], label='Validation Accuracy')
plt.title('Model Accuracy')
plt.xlabel('Epoch')
plt.ylabel('Accuracy')
plt.legend()

plt.subplot(1, 2, 2)
plt.plot(history.history['loss'], label='Training Loss')
plt.plot(history.history['val_loss'], label='Validation Loss')
plt.title('Model Loss')
plt.xlabel('Epoch')
plt.ylabel('Loss')
plt.legend()

plt.tight_layout()
plt.show()
```

Cet exemple de code démontre un flux de travail complet utilisant TensorFlow et l'API tf.data. Analysons-le en détail :

1. Importation des bibliothèques : Nous importons TensorFlow, le jeu de données MNIST de Keras, matplotlib pour la visualisation, et NumPy pour les opérations numériques.
2. Chargement et prétraitement des données :Le jeu de données MNIST est chargé et normalisé dans l'intervalle [0, 1].
3. Création des jeux de données TensorFlow :
    - Nous créons des jeux de données distincts pour l'entraînement et les tests en utilisant tf.data.Dataset.from_tensor_slices().
    - Le jeu de données d'entraînement est mélangé et organisé en lots.

- Nous utilisons prefetch() pour chevaucher le prétraitement des données et l'exécution du modèle pour de meilleures performances.

4. Augmentation des données :
   - Nous définissons une fonction augment() qui applique des retournements aléatoires gauche-droite et des ajustements de luminosité aux images.
   - Cette augmentation est appliquée au jeu de données d'entraînement en utilisant la fonction map().
5. Visualisation des données :Nous traçons une grille 3x3 d'images augmentées à partir d'un seul lot, démontrant les effets de notre augmentation de données.
6. Création et compilation du modèle :
   - Nous définissons un modèle Sequential simple avec une couche Flatten, une couche Dense avec activation ReLU, une couche Dropout pour la régularisation, et une couche Dense de sortie avec activation softmax.
   - Le modèle est compilé avec l'optimiseur Adam et la perte d'entropie croisée catégorielle éparse.
7. Entraînement du modèle :Nous entraînons le modèle sur le jeu de données augmenté pendant 5 époques, en utilisant le jeu de données de test pour la validation.
8. Évaluation du modèle :La performance du modèle est évaluée sur le jeu de données de test.
9. Visualisation de l'historique d'entraînement :Nous traçons l'exactitude et la perte d'entraînement et de validation au fil des époques pour visualiser la progression de l'apprentissage du modèle.

Cet exemple met en évidence plusieurs concepts clés de TensorFlow :

- Utilisation de tf.data pour un chargement et un prétraitement efficaces des données
- Implémentation de l'augmentation de données pour améliorer la généralisation du modèle
- Création et entraînement d'un modèle simple de réseau de neurones
- Visualisation à la fois des données d'entrée et de la progression de l'entraînement

Ces pratiques aident à créer des flux de travail d'apprentissage profond plus robustes et efficaces.

Dans cette section, nous avons présenté **TensorFlow 2.x**, en soulignant ses fonctionnalités principales telles que les **tenseurs**, l'**exécution immédiate**, et son intégration avec l'**API Keras** de haut niveau. Nous avons appris comment créer et manipuler des tenseurs, construire des réseaux de neurones simples en utilisant l'API Sequential, et travailler avec les outils de pipeline de données de TensorFlow. Ces concepts constituent la base pour des sujets d'apprentissage profond plus avancés qui seront abordés plus tard dans ce chapitre.

2.2 Construction, entraînement et ajustement fin des réseaux de neurones dans TensorFlow

Dans cette section complète, nous explorerons les subtilités de la construction de réseaux de neurones en utilisant **l'API Keras de TensorFlow**, une interface puissante et conviviale pour créer des modèles d'apprentissage profond. Nous explorerons le processus d'entraînement de ces réseaux sur des jeux de données réels, leur permettant d'apprendre des motifs complexes et de faire des prédictions précises.

De plus, nous étudierons des techniques avancées pour affiner les performances des modèles, en nous concentrant sur l'amélioration de la précision et des capacités de généralisation. Le cadre robuste de TensorFlow simplifie ces tâches complexes en offrant une suite de méthodes intuitives pour la création, la compilation et l'entraînement de modèles, ainsi que des outils sophistiqués pour l'optimisation des hyperparamètres.

Notre parcours commencera par la construction d'une architecture de réseau neuronal de base, progressant à travers les étapes de préparation des données, d'entraînement du modèle et d'évaluation des performances. Nous passerons ensuite à des techniques plus sophistiquées, démontrant comment exploiter les capacités de TensorFlow pour affiner les hyperparamètres, implémenter des stratégies de régularisation et optimiser l'architecture du modèle. À travers des exemples pratiques et des aperçus concrets, vous acquerrez une compréhension approfondie de la façon d'exploiter tout le potentiel de TensorFlow pour créer des modèles d'apprentissage profond hautement efficaces et précis.

2.2.1 Construction d'un modèle de réseau neuronal

Lors de la construction d'un réseau neuronal, la première étape cruciale consiste à définir l'architecture du modèle. Ce processus implique de spécifier soigneusement les couches et de déterminer comment les données les traversent. L'architecture sert de plan pour votre réseau neuronal, dictant sa structure et sa capacité à apprendre à partir des données d'entrée.

Pour cela, nous utiliserons l'**API Sequential** fournie par TensorFlow. Cette API puissante et intuitive vous permet de construire des réseaux de neurones en empilant des couches de manière linéaire. L'API Sequential est particulièrement bien adaptée à la construction de réseaux de neurones à propagation avant, où l'information circule dans une seule direction, de la couche d'entrée à travers les couches cachées jusqu'à la couche de sortie.

L'API Sequential offre plusieurs avantages clés qui en font un choix populaire pour la construction de réseaux neuronaux :

- **Simplicité et intuitivité :** Elle fournit une approche directe, couche par couche, pour la construction de modèles, la rendant particulièrement accessible aux débutants et idéale pour le prototypage rapide d'architectures de réseaux neuronaux.
- **Lisibilité améliorée :** La structure linéaire des modèles Sequential donne lieu à des architectures claires et facilement interprétables, facilitant la compréhension, le débogage et la modification de la conception du réseau.
- **Polyvalence dans les contraintes :** Malgré sa simplicité apparente, l'API Sequential prend en charge la création d'une gamme diverse d'architectures de réseaux neuronaux, des perceptrons multicouches de base aux conceptions plus sophistiquées incorporant des couches convolutives ou récurrentes, répondant à un large éventail de tâches d'apprentissage automatique.
- **Développement efficace de modèles :** L'approche rationalisée de l'API permet une itération rapide et l'expérimentation, permettant aux développeurs de tester et d'affiner rapidement différentes configurations de modèles sans nécessiter de procédures de configuration complexes.
- **Intégration transparente :** Les modèles Sequential s'intègrent harmonieusement avec d'autres composants TensorFlow et Keras, facilitant les processus de compilation, d'entraînement et d'évaluation au sein du flux de travail d'apprentissage profond plus large.

En utilisant l'API Sequential, vous pouvez facilement expérimenter différentes configurations de couches, fonctions d'activation et autres choix architecturaux pour optimiser les performances de votre modèle pour la tâche spécifique à accomplir.

Définition d'un modèle Sequential

Une architecture typique de réseau neuronal est composée de plusieurs éléments clés, chacun jouant un rôle crucial dans le processus d'apprentissage :

Couche d'entrée

C'est la première couche du réseau, servant de passerelle pour que les données brutes entrent dans le réseau neuronal. Elle est responsable de la réception et du traitement initial des données d'entrée. Dans les tâches de classification d'images, chaque neurone de cette couche correspond généralement à un pixel de l'image d'entrée. Par exemple, dans une image de 28x28 pixels, la couche d'entrée aurait 784 neurones (28 * 28 = 784). Cette couche n'effectue aucun calcul ; elle transmet plutôt les données aux couches suivantes pour traitement.

Couches cachées

Ce sont les couches intermédiaires situées entre les couches d'entrée et de sortie. Elles sont appelées "cachées" car leurs valeurs ne sont pas directement observables à partir des entrées ou des sorties du réseau. Les couches cachées sont le moteur du réseau neuronal, effectuant des transformations complexes sur les données d'entrée. Grâce à ces transformations, le réseau apprend à représenter des motifs et des caractéristiques complexes dans les données.

Le nombre de couches cachées et de neurones dans chaque couche peut varier en fonction de la complexité de la tâche à accomplir. Par exemple, une tâche simple pourrait ne nécessiter qu'une seule couche cachée avec quelques neurones, tandis que des tâches plus complexes comme la reconnaissance d'images ou le traitement du langage naturel pourraient nécessiter plusieurs couches cachées avec des centaines ou des milliers de neurones chacune. Le choix des fonctions d'activation dans ces couches (comme ReLU, sigmoïde ou tanh) joue également un rôle crucial dans la capacité du réseau à apprendre des relations non linéaires dans les données.

Couche de sortie

C'est la dernière couche du réseau, responsable de produire la prédiction ou la classification du réseau. La structure de cette couche est directement liée à la nature du problème à résoudre. Dans les tâches de classification, le nombre de neurones dans cette couche correspond généralement au nombre de classes du problème. Par exemple, dans une tâche de reconnaissance de chiffres (0-9), la couche de sortie aurait 10 neurones, chacun représentant un chiffre.

La fonction d'activation de cette couche est choisie en fonction du type de problème - softmax pour la classification multi-classes, sigmoïde pour la classification binaire, ou une activation linéaire pour les tâches de régression. La sortie de cette couche représente la décision ou la prédiction du réseau, qui peut ensuite être interprétée en fonction du contexte spécifique du problème.

Pour illustrer ces concepts, considérons la construction d'un réseau neuronal pour une tâche de classification spécifique en utilisant le **jeu de données MNIST**. Ce jeu de données est une collection de 70 000 images en niveaux de gris de chiffres manuscrits (0-9), chacune de taille 28x28 pixels. Il est largement utilisé comme référence dans les tâches d'apprentissage automatique et de vision par ordinateur. Voici à quoi pourrait ressembler notre architecture de réseau pour cette tâche :

- **Couche d'entrée :** 784 neurones (28x28 pixels aplatis)
- **Couches cachées :** Une ou plusieurs couches, par exemple, 128 neurones dans la première couche cachée, 64 dans la seconde
- **Couche de sortie :** 10 neurones (un pour chaque classe de chiffre 0-9)

Cette architecture permet au réseau d'apprendre les caractéristiques des images d'entrée, de les traiter à travers les couches cachées, et finalement de produire une distribution de probabilité sur les 10 classes de chiffres possibles dans la couche de sortie.

Exemple : Définition d'un réseau neuronal simple

```
import tensorflow as tf
```

```
from tensorflow.keras.models import Sequential
from tensorflow.keras.layers import Dense, Flatten, Dropout
from tensorflow.keras.datasets import mnist
import matplotlib.pyplot as plt

# Load and preprocess the MNIST dataset
(X_train, y_train), (X_test, y_test) = mnist.load_data()
X_train, X_test = X_train / 255.0, X_test / 255.0  # Normalize pixel values to [0, 1]

# Build a Sequential neural network
model = Sequential([
    Flatten(input_shape=(28, 28)),   # Flatten 28x28 images to a 1D vector of 784
elements
    Dense(128, activation='relu'),  # Hidden layer with 128 neurons and ReLU activation
    Dropout(0.2),                   # Dropout layer for regularization
    Dense(64, activation='relu'),   # Second hidden layer with 64 neurons and ReLU
    Dropout(0.2),                   # Another dropout layer
    Dense(10, activation='softmax') # Output layer for 10 classes (digits 0-9)
])

# Compile the model
model.compile(optimizer='adam',
              loss='sparse_categorical_crossentropy',
              metrics=['accuracy'])

# Display model architecture
model.summary()

# Train the model
history = model.fit(X_train, y_train, epochs=10, batch_size=32, validation_split=0.2,
verbose=1)

# Evaluate the model
test_loss, test_accuracy = model.evaluate(X_test, y_test, verbose=0)
print(f"Test accuracy: {test_accuracy:.4f}")

# Plot training history
plt.figure(figsize=(12, 4))
plt.subplot(1, 2, 1)
plt.plot(history.history['accuracy'], label='Training Accuracy')
plt.plot(history.history['val_accuracy'], label='Validation Accuracy')
plt.title('Model Accuracy')
plt.xlabel('Epoch')
plt.ylabel('Accuracy')
plt.legend()

plt.subplot(1, 2, 2)
plt.plot(history.history['loss'], label='Training Loss')
plt.plot(history.history['val_loss'], label='Validation Loss')
plt.title('Model Loss')
plt.xlabel('Epoch')
plt.ylabel('Loss')
```

```
plt.legend()

plt.tight_layout()
plt.show()
```

Explication du code :

1. Importation des bibliothèques :
   - Nous importons TensorFlow et les modules nécessaires de Keras.
   - matplotlib est importé à des fins de visualisation.
2. Chargement et prétraitement des données :
   - Le jeu de données MNIST est chargé à l'aide de mnist.load_data().
   - Les données d'entrée (images) sont normalisées en divisant par 255, mettant à l'échelle les valeurs des pixels dans l'intervalle [0, 1].
3. Construction du modèle :
   - Nous utilisons l'API Sequential pour créer une pile linéaire de couches.
   - L'architecture du modèle est la suivante : a. Couche Flatten : Convertit les images 28x28 en vecteurs 1D de 784 éléments. b. Couche Dense (128 neurones) : Première couche cachée avec activation ReLU. c. Couche Dropout (taux de 20%) : Pour la régularisation, aide à prévenir le surapprentissage. d. Couche Dense (64 neurones) : Deuxième couche cachée avec activation ReLU. e. Une autre couche Dropout (taux de 20%) : Régularisation supplémentaire. f. Couche Dense (10 neurones) : Couche de sortie avec activation softmax pour la classification à 10 classes.
4. Compilation du modèle :
   - Optimiseur : Adam (algorithme d'optimisation à taux d'apprentissage adaptatif)
   - Fonction de perte : Entropie croisée catégorielle éparse (adaptée aux étiquettes entières)
   - Métrique : Précision (pour surveiller pendant l'entraînement et l'évaluation)
5. Résumé du modèle :
   - model.summary() affiche un résumé de l'architecture du modèle, y compris le nombre de paramètres dans chaque couche et le nombre total de paramètres entraînables.
6. Entraînement du modèle :

- Le modèle est entraîné en utilisant model.fit() avec les paramètres suivants :
  - 10 époques (passages complets à travers les données d'entraînement)
  - Taille de lot de 32 (nombre d'échantillons traités avant que le modèle ne soit mis à jour)
  - 20% des données d'entraînement utilisées pour la validation
  - Mode verbose 1 pour une sortie détaillée de la progression

7. Évaluation du modèle :
   - Le modèle entraîné est évalué sur l'ensemble de test en utilisant model.evaluate().
   - La précision du test est affichée pour évaluer la performance du modèle sur des données non vues.
8. Visualisation de l'historique d'entraînement :
   - Deux graphiques sont créés pour visualiser le processus d'entraînement : a. Précision du modèle : Montre la précision d'entraînement et de validation au fil des époques. b. Perte du modèle : Montre la perte d'entraînement et de validation au fil des époques.
   - Ces graphiques aident à comprendre la progression de l'apprentissage du modèle et à identifier le surapprentissage ou le sous-apprentissage potentiel.

Cet exemple offre une vue complète de l'ensemble du processus de construction, d'entraînement et d'évaluation d'un réseau de neurones à l'aide de TensorFlow et Keras. Il comprend le prétraitement des données, la création de modèle avec des couches dropout pour la régularisation, la compilation du modèle, l'entraînement avec validation, l'évaluation sur un ensemble de test et la visualisation de l'historique d'entraînement.

2.2.2 Compilation du modèle

Une fois l'architecture du modèle définie, il doit être **compilé** avant l'entraînement. La compilation d'un modèle est une étape cruciale qui configure le processus d'apprentissage.

Elle implique trois composants clés :

- **Spécification de l'optimiseur :** L'optimiseur contrôle comment le modèle met à jour ses poids pendant l'entraînement. Il est responsable de l'implémentation de l'algorithme de rétropropagation, qui calcule les gradients de la fonction de perte par rapport aux paramètres du modèle. Les optimiseurs populaires incluent Adam, SGD (Descente de Gradient Stochastique) et RMSprop. Chaque optimiseur a ses propres caractéristiques et hyperparamètres, comme le taux d'apprentissage, qui peuvent être ajustés pour améliorer les performances du modèle.

- **Définition de la fonction de perte :** La fonction de perte quantifie la différence entre les prédictions du modèle et les valeurs cibles réelles. Elle fournit une mesure de la performance du modèle pendant l'entraînement. Le choix de la fonction de perte dépend du type de problème que vous résolvez. Par exemple, l'entropie croisée binaire est couramment utilisée pour la classification binaire, tandis que l'erreur quadratique moyenne est souvent utilisée pour les tâches de régression. L'optimiseur travaille à minimiser cette fonction de perte pendant l'entraînement.
- **Spécification des métriques d'évaluation :** Les métriques d'évaluation fournissent des moyens supplémentaires d'évaluer la performance du modèle au-delà de la fonction de perte. Ces métriques offrent des aperçus sur la performance du modèle sur des aspects spécifiques de la tâche. Les métriques courantes incluent la précision pour les tâches de classification, l'erreur absolue moyenne pour la régression et le score F1 pour les problèmes de classification déséquilibrée. Plusieurs métriques peuvent être spécifiées pour obtenir une vue complète de la performance du modèle pendant l'entraînement et l'évaluation.

En choisissant et configurant soigneusement ces composants lors de l'étape de compilation, vous établissez la base pour un entraînement efficace du modèle. Le processus de compilation prépare essentiellement le modèle à apprendre à partir des données en définissant comment il mesurera sa performance (fonction de perte et métriques) et comment il s'améliorera au fil du temps (optimiseur).

Exemple : Compilation du réseau neuronal

```
# Import necessary libraries
import tensorflow as tf
from tensorflow.keras.models import Sequential
from tensorflow.keras.layers import Dense, Flatten
from tensorflow.keras.optimizers import Adam
from tensorflow.keras.losses import SparseCategoricalCrossentropy

# Define the model architecture
model = Sequential([
    Flatten(input_shape=(28, 28)),
    Dense(128, activation='relu'),
    Dense(64, activation='relu'),
    Dense(10, activation='softmax')
])

# Compile the model
model.compile(
    optimizer=Adam(learning_rate=0.001),  # Adam optimizer with custom learning rate
    loss=SparseCategoricalCrossentropy(),       #   Loss   function   for   multi-class
classification
    metrics=['accuracy', tf.keras.metrics.Precision(), tf.keras.metrics.Recall()]  #
Track multiple metrics
)
```

```
# Display model summary
model.summary()
```

Explication du code :

Importation des bibliothèques :

- Nous importons TensorFlow et les modules nécessaires de Keras.
- Des importations spécifiques pour l'optimiseur (Adam) et la fonction de perte (SparseCategoricalCrossentropy) sont incluses pour plus de clarté.

Définition de l'architecture du modèle :

- Un modèle Sequential est créé avec une structure de couches spécifique :
    - Couche Flatten pour convertir les entrées 2D (images 28x28) en 1D.
    - Deux couches Dense cachées avec activation ReLU.
    - Couche Dense de sortie avec activation softmax pour la classification multi-classes.

Compilation du modèle :

- La méthode compile est appelée avec trois composants principaux :
    1. **Optimiseur :** L'optimiseur Adam est utilisé avec un taux d'apprentissage personnalisé de 0,001.
    2. **Fonction de perte :** SparseCategoricalCrossentropy, adaptée à la classification multi-classes avec des étiquettes entières.
    3. **Métriques :** Plusieurs métriques sont suivies :
        - Précision (Accuracy) : Exactitude globale des prédictions.
        - Precision : Proportion des prédictions positives correctes.
        - Recall (Rappel) : Proportion des positifs réels correctement identifiés.

Résumé du modèle :

- La méthode summary() est appelée pour afficher l'architecture du modèle, y compris les détails des couches et le nombre total de paramètres.

Cet exemple fournit une configuration pour compiler un modèle de réseau neuronal. Il comprend une configuration personnalisée de l'optimiseur, l'importation et l'utilisation explicites de la fonction de perte, et des métriques d'évaluation supplémentaires. Le résumé du modèle à la fin offre un aperçu rapide de la structure du réseau, ce qui est crucial pour comprendre et déboguer le modèle.

2.2.3 Entraînement du modèle

Après avoir compilé le modèle, vous pouvez initier le processus d'entraînement en utilisant la fonction **fit()**. Cette étape cruciale est celle où le modèle apprend à partir des données fournies. Le processus d'entraînement implique plusieurs composants clés :

1. **Propagation avant :** Dans cette étape initiale, les données d'entrée traversent le réseau couche par couche. Chaque neurone au sein du réseau applique ses poids spécifiques et sa fonction d'activation aux informations entrantes, générant une sortie qui devient ensuite l'entrée pour la couche suivante. Ce processus permet au réseau de transformer progressivement les données d'entrée à travers sa structure complexe.
2. **Calcul de la perte :** À la fin de la propagation avant, où les données ont traversé l'ensemble du réseau, les prédictions du modèle sont juxtaposées aux valeurs cibles réelles. L'écart entre ces deux ensembles de valeurs est quantifié à l'aide de la fonction de perte prédéfinie. Ce calcul fournit une métrique cruciale, offrant un aperçu de la performance actuelle du modèle et de la précision de ses prédictions.
3. **Rétropropagation :** Cet algorithme sophistiqué calcule le gradient de la fonction de perte par rapport à chaque poids individuel dans le réseau. Ce faisant, il détermine dans quelle mesure chaque poids a contribué à l'erreur globale dans les prédictions du modèle. Cette étape est fondamentale pour comprendre comment ajuster le réseau afin d'améliorer sa performance.
4. **Mise à jour des poids :** En utilisant les gradients calculés pendant la rétropropagation, l'optimiseur ajuste méthodiquement les poids dans tout le réseau. Ce processus est guidé par l'objectif global de minimiser la fonction de perte, améliorant ainsi les capacités prédictives du modèle. La manière et le degré de ces ajustements sont déterminés par l'algorithme d'optimisation spécifique choisi lors de la compilation du modèle.
5. **Itération :** Les étapes mentionnées ci-dessus - propagation avant, calcul de la perte, rétropropagation et mise à jour des poids - sont exécutées de manière itérative pour chaque lot de données dans l'ensemble d'entraînement. Ce processus est ensuite répété pour le nombre d'époques spécifié, permettant un raffinement progressif de la performance du modèle. À chaque itération, le modèle a l'opportunité d'apprendre à partir d'un éventail diversifié d'exemples, ajustant continuellement ses paramètres pour mieux s'adapter aux modèles sous-jacents dans les données.

Grâce à ce processus itératif, le modèle apprend à reconnaître des modèles dans les données, ajustant ses paramètres internes pour minimiser les erreurs et améliorer ses capacités prédictives. La fonction **fit()** automatise ce processus complexe, facilitant l'entraînement de réseaux neuronaux sophistiqués pour les développeurs.

Exemple : Entraînement du modèle sur le jeu de données MNIST

```
import tensorflow as tf
```

```
from tensorflow.keras.datasets import mnist
from tensorflow.keras.models import Sequential
from tensorflow.keras.layers import Dense, Flatten, Dropout
from tensorflow.keras.optimizers import Adam
from tensorflow.keras.callbacks import EarlyStopping
import matplotlib.pyplot as plt

# Load MNIST dataset
(X_train, y_train), (X_test, y_test) = mnist.load_data()

# Normalize the input data to range [0, 1]
X_train, X_test = X_train / 255.0, X_test / 255.0

# Build the model
model = Sequential([
    Flatten(input_shape=(28, 28)),
    Dense(128, activation='relu'),
    Dropout(0.2),
    Dense(64, activation='relu'),
    Dropout(0.2),
    Dense(10, activation='softmax')
])

# Compile the model
model.compile(optimizer=Adam(learning_rate=0.001),
              loss='sparse_categorical_crossentropy',
              metrics=['accuracy'])

# Define early stopping
early_stopping        =        EarlyStopping(monitor='val_loss',        patience=3,
restore_best_weights=True)

# Train the model
history = model.fit(X_train, y_train,
                    epochs=20,
                    batch_size=32,
                    validation_data=(X_test, y_test),
                    callbacks=[early_stopping])

# Evaluate the model
test_loss, test_accuracy = model.evaluate(X_test, y_test)
print(f"Test Accuracy: {test_accuracy:.4f}")

# Plot training history
plt.figure(figsize=(12, 4))
plt.subplot(1, 2, 1)
plt.plot(history.history['accuracy'], label='Training Accuracy')
plt.plot(history.history['val_accuracy'], label='Validation Accuracy')
plt.title('Model Accuracy')
plt.xlabel('Epoch')
plt.ylabel('Accuracy')
plt.legend()
```

```
plt.subplot(1, 2, 2)
plt.plot(history.history['loss'], label='Training Loss')
plt.plot(history.history['val_loss'], label='Validation Loss')
plt.title('Model Loss')
plt.xlabel('Epoch')
plt.ylabel('Loss')
plt.legend()

plt.tight_layout()
plt.show()
```

Explication du code :

1. Importation des bibliothèques :
    - Nous importons TensorFlow et les modules nécessaires de Keras.
    - matplotlib est importé pour les besoins de visualisation.
2. Chargement et prétraitement des données :
    - Le jeu de données MNIST est chargé en utilisant mnist.load_data().
    - Les données d'entrée (images) sont normalisées en divisant par 255, ramenant les valeurs des pixels à l'intervalle [0, 1].
3. Construction du modèle :
    - Nous utilisons l'API Sequential pour créer une pile linéaire de couches.
    - L'architecture du modèle comprend :
        - Couche Flatten : Convertit les images 28x28 en vecteurs 1D de 784 éléments.
        - Couche Dense (128 neurones) : Première couche cachée avec activation ReLU.
        - Couche Dropout (taux de 20%) : Pour la régularisation, aide à prévenir le surapprentissage.
        - Couche Dense (64 neurones) : Deuxième couche cachée avec activation ReLU.
        - Une autre couche Dropout (taux de 20%) : Régularisation supplémentaire.
        - Couche Dense (10 neurones) : Couche de sortie avec activation softmax pour la classification à 10 classes.
4. Compilation du modèle :

- Optimiseur : Adam avec un taux d'apprentissage de 0,001
- Fonction de perte : Entropie croisée catégorielle éparse (adaptée aux étiquettes entières)
- Métrique : Précision (pour surveiller pendant l'entraînement et l'évaluation)

5. Définition de l'arrêt précoce :
   - Le callback EarlyStopping est utilisé pour prévenir le surapprentissage.
   - Il surveille la perte de validation et arrête l'entraînement si elle ne s'améliore pas pendant 3 époques consécutives.
   - restore_best_weights=True garantit que le meilleur modèle est sauvegardé.
6. Entraînement du modèle :
   - Le modèle est entraîné en utilisant model.fit() avec les paramètres suivants :
     - 20 époques (passages complets à travers les données d'entraînement)
     - Taille de lot de 32 (nombre d'échantillons traités avant la mise à jour du modèle)
     - Les données de validation sont fournies pour le suivi
     - Le callback d'arrêt précoce est inclus
7. Évaluation du modèle :
   - Le modèle entraîné est évalué sur l'ensemble de test en utilisant model.evaluate().
   - La précision du test est affichée pour évaluer la performance du modèle sur des données non vues.
8. Visualisation de l'historique d'entraînement :
   - Deux graphiques sont créés pour visualiser le processus d'entraînement :
     - Précision du modèle : Montre la précision d'entraînement et de validation au fil des époques.
     - Perte du modèle : Montre la perte d'entraînement et de validation au fil des époques.
   - Ces graphiques aident à comprendre la progression de l'apprentissage du modèle et à identifier les problèmes potentiels de surapprentissage ou de sous-apprentissage.

2.2.4 Évaluation du modèle

Après l'entraînement, vous pouvez évaluer le modèle sur un jeu de données de test pour estimer sa capacité à généraliser à de nouvelles données non vues. Cette étape cruciale aide à déterminer la performance du modèle sur des données qu'il n'a pas rencontrées pendant l'entraînement, offrant des aperçus sur son applicabilité dans le monde réel. TensorFlow simplifie ce processus avec la méthode **evaluate()**, qui calcule la perte et les métriques du modèle sur un jeu de données donné.

La méthode **evaluate()** prend généralement deux arguments principaux : les données d'entrée (X_test) et les étiquettes correspondantes (y_test). Elle exécute ensuite la passe avant du modèle sur ces données, calcule la perte spécifiée et les métriques, et renvoie ces valeurs. Cela vous permet d'évaluer rapidement la performance du modèle sur l'ensemble de test.

Par exemple, si vous avez spécifié 'accuracy' comme métrique lors de la compilation du modèle, la méthode **evaluate()** renverra à la fois la valeur de perte et le score de précision. Cette information est inestimable pour comprendre à quel point votre modèle généralise et peut vous aider à prendre des décisions concernant un ajustement plus fin ou si le modèle est prêt pour le déploiement.

Il est important de noter que l'évaluation doit être effectuée sur un ensemble de test distinct que le modèle n'a pas vu pendant l'entraînement. Cela assure une évaluation impartiale de la performance du modèle et aide à détecter des problèmes comme le surapprentissage, où le modèle performe bien sur les données d'entraînement mais mal sur de nouvelles données non vues.

Exemple : Évaluation du modèle

```
# Evaluate the model on test data
test_loss, test_accuracy = model.evaluate(X_test, y_test, verbose=1)
print(f"Test Loss: {test_loss:.4f}")
print(f"Test Accuracy: {test_accuracy:.4f}")

# Make predictions on test data
y_pred = model.predict(X_test)
y_pred_classes = np.argmax(y_pred, axis=1)

# Generate a classification report
from sklearn.metrics import classification_report
print("\\nClassification Report:")
print(classification_report(y_test, y_pred_classes))

# Confusion Matrix
from sklearn.metrics import confusion_matrix
import seaborn as sns

cm = confusion_matrix(y_test, y_pred_classes)
plt.figure(figsize=(10, 8))
sns.heatmap(cm, annot=True, fmt='d', cmap='Blues')
```

```
plt.title('Confusion Matrix')
plt.ylabel('True Label')
plt.xlabel('Predicted Label')
plt.show()

# Visualize some predictions
n_to_show = 10
indices = np.random.choice(range(len(X_test)), n_to_show)
fig = plt.figure(figsize=(15, 3))
fig.suptitle("Model Predictions (Actual / Predicted)")

for i, idx in enumerate(indices):
    plt.subplot(1, n_to_show, i+1)
    plt.imshow(X_test[idx].reshape(28, 28), cmap='gray')
    plt.axis('off')
    plt.title(f"{y_test[idx]} / {y_pred_classes[idx]}")

plt.tight_layout()
plt.show()
```

Analyse du code :

1. Évaluation du modèle :
    - Nous utilisons model.evaluate() pour calculer la perte et la précision sur l'ensemble de test.
    - Le paramètre verbose=1 affiche une barre de progression pendant l'évaluation.
    - Nous affichons à la fois la perte et la précision du test avec 4 décimales pour plus de précision.
2. Réalisation des prédictions :
    - model.predict() est utilisé pour générer des prédictions pour tous les échantillons de test.
    - np.argmax() convertit les distributions de probabilité en étiquettes de classe.
3. Rapport de classification :
    - Nous importons classification_report de sklearn.metrics.
    - Cela fournit une analyse détaillée de la précision, du rappel et du score F1 pour chaque classe.
4. Matrice de confusion :
    - Nous importons confusion_matrix de sklearn.metrics et seaborn pour la visualisation.

  - La matrice de confusion montre le nombre de prédictions correctes et incorrectes pour chaque classe.
  - Nous utilisons une carte thermique pour visualiser la matrice de confusion, avec des annotations montrant les comptages exacts.

5. Visualisation des prédictions :
   - Nous sélectionnons aléatoirement 10 échantillons de l'ensemble de test à visualiser.
   - Pour chaque échantillon, nous affichons l'image avec son étiquette réelle et la prédiction du modèle.
   - Cela aide à comprendre où le modèle fait des prédictions correctes et où il échoue.

Cette évaluation complète offre un aperçu de la performance du modèle, allant au-delà de la simple précision. Elle aide à identifier les domaines spécifiques où le modèle excelle ou rencontre des difficultés, ce qui est crucial pour améliorer davantage et comprendre le comportement du modèle.

2.2.5 Ajustement fin du modèle

L'ajustement fin d'un réseau de neurones est une phase critique dans le flux de travail d'apprentissage automatique qui implique d'apporter des ajustements méticuleux à divers composants du modèle pour améliorer sa performance globale. Ce processus complexe, qui suit généralement la phase d'entraînement initiale, vise à optimiser la précision du modèle, son efficacité computationnelle et sa capacité à généraliser à des données non vues.

En ajustant soigneusement les hyperparamètres, en modifiant l'architecture du réseau et en implémentant des techniques de régularisation avancées, les data scientists et les ingénieurs en apprentissage automatique peuvent améliorer considérablement les capacités du modèle et s'assurer qu'il fonctionne de manière optimale sur des tâches réelles.

Voici plusieurs techniques courantes employées dans le processus d'ajustement fin :

Ajustement du taux d'apprentissage

Le **taux d'apprentissage** est un hyperparamètre critique qui régit l'amplitude des mises à jour appliquées aux poids du modèle pendant l'entraînement. Il joue un rôle central dans la détermination de la vitesse à laquelle le modèle apprend à partir des données. Trouver le taux d'apprentissage optimal est souvent un exercice d'équilibre délicat :

- Taux d'apprentissage élevé : S'il est trop élevé, le modèle peut converger trop rapidement, dépassant potentiellement la solution optimale. Cela peut conduire à un entraînement instable ou même provoquer la divergence du modèle.

- Taux d'apprentissage faible : À l'inverse, si le taux d'apprentissage est trop bas, l'entraînement peut progresser très lentement. Bien que cela puisse conduire à des mises à jour plus stables, cela pourrait nécessiter un temps déraisonnablement long pour que le modèle converge vers une solution optimale.
- Taux d'apprentissage adaptatifs : De nombreux optimiseurs modernes, tels qu'Adam ou RMSprop, ajustent automatiquement le taux d'apprentissage pendant l'entraînement, ce qui peut aider à atténuer certains de ces problèmes.

L'ajustement fin du taux d'apprentissage implique souvent des techniques telles que la planification du taux d'apprentissage (diminution progressive du taux d'apprentissage au fil du temps) ou l'utilisation de taux d'apprentissage cycliques pour explorer plus efficacement différentes régions du paysage de perte.

Vous pouvez ajuster le taux d'apprentissage directement dans l'optimiseur :

```
# Adjust the learning rate and other parameters of Adam optimizer
model.compile(
    optimizer=tf.keras.optimizers.Adam(
        learning_rate=0.001,  # Lower learning rate
        beta_1=0.9,           # Exponential decay rate for the first moment estimates
        beta_2=0.999,        # Exponential decay rate for the second moment estimates
        epsilon=1e-07,        # Small constant for numerical stability
        amsgrad=False         # Whether to apply AMSGrad variant of Adam
    ),
    loss='sparse_categorical_crossentropy',
    metrics=['accuracy', 'precision', 'recall']
)

# Define learning rate scheduler
def lr_schedule(epoch):
    return 0.001 * (0.1 ** int(epoch / 10))

lr_scheduler = tf.keras.callbacks.LearningRateScheduler(lr_schedule)

# Train the model with the new configuration
history = model.fit(
    X_train, y_train,
    epochs=30,
    batch_size=64,
    validation_split=0.2,
    callbacks=[lr_scheduler]
)
```

Analyse du code :

1. Configuration de l'optimiseur :

- Nous utilisons l'optimiseur Adam, qui est un algorithme d'optimisation à taux d'apprentissage adaptatif.
- learning_rate=0.001 : Un taux d'apprentissage plus faible pour un entraînement plus stable.
- beta_1 et beta_2 : Contrôlent les taux de décroissance des moyennes mobiles pour le gradient et son carré.
- epsilon : Une petite constante pour éviter la division par zéro.
- amsgrad : Lorsque True, utilise la variante AMSGrad d'Adam issue de l'article "On the Convergence of Adam and Beyond".

2. Perte et métriques :
   - loss='sparse_categorical_crossentropy' : Adapté pour la classification multi-classes avec des étiquettes entières.
   - metrics : Nous suivons maintenant la précision, la sensibilité et le rappel pour une évaluation plus complète.
3. Planificateur de taux d'apprentissage :
   - Nous définissons un calendrier de taux d'apprentissage personnalisé qui réduit le taux d'apprentissage d'un facteur de 10 tous les 10 époques.
   - Cela peut aider à affiner le modèle au fur et à mesure que l'entraînement progresse, permettant des mises à jour plus importantes au début et des mises à jour plus petites et précises par la suite.
4. Entraînement du modèle :
   - epochs=30 : Augmenté par rapport aux 10 habituels pour permettre plus de temps d'entraînement.
   - batch_size=64 : Taille de lot plus grande pour un entraînement potentiellement plus rapide sur du matériel approprié.
   - validation_split=0.2 : 20% des données d'entraînement sont utilisées pour la validation.
   - callbacks=[lr_scheduler] : Le planificateur de taux d'apprentissage est appliqué pendant l'entraînement.

Cet exemple démontre une approche complète de la compilation et de l'entraînement de modèle, incorporant des taux d'apprentissage adaptatifs et des métriques de performance supplémentaires. Le planificateur de taux d'apprentissage permet un processus d'entraînement plus nuancé, conduisant potentiellement à de meilleures performances du modèle.

Arrêt précoce

L'arrêt précoce est une technique puissante de régularisation en apprentissage automatique qui aide à prévenir le surapprentissage en surveillant les performances du modèle sur un ensemble de validation pendant l'entraînement. Cette méthode fonctionne en suivant une métrique de performance spécifique, généralement la perte ou la précision de validation, et en arrêtant le processus d'entraînement si cette métrique ne s'améliore pas pendant un nombre prédéterminé d'époques, connu sous le nom de période de "patience".

Les principaux avantages de l'arrêt précoce incluent :

- Meilleure généralisation : En arrêtant l'entraînement avant que le modèle ne commence à surapprendre les données d'entraînement, l'arrêt précoce aide le modèle à mieux généraliser aux données non vues.
- Efficacité en temps et en ressources : Il évite des calculs inutiles en arrêtant l'entraînement une fois que les performances du modèle atteignent un plateau ou commencent à se dégrader.
- Sélection automatique du modèle : L'arrêt précoce sélectionne efficacement le modèle qui performe le mieux sur l'ensemble de validation, ce qui est souvent un bon indicateur des performances sur des données non vues.

L'implémentation de l'arrêt précoce implique généralement la mise en place d'un callback dans la boucle d'entraînement qui vérifie les performances de validation après chaque époque. Si les performances ne s'améliorent pas pendant le nombre spécifié d'époques (patience), l'entraînement est arrêté et les poids du modèle de l'époque la plus performante sont restaurés.

Bien que l'arrêt précoce soit un outil précieux, il est important de choisir une valeur de patience appropriée. Trop basse, et vous risquez d'arrêter l'entraînement prématurément ; trop élevée, et vous pourriez ne pas récolter tous les bénéfices de l'arrêt précoce. La valeur de patience optimale dépend souvent du problème spécifique et du jeu de données en question.

Exemple : Arrêt précoce

```
import tensorflow as tf
from tensorflow.keras.callbacks import EarlyStopping, ReduceLROnPlateau
from tensorflow.keras.models import Sequential
from tensorflow.keras.layers import Dense, Dropout
from sklearn.model_selection import train_test_split
from sklearn.preprocessing import StandardScaler
import numpy as np
import matplotlib.pyplot as plt

# Load and preprocess data (assuming X and y are already defined)
X_train, X_test, y_train, y_test = train_test_split(X, y, test_size=0.2,
random_state=42)

# Normalize the data
```

```
scaler = StandardScaler()
X_train_scaled = scaler.fit_transform(X_train)
X_test_scaled = scaler.transform(X_test)

# Define the model
model = Sequential([
    Dense(128, activation='relu', input_shape=(X_train.shape[1],)),
    Dropout(0.3),
    Dense(64, activation='relu'),
    Dropout(0.3),
    Dense(32, activation='relu'),
    Dense(1, activation='sigmoid')
])

# Compile the model
model.compile(optimizer='adam', loss='binary_crossentropy', metrics=['accuracy'])

# Define callbacks
early_stopping = EarlyStopping(
    monitor='val_loss',
    patience=10,
    restore_best_weights=True,
    verbose=1
)

reduce_lr = ReduceLROnPlateau(
    monitor='val_loss',
    factor=0.2,
    patience=5,
    min_lr=1e-6,
    verbose=1
)

# Train the model with early stopping and learning rate reduction
history = model.fit(
    X_train_scaled, y_train,
    epochs=100,
    batch_size=32,
    validation_split=0.2,
    callbacks=[early_stopping, reduce_lr],
    verbose=1
)

# Evaluate the model
test_loss, test_accuracy = model.evaluate(X_test_scaled, y_test, verbose=0)
print(f"Test accuracy: {test_accuracy:.4f}")

# Plot training history
plt.figure(figsize=(12, 4))
plt.subplot(1, 2, 1)
plt.plot(history.history['loss'], label='Training Loss')
plt.plot(history.history['val_loss'], label='Validation Loss')
```

```
plt.title('Model Loss')
plt.xlabel('Epoch')
plt.ylabel('Loss')
plt.legend()

plt.subplot(1, 2, 2)
plt.plot(history.history['accuracy'], label='Training Accuracy')
plt.plot(history.history['val_accuracy'], label='Validation Accuracy')
plt.title('Model Accuracy')
plt.xlabel('Epoch')
plt.ylabel('Accuracy')
plt.legend()

plt.tight_layout()
plt.show()
```

Analyse du code:

- Préparation des données:
    - Nous utilisons train_test_split pour diviser nos données en ensembles d'entraînement et de test.
    - StandardScaler est appliqué pour normaliser les caractéristiques d'entrée, ce qui peut aider à améliorer les performances du modèle et la stabilité de l'entraînement.
- Architecture du modèle:
    - Un modèle Sequential est défini avec trois couches Dense et deux couches Dropout.
    - Les couches Dropout (avec un taux de 0,3) sont ajoutées comme régularisation pour prévenir le surapprentissage.
    - La couche finale utilise une activation sigmoïde pour la classification binaire.
- Compilation du modèle:
    - Le modèle est compilé en utilisant l'optimiseur Adam et la perte d'entropie croisée binaire, qui convient aux tâches de classification binaire.
- Callbacks:
    - EarlyStopping: Surveille la 'val_loss' avec une patience de 10 époques. Si la perte de validation ne s'améliore pas pendant 10 époques consécutives, l'entraînement s'arrêtera.

  - ReduceLROnPlateau: Réduit le taux d'apprentissage d'un facteur de 0,2 si la perte de validation ne s'améliore pas pendant 5 époques. Cela permet un ajustement fin au fur et à mesure que l'entraînement progresse.

- Entraînement du modèle:
  - Le modèle est entraîné pour un maximum de 100 époques avec une taille de lot de 32.
  - 20% des données d'entraînement sont utilisées comme ensemble de validation.
  - Les deux callbacks (arrêt précoce et réduction du taux d'apprentissage) sont appliqués pendant l'entraînement.
- Évaluation du modèle:
  - Le modèle entraîné est évalué sur l'ensemble de test pour obtenir une estimation non biaisée de ses performances.
- Visualisation:
  - La perte et la précision d'entraînement et de validation sont tracées au fil des époques pour visualiser la progression de l'apprentissage du modèle.
  - Ces graphiques peuvent aider à identifier le surapprentissage (si les métriques d'entraînement et de validation divergent) ou d'autres problèmes d'entraînement.

Cet exemple complet démontre un flux de travail complet pour l'entraînement d'un réseau de neurones, comprenant le prétraitement des données, la définition du modèle, l'entraînement avec des techniques avancées comme l'arrêt précoce et la réduction du taux d'apprentissage, l'évaluation et la visualisation de la progression de l'entraînement. Il fournit une base solide pour aborder diverses tâches d'apprentissage automatique et peut être facilement adapté à différents jeux de données et types de problèmes.

Dropout pour la régularisation

Le dropout est une technique puissante de régularisation dans les réseaux de neurones où des neurones sélectionnés aléatoirement sont temporairement ignorés ou "abandonnés" pendant l'entraînement. Ce processus peut être comparé à l'entraînement d'un ensemble de multiples réseaux de neurones, chacun avec une architecture légèrement différente. Voici une explication plus détaillée du fonctionnement du dropout et de son efficacité:

1. Désactivation aléatoire: Pendant chaque itération d'entraînement, un certain pourcentage de neurones (généralement 20-50%) sont sélectionnés aléatoirement et leurs sorties sont mises à zéro. Ce pourcentage est un hyperparamètre appelé "taux de dropout".

2. Prévention de la co-adaptation: En abandonnant aléatoirement des neurones, le réseau est forcé d'apprendre des caractéristiques plus robustes qui sont utiles en conjonction avec de nombreux sous-ensembles aléatoires différents des autres neurones. Cela empêche les neurones de trop se co-adapter, où ils ne fonctionnent bien que dans le contexte de neurones spécifiques.
3. Réduction du surapprentissage: Le dropout réduit efficacement la capacité du réseau pendant l'entraînement, le rendant moins susceptible de mémoriser les données d'entraînement. Cela aide à réduire le surapprentissage, particulièrement dans les cas où les données d'entraînement sont limitées.
4. Effet d'ensemble: Au moment du test, tous les neurones sont utilisés, mais leurs sorties sont réduites par le taux de dropout. Cela peut être considéré comme une approximation de la moyenne des prédictions de nombreux réseaux différents, similaire aux méthodes d'ensemble.
5. Amélioration de la généralisation: En empêchant le modèle de devenir trop dépendant de caractéristiques ou de neurones spécifiques, le dropout aide le réseau à mieux généraliser aux données non vues.
6. Variabilité dans l'entraînement: Le dropout introduit de l'aléatoire dans le processus d'entraînement, ce qui peut aider le modèle à explorer différentes combinaisons de caractéristiques et potentiellement trouver de meilleurs optima locaux.

Bien que le dropout soit très efficace, il est important de noter qu'il peut augmenter le temps d'entraînement car le modèle doit apprendre avec différents sous-ensembles de neurones. Le taux de dropout optimal dépend souvent du problème spécifique et de l'architecture du modèle, et il est généralement traité comme un hyperparamètre à ajuster.

Exemple: Ajout de couches Dropout

```
import tensorflow as tf
from tensorflow.keras.models import Sequential
from tensorflow.keras.layers import Dense, Dropout, Flatten
from tensorflow.keras.datasets import mnist
from tensorflow.keras.callbacks import EarlyStopping, ReduceLROnPlateau
import matplotlib.pyplot as plt

# Load and preprocess the MNIST dataset
(X_train, y_train), (X_test, y_test) = mnist.load_data()
X_train, X_test = X_train / 255.0, X_test / 255.0  # Normalize pixel values to [0, 1]

# Build a model with dropout regularization
def create_model(dropout_rate=0.5):
    model = Sequential([
        Flatten(input_shape=(28, 28)),
        Dense(128, activation='relu'),
        Dropout(dropout_rate),
        Dense(64, activation='relu'),
```

```
        Dropout(dropout_rate),
        Dense(10, activation='softmax')
    ])
    return model

# Create and compile the model
model = create_model()
model.compile(optimizer='adam',
              loss='sparse_categorical_crossentropy',
              metrics=['accuracy'])

# Define callbacks
early_stopping = EarlyStopping(monitor='val_loss', patience=5,
restore_best_weights=True)
reduce_lr = ReduceLROnPlateau(monitor='val_loss', factor=0.2, patience=3, min_lr=1e-
5)

# Train the model
history = model.fit(X_train, y_train,
                    epochs=20,
                    batch_size=32,
                    validation_split=0.2,
                    callbacks=[early_stopping, reduce_lr])

# Evaluate the model
test_loss, test_acc = model.evaluate(X_test, y_test, verbose=2)
print(f'\\nTest accuracy: {test_acc:.4f}')

# Plot training history
plt.figure(figsize=(12, 4))
plt.subplot(1, 2, 1)
plt.plot(history.history['accuracy'], label='Training Accuracy')
plt.plot(history.history['val_accuracy'], label='Validation Accuracy')
plt.title('Model Accuracy')
plt.xlabel('Epoch')
plt.ylabel('Accuracy')
plt.legend()

plt.subplot(1, 2, 2)
plt.plot(history.history['loss'], label='Training Loss')
plt.plot(history.history['val_loss'], label='Validation Loss')
plt.title('Model Loss')
plt.xlabel('Epoch')
plt.ylabel('Loss')
plt.legend()

plt.tight_layout()
plt.show()
```

Explication du code :

1. Préparation des données :
    - Nous utilisons le jeu de données MNIST, qui est facilement accessible dans Keras.
    - Les valeurs des pixels sont normalisées dans l'intervalle [0, 1] en divisant par 255.
2. Architecture du modèle :
    - Un modèle Sequential est défini avec trois couches Dense et deux couches Dropout.
    - La couche d'entrée (Flatten) restructure les images 28x28 en un tableau 1D.
    - Deux couches cachées avec respectivement 128 et 64 unités, utilisant toutes deux l'activation ReLU.
    - Des couches Dropout avec un taux de 0,5 sont ajoutées après chaque couche cachée pour la régularisation.
    - La couche de sortie possède 10 unités (une pour chaque chiffre) avec une activation softmax pour la classification multi-classes.
3. Compilation du modèle :
    - Le modèle utilise l'optimiseur Adam et la perte d'entropie croisée catégorielle sparse, qui convient aux étiquettes entières dans la classification multi-classes.
    - La précision est utilisée comme métrique d'évaluation.
4. Callbacks :
    - EarlyStopping : Surveille la perte de validation et arrête l'entraînement si elle ne s'améliore pas pendant 5 époques, évitant ainsi le surapprentissage.
    - ReduceLROnPlateau : Réduit le taux d'apprentissage d'un facteur de 0,2 si la perte de validation ne s'améliore pas pendant 3 époques, permettant un ajustement fin.
5. Entraînement du modèle :
    - Le modèle est entraîné pour un maximum de 20 époques avec une taille de lot de 32.
    - 20% des données d'entraînement sont utilisées comme ensemble de validation.
    - Les deux callbacks (arrêt précoce et réduction du taux d'apprentissage) sont appliqués pendant l'entraînement.

6. Évaluation du modèle :
   - Le modèle entraîné est évalué sur l'ensemble de test pour obtenir une estimation non biaisée de ses performances.
7. Visualisation :
   - La précision et la perte d'entraînement et de validation sont tracées au fil des époques pour visualiser la progression de l'apprentissage du modèle.
   - Ces graphiques peuvent aider à identifier le surapprentissage (si les métriques d'entraînement et de validation divergent) ou d'autres problèmes d'entraînement.

Cet exemple démontre une approche complète pour construire et entraîner un réseau de neurones avec régularisation par dropout. Il couvre le prétraitement des données, la création de modèle intégrant des couches dropout, la compilation et l'entraînement avec des techniques avancées comme l'arrêt précoce et la réduction du taux d'apprentissage.

Le processus comprend également l'évaluation du modèle et la visualisation de la progression de l'entraînement. Cette configuration robuste améliore le processus d'entraînement et fournit des insights plus profonds sur les performances du modèle au fil du temps, permettant une meilleure compréhension et optimisation du comportement du réseau de neurones.

Réglage des hyperparamètres avec KerasTuner

KerasTuner est une bibliothèque puissante et flexible pour optimiser les hyperparamètres dans les modèles TensorFlow. Elle fournit une approche systématique pour rechercher la combinaison optimale d'hyperparamètres, tels que le nombre de neurones dans chaque couche, le taux d'apprentissage, les fonctions d'activation et d'autres décisions d'architecture de modèle. En automatisant ce processus, KerasTuner améliore considérablement les performances du modèle et réduit le temps et l'effort nécessaires pour un réglage manuel.

Les fonctionnalités clés de KerasTuner incluent une gamme de capacités puissantes qui améliorent significativement le processus d'optimisation des hyperparamètres :

- **Algorithmes de recherche efficaces :** KerasTuner propose un ensemble diversifié de stratégies de recherche, notamment la Recherche Aléatoire, l'Optimisation Bayésienne et Hyperband. Ces algorithmes sophistiqués permettent aux chercheurs et praticiens d'explorer efficacement le vaste espace des hyperparamètres, menant ultimement à des configurations de modèle plus optimales.
- **Flexibilité et intégration transparente :** L'une des caractéristiques marquantes de KerasTuner est sa capacité à s'intégrer parfaitement aux flux de travail TensorFlow et Keras existants. Cette flexibilité lui permet de s'adapter à un large éventail de projets d'apprentissage profond, des modèles simples aux architectures complexes, ce qui en fait un outil précieux tant pour les débutants que pour les praticiens expérimentés.

- **Évolutivité pour l'optimisation à grande échelle :** KerasTuner est conçu avec l'évolutivité à l'esprit, prenant en charge les capacités de réglage distribué. Cette fonctionnalité est particulièrement cruciale pour aborder les problèmes à grande échelle, car elle permet une optimisation des hyperparamètres plus rapide et plus efficace à travers multiples ressources computationnelles, réduisant considérablement le temps nécessaire pour trouver des configurations optimales.
- **Personnalisation pour répondre à des besoins spécifiques :** Reconnaissant que chaque projet d'apprentissage automatique a des exigences uniques, KerasTuner offre des options de personnalisation étendues. Les utilisateurs ont la liberté de définir des espaces de recherche et des objectifs personnalisés, leur permettant d'adapter le processus de réglage à leurs besoins spécifiques. Ce niveau de personnalisation garantit que l'optimisation des hyperparamètres s'aligne parfaitement avec les nuances de chaque projet individuel.

En exploitant KerasTuner, les data scientists et les ingénieurs en apprentissage automatique peuvent naviguer plus efficacement dans le paysage complexe de l'optimisation des hyperparamètres, conduisant à des modèles avec une précision, une généralisation et des performances globales améliorées.

Exemple : Réglage des hyperparamètres avec KerasTuner

```
pip install keras-tuner
```

```
import tensorflow as tf
from tensorflow import keras
from tensorflow.keras import layers
import keras_tuner as kt
import numpy as np
import matplotlib.pyplot as plt

# Load and preprocess the MNIST dataset
(X_train, y_train), (X_test, y_test) = keras.datasets.mnist.load_data()
X_train = X_train.astype("float32") / 255
X_test = X_test.astype("float32") / 255

# Define a function to build the model with tunable hyperparameters
def build_model(hp):
    model = keras.Sequential()
    model.add(layers.Flatten(input_shape=(28, 28)))

    # Tune the number of hidden layers
    for i in range(hp.Int("num_layers", 1, 3)):
        # Tune the number of units in each Dense layer
        hp_units = hp.Int(f"units_{i}", min_value=32, max_value=512, step=32)
        model.add(layers.Dense(units=hp_units, activation="relu"))

        # Tune dropout rate
```

```
        hp_dropout = hp.Float(f"dropout_{i}", min_value=0.0, max_value=0.5, step=0.1)
        model.add(layers.Dropout(hp_dropout))

    model.add(layers.Dense(10, activation="softmax"))

    # Tune the learning rate
    hp_learning_rate  =  hp.Float("learning_rate",  min_value=1e-4,  max_value=1e-2,
sampling="LOG")

    # Compile the model
    model.compile(
        optimizer=keras.optimizers.Adam(learning_rate=hp_learning_rate),
        loss="sparse_categorical_crossentropy",
        metrics=["accuracy"],
    )
    return model

# Instantiate the tuner
tuner = kt.RandomSearch(
    build_model,
    objective="val_accuracy",
    max_trials=10,
    executions_per_trial=3,
    directory="my_dir",
    project_name="mnist_tuning"
)

# Define early stopping callback
early_stop = keras.callbacks.EarlyStopping(monitor="val_loss", patience=5)

# Perform the search
tuner.search(
    X_train,
    y_train,
    epochs=50,
    validation_split=0.2,
    callbacks=[early_stop]
)

# Get the best model
best_model = tuner.get_best_models(num_models=1)[0]

# Evaluate the best model
test_loss, test_accuracy = best_model.evaluate(X_test, y_test, verbose=0)
print(f"Test accuracy: {test_accuracy:.4f}")

# Get the best hyperparameters
best_hps = tuner.get_best_hyperparameters(num_trials=1)[0]

# Print the best hyperparameters
print("Best hyperparameters:")
for param, value in best_hps.values.items():
```

```
    print(f"{param}: {value}")

# Plot learning curves
history = best_model.fit(
    X_train,
    y_train,
    epochs=50,
    validation_split=0.2,
    callbacks=[early_stop],
    verbose=0
)

plt.figure(figsize=(12, 4))
plt.subplot(1, 2, 1)
plt.plot(history.history["accuracy"], label="Training Accuracy")
plt.plot(history.history["val_accuracy"], label="Validation Accuracy")
plt.title("Model Accuracy")
plt.xlabel("Epoch")
plt.ylabel("Accuracy")
plt.legend()

plt.subplot(1, 2, 2)
plt.plot(history.history["loss"], label="Training Loss")
plt.plot(history.history["val_loss"], label="Validation Loss")
plt.title("Model Loss")
plt.xlabel("Epoch")
plt.ylabel("Loss")
plt.legend()

plt.tight_layout()
plt.show()
```

Décomposition du code :

1. Importations et préparation des données :
    - Nous importons les bibliothèques nécessaires, notamment TensorFlow, Keras, KerasTuner, NumPy et Matplotlib.
    - Le jeu de données MNIST est chargé et prétraité. Les valeurs des pixels sont normalisées dans l'intervalle [0, 1].
2. Fonction de construction du modèle :
    - La fonction build_model définit un modèle avec des hyperparamètres ajustables.
    - Elle permet un nombre variable de couches cachées (1 à 3).
    - Pour chaque couche, elle ajuste le nombre d'unités et le taux de dropout.

    - Le taux d'apprentissage de l'optimiseur Adam est également ajusté.

3. Réglage des hyperparamètres :
    - Nous utilisons RandomSearch de KerasTuner pour rechercher les hyperparamètres optimaux.
    - La recherche est configurée pour exécuter 10 essais, avec 3 exécutions par essai pour plus de robustesse.
    - Un callback EarlyStopping est utilisé pour éviter le surapprentissage pendant la recherche.
4. Évaluation du modèle :
    - Après la recherche, nous récupérons le meilleur modèle et l'évaluons sur l'ensemble de test.
    - Les meilleurs hyperparamètres sont affichés pour référence.
5. Visualisation :
    - Nous réentraînons le meilleur modèle pour tracer les courbes d'apprentissage.
    - La précision et la perte d'entraînement et de validation sont visualisées au fil des époques.

2.3 Utilisation de TensorFlow Hub et Model Zoo pour les modèles préentraînés

Développer des modèles d'apprentissage profond depuis le début est un processus gourmand en ressources, nécessitant des jeux de données substantiels et une puissance de calcul importante. Heureusement, TensorFlow offre une solution élégante à ce défi grâce à ses plateformes **TensorFlow Hub** et **Model Zoo**. Ces référentiels donnent accès à une vaste gamme de modèles préentraînés, chacun méticuleusement conçu pour diverses applications.

Des tâches complexes de classification d'images aux algorithmes sophistiqués de détection d'objets et aux techniques avancées de traitement du langage naturel, ces modèles préentraînés servent de puissants éléments de base pour un large spectre de projets d'apprentissage automatique.

La véritable puissance de ces modèles préentraînés réside dans leur polyvalence et leur efficacité. En exploitant ces modèles préexistants, les développeurs et chercheurs peuvent puiser dans un riche corpus de connaissances accumulées, distillées à partir de vastes jeux de données et d'innombrables itérations d'entraînement.

Cette approche, connue sous le nom d'**apprentissage par transfert**, permet l'adaptation rapide de ces modèles à des cas d'utilisation spécifiques, réduisant considérablement le temps de développement et les ressources nécessaires. Elle permet même à ceux disposant de données ou de ressources computationnelles limitées d'exploiter des techniques d'apprentissage profond de pointe, démocratisant ainsi l'accès aux capacités avancées d'IA dans divers domaines et applications.

2.3.1 Aperçu de TensorFlow Hub

TensorFlow Hub est un référentiel complet de modèles d'apprentissage automatique préentraînés et réutilisables. Cette plateforme puissante héberge une vaste gamme de modèles méticuleusement conçus pour un large éventail de tâches, incluant, mais sans s'y limiter, la classification d'images, l'intégration de texte et la détection d'objets. La beauté de TensorFlow Hub réside dans sa polyvalence et sa facilité d'utilisation, permettant aux développeurs et chercheurs d'intégrer harmonieusement ces modèles sophistiqués dans leurs projets TensorFlow.

L'un des principaux avantages de TensorFlow Hub est sa capacité à faciliter l'apprentissage par transfert. En tirant parti de ces modèles préentraînés, les utilisateurs peuvent réduire considérablement le temps et les ressources computationnelles généralement nécessaires pour entraîner des réseaux neuronaux complexes depuis zéro. Au lieu de cela, ils peuvent affiner ces modèles pour répondre à leurs besoins spécifiques, transférant efficacement les connaissances intégrées dans ces modèles préentraînés vers de nouvelles tâches, souvent plus spécialisées.

Les modèles disponibles sur TensorFlow Hub couvrent une gamme diversifiée d'applications. Pour les tâches liées aux images, vous pouvez trouver des modèles capables de classifier des images en milliers de catégories, de détecter des objets dans des images, ou même de générer de nouvelles images. Dans le domaine du traitement du langage naturel, TensorFlow Hub propose des modèles pour la classification de texte, l'analyse de sentiment, la traduction linguistique, et plus encore. Ces modèles représentent souvent l'état de l'art dans leurs domaines respectifs, ayant été entraînés sur de vastes jeux de données par des équipes d'experts.

Pour commencer à exploiter la puissance de TensorFlow Hub dans vos projets, vous devez l'installer. Cela peut être fait facilement en utilisant pip, l'installateur de paquets Python, avec la commande suivante :

```
pip install tensorflow-hub
```

Une fois installé, vous pouvez commencer à explorer la richesse des modèles disponibles et les intégrer dans vos flux de travail TensorFlow. Que vous soyez un praticien chevronné de l'apprentissage automatique ou que vous débutiez votre parcours dans l'IA, TensorFlow Hub constitue une ressource précieuse pour accélérer votre processus de développement et obtenir des résultats à la pointe de la technologie dans diverses tâches d'apprentissage automatique.

Chargement d'un modèle préentraîné depuis TensorFlow Hub

L'utilisation d'un modèle préentraîné depuis TensorFlow Hub est un processus simple et efficace qui peut considérablement accélérer vos projets d'apprentissage profond. Explorons comment charger un modèle préentraîné de classification d'images basé sur **MobileNetV2**, un modèle léger de pointe spécifiquement conçu pour les appareils mobiles et embarqués.

MobileNetV2 est une évolution de l'architecture MobileNet originale, offrant des performances et une efficacité améliorées. Il utilise des convolutions séparables en profondeur pour réduire la taille du modèle et les besoins en calcul tout en maintenant une haute précision. Cela en fait un excellent choix pour les applications où les ressources de calcul sont limitées, comme sur les smartphones ou les appareils en périphérie.

En tirant parti de TensorFlow Hub, nous pouvons facilement accéder à ce puissant modèle et l'intégrer dans nos projets sans avoir besoin de l'entraîner à partir de zéro. Cette approche, connue sous le nom d'apprentissage par transfert, nous permet de bénéficier des connaissances étendues que le modèle a déjà acquises lors de son entraînement sur de vastes jeux de données comme ImageNet. Nous pouvons ensuite affiner ce modèle préentraîné sur notre jeu de données spécifique ou l'utiliser comme extracteur de caractéristiques pour nos tâches uniques de classification d'images.

Exemple : Chargement d'un modèle préentraîné depuis TensorFlow Hub

```
import tensorflow as tf
import tensorflow_hub as hub
from tensorflow.keras.layers import Dense, GlobalAveragePooling2D
from tensorflow.keras.models import Sequential
from tensorflow.keras.preprocessing.image import ImageDataGenerator
import matplotlib.pyplot as plt

# Load a pretrained MobileNetV2 model from TensorFlow Hub
model_url = "<https://tfhub.dev/google/tf2-preview/mobilenet_v2/feature_vector/4>"
mobilenet_model = hub.KerasLayer(model_url, input_shape=(224, 224, 3),
trainable=False)

# Build a new model on top of the pretrained MobileNetV2
model = Sequential([
    mobilenet_model,  # Use MobileNetV2 as the base
    GlobalAveragePooling2D(),  # Add global average pooling
    Dense(256, activation='relu'),  # Add a dense layer
    Dense(128, activation='relu'),  # Add another dense layer
    Dense(10, activation='softmax')  # Output layer for 10 classes
])

# Compile the model
model.compile(optimizer='adam',
              loss='sparse_categorical_crossentropy',
              metrics=['accuracy'])
```

```
# Display model summary
model.summary()

# Prepare data (assuming you have a dataset in 'data_dir')
data_dir = 'path/to/your/dataset'
batch_size = 32

# Data augmentation and preprocessing
train_datagen = ImageDataGenerator(
    rescale=1./255,
    rotation_range=20,
    width_shift_range=0.2,
    height_shift_range=0.2,
    shear_range=0.2,
    zoom_range=0.2,
    horizontal_flip=True,
    validation_split=0.2
)

train_generator = train_datagen.flow_from_directory(
    data_dir,
    target_size=(224, 224),
    batch_size=batch_size,
    class_mode='sparse',
    subset='training'
)

validation_generator = train_datagen.flow_from_directory(
    data_dir,
    target_size=(224, 224),
    batch_size=batch_size,
    class_mode='sparse',
    subset='validation'
)

# Train the model
history = model.fit(
    train_generator,
    steps_per_epoch=train_generator.samples // batch_size,
    validation_data=validation_generator,
    validation_steps=validation_generator.samples // batch_size,
    epochs=10
)

# Plot training history
plt.figure(figsize=(12, 4))
plt.subplot(1, 2, 1)
plt.plot(history.history['accuracy'], label='Training Accuracy')
plt.plot(history.history['val_accuracy'], label='Validation Accuracy')
plt.title('Model Accuracy')
plt.xlabel('Epoch')
plt.ylabel('Accuracy')
```

```
plt.legend()

plt.subplot(1, 2, 2)
plt.plot(history.history['loss'], label='Training Loss')
plt.plot(history.history['val_loss'], label='Validation Loss')
plt.title('Model Loss')
plt.xlabel('Epoch')
plt.ylabel('Loss')
plt.legend()

plt.tight_layout()
plt.show()

# Save the model
model.save('mobilenet_transfer_learning_model')

# Example of loading and using the model for prediction
loaded_model     =     tf.keras.models.load_model('mobilenet_transfer_learning_model',
custom_objects={'KerasLayer': hub.KerasLayer})

# Assume we have a single image to predict
image = ... # Load and preprocess your image here
prediction = loaded_model.predict(image)
predicted_class = np.argmax(prediction, axis=1)
print(f"Predicted class: {predicted_class}")
```

Explication détaillée complète :

1. Importations et configuration :
   - Nous importons les bibliothèques nécessaires : TensorFlow, TensorFlow Hub, les couches Keras et matplotlib pour la visualisation.
   - ImageDataGenerator est importé pour l'augmentation et le prétraitement des données.
2. Chargement du modèle préentraîné :
   - Nous utilisons TensorFlow Hub pour charger un modèle MobileNetV2 préentraîné.
   - Le paramètre 'trainable=False' gèle les poids du modèle préentraîné.
3. Construction du modèle :
   - Nous créons un modèle Sequential, en utilisant le MobileNetV2 préentraîné comme base.
   - GlobalAveragePooling2D est ajouté pour réduire les dimensions spatiales.

    - Deux couches Dense (256 et 128 unités) avec activation ReLU sont ajoutées pour l'extraction des caractéristiques.
    - La couche Dense finale avec activation softmax est destinée à la classification (10 classes dans cet exemple).
4. Compilation du modèle :
    - Le modèle est compilé avec l'optimiseur Adam, la perte d'entropie croisée catégorielle éparse (adaptée aux étiquettes entières) et la métrique de précision.
5. Préparation des données :
    - ImageDataGenerator est utilisé pour l'augmentation des données (rotation, décalage, retournement, etc.) et le prétraitement.
    - Nous créons des générateurs distincts pour les données d'entraînement et de validation.
6. Entraînement du modèle :
    - Le modèle est entraîné en utilisant la méthode fit avec les générateurs de données.
    - Nous spécifions steps_per_epoch et validation_steps en fonction du nombre d'échantillons et de la taille du lot.
7. Visualisation des résultats d'entraînement :
    - Nous traçons la précision et la perte d'entraînement et de validation au fil des époques en utilisant matplotlib.
8. Sauvegarde du modèle :
    - Le modèle entraîné est sauvegardé sur le disque pour une utilisation ultérieure.
9. Chargement et utilisation du modèle :
    - Nous montrons comment charger le modèle sauvegardé et l'utiliser pour faire des prédictions sur une seule image.
    - Notez l'utilisation de custom_objects pour gérer la couche TensorFlow Hub lors du chargement.

Cet exemple fournit un flux de travail complet, comprenant l'augmentation des données, la visualisation de la progression de l'entraînement, la sauvegarde et le chargement du modèle, et un exemple d'utilisation du modèle pour la prédiction. Il sert de modèle plus complet pour l'apprentissage par transfert avec TensorFlow et TensorFlow Hub.

2.3.2 Ajustement fin des modèles préentraînés

L'ajustement fin est une technique cruciale dans l'apprentissage par transfert qui implique d'ajuster soigneusement un modèle préentraîné pour qu'il fonctionne bien sur une nouvelle tâche spécifique. Ce processus se compose généralement de deux étapes principales :

1. Déblocage des couches : Certaines couches du modèle préentraîné, généralement les plus profondes, sont "débloquées" ou rendues entraînables. Cela permet à ces couches d'être mises à jour pendant le processus d'ajustement fin.
2. Entraînement sur de nouvelles données : Le modèle, avec ses couches débloquées, est ensuite entraîné sur le nouveau jeu de données spécifique à la tâche cible. Ce processus d'entraînement inclut à la fois les couches préentraînées débloquées et toutes les nouvelles couches ajoutées.

Les principaux avantages de l'ajustement fin sont :

- Adaptation : Il permet au modèle d'adapter ses caractéristiques préentraînées aux nuances de la nouvelle tâche, améliorant potentiellement les performances.
- Efficacité : L'ajustement fin est généralement plus rapide et nécessite moins de données que l'entraînement d'un modèle à partir de zéro.
- Conservation des connaissances : Le modèle conserve les connaissances générales acquises lors de son entraînement initial tout en acquérant des capacités spécifiques à la tâche.

En trouvant un équilibre entre l'utilisation des connaissances préentraînées et l'adaptation aux nouvelles données, l'ajustement fin permet aux modèles d'atteindre des performances élevées sur des tâches spécifiques de manière efficace.

Ajustement fin du modèle MobileNetV2

Dans l'exemple précédent, nous avons gelé l'ensemble du modèle MobileNetV2, ce qui signifie que nous l'avons utilisé comme extracteur de caractéristiques fixe sans modifier ses poids. Cette approche est utile lorsque nous voulons exploiter les connaissances du modèle préentraîné sans risquer de modifier ses caractéristiques apprises. Cependant, nous pouvons parfois obtenir de meilleures performances en permettant une certaine adaptation du modèle préentraîné à notre jeu de données et à notre tâche spécifiques.

Explorons maintenant le processus d'ajustement fin du modèle MobileNetV2. L'ajustement fin implique de débloquer certaines des couches plus profondes du modèle préentraîné et de leur permettre d'être mises à jour pendant l'entraînement sur notre nouveau jeu de données. Cette technique peut être particulièrement efficace lorsque notre tâche est similaire mais pas identique à la tâche originale pour laquelle le modèle a été entraîné.

En débloquant les couches plus profondes, nous permettons au modèle d'ajuster ses caractéristiques de haut niveau pour mieux s'adapter à nos données spécifiques, tout en maintenant les caractéristiques générales de bas niveau apprises à partir du vaste jeu de données sur lequel il a été initialement entraîné. Cet équilibre entre la préservation des connaissances générales et l'adaptation à des tâches spécifiques est ce qui fait de l'ajustement fin une technique si puissante dans l'apprentissage par transfert.

Dans l'exemple à venir, nous montrerons comment débloquer sélectivement des couches du modèle MobileNetV2 et les entraîner sur notre jeu de données. Ce processus permet au modèle d'ajuster finement ses caractéristiques, ce qui peut conduire à de meilleures performances sur notre tâche spécifique.

Exemple : Ajustement fin d'un modèle préentraîné

```
import tensorflow as tf
import tensorflow_hub as hub
from tensorflow.keras.layers import Dense, GlobalAveragePooling2D
from tensorflow.keras.models import Sequential
from tensorflow.keras.preprocessing.image import ImageDataGenerator
import matplotlib.pyplot as plt

# Load a pretrained MobileNetV2 model from TensorFlow Hub
model_url = "<https://tfhub.dev/google/tf2-preview/mobilenet_v2/feature_vector/4>"
mobilenet_model = hub.KerasLayer(model_url, input_shape=(224, 224, 3))

# Build a new model on top of the pretrained MobileNetV2
model = Sequential([
    mobilenet_model,
    GlobalAveragePooling2D(),
    Dense(256, activation='relu'),
    Dense(128, activation='relu'),
    Dense(10, activation='softmax')
])

# Initially freeze all layers of the base model
mobilenet_model.trainable = False

# Compile the model
model.compile(optimizer='adam',
              loss='sparse_categorical_crossentropy',
              metrics=['accuracy'])

# Prepare data (assuming you have a dataset in 'data_dir')
data_dir = 'path/to/your/dataset'
batch_size = 32

# Data augmentation and preprocessing
train_datagen = ImageDataGenerator(
    rescale=1./255,
    rotation_range=20,
    width_shift_range=0.2,
    height_shift_range=0.2,
    shear_range=0.2,
```

```
    zoom_range=0.2,
    horizontal_flip=True,
    validation_split=0.2
)

train_generator = train_datagen.flow_from_directory(
    data_dir,
    target_size=(224, 224),
    batch_size=batch_size,
    class_mode='sparse',
    subset='training'
)

validation_generator = train_datagen.flow_from_directory(
    data_dir,
    target_size=(224, 224),
    batch_size=batch_size,
    class_mode='sparse',
    subset='validation'
)

# Train the model with frozen base layers
history_frozen = model.fit(
    train_generator,
    steps_per_epoch=train_generator.samples // batch_size,
    validation_data=validation_generator,
    validation_steps=validation_generator.samples // batch_size,
    epochs=5
)

# Unfreeze the last few layers of the base model
mobilenet_model.trainable = True
for layer in mobilenet_model.layers[:-20]:  # Freeze all but the last 20 layers
    layer.trainable = False

# Recompile the model after changing the trainable layers
model.compile(optimizer=tf.keras.optimizers.Adam(learning_rate=1e-5),
              loss='sparse_categorical_crossentropy',
              metrics=['accuracy'])

# Fine-tune the model
history_finetuned = model.fit(
    train_generator,
    steps_per_epoch=train_generator.samples // batch_size,
    validation_data=validation_generator,
    validation_steps=validation_generator.samples // batch_size,
    epochs=10
)

# Plot training history
plt.figure(figsize=(12, 8))
plt.subplot(2, 2, 1)
```

```
plt.plot(history_frozen.history['accuracy'], label='Training Accuracy (Frozen)')
plt.plot(history_frozen.history['val_accuracy'],      label='Validation      Accuracy
(Frozen)')
plt.plot(history_finetuned.history['accuracy'],   label='Training   Accuracy   (Fine-
tuned)')
plt.plot(history_finetuned.history['val_accuracy'], label='Validation Accuracy (Fine-
tuned)')
plt.title('Model Accuracy')
plt.xlabel('Epoch')
plt.ylabel('Accuracy')
plt.legend()

plt.subplot(2, 2, 2)
plt.plot(history_frozen.history['loss'], label='Training Loss (Frozen)')
plt.plot(history_frozen.history['val_loss'], label='Validation Loss (Frozen)')
plt.plot(history_finetuned.history['loss'], label='Training Loss (Fine-tuned)')
plt.plot(history_finetuned.history['val_loss'], label='Validation Loss (Fine-tuned)')
plt.title('Model Loss')
plt.xlabel('Epoch')
plt.ylabel('Loss')
plt.legend()

plt.tight_layout()
plt.show()

# Save the fine-tuned model
model.save('mobilenet_finetuned_model')

# Example of loading and using the model for prediction
loaded_model        =         tf.keras.models.load_model('mobilenet_finetuned_model',
custom_objects={'KerasLayer': hub.KerasLayer})

# Assume we have a single image to predict
image = ... # Load and preprocess your image here
prediction = loaded_model.predict(image)
predicted_class = tf.argmax(prediction, axis=1)
print(f"Predicted class: {predicted_class}")
```

Détail du code :

- Configuration du modèle :
    - Nous chargeons un modèle MobileNetV2 préentraîné depuis TensorFlow Hub.
    - Un nouveau modèle Sequential est construit, utilisant le MobileNetV2 comme base, suivi de couches supplémentaires pour notre tâche spécifique.
- Préparation des données :
    - ImageDataGenerator est utilisé pour l'augmentation et le prétraitement des données.

  - Nous créons des générateurs distincts pour les données d'entraînement et de validation.
- Entraînement initial :
  - Les couches de base du MobileNetV2 sont initialement gelées (non-entraînables).
  - Le modèle est compilé et entraîné pendant 5 époques sur notre jeu de données.
- Ajustement fin :
  - Nous dégelons les 20 dernières couches du modèle de base pour l'ajustement fin.
  - Le modèle est recompilé avec un taux d'apprentissage plus faible (1e-5) pour éviter des changements drastiques aux poids préentraînés.
  - Le modèle est ensuite affiné pendant 10 époques supplémentaires.
- Visualisation :
  - Nous traçons la précision et la perte d'entraînement et de validation pour les phases d'entraînement initial et d'ajustement fin.
  - Cela nous permet de comparer les performances avant et après l'ajustement fin.
- Sauvegarde et chargement du modèle :
  - Le modèle affiné est sauvegardé sur le disque.
  - Nous démontrons comment charger le modèle sauvegardé et l'utiliser pour la prédiction sur une seule image.

Cet exemple complet illustre l'ensemble du processus d'apprentissage par transfert et d'ajustement fin en utilisant un modèle préentraîné de TensorFlow Hub. Il comprend la préparation des données, l'entraînement initial avec des couches gelées, l'ajustement fin en dégelant certaines couches, la visualisation de la progression de l'entraînement, et enfin, la sauvegarde et le chargement du modèle pour l'inférence. Cette approche permet une adaptation efficace de modèles préentraînés puissants à des tâches spécifiques, aboutissant souvent à de meilleures performances comparées à un entraînement à partir de zéro.

2.3.3 TensorFlow Model Zoo

En plus de TensorFlow Hub, le **TensorFlow Model Zoo** offre une vaste collection de modèles préentraînés, servant de ressource précieuse pour les chercheurs et développeurs dans le domaine de l'apprentissage automatique. Ce référentiel est particulièrement remarquable pour son accent sur les tâches complexes de vision par ordinateur, notamment :

- **Détection d'objets** : Les modèles de cette catégorie sont entraînés pour identifier et localiser plusieurs objets dans une image, fournissant souvent des boîtes englobantes autour des objets détectés ainsi que des étiquettes de classe et des scores de confiance.
- **Segmentation sémantique** : Ces modèles peuvent classifier chaque pixel d'une image, divisant efficacement l'image en parties sémantiquement significatives. Ceci est crucial pour des applications comme la conduite autonome ou l'analyse d'images médicales.
- **Estimation de pose** : Les modèles de cette catégorie sont conçus pour détecter et suivre la position et l'orientation des corps humains ou de parties spécifiques du corps dans des images ou des flux vidéo.

Le TensorFlow Model Zoo se distingue par sa facilité d'utilisation, permettant aux développeurs de charger facilement ces modèles sophistiqués et de les intégrer dans leurs propres projets. Cette accessibilité en fait un outil inestimable tant pour l'apprentissage par transfert - où les modèles préentraînés sont affinés sur des jeux de données spécifiques - que pour les tâches d'inférence, où les modèles sont utilisés pour faire des prédictions sur de nouvelles données sans entraînement supplémentaire.

En fournissant des implémentations prêtes à l'emploi d'architectures à la pointe de la technologie, le Model Zoo réduit considérablement le temps et les ressources nécessaires au développement d'applications avancées d'apprentissage automatique.

Utilisation des modèles préentraînés de détection d'objets

Le TensorFlow Model Zoo est un référentiel complet qui fournit une large gamme de modèles préentraînés pour diverses tâches d'apprentissage automatique. Parmi ses offres, le Model Zoo inclut une sélection de modèles sophistiqués spécialement conçus pour la **détection d'objets**. Ces modèles ont été entraînés sur de grands jeux de données et peuvent identifier plusieurs objets dans une image, les rendant inestimables pour de nombreuses applications de vision par ordinateur.

Les modèles de détection d'objets du TensorFlow Model Zoo sont capables non seulement de reconnaître des objets mais aussi de les localiser dans une image en fournissant des boîtes englobantes autour des objets détectés. Cela les rend particulièrement utiles pour des tâches telles que la conduite autonome, les systèmes de surveillance et l'analyse d'images dans des domaines comme la médecine et la robotique.

Pour démontrer la puissance et la facilité d'utilisation de ces modèles préentraînés, nous allons parcourir le processus de chargement d'un modèle de détection d'objets préentraîné du TensorFlow Model Zoo et l'appliquer pour détecter des objets dans une image. Cet exemple montrera comment les développeurs peuvent exploiter ces modèles avancés pour implémenter rapidement des tâches complexes de vision par ordinateur sans nécessiter d'entraînement intensif sur de grands jeux de données.

Exemple : Détection d'objets avec un modèle préentraîné

```
import tensorflow as tf
from object_detection.utils import config_util
from object_detection.builders import model_builder
from object_detection.utils import visualization_utils as viz_utils
from object_detection.utils import label_map_util
import cv2
import numpy as np
import matplotlib.pyplot as plt

# Load pipeline config and build a detection model
pipeline_config = 'path_to_pipeline_config_file.config'
model_dir = 'path_to_pretrained_checkpoint'

configs = config_util.get_configs_from_pipeline_file(pipeline_config)
model_config = configs['model']
detection_model = model_builder.build(model_config=model_config, is_training=False)

# Restore checkpoint
ckpt = tf.compat.v2.train.Checkpoint(model=detection_model)
ckpt.restore(tf.train.latest_checkpoint(model_dir)).expect_partial()

# Load label map data (for plotting)
label_map_path = 'path_to_label_map.pbtxt'
label_map = label_map_util.load_labelmap(label_map_path)
categories = label_map_util.convert_label_map_to_categories(
    label_map,
    max_num_classes=90,
    use_display_name=True)
category_index = label_map_util.create_category_index(categories)

@tf.function
def detect_fn(image):
    """Detect objects in image."""
    image, shapes = detection_model.preprocess(image)
    prediction_dict = detection_model.predict(image, shapes)
    detections = detection_model.postprocess(prediction_dict, shapes)
    return detections

def load_image_into_numpy_array(path):
    """Load an image from file into a numpy array."""
    return np.array(cv2.imread(path))

def run_inference_for_single_image(model, image):
    input_tensor = tf.convert_to_tensor(image)
    input_tensor = input_tensor[tf.newaxis, ...]

    detections = detect_fn(input_tensor)

    num_detections = int(detections.pop('num_detections'))
    detections = {key: value[0, :num_detections].numpy()
```

```
                    for key, value in detections.items()}
    detections['num_detections'] = num_detections
    detections['detection_classes'] =
detections['detection_classes'].astype(np.int64)

    return detections

# Load and prepare image
image_path = 'path_to_image.jpg'
image_np = load_image_into_numpy_array(image_path)

# Run inference
detections = run_inference_for_single_image(detection_model, image_np)

# Visualization of the results of a detection
viz_utils.visualize_boxes_and_labels_on_image_array(
    image_np,
    detections['detection_boxes'],
    detections['detection_classes'],
    detections['detection_scores'],
    category_index,
    use_normalized_coordinates=True,
    max_boxes_to_draw=200,
    min_score_thresh=.30,
    agnostic_mode=False)

# Display output
plt.figure(figsize=(12,8))
plt.imshow(cv2.cvtColor(image_np, cv2.COLOR_BGR2RGB))
plt.axis('off')
plt.show()

# Print detection results
for i in range(min(detections['num_detections'], 5)):
    print(f"Detection {i+1}:")
    print(f"  Class: {category_index[detections['detection_classes'][i]]['name']}")
    print(f"  Score: {detections['detection_scores'][i]:.2f}")
    print(f"  Bounding Box: {detections['detection_boxes'][i].tolist()}")
    print()

# Save the output image
output_path = 'output_image.jpg'
cv2.imwrite(output_path, cv2.cvtColor(image_np, cv2.COLOR_RGB2BGR))
print(f"Output image saved to {output_path}")
```

Analyse du Code :

1. Importations et Configuration :
    - Nous importons les modules nécessaires de TensorFlow et OpenCV.

- D'autres importations incluent matplotlib pour la visualisation et label_map_util pour la gestion des cartes d'étiquettes.

2. Chargement du Modèle :
   - Le script charge un modèle préentraîné de détection d'objets en utilisant un fichier de configuration pipeline.
   - Il construit le modèle de détection en utilisant la configuration chargée.
3. Restauration du Point de Contrôle :
   - Le dernier point de contrôle est restauré, rendant le modèle prêt pour l'inférence.
4. Chargement de la Carte d'Étiquettes :
   - Une carte d'étiquettes est chargée, qui associe les identifiants de classes à des étiquettes lisibles par l'humain.
   - Ceci est crucial pour interpréter la sortie du modèle.
5. Fonction de Détection :
   - Une fonction TensorFlow (detect_fn) est définie pour gérer le processus de détection.
   - Elle prétraite l'image, exécute la prédiction et post-traite les résultats.
6. Chargement d'Image :
   - Une fonction auxiliaire est fournie pour charger des images dans des tableaux numpy.
7. Fonction d'Inférence :
   - run_inference_for_single_image traite une seule image à travers le modèle.
   - Elle gère la conversion des tenseurs et traite la sortie brute dans un format plus utilisable.
8. Traitement d'Image et Inférence :
   - Une image est chargée à partir d'un chemin spécifié.
   - La fonction d'inférence est appelée sur cette image.
9. Visualisation :
   - Le script utilise les utilitaires de visualisation de TensorFlow pour dessiner des boîtes englobantes et des étiquettes sur l'image.
   - L'image traitée est affichée en utilisant matplotlib.

10. Sortie des Résultats :
    - Les résultats de détection (classe, score, boîte englobante) pour les 5 meilleures détections sont imprimés.
    - Cela fournit un résumé textuel de ce que le modèle a détecté.
11. Sauvegarde des Résultats :
    - L'image annotée est sauvegardée dans un fichier, permettant une révision ultérieure ou un traitement supplémentaire.

Cet exemple fournit un flux de travail complet, du chargement du modèle à la sauvegarde des résultats. Il inclut la gestion des erreurs, une sortie plus détaillée, et utilise matplotlib pour la visualisation, qui peut être plus flexible qu'OpenCV pour afficher des images dans divers environnements (par exemple, les notebooks Jupyter). La décomposition explique chaque étape majeure du processus, facilitant sa compréhension et sa modification potentielle pour des cas d'utilisation spécifiques.

2.3.4. Apprentissage par transfert avec des modèles préentraînés

L'apprentissage par transfert est une technique puissante en apprentissage automatique qui exploite les connaissances acquises en résolvant un problème et les applique à un problème différent mais connexe. Cette approche implique l'utilisation d'un modèle préentraîné - un réseau de neurones qui a été entraîné sur un grand jeu de données pour une tâche spécifique - et son adaptation à une nouvelle tâche, souvent liée. Au lieu de commencer le processus d'apprentissage à partir de zéro avec des paramètres initialisés aléatoirement, l'apprentissage par transfert vous permet de commencer avec un modèle qui a déjà appris à extraire des caractéristiques significatives des données.

Le processus implique généralement de prendre un modèle préentraîné et de l'affiner sur un nouveau jeu de données. Cet affinage peut impliquer l'ajustement des poids du réseau entier ou seulement des dernières couches, selon la similitude entre les tâches originale et nouvelle. Ce faisant, vous pouvez capitaliser sur les caractéristiques de bas niveau (comme la détection de bords dans les images) que le modèle a déjà apprises, tout en adaptant les caractéristiques de plus haut niveau à votre tâche spécifique.

Avantages de l'apprentissage par transfert

- **Temps d'entraînement réduit** : L'apprentissage par transfert réduit considérablement le temps nécessaire pour entraîner un modèle. Puisque le modèle préentraîné a déjà appris à extraire une large gamme de caractéristiques des données, vous ne partez pas de zéro. Cela signifie que vous pouvez atteindre de bonnes performances avec beaucoup moins d'itérations d'entraînement, réduisant parfois le temps d'entraînement de semaines à heures.
- **Précision plus élevée** : Les modèles préentraînés sont souvent entraînés sur d'immenses jeux de données qui couvrent une large gamme de variations dans leur

domaine. Cette large exposition leur permet d'apprendre des caractéristiques robustes et généralisables. Lorsque vous appliquez ces modèles à une nouvelle tâche, même si votre jeu de données est relativement petit, vous pouvez souvent atteindre une précision plus élevée que vous ne le feriez avec un modèle entraîné à partir de zéro sur vos données limitées.

- **Jeux de données plus petits** : L'un des avantages les plus significatifs de l'apprentissage par transfert est son efficacité avec des données limitées. Dans de nombreux scénarios réels, l'obtention de grands jeux de données étiquetées peut être coûteuse, chronophage, ou parfois impossible. L'apprentissage par transfert vous permet d'exploiter les connaissances intégrées dans des modèles préentraînés, vous permettant d'atteindre de bonnes performances même avec une fraction des données qui seraient typiquement requises. Cela le rend particulièrement précieux dans des domaines spécialisés où les données peuvent être rares.
- **Convergence plus rapide** : Les modèles qui utilisent l'apprentissage par transfert convergent souvent plus rapidement pendant l'entraînement. Cela signifie qu'ils atteignent leurs performances optimales en moins d'époques, ce qui peut être crucial lorsque l'on travaille avec de grands jeux de données ou des modèles complexes où le temps d'entraînement est un facteur significatif.
- **Meilleure généralisation** : Les caractéristiques apprises par les modèles préentraînés sont souvent plus générales et robustes que celles apprises à partir de zéro sur un jeu de données plus petit. Cela peut conduire à des modèles qui généralisent mieux aux données non vues, réduisant le surapprentissage et améliorant les performances sur des tâches réelles.

2.3.5 Modèles de NLP préentraînés

En plus des tâches de vision, TensorFlow Hub offre une suite complète de modèles préentraînés pour le **traitement du langage naturel (NLP)**. Ces modèles sont conçus pour gérer un large éventail de tâches liées au langage, ce qui en fait des outils inestimables pour les développeurs et chercheurs travaillant dans le domaine du NLP.

L'un des modèles les plus importants disponibles est **BERT** (Bidirectional Encoder Representations from Transformers). BERT représente une avancée significative en NLP, car il utilise une approche bidirectionnelle pour comprendre le contexte des deux côtés, gauche et droit, de chaque mot dans une phrase. Cela permet à BERT de saisir des significations et des relations nuancées dans le texte, conduisant à de meilleures performances dans diverses tâches de NLP.

Un autre modèle puissant proposé est l'**Universal Sentence Encoder**. Ce modèle est conçu pour convertir du texte en vecteurs de haute dimension qui capturent des informations sémantiques riches. Ces vecteurs peuvent ensuite être utilisés comme caractéristiques pour d'autres modèles d'apprentissage automatique, rendant l'Universal Sentence Encoder particulièrement utile pour l'apprentissage par transfert dans les tâches de NLP.

Ces modèles préentraînés ont révolutionné le domaine du Traitement du Langage Naturel (NLP) en offrant des solutions puissantes pour un ensemble diversifié de tâches liées au langage. Les applications de ces modèles s'étendent à travers de nombreux domaines, démontrant leur polyvalence et leur efficacité pour relever des défis linguistiques complexes. Parmi les applications les plus importantes et les plus percutantes figurent :

- **Classification de texte** : Cette tâche fondamentale de NLP implique la catégorisation automatique de documents textuels dans des groupes ou classes prédéfinis. Elle englobe un large éventail d'applications, de la détermination du sujet des articles de presse à l'identification de l'intention derrière les demandes des clients dans les scénarios de service clientèle. En exploitant des modèles préentraînés, les développeurs peuvent créer des systèmes de classification sophistiqués capables de discerner avec précision les subtiles différences dans le contenu et le contexte du texte.
- **Analyse de sentiment** : Également connue sous le nom d'extraction d'opinion, cette application se concentre sur l'extraction et la quantification d'informations subjectives à partir de données textuelles. Elle va au-delà des simples catégorisations positives ou négatives, permettant une compréhension nuancée des tonalités émotionnelles, des attitudes et des opinions exprimées dans le contenu écrit. Cette capacité est particulièrement précieuse dans des domaines tels que la surveillance de marque, l'analyse des retours sur les produits et le suivi du sentiment sur les médias sociaux.
- **Systèmes de questions-réponses** : Ces applications avancées utilisent des modèles préentraînés pour développer des systèmes intelligents capables de comprendre et de répondre aux questions posées en langage naturel. Cette technologie forme la colonne vertébrale des chatbots sophistiqués, des assistants virtuels et des systèmes de recherche d'information, permettant des interactions homme-machine plus naturelles et intuitives. La capacité à comprendre le contexte, à inférer le sens et à générer des réponses pertinentes rend ces systèmes inestimables dans le support client, les outils éducatifs et les services d'information.
- **Reconnaissance d'entités nommées (NER)** : Cette tâche cruciale de NLP implique l'identification et la classification d'entités nommées dans le texte en catégories prédéfinies telles que les noms de personnes, les organisations, les lieux, les expressions temporelles et les quantités. Les systèmes NER alimentés par des modèles préentraînés peuvent efficacement extraire des informations structurées à partir de texte non structuré, facilitant des tâches comme la recherche d'information, la classification de contenu et la construction de graphes de connaissances. Cette capacité est particulièrement utile dans des domaines tels que le journalisme, l'analyse de documents juridiques et la recherche biomédicale.

- **Résumé de texte** : À l'ère de la surcharge d'informations, la capacité à générer automatiquement des résumés concis et cohérents de textes plus longs est inestimable. Les modèles préentraînés excellent dans cette tâche, offrant à la fois des résumés extractifs (sélection de phrases clés du texte original) et des résumés abstractifs (génération de nouvelles phrases qui captent l'essence du contenu). Cette technologie trouve des applications dans l'agrégation de nouvelles, le résumé de documents pour l'intelligence d'affaires et la création de résumés pour les articles scientifiques.

En exploitant ces modèles préentraînés, les développeurs peuvent réduire considérablement le temps et les ressources nécessaires pour construire des applications NLP sophistiquées, tout en bénéficiant de la capacité des modèles à bien généraliser à diverses tâches linguistiques.

Exemple : Utilisation d'un modèle d'embedding de texte préentraîné

Chargeons un modèle **Universal Sentence Encoder** préentraîné depuis TensorFlow Hub pour créer des embeddings de texte.

```
import tensorflow as tf
import tensorflow_hub as hub
import numpy as np
from sklearn.metrics.pairwise import cosine_similarity

# Load Universal Sentence Encoder from TensorFlow Hub
embed = hub.load("<https://tfhub.dev/google/universal-sentence-encoder/4>")

# Define a list of sentences
sentences = [
    "TensorFlow is great for deep learning!",
    "I love working with neural networks.",
    "Pretrained models save time and improve accuracy.",
    "Natural language processing is fascinating.",
    "Machine learning has many real-world applications."
]

# Encode the sentences
sentence_embeddings = embed(sentences)

# Print the embeddings
print("Sentence Embeddings:")
for i, embedding in enumerate(sentence_embeddings):
    print(f"Sentence {i+1}: {embedding[:5]}...")  # Print first 5 dimensions of each
embedding

# Calculate cosine similarity between sentences
similarity_matrix = cosine_similarity(sentence_embeddings)

# Print similarity matrix
print("\\nSimilarity Matrix:")
print(similarity_matrix)
```

```
# Find the most similar pair of sentences
max_similarity = 0
max_pair = (0, 0)
for i in range(len(sentences)):
    for j in range(i+1, len(sentences)):
        if similarity_matrix[i][j] > max_similarity:
            max_similarity = similarity_matrix[i][j]
            max_pair = (i, j)

print(f"\\nMost similar pair of sentences:")
print(f"1. {sentences[max_pair[0]]}")
print(f"2. {sentences[max_pair[1]]}")
print(f"Similarity: {max_similarity:.4f}")

# Demonstrate simple sentence classification
categories = ["Technology", "Science", "Sports", "Entertainment"]
category_embeddings = embed(categories)

new_sentence = "The latest smartphone has an improved camera and faster processor."
new_embedding = embed([new_sentence])[0]

# Calculate similarity with each category
similarities = cosine_similarity([new_embedding], category_embeddings)[0]

# Find the most similar category
most_similar_category = categories[np.argmax(similarities)]

print(f"\\nClassification example:")
print(f"Sentence: {new_sentence}")
print(f"Classified as: {most_similar_category}")
```

Cet exemple de code démontre une utilisation complète de l'Universal Sentence Encoder pour diverses tâches de NLP.

Voici une décomposition du code :

1. Importation des bibliothèques :
   - Nous importons TensorFlow, TensorFlow Hub, NumPy, et cosine_similarity de scikit-learn.
2. Chargement du modèle :
   - Nous chargeons le modèle Universal Sentence Encoder depuis TensorFlow Hub.
3. Encodage des phrases :
   - Nous définissons une liste de phrases et utilisons le modèle pour créer des embeddings pour chaque phrase.

   - Les embeddings sont des représentations vectorielles de haute dimension des phrases.

4. Affichage des embeddings :
   - Nous affichons les 5 premières dimensions de chaque embedding de phrase pour donner une idée de leur apparence.

5. Calcul de la similarité entre phrases :
   - Nous utilisons la similarité cosinus pour calculer la ressemblance entre chaque phrase et toutes les autres phrases.
   - Cela génère une matrice de similarité où chaque cellule représente la similarité entre deux phrases.

6. Recherche des phrases les plus similaires :
   - Nous parcourons la matrice de similarité pour trouver la paire de phrases ayant le score de similarité le plus élevé.
   - Cela démontre comment les embeddings de phrases peuvent être utilisés pour des tâches comme la recherche de contenu connexe ou la détection de doublons.

7. Classification simple de phrases :
   - Nous définissons un ensemble de catégories et créons des embeddings pour celles-ci.
   - Nous prenons ensuite une nouvelle phrase et créons son embedding.
   - En comparant l'embedding de la nouvelle phrase aux embeddings des catégories, nous pouvons classer la phrase dans la catégorie la plus similaire.
   - Cela démontre une approche basique de classification de texte utilisant des embeddings de phrases.

Cet exemple illustre plusieurs applications pratiques des embeddings de phrases dans les tâches de NLP, notamment la comparaison de similarité et la classification basique. Il offre une vision plus complète de la façon dont l'Universal Sentence Encoder peut être utilisé dans des scénarios réels.

Dans cet exemple, nous utilisons l'**Universal Sentence Encoder** pour générer des embeddings de phrases, qui peuvent être utilisés comme caractéristiques d'entrée pour des tâches de NLP en aval telles que la classification de texte.

2.4 Sauvegarde, chargement et déploiement de modèles TensorFlow

Après avoir réussi à entraîner un modèle d'apprentissage profond, les étapes cruciales suivantes consistent à le préserver pour une utilisation future, à le récupérer lorsque nécessaire, et à le mettre en œuvre dans des scénarios réels. TensorFlow simplifie ces processus grâce à sa suite complète de fonctions intégrées, permettant une transition fluide des modèles de la phase d'entraînement aux applications pratiques. Ces capacités sont essentielles, que votre objectif soit de servir des prédictions via une application web ou d'affiner les performances du modèle lors d'itérations ultérieures.

La capacité à sauvegarder, charger et déployer efficacement des modèles est une compétence fondamentale dans le domaine de l'apprentissage profond. Elle comble le fossé entre le développement de modèles et la mise en œuvre dans le monde réel, permettant aux praticiens d'exploiter pleinement le potentiel de leurs modèles entraînés. En maîtrisant ces techniques, vous pouvez garantir que vos modèles restent accessibles, adaptables et prêts pour le déploiement sur diverses plateformes et environnements.

De plus, ces processus facilitent la collaboration entre les membres d'une équipe, permettent le contrôle de version des modèles et soutiennent l'amélioration continue des systèmes d'IA. Que vous travailliez sur un projet à petite échelle ou sur une solution d'entreprise à grande échelle, la maîtrise de la gestion et du déploiement de modèles est indispensable pour maximiser l'impact et l'utilité de vos efforts en apprentissage profond.

2.4.1. Sauvegarde des modèles TensorFlow

TensorFlow propose deux méthodes principales pour sauvegarder les modèles, chacune servant des objectifs différents et offrant des avantages uniques :

1. Points de contrôle (Checkpoints)

Cette méthode est une technique cruciale pour préserver l'état actuel du modèle pendant le processus d'entraînement. Les points de contrôle servent d'instantanés du modèle à des moments précis, capturant des informations essentielles pour une utilisation ou une analyse ultérieure.

- Les points de contrôle sauvegardent méticuleusement les poids du modèle et les états de l'optimiseur. Cette approche complète permet aux développeurs de suspendre l'entraînement à tout moment et de le reprendre plus tard sans perte de progression. Les poids représentent les paramètres appris du modèle, tandis que les états de l'optimiseur contiennent des informations sur le processus d'optimisation, comme le momentum ou les taux d'apprentissage adaptatifs.
- Ils sont particulièrement précieux pour les sessions d'entraînement longues et gourmandes en ressources qui peuvent s'étendre sur des jours, voire des semaines.

En cas d'interruptions inattendues comme des coupures de courant, des plantages système ou des défaillances réseau, les points de contrôle permettent une récupération rapide. Au lieu de repartir de zéro, les développeurs peuvent simplement charger le point de contrôle le plus récent et continuer l'entraînement, économisant un temps et des ressources informatiques considérables.

- Les points de contrôle jouent un rôle central dans la facilitation de l'expérimentation et l'affinement des modèles. En sauvegardant plusieurs points de contrôle à différentes étapes de l'entraînement, les chercheurs peuvent facilement revenir à des états antérieurs du modèle. Cette capacité est inestimable pour comparer les performances du modèle à diverses étapes d'entraînement, mener des études d'ablation, ou explorer différentes configurations d'hyperparamètres sans nécessiter un réentraînement complet.
- De plus, les points de contrôle soutiennent les scénarios d'apprentissage par transfert et d'ajustement fin. Les développeurs peuvent utiliser les points de contrôle d'un modèle préentraîné comme point de départ pour l'entraînement sur de nouvelles tâches connexes, exploitant les connaissances déjà capturées dans les poids du modèle.

2. SavedModel

Il s'agit d'une méthode de sauvegarde complète qui capture l'ensemble du modèle, offrant une solution robuste pour préserver et déployer des modèles d'apprentissage automatique.

- SavedModel préserve l'architecture du modèle, les poids et la configuration d'entraînement dans un seul package. Cette approche holistique garantit que tous les composants essentiels du modèle sont stockés ensemble, maintenant l'intégrité et la reproductibilité du modèle à travers différents environnements.
- Ce format est conçu pour un chargement et un déploiement faciles dans différents environnements, ce qui le rend idéal pour une utilisation en production. Sa polyvalence permet aux développeurs de faire passer harmonieusement les modèles du développement à la production, prenant en charge une large gamme de scénarios de déploiement, des services basés sur le cloud aux appareils en périphérie.
- Il inclut des ressources supplémentaires comme des objets personnalisés ou des tables de recherche qui pourraient être nécessaires au fonctionnement du modèle. Cette fonctionnalité est particulièrement précieuse pour les modèles complexes qui dépendent de données auxiliaires ou d'implémentations personnalisées, garantissant que toutes les dépendances sont regroupées pour des performances cohérentes.

Le format SavedModel offre également plusieurs capacités avancées :

- Contrôle de version : Il prend en charge la sauvegarde de plusieurs versions d'un modèle dans le même répertoire, facilitant la gestion facile des itérations de modèles et permettant les tests A/B dans des environnements de production.
- Définitions de signatures : SavedModel permet la définition de signatures multiples pour un modèle, spécifiant différents tenseurs d'entrée et de sortie pour divers cas d'utilisation, améliorant la flexibilité du modèle dans différents scénarios d'application.
- Compatibilité avec TensorFlow Serving : Ce format est directement compatible avec TensorFlow Serving, simplifiant le processus de déploiement de modèles en tant que systèmes de service évolutifs et haute performance.
- Indépendance du langage : SavedModel peut être utilisé à travers différents langages de programmation, permettant l'interopérabilité entre divers composants d'un pipeline ou système d'apprentissage automatique.

Sauvegarde du modèle entier (format SavedModel)

Le format **SavedModel** est l'approche standard et recommandée par TensorFlow pour sauvegarder des modèles complets. Sa nature exhaustive offre plusieurs avantages significatifs qui en font un outil essentiel pour la gestion et le déploiement de modèles :

- Il stocke tout ce qui est nécessaire pour recréer le modèle exactement tel qu'il était, y compris l'architecture, les poids et l'état de l'optimiseur. Cette approche complète garantit que vous pouvez reproduire précisément le comportement du modèle, ce qui est crucial pour maintenir la cohérence à travers différents environnements et pour le débogage.
- Ce format est indépendant du langage, permettant aux modèles d'être sauvegardés dans un environnement de programmation et chargés dans un autre. Cette flexibilité est particulièrement précieuse dans les projets à grande échelle ou les environnements collaboratifs où différentes équipes pourraient utiliser différents langages de programmation ou frameworks. Par exemple, vous pourriez entraîner un modèle en Python puis le déployer dans une application Java ou C++ sans perdre aucune fonctionnalité.
- SavedModel prend en charge le versionnement, vous permettant de sauvegarder plusieurs versions d'un modèle dans le même répertoire. Cette fonctionnalité est inestimable pour suivre les itérations de modèles, réaliser des tests A/B et maintenir un historique des améliorations de modèles. Elle permet aux data scientists et aux ingénieurs de passer facilement d'une version à l'autre d'un modèle, de comparer les performances et de revenir à des versions précédentes si nécessaire.
- Il est compatible avec TensorFlow Serving, facilitant le déploiement de modèles dans des environnements de production. TensorFlow Serving est un système de service flexible et haute performance pour les modèles d'apprentissage automatique, conçu

pour les environnements de production. L'intégration transparente entre SavedModel et TensorFlow Serving simplifie le processus de transition d'un modèle du développement à la production, réduisant le temps et l'effort requis pour le déploiement.

De plus, le format SavedModel inclut des métadonnées sur le modèle, comme la version de TensorFlow utilisée pour l'entraînement, les objets personnalisés et les signatures définissant les entrées et sorties du modèle. Ces métadonnées améliorent la reproductibilité et facilitent la gestion et le déploiement de modèles dans des environnements de production complexes.

Exemple : Sauvegarde d'un modèle au format SavedModel

```
# Import necessary libraries
import tensorflow as tf
from tensorflow.keras.models import Sequential
from tensorflow.keras.layers import Dense
from tensorflow.keras.optimizers import Adam
import numpy as np

# Generate some dummy data for demonstration
np.random.seed(0)
X_train = np.random.rand(1000, 784)
y_train = np.random.randint(0, 10, 1000)

# Define the model
model = Sequential([
    Dense(128, activation='relu', input_shape=(784,)),
    Dense(64, activation='relu'),
    Dense(10, activation='softmax')
])

# Compile the model
model.compile(optimizer=Adam(learning_rate=0.001),
              loss='sparse_categorical_crossentropy',
              metrics=['accuracy'])

# Train the model
history = model.fit(X_train, y_train, epochs=5, batch_size=32, validation_split=0.2,
verbose=1)

# Save the entire model to a directory
model.save('my_model')

# Load the saved model
loaded_model = tf.keras.models.load_model('my_model')

# Generate some test data
X_test = np.random.rand(100, 784)
y_test = np.random.randint(0, 10, 100)

# Evaluate the loaded model
```

```
test_loss, test_acc = loaded_model.evaluate(X_test, y_test, verbose=0)
print(f'Test accuracy: {test_acc:.4f}')

# Make predictions with the loaded model
predictions = loaded_model.predict(X_test[:5])
print("Predictions for the first 5 test samples:")
print(np.argmax(predictions, axis=1))
```

Analysons cet exemple complet :

- Importation des bibliothèques : Nous importons TensorFlow et les modules nécessaires de Keras, ainsi que NumPy pour la manipulation des données.
- Génération de données : Nous créons des données factices (X_train et y_train) pour simuler un véritable jeu de données. Cela est utile à des fins de démonstration.
- Définition du modèle : Nous définissons un modèle séquentiel avec trois couches Dense. Cette architecture convient à une tâche de classification simple.
- Compilation du modèle : Nous compilons le modèle en utilisant l'optimiseur Adam, la perte d'entropie croisée catégorielle éparse (adaptée aux étiquettes entières), et la précision comme métrique.
- Entraînement du modèle : Nous entraînons le modèle sur nos données factices pendant 5 époques, avec une taille de lot de 32 et une division de validation de 20%.
- Sauvegarde du modèle : Nous sauvegardons le modèle entier, y compris son architecture, ses poids et l'état de l'optimiseur, dans un répertoire nommé 'my_model'.
- Chargement du modèle : Nous montrons comment recharger le modèle sauvegardé en mémoire.
- Évaluation du modèle : Nous générons des données de test et évaluons les performances du modèle chargé sur ces données.
- Réalisation de prédictions : Enfin, nous utilisons le modèle chargé pour faire des prédictions sur quelques échantillons de test, montrant comment le modèle peut être utilisé pour l'inférence après avoir été sauvegardé et chargé.

Cet exemple fournit un flux de travail complet, de la création du modèle à sa sauvegarde, son chargement et son utilisation pour les prédictions. Il met en évidence la facilité d'utilisation et la flexibilité des capacités de sauvegarde et de chargement de modèles de TensorFlow.

Sauvegarde des points de contrôle du modèle

Les **points de contrôle** de modèle sont une fonctionnalité cruciale dans TensorFlow qui vous permet de sauvegarder l'état de votre modèle pendant le processus d'entraînement. Ces points de contrôle stockent les poids, les biais et autres paramètres entraînables du modèle à des intervalles spécifiques ou à des étapes importantes durant l'entraînement. Cette fonctionnalité sert plusieurs objectifs importants :

- Préservation de la progression : Les points de contrôle agissent comme des instantanés de l'état de votre modèle, vous permettant de sauvegarder la progression à intervalles réguliers. Cela est particulièrement précieux pour les sessions d'entraînement de longue durée qui peuvent prendre des heures, voire des jours.
- Reprise de l'entraînement : En cas d'interruptions inattendues (comme des coupures de courant ou des plantages système), les points de contrôle vous permettent de reprendre l'entraînement à partir du dernier état sauvegardé plutôt que de recommencer à zéro. Cela peut économiser un temps et des ressources informatiques considérables.
- Suivi des performances : En sauvegardant des points de contrôle à différentes étapes de l'entraînement, vous pouvez évaluer comment les performances de votre modèle évoluent au fil du temps. Cela permet une analyse détaillée du processus d'entraînement et aide à identifier les points d'arrêt optimaux.
- Sélection de modèle : Les points de contrôle facilitent la comparaison des performances du modèle à différentes étapes d'entraînement, vous permettant de sélectionner la version la plus performante de votre modèle.
- Apprentissage par transfert : Les points de contrôle sauvegardés peuvent être utilisés comme points de départ pour des tâches d'apprentissage par transfert, où vous affinez un modèle pré-entraîné sur une nouvelle tâche connexe.

Pour implémenter des points de contrôle dans TensorFlow, vous pouvez utiliser le callback tf.keras.callbacks.ModelCheckpoint pendant l'entraînement du modèle. Cela vous permet de spécifier quand et à quelle fréquence sauvegarder les points de contrôle, ainsi que les informations à inclure dans chaque point de contrôle.

Exemple : Sauvegarde et chargement des points de contrôle de modèle

```
import os
import tensorflow as tf
import numpy as np

# Generate some dummy data for demonstration
np.random.seed(0)
X_train = np.random.rand(1000, 784)
y_train = np.random.randint(0, 10, 1000)

# Define the model
model = tf.keras.Sequential([
    tf.keras.layers.Dense(128, activation='relu', input_shape=(784,)),
    tf.keras.layers.Dense(64, activation='relu'),
    tf.keras.layers.Dense(10, activation='softmax')
])
```

```
# Compile the model
model.compile(optimizer='adam',
              loss='sparse_categorical_crossentropy',
              metrics=['accuracy'])

# Define checkpoint callback
checkpoint_path = "training_checkpoints/cp-{epoch:04d}.ckpt"
checkpoint_dir = os.path.dirname(checkpoint_path)

# Create checkpoint callback
cp_callback = tf.keras.callbacks.ModelCheckpoint(
    filepath=checkpoint_path,
    verbose=1,
    save_weights_only=True,
    save_freq='epoch')

# Train the model and save checkpoints
history = model.fit(X_train, y_train,
                    epochs=10,
                    batch_size=32,
                    validation_split=0.2,
                    callbacks=[cp_callback])

# List all checkpoint files
print("Checkpoint files:")
print(os.listdir(checkpoint_dir))

# Load the latest checkpoint
latest = tf.train.latest_checkpoint(checkpoint_dir)
print(f"Loading latest checkpoint: {latest}")

# Create a new model instance
new_model = tf.keras.models.clone_model(model)
new_model.compile(optimizer='adam',
                  loss='sparse_categorical_crossentropy',
                  metrics=['accuracy'])

# Load the weights
new_model.load_weights(latest)

# Evaluate the restored model
loss, acc = new_model.evaluate(X_train, y_train, verbose=2)
print("Restored model, accuracy: {:5.2f}%".format(100 * acc))

# Make predictions with the restored model
predictions = new_model.predict(X_train[:5])
print("Predictions for the first 5 samples:")
print(np.argmax(predictions, axis=1))
```

Analyse détaillée :

1. Préparation des données :
   - Nous importons TensorFlow et NumPy.
   - Nous générons des données factices (X_train et y_train) pour simuler un véritable jeu de données à des fins de démonstration.
2. Définition du modèle :
   - Nous définissons un modèle Sequential avec trois couches Dense, adapté à une tâche de classification simple.
3. Compilation du modèle :
   - Nous compilons le modèle en utilisant l'optimiseur Adam, la fonction de perte d'entropie croisée catégorielle éparse et la précision comme métrique.
4. Configuration des points de contrôle :
   - Nous définissons un chemin de point de contrôle qui inclut le numéro d'époque dans le nom du fichier.
   - Nous créons un callback ModelCheckpoint qui sauvegarde les poids du modèle après chaque époque.
5. Entraînement du modèle :
   - Nous entraînons le modèle pendant 10 époques, avec une taille de lot de 32 et une division de validation de 20%.
   - Le callback de point de contrôle est transmis à la méthode fit, garantissant que les poids sont sauvegardés après chaque époque.
6. Inspection des points de contrôle :
   - Nous affichons la liste des fichiers de points de contrôle sauvegardés pendant l'entraînement.
7. Chargement du dernier point de contrôle :
   - Nous utilisons tf.train.latest_checkpoint pour trouver le fichier de point de contrôle le plus récent.
8. Création d'une nouvelle instance de modèle :
   - Nous créons un nouveau modèle avec la même architecture que le modèle original.
   - Cette étape démontre comment utiliser les points de contrôle avec une nouvelle instance de modèle.
9. Chargement des poids :

   - Nous chargeons les poids du dernier point de contrôle dans le nouveau modèle.

10. Évaluation du modèle :
    - Nous évaluons le modèle restauré sur les données d'entraînement pour vérifier sa précision.

11. Réalisation de prédictions :
    - Enfin, nous utilisons le modèle restauré pour faire des prédictions sur quelques échantillons, démontrant comment le modèle peut être utilisé pour l'inférence après avoir été restauré à partir d'un point de contrôle.

Cet exemple démontre le processus de point de contrôle de manière complète. Il couvre la création de multiples points de contrôle, le chargement du plus récent et la confirmation de la précision du modèle restauré. Le code illustre le cycle de vie complet des points de contrôle dans TensorFlow — de leur sauvegarde pendant l'entraînement jusqu'à la restauration et l'utilisation du modèle pour les prédictions.

2.4.2. Chargement des modèles TensorFlow

Une fois qu'un modèle a été sauvegardé, vous pouvez le recharger en mémoire et l'utiliser pour poursuivre l'entraînement ou pour l'inférence. Cette capacité est cruciale pour plusieurs raisons :

- Poursuite de l'entraînement : Vous pouvez reprendre l'entraînement là où vous l'avez laissé, ce qui est particulièrement utile pour les modèles à longue durée d'exécution ou lorsque vous souhaitez affiner un modèle pré-entraîné sur de nouvelles données.
- Inférence : Les modèles chargés peuvent être utilisés pour faire des prédictions sur des données nouvelles et non vues, vous permettant de déployer vos modèles entraînés dans des environnements de production.
- Apprentissage par transfert : Vous pouvez charger des modèles pré-entraînés et les adapter à de nouvelles tâches connexes, en tirant parti des connaissances capturées dans le modèle original.

TensorFlow offre des options flexibles pour charger des modèles, en s'adaptant à différents formats de sauvegarde :

- **Format SavedModel** : C'est un format de sauvegarde complet qui capture le modèle entier, y compris son architecture, ses poids et même la configuration d'entraînement. Il est particulièrement utile pour déployer des modèles dans des environnements de production.
- **Points de contrôle** : Ce sont des sauvegardes légères des poids du modèle à des moments spécifiques pendant l'entraînement. Ils sont utiles pour reprendre

l'entraînement ou pour charger des poids dans un modèle dont l'architecture est connue.

La capacité à charger facilement des modèles à partir de ces formats améliore la flexibilité et la réutilisabilité de vos modèles TensorFlow, simplifiant le processus de développement et de déploiement.

Chargement d'un SavedModel

Vous pouvez charger un modèle sauvegardé au format **SavedModel** en utilisant la fonction load_model() de l'API Keras de TensorFlow. Cette fonction puissante restaure le modèle entier, y compris son architecture, ses poids entraînés et même les informations de compilation. Voici une explication plus détaillée :

1. **Restauration complète du modèle** : Lorsque vous utilisez load_model(), il reconstruit le modèle entier tel qu'il était lors de la sauvegarde. Cela inclut :
    - L'architecture du modèle (couches et leurs connexions)
    - Tous les poids et biais entraînés
    - L'état de l'optimiseur (si sauvegardé)
    - Tous les objets ou couches personnalisés
2. **Facilité d'utilisation** : La fonction load_model() simplifie le processus de rechargement d'un modèle. Avec une seule ligne de code, vous pouvez avoir un modèle entièrement fonctionnel prêt pour l'inférence ou pour poursuivre l'entraînement.
3. **Flexibilité** : Le modèle chargé peut être utilisé immédiatement pour des prédictions, un affinage ou un apprentissage par transfert sans configuration supplémentaire.
4. **Portabilité** : Les modèles sauvegardés au format SavedModel sont portables entre différentes versions de TensorFlow et même entre différents langages de programmation qui prennent en charge TensorFlow, améliorant la réutilisabilité du modèle.

Cette capacité de chargement complète fait du format SavedModel et de la fonction load_model() des outils essentiels dans l'écosystème TensorFlow, facilitant le partage et le déploiement de modèles.

Exemple : Chargement d'un SavedModel

```
import tensorflow as tf
from tensorflow.keras.models import load_model
import numpy as np

# Generate some dummy test data
np.random.seed(42)
X_test = np.random.rand(100, 784)
y_test = np.random.randint(0, 10, 100)
```

```
# Load the model from the SavedModel directory
loaded_model = load_model('my_model')

# Print model summary
print("Loaded Model Summary:")
loaded_model.summary()

# Compile the loaded model
loaded_model.compile(optimizer='adam',
                     loss='sparse_categorical_crossentropy',
                     metrics=['accuracy'])

# Evaluate the model on test data
loss, accuracy = loaded_model.evaluate(X_test, y_test, verbose=2)
print(f"\\nModel Evaluation:")
print(f"Test Loss: {loss:.4f}")
print(f"Test Accuracy: {accuracy:.4f}")

# Use the model for inference
predictions = loaded_model.predict(X_test)

# Print predictions for the first 5 samples
print("\\nPredictions for the first 5 samples:")
for i in range(5):
    predicted_class = np.argmax(predictions[i])
    true_class = y_test[i]
    print(f"Sample  {i+1}:  Predicted  Class:  {predicted_class},  True  Class:
{true_class}")

# Fine-tune the model with a small learning rate
loaded_model.compile(optimizer=tf.keras.optimizers.Adam(learning_rate=0.0001),
                     loss='sparse_categorical_crossentropy',
                     metrics=['accuracy'])

history    =    loaded_model.fit(X_test,    y_test,    epochs=5,    batch_size=32,
validation_split=0.2, verbose=1)

# Plot training history
import matplotlib.pyplot as plt

plt.figure(figsize=(12, 4))
plt.subplot(1, 2, 1)
plt.plot(history.history['accuracy'], label='Training Accuracy')
plt.plot(history.history['val_accuracy'], label='Validation Accuracy')
plt.title('Model Accuracy')
plt.xlabel('Epoch')
plt.ylabel('Accuracy')
plt.legend()

plt.subplot(1, 2, 2)
plt.plot(history.history['loss'], label='Training Loss')
```

```
plt.plot(history.history['val_loss'], label='Validation Loss')
plt.title('Model Loss')
plt.xlabel('Epoch')
plt.ylabel('Loss')
plt.legend()

plt.tight_layout()
plt.show()
```

Analyse du code :

- Importation des bibliothèques nécessaires : Nous importons TensorFlow, la fonction load_model et NumPy pour la manipulation des données.
- Génération des données de test : Nous créons des données fictives de test (X_test et y_test) pour simuler un scénario réel.
- Chargement du modèle : Nous utilisons load_model pour restaurer le modèle sauvegardé depuis le répertoire 'my_model'.
- Affichage du résumé du modèle : Nous présentons l'architecture du modèle chargé en utilisant la méthode summary().
- Compilation du modèle : Nous recompilons le modèle chargé avec le même optimiseur, la même fonction de perte et les mêmes métriques que le modèle original.
- Évaluation du modèle : Nous utilisons la méthode evaluate pour évaluer les performances du modèle sur les données de test.
- Réalisation de prédictions : Nous utilisons la méthode predict pour générer des prédictions pour les données de test.
- Affichage des prédictions : Nous imprimons les classes prédites et réelles pour les 5 premiers échantillons afin de vérifier les performances du modèle.
- Affinement du modèle : Nous démontrons comment poursuivre l'entraînement (affiner) du modèle chargé sur de nouvelles données avec un faible taux d'apprentissage.
- Visualisation de la progression de l'entraînement : Nous traçons la précision et la perte d'entraînement et de validation au fil des époques pour surveiller le processus d'affinement.

Cet exemple présente un flux de travail complet pour charger un modèle TensorFlow sauvegardé, évaluer ses performances, l'utiliser pour des prédictions et même l'affiner sur de nouvelles données. Il offre une démonstration complète du travail avec des modèles chargés dans TensorFlow.

Chargement des points de contrôle

Si vous avez sauvegardé les poids du modèle sous forme de points de contrôle, vous pouvez recharger ces poids dans une structure de modèle existante. Ce processus est particulièrement utile dans plusieurs scénarios :

- Reprise de l'entraînement : Vous pouvez continuer l'entraînement là où vous l'avez laissé, ce qui est bénéfique pour les modèles à longue durée d'exécution ou lorsque vous devez suspendre et reprendre l'entraînement.
- Apprentissage par transfert : Vous pouvez appliquer des poids pré-entraînés à une nouvelle tâche similaire, en tirant parti des connaissances capturées dans le modèle original.
- Évaluation du modèle : Vous pouvez rapidement charger différentes configurations de poids dans la même architecture de modèle pour comparaison et analyse.

Pour charger des poids à partir de points de contrôle, vous devez généralement :

1. Définir l'architecture du modèle : Assurez-vous que la structure du modèle correspond à celle utilisée lors de la création du point de contrôle.
2. Utiliser la méthode load_weights() : Appliquez cette méthode au modèle, en spécifiant le chemin vers le fichier de point de contrôle.

Cette approche offre de la flexibilité, vous permettant de charger des parties spécifiques du modèle ou de modifier légèrement l'architecture avant de charger les poids.

Exemple : Chargement des poids à partir de points de contrôle

```
import tensorflow as tf
from tensorflow.keras.models import Sequential
from tensorflow.keras.layers import Dense
import numpy as np

# Generate some dummy data for demonstration
np.random.seed(42)
X_train = np.random.rand(1000, 784)
y_train = np.random.randint(0, 10, 1000)

# Define the model architecture
model = Sequential([
    Dense(128, activation='relu', input_shape=(784,)),
    Dense(64, activation='relu'),
    Dense(10, activation='softmax')
])

# Compile the model
model.compile(optimizer='adam',
              loss='sparse_categorical_crossentropy',
              metrics=['accuracy'])

# Print model summary
```

```
print("Model Summary:")
model.summary()

# Load the weights from a checkpoint
checkpoint_path = 'training_checkpoints/cp.ckpt'
model.load_weights(checkpoint_path)
print(f"\\nWeights loaded from: {checkpoint_path}")

# Evaluate the model
loss, accuracy = model.evaluate(X_train, y_train, verbose=2)
print(f"\\nModel Evaluation:")
print(f"Loss: {loss:.4f}")
print(f"Accuracy: {accuracy:.4f}")

# Make predictions
predictions = model.predict(X_train[:5])
print("\\nPredictions for the first 5 samples:")
for i, pred in enumerate(predictions):
    predicted_class = np.argmax(pred)
    true_class = y_train[i]
    print(f"Sample {i+1}: Predicted Class: {predicted_class}, True Class:
{true_class}")

# Continue training
history = model.fit(X_train, y_train, epochs=5, batch_size=32, validation_split=0.2,
verbose=1)

# Plot training history
import matplotlib.pyplot as plt

plt.figure(figsize=(12, 4))
plt.subplot(1, 2, 1)
plt.plot(history.history['accuracy'], label='Training Accuracy')
plt.plot(history.history['val_accuracy'], label='Validation Accuracy')
plt.title('Model Accuracy')
plt.xlabel('Epoch')
plt.ylabel('Accuracy')
plt.legend()

plt.subplot(1, 2, 2)
plt.plot(history.history['loss'], label='Training Loss')
plt.plot(history.history['val_loss'], label='Validation Loss')
plt.title('Model Loss')
plt.xlabel('Epoch')
plt.ylabel('Loss')
plt.legend()

plt.tight_layout()
plt.show()
```

Analyse du code :

1. Importation des bibliothèques :
   - Nous importons TensorFlow, les modules Keras nécessaires et NumPy pour la manipulation des données.
2. Génération de données fictives :
   - Nous créons des données synthétiques (X_train et y_train) pour simuler un jeu de données réel à des fins de démonstration.
3. Définition de l'architecture du modèle :
   - Nous créons un modèle Sequential avec trois couches Dense, adapté à une tâche de classification simple.
4. Compilation du modèle :
   - Nous compilons le modèle en utilisant l'optimiseur Adam, la fonction de perte sparse categorical crossentropy et la précision comme métrique.
5. Affichage du résumé du modèle :
   - Nous affichons l'architecture du modèle en utilisant la méthode summary().
6. Chargement des poids depuis un point de contrôle :
   - Nous utilisons la méthode load_weights() pour restaurer les poids du modèle à partir d'un fichier de point de contrôle.
7. Évaluation du modèle :
   - Nous évaluons les performances du modèle sur les données d'entraînement en utilisant la méthode evaluate().
8. Réalisation de prédictions :
   - Nous utilisons la méthode predict() pour générer des prédictions pour les 5 premiers échantillons et les comparons avec les étiquettes réelles.
9. Poursuite de l'entraînement :
   - Nous démontrons comment poursuivre l'entraînement (affiner) le modèle en utilisant la méthode fit().
10. Visualisation de la progression de l'entraînement :
    - Nous traçons la précision et la perte d'entraînement et de validation au fil des époques pour surveiller le processus d'affinement.

2.4.3 Déploiement des modèles TensorFlow

Une fois qu'un modèle est entraîné et sauvegardé, l'étape cruciale suivante est le déploiement, qui consiste à rendre le modèle accessible pour des applications réelles. Le déploiement permet au modèle de fournir des prédictions dans divers environnements, tels que des applications web, des applications mobiles ou des systèmes embarqués. Ce processus comble le fossé entre le développement et l'implémentation pratique, permettant au modèle d'apporter de la valeur dans des scénarios de production.

TensorFlow offre une gamme d'outils puissants pour faciliter un déploiement fluide et efficace des modèles sur différentes plateformes :

- **TensorFlow Serving** : Cet outil est conçu pour le déploiement web évolutif. Il fournit un système de service flexible et haute performance pour les modèles d'apprentissage automatique, capable de gérer plusieurs requêtes client simultanément. TensorFlow Serving est particulièrement utile pour déployer des modèles dans des environnements cloud ou sur des serveurs puissants, où il peut gérer efficacement des demandes de prédiction à grande échelle.
- **TensorFlow Lite** : Ce framework est optimisé pour les appareils mobiles et embarqués. Il permet aux développeurs de déployer des modèles sur des plateformes aux ressources de calcul limitées, comme les smartphones, les tablettes ou les appareils IoT. TensorFlow Lite y parvient en optimisant le modèle pour des tailles de fichiers plus petites et des temps d'inférence plus rapides, ce qui le rend idéal pour les applications où la réactivité et l'efficacité sont cruciales.

Ces outils de déploiement répondent à différents cas d'utilisation et exigences, permettant aux développeurs de choisir l'option la plus adaptée en fonction de leurs besoins spécifiques de déploiement. Qu'il s'agisse de servir des prédictions à grande échelle via des API web ou d'exécuter des modèles sur des appareils aux ressources limitées, TensorFlow fournit l'infrastructure nécessaire pour amener efficacement les modèles d'apprentissage automatique du développement à la production.

TensorFlow Serving pour le déploiement web

TensorFlow Serving est un système de service flexible et haute performance pour les modèles d'apprentissage automatique, conçu pour les environnements de production. Il vous permet de déployer vos modèles sous forme d'API capables de gérer plusieurs requêtes client en temps réel.

Pour déployer un modèle avec TensorFlow Serving, suivez ces étapes :

1. **Exporter le modèle** : Sauvegardez le modèle dans un format que TensorFlow Serving peut utiliser.

Exemple : Exportation du modèle pour TensorFlow Serving

```
# Export the model in the SavedModel format
model.save('serving_model/my_model')
```

2. **Configurer TensorFlow Serving** : TensorFlow Serving peut être installé via Docker. Après l'avoir configuré, vous pouvez commencer à servir votre modèle.

```
docker pull tensorflow/serving
docker run -p 8501:8501 --name tf_serving \\\\
  --mount type=bind,source=$(pwd)/serving_model/my_model,target=/models/my_model \\\\
  -e MODEL_NAME=my_model -t tensorflow/serving
```

3. **Envoi de requêtes au modèle** : Une fois que le modèle est déployé, vous pouvez envoyer des requêtes HTTP à l'API TensorFlow Serving pour obtenir des prédictions.

Exemple : Envoi d'une requête à TensorFlow Serving

```
import requests
import json
import numpy as np

# Define the URL for TensorFlow Serving
url = '<http://localhost:8501/v1/models/my_model:predict>'

# Prepare the input data
data = json.dumps({"instances": np.random.rand(1, 784).tolist()})

# Send the request to the server and get the response
response = requests.post(url, data=data)
predictions = json.loads(response.text)['predictions']
print(predictions)
```

Dans cet exemple, nous envoyons une requête POST à l'API TensorFlow Serving avec des données d'entrée, et le serveur répond avec des prédictions du modèle déployé

TensorFlow Lite pour les appareils mobiles et embarqués

Pour déployer des modèles sur des appareils mobiles ou embarqués, TensorFlow propose **TensorFlow Lite**. Ce framework puissant est spécifiquement conçu pour optimiser les modèles d'apprentissage automatique pour les appareils plus petits avec une puissance de calcul limitée, assurant une inférence rapide et efficace. TensorFlow Lite réalise cette optimisation grâce à plusieurs techniques clés :

- Compression de modèle : Il réduit la taille du modèle en quantifiant les poids et les activations, souvent de nombres à virgule flottante 32 bits à des entiers 8 bits.
- Fusion d'opérateurs : Il combine plusieurs opérations en une seule opération optimisée, réduisant ainsi les frais généraux de calcul.
- Remplacement sélectif de couches : Il remplace certaines couches par des alternatives plus efficaces adaptées à l'exécution mobile.

- Accélération matérielle : Il exploite les capacités matérielles spécifiques aux appareils, comme les GPU ou les unités de traitement neuronal, lorsqu'elles sont disponibles.

Ces optimisations permettent d'obtenir des modèles de taille réduite, des temps d'exécution plus rapides et une consommation d'énergie moindre, ce qui le rend idéal pour le déploiement sur smartphones, tablettes, appareils IoT et autres plateformes aux ressources limitées. Cela permet aux développeurs d'apporter des capacités d'apprentissage automatique sophistiquées aux appareils en périphérie, ouvrant des possibilités pour des applications d'IA sur appareil qui peuvent fonctionner sans connectivité Internet constante ou dépendances au cloud.

Étapes pour déployer avec TensorFlow Lite :

Convertir le modèle au format TensorFlow Lite : Utilisez le TFLiteConverter pour convertir un modèle TensorFlow en modèle TensorFlow Lite.

Exemple : Conversion d'un modèle au format TensorFlow Lite

```
# Convert the model to TensorFlow Lite format
converter = tf.lite.TFLiteConverter.from_saved_model('my_model')
tflite_model = converter.convert()

# Save the TensorFlow Lite model to a file
with open('my_model.tflite', 'wb') as f:
    f.write(tflite_model)
```

Déployer le modèle sur une application mobile : Après avoir converti le modèle, vous pouvez le déployer dans des applications Android ou iOS. TensorFlow Lite offre des API pour les deux plateformes, facilitant l'intégration des modèles dans les applications mobiles.

Déploiement en périphérie avec TensorFlow Lite pour microcontrôleurs

Pour les appareils extrêmement limités en ressources comme les microcontrôleurs, TensorFlow propose **TensorFlow Lite pour microcontrôleurs**. Ce framework spécialisé est conçu pour permettre l'apprentissage automatique sur des appareils disposant de ressources de calcul et de mémoire très limitées. Contrairement au TensorFlow standard ou même à TensorFlow Lite, TensorFlow Lite pour microcontrôleurs est optimisé pour fonctionner sur des appareils disposant d'aussi peu que quelques kilooctets de mémoire.

Ce framework atteint une efficacité aussi impressionnante grâce à plusieurs optimisations clés :

- Dépendances minimales : Il fonctionne avec un minimum de dépendances externes, réduisant l'empreinte globale du système.
- Allocation de mémoire statique : Il utilise une allocation de mémoire statique pour éviter la surcharge liée à la gestion dynamique de la mémoire.

- Noyaux optimisés : Le framework inclut des noyaux hautement optimisés spécifiquement conçus pour les architectures de microcontrôleurs.
- Quantification : Il s'appuie fortement sur des techniques de quantification pour réduire la taille du modèle et les besoins en calcul.

Ces optimisations permettent le déploiement de modèles d'apprentissage automatique sur une large gamme d'appareils basés sur des microcontrôleurs, notamment :

- Capteurs IoT : Pour les appareils domestiques intelligents, les capteurs industriels et la surveillance environnementale.
- Appareils portables : Tels que les trackers de fitness et les montres intelligentes.
- Systèmes embarqués : Dans les applications automobiles, l'électronique grand public et les dispositifs médicaux.

En permettant l'apprentissage automatique sur des appareils aussi limités en ressources, TensorFlow Lite pour microcontrôleurs ouvre de nouvelles possibilités pour l'informatique en périphérie et les applications IoT, permettant une inférence en temps réel sur l'appareil sans nécessiter une connectivité constante à des ressources informatiques plus puissantes.

Exemple : Conversion et déploiement d'un modèle pour microcontrôleurs

```
# Import necessary libraries
import tensorflow as tf
import numpy as np

# Define a simple model for demonstration
def create_model():
    model = tf.keras.Sequential([
        tf.keras.layers.Dense(128, activation='relu', input_shape=(784,)),
        tf.keras.layers.Dense(64, activation='relu'),
        tf.keras.layers.Dense(10, activation='softmax')
    ])
    model.compile(optimizer='adam',           loss='sparse_categorical_crossentropy',
metrics=['accuracy'])
    return model

# Create and train the model
model = create_model()
x_train = np.random.random((1000, 784))
y_train = np.random.randint(0, 10, (1000, 1))
model.fit(x_train, y_train, epochs=5, batch_size=32)

# Save the model in SavedModel format
model.save('my_model')

# Convert the model with optimizations for microcontrollers
converter = tf.lite.TFLiteConverter.from_saved_model('my_model')
converter.optimizations = [tf.lite.Optimize.DEFAULT]
```

```
converter.target_spec.supported_ops = [tf.lite.OpsSet.TFLITE_BUILTINS_INT8]
converter.inference_input_type = tf.int8
converter.inference_output_type = tf.int8

# Representative dataset for quantization
def representative_dataset():
    for _ in range(100):
        yield [np.random.random((1, 784)).astype(np.float32)]

converter.representative_dataset = representative_dataset

# Convert the model
tflite_model = converter.convert()

# Save the optimized model
with open('micro_model.tflite', 'wb') as f:
    f.write(tflite_model)

# Print model size
print(f"Model size: {len(tflite_model) / 1024:.2f} KB")

# Load and test the TFLite model
interpreter = tf.lite.Interpreter(model_content=tflite_model)
interpreter.allocate_tensors()

input_details = interpreter.get_input_details()
output_details = interpreter.get_output_details()

# Test the model on random input data
input_shape = input_details[0]['shape']
input_data = np.array(np.random.random_sample(input_shape), dtype=np.float32)
interpreter.set_tensor(input_details[0]['index'], input_data)

interpreter.invoke()

output_data = interpreter.get_tensor(output_details[0]['index'])
print(f"TFLite model output: {output_data}")
```

Analyse du code :

1. Importation des bibliothèques :
    - Nous importons TensorFlow et NumPy, qui sont essentiels pour créer, entraîner et convertir notre modèle.
2. Définition du modèle :
    - Nous créons une fonction simple create_model() qui renvoie un modèle séquentiel avec trois couches denses.

   - Le modèle est compilé avec l'optimiseur Adam et la perte d'entropie croisée catégorielle parcimonieuse.

3. Création et entraînement du modèle :
   - Nous instancions le modèle et l'entraînons sur des données générées aléatoirement à des fins de démonstration.
4. Sauvegarde du modèle :
   - Le modèle entraîné est sauvegardé au format SavedModel, qui est une sérialisation complète du modèle.
5. Conversion du modèle :
   - Nous utilisons TFLiteConverter pour convertir notre SavedModel au format TensorFlow Lite.
   - Nous définissons des optimisations pour réduire la taille binaire et améliorer la vitesse d'inférence.
   - Nous spécifions que nous voulons utiliser une quantification en entiers 8 bits pour l'entrée et la sortie.
6. Jeu de données représentatif :
   - Nous définissons une fonction génératrice qui fournit des échantillons de données d'entrée pour la quantification.
   - Cela aide le convertisseur à comprendre la plage de valeurs d'entrée attendue.
7. Conversion et sauvegarde :
   - Nous effectuons la conversion et sauvegardons le modèle TFLite résultant dans un fichier.
8. Taille du modèle :
   - Nous affichons la taille du modèle converti, ce qui est utile pour comprendre l'impact de nos optimisations.
9. Test du modèle TFLite :
   - Nous chargeons le modèle TFLite converti à l'aide d'un interpréteur.
   - Nous générons des données d'entrée aléatoires et exécutons l'inférence en utilisant le modèle TFLite.
   - Enfin, nous affichons la sortie pour vérifier que le modèle fonctionne comme prévu.

Cet exemple complet offre une vision plus approfondie du processus de création, d'entraînement, de conversion et de test d'un modèle TensorFlow pour le déploiement sur des microcontrôleurs. Il démontre des concepts importants tels que la quantification, qui est cruciale pour réduire la taille du modèle et améliorer la vitesse d'inférence sur des appareils aux ressources limitées.

Exercices Pratiques Chapitre 2

Exercice 1 : Sauvegarder et Charger un Modèle TensorFlow

Tâche : Entraîner un réseau de neurones simple sur le **jeu de données MNIST** et sauvegarder le modèle entraîné en utilisant le format **SavedModel**. Ensuite, charger le modèle sauvegardé et l'utiliser pour faire des prédictions sur l'ensemble de test.

Solution :

```
import tensorflow as tf
from tensorflow.keras.datasets import mnist
from tensorflow.keras.models import Sequential
from tensorflow.keras.layers import Dense, Flatten

# Load the MNIST dataset
(X_train, y_train), (X_test, y_test) = mnist.load_data()

# Normalize the data
X_train, X_test = X_train / 255.0, X_test / 255.0

# Build a simple neural network model
model = Sequential([
    Flatten(input_shape=(28, 28)),
    Dense(128, activation='relu'),
    Dense(64, activation='relu'),
    Dense(10, activation='softmax')
])

# Compile the model
model.compile(optimizer='adam',              loss='sparse_categorical_crossentropy',
metrics=['accuracy'])

# Train the model
model.fit(X_train, y_train, epochs=5, validation_data=(X_test, y_test))

# Save the trained model using SavedModel format
model.save('saved_mnist_model')

# Load the saved model
loaded_model = tf.keras.models.load_model('saved_mnist_model')

# Make predictions with the loaded model
```

```
predictions = loaded_model.predict(X_test)
print(f"Predictions for first test sample: {predictions[0]}")
```

Exercice 2 : Sauvegarde et chargement des points de contrôle du modèle

Tâche : Entraîner un réseau de neurones et sauvegarder des points de contrôle pendant l'entraînement. Après l'entraînement, charger les poids à partir du point de contrôle sauvegardé et les utiliser pour continuer l'entraînement.

Solution :

```
from tensorflow.keras.callbacks import ModelCheckpoint

# Define the checkpoint path
checkpoint_path = "training_checkpoints/cp.ckpt"

# Define the checkpoint callback to save model weights
checkpoint_callback = ModelCheckpoint(filepath=checkpoint_path, save_weights_only=True, verbose=1)

# Train the model with checkpoint saving
model.fit(X_train, y_train, epochs=5, validation_data=(X_test, y_test), callbacks=[checkpoint_callback])

# Load the weights from the saved checkpoint
model.load_weights(checkpoint_path)

# Continue training the model
model.fit(X_train, y_train, epochs=5, validation_data=(X_test, y_test))
```

Exercice 3 : Déploiement d'un modèle TensorFlow avec TensorFlow Serving

Tâche : Sauvegarder un modèle entraîné au format **SavedModel** et le préparer pour le déploiement en utilisant **TensorFlow Serving**. Utiliser la bibliothèque **requests** pour envoyer une demande de prédiction au modèle déployé.

Solution :

```
# Save the model for TensorFlow Serving
model.save('serving_model/my_served_model')

# Assuming you have TensorFlow Serving set up, you can now serve the model:
# docker pull tensorflow/serving
# docker run -p 8501:8501 --name tf_serving \\\\
# --mount type=bind,source=$(pwd)/serving_model/my_served_model,target=/models/my_model \\\\
#   -e MODEL_NAME=my_model -t tensorflow/serving

# After running TensorFlow Serving, use requests to get predictions:
import requests
```

```
import numpy as np
import json

# URL for the TensorFlow Serving API
url = '<http://localhost:8501/v1/models/my_model:predict>'

# Prepare the input data (random data for demonstration)
input_data = np.random.rand(1, 784).tolist()
data = json.dumps({"instances": input_data})

# Send a POST request to the TensorFlow Serving API
response = requests.post(url, data=data)

# Parse the response and display predictions
predictions = json.loads(response.text)['predictions']
print(f"Predictions: {predictions}")
```

Exercice 4 : Conversion d'un modèle vers TensorFlow Lite

Tâche : Convertir un modèle entraîné au format **TensorFlow Lite** et l'enregistrer. Ensuite, charger le modèle TensorFlow Lite et exécuter l'inférence en utilisant l'**Interpréteur TensorFlow Lite**.

Solution :

```
# Convert the model to TensorFlow Lite format
converter = tf.lite.TFLiteConverter.from_saved_model('saved_mnist_model')
tflite_model = converter.convert()

# Save the TensorFlow Lite model to a file
with open('mnist_model.tflite', 'wb') as f:
    f.write(tflite_model)

# Use TensorFlow Lite Interpreter to run inference
interpreter = tf.lite.Interpreter(model_path='mnist_model.tflite')
interpreter.allocate_tensors()

# Get input and output tensors
input_details = interpreter.get_input_details()
output_details = interpreter.get_output_details()

# Prepare a test sample
test_sample = np.expand_dims(X_test[0], axis=0).astype(np.float32)

# Set the test sample as the input tensor
interpreter.set_tensor(input_details[0]['index'], test_sample)

# Run the model
interpreter.invoke()

# Get the output tensor
```

```
output_data = interpreter.get_tensor(output_details[0]['index'])
print(f"TensorFlow Lite model predictions: {output_data}")
```

Exercice 5 : Ajustement fin d'un modèle pré-entraîné depuis TensorFlow Hub

Tâche : Charger un **modèle pré-entraîné** depuis **TensorFlow Hub** (par exemple, **MobileNetV2**) et l'affiner sur un nouveau jeu de données (par exemple, le jeu de données **CIFAR-10**). Débloquer les dernières couches et effectuer un ajustement fin.

Solution :

```
import tensorflow_hub as hub
from tensorflow.keras.datasets import cifar10
from tensorflow.keras.layers import Dense, Flatten
from tensorflow.keras.models import Sequential

# Load the CIFAR-10 dataset
(X_train, y_train), (X_test, y_test) = cifar10.load_data()
X_train, X_test = X_train / 255.0, X_test / 255.0

# Load a pretrained MobileNetV2 model from TensorFlow Hub
mobilenet_url                    =                    "<https://tfhub.dev/google/tf2-
preview/mobilenet_v2/feature_vector/4>"
mobilenet_model    =    hub.KerasLayer(mobilenet_url,    input_shape=(32,    32,    3),
trainable=False)

# Build a new model on top of the pretrained MobileNetV2
model = Sequential([
    mobilenet_model,  # Pretrained MobileNetV2
    Dense(128, activation='relu'),
    Dense(10, activation='softmax')  # 10 output classes for CIFAR-10
])

# Compile the model
model.compile(optimizer='adam',              loss='sparse_categorical_crossentropy',
metrics=['accuracy'])

# Fine-tune the model by unfreezing the last layers
mobilenet_model.trainable = True
for layer in mobilenet_model.layers[:-20]:
    layer.trainable = False

# Train the model
model.fit(X_train, y_train, epochs=5, validation_data=(X_test, y_test))
```

Ces exercices renforcent les concepts clés du **Chapitre 2**, notamment comment sauvegarder et charger des modèles en utilisant le format **SavedModel** et les points de contrôle, déployer des modèles avec **TensorFlow Serving**, convertir des modèles vers **TensorFlow Lite**, et effectuer un ajustement fin des modèles pré-entraînés depuis **TensorFlow Hub**. Ces tâches sont essentielles pour faire passer les modèles du développement à la production dans des applications réelles.

Résumé du Chapitre 2

Dans le **Chapitre 2**, nous avons exploré comment construire, entraîner et déployer efficacement des modèles d'apprentissage profond en utilisant **TensorFlow 2.x**, l'un des frameworks les plus puissants et les plus utilisés pour l'apprentissage automatique et l'apprentissage profond. Ce chapitre a fourni une introduction complète aux composants fondamentaux de TensorFlow, couvrant tout, de la création de modèles à leur sauvegarde, leur chargement et leur déploiement dans des applications réelles.

Nous avons commencé par présenter **TensorFlow 2.x**, qui offre une interface simplifiée pour construire des modèles d'apprentissage profond grâce à son intégration avec **Keras**. L'**API Sequential** a été utilisée pour empiler des couches et créer des réseaux de neurones, tandis que les **tenseurs** ont été introduits comme les structures de données fondamentales dans TensorFlow, permettant une manipulation efficace des tableaux multidimensionnels. Le chapitre a également abordé comment l'**exécution immédiate** rend TensorFlow 2.x plus intuitif en exécutant les opérations immédiatement, similaire au Python standard, simplifiant ainsi le processus de développement.

Ensuite, nous avons discuté du processus de **construction, d'entraînement et d'ajustement fin des réseaux de neurones** en utilisant TensorFlow. Vous avez appris comment définir des architectures de réseaux de neurones en utilisant des couches comme **Dense** et **Flatten**, et comment compiler des modèles avec des optimiseurs (comme **Adam**) et des fonctions de perte (comme l'**entropie croisée catégorielle**). Nous avons exploré le processus d'entraînement de modèles en utilisant la fonction **fit()**, ainsi que comment évaluer les performances du modèle sur des ensembles de validation et de test. Nous avons notamment démontré comment affiner les modèles en ajustant les hyperparamètres, en implémentant des techniques de régularisation (comme le **Dropout**), et en utilisant l'**arrêt précoce** pour éviter le surapprentissage.

Le chapitre a également présenté **TensorFlow Hub** et le **Model Zoo**, des dépôts qui donnent accès à des **modèles pré-entraînés**. Vous avez appris comment charger des modèles comme **MobileNetV2** depuis TensorFlow Hub et utiliser l'apprentissage par transfert pour adapter ces modèles à des tâches spécifiques, réduisant considérablement la quantité de données d'entraînement et le temps nécessaires. Nous avons également couvert l'**ajustement fin**, une technique puissante qui vous permet de dégeler les couches ultérieures d'un modèle pré-entraîné et de les entraîner sur votre ensemble de données pour une précision améliorée.

Enfin, nous nous sommes concentrés sur la sauvegarde, le chargement et le déploiement de modèles TensorFlow. Vous avez appris comment sauvegarder des modèles au format **SavedModel**, qui inclut tout ce qui est nécessaire pour réinstancier le modèle, et comment sauvegarder des **points de contrôle** qui stockent les poids du modèle et l'état de l'optimiseur pendant l'entraînement. Nous avons ensuite discuté de la façon de déployer des modèles en utilisant **TensorFlow Serving**, un outil qui permet aux modèles d'être servis comme des API pour des prédictions en temps réel dans des environnements de production. Pour les applications mobiles et embarquées, nous avons présenté **TensorFlow Lite**, qui convertit les modèles dans un format optimisé pour une inférence efficace sur des appareils aux ressources informatiques limitées.

À la fin de ce chapitre, vous avez acquis une compréhension approfondie de la façon de faire passer les modèles d'apprentissage profond du stade de développement au déploiement, en utilisant le puissant écosystème d'outils et de bibliothèques de TensorFlow. Cette connaissance est essentielle pour construire des modèles évolutifs, prêts pour la production, qui peuvent être intégrés dans des systèmes réels, des applications web aux applications mobiles et aux appareils IoT.

Chapitre 3 : Apprentissage profond avec Keras

Keras s'est imposé comme une pierre angulaire dans la communauté de l'apprentissage automatique, bénéficiant d'une large adoption parmi les chercheurs et les développeurs grâce à son interface intuitive et sa conception conviviale. En tant que composante intégrale de l'écosystème TensorFlow 2.x, Keras fournit une API hautement efficace qui simplifie le processus de construction et d'entraînement des réseaux de neurones.

En faisant abstraction des opérations complexes de bas niveau telles que la gestion des tenseurs et le traitement des graphes de calcul, Keras permet aux utilisateurs de se concentrer sur l'architecture de haut niveau de leurs modèles. Cette abstraction accélère non seulement la phase de prototypage des projets d'apprentissage automatique, mais facilite également le déploiement fluide dans des environnements de production, faisant de Keras un outil inestimable tant pour les applications expérimentales que pour les applications réelles.

Dans ce chapitre complet, nous approfondirons les fonctionnalités essentielles de l'API Keras, en explorant sa robuste suite de couches et d'outils de construction de modèles. Vous acquerrez une expérience pratique dans la construction, l'entraînement et l'évaluation de modèles d'apprentissage profond avec Keras. De plus, nous couvrirons des techniques avancées pour affiner ces modèles afin d'obtenir des performances optimales à travers diverses tâches et jeux de données. À la fin de ce chapitre, vous disposerez d'une base solide pour utiliser Keras dans un large éventail d'applications d'apprentissage profond, des réseaux de neurones basiques aux architectures sophistiquées.

3.1 Introduction à l'API Keras dans TensorFlow 2.x

L'**API Keras** dans TensorFlow 2.x offre une interface hautement intuitive et conviviale pour construire des réseaux de neurones. En faisant abstraction des détails complexes de la construction, de l'entraînement et de l'évaluation des modèles, Keras permet aux développeurs de se concentrer sur les aspects de plus haut niveau de leur architecture de réseau et de l'optimisation des performances. Cette abstraction réduit considérablement la courbe d'apprentissage pour les nouveaux venus dans l'apprentissage profond tout en fournissant aux praticiens avancés des outils puissants pour construire efficacement des modèles sophistiqués.

Keras prend en charge deux approches principales pour la construction de modèles : l'**API Sequential** et l'**API Functional**. L'API Sequential est idéale pour les empilements linéaires simples de couches, ce qui la rend parfaite pour les débutants ou les architectures de modèles simples. D'autre part, l'API Functional offre une plus grande flexibilité, permettant la création de topologies de modèles complexes avec des entrées multiples, des sorties ou des couches ramifiées. Cette polyvalence permet aux développeurs d'implémenter une large gamme d'architectures avancées, des réseaux d'alimentation directe de base aux modèles sophistiqués comme ResNet ou Inception.

Dans TensorFlow 2.x, Keras a été profondément intégré en tant qu'API de haut niveau par défaut pour l'apprentissage profond. Cette intégration apporte plusieurs avantages, notamment une compatibilité transparente avec les fonctionnalités principales de TensorFlow. Par exemple, l'exécution immédiate dans TensorFlow 2.x permet une évaluation immédiate des opérations, rendant le débogage et le prototypage considérablement plus faciles.

Les capacités intégrées de sauvegarde et de chargement de modèles garantissent que les modèles entraînés peuvent être facilement persistés et réutilisés dans différents environnements. De plus, Keras dans TensorFlow 2.x prend en charge l'entraînement distribué nativement, permettant aux développeurs d'exploiter plusieurs GPU ou même TPU pour accélérer l'entraînement des modèles sans nécessiter une programmation extensive de bas niveau.

Que vous soyez un novice faisant vos premiers pas dans l'apprentissage automatique ou un scientifique des données expérimenté travaillant sur des projets de pointe, Keras simplifie le processus de construction de modèles d'apprentissage automatique robustes et évolutifs. Sa philosophie de conception intuitive, associée au puissant soutien de TensorFlow, en fait un outil inestimable dans l'écosystème moderne de l'apprentissage profond.

En fournissant une interface de haut niveau sans sacrifier la flexibilité ni les performances, Keras permet aux développeurs de prototyper rapidement des idées, d'expérimenter différentes architectures et de déployer des modèles prêts pour la production en toute confiance.

3.1.1 Caractéristiques clés de l'API Keras

1. **Facilité d'utilisation** : Keras fournit une API claire et intuitive qui simplifie le processus de construction de réseaux de neurones. Sa syntaxe conviviale permet aux développeurs de prototyper rapidement et d'expérimenter différentes architectures de modèles, la rendant accessible tant aux débutants qu'aux praticiens expérimentés. La manière directe de définir les couches et de les connecter réduit la courbe d'apprentissage et accélère le processus de développement.

2. **Modularité** : Keras adopte une philosophie de conception modulaire, permettant de construire des modèles soit comme une séquence de couches, soit comme un graphe plus complexe de composants interconnectés. Cette flexibilité permet la création d'une large gamme d'architectures, des réseaux d'alimentation directe simples aux modèles sophistiqués avec plusieurs entrées et sorties. Chaque couche et composant dans Keras est entièrement personnalisable, donnant aux développeurs un contrôle précis sur le comportement et la structure de leur modèle.

3. **Prise en charge de multiples backends** : Bien que Keras soit maintenant étroitement intégré à TensorFlow, il a été conçu à l'origine pour être agnostique quant au backend. Cela signifie qu'il peut fonctionner sur différents backends de calcul, y compris Theano et CNTK. Cette flexibilité permet aux développeurs de choisir le backend qui convient le mieux à leurs besoins, que ce soit pour des raisons de performance ou de compatibilité avec l'infrastructure existante. Bien que TensorFlow soit maintenant le backend principal, le support multi-backend démontre la polyvalence et l'adaptabilité de Keras.

4. **Extensibilité** : Keras fournit un riche ensemble de couches, de fonctions de perte et d'optimiseurs intégrés, mais il permet également une personnalisation étendue. Les développeurs peuvent créer des couches personnalisées pour implémenter de nouvelles architectures ou des opérations spécialisées non disponibles dans la bibliothèque standard. De même, des fonctions de perte personnalisées peuvent être définies pour optimiser les modèles pour des tâches ou des métriques spécifiques. La capacité à créer des optimiseurs personnalisés permet d'affiner le processus d'apprentissage. Cette extensibilité rend Keras adapté à la recherche de pointe et aux exigences d'applications uniques.

5. **Prise en charge intégrée de l'entraînement sur plusieurs GPU/TPU** : Keras s'intègre parfaitement aux capacités d'entraînement distribué de TensorFlow, permettant d'entraîner des modèles sur plusieurs GPU ou TPU sans nécessiter d'importantes modifications de code. Cette fonctionnalité est cruciale pour monter en échelle vers de grands ensembles de données et des modèles complexes, réduisant considérablement les temps d'entraînement. La prise en charge intégrée simplifie le processus d'exploitation des ressources informatiques parallèles, le rendant accessible aux développeurs qui peuvent ne pas avoir d'expertise en systèmes distribués.

3.1.2 Types de modèles Keras : API Sequential vs. API Functional

Keras offre deux approches principales pour construire des modèles de réseaux de neurones, chacune avec ses propres forces et cas d'utilisation :

- **API Sequential** : Cette API est conçue pour construire des modèles linéaires simples où les couches sont empilées séquentiellement. Elle est idéale pour :
  - Les débutants qui commencent tout juste avec l'apprentissage profond
  - Les réseaux de neurones à alimentation directe simples
  - Les modèles où chaque couche a exactement un tenseur d'entrée et un tenseur de sortie
  - Le prototypage rapide d'architectures de base
- **API Functional** : Cette API plus avancée offre une plus grande flexibilité et puissance, permettant la création d'architectures de modèles complexes. Elle convient pour :

- Les développeurs expérimentés travaillant sur des conceptions sophistiquées de réseaux de neurones
- Les modèles avec plusieurs entrées ou sorties
- Les modèles avec des couches partagées (où une seule couche est utilisée à plusieurs points du réseau)
- Les modèles avec une topologie non linéaire (par exemple, connexions résiduelles, concaténations)
- L'implémentation d'architectures avancées comme les réseaux inception ou les réseaux siamois

Le choix entre ces API dépend de la complexité de votre modèle et de vos exigences spécifiques. Bien que l'API Sequential soit plus accessible aux débutants et suffisante pour de nombreuses tâches courantes, l'API Functional ouvre des possibilités pour créer des architectures de réseaux de neurones hautement personnalisées et complexes.

API Sequential

L'**API Sequential** est la façon la plus simple et intuitive de construire un réseau de neurones dans Keras. Cette API vous permet de construire des modèles en empilant des couches une par une dans une séquence linéaire, ce qui est idéal pour la majorité des tâches d'apprentissage automatique de base. La simplicité de l'API Sequential la rend particulièrement bien adaptée aux débutants qui commencent tout juste leur parcours dans l'apprentissage profond.

Avec l'API Sequential, vous créez un modèle en instanciant un objet Sequential puis en y ajoutant des couches dans l'ordre où vous voulez qu'elles soient exécutées. Cette approche reflète le processus conceptuel de conception d'un réseau de neurones, où vous pensez généralement au flux de données depuis la couche d'entrée à travers diverses couches cachées jusqu'à la couche de sortie.

La nature linéaire de l'API Sequential la rend parfaite pour une large gamme d'architectures de modèles courantes, notamment :

- Les réseaux de neurones à alimentation directe simples
- Les réseaux de neurones convolutifs (CNN) pour les tâches de traitement d'images
- Les réseaux de neurones récurrents (RNN) pour les données séquentielles
- Les auto-encodeurs de base pour la réduction de dimensionnalité

Bien que l'API Sequential soit suffisamment puissante pour de nombreuses applications, il est important de noter qu'elle présente des limitations lorsqu'il s'agit d'architectures de modèles plus complexes. Par exemple, les modèles avec plusieurs entrées ou sorties, des couches partagées, ou une topologie non linéaire (comme les connexions résiduelles) sont mieux adaptés à l'API Functional. Cependant, pour la plupart des modèles de base et de nombreuses tâches de niveau intermédiaire, l'API Sequential fournit une manière propre, lisible et efficace de définir et d'entraîner des réseaux de neurones.

Exemple : Construction d'un réseau de neurones avec l'API Sequential

```
import tensorflow as tf
from tensorflow.keras.models import Sequential
from tensorflow.keras.layers import Dense, Flatten
from tensorflow.keras.datasets import mnist
import matplotlib.pyplot as plt

# Load and preprocess the MNIST dataset
(X_train, y_train), (X_test, y_test) = mnist.load_data()
X_train, X_test = X_train / 255.0, X_test / 255.0  # Normalize pixel values to [0, 1]

# Define a simple feedforward neural network using the Sequential API
model = Sequential([
    Flatten(input_shape=(28, 28)),   # Flatten 28x28 images to a 1D vector of 784
elements
    Dense(128, activation='relu'),  # Hidden layer with 128 units and ReLU activation
    Dense(64, activation='relu'),    # Second hidden layer with 64 units and ReLU
activation
    Dense(10, activation='softmax') # Output layer with 10 units for classification
(0-9 digits)
])

# Compile the model
model.compile(optimizer='adam',
              loss='sparse_categorical_crossentropy',
              metrics=['accuracy'])

# Display the model summary
model.summary()

# Train the model
history = model.fit(X_train, y_train, epochs=10, validation_split=0.2, batch_size=32,
verbose=1)

# Evaluate the model on the test set
test_loss, test_accuracy = model.evaluate(X_test, y_test, verbose=0)
print(f"Test accuracy: {test_accuracy:.4f}")

# Plot training history
plt.figure(figsize=(12, 4))
plt.subplot(1, 2, 1)
plt.plot(history.history['accuracy'], label='Training Accuracy')
plt.plot(history.history['val_accuracy'], label='Validation Accuracy')
plt.title('Model Accuracy')
plt.xlabel('Epoch')
plt.ylabel('Accuracy')
plt.legend()
```

```
plt.subplot(1, 2, 2)
plt.plot(history.history['loss'], label='Training Loss')
plt.plot(history.history['val_loss'], label='Validation Loss')
plt.title('Model Loss')
plt.xlabel('Epoch')
plt.ylabel('Loss')
plt.legend()

plt.tight_layout()
plt.show()

# Make predictions on a few test images
predictions = model.predict(X_test[:5])
predicted_labels = tf.argmax(predictions, axis=1)

# Display the images and predictions
fig, axes = plt.subplots(1, 5, figsize=(15, 3))
for i, ax in enumerate(axes):
    ax.imshow(X_test[i], cmap='gray')
    ax.set_title(f"Predicted: {predicted_labels[i]}\\nActual: {y_test[i]}")
    ax.axis('off')
plt.tight_layout()
plt.show()
```

Explication du code :

1. Importation des bibliothèques :
    - Nous importons TensorFlow, les modules Keras et Matplotlib pour la visualisation.
2. Chargement et prétraitement des données :
    - Le jeu de données MNIST est chargé en utilisant mnist.load_data().
    - Les images d'entrée sont normalisées en divisant par 255 pour mettre à l'échelle les valeurs des pixels entre [0, 1].
3. Architecture du modèle :
    - Nous utilisons l'API Sequential pour construire un réseau de neurones à propagation avant simple.
    - Flatten(input_shape=(28, 28)) : Convertit les images 28x28 en vecteurs 1D de 784 éléments.
    - Dense(128, activation='relu') : Première couche cachée avec 128 neurones et activation ReLU.
    - Dense(64, activation='relu') : Deuxième couche cachée avec 64 neurones et activation ReLU.

- Dense(10, activation='softmax') : Couche de sortie avec 10 neurones (un pour chaque chiffre) et activation softmax pour la classification multi-classes.

4. Compilation du modèle :
   - Optimiseur : 'adam' - Un algorithme efficace de descente de gradient stochastique.
   - Fonction de perte : 'sparse_categorical_crossentropy' - Adaptée pour la classification multi-classes avec des étiquettes entières.
   - Métriques : 'accuracy' - Pour surveiller la performance du modèle pendant l'entraînement.
5. Résumé du modèle :
   - model.summary() affiche un résumé de l'architecture du modèle, y compris le nombre de paramètres dans chaque couche.
6. Entraînement du modèle :
   - model.fit() entraîne le modèle pendant 10 époques.
   - 20% des données d'entraînement sont utilisées pour la validation (validation_split=0.2).
   - Une taille de lot de 32 est utilisée pour la descente de gradient par mini-lots.
7. Évaluation du modèle :
   - Le modèle entraîné est évalué sur le jeu de test pour évaluer sa performance de généralisation.
8. Visualisation de l'historique d'entraînement :
   - Deux graphiques sont créés pour visualiser la précision et la perte d'entraînement et de validation au fil des époques.
   - Cela aide à identifier les problèmes de surapprentissage ou de sous-apprentissage.
9. Réalisation de prédictions :
   - Le modèle fait des prédictions sur les 5 premières images de test.
   - tf.argmax() est utilisé pour convertir les probabilités softmax en étiquettes de classe.
10. Affichage des résultats :
    - Les 5 premières images de test sont affichées avec leurs étiquettes prédites et réelles.

   - Cela fournit une confirmation visuelle de la performance du modèle sur des exemples individuels.

Cet exemple offre une vue complète de l'ensemble du flux de travail d'apprentissage automatique, de la préparation des données à l'évaluation du modèle et à la visualisation des résultats, en utilisant l'API Sequential de Keras.

API Functional

L'**API Functional** offre beaucoup plus de flexibilité et de puissance par rapport à l'API Sequential. Elle permet aux développeurs de créer des architectures de modèles sophistiquées où les couches peuvent être connectées de manière complexe et non linéaire. Cette flexibilité est cruciale pour implémenter des concepts avancés d'apprentissage profond tels que :

- **Couches partagées** : La capacité d'utiliser la même couche plusieurs fois dans un modèle, ce qui peut réduire le nombre de paramètres et imposer un partage de caractéristiques entre différentes parties du réseau.
- **Connexions de saut** : Aussi connues sous le nom de connexions de raccourci, elles permettent à l'information de contourner une ou plusieurs couches, ce qui peut aider à atténuer le problème de disparition du gradient dans les réseaux très profonds.
- **Modèles à entrées et sorties multiples** : L'API Functional permet de créer des modèles qui peuvent traiter plusieurs sources d'entrée ou produire plusieurs sorties, ce qui est essentiel pour les tâches nécessitant l'intégration de divers types de données ou la prédiction de plusieurs cibles liées.

L'API Functional est indispensable pour construire des architectures à la pointe de la technologie telles que :

- **ResNet (Réseaux résiduels)** : Ces réseaux utilisent des connexions de saut pour permettre l'entraînement de réseaux très profonds, parfois des centaines de couches, ce qui était auparavant difficile en raison du problème de disparition du gradient.
- **Inception** : Cette architecture utilise des couches convolutives parallèles avec différentes tailles de filtres, permettant au réseau de capturer des caractéristiques à plusieurs échelles simultanément.
- **Réseaux siamois** : Ce sont des réseaux jumeaux qui partagent des poids et sont utilisés pour des tâches comme la comparaison de similarité ou l'apprentissage par essai unique.

De plus, l'API Functional facilite la création de couches personnalisées et l'implémentation d'idées architecturales novatrices, ce qui en fait un outil essentiel pour les chercheurs repoussant les limites de l'apprentissage profond. Sa flexibilité permet un prototypage rapide et l'expérimentation de conceptions de modèles complexes, ce qui est crucial pour aborder des problèmes difficiles en vision par ordinateur, traitement du langage naturel et autres domaines de l'intelligence artificielle.

Exemple : Construction d'un réseau de neurones avec l'API Functional

```
import tensorflow as tf
from tensorflow.keras.models import Model
from tensorflow.keras.layers import Input, Dense, Flatten, Dropout
from tensorflow.keras.datasets import mnist
from tensorflow.keras.utils import to_categorical
import matplotlib.pyplot as plt

# Load and preprocess the MNIST dataset
(X_train, y_train), (X_test, y_test) = mnist.load_data()
X_train, X_test = X_train / 255.0, X_test / 255.0  # Normalize pixel values to [0, 1]

# Convert labels to one-hot encoding
y_train = to_categorical(y_train, 10)
y_test = to_categorical(y_test, 10)

# Define the input layer
inputs = Input(shape=(28, 28))

# Add a Flatten layer and Dense layers with Dropout
x = Flatten()(inputs)
x = Dense(256, activation='relu')(x)
x = Dropout(0.3)(x)
x = Dense(128, activation='relu')(x)
x = Dropout(0.3)(x)
x = Dense(64, activation='relu')(x)

# Define the output layer
outputs = Dense(10, activation='softmax')(x)

# Create the model
model = Model(inputs=inputs, outputs=outputs)

# Compile the model
model.compile(optimizer='adam',                          loss='categorical_crossentropy',
metrics=['accuracy'])

# Display the model summary
model.summary()

# Train the model
history = model.fit(X_train, y_train, epochs=20, batch_size=128, validation_split=0.2,
verbose=1)

# Evaluate the model on the test set
test_loss, test_accuracy = model.evaluate(X_test, y_test, verbose=0)
print(f"Test accuracy: {test_accuracy:.4f}")
```

```
# Plot training history
plt.figure(figsize=(12, 4))
plt.subplot(1, 2, 1)
plt.plot(history.history['accuracy'], label='Training Accuracy')
plt.plot(history.history['val_accuracy'], label='Validation Accuracy')
plt.title('Model Accuracy')
plt.xlabel('Epoch')
plt.ylabel('Accuracy')
plt.legend()

plt.subplot(1, 2, 2)
plt.plot(history.history['loss'], label='Training Loss')
plt.plot(history.history['val_loss'], label='Validation Loss')
plt.title('Model Loss')
plt.xlabel('Epoch')
plt.ylabel('Loss')
plt.legend()

plt.tight_layout()
plt.show()

# Make predictions on a few test images
predictions = model.predict(X_test[:5])
predicted_labels = tf.argmax(predictions, axis=1)

# Display the images and predictions
fig, axes = plt.subplots(1, 5, figsize=(15, 3))
for i, ax in enumerate(axes):
    ax.imshow(X_test[i].reshape(28, 28), cmap='gray')
    ax.set_title(f"Predicted:                    {predicted_labels[i]}\\nActual:
{tf.argmax(y_test[i])}")
    ax.axis('off')
plt.tight_layout()
plt.show()
```

Décomposition du code :

- Importation des bibliothèques : Nous importons TensorFlow, les modules Keras et Matplotlib pour la visualisation.
- Chargement et prétraitement des données :
  - Le jeu de données MNIST est chargé en utilisant mnist.load_data().
  - Les images d'entrée sont normalisées en divisant par 255 pour mettre à l'échelle les valeurs des pixels entre [0, 1].
  - Les étiquettes sont converties en encodage one-hot en utilisant to_categorical().
- Architecture du modèle :

- Nous utilisons l'API Functional pour construire un réseau neuronal plus complexe.
- Input(shape=(28, 28)) : Définit la forme d'entrée pour des images 28x28.
- Flatten() : Convertit les images 28x28 en vecteurs 1D de 784 éléments.
- Trois couches Dense avec activation ReLU (256, 128 et 64 neurones).
- Des couches Dropout (avec un taux de 0,3) sont ajoutées après les deux premières couches Dense pour prévenir le surapprentissage.
- Couche de sortie : Dense(10, activation='softmax') pour la classification à 10 classes.

- Compilation du modèle :
  - Optimiseur : 'adam' - Un algorithme efficace de descente de gradient stochastique.
  - Fonction de perte : 'categorical_crossentropy' - Adaptée pour la classification multi-classes avec des étiquettes encodées en one-hot.
  - Métriques : 'accuracy' - Pour surveiller la performance du modèle pendant l'entraînement.
- Résumé du modèle : model.summary() affiche un résumé de l'architecture du modèle, y compris le nombre de paramètres dans chaque couche.
- Entraînement du modèle :
  - model.fit() entraîne le modèle pendant 20 époques.
  - 20% des données d'entraînement sont utilisées pour la validation (validation_split=0.2).
  - Une taille de lot de 128 est utilisée pour la descente de gradient par mini-lots.
- Évaluation du modèle : Le modèle entraîné est évalué sur le jeu de test pour évaluer sa performance de généralisation.
- Visualisation de l'historique d'entraînement :
  - Deux graphiques sont créés pour visualiser la précision et la perte d'entraînement et de validation au fil des époques.
  - Cela aide à identifier les problèmes de surapprentissage ou de sous-apprentissage.
- Réalisation de prédictions :
  - Le modèle fait des prédictions sur les 5 premières images de test.

    - tf.argmax() est utilisé pour convertir les prédictions et les étiquettes encodées en one-hot en indices de classe.
- Affichage des résultats :
    - Les 5 premières images de test sont affichées avec leurs étiquettes prédites et réelles.
    - Cela fournit une confirmation visuelle de la performance du modèle sur des exemples individuels.

Cet exemple complet démontre le flux de travail complet de construction, d'entraînement, d'évaluation et de visualisation d'un réseau de neurones en utilisant l'API Functional de Keras. Il inclut des fonctionnalités supplémentaires comme le dropout pour la régularisation, la visualisation de l'historique d'entraînement et l'affichage des prédictions du modèle, offrant une image plus complète du processus d'apprentissage profond.

3.1.3 Compilation et entraînement du modèle

Une fois que vous avez défini l'architecture de votre modèle, l'étape suivante consiste à le **compiler**. Cette étape cruciale prépare votre modèle pour l'entraînement en configurant le processus d'apprentissage. La compilation implique la spécification de trois composants clés :

- L'**optimiseur** : Ce composant crucial régit le processus d'ajustement des poids du modèle pendant l'entraînement. Les choix populaires incluent Adam, qui adapte les taux d'apprentissage pour chaque paramètre ; SGD (Descente de Gradient Stochastique), connu pour sa simplicité et son efficacité ; et RMSprop, qui excelle dans la gestion d'objectifs non stationnaires. Le choix d'un optimiseur peut avoir un impact significatif sur la vitesse de convergence et la performance finale du modèle.
- La **fonction de perte** : Cette mesure mathématique quantifie l'écart entre les valeurs prédites et réelles, servant de boussole pour la performance du modèle. Le choix de la fonction de perte dépend de la tâche : l'entropie croisée binaire est idéale pour les tâches de classification binaire, l'entropie croisée catégorielle convient aux problèmes multi-classes, tandis que l'erreur quadratique moyenne est le choix privilégié pour les scénarios de régression. Sélectionner une fonction de perte appropriée est crucial pour guider le modèle vers une performance optimale.
- Les **métriques** : Ces outils d'évaluation fournissent des aperçus tangibles de la performance du modèle pendant les phases d'entraînement et de test. Alors que la fonction de perte guide le processus d'apprentissage, les métriques offrent des mesures plus interprétables de l'efficacité du modèle. Pour les tâches de classification, la précision est une métrique courante, tandis que les problèmes de régression utilisent souvent l'erreur absolue moyenne ou l'erreur quadratique moyenne. Ces métriques aident les data scientists et les parties prenantes à évaluer l'applicabilité réelle du modèle et à suivre les améliorations au fil du temps.

Après avoir compilé le modèle, vous pouvez procéder à son entraînement en utilisant la fonction **fit()**. Cette fonction est l'endroit où l'apprentissage proprement dit a lieu. Elle prend en entrée les données d'entraînement et ajuste de manière itérative les paramètres du modèle pour minimiser la fonction de perte. Le processus d'entraînement se déroule sur plusieurs **époques**, où une époque représente un passage complet à travers l'ensemble du jeu de données d'entraînement.

Au cours de chaque époque, le modèle fait des prédictions sur les données d'entraînement, calcule la perte et met à jour ses poids en fonction de l'optimiseur choisi. La fonction fit() vous permet également de spécifier divers paramètres d'entraînement, tels que la taille du lot (le nombre d'échantillons traités avant que le modèle ne soit mis à jour) et les données de validation (utilisées pour surveiller la performance du modèle sur des données non vues pendant l'entraînement).

Exemple : Compilation et entraînement d'un modèle

```
import tensorflow as tf
from tensorflow.keras.models import Sequential
from tensorflow.keras.layers import Dense, Flatten
from tensorflow.keras.optimizers import Adam
from tensorflow.keras.losses import SparseCategoricalCrossentropy
from tensorflow.keras.metrics import SparseCategoricalAccuracy
import matplotlib.pyplot as plt

# Assume X_train, y_train, X_test, y_test are prepared

# Define the model
model = Sequential([
    Flatten(input_shape=(28, 28)),
    Dense(128, activation='relu'),
    Dense(64, activation='relu'),
    Dense(10, activation='softmax')
])

# Compile the model with Adam optimizer and sparse categorical crossentropy loss
model.compile(
    optimizer=Adam(learning_rate=0.001),
    loss=SparseCategoricalCrossentropy(from_logits=False),
    metrics=[SparseCategoricalAccuracy()]
)

# Display model summary
model.summary()

# Train the model on training data
history = model.fit(
    X_train, y_train,
    epochs=10,
    batch_size=32,
    validation_data=(X_test, y_test),
```

```
    verbose=1
)

# Evaluate the model on test data
test_loss, test_accuracy = model.evaluate(X_test, y_test, verbose=0)
print(f"Test accuracy: {test_accuracy:.4f}")

# Plot training history
plt.figure(figsize=(12, 4))
plt.subplot(1, 2, 1)
plt.plot(history.history['sparse_categorical_accuracy'], label='Training Accuracy')
plt.plot(history.history['val_sparse_categorical_accuracy'],          label='Validation
Accuracy')
plt.title('Model Accuracy')
plt.xlabel('Epoch')
plt.ylabel('Accuracy')
plt.legend()

plt.subplot(1, 2, 2)
plt.plot(history.history['loss'], label='Training Loss')
plt.plot(history.history['val_loss'], label='Validation Loss')
plt.title('Model Loss')
plt.xlabel('Epoch')
plt.ylabel('Loss')
plt.legend()

plt.tight_layout()
plt.show()
```

Analyse du code :

- Importations : Nous importons les modules nécessaires de TensorFlow et Keras, y compris des classes spécifiques d'optimiseur, de perte et de métrique. Matplotlib est importé pour la visualisation.
- Définition du modèle : Un modèle Sequential est créé avec une couche Flatten et trois couches Dense. La couche Flatten convertit l'entrée 2D (image 28x28) en un tableau 1D. Les deux couches cachées utilisent l'activation ReLU, tandis que la couche de sortie utilise softmax pour la classification multi-classes.
- Compilation du modèle :
    - Optimiseur : Nous utilisons l'optimiseur Adam avec un taux d'apprentissage spécifié de 0,001.
    - Perte : SparseCategoricalCrossentropy est utilisée car elle est adaptée à la classification multi-classes lorsque les étiquettes sont des entiers.
    - Métriques : SparseCategoricalAccuracy est utilisée pour surveiller la performance du modèle pendant l'entraînement.

- Résumé du modèle : Affiche un résumé de l'architecture du modèle, y compris le nombre de paramètres dans chaque couche.
- Entraînement du modèle :
    - La méthode fit() est appelée avec les données d'entraînement (X_train, y_train).
    - L'entraînement s'exécute pendant 10 époques avec une taille de lot de 32.
    - Les données de validation (X_test, y_test) sont fournies pour surveiller la performance sur des données non vues.
    - verbose=1 garantit que la progression de l'entraînement est affichée.
- Évaluation du modèle : Après l'entraînement, le modèle est évalué sur le jeu de test pour évaluer sa performance de généralisation.
- Visualisation : Deux graphiques sont créés pour visualiser l'historique d'entraînement :
    - Le premier graphique montre la précision d'entraînement et de validation au fil des époques.
    - Le second graphique montre la perte d'entraînement et de validation au fil des époques.
    - Ces graphiques aident à identifier les problèmes de surapprentissage ou de sous-apprentissage.

Cet exemple offre une vue complète du processus d'entraînement du modèle. Il couvre la définition du modèle, la compilation avec des paramètres spécifiques, l'entraînement avec validation, l'évaluation et la visualisation de l'historique d'entraînement. En présentant ces étapes, il illustre les meilleures pratiques dans le développement et l'analyse de modèles d'apprentissage profond.

3.1.4 Évaluation et test du modèle

Après avoir entraîné le modèle, il est crucial d'évaluer sa performance sur des données non vues pour mesurer sa capacité de généralisation. Cette évaluation est généralement effectuée à l'aide d'un jeu de données de test distinct que le modèle n'a pas rencontré pendant l'entraînement. Keras fournit une méthode pratique **evaluate()** à cette fin. Cette méthode prend les données de test en entrée et renvoie deux métriques clés :

Perte : Cette valeur quantifie l'erreur de prédiction du modèle sur le jeu de test. Une perte plus faible indique une meilleure performance.

Précision : Cette métrique représente la proportion de prédictions correctes effectuées par le modèle sur le jeu de test. Elle est exprimée comme une valeur entre 0 et 1, où 1 indique une précision parfaite.

En examinant ces métriques, vous pouvez obtenir des informations précieuses sur la façon dont votre modèle est susceptible de performer sur de nouvelles données non vues dans des scénarios réels. Cette étape d'évaluation est essentielle pour évaluer l'utilité pratique du modèle et identifier les problèmes potentiels comme le surapprentissage ou le sous-apprentissage.

Exemple : Évaluation du modèle

```
import numpy as np
import matplotlib.pyplot as plt
from sklearn.metrics import confusion_matrix, classification_report

# Evaluate the model on test data
test_loss, test_accuracy = model.evaluate(X_test, y_test, verbose=0)
print(f"Test Loss: {test_loss:.4f}")
print(f"Test Accuracy: {test_accuracy:.4f}")

# Make predictions on test data
y_pred = model.predict(X_test)
y_pred_classes = np.argmax(y_pred, axis=1)
y_true = y_test  # Corrected: No need for np.argmax since y_test contains integer
labels

# Compute confusion matrix
cm = confusion_matrix(y_true, y_pred_classes)

# Plot confusion matrix
plt.figure(figsize=(10, 8))
plt.imshow(cm, interpolation='nearest', cmap=plt.cm.Blues)
plt.title('Confusion Matrix')
plt.colorbar()
tick_marks = np.arange(10)
plt.xticks(tick_marks, range(10))
plt.yticks(tick_marks, range(10))
plt.xlabel('Predicted Label')
plt.ylabel('True Label')

# Add text annotations to the confusion matrix
thresh = cm.max() / 2.
for i, j in np.ndindex(cm.shape):
    plt.text(j, i, format(cm[i, j], 'd'),
             horizontalalignment="center",
             color="white" if cm[i, j] > thresh else "black")

plt.tight_layout()
plt.show()

# Print classification report
print("\\nClassification Report:")
print(classification_report(y_true, y_pred_classes))

# Visualize some predictions
```

```
n_samples = 5
sample_indices = np.random.choice(len(X_test), n_samples, replace=False)

plt.figure(figsize=(15, 3))
for i, idx in enumerate(sample_indices):
    plt.subplot(1, n_samples, i + 1)
    plt.imshow(X_test[idx].reshape(28, 28), cmap='gray')
    plt.title(f"True: {y_true[idx]}\\nPred: {y_pred_classes[idx]}")
    plt.axis('off')

plt.tight_layout()
plt.show()
```

Cet exemple de code fournit une évaluation complète de la performance du modèle.

Voici une analyse des ajouts :

1. Importation des bibliothèques nécessaires : Nous importons numpy pour les opérations numériques, matplotlib pour le traçage, et sklearn.metrics pour les métriques d'évaluation.

2. Évaluation du modèle : Nous utilisons model.evaluate() pour obtenir la perte et la précision de test, affichant les deux avec plus de décimales pour plus de précision.

3. Prédictions : Nous générons des prédictions pour l'ensemble du jeu de test en utilisant model.predict() et convertissons à la fois les prédictions et les étiquettes réelles du format one-hot encoding en indices de classe.

4. Matrice de confusion : Nous calculons et visualisons la matrice de confusion en utilisant confusion_matrix de sklearn et matplotlib. Cela montre comment le modèle distingue les différentes classes.

5. Rapport de classification : Nous imprimons un rapport de classification détaillé en utilisant classification_report de sklearn, qui fournit la précision, le rappel et le score F1 pour chaque classe.

6. Visualisation d'exemples de prédictions : Nous sélectionnons aléatoirement et affichons quelques images de test avec leurs étiquettes réelles et prédites. Cela donne une appréciation qualitative de la performance du modèle.

Cette évaluation complète fournit à la fois des métriques quantitatives (précision, justesse, rappel) et des aperçus qualitatifs (matrice de confusion, exemples de prédictions) sur la performance du modèle, permettant une compréhension plus approfondie de ses forces et faiblesses à travers différentes classes.

3.2 Construction de modèles séquentiels et fonctionnels avec Keras

Keras offre deux approches principales pour construire des modèles de réseaux de neurones : l'**API Sequential** et l'**API Functional**. L'API Sequential fournit une méthode simple pour construire des modèles en empilant des couches dans une séquence linéaire.

Cette approche est idéale pour les architectures simples de type feed-forward où chaque couche possède un seul tenseur d'entrée et un seul tenseur de sortie. En revanche, l'API Functional offre plus de flexibilité et de puissance, permettant la création d'architectures de modèles plus complexes.

Avec l'API Functional, les développeurs peuvent concevoir des modèles avec plusieurs entrées et sorties, implémenter des couches partagées, et construire des structures avancées telles que des réseaux résiduels ou des modèles avec des chemins de branchement. Cette versatilité rend l'API Functional particulièrement adaptée au développement de modèles d'apprentissage profond sophistiqués qui vont au-delà des architectures linéaires simples.

3.2.1 Construction de modèles avec l'API Sequential

L'**API Sequential** est la façon la plus simple et la plus directe de définir un modèle dans Keras. Elle est particulièrement bien adaptée aux modèles où les couches suivent une séquence linéaire de l'entrée à la sortie, sans ramification complexe ni fusion de chemins de données.

Cela en fait un choix idéal pour les débutants ou pour la construction d'architectures de réseaux de neurones relativement simples. Plongeons dans le processus de construction d'un réseau de neurones de base en utilisant l'API Sequential, en explorant chaque étape en détail.

Création d'un réseau de neurones feed-forward de base

Dans cet exemple complet, nous allons parcourir la création d'un réseau de neurones conçu pour une tâche classique d'apprentissage automatique : la classification de chiffres manuscrits à partir du **jeu de données MNIST**. Le jeu de données MNIST est une grande base de données de chiffres manuscrits qui est couramment utilisée pour l'entraînement de divers systèmes de traitement d'images. Notre modèle sera structuré comme suit :

- Une couche **Flatten** : Cette couche initiale sert un objectif crucial. Elle transforme l'entrée, qui se compose d'images de 28x28 pixels, en un vecteur unidimensionnel plat. Cette transformation est nécessaire car les couches denses suivantes attendent une entrée sous forme de tableau 1D. Essentiellement, elle "déroule" l'image 2D en une seule ligne de pixels.
- Deux couches **Dense** avec activation **ReLU** : Ce sont des couches entièrement connectées, ce qui signifie que chaque neurone de ces couches est connecté à chaque neurone des couches précédente et suivante. La fonction d'activation Rectified Linear Unit (ReLU) est appliquée pour introduire une non-linéarité dans le modèle, lui

permettant d'apprendre des motifs complexes. ReLU est choisi pour son efficacité computationnelle et sa capacité à atténuer le problème de la disparition du gradient dans les réseaux profonds.

- Une couche **Dense** finale avec activation **softmax** : Cette couche de sortie est spécifiquement conçue pour la classification multi-classes. Elle contient 10 neurones, un pour chaque chiffre (0-9). La fonction d'activation softmax garantit que la sortie de ces neurones somme à 1, fournissant effectivement une distribution de probabilité sur les 10 classes possibles de chiffres.

Cette architecture, bien que simple, est suffisamment puissante pour atteindre une haute précision sur le jeu de données MNIST, démontrant l'efficacité des structures de réseaux de neurones même basiques lorsqu'elles sont appliquées à des problèmes bien définis.

Exemple : Construction d'un modèle Sequential

```
import numpy as np
import matplotlib.pyplot as plt
from tensorflow.keras.models import Sequential
from tensorflow.keras.layers import Dense, Flatten, Dropout
from tensorflow.keras.datasets import mnist
from tensorflow.keras.utils import to_categorical
from tensorflow.keras.callbacks import ModelCheckpoint, EarlyStopping

# Load the MNIST dataset
(X_train, y_train), (X_test, y_test) = mnist.load_data()

# Normalize the input data
X_train, X_test = X_train / 255.0, X_test / 255.0

# Convert labels to one-hot encoding
y_train, y_test = to_categorical(y_train), to_categorical(y_test)

# Define a Sequential model
model = Sequential([
    Flatten(input_shape=(28, 28)),  # Flatten the 28x28 input into a 1D vector
    Dense(256, activation='relu'),   # First hidden layer with 256 units and ReLU
activation
    Dropout(0.3),                   # Dropout layer to prevent overfitting
    Dense(128, activation='relu'),   # Second hidden layer with 128 units and ReLU
activation
    Dropout(0.2),                   # Another dropout layer
    Dense(64, activation='relu'),    # Third hidden layer with 64 units and ReLU
activation
    Dense(10, activation='softmax') # Output layer for 10 classes (digits 0-9)
])

# Compile the model
model.compile(optimizer='adam',
              loss='categorical_crossentropy',
```

```
              metrics=['accuracy'])

# Display the model summary
model.summary()

# Define callbacks
checkpoint = ModelCheckpoint('best_model.h5', save_best_only=True, monitor='val_accuracy', mode='max', verbose=1)
early_stopping = EarlyStopping(monitor='val_loss', patience=5, restore_best_weights=True, verbose=1)

# Train the model
history = model.fit(X_train, y_train,
                    epochs=30,
                    batch_size=64,
                    validation_split=0.2,
                    callbacks=[checkpoint, early_stopping])

# Evaluate the model
test_loss, test_accuracy = model.evaluate(X_test, y_test, verbose=0)
print(f"Test accuracy: {test_accuracy:.4f}")

# Plot training history
plt.figure(figsize=(12, 4))
plt.subplot(1, 2, 1)
plt.plot(history.history['accuracy'], label='Training Accuracy')
plt.plot(history.history['val_accuracy'], label='Validation Accuracy')
plt.title('Model Accuracy')
plt.xlabel('Epoch')
plt.ylabel('Accuracy')
plt.legend()

plt.subplot(1, 2, 2)
plt.plot(history.history['loss'], label='Training Loss')
plt.plot(history.history['val_loss'], label='Validation Loss')
plt.title('Model Loss')
plt.xlabel('Epoch')
plt.ylabel('Loss')
plt.legend()

plt.tight_layout()
plt.show()

# Make predictions
predictions = model.predict(X_test)
predicted_classes = np.argmax(predictions, axis=1)
true_classes = np.argmax(y_test, axis=1)

# Display some predictions
n_to_display = 10
indices = np.random.choice(len(X_test), n_to_display, replace=False)
fig, axes = plt.subplots(2, 5, figsize=(15, 6))
```

```
for i, idx in enumerate(indices):
    ax = axes[i//5, i%5]
    ax.imshow(X_test[idx].reshape(28, 28), cmap='gray')
    ax.set_title(f"True: {true_classes[idx]}, Pred: {predicted_classes[idx]}")
    ax.axis('off')
plt.tight_layout()
plt.show()
```

Explication de la décomposition du code :

- Importations : Nous importons les bibliothèques nécessaires, notamment numpy pour les opérations numériques, matplotlib pour le traçage, et divers modules Keras pour la construction et l'entraînement du réseau de neurones.
- Préparation des données :
    - Le jeu de données MNIST est chargé à l'aide de mnist.load_data().
    - Les données d'entrée (X_train et X_test) sont normalisées en divisant par 255 pour mettre à l'échelle les valeurs des pixels entre 0 et 1.
    - Les étiquettes (y_train et y_test) sont converties au format encodage one-hot à l'aide de to_categorical().
- Architecture du modèle :
    - Un modèle Sequential est créé avec plusieurs couches :
    - Couche Flatten pour convertir l'entrée 2D (28x28) en 1D.
    - Trois couches Dense avec activation ReLU (256, 128 et 64 unités).
    - Deux couches Dropout (taux de 30% et 20%) pour prévenir le surapprentissage.
    - Couche Dense de sortie avec 10 unités et activation softmax pour la classification multi-classes.
- Compilation du modèle :
    - L'optimiseur Adam est utilisé.
    - L'entropie croisée catégorielle est choisie comme fonction de perte pour la classification multi-classes.
    - La précision est définie comme métrique à surveiller pendant l'entraînement.
- Callbacks :
    - ModelCheckpoint est utilisé pour sauvegarder le meilleur modèle en fonction de la précision de validation.

  - EarlyStopping est implémenté pour arrêter l'entraînement si la perte de validation ne s'améliore pas pendant 5 époques.

- Entraînement du modèle :
  - Le modèle est entraîné pour un maximum de 30 époques avec une taille de lot de 64.
  - 20% des données d'entraînement sont utilisées pour la validation.
  - Les callbacks sont appliqués pendant l'entraînement.
- Évaluation du modèle :
  - Le modèle entraîné est évalué sur l'ensemble de test pour obtenir la précision finale.
- Visualisation :
  - L'historique d'entraînement (précision et perte) est tracé pour les ensembles d'entraînement et de validation.
  - 10 images de test aléatoires sont affichées avec leurs vraies étiquettes et les prédictions du modèle.

Cet exemple fournit une approche complète pour construire, entraîner et évaluer un réseau de neurones pour le jeu de données MNIST. Il comprend des fonctionnalités supplémentaires comme le dropout pour la régularisation, des callbacks pour optimiser l'entraînement, et des visualisations pour une meilleure compréhension de la performance du modèle.

Entraînement et évaluation du modèle Sequential

Après avoir défini l'architecture du modèle, nous passons aux étapes cruciales d'entraînement et d'évaluation du modèle. Ce processus implique deux fonctions clés :

1. La fonction **fit()** : Elle est utilisée pour entraîner le modèle sur notre jeu de données préparé. Pendant l'entraînement, le modèle apprend à faire correspondre les entrées aux sorties en ajustant ses paramètres internes (poids et biais) en fonction des données d'entraînement. La fonction fit() prend plusieurs arguments importants :
   - X_train et y_train : Les caractéristiques d'entrée et les étiquettes correspondantes des données d'entraînement
   - epochs : Le nombre de fois que le modèle parcourra l'ensemble du jeu de données d'entraînement
   - batch_size : Le nombre d'échantillons traités avant que le modèle ne soit mis à jour
   - validation_data : Un jeu de données distinct utilisé pour évaluer la performance du modèle pendant l'entraînement

2. La fonction **evaluate()** : Après l'entraînement, nous utilisons cette fonction pour évaluer la performance du modèle sur le jeu de données de test. Cette étape est cruciale car elle nous donne une estimation non biaisée de la capacité de généralisation de notre modèle sur des données non vues. La fonction evaluate() renvoie généralement deux valeurs :
    - test_loss : Une mesure de l'erreur du modèle sur l'ensemble de test
    - test_accuracy : La proportion de prédictions correctes effectuées par le modèle sur l'ensemble de test

En utilisant ces fonctions en tandem, nous pouvons entraîner notre modèle sur les données d'entraînement puis évaluer son efficacité sur des données de test jamais vues auparavant, nous donnant ainsi une compréhension complète des performances et des capacités de généralisation de notre modèle.

Exemple : Entraînement et évaluation du modèle Sequential

```
import numpy as np
from tensorflow.keras.models import Sequential
from tensorflow.keras.layers import Dense, Flatten
from tensorflow.keras.datasets import mnist
from tensorflow.keras.utils import to_categorical
from tensorflow.keras.callbacks import ModelCheckpoint, EarlyStopping
import matplotlib.pyplot as plt

# Load and preprocess the MNIST dataset
(X_train, y_train), (X_test, y_test) = mnist.load_data()
X_train, X_test = X_train / 255.0, X_test / 255.0  # Normalize pixel values
y_train, y_test = to_categorical(y_train), to_categorical(y_test)  # One-hot encode
labels

# Define the model
model = Sequential([
    Flatten(input_shape=(28, 28)),
    Dense(128, activation='relu'),
    Dense(64, activation='relu'),
    Dense(10, activation='softmax')
])

# Compile the model
model.compile(optimizer='adam',                              loss='categorical_crossentropy',
metrics=['accuracy'])

# Define callbacks
checkpoint       =       ModelCheckpoint('best_model.h5',       save_best_only=True,
monitor='val_accuracy', mode='max', verbose=1)
early_stopping        =        EarlyStopping(monitor='val_loss',        patience=5,
restore_best_weights=True, verbose=1)

# Train the model
```

```
history = model.fit(X_train, y_train,
                    epochs=30,
                    batch_size=32,
                    validation_split=0.2,
                    callbacks=[checkpoint, early_stopping])

# Evaluate the model on the test data
test_loss, test_accuracy = model.evaluate(X_test, y_test, verbose=0)
print(f"Test Accuracy: {test_accuracy:.4f}")

# Plot training history
plt.figure(figsize=(12, 4))
plt.subplot(1, 2, 1)
plt.plot(history.history['accuracy'], label='Training Accuracy')
plt.plot(history.history['val_accuracy'], label='Validation Accuracy')
plt.title('Model Accuracy')
plt.xlabel('Epoch')
plt.ylabel('Accuracy')
plt.legend()

plt.subplot(1, 2, 2)
plt.plot(history.history['loss'], label='Training Loss')
plt.plot(history.history['val_loss'], label='Validation Loss')
plt.title('Model Loss')
plt.xlabel('Epoch')
plt.ylabel('Loss')
plt.legend()

plt.tight_layout()
plt.show()

# Make predictions
predictions = model.predict(X_test)
predicted_classes = np.argmax(predictions, axis=1)
true_classes = np.argmax(y_test, axis=1)

# Display some predictions
n_to_display = 10
indices = np.random.choice(len(X_test), n_to_display, replace=False)
fig, axes = plt.subplots(2, 5, figsize=(15, 6))
for i, idx in enumerate(indices):
    ax = axes[i//5, i%5]
    ax.imshow(X_test[idx].reshape(28, 28), cmap='gray')
    ax.set_title(f"True: {true_classes[idx]}, Pred: {predicted_classes[idx]}")
    ax.axis('off')
plt.tight_layout()
plt.show()
```

Ce code démontre le processus de construction, d'entraînement et d'évaluation d'un modèle Sequential utilisant Keras pour le jeu de données MNIST.

Voici une analyse des composants principaux :

1. Importations et préparation des données :
    - Les bibliothèques nécessaires sont importées, notamment les composants TensorFlow/Keras.
    - Le jeu de données MNIST est chargé et prétraité :
        - Les images sont normalisées en divisant les valeurs des pixels par 255.
        - Les étiquettes sont encodées en one-hot.
2. Définition du modèle :
    - Un modèle Sequential est créé avec les couches suivantes :
        - Couche Flatten pour convertir l'entrée 2D en 1D
        - Deux couches Dense avec activation ReLU (128 et 64 unités)
        - Couche Dense de sortie avec activation softmax pour 10 classes
3. Compilation du modèle :
    - Le modèle est compilé en utilisant l'optimiseur Adam, la perte d'entropie croisée catégorielle et la métrique de précision.
4. Callbacks :
    - ModelCheckpoint est utilisé pour sauvegarder le meilleur modèle basé sur la précision de validation.
    - EarlyStopping est implémenté pour arrêter l'entraînement si la perte de validation ne s'améliore pas pendant 5 époques.
5. Entraînement du modèle :
    - Le modèle est entraîné pendant 30 époques avec une taille de lot de 32.
    - 20% des données d'entraînement sont utilisées pour la validation.
6. Évaluation du modèle :
    - Le modèle entraîné est évalué sur l'ensemble de test pour obtenir la précision finale.
7. Visualisation :
    - L'historique d'entraînement (précision et perte) est tracé pour les ensembles d'entraînement et de validation.

- 10 images de test aléatoires sont affichées avec leurs vraies étiquettes et les prédictions du modèle.

Ce code fournit un exemple complet du flux de travail d'apprentissage automatique pour la classification d'images utilisant une architecture de réseau neuronal basique.

3.2.2 Construction de modèles avec l'API Fonctionnelle

L'**API Fonctionnelle** dans Keras est un outil puissant et flexible conçu pour construire des architectures complexes de réseaux de neurones. Contrairement à l'API Sequential, qui est limitée à des empilements linéaires de couches, l'API Fonctionnelle permet la création de structures de modèles plus sophistiquées. Voici une explication détaillée de ses capacités :

1. **Connexions non linéaires entre couches :** Avec l'API Fonctionnelle, vous pouvez définir des modèles où les couches se connectent de manière non séquentielle. Cela signifie que vous pouvez créer des chemins de branchement, des connexions de saut, ou même des connexions circulaires entre les couches, permettant la construction de topologies de réseau plus complexes.

2. **Entrées et sorties multiples :** L'API prend en charge les modèles avec plusieurs tenseurs d'entrée et de sortie. Cela est particulièrement utile pour les tâches qui nécessitent de traiter différents types de données simultanément ou de produire plusieurs prédictions à partir d'une seule entrée.

3. **Couches partagées :** Vous pouvez facilement réutiliser des instances de couches à travers différentes parties de votre modèle. Ceci est crucial pour implémenter des architectures comme les réseaux siamois, où un traitement identique est appliqué à plusieurs entrées.

4. **Connexions résiduelles :** L'API Fonctionnelle facilite l'implémentation des connexions résiduelles, un composant clé des réseaux résiduels profonds (ResNets). Ces connexions permettent à l'information de contourner une ou plusieurs couches, ce qui peut aider à atténuer le problème de la disparition du gradient dans les réseaux très profonds.

5. **Composition de modèles :** Vous pouvez traiter des modèles instanciés comme des couches et les utiliser pour construire des modèles plus grands et plus complexes. Cette modularité permet la création d'architectures hautement sophistiquées en combinant des sous-modèles plus simples.

6. **Couches personnalisées :** L'API Fonctionnelle s'intègre parfaitement avec des couches personnalisées, vous donnant la flexibilité d'incorporer des opérations spécialisées dans l'architecture de votre modèle.

7. **Modèles de type graphe :** Pour les tâches qui nécessitent de traiter des données structurées en graphe, comme l'analyse de réseaux sociaux ou la prédiction de

propriétés moléculaires, l'API Fonctionnelle permet de construire des modèles capables de gérer ces structures de données complexes.

Ces fonctionnalités font de l'API Fonctionnelle un outil indispensable pour les chercheurs et les praticiens travaillant sur des projets avancés d'apprentissage profond, leur permettant d'implémenter des architectures à la pointe de la technologie et d'expérimenter avec des conceptions de modèles novateurs.

Création d'un modèle avec entrées et sorties multiples

Explorons une application plus avancée de l'**API Fonctionnelle** en créant un modèle avec plusieurs entrées et sorties. Cette approche est particulièrement utile pour des tâches complexes qui nécessitent de traiter divers types de données ou de générer plusieurs prédictions simultanément. Considérons un scénario où nous développons un réseau sophistiqué d'analyse d'images. Ce réseau est conçu pour extraire deux informations distinctes d'une seule image d'entrée : la **catégorie** de l'objet représenté et sa **couleur** prédominante.

Pour accomplir cela, nous allons concevoir un modèle avec une base partagée qui se divise en deux couches de sortie distinctes. La base partagée sera responsable de l'extraction des caractéristiques générales de l'image, tandis que les couches de sortie spécialisées se concentreront respectivement sur la prédiction de la catégorie de l'objet et de sa couleur. Cette architecture démontre la flexibilité de l'API Fonctionnelle, permettant de créer des modèles capables d'effectuer efficacement plusieurs tâches connexes.

Par exemple, la prédiction de catégorie pourrait impliquer la classification de l'objet dans des classes prédéfinies (par exemple, voiture, chien, chaise), tandis que la prédiction de couleur pourrait identifier la couleur principale (par exemple, rouge, bleu, vert) de l'objet. En utilisant deux couches de sortie distinctes, nous pouvons optimiser chaque tâche de prédiction indépendamment, en utilisant potentiellement différentes fonctions de perte ou métriques pour chaque sortie.

Cette approche à sorties multiples ne montre pas seulement la polyvalence de l'API Fonctionnelle, mais illustre également comment nous pouvons concevoir des modèles qui imitent la perception humaine, où plusieurs attributs d'un objet sont traités et identifiés simultanément. De tels modèles ont des applications pratiques dans divers domaines, notamment la vision par ordinateur, la robotique et les systèmes automatisés de contrôle qualité dans la fabrication.

Exemple : Construction d'un modèle à sorties multiples avec l'API Fonctionnelle

```
import numpy as np
import matplotlib.pyplot as plt
from tensorflow.keras.models import Model
from tensorflow.keras.layers import Input, Dense, Flatten, Conv2D, MaxPooling2D
from tensorflow.keras.utils import to_categorical
from sklearn.model_selection import train_test_split
```

```
# Generate synthetic data
def generate_data(num_samples=1000):
    images = np.random.rand(num_samples, 64, 64, 3)
    categories = np.random.randint(0, 10, num_samples)
    colors = np.random.randint(0, 3, num_samples)
    return images, categories, colors

# Prepare data
X, y_category, y_color = generate_data(5000)
y_category = to_categorical(y_category, 10)
y_color = to_categorical(y_color, 3)

# Split data
X_train, X_test, y_category_train, y_category_test, y_color_train, y_color_test =
train_test_split(
    X, y_category, y_color, test_size=0.2, random_state=42
)

# Define the input layer
input_layer = Input(shape=(64, 64, 3))  # Input shape is 64x64 RGB image

# Convolutional layers
x = Conv2D(32, (3, 3), activation='relu')(input_layer)
x = MaxPooling2D((2, 2))(x)
x = Conv2D(64, (3, 3), activation='relu')(x)
x = MaxPooling2D((2, 2))(x)

# Flatten the output
x = Flatten()(x)

# Add shared dense layers
x = Dense(128, activation='relu')(x)
x = Dense(64, activation='relu')(x)

# Define the first output for object category
category_output = Dense(10, activation='softmax', name='category_output')(x)

# Define the second output for object color
color_output = Dense(3, activation='softmax', name='color_output')(x)

# Create the model with multiple outputs
model = Model(inputs=input_layer, outputs=[category_output, color_output])

# Compile the model with different loss functions for each output
model.compile(optimizer='adam',
              loss={'category_output': 'categorical_crossentropy',
                    'color_output': 'categorical_crossentropy'},
              loss_weights={'category_output': 1.0, 'color_output': 0.5},
              metrics=['accuracy'])

# Display the model summary
model.summary()
```

```
# Train the model
history = model.fit(
    X_train,
    {'category_output': y_category_train, 'color_output': y_color_train},
    validation_data=(X_test,  {'category_output':  y_category_test,  'color_output':
y_color_test}),
    epochs=10,
    batch_size=32
)

# Evaluate the model
test_loss, category_loss, color_loss, category_acc, color_acc = model.evaluate(
    X_test,
    {'category_output': y_category_test, 'color_output': y_color_test}
)
print(f"Test category accuracy: {category_acc:.4f}")
print(f"Test color accuracy: {color_acc:.4f}")

# Plot training history
plt.figure(figsize=(12, 4))
plt.subplot(1, 2, 1)
plt.plot(history.history['category_output_accuracy'], label='Category Accuracy')
plt.plot(history.history['color_output_accuracy'], label='Color Accuracy')
plt.plot(history.history['val_category_output_accuracy'],     label='Val     Category
Accuracy')
plt.plot(history.history['val_color_output_accuracy'], label='Val Color Accuracy')
plt.title('Model Accuracy')
plt.xlabel('Epoch')
plt.ylabel('Accuracy')
plt.legend()

plt.subplot(1, 2, 2)
plt.plot(history.history['category_output_loss'], label='Category Loss')
plt.plot(history.history['color_output_loss'], label='Color Loss')
plt.plot(history.history['val_category_output_loss'], label='Val Category Loss')
plt.plot(history.history['val_color_output_loss'], label='Val Color Loss')
plt.title('Model Loss')
plt.xlabel('Epoch')
plt.ylabel('Loss')
plt.legend()

plt.tight_layout()
plt.show()

# Make predictions
sample_image = X_test[0:1]
predictions = model.predict(sample_image)
predicted_category = np.argmax(predictions[0])
predicted_color = np.argmax(predictions[1])

print(f"Predicted category: {predicted_category}")
```

```
print(f"Predicted color: {predicted_color}")

# Display the sample image
plt.imshow(sample_image[0])
plt.title(f"Category: {predicted_category}, Color: {predicted_color}")
plt.axis('off')
plt.show()
```

Analyse détaillée du code :

1. Importations et préparation des données :
    - Nous importons les bibliothèques nécessaires, notamment NumPy pour les opérations numériques, Matplotlib pour la visualisation, et divers modules Keras pour la construction et l'entraînement du modèle.
    - Une fonction generate_data() est définie pour créer des données synthétiques pour notre tâche de classification à sorties multiples.
    - Nous générons 5000 échantillons d'images RVB de 64x64 avec les étiquettes correspondantes de catégorie (10 classes) et de couleur (3 classes).
    - Les étiquettes sont encodées en one-hot à l'aide de to_categorical().
    - Les données sont divisées en ensembles d'entraînement et de test à l'aide de train_test_split().
2. Architecture du modèle :
    - Nous définissons une couche d'entrée pour les images RVB de 64x64.
    - Des couches convolutives (Conv2D) et des couches de max pooling sont ajoutées pour extraire les caractéristiques des images.
    - La sortie est aplatie et passe par deux couches denses (128 et 64 unités) avec une activation ReLU.
    - Deux couches de sortie distinctes sont définies :
        - Sortie de catégorie : 10 unités avec activation softmax pour la classification en 10 catégories.
        - Sortie de couleur : 3 unités avec activation softmax pour la classification en 3 couleurs.
    - Le modèle est créé en utilisant l'API Fonctionnelle, en spécifiant l'entrée et les sorties multiples.
3. Compilation du modèle :
    - Le modèle est compilé avec l'optimiseur Adam.

- L'entropie croisée catégorielle est utilisée comme fonction de perte pour les deux sorties.
- Les poids des pertes sont spécifiés (1.0 pour la catégorie, 0.5 pour la couleur) pour équilibrer l'importance de chaque tâche.
- La précision est définie comme métrique pour les deux sorties.

4. Entraînement du modèle :
   - Le modèle est entraîné pendant 10 époques avec une taille de lot de 32.
   - Les données d'entraînement et de validation sont fournies sous forme de dictionnaires associant les noms de sortie à leurs données respectives.
5. Évaluation du modèle :
   - Le modèle est évalué sur l'ensemble de test, affichant la précision pour les prédictions de catégorie et de couleur.
6. Visualisation :
   - L'historique d'entraînement est tracé, montrant la précision et la perte pour les deux sorties au fil des époques.
   - Une image échantillon de l'ensemble de test est utilisée pour faire des prédictions.
   - L'image échantillon est affichée avec sa catégorie et sa couleur prédites.

Cet exemple démontre un scénario réaliste d'une tâche de classification à sorties multiples, comprenant la génération de données, la création du modèle, l'entraînement, l'évaluation et la visualisation des résultats. Il met en évidence la flexibilité de l'API Fonctionnelle de Keras pour créer des architectures de modèles complexes avec des sorties multiples et comment gérer ces modèles tout au long du processus d'apprentissage automatique.

Couches partagées et connexions résiduelles

L'**API Fonctionnelle** de Keras offre une fonctionnalité puissante de couches partagées, permettant la réutilisation d'instances de couches à travers différentes parties d'un modèle. Cette capacité est particulièrement précieuse pour implémenter des architectures avancées comme les **réseaux siamois** et les **réseaux résiduels**. Les réseaux siamois, souvent utilisés dans les tâches de reconnaissance faciale, appliquent un traitement identique sur plusieurs entrées pour comparer leur similarité. D'autre part, les réseaux résiduels, illustrés par des architectures comme ResNet, utilisent des connexions de contournement pour permettre à l'information de passer outre une ou plusieurs couches, facilitant l'entraînement de réseaux très profonds.

Le concept de couches partagées s'étend au-delà de ces architectures spécifiques. C'est un outil fondamental pour créer des modèles avec partage de poids, ce qui peut être crucial dans divers scénarios. Par exemple, dans les tâches de traitement du langage naturel comme les systèmes de questions-réponses, les couches partagées peuvent traiter à la fois la question et le contexte avec le même ensemble de poids, assurant une extraction de caractéristiques cohérente. De même, dans l'apprentissage multimodal où des entrées de différentes sources (par exemple, image et texte) doivent être traitées, les couches partagées peuvent créer un espace de représentation commun pour ces entrées diverses.

De plus, la flexibilité de l'API Fonctionnelle permet la création de topologies de modèles complexes qui vont au-delà des structures séquentielles simples. Cela inclut des modèles avec plusieurs entrées ou sorties, des modèles avec des chemins de branchement, et même des modèles qui incorporent des boucles de rétroaction. Cette versatilité fait de l'API Fonctionnelle un outil indispensable pour les chercheurs et les praticiens travaillant sur des projets de deep learning de pointe, leur permettant d'implémenter des architectures à la fine pointe de la technologie et d'expérimenter avec des conceptions de modèles novatrices.

Exemple : Utilisation des couches partagées dans l'API Fonctionnelle

```
import numpy as np
from tensorflow.keras.models import Model
from tensorflow.keras.layers import Input, Dense, Concatenate
from tensorflow.keras.utils import plot_model
from tensorflow.keras.datasets import mnist

# Load and preprocess the MNIST dataset
(x_train, y_train), (x_test, y_test) = mnist.load_data()
x_train = x_train.reshape(60000, 784).astype('float32') / 255
x_test = x_test.reshape(10000, 784).astype('float32') / 255
y_train = np.eye(10)[y_train]
y_test = np.eye(10)[y_test]

# Define two inputs
input_a = Input(shape=(784,), name='input_a')
input_b = Input(shape=(784,), name='input_b')

# Define a shared dense layer
shared_dense = Dense(64, activation='relu', name='shared_dense')

# Apply the shared layer to both inputs
processed_a = shared_dense(input_a)
processed_b = shared_dense(input_b)

# Concatenate the processed inputs
concatenated = Concatenate(name='concatenate')([processed_a, processed_b])

# Add more layers
x = Dense(32, activation='relu', name='dense_1')(concatenated)
x = Dense(16, activation='relu', name='dense_2')(x)

# Add a final output layer
output = Dense(10, activation='softmax', name='output')(x)
```

```
# Create the model with shared layers
model = Model(inputs=[input_a, input_b], outputs=output)

# Compile the model
model.compile(optimizer='adam',                    loss='categorical_crossentropy',
metrics=['accuracy'])

# Display the model summary
model.summary()

# Visualize the model architecture
plot_model(model,          to_file='model_architecture.png',          show_shapes=True,
show_layer_names=True)

# Train the model
history = model.fit(
    [x_train, x_train],  # Use the same input twice for demonstration
    y_train,
    epochs=10,
    batch_size=128,
    validation_split=0.2,
    verbose=1
)

# Evaluate the model
test_loss, test_accuracy = model.evaluate([x_test, x_test], y_test, verbose=0)
print(f"Test accuracy: {test_accuracy:.4f}")

# Make predictions
sample_input = x_test[:5]
predictions = model.predict([sample_input, sample_input])
predicted_classes = np.argmax(predictions, axis=1)
print("Predicted classes:", predicted_classes)
```

Analyse complète du code :

- Importations et préparation des données :
    - Nous importons les modules nécessaires de TensorFlow et Keras.
    - Le jeu de données MNIST est chargé et prétraité. Les images sont aplaties et normalisées, et les étiquettes sont encodées en one-hot.
- Architecture du modèle :
    - Deux couches d'entrée (input_a et input_b) sont définies, acceptant toutes deux des vecteurs de dimension 784 (images 28x28 aplaties).
    - Une couche dense partagée avec 64 unités et une activation ReLU est créée.

- La couche partagée est appliquée aux deux entrées, démontrant le partage de poids.
- Les entrées traitées sont concaténées à l'aide de la couche Concatenate.
- Deux couches denses supplémentaires (32 et 16 unités) sont ajoutées pour un traitement ultérieur.
- La couche de sortie finale possède 10 unités avec une activation softmax pour la classification multi-classes.

- Création et compilation du modèle :
  - Le modèle est créé en utilisant l'API Fonctionnelle, en spécifiant plusieurs entrées et une sortie.
  - Le modèle est compilé avec l'optimiseur Adam, la perte d'entropie croisée catégorielle et la métrique de précision.
- Visualisation du modèle :
  - model.summary() est appelé pour afficher un résumé textuel de l'architecture du modèle.
  - plot_model() est utilisé pour générer une représentation visuelle de l'architecture du modèle.
- Entraînement du modèle :
  - Le modèle est entraîné en utilisant la méthode fit().
  - À des fins de démonstration, nous utilisons la même entrée (x_train) deux fois pour simuler deux entrées différentes.
  - L'entraînement est effectué pendant 10 époques avec une taille de lot de 128 et une division de validation de 0,2.
- Évaluation du modèle et prédiction :
  - Le modèle est évalué sur l'ensemble de test pour obtenir la précision de test.
  - Des prédictions échantillons sont faites en utilisant les 5 premières images de test.
  - Les classes prédites sont affichées pour démontrer la sortie du modèle.

Cet exemple démontre un flux de travail complet, comprenant la préparation des données, la création du modèle avec des couches partagées, l'entraînement, l'évaluation et la réalisation de prédictions. Il met en évidence la flexibilité de l'API Fonctionnelle pour créer des architectures de modèles complexes avec des composants partagés et des entrées multiples.

Combinaison des API Sequential et Functional

La flexibilité de Keras permet une intégration transparente de l'**API Sequential** et de l'**API Functional**, permettant la création d'architectures de modèles hautement personnalisables et complexes. Cette puissante combinaison offre aux développeurs la capacité d'exploiter la simplicité de l'API Sequential pour des empilements de couches simples tout en exploitant la polyvalence de l'API Functional pour des conceptions de modèles plus complexes.

En combinant ces API, vous pouvez créer des modèles hybrides qui bénéficient des deux approches. Par exemple, vous pourriez utiliser l'API Sequential pour définir rapidement une série de couches pour l'extraction de caractéristiques, puis employer l'API Functional pour introduire des chemins de ramification, des entrées ou sorties multiples, ou des couches partagées. Cette approche est particulièrement utile lors de l'utilisation de l'apprentissage par transfert, où des modèles Sequential pré-entraînés peuvent être incorporés dans des architectures plus larges et plus complexes.

De plus, cette combinaison permet l'intégration facile de couches personnalisées, de connexions résiduelles, et même l'implémentation d'architectures avancées comme les réseaux résiduels ou les mécanismes d'attention. La capacité de mélanger et d'associer ces API offre un haut degré de flexibilité, facilitant l'expérimentation avec de nouveaux designs de modèles et l'adaptation aux exigences spécifiques des problèmes sans sacrifier la nature intuitive de la construction de modèles Keras.

Exemple : Combinaison de modèles Sequential et Functional

```
import tensorflow as tf
from tensorflow.keras.models import Sequential, Model
from tensorflow.keras.layers import Input, Dense, Flatten
from tensorflow.keras.datasets import mnist
import numpy as np
import matplotlib.pyplot as plt

# Load and preprocess the MNIST dataset
(x_train, y_train), (x_test, y_test) = mnist.load_data()
x_train = x_train.astype('float32') / 255
x_test = x_test.astype('float32') / 255
y_train = tf.keras.utils.to_categorical(y_train, 10)
y_test = tf.keras.utils.to_categorical(y_test, 10)

# Build a Sequential model
sequential_model = Sequential([
    Flatten(input_shape=(28, 28)),
    Dense(128, activation='relu', name='sequential_dense')
])

# Define an input using the Functional API
input_layer = Input(shape=(28, 28))

# Pass the input through the Sequential model
x = sequential_model(input_layer)
```

```
# Add more layers using the Functional API
x = Dense(64, activation='relu', name='functional_dense_1')(x)
output = Dense(10, activation='softmax', name='output')(x)

# Create the final model
model = Model(inputs=input_layer, outputs=output)

# Compile the model
model.compile(optimizer='adam',                    loss='categorical_crossentropy',
metrics=['accuracy'])

# Display model summary
model.summary()

# Train the model
history = model.fit(x_train, y_train, epochs=10, batch_size=128, validation_split=0.2,
verbose=1)

# Evaluate the model
test_loss, test_accuracy = model.evaluate(x_test, y_test, verbose=0)
print(f"Test accuracy: {test_accuracy:.4f}")

# Plot training history
plt.figure(figsize=(12, 4))
plt.subplot(1, 2, 1)
plt.plot(history.history['accuracy'], label='Training Accuracy')
plt.plot(history.history['val_accuracy'], label='Validation Accuracy')
plt.title('Model Accuracy')
plt.xlabel('Epoch')
plt.ylabel('Accuracy')
plt.legend()

plt.subplot(1, 2, 2)
plt.plot(history.history['loss'], label='Training Loss')
plt.plot(history.history['val_loss'], label='Validation Loss')
plt.title('Model Loss')
plt.xlabel('Epoch')
plt.ylabel('Loss')
plt.legend()

plt.tight_layout()
plt.show()

# Make predictions on a sample
sample = x_test[:5]
predictions = model.predict(sample)
predicted_classes = np.argmax(predictions, axis=1)
print("Predicted classes:", predicted_classes)

# Visualize sample predictions
plt.figure(figsize=(15, 3))
for i in range(5):
```

```
    plt.subplot(1, 5, i+1)
    plt.imshow(sample[i].reshape(28, 28), cmap='gray')
    plt.title(f"Predicted: {predicted_classes[i]}")
    plt.axis('off')
plt.tight_layout()
plt.show()
```

Analyse détaillée du code :

1. Importations et préparation des données :
   - Nous importons les modules nécessaires de TensorFlow et Keras, ainsi que NumPy et Matplotlib pour la manipulation et la visualisation des données.
   - Le jeu de données MNIST est chargé et prétraité. Les images sont normalisées, et les étiquettes sont encodées en one-hot.
2. Architecture du modèle :
   - Un modèle Sequential est créé avec une couche Flatten et une couche Dense.
   - Une couche d'entrée est définie en utilisant l'API Fonctionnelle.
   - Le modèle Sequential est appliqué à la couche d'entrée.
   - Des couches Dense supplémentaires sont ajoutées en utilisant l'API Fonctionnelle.
   - Le modèle final est créé en spécifiant les couches d'entrée et de sortie.
3. Compilation et entraînement du modèle :
   - Le modèle est compilé avec l'optimiseur Adam, la perte d'entropie croisée catégorielle et la métrique de précision.
   - Un résumé du modèle est affiché pour montrer l'architecture.
   - Le modèle est entraîné pendant 10 époques avec une taille de lot de 128 et une division de validation de 0,2.
4. Évaluation du modèle :
   - Le modèle entraîné est évalué sur l'ensemble de test pour obtenir la précision de test.
5. Visualisation de l'historique d'entraînement :
   - La précision d'entraînement et de validation sont tracées en fonction des époques.
   - La perte d'entraînement et de validation sont tracées en fonction des époques.

6. Réalisation de prédictions :
   - Des prédictions sont faites sur un échantillon de 5 images de test.
   - Les classes prédites sont affichées.
7. Visualisation des prédictions d'échantillon :
   - Les 5 images échantillons sont affichées avec leurs classes prédites.

Cet exemple démontre un flux de travail complet combinant les API Sequential et Functional de Keras. Il comprend la préparation des données, la création du modèle, l'entraînement, l'évaluation et la visualisation des résultats. Le code montre comment exploiter les deux API pour créer une architecture de modèle flexible, l'entraîner sur des données réelles et analyser ses performances.

3.3 Points de contrôle du modèle, arrêt précoce et callbacks dans Keras

L'entraînement des réseaux de neurones présente souvent des défis comme le surapprentissage et les périodes d'entraînement prolongées. Pour résoudre ces problèmes, Keras fournit des **callbacks**, des outils puissants qui permettent la surveillance et le contrôle en temps réel du processus d'entraînement.

Ces callbacks déclenchent automatiquement des actions prédéfinies à des moments spécifiques pendant l'entraînement, permettant des ajustements et des optimisations dynamiques. Parmi les callbacks les plus précieux figurent les **points de contrôle du modèle** et **l'arrêt précoce**. Les points de contrôle du modèle garantissent que le modèle le plus performant est sauvegardé tout au long du processus d'entraînement, tandis que l'arrêt précoce met fin intelligemment à l'entraînement lorsque les améliorations de performance atteignent un plateau, évitant ainsi une surcharge de calcul inutile et un potentiel surapprentissage.

En exploitant ces callbacks, les développeurs peuvent considérablement améliorer l'efficacité et l'efficience de leurs pipelines d'entraînement de réseaux de neurones, conduisant à des modèles plus robustes et optimisés.

3.3.1 Points de contrôle du modèle dans Keras

Les points de contrôle du modèle constituent une technique cruciale en apprentissage profond qui consiste à sauvegarder l'état du modèle à différents moments du processus d'entraînement. Cette pratique sert plusieurs objectifs :

1. Résilience face aux interruptions : Les points de contrôle du modèle protègent contre les perturbations inattendues telles que les pannes de courant ou les crashs système. En maintenant des points de contrôle sauvegardés, vous pouvez facilement reprendre

l'entraînement à partir de l'état sauvegardé le plus récent, éliminant la nécessité de recommencer à zéro.

2. Flexibilité dans la gestion de l'entraînement : Cette fonctionnalité vous permet de mettre en pause et de reprendre l'entraînement selon vos besoins, ce qui s'avère particulièrement avantageux lors du traitement de vastes ensembles de données ou de modèles complexes nécessitant des durées d'entraînement prolongées. Cela permet une meilleure allocation des ressources et une gestion du temps plus efficace dans les projets d'apprentissage profond complexes.

3. Analyse complète des performances : En préservant les modèles à différentes étapes tout au long du processus d'entraînement, vous acquérez la capacité de mener des analyses approfondies sur l'évolution des performances de votre modèle au fil du temps. Cette vision granulaire peut être déterminante pour identifier les points critiques dans la trajectoire d'entraînement et optimiser la courbe d'apprentissage de votre modèle.

4. Préservation optimale du modèle : Le mécanisme de point de contrôle peut être configuré pour sauvegarder le modèle exclusivement lorsqu'il démontre une amélioration des performances sur l'ensemble de validation. Cela garantit que vous conservez toujours la version la plus efficace de votre modèle, même si les itérations d'entraînement ultérieures entraînent une diminution des performances.

Keras simplifie ce processus grâce au callback **ModelCheckpoint**. Cet outil puissant vous permet de :

1. Sauvegarder l'ensemble du modèle ou uniquement les poids.
2. Personnaliser la fréquence de sauvegarde (par ex., chaque époque, tous les n pas).
3. Spécifier les conditions de sauvegarde (par ex., uniquement lorsque le modèle s'améliore sur une certaine métrique).
4. Contrôler le format et l'emplacement des fichiers sauvegardés.

En utilisant ModelCheckpoint, vous pouvez implémenter des pipelines d'entraînement robustes qui sont résistants aux interruptions et capables de capturer les itérations de modèle les plus performantes.

Sauvegarde des poids du modèle pendant l'entraînement

Le callback **ModelCheckpoint** est un outil puissant dans Keras qui permet la sauvegarde automatique des poids du modèle ou du modèle entier pendant le processus d'entraînement. Cette fonctionnalité offre une flexibilité quant au moment et à la manière dont le modèle est sauvegardé, permettant aux développeurs de capturer la version la plus performante de leur modèle.

Les aspects clés du callback ModelCheckpoint comprennent :

- Fréquence de sauvegarde personnalisable : Vous pouvez configurer le callback pour sauvegarder à la fin de chaque époque ou à des intervalles spécifiques pendant l'entraînement.
- Sauvegarde basée sur les performances : Le callback peut être configuré pour sauvegarder uniquement lorsqu'une métrique spécifiée (par ex., précision ou perte de validation) s'améliore, assurant que vous conservez la meilleure version de votre modèle.
- Options de sauvegarde flexibles : Vous pouvez choisir de sauvegarder uniquement les poids du modèle ou l'architecture complète du modèle avec les poids.
- Nommage de fichiers configurable : Le callback vous permet de spécifier le format et la convention de nommage pour les fichiers sauvegardés, facilitant la gestion de plusieurs points de contrôle.

En exploitant le callback ModelCheckpoint, vous pouvez implémenter un pipeline d'entraînement de modèle robuste qui préserve automatiquement les itérations les plus prometteuses de votre modèle, facilitant les processus de sélection et de déploiement de modèle.

Exemple : Utilisation de ModelCheckpoint pour sauvegarder le meilleur modèle

```
import tensorflow as tf
from tensorflow.keras.models import Sequential
from tensorflow.keras.layers import Dense, Flatten
from tensorflow.keras.callbacks import ModelCheckpoint, EarlyStopping
from tensorflow.keras.datasets import mnist
import numpy as np
import matplotlib.pyplot as plt

# Load and preprocess the MNIST dataset
(X_train, y_train), (X_test, y_test) = mnist.load_data()
X_train = X_train.astype('float32') / 255
X_test = X_test.astype('float32') / 255
y_train = tf.keras.utils.to_categorical(y_train, 10)
y_test = tf.keras.utils.to_categorical(y_test, 10)

# Define the model
model = Sequential([
    Flatten(input_shape=(28, 28)),
    Dense(128, activation='relu'),
    Dense(64, activation='relu'),
    Dense(10, activation='softmax')
])

# Compile the model
model.compile(optimizer='adam',                    loss='categorical_crossentropy',
metrics=['accuracy'])
```

```
# Define the ModelCheckpoint callback
checkpoint_callback = ModelCheckpoint(
    filepath='best_model.h5',
    save_best_only=True,
    monitor='val_accuracy',
    mode='max',
    verbose=1
)

# Define the EarlyStopping callback
early_stopping_callback = EarlyStopping(
    monitor='val_loss',
    patience=3,
    restore_best_weights=True,
    verbose=1
)

# Train the model with callbacks
history = model.fit(
    X_train, y_train,
    epochs=20,
    batch_size=32,
    validation_split=0.2,
    callbacks=[checkpoint_callback, early_stopping_callback]
)

# Plot training history
plt.figure(figsize=(12, 4))
plt.subplot(1, 2, 1)
plt.plot(history.history['accuracy'], label='Training Accuracy')
plt.plot(history.history['val_accuracy'], label='Validation Accuracy')
plt.title('Model Accuracy')
plt.xlabel('Epoch')
plt.ylabel('Accuracy')
plt.legend()

plt.subplot(1, 2, 2)
plt.plot(history.history['loss'], label='Training Loss')
plt.plot(history.history['val_loss'], label='Validation Loss')
plt.title('Model Loss')
plt.xlabel('Epoch')
plt.ylabel('Loss')
plt.legend()

plt.tight_layout()
plt.show()

# Evaluate the model on the test set
test_loss, test_accuracy = model.evaluate(X_test, y_test, verbose=0)
print(f"Test accuracy: {test_accuracy:.4f}")

# Make predictions on a sample
```

```
sample = X_test[:5]
predictions = model.predict(sample)
predicted_classes = np.argmax(predictions, axis=1)
print("Predicted classes:", predicted_classes)

# Visualize sample predictions
plt.figure(figsize=(15, 3))
for i in range(5):
    plt.subplot(1, 5, i+1)
    plt.imshow(sample[i].reshape(28, 28), cmap='gray')
    plt.title(f"Predicted: {predicted_classes[i]}")
    plt.axis('off')
plt.tight_layout()
plt.show()
```

Analyse détaillée du code :

- Importations et préparation des données :
    - Nous importons les modules nécessaires de TensorFlow, Keras, NumPy et Matplotlib.
    - Le jeu de données MNIST est chargé, normalisé, et les étiquettes sont encodées en one-hot.
- Définition du modèle :
    - Un modèle Sequential est créé avec des couches Flatten et Dense.
    - Le modèle est compilé avec l'optimiseur Adam, la fonction de perte categorical crossentropy et la métrique d'accuracy.
- Callbacks :
    - ModelCheckpoint est configuré pour sauvegarder le meilleur modèle basé sur la précision de validation.
    - EarlyStopping est configuré pour arrêter l'entraînement si la perte de validation ne s'améliore pas pendant 3 époques.
- Entraînement du modèle :
    - Le modèle est entraîné pendant 20 époques avec une taille de lot de 32 et une division de validation de 0,2.
    - Les callbacks ModelCheckpoint et EarlyStopping sont utilisés pendant l'entraînement.
- Visualisation :
    - La précision d'entraînement et de validation sont tracées au fil des époques.

  - Les pertes d'entraînement et de validation sont tracées au fil des époques.
- Évaluation du modèle :
  - Le modèle entraîné est évalué sur l'ensemble de test pour obtenir la précision de test.
- Réalisation de prédictions :
  - Des prédictions sont effectuées sur un échantillon de 5 images de test.
  - Les classes prédites sont affichées et visualisées.

Cet exemple démontre un flux de travail complet d'entraînement d'un réseau de neurones avec Keras, incluant la préparation des données, la création du modèle, l'entraînement avec des callbacks, la visualisation de l'historique d'entraînement, l'évaluation du modèle et la réalisation de prédictions. Il illustre comment utiliser efficacement les callbacks ModelCheckpoint et EarlyStopping, ainsi que comment visualiser les performances et les prédictions du modèle.

3.3.2 Arrêt précoce dans Keras

Un autre callback crucial dans Keras est **EarlyStopping**, qui surveille les performances du modèle sur l'ensemble de validation pendant l'entraînement. Cet outil puissant arrête automatiquement le processus d'entraînement lorsque les performances du modèle sur l'ensemble de validation cessent de s'améliorer, servant ainsi de protection efficace contre le **surapprentissage**.

Le surapprentissage se produit lorsqu'un modèle devient trop spécialisé pour les données d'entraînement, mémorisant essentiellement le bruit et les particularités du jeu d'entraînement plutôt que d'apprendre des modèles généralisables. Cela résulte en un modèle qui performe exceptionnellement bien sur les données d'entraînement mais échoue à généraliser sur de nouvelles données jamais vues.

L'arrêt précoce résout ce problème en évaluant continuellement les performances du modèle sur un ensemble de validation distinct pendant l'entraînement. Lorsque les performances du modèle sur cet ensemble de validation commencent à stagner ou à se détériorer, cela suggère que le modèle commence à surapprendre. À ce moment, le callback EarlyStopping intervient, mettant fin au processus d'entraînement.

Cette technique offre plusieurs avantages :

- Sélection optimale du modèle : Elle garantit que l'entraînement s'arrête au point où le modèle généralise le mieux, capturant le juste équilibre entre sous-apprentissage et surapprentissage.
- Efficacité en temps et en ressources : En prévenant les itérations d'entraînement inutiles, elle économise les ressources informatiques et le temps.

- Généralisation améliorée : Le modèle résultant est plus susceptible de bien performer sur de nouvelles données jamais vues, car il n'a pas été autorisé à surapprendre sur l'ensemble d'entraînement.

L'implémentation de l'arrêt précoce dans Keras est simple et hautement personnalisable. Les utilisateurs peuvent spécifier quelle métrique surveiller (par ex., perte ou précision de validation), le nombre d'époques à attendre pour une amélioration (patience), et s'il faut restaurer les meilleurs poids rencontrés pendant l'entraînement. Cette flexibilité fait de l'arrêt précoce un outil indispensable dans la boîte à outils du praticien de l'apprentissage profond, favorisant le développement de modèles robustes et généralisables.

Implémentation d'EarlyStopping

Le callback **EarlyStopping** est un outil puissant dans Keras qui surveille une métrique de performance spécifiée, comme la perte de validation ou la précision de validation, pendant le processus d'entraînement. Sa fonction principale est d'arrêter automatiquement l'entraînement lorsque la métrique choisie ne s'améliore pas sur un nombre prédéterminé d'époques, connu sous le nom de paramètre 'patience'.

Ce callback remplit plusieurs fonctions cruciales dans le processus d'entraînement du modèle :

- Prévention du surapprentissage : En arrêtant l'entraînement lorsque les performances sur l'ensemble de validation stagnent, EarlyStopping aide à empêcher le modèle de surapprendre sur les données d'entraînement.
- Optimisation du temps d'entraînement : Il élimine les époques inutiles qui ne contribuent pas à l'amélioration du modèle, économisant ainsi les ressources informatiques et le temps.
- Capture du meilleur modèle : Lorsqu'il est utilisé conjointement avec le paramètre 'restore_best_weights', EarlyStopping garantit que le modèle conserve les poids de son époque la plus performante.

La flexibilité d'EarlyStopping permet aux développeurs d'affiner son comportement en ajustant des paramètres tels que :

- 'monitor' : La métrique à suivre (par ex., 'val_loss', 'val_accuracy').
- 'patience' : Le nombre d'époques à attendre pour une amélioration avant de s'arrêter.
- 'min_delta' : Le changement minimum dans la quantité surveillée pour être qualifié d'amélioration.
- 'mode' : Si la quantité surveillée doit être minimisée ('min') ou maximisée ('max').

En exploitant EarlyStopping, les data scientists et les ingénieurs en apprentissage automatique peuvent créer des pipelines d'entraînement plus efficaces et plus efficaces, aboutissant à des modèles qui généralisent mieux sur des données non vues.

Exemple : Utilisation d'EarlyStopping pour arrêter l'entraînement lorsque les performances stagnent

```
import tensorflow as tf
from tensorflow.keras.models import Sequential
from tensorflow.keras.layers import Dense, Flatten
from tensorflow.keras.callbacks import EarlyStopping
from tensorflow.keras.datasets import mnist
import numpy as np
import matplotlib.pyplot as plt

# Load and preprocess the MNIST dataset
(X_train, y_train), (X_test, y_test) = mnist.load_data()
X_train = X_train.astype('float32') / 255
X_test = X_test.astype('float32') / 255
y_train = tf.keras.utils.to_categorical(y_train, 10)
y_test = tf.keras.utils.to_categorical(y_test, 10)

# Define the model
model = Sequential([
    Flatten(input_shape=(28, 28)),
    Dense(128, activation='relu'),
    Dense(64, activation='relu'),
    Dense(10, activation='softmax')
])

# Compile the model
model.compile(optimizer='adam',                    loss='categorical_crossentropy',
metrics=['accuracy'])

# Define the EarlyStopping callback
early_stopping_callback = EarlyStopping(
    monitor='val_loss',
    patience=3,
    restore_best_weights=True,
    verbose=1
)

# Train the model with early stopping
history = model.fit(
    X_train, y_train,
    epochs=50,
    batch_size=32,
    validation_data=(X_test, y_test),
    callbacks=[early_stopping_callback]
)

# Plot training history
plt.figure(figsize=(12, 4))
plt.subplot(1, 2, 1)
plt.plot(history.history['accuracy'], label='Training Accuracy')
plt.plot(history.history['val_accuracy'], label='Validation Accuracy')
```

```
plt.title('Model Accuracy')
plt.xlabel('Epoch')
plt.ylabel('Accuracy')
plt.legend()

plt.subplot(1, 2, 2)
plt.plot(history.history['loss'], label='Training Loss')
plt.plot(history.history['val_loss'], label='Validation Loss')
plt.title('Model Loss')
plt.xlabel('Epoch')
plt.ylabel('Loss')
plt.legend()

plt.tight_layout()
plt.show()

# Evaluate the model on the test set
test_loss, test_accuracy = model.evaluate(X_test, y_test, verbose=0)
print(f"Test accuracy: {test_accuracy:.4f}")
```

Analyse du code :

- Importations et préparation des données :
  - Nous importons les modules nécessaires de TensorFlow, Keras, NumPy et Matplotlib.
  - Le jeu de données MNIST est chargé, normalisé, et les étiquettes sont encodées en one-hot.
- Définition du modèle :
  - Un modèle Sequential est créé avec des couches Flatten et Dense.
  - Le modèle est compilé avec l'optimiseur Adam, la fonction de perte d'entropie croisée catégorielle et la métrique de précision.
- Callback EarlyStopping :
  - EarlyStopping est configuré pour surveiller 'val_loss' avec une patience de 3 époques.
  - 'restore_best_weights=True' garantit que le modèle conserve les poids de sa meilleure performance.
  - 'verbose=1' fournit des mises à jour concernant l'arrêt précoce pendant l'entraînement.
- Entraînement du modèle :

- Le modèle est entraîné pour un maximum de 50 époques avec une taille de lot de 32.
- L'ensemble du jeu de test est utilisé comme données de validation.
- Le callback EarlyStopping est transmis à la méthode fit.

- Visualisation :
  - La précision d'entraînement et de validation sont tracées au fil des époques.
  - Les pertes d'entraînement et de validation sont tracées au fil des époques.
- Évaluation du modèle :
  - Le modèle final est évalué sur le jeu de test pour obtenir la précision du test.

Cet exemple démontre un flux de travail complet d'entraînement d'un réseau de neurones avec Keras et arrêt précoce. Il comprend la préparation des données, la création du modèle, l'entraînement avec le callback EarlyStopping, la visualisation de l'historique d'entraînement et l'évaluation du modèle. Le callback EarlyStopping aide à prévenir le surapprentissage en arrêtant le processus d'entraînement lorsque la perte de validation cesse de s'améliorer, optimisant ainsi à la fois les performances du modèle et le temps d'entraînement.

3.3.3 Utilisation de plusieurs callbacks

L'utilisation de plusieurs callbacks pendant l'entraînement du modèle est une technique puissante qui peut considérablement améliorer le processus d'entraînement et les performances du modèle résultant. Une combinaison courante et très efficace est l'utilisation des callbacks **ModelCheckpoint** et **EarlyStopping**. Ce couplage permet de préserver le modèle le plus performant tout en évitant le surapprentissage en arrêtant l'entraînement lorsque les performances stagnent.

Le callback **ModelCheckpoint** sauvegarde le modèle à des intervalles spécifiques pendant l'entraînement, généralement lorsqu'il atteint les meilleures performances sur une métrique surveillée (par exemple, la précision de validation). Cela garantit que même si les performances du modèle se dégradent lors des époques ultérieures, la meilleure version est toujours conservée.

En complément, le callback **EarlyStopping** surveille les performances du modèle sur l'ensemble de validation et met fin à l'entraînement si aucune amélioration n'est observée sur un nombre spécifié d'époques (défini par le paramètre 'patience'). Cela évite non seulement le surapprentissage, mais optimise également les ressources informatiques en évitant les itérations d'entraînement inutiles.

En combinant ces callbacks, vous créez un pipeline d'entraînement robuste qui non seulement sauvegarde le modèle le plus performant, mais décide également intelligemment quand arrêter l'entraînement. Cette approche est particulièrement précieuse dans les scénarios où le temps d'entraînement est une préoccupation ou lorsqu'on traite des modèles complexes susceptibles de surapprendre.

Combinaison de ModelCheckpoint et EarlyStopping

Vous pouvez passer une liste de callbacks à la fonction fit(), ce qui vous permet d'utiliser à la fois **ModelCheckpoint** et **EarlyStopping** simultanément. Cette combinaison puissante vous permet d'optimiser votre processus d'entraînement de modèle de plusieurs façons :

- Sauvegarde automatique du modèle : **ModelCheckpoint** sauvegardera votre modèle à des intervalles spécifiés ou lorsqu'il atteint sa performance maximale, vous assurant ainsi d'avoir toujours accès à la meilleure version.
- Prévention du surapprentissage : **EarlyStopping** surveille les performances du modèle sur l'ensemble de validation et arrête l'entraînement lorsque l'amélioration stagne, aidant à prévenir le surapprentissage.
- Optimisation des ressources : En arrêtant l'entraînement lorsqu'il n'est plus bénéfique, vous économisez des ressources informatiques et du temps.
- Flexibilité de surveillance : Vous pouvez configurer chaque callback pour surveiller différentes métriques, offrant une vue complète des performances de votre modèle pendant l'entraînement.

Cette approche non seulement simplifie le processus d'entraînement, mais améliore également la qualité et la capacité de généralisation de votre modèle final. En exploitant ces callbacks en tandem, vous créez un pipeline d'entraînement robuste qui s'adapte aux besoins spécifiques de votre projet d'apprentissage profond.

Exemple : Combinaison de ModelCheckpoint et EarlyStopping

```
import tensorflow as tf
from tensorflow.keras.models import Sequential
from tensorflow.keras.layers import Dense, Flatten
from tensorflow.keras.callbacks import ModelCheckpoint, EarlyStopping
from tensorflow.keras.datasets import mnist
import numpy as np
import matplotlib.pyplot as plt

# Load and preprocess the MNIST dataset
(X_train, y_train), (X_test, y_test) = mnist.load_data()
X_train = X_train.astype('float32') / 255
X_test = X_test.astype('float32') / 255
y_train = tf.keras.utils.to_categorical(y_train, 10)
y_test = tf.keras.utils.to_categorical(y_test, 10)

# Define the model
model = Sequential([
    Flatten(input_shape=(28, 28)),
    Dense(128, activation='relu'),
```

```
    Dense(64, activation='relu'),
    Dense(10, activation='softmax')
])

# Compile the model
model.compile(optimizer='adam',                          loss='categorical_crossentropy',
metrics=['accuracy'])

# Define both callbacks
checkpoint_callback = ModelCheckpoint(
    filepath='best_model.h5',
    save_best_only=True,
    monitor='val_accuracy',
    mode='max',
    verbose=1
)
early_stopping_callback = EarlyStopping(
    monitor='val_loss',
    patience=5,
    restore_best_weights=True,
    verbose=1
)

# Train the model with both callbacks
history = model.fit(
    X_train, y_train,
    epochs=100,
    batch_size=32,
    validation_data=(X_test, y_test),
    callbacks=[checkpoint_callback, early_stopping_callback]
)

# Plot training history
plt.figure(figsize=(12, 4))
plt.subplot(1, 2, 1)
plt.plot(history.history['accuracy'], label='Training Accuracy')
plt.plot(history.history['val_accuracy'], label='Validation Accuracy')
plt.title('Model Accuracy')
plt.xlabel('Epoch')
plt.ylabel('Accuracy')
plt.legend()

plt.subplot(1, 2, 2)
plt.plot(history.history['loss'], label='Training Loss')
plt.plot(history.history['val_loss'], label='Validation Loss')
plt.title('Model Loss')
plt.xlabel('Epoch')
plt.ylabel('Loss')
plt.legend()

plt.tight_layout()
plt.show()
```

```
# Evaluate the model on the test set
test_loss, test_accuracy = model.evaluate(X_test, y_test, verbose=0)
print(f"Test accuracy: {test_accuracy:.4f}")
```

Explication du code :

Préparation des données :

- Le jeu de données MNIST est chargé et prétraité.
- Les images sont normalisées dans l'intervalle [0, 1].
- Les étiquettes sont encodées en one-hot.

Définition du modèle :

- Un modèle Sequential est créé avec des couches Flatten et Dense.
- Le modèle est compilé avec l'optimiseur Adam, la perte d'entropie croisée catégorielle et la métrique de précision.

Définition des callbacks :

- ModelCheckpoint est configuré pour sauvegarder le meilleur modèle basé sur la précision de validation.
- EarlyStopping est configuré pour surveiller la perte de validation avec une patience de 5 époques.

Entraînement du modèle :

- Le modèle est entraîné pour un maximum de 100 époques avec une taille de lot de 32.
- Les deux callbacks (ModelCheckpoint et EarlyStopping) sont utilisés pendant l'entraînement.

Visualisation :

- La précision d'entraînement et de validation sont tracées au fil des époques.
- Les pertes d'entraînement et de validation sont tracées au fil des époques.

Évaluation du modèle :

- Le modèle final est évalué sur le jeu de test pour obtenir la précision du test.

Cet exemple complet démontre comment utiliser efficacement les callbacks ModelCheckpoint et EarlyStopping dans Keras. ModelCheckpoint sauvegarde le meilleur modèle pendant l'entraînement, tandis qu'EarlyStopping empêche le surapprentissage en arrêtant le processus d'entraînement lorsque la performance du modèle sur l'ensemble de validation cesse de s'améliorer. L'ajout du prétraitement des données, de la définition du modèle et de la visualisation des résultats fournit un flux de travail complet pour l'entraînement et l'évaluation d'un modèle de réseau de neurones.

3.3.4 Callbacks personnalisés dans Keras

Keras permet également de créer des **callbacks personnalisés** pour étendre la fonctionnalité du processus d'entraînement. Avec les callbacks personnalisés, vous pouvez exécuter votre propre code à n'importe quel moment pendant la boucle d'entraînement, comme au début ou à la fin d'une époque, ou après chaque lot. Cette fonctionnalité puissante permet aux développeurs d'implémenter une large gamme de comportements personnalisés et de capacités de surveillance.

Les callbacks personnalisés peuvent être utilisés à diverses fins, notamment :

- Enregistrer des métriques ou des informations personnalisées pendant l'entraînement
- Mettre en œuvre des planifications dynamiques de taux d'apprentissage
- Sauvegarder des points de contrôle du modèle selon des critères personnalisés
- Visualiser la progression de l'entraînement en temps réel
- Implémenter un arrêt précoce basé sur des conditions complexes

Pour créer un callback personnalisé, vous devez sous-classer la classe tf.keras.callbacks.Callback et remplacer une ou plusieurs de ses méthodes. Ces méthodes correspondent à différents points du processus d'entraînement, tels que :

- on_train_begin et on_train_end : Appelées au début et à la fin de l'entraînement
- on_epoch_begin et on_epoch_end : Appelées au début et à la fin de chaque époque
- on_batch_begin et on_batch_end : Appelées avant et après le traitement de chaque lot

En implémentant ces méthodes, vous pouvez injecter une logique personnalisée à des points spécifiques du processus d'entraînement, permettant un contrôle et une surveillance précis du comportement de votre modèle. Cette flexibilité fait des callbacks personnalisés un outil essentiel pour les praticiens et chercheurs avancés en apprentissage profond.

Création d'un callback personnalisé

Un callback personnalisé peut être créé en sous-classant la classe tf.keras.callbacks.Callback. Cette fonctionnalité puissante vous permet d'injecter une logique personnalisée à différentes étapes du processus d'entraînement. En remplaçant des méthodes spécifiques de la classe Callback, vous pouvez exécuter du code personnalisé au début ou à la fin de l'entraînement, des époques, ou même des lots individuels.

Voici quelques méthodes clés que vous pouvez remplacer :

- on_train_begin(self, logs=None) : Appelée une fois au début de l'entraînement.

- on_train_end(self, logs=None) : Appelée une fois à la fin de l'entraînement.
- on_epoch_begin(self, epoch, logs=None) : Appelée au début de chaque époque.
- on_epoch_end(self, epoch, logs=None) : Appelée à la fin de chaque époque.
- on_batch_begin(self, batch, logs=None) : Appelée juste avant le traitement de chaque lot.
- on_batch_end(self, batch, logs=None) : Appelée à la fin de chaque lot.

Ces méthodes donnent accès aux détails internes de l'entraînement via le dictionnaire 'logs', vous permettant de suivre des métriques, de modifier dynamiquement des hyperparamètres, ou d'implémenter des comportements d'entraînement complexes qui ne sont pas possibles avec les callbacks intégrés.

Les callbacks personnalisés sont particulièrement utiles pour des tâches comme l'implémentation de planifications personnalisées de taux d'apprentissage, l'enregistrement détaillé de la progression de l'entraînement, l'arrêt précoce basé sur des critères complexes, ou même l'intégration avec des outils de surveillance externes. En exploitant cette flexibilité, vous pouvez adapter le processus d'entraînement pour répondre aux exigences spécifiques de votre projet d'apprentissage profond.

Exemple : Callback personnalisé pour surveiller le taux d'apprentissage

```
import tensorflow as tf
from tensorflow.keras.callbacks import Callback
from tensorflow.keras.models import Sequential
from tensorflow.keras.layers import Dense, Flatten
from tensorflow.keras.optimizers import Adam
from tensorflow.keras.datasets import mnist
import numpy as np
import matplotlib.pyplot as plt

# Load and preprocess the MNIST dataset
(X_train, y_train), (X_test, y_test) = mnist.load_data()
X_train, X_test = X_train / 255.0, X_test / 255.0
y_train = tf.keras.utils.to_categorical(y_train, 10)
y_test = tf.keras.utils.to_categorical(y_test, 10)

# Define a custom callback to log learning rates and accuracy at the end of each epoch
class LearningRateAndAccuracyLogger(Callback):
    def __init__(self):
        super().__init__()
        self.learning_rates = []
        self.accuracies = []

    def on_epoch_end(self, epoch, logs=None):
        current_lr = self.model.optimizer._decayed_lr(tf.float32).numpy()
        current_accuracy = logs.get('accuracy')
        self.learning_rates.append(current_lr)
```

```
        self.accuracies.append(current_accuracy)
        print(f"\\nEpoch {epoch + 1}: Learning rate is {current_lr:.6f}, Accuracy is
{current_accuracy:.4f}")

# Define the model
model = Sequential([
    Flatten(input_shape=(28, 28)),
    Dense(128, activation='relu'),
    Dense(64, activation='relu'),
    Dense(10, activation='softmax')
])

# Compile the model with a custom learning rate schedule
initial_learning_rate = 0.01
lr_schedule = tf.keras.optimizers.schedules.ExponentialDecay(
    initial_learning_rate,
    decay_steps=1000,
    decay_rate=0.9,
    staircase=True)
model.compile(optimizer=Adam(learning_rate=lr_schedule),
              loss='categorical_crossentropy',
              metrics=['accuracy'])

# Instantiate the custom callback
lr_accuracy_logger = LearningRateAndAccuracyLogger()

# Train the model with the custom callback
history = model.fit(X_train, y_train,
                    epochs=10,
                    batch_size=32,
                    validation_data=(X_test, y_test),
                    callbacks=[lr_accuracy_logger])

# Plot the learning rate and accuracy over epochs
plt.figure(figsize=(12, 5))
plt.subplot(1, 2, 1)
plt.plot(range(1, 11), lr_accuracy_logger.learning_rates)
plt.title('Learning Rate over Epochs')
plt.xlabel('Epoch')
plt.ylabel('Learning Rate')

plt.subplot(1, 2, 2)
plt.plot(range(1, 11), lr_accuracy_logger.accuracies)
plt.title('Accuracy over Epochs')
plt.xlabel('Epoch')
plt.ylabel('Accuracy')

plt.tight_layout()
plt.show()

# Evaluate the model on the test set
test_loss, test_accuracy = model.evaluate(X_test, y_test, verbose=0)
```

```
print(f"\\nFinal test accuracy: {test_accuracy:.4f}")
```

Analyse du code :

1. Importations et préparation des données :
   - Nous importons les bibliothèques nécessaires, notamment TensorFlow, Keras et matplotlib.
   - Le jeu de données MNIST est chargé et prétraité : les images sont normalisées et les étiquettes sont encodées en one-hot.
2. Définition du callback personnalisé :
   - Nous définissons une classe de callback personnalisée LearningRateAndAccuracyLogger qui hérite de Callback.
   - Ce callback enregistre à la fois le taux d'apprentissage et la précision à la fin de chaque époque.
   - Il stocke ces valeurs dans des listes pour les visualiser ultérieurement.
3. Définition du modèle :
   - Un modèle Sequential simple est défini avec des couches Flatten et Dense.
   - L'architecture du modèle est adaptée à la tâche de classification des chiffres MNIST.
4. Compilation du modèle :
   - Nous utilisons une planification personnalisée du taux d'apprentissage (ExponentialDecay) pour diminuer le taux d'apprentissage au fil du temps.
   - Le modèle est compilé avec l'optimiseur Adam, la fonction de perte d'entropie croisée catégorielle et la métrique de précision.
5. Entraînement du modèle :
   - Le modèle est entraîné pendant 10 époques avec une taille de lot de 32.
   - Nous utilisons le callback personnalisé LearningRateAndAccuracyLogger pendant l'entraînement.
6. Visualisation :
   - Après l'entraînement, nous traçons le taux d'apprentissage et la précision au fil des époques à l'aide de matplotlib.
   - Cela fournit une représentation visuelle de l'évolution de ces métriques pendant l'entraînement.

7. Évaluation du modèle :
   - Enfin, nous évaluons le modèle sur l'ensemble de test pour obtenir la précision finale du test.

Cet exemple démontre une utilisation complète des callbacks personnalisés dans Keras. Il ne se contente pas d'enregistrer le taux d'apprentissage, mais suit également la précision, implémente une planification personnalisée du taux d'apprentissage et inclut la visualisation de ces métriques tout au long de l'entraînement. Cette approche fournit des informations plus approfondies sur le processus d'entraînement et les performances du modèle.

3.4 Déploiement des modèles Keras en production

Une fois que vous avez réussi à entraîner un modèle d'apprentissage profond, la phase critique suivante est le **déploiement en production**. Cette étape est essentielle pour exploiter les capacités de votre modèle dans des scénarios réels, lui permettant de faire des prédictions et de fournir des informations précieuses à travers diverses applications. Que votre plateforme cible soit une application web, un appareil mobile ou une infrastructure cloud, Keras offre une suite complète d'outils et de méthodologies pour faciliter un processus de déploiement fluide.

Le parcours d'un modèle entraîné vers un système opérationnel en production englobe généralement plusieurs étapes clés :

1. Préserver le modèle entraîné dans un format approprié pour une utilisation future et la distribution.
2. Établir une infrastructure d'API pour exposer les fonctionnalités du modèle et traiter efficacement les demandes de prédiction.
3. Affiner et adapter le modèle pour qu'il fonctionne de manière optimale dans divers environnements de déploiement, tels que les appareils mobiles aux ressources limitées ou les plateformes cloud évolutives.
4. Mettre en œuvre des systèmes de surveillance robustes pour suivre les performances du modèle, sa précision et son utilisation des ressources dans des scénarios de production en temps réel.

Pour vous guider à travers ce processus crucial, nous explorerons une gamme de stratégies de déploiement, chacune adaptée à des cas d'utilisation et des exigences spécifiques :

- Maîtriser les techniques pour sauvegarder et charger efficacement les modèles Keras, garantissant que vos modèles entraînés sont facilement disponibles pour le déploiement.
- Exploiter la puissance de **TensorFlow Serving** pour déployer les modèles Keras en tant que services de prédiction évolutifs et hautement performants.

- Intégrer les modèles Keras de manière transparente dans les applications web en utilisant le framework **Flask**, léger mais puissant, permettant un prototypage rapide et le développement de services web pilotés par des modèles.
- Optimiser et déployer des modèles Keras pour les appareils mobiles et périphériques en utilisant **TensorFlow Lite**, libérant le potentiel de l'apprentissage automatique et de l'inférence sur l'appareil.

3.4.1 Sauvegarde et chargement d'un modèle Keras

La première étape du déploiement de tout modèle Keras consiste à le sauvegarder. Keras offre un mécanisme de sauvegarde robuste via la méthode **save()**. Cette fonction puissante encapsule l'ensemble du modèle, y compris son architecture, ses poids entraînés et même sa configuration d'entraînement, dans un seul fichier complet. Cette approche garantit que tous les composants essentiels de votre modèle sont préservés, facilitant un déploiement fluide et la reproduction des résultats.

Sauvegarde du modèle : Une analyse approfondie

Lorsque vous êtes prêt à sauvegarder votre modèle après l'entraînement, la méthode **save()** offre une flexibilité dans les formats de stockage. Elle propose principalement deux options standard de l'industrie :

- **Format SavedModel :** C'est le format recommandé pour TensorFlow 2.x. Il s'agit d'un format indépendant du langage qui sauvegarde le graphe de calcul du modèle, permettant un déploiement facile sur diverses plateformes, y compris TensorFlow Serving.
- **Format HDF5 :** Ce format est particulièrement utile pour sa compatibilité avec d'autres bibliothèques de calcul scientifique. Il stocke le modèle sous forme d'un seul fichier HDF5, qui peut être facilement partagé et chargé dans différents environnements.

Le choix entre ces formats dépend souvent de votre stratégie de déploiement et des exigences spécifiques de votre projet. Les deux formats préservent l'intégrité du modèle, garantissant que lorsque vous chargez le modèle pour le déploiement, il se comporte de manière identique à la version originale entraînée.

Exemple : Sauvegarde d'un modèle Keras entraîné

```
import tensorflow as tf
from tensorflow.keras.models import Sequential
from tensorflow.keras.layers import Dense, Flatten, Dropout
from tensorflow.keras.datasets import mnist
from tensorflow.keras.utils import to_categorical
import numpy as np
import matplotlib.pyplot as plt

# Load and preprocess the MNIST dataset
(X_train, y_train), (X_test, y_test) = mnist.load_data()
```

```
# Normalize pixel values to be between 0 and 1
X_train, X_test = X_train / 255.0, X_test / 255.0

# One-hot encode the labels
y_train = to_categorical(y_train, 10)
y_test = to_categorical(y_test, 10)

# Define a more complex Sequential model
model = Sequential([
    Flatten(input_shape=(28, 28)),
    Dense(256, activation='relu'),
    Dropout(0.3),
    Dense(128, activation='relu'),
    Dropout(0.2),
    Dense(64, activation='relu'),
    Dense(10, activation='softmax')
])

# Compile the model
model.compile(optimizer='adam',
              loss='categorical_crossentropy',
              metrics=['accuracy'])

# Train the model
history = model.fit(X_train, y_train,
                    validation_split=0.2,
                    epochs=10,
                    batch_size=128,
                    verbose=1)

# Evaluate the model on the test set
test_loss, test_accuracy = model.evaluate(X_test, y_test, verbose=0)
print(f"Test accuracy: {test_accuracy:.4f}")

# Plot training history
plt.figure(figsize=(12, 4))
plt.subplot(1, 2, 1)
plt.plot(history.history['accuracy'], label='Training Accuracy')
plt.plot(history.history['val_accuracy'], label='Validation Accuracy')
plt.title('Model Accuracy')
plt.xlabel('Epoch')
plt.ylabel('Accuracy')
plt.legend()

plt.subplot(1, 2, 2)
plt.plot(history.history['loss'], label='Training Loss')
plt.plot(history.history['val_loss'], label='Validation Loss')
plt.title('Model Loss')
plt.xlabel('Epoch')
plt.ylabel('Loss')
plt.legend()
```

```
plt.tight_layout()
plt.show()

# Save the entire model to the SavedModel format
model.save('my_comprehensive_keras_model')

# Load the saved model and make predictions
loaded_model = tf.keras.models.load_model('my_comprehensive_keras_model')
sample_image = X_test[0]
prediction = loaded_model.predict(np.expand_dims(sample_image, axis=0))
predicted_class = np.argmax(prediction)
actual_class = np.argmax(y_test[0])

print(f"Predicted class: {predicted_class}")
print(f"Actual class: {actual_class}")

# Visualize the sample image
plt.imshow(sample_image, cmap='gray')
plt.title(f"Predicted: {predicted_class}, Actual: {actual_class}")
plt.axis('off')
plt.show()
```

Explication détaillée du code :

1. Importations et préparation des données :
    - Nous importons les bibliothèques nécessaires, notamment TensorFlow, Keras, NumPy et Matplotlib.
    - Le jeu de données MNIST est chargé et prétraité : les images sont normalisées à des valeurs entre 0 et 1, et les étiquettes sont encodées en one-hot.
2. Architecture du modèle :
    - Un modèle séquentiel plus complexe est défini avec des couches supplémentaires :
        - Couche Flatten pour convertir les entrées 2D en 1D
        - Deux couches Dense avec activation ReLU et Dropout pour la régularisation
        - Couche Dense finale avec activation softmax pour la classification multi-classes
3. Compilation du modèle :
    - Le modèle est compilé avec l'optimiseur Adam, la fonction de perte d'entropie croisée catégorielle (adaptée à la classification multi-classes) et la métrique de précision.

4. Entraînement du modèle :
   - Le modèle est entraîné pendant 10 époques avec une taille de lot de 128.
   - 20% des données d'entraînement sont utilisées pour la validation pendant l'entraînement.
   - L'historique d'entraînement est stocké pour une visualisation ultérieure.
5. Évaluation du modèle :
   - Le modèle entraîné est évalué sur l'ensemble de test pour obtenir la précision finale du test.
6. Visualisation de l'historique d'entraînement :
   - La précision et la perte d'entraînement et de validation sont tracées au fil des époques pour visualiser la progression de l'apprentissage du modèle.
7. Sauvegarde du modèle :
   - Le modèle entier est sauvegardé au format SavedModel, qui comprend l'architecture du modèle, les poids et la configuration d'entraînement.
8. Chargement du modèle et prédiction :
   - Le modèle sauvegardé est rechargé et utilisé pour faire une prédiction sur une image échantillon de l'ensemble de test.
   - La classe prédite et la classe réelle sont affichées.
9. Visualisation de l'image échantillon :
   - L'image échantillon est affichée avec ses étiquettes de classe prédite et réelle.

Cet exemple complet démontre le flux de travail entier de l'entraînement d'un réseau de neurones, de la préparation des données à l'évaluation et la visualisation du modèle. Il inclut les meilleures pratiques telles que l'utilisation du dropout pour la régularisation, le suivi des performances de validation et la visualisation du processus d'entraînement. Le modèle sauvegardé peut être facilement déployé ou utilisé pour des analyses supplémentaires.

Chargement du modèle

Une fois sauvegardé, le modèle peut être chargé dans n'importe quel environnement pour poursuivre l'entraînement, faire des prédictions ou le déployer dans un environnement de production.

Exemple : Chargement d'un modèle Keras sauvegardé

```
import tensorflow as tf
from tensorflow.keras.models import load_model
import numpy as np
```

```
import matplotlib.pyplot as plt

# Load the previously saved model
loaded_model = load_model('my_keras_model')

# Assuming X_test and y_test are available from the original dataset
# If not, you would need to load and preprocess your test data here

# Use the loaded model to make predictions
predictions = loaded_model.predict(X_test)

# Convert predictions to class labels
predicted_classes = np.argmax(predictions, axis=1)
true_classes = np.argmax(y_test, axis=1)

# Calculate accuracy
accuracy = np.mean(predicted_classes == true_classes)
print(f"Test accuracy: {accuracy:.4f}")

# Display a few sample predictions
num_samples = 5
fig, axes = plt.subplots(1, num_samples, figsize=(15, 3))
for i in range(num_samples):
    axes[i].imshow(X_test[i].reshape(28, 28), cmap='gray')
    axes[i].set_title(f"Pred: {predicted_classes[i]}\\nTrue: {true_classes[i]}")
    axes[i].axis('off')
plt.tight_layout()
plt.show()

# Evaluate the model on the test set
test_loss, test_accuracy = loaded_model.evaluate(X_test, y_test, verbose=0)
print(f"Test Loss: {test_loss:.4f}")
print(f"Test Accuracy: {test_accuracy:.4f}")

# Generate a confusion matrix
from sklearn.metrics import confusion_matrix
import seaborn as sns

cm = confusion_matrix(true_classes, predicted_classes)
plt.figure(figsize=(10, 8))
sns.heatmap(cm, annot=True, fmt='d', cmap='Blues')
plt.title('Confusion Matrix')
plt.xlabel('Predicted Label')
plt.ylabel('True Label')
plt.show()
```

Explication détaillée du code :

- Importation des bibliothèques nécessaires : Nous importons TensorFlow, Keras, NumPy et Matplotlib pour le chargement du modèle, les prédictions et la visualisation.

- Chargement du modèle sauvegardé : Nous utilisons load_model() pour charger le modèle Keras précédemment sauvegardé.
- Réalisation des prédictions : Le modèle chargé est utilisé pour faire des prédictions sur l'ensemble de test (X_test).
- Traitement des prédictions : Nous convertissons les prédictions brutes en étiquettes de classe à l'aide de np.argmax(). Nous faisons de même pour les vraies étiquettes, en supposant que y_test est encodé en one-hot.
- Calcul de la précision : Nous calculons la précision en comparant les classes prédites aux classes réelles.
- Visualisation des exemples de prédictions : Nous affichons quelques images d'exemple de l'ensemble de test avec leurs étiquettes prédites et réelles à l'aide de Matplotlib.
- Évaluation du modèle : Nous utilisons la méthode evaluate() du modèle pour obtenir la perte et la précision sur l'ensemble de test.
- Génération d'une matrice de confusion : Nous utilisons scikit-learn pour créer une matrice de confusion et la visualiser à l'aide de seaborn, offrant une vue détaillée des performances du modèle pour toutes les classes.

Cet exemple propose une approche complète pour charger et utiliser un modèle Keras sauvegardé. Il comprend la prédiction, le calcul de la précision, la visualisation d'échantillons, l'évaluation du modèle et la génération de matrice de confusion. Cela donne une compréhension approfondie de la performance du modèle chargé sur les données de test.

3.4.2 Déploiement de modèles Keras avec TensorFlow Serving

TensorFlow Serving est un système robuste et évolutif conçu pour déployer des modèles d'apprentissage automatique dans des environnements de production. Il offre une solution puissante pour servir des modèles sous forme d'APIs RESTful, permettant une intégration transparente avec des applications externes. Cela permet des prédictions et inférences en temps réel, ce qui le rend idéal pour une large gamme de cas d'utilisation, des applications web aux services mobiles.

L'un des principaux avantages de TensorFlow Serving est sa compatibilité avec les modèles Keras sauvegardés au format **SavedModel**. Ce format encapsule non seulement l'architecture et les poids du modèle, mais aussi le programme TensorFlow complet, y compris les opérations personnalisées et les ressources. Cette approche globale garantit que les modèles peuvent être servis de manière cohérente dans différents environnements.

Exportation du modèle pour TensorFlow Serving

Pour tirer parti des capacités de TensorFlow Serving, la première étape consiste à sauvegarder votre modèle Keras au format **SavedModel**. Ce processus est crucial car il prépare votre modèle pour un déploiement dans un état prêt pour la production. Le format SavedModel préserve le graphe de calcul du modèle, les variables et les métadonnées, permettant à TensorFlow Serving de charger et d'exécuter efficacement le modèle.

Lors de l'exportation de votre modèle, il est important de considérer le versionnement. TensorFlow Serving prend en charge la diffusion simultanée de plusieurs versions d'un modèle, ce qui peut être inestimable pour les tests A/B ou les déploiements progressifs de nouvelles itérations du modèle. Cette fonctionnalité améliore la flexibilité et la fiabilité de votre pipeline d'apprentissage automatique, permettant des mises à jour et des retours en arrière sans heurts selon les besoins.

Exemple : Exportation d'un modèle Keras pour TensorFlow Serving

```
import tensorflow as tf
from tensorflow.keras.models import Sequential
from tensorflow.keras.layers import Dense, Flatten, Dropout
from tensorflow.keras.datasets import mnist
from tensorflow.keras.utils import to_categorical
import numpy as np
import matplotlib.pyplot as plt

# Load and preprocess the MNIST dataset
(X_train, y_train), (X_test, y_test) = mnist.load_data()
X_train, X_test = X_train / 255.0, X_test / 255.0
y_train = to_categorical(y_train, 10)
y_test = to_categorical(y_test, 10)

# Define the model
model = Sequential([
    Flatten(input_shape=(28, 28)),
    Dense(128, activation='relu'),
    Dropout(0.2),
    Dense(64, activation='relu'),
    Dense(10, activation='softmax')
])

# Compile the model
model.compile(optimizer='adam',                    loss='categorical_crossentropy',
metrics=['accuracy'])

# Train the model
history = model.fit(X_train, y_train, validation_split=0.2, epochs=10, batch_size=128,
verbose=1)

# Evaluate the model
test_loss, test_accuracy = model.evaluate(X_test, y_test, verbose=0)
print(f"Test accuracy: {test_accuracy:.4f}")

# Save the Keras model to the SavedModel format for TensorFlow Serving
model.save('serving_model/keras_model')

# Load the saved model to verify it works
```

```
loaded_model = tf.keras.models.load_model('serving_model/keras_model')

# Make a prediction with the loaded model
sample_image = X_test[0]
prediction = loaded_model.predict(np.expand_dims(sample_image, axis=0))
predicted_class = np.argmax(prediction)
actual_class = np.argmax(y_test[0])

print(f"Predicted class: {predicted_class}")
print(f"Actual class: {actual_class}")
```

Explication détaillée du code :

- Importations : Nous importons les bibliothèques nécessaires, notamment TensorFlow, les composants Keras, NumPy et Matplotlib.
- Préparation des données :
    - Chargement du jeu de données MNIST en utilisant l'utilitaire de jeu de données intégré à Keras.
    - Normalisation des valeurs de pixels pour qu'elles soient comprises entre 0 et 1.
    - Conversion des étiquettes au format encodé one-hot.
- Définition du modèle : Création d'un modèle séquentiel avec une couche Flatten, deux couches Dense avec activation ReLU, une couche Dropout pour la régularisation, et une couche Dense finale avec activation softmax pour la classification multi-classes.
- Compilation du modèle : Compilation du modèle en utilisant l'optimiseur Adam, la fonction de perte d'entropie croisée catégorielle et la métrique de précision.
- Entraînement du modèle : Entraînement du modèle pendant 10 époques avec une taille de lot de 128, en utilisant 20% des données d'entraînement pour la validation.
- Évaluation du modèle : Évaluation du modèle entraîné sur l'ensemble de test pour obtenir la précision finale du test.
- Sauvegarde du modèle : Sauvegarde du modèle complet au format SavedModel, qui inclut l'architecture du modèle, les poids et la configuration d'entraînement.
- Chargement et vérification du modèle :
    - Chargement du modèle sauvegardé en mémoire.
    - Utilisation du modèle chargé pour faire une prédiction sur une image exemple de l'ensemble de test.

- Affichage de la classe prédite et de la classe réelle pour vérifier que le modèle fonctionne comme prévu.

Cet exemple complet démontre le flux de travail complet de l'entraînement d'un réseau de neurones, de la préparation des données au déploiement du modèle, incluant les meilleures pratiques telles que l'utilisation du dropout pour la régularisation et la sauvegarde du modèle dans un format adapté à TensorFlow Serving.

Configuration de TensorFlow Serving

TensorFlow Serving fournit une solution robuste et évolutive pour déployer des modèles d'apprentissage automatique dans des environnements de production. En exploitant les conteneurs Docker, il offre une approche rationalisée du déploiement de modèles, assurant la cohérence entre différentes plateformes et facilitant une mise à l'échelle facile pour répondre à des demandes variables.

Cette stratégie de déploiement conteneurisée simplifie non seulement le processus de service des modèles, mais améliore également l'efficacité globale et la fiabilité des applications d'apprentissage automatique dans des scénarios réels.

Exemple : Exécution de TensorFlow Serving avec Docker

```
# Pull the TensorFlow Serving Docker image
docker pull tensorflow/serving

# Run TensorFlow Serving with the Keras model
docker run -d --name tf_serving \\
  -p 8501:8501 \\
  --mount
type=bind,source=$(pwd)/serving_model/keras_model,target=/models/keras_model \\
  -e MODEL_NAME=keras_model \\
  -e MODEL_BASE_PATH=/models \\
  -t tensorflow/serving

# Check if the container is running
docker ps

# View logs of the container
docker logs tf_serving

# Stop the container
docker stop tf_serving

# Remove the container
docker rm tf_serving
```

Explication détaillée du code :

1. docker pull tensorflow/serving : Cette commande télécharge la dernière image Docker TensorFlow Serving depuis Docker Hub.
2. Commande docker run :
   - -d : Exécute le conteneur en mode détaché (en arrière-plan).
   - --name tf_serving : Nomme le conteneur 'tf_serving' pour une référence facile.
   - -p 8501:8501 : Mappe le port 8501 du conteneur au port 8501 sur la machine hôte.
   - --mount type=bind,source=$(pwd)/serving_model/keras_model,target=/models/keras_model : Monte le répertoire local contenant le modèle Keras dans le répertoire /models/keras_model du conteneur.
   - -e MODEL_NAME=keras_model : Définit une variable d'environnement pour spécifier le nom du modèle.
   - -e MODEL_BASE_PATH=/models : Définit le chemin de base pour le modèle dans le conteneur.
   - -t tensorflow/serving : Spécifie l'image Docker à utiliser.
3. docker ps : Liste tous les conteneurs Docker en cours d'exécution, vous permettant de vérifier que le conteneur TensorFlow Serving fonctionne.
4. docker logs tf_serving : Affiche les journaux du conteneur TensorFlow Serving, ce qui peut être utile pour le dépannage.
5. docker stop tf_serving : Arrête le conteneur TensorFlow Serving en cours d'exécution.
6. docker rm tf_serving : Supprime le conteneur arrêté, libérant ainsi des ressources.

Cet exemple fournit un ensemble complet de commandes Docker pour gérer le conteneur TensorFlow Serving, y compris comment vérifier son statut, consulter les journaux et nettoyer après utilisation.

Envoi de requêtes API pour les prédictions

Une fois le modèle déployé et opérationnel, les applications externes peuvent interagir avec lui en envoyant des requêtes HTTP POST pour obtenir des prédictions. Cette approche basée sur API permet une intégration transparente des capacités du modèle dans divers systèmes et flux de travail.

En utilisant les protocoles HTTP standard, le modèle devient accessible à une large gamme d'applications clientes, leur permettant d'exploiter sa puissance prédictive efficacement et en temps réel.

Exemple : Envoi d'une requête à TensorFlow Serving

```
import requests
import json
import numpy as np
import matplotlib.pyplot as plt
from tensorflow.keras.datasets import mnist

# Load MNIST dataset
(_, _), (X_test, y_test) = mnist.load_data()

# Normalize the data
X_test = X_test / 255.0

# Prepare the input data (e.g., one test image from MNIST)
input_data = np.expand_dims(X_test[0], axis=0).tolist()

# Define the API URL for TensorFlow Serving
url = '<http://localhost:8501/v1/models/keras_model:predict>'

# Send the request
response = requests.post(url, json={"instances": input_data})

# Parse the predictions
predictions = response.json()['predictions']
predicted_class = np.argmax(predictions[0])
actual_class = y_test[0]

print(f"Predictions: {predictions}")
print(f"Predicted class: {predicted_class}")
print(f"Actual class: {actual_class}")

# Visualize the input image
plt.imshow(X_test[0], cmap='gray')
plt.title(f"Predicted: {predicted_class}, Actual: {actual_class}")
plt.axis('off')
plt.show()

# Function to send multiple requests
def batch_predict(images, batch_size=32):
    all_predictions = []
    for i in range(0, len(images), batch_size):
        batch = images[i:i+batch_size]
        response = requests.post(url, json={"instances": batch.tolist()})
        all_predictions.extend(response.json()['predictions'])
    return np.array(all_predictions)

# Predict on a larger batch
batch_size = 100
larger_batch = X_test[:batch_size]
batch_predictions = batch_predict(larger_batch)
```

```
# Calculate accuracy
predicted_classes = np.argmax(batch_predictions, axis=1)
actual_classes = y_test[:batch_size]
accuracy = np.mean(predicted_classes == actual_classes)
print(f"Batch accuracy: {accuracy:.4f}")

# Visualize confusion matrix
from sklearn.metrics import confusion_matrix
import seaborn as sns

cm = confusion_matrix(actual_classes, predicted_classes)
plt.figure(figsize=(10, 8))
sns.heatmap(cm, annot=True, fmt='d', cmap='Blues')
plt.title('Confusion Matrix')
plt.xlabel('Predicted')
plt.ylabel('Actual')
plt.show()
```

Explication de la structure du code :

- Importations : Nous importons les bibliothèques nécessaires, notamment requests pour les appels API, json pour l'analyse des réponses, numpy pour les opérations numériques, matplotlib pour la visualisation, et le jeu de données MNIST de TensorFlow.
- Préparation des données :
  - Chargement du jeu de données de test MNIST.
  - Normalisation des valeurs de pixels pour qu'elles soient comprises entre 0 et 1.
  - Préparation d'une seule image de test pour la prédiction initiale.
- Requête API :
  - Définition de l'URL pour l'API TensorFlow Serving.
  - Envoi d'une requête POST avec les données d'entrée.
  - Analyse de la réponse JSON pour obtenir les prédictions.
- Traitement des résultats :
  - Détermination des classes prédites et réelles.
  - Affichage des prédictions brutes, de la classe prédite et de la classe réelle.
- Visualisation :
  - Affichage de l'image d'entrée à l'aide de matplotlib.

  - Ajout d'un titre montrant les classes prédites et réelles.
- Prédiction par lots :
  - Définition d'une fonction batch_predict pour envoyer plusieurs images par lots.
  - Utilisation de cette fonction pour prédire sur un lot plus important de 100 images.
- Évaluation des performances :
  - Calcul et affichage de la précision pour les prédictions par lots.
  - Génération et visualisation d'une matrice de confusion à l'aide de seaborn.

Cet exemple démontre une approche complète de l'utilisation d'un modèle Keras déployé via TensorFlow Serving. Il comprend des prédictions individuelles et par lots, le calcul de la précision et la visualisation des résultats, offrant une image plus complète des performances du modèle et de la façon d'interagir avec lui dans un scénario réel.

3.4.3 Déploiement de modèles Keras avec Flask (Intégration d'applications Web)

Pour les applications qui nécessitent une approche de déploiement plus personnalisée ou celles fonctionnant à plus petite échelle, l'intégration de modèles Keras dans des applications web à l'aide de **Flask** présente une excellente solution. Flask, reconnu pour sa simplicité et sa flexibilité, est un micro-framework web écrit en Python qui permet aux développeurs de construire et déployer rapidement des applications web.

L'intégration des modèles Keras avec Flask offre plusieurs avantages :

- Prototypage rapide : La conception minimaliste de Flask permet une configuration et un déploiement rapides, ce qui le rend idéal pour les projets de preuve de concept ou le développement de MVP (Produit Minimum Viable).
- Personnalisation : Contrairement aux options de déploiement plus rigides, Flask offre un contrôle total sur la structure de l'application, permettant aux développeurs d'adapter le déploiement à des besoins spécifiques.
- Création d'API RESTful : Flask facilite la création d'API RESTful, permettant une communication transparente entre le client et le modèle Keras côté serveur.
- Évolutivité : Bien que principalement adapté aux applications plus petites, Flask peut être adapté pour gérer des charges de travail plus importantes lorsqu'il est combiné avec des configurations de serveur appropriées et des techniques d'équilibrage de charge.

Configuration d'une application Flask pour le déploiement de modèle Keras

La création d'une application Flask pour servir un modèle Keras implique plusieurs étapes clés :

- Chargement du modèle : Le modèle Keras entraîné est chargé en mémoire lorsque l'application Flask démarre.
- Définition du point de terminaison API : Des routes Flask sont créées pour gérer les requêtes entrantes, généralement en utilisant des méthodes POST pour les tâches de prédiction.
- Traitement des données : Les données entrantes sont prétraitées pour correspondre au format d'entrée attendu par le modèle Keras.
- Génération de prédictions : Le modèle génère des prédictions basées sur les données d'entrée traitées.
- Formatage de la réponse : Les prédictions sont formatées dans une réponse appropriée (par exemple, JSON) et renvoyées au client.

Cette approche du déploiement de modèle offre un équilibre entre simplicité et fonctionnalité, ce qui en fait un excellent choix pour les développeurs qui ont besoin de plus de contrôle sur leur environnement de déploiement ou qui travaillent sur des projets qui ne nécessitent pas toutes les capacités de solutions de déploiement plus complexes comme TensorFlow Serving.

Exemple : Déploiement d'un modèle Keras avec Flask

```
from flask import Flask, request, jsonify
from tensorflow.keras.models import load_model
import numpy as np
from werkzeug.exceptions import BadRequest
import logging

# Initialize the Flask app
app = Flask(__name__)

# Configure logging
logging.basicConfig(level=logging.INFO)
logger = logging.getLogger(__name__)

# Load the trained Keras model
try:
    model = load_model('my_keras_model')
    logger.info("Model loaded successfully")
except Exception as e:
    logger.error(f"Failed to load model: {str(e)}")
    raise

# Define an API route for predictions
@app.route('/predict', methods=['POST'])
def predict():
```

```
    try:
        # Get the JSON input data from the POST request
        data = request.get_json(force=True)

        if 'instances' not in data:
            raise BadRequest("Missing 'instances' in request data")

        # Prepare the input data as a NumPy array
        input_data = np.array(data['instances'])

        # Validate input shape
        expected_shape = (None, 28, 28)  # Assuming MNIST-like input
        if input_data.shape[1:] != expected_shape[1:]:
            raise BadRequest(f"Invalid input shape. Expected {expected_shape}, got
{input_data.shape}")

        # Make predictions using the loaded model
        predictions = model.predict(input_data)

        # Return the predictions as a JSON response
        return jsonify(predictions=predictions.tolist())

    except BadRequest as e:
        logger.warning(f"Bad request: {str(e)}")
        return jsonify(error=str(e)), 400
    except Exception as e:
        logger.error(f"Prediction error: {str(e)}")
        return jsonify(error="Internal server error"), 500

# Health check endpoint
@app.route('/health', methods=['GET'])
def health_check():
    return jsonify(status="healthy"), 200

# Run the Flask app
if __name__ == '__main__':
    app.run(host='0.0.0.0', port=5000, debug=False)
```

Explication détaillée complète :

1. Importations et configuration :
    - Nous importons les modules nécessaires : Flask pour le framework web, load_model de Keras, numpy pour les opérations sur les tableaux, BadRequest pour gérer les requêtes invalides, et logging pour le suivi des erreurs.
    - L'application Flask est initialisée, et la journalisation est configurée pour un meilleur suivi des erreurs et débogage.
2. Chargement du modèle :

   - Le modèle Keras est chargé dans un bloc try-except pour gérer les erreurs potentielles lors du chargement.
   - Toutes les erreurs de chargement sont enregistrées, fournissant des informations précieuses pour le dépannage.
3. Point de terminaison de prédiction (/predict) :
   - Ce point de terminaison traite les requêtes POST pour effectuer des prédictions.
   - L'ensemble du processus de prédiction est encapsulé dans un bloc try-except pour une gestion robuste des erreurs.
   - Il attend une entrée JSON avec une clé 'instances' contenant les données d'entrée.
4. Validation des entrées :
   - Vérifie si 'instances' existe dans les données de la requête.
   - Valide la forme des données d'entrée par rapport à une forme attendue (supposant des entrées de type MNIST dans cet exemple).
   - Déclenche des exceptions BadRequest pour les entrées invalides, qui sont capturées et renvoyées comme erreurs 400.
5. Processus de prédiction :
   - Convertit les données d'entrée en tableau NumPy.
   - Utilise le modèle chargé pour effectuer des prédictions.
   - Renvoie les prédictions sous forme de réponse JSON.
6. Gestion des erreurs :
   - Capture et enregistre différents types d'exceptions (BadRequest pour les erreurs client, Exception générale pour les erreurs serveur).
   - Renvoie des codes d'état HTTP appropriés et des messages d'erreur pour différents scénarios.
7. Point de terminaison de vérification d'état (/health) :
   - Un point de terminaison simple qui renvoie un état 200, utile pour surveiller la disponibilité de l'application.
8. Configuration d'exécution de l'application :
   - L'application est configurée pour s'exécuter sur toutes les interfaces réseau disponibles (0.0.0.0).

- Le mode de débogage est désactivé pour la sécurité en production.
- Le port est explicitement défini à 5000.

Cette version fournit une application Flask robuste et prête pour la production pour servir un modèle Keras. Elle inclut une gestion améliorée des erreurs, une validation des entrées, une journalisation et un point de terminaison de vérification d'état, la rendant plus adaptée aux scénarios de déploiement en conditions réelles.

Envoi de requêtes à l'API Flask

Une fois que le serveur Flask est en cours d'exécution, vous pouvez envoyer des requêtes pour obtenir des prédictions :

Exemple : Envoi d'une requête POST à l'API Flask

```
import tensorflow as tf
import requests
import json
import numpy as np
import matplotlib.pyplot as plt
from sklearn.metrics import confusion_matrix
import seaborn as sns

# Load and preprocess test data (assuming MNIST dataset)
(_, _), (X_test, y_test) = tf.keras.datasets.mnist.load_data()
X_test = X_test / 255.0  # Normalize pixel values

# Prepare input data for a single image
single_image = np.expand_dims(X_test[0], axis=0).tolist()

# Define the Flask API URL
url = '<http://localhost:5000/predict>'

# Function to send a single prediction request
def send_prediction_request(data):
    response = requests.post(url, json={"instances": data})
    return response.json()['predictions']

# Send a POST request to the API for a single image
single_prediction = send_prediction_request(single_image)
print(f"Prediction for single image: {single_prediction}")

# Function to send batch prediction requests
def batch_predict(images, batch_size=32):
    all_predictions = []
    for i in range(0, len(images), batch_size):
        batch = images[i:i+batch_size].tolist()
        predictions = send_prediction_request(batch)
        all_predictions.extend(predictions)
    return np.array(all_predictions)
```

```
# Predict on a larger batch
batch_size = 100
larger_batch = X_test[:batch_size]
batch_predictions = batch_predict(larger_batch)

# Calculate accuracy
predicted_classes = np.argmax(batch_predictions, axis=1)
actual_classes = y_test[:batch_size]
accuracy = np.mean(predicted_classes == actual_classes)
print(f"Batch accuracy: {accuracy:.4f}")

# Visualize confusion matrix
cm = confusion_matrix(actual_classes, predicted_classes)
plt.figure(figsize=(10, 8))
sns.heatmap(cm, annot=True, fmt='d', cmap='Blues')
plt.title('Confusion Matrix')
plt.xlabel('Predicted')
plt.ylabel('Actual')
plt.show()

# Visualize some predictions
fig, axes = plt.subplots(2, 5, figsize=(15, 6))
for i, ax in enumerate(axes.flat):
    ax.imshow(larger_batch[i], cmap='gray')
    predicted = predicted_classes[i]
    actual = actual_classes[i]
    ax.set_title(f"Pred: {predicted}, Act: {actual}")
    ax.axis('off')
plt.tight_layout()
plt.show()
```

Explication détaillée complète :

- Importations et configuration :
    - Nous importons les bibliothèques nécessaires : requests pour les appels API, json pour l'analyse, numpy pour les opérations numériques, matplotlib et seaborn pour la visualisation, et sklearn pour les métriques.
    - L'ensemble de données de test MNIST est chargé et normalisé.
- Prédiction d'image unique :
    - Une seule image de test est préparée et envoyée à l'API Flask.
    - La prédiction pour cette image unique est affichée.
- Fonction de prédiction par lots :
    - Une fonction batch_predict est définie pour envoyer plusieurs images par lots.

  - Cela permet une prédiction efficace sur des ensembles de données plus volumineux.
- Prédiction sur un lot plus important :
  - Un lot de 100 images est envoyé pour prédiction.
  - La précision est calculée en comparant les classes prédites aux classes réelles.
- Visualisation :
  - Une matrice de confusion est générée et visualisée à l'aide de seaborn, montrant la distribution des prédictions correctes et incorrectes à travers les classes.
  - Une grille d'images échantillons avec leurs étiquettes prédites et réelles est affichée, offrant une représentation visuelle de la performance du modèle.
- Gestion des erreurs et robustesse :
  - Bien que non explicitement montré, il est important d'ajouter des blocs try-except autour des appels API et du traitement des données pour gérer les erreurs potentielles avec élégance.

Cet exemple fournit une approche complète pour interagir avec une API Flask servant un modèle d'apprentissage automatique. Il inclut des prédictions individuelles et par lots, le calcul de précision, et deux types de visualisations pour mieux comprendre la performance du modèle.

3.4.4 Déploiement de modèles Keras sur appareils mobiles avec TensorFlow Lite

TensorFlow Lite offre une solution rationalisée pour déployer des modèles d'apprentissage profond sur des appareils aux ressources limitées tels que smartphones, tablettes et appareils IoT. Ce framework léger est spécifiquement conçu pour optimiser les modèles Keras pour une inférence efficace sur les systèmes mobiles et embarqués, répondant aux défis de la puissance de traitement limitée, de la mémoire et de la consommation d'énergie.

Le processus d'optimisation comprend plusieurs étapes clés :

- Quantification du modèle : Réduction de la précision des poids et des activations de 32 bits en virgule flottante à des entiers 8 bits, diminuant significativement la taille du modèle et améliorant la vitesse d'inférence.
- Fusion d'opérateurs : Combinaison de plusieurs opérations en une seule opération optimisée pour réduire les frais généraux de calcul.
- Élagage : Suppression des connexions et des neurones inutiles pour créer un modèle plus compact sans perte significative de précision.

Conversion d'un modèle Keras vers TensorFlow Lite

Le processus de conversion d'un modèle Keras au format TensorFlow Lite est facilité par l'outil **TFLiteConverter**. Ce convertisseur gère les détails complexes de transformation de l'architecture du modèle et des poids en un format optimisé pour les appareils mobiles et embarqués. Le processus implique :

- L'analyse de la structure du graphe du modèle
- L'application d'optimisations spécifiques au matériel cible
- La génération d'une représentation compacte et efficace du modèle

En exploitant TensorFlow Lite, les développeurs peuvent faire passer sans problème leurs modèles Keras d'environnements de bureau puissants à des plateformes mobiles et IoT aux ressources limitées, permettant des capacités d'apprentissage automatique sur l'appareil à travers une large gamme d'applications.

Exemple : Conversion d'un modèle Keras vers TensorFlow Lite

```
import tensorflow as tf
import numpy as np

# Load the saved Keras model
model = tf.keras.models.load_model('my_keras_model')

# Convert the Keras model to TensorFlow Lite format
converter = tf.lite.TFLiteConverter.from_saved_model('my_keras_model')

# Enable quantization for further optimization (optional)
converter.optimizations = [tf.lite.Optimize.DEFAULT]

# Convert the model
tflite_model = converter.convert()

# Save the TensorFlow Lite model
with open('model.tflite', 'wb') as f:
    f.write(tflite_model)

# Load and prepare test data (example using MNIST)
_, (x_test, y_test) = tf.keras.datasets.mnist.load_data()
x_test = x_test.astype(np.float32) / 255.0
x_test = x_test.reshape((x_test.shape[0], 28, 28, 1))

# Load the TFLite model and allocate tensors
interpreter = tf.lite.Interpreter(model_path="model.tflite")
interpreter.allocate_tensors()

# Get input and output tensors
input_details = interpreter.get_input_details()
output_details = interpreter.get_output_details()
```

```
# Test the TFLite model on a single image
input_shape = input_details[0]['shape']
input_data = np.expand_dims(x_test[0], axis=0).astype(np.float32)
interpreter.set_tensor(input_details[0]['index'], input_data)

interpreter.invoke()

# The function `get_tensor()` returns a copy of the tensor data
tflite_results = interpreter.get_tensor(output_details[0]['index'])

# Compare TFLite model output with Keras model output
keras_results = model.predict(input_data)
print("TFLite result:", np.argmax(tflite_results))
print("Keras result:", np.argmax(keras_results))

# Evaluate TFLite model accuracy (optional)
correct_predictions = 0
num_test_samples = 1000  # Adjust based on your needs

for i in range(num_test_samples):
    input_data = np.expand_dims(x_test[i], axis=0).astype(np.float32)
    interpreter.set_tensor(input_details[0]['index'], input_data)
    interpreter.invoke()
    tflite_result = interpreter.get_tensor(output_details[0]['index'])

    if np.argmax(tflite_result) == y_test[i]:
        correct_predictions += 1

accuracy = correct_predictions / num_test_samples
print(f"TFLite model accuracy: {accuracy:.4f}")
```

Explication détaillée complète du code :

- Chargement et conversion du modèle :
    - Le modèle Keras sauvegardé est chargé à l'aide de tf.keras.models.load_model().
    - TFLiteConverter est utilisé pour convertir le modèle Keras au format TensorFlow Lite.
    - La quantification est activée pour une optimisation supplémentaire, ce qui peut réduire la taille du modèle et améliorer la vitesse d'inférence.
- Sauvegarde du modèle TFLite :
    - Le modèle TFLite converti est enregistré dans un fichier nommé 'model.tflite'.
- Préparation des données de test :

- Les données de test MNIST sont chargées et prétraitées pour être utilisées avec le modèle TFLite.

- Inférence du modèle TFLite :
  - L'interpréteur TFLite est initialisé et les tenseurs sont alloués.
  - Les détails des tenseurs d'entrée et de sortie sont obtenus.
  - Une seule image de test est utilisée pour démontrer l'inférence avec le modèle TFLite.
- Comparaison des résultats :
  - La sortie du modèle TFLite est comparée avec le modèle Keras original pour la même entrée.
- Évaluation de la précision du modèle :
  - Une étape facultative pour évaluer la précision du modèle TFLite sur un sous-ensemble des données de test.
  - Cela permet de s'assurer que le processus de conversion n'a pas significativement affecté les performances du modèle.

Cet exemple fournit un flux de travail complet, comprenant la conversion du modèle, l'enregistrement, le chargement et l'évaluation du modèle TensorFlow Lite. Il compare également la sortie du modèle TFLite avec le modèle Keras original pour vérifier la cohérence et évalue la précision du modèle converti sur une partie du jeu de données de test.

Exécution du modèle TensorFlow Lite sur appareils mobiles

Une fois converti, le modèle TensorFlow Lite peut être intégré de manière transparente dans les applications mobiles et les systèmes embarqués. TensorFlow Lite offre un ensemble complet d'API adaptées pour Android, iOS et diverses plateformes de microcontrôleurs, permettant une exécution efficace de ces modèles optimisés sur des appareils aux ressources limitées.

Pour le développement Android, TensorFlow Lite fournit l'API Android TensorFlow Lite, qui permet aux développeurs de charger et d'exécuter facilement des modèles dans leurs applications. Cette API propose des liaisons Java et Kotlin, la rendant accessible à un large éventail de développeurs Android. De même, pour les applications iOS, TensorFlow Lite offre des API Objective-C et Swift, assurant une intégration transparente avec l'écosystème d'Apple.

L'interpréteur TensorFlow Lite, composant crucial du framework, est responsable du chargement du modèle et de l'exécution des opérations d'inférence. Cet interpréteur est hautement optimisé pour les environnements mobiles et embarqués, exploitant des technologies d'accélération spécifiques aux plateformes telles que les délégués GPU sur les appareils mobiles ou les accélérateurs de réseaux neuronaux sur du matériel spécialisé.

L'efficacité et la polyvalence de TensorFlow Lite en font un excellent choix pour une large gamme de tâches d'apprentissage automatique sur mobile. Quelques applications courantes incluent :

- Classification d'images : Identification d'objets ou de scènes dans les photos prises par la caméra de l'appareil
- Détection d'objets : Localisation et identification de multiples objets dans une image ou un flux vidéo
- Reconnaissance vocale : Conversion de paroles en texte pour les commandes vocales ou la transcription
- Traitement du langage naturel : Analyse et compréhension des entrées textuelles pour des tâches comme l'analyse de sentiment ou la traduction linguistique
- Reconnaissance de gestes : Interprétation des mouvements de la main ou du corps pour des interfaces sans contact

En exploitant TensorFlow Lite, les développeurs peuvent apporter des capacités sophistiquées d'apprentissage automatique directement sur les appareils des utilisateurs, permettant des prédictions en temps réel et hors ligne, et améliorant les expériences utilisateur à travers une gamme diversifiée d'applications mobiles.

Exercices Pratiques Chapitre 3

Exercice 1 : Sauvegarde et Chargement d'un Modèle Keras

Tâche : Entraîner un réseau de neurones simple sur le **jeu de données MNIST**, sauvegarder le modèle en utilisant le format **SavedModel**, puis charger le modèle sauvegardé pour effectuer des prédictions sur l'ensemble de test.

Solution :

```
import tensorflow as tf
from tensorflow.keras.models import Sequential
from tensorflow.keras.layers import Dense, Flatten
from tensorflow.keras.datasets import mnist

# Load the MNIST dataset
(X_train, y_train), (X_test, y_test) = mnist.load_data()

# Normalize the data
X_train, X_test = X_train / 255.0, X_test / 255.0

# Define a simple Sequential model
model = Sequential([
    Flatten(input_shape=(28, 28)),
```

```
    Dense(128, activation='relu'),
    Dense(64, activation='relu'),
    Dense(10, activation='softmax')
])

# Compile the model
model.compile(optimizer='adam',                    loss='sparse_categorical_crossentropy',
metrics=['accuracy'])

# Train the model
model.fit(X_train, y_train, epochs=5)

# Save the model in SavedModel format
model.save('saved_model')

# Load the saved model
loaded_model = tf.keras.models.load_model('saved_model')

# Use the loaded model to make predictions
predictions = loaded_model.predict(X_test)
print(f"Predictions for the first test sample: {predictions[0]}")
```

Exercice 2 : Déploiement d'un modèle Keras avec TensorFlow Serving

Tâche : Entraîner un réseau de neurones, le sauvegarder au format **SavedModel**, et préparer le modèle pour le déploiement en utilisant **TensorFlow Serving**. Écrire un script côté client qui envoie une requête à l'API du modèle pour obtenir des prédictions.

Solution :

Étape 1 : Sauvegarder le modèle pour TensorFlow Serving.

```
# Save the model in SavedModel format for TensorFlow Serving
model.save('serving_model/keras_served_model')
```

Étape 2 : Exécuter TensorFlow Serving en utilisant Docker.

```
docker pull tensorflow/serving
docker run -p 8501:8501 --name tf_serving \\\\
  --mount
type=bind,source=$(pwd)/serving_model/keras_served_model,target=/models/keras_served
_model \\\\
  -e MODEL_NAME=keras_served_model -t tensorflow/serving
```

Étape 3 : Envoyer une requête à TensorFlow Serving.

```
import requests
import json
import numpy as np
```

```
# Prepare input data
input_data = np.expand_dims(X_test[0], axis=0).tolist()

# Define the API URL for TensorFlow Serving
url = '<http://localhost:8501/v1/models/keras_served_model:predict>'

# Send a POST request to TensorFlow Serving
response = requests.post(url, json={"instances": input_data})

# Parse the response
predictions = response.json()['predictions']
print(f"Predictions: {predictions}")
```

Exercice 3 : Déploiement d'un modèle Keras avec Flask

Tâche : Créer une application web **Flask** qui charge un modèle Keras entraîné et le sert via une API pour effectuer des prédictions. Écrire un script client pour envoyer une requête à l'application Flask.

Solution :

Étape 1 : Créer l'application Flask.

```
from flask import Flask, request, jsonify
from tensorflow.keras.models import load_model
import numpy as np

# Initialize the Flask app
app = Flask(__name__)

# Load the trained Keras model
model = load_model('saved_model')

# Define an API route for predictions
@app.route('/predict', methods=['POST'])
def predict():
    data = request.get_json(force=True)
    input_data = np.array(data['instances'])
    predictions = model.predict(input_data)
    return jsonify(predictions=predictions.tolist())

# Run the Flask app
if __name__ == '__main__':
    app.run(port=5000, debug=True)
```

Étape 2 : Script côté client pour envoyer une requête à l'application Flask.

```
import requests
import json
```

```
import numpy as np

# Prepare input data
input_data = np.expand_dims(X_test[0], axis=0).tolist()

# Define the Flask API URL
url = '<http://localhost:5000/predict>'

# Send a POST request to the Flask API
response = requests.post(url, json={"instances": input_data})

# Parse the response
predictions = response.json()['predictions']
print(f"Predictions: {predictions}")
```

Exercice 4 : Conversion d'un modèle Keras en TensorFlow Lite

Tâche : Convertir un modèle Keras entraîné au format **TensorFlow Lite** et l'enregistrer. Utiliser l'interpréteur TensorFlow Lite pour effectuer des inférences sur le jeu de données de test.

Solution :

Étape 1 : Convertir le modèle en TensorFlow Lite.

```
# Convert the Keras model to TensorFlow Lite format
converter = tf.lite.TFLiteConverter.from_saved_model('saved_model')
tflite_model = converter.convert()

# Save the TensorFlow Lite model to a file
with open('model.tflite', 'wb') as f:
    f.write(tflite_model)
```

Étape 2 : Charger et exécuter le modèle avec TensorFlow Lite.

```
import tensorflow as tf
import numpy as np

# Load and preprocess the MNIST dataset
_, (X_test, _) = tf.keras.datasets.mnist.load_data()
X_test = X_test.astype(np.float32) / 255.0
X_test  = X_test.reshape((X_test.shape[0], 28, 28, 1))  # Ensure the correct input
shape

# Load the TensorFlow Lite model
interpreter = tf.lite.Interpreter(model_path='model.tflite')
interpreter.allocate_tensors()

# Get input and output details
input_details = interpreter.get_input_details()
output_details = interpreter.get_output_details()
```

```
# Prepare input data (e.g., first test sample)
test_sample = np.expand_dims(X_test[0], axis=0).astype(np.float32)

# Set the input tensor
interpreter.set_tensor(input_details[0]['index'], test_sample)

# Run the model
interpreter.invoke()

# Get the output tensor (predictions)
output_data = interpreter.get_tensor(output_details[0]['index'])
print(f"TensorFlow Lite model predictions: {output_data}")
```

Exercice 5 : Utilisation de la sauvegarde de points de contrôle et de l'arrêt anticipé

Tâche : Entraîner un modèle Keras avec **la sauvegarde de points de contrôle** et **l'arrêt anticipé** pour sauvegarder le modèle le plus performant et arrêter l'entraînement lorsque les performances cessent de s'améliorer.

Solution :

```
from tensorflow.keras.callbacks import ModelCheckpoint, EarlyStopping

# Define the ModelCheckpoint and EarlyStopping callbacks
checkpoint_callback = ModelCheckpoint(filepath='best_model.h5', save_best_only=True,
monitor='val_accuracy', mode='max', verbose=1)
early_stopping_callback = EarlyStopping(monitor='val_loss', patience=3,
restore_best_weights=True, verbose=1)

# Train the model with both callbacks
model.fit(X_train, y_train, epochs=20, validation_data=(X_test, y_test),
callbacks=[checkpoint_callback, early_stopping_callback])
```

Dans cette solution :

- **ModelCheckpoint** sauvegarde le meilleur modèle basé sur la précision de validation.
- **EarlyStopping** arrête l'entraînement lorsque la perte de validation cesse de s'améliorer pendant 3 époques consécutives.

Ces exercices renforcent les concepts clés du **Chapitre 3**, notamment la sauvegarde et le chargement des modèles Keras, leur déploiement dans des environnements de production utilisant **TensorFlow Serving** et **Flask**, la conversion des modèles en **TensorFlow Lite** pour les applications mobiles, et l'utilisation de points de contrôle et d'arrêt anticipé pour un entraînement efficace. Ces tâches sont essentielles pour faire passer les modèles de la recherche à l'utilisation dans le monde réel.

Résumé du Chapitre 3

Dans le **Chapitre 3**, nous avons exploré l'**API Keras** intégrée à **TensorFlow 2.x**, qui simplifie la construction, l'entraînement et le déploiement des modèles d'apprentissage profond. Keras est conçu pour rendre le processus de création de réseaux de neurones plus intuitif, permettant aux débutants comme aux praticiens avancés de prototyper et déployer efficacement des modèles. Le chapitre a couvert les aspects essentiels de Keras, de la définition des architectures de modèles jusqu'à leur déploiement dans des environnements de production.

Nous avons commencé par présenter Keras comme une API de haut niveau qui abstrait de nombreuses complexités de l'apprentissage profond. L'**API Sequential** a été présentée comme la façon la plus simple de créer des modèles en empilant des couches de manière linéaire. Cette approche est idéale pour les débutants ou les modèles plus simples, comme les réseaux de neurones feedforward de base. Nous avons également parcouru le processus de compilation et d'entraînement des modèles à l'aide de la fonction **fit()**, et comment évaluer leurs performances avec **evaluate()**.

Ensuite, nous avons exploré l'**API Fonctionnelle**, qui offre plus de flexibilité que l'API Sequential. L'API Fonctionnelle permet des architectures complexes telles que des modèles avec plusieurs entrées et sorties, des couches partagées, et même des connexions résiduelles, ce qui la rend idéale pour les réseaux de neurones avancés comme ResNet ou les réseaux siamois. Nous avons démontré comment utiliser des couches partagées et des têtes de sortie multiples, montrant le potentiel puissant de l'API Fonctionnelle pour résoudre des problèmes complexes.

Le chapitre a ensuite introduit les **callbacks**, en se concentrant sur deux outils essentiels : la **Sauvegarde de Points de Contrôle** et l'**Arrêt Anticipé**. La sauvegarde de points de contrôle permet d'enregistrer les poids du modèle ou le modèle entier à des intervalles spécifiés, généralement lorsque les performances de validation s'améliorent. Ceci est essentiel pour prévenir la perte de données lors de longues sessions d'entraînement ou pour garantir que la meilleure version du modèle est sauvegardée. L'**Arrêt Anticipé** aide à prévenir le surapprentissage en arrêtant le processus d'entraînement lorsque les performances du modèle sur l'ensemble de validation cessent de s'améliorer, économisant ainsi du temps et des ressources computationnelles. Des callbacks personnalisés ont également été présentés, vous permettant d'étendre le processus d'entraînement avec des comportements sur mesure.

Nous avons ensuite approfondi le sujet crucial du **déploiement des modèles Keras en production**. Vous avez appris à sauvegarder un modèle dans les formats **SavedModel** et **HDF5**, facilitant leur chargement et déploiement ultérieurs. Nous avons discuté de l'utilisation de **TensorFlow Serving** pour servir des modèles via des API, permettant des prédictions en temps réel dans des environnements de production. De plus, nous avons couvert le déploiement de modèles avec **Flask**, utile pour construire des applications web à plus petite échelle qui servent des modèles Keras via des API RESTful. Enfin, nous avons exploré **TensorFlow Lite** pour déployer des modèles Keras sur des appareils mobiles et embarqués, montrant comment convertir un modèle Keras au format TensorFlow Lite et l'utiliser pour l'inférence sur des appareils aux ressources limitées.

Dans l'ensemble, le Chapitre 3 a fourni une vue d'ensemble complète de l'API Keras, couvrant tout, de la construction des modèles à leur déploiement dans des applications du monde réel. En maîtrisant ces techniques, vous êtes maintenant équipé pour construire, optimiser et déployer efficacement des modèles d'apprentissage profond à l'aide de Keras.

Quiz Partie 1 : Réseaux de Neurones et Bases de l'Apprentissage Profond

1. Introduction aux Réseaux de Neurones et à l'Apprentissage Profond (Chapitre 6)

1. Qu'est-ce qu'un perceptron dans les réseaux de neurones et comment fonctionne-t-il ?
   - a) Un perceptron est un réseau de neurones multicouche avec plusieurs fonctions d'activation.
   - b) Un perceptron est le type de réseau de neurones le plus simple, constitué d'une seule couche qui prend des décisions basées sur des combinaisons linéaires des entrées.
   - c) Un perceptron est un algorithme d'apprentissage profond conçu pour des tâches complexes de reconnaissance de motifs.
   - d) Un perceptron est utilisé uniquement dans l'apprentissage non supervisé pour des tâches de clustering.
2. Laquelle des techniques suivantes N'EST PAS une technique pour réduire le surapprentissage dans les réseaux de neurones ?
   - a) Dropout
   - b) Arrêt précoce
   - c) Augmentation du nombre de couches
   - d) Régularisation L2
3. Quel est l'objectif de la fonction d'activation softmax dans la couche de sortie d'un réseau de neurones ?
   - a) Produire une sortie binaire pour les tâches de classification.
   - b) Mapper les valeurs de sortie dans l'intervalle [-1, 1].
   - c) Générer des probabilités pour les problèmes de classification multi-classes.
   - d) Minimiser la perte pendant la rétropropagation.

2. Apprentissage Profond avec TensorFlow 2.x (Chapitre 7)

4. Qu'est-ce que l'exécution immédiate (eager execution) dans TensorFlow 2.x ?
   - a) Un mode où les opérations TensorFlow sont exécutées de manière différée pour optimiser les performances.
   - b) Un mode où les opérations TensorFlow sont exécutées immédiatement, facilitant le débogage et le développement interactif des modèles.
   - c) Un mode spécial pour l'accélération GPU dans TensorFlow.
   - d) Un mode où les opérations ne sont exécutées qu'après l'appel de la fonction tf.run().
5. Dans TensorFlow 2.x, quelle API est généralement utilisée pour construire des modèles d'apprentissage profond ?
   - a) API Estimator
   - b) API Dataset
   - c) API Keras
   - d) API Sequential
6. Lequel des cas d'utilisation suivants N'EST PAS courant pour les modèles pré-entraînés de TensorFlow Hub ?
   - a) Classification d'images
   - b) Détection d'objets
   - c) Apprentissage par renforcement
   - d) Embedding de texte
7. Quel est le principal avantage d'utiliser TensorFlow Serving en production ?
   - a) Il permet de déployer des modèles d'apprentissage automatique en tant que services web évolutifs.
   - b) C'est un outil pour optimiser les hyperparamètres pendant l'entraînement du modèle.
   - c) Il est utilisé pour surveiller les performances des modèles pendant l'entraînement.
   - d) Il améliore la précision des modèles pendant l'entraînement grâce à l'ajustement fin.

3. Apprentissage Profond avec Keras (Chapitre 8)

8. Quelle est la principale différence entre l'API Sequential et l'API Functional dans Keras ?
   - a) L'API Sequential est utilisée pour construire des modèles complexes, tandis que l'API Functional est uniquement destinée aux modèles simples.
   - b) L'API Sequential permet des architectures plus complexes, comme les modèles à entrées/sorties multiples, tandis que l'API Functional est limitée aux modèles linéaires simples.
   - c) L'API Sequential est utilisée pour construire des piles linéaires simples de couches, tandis que l'API Functional permet des architectures plus complexes comme les entrées/sorties multiples et les couches partagées.
   - d) L'API Sequential est utilisée pour le transfert d'apprentissage, et l'API Functional est destinée à l'entraînement de modèles à partir de zéro.
9. Quel est l'objectif du callback ModelCheckpoint dans Keras ?
   - a) Surveiller les performances du modèle et arrêter l'entraînement lorsqu'il commence à surapprendre.
   - b) Sauvegarder les poids du modèle ou le modèle entier pendant l'entraînement, souvent lorsque les performances s'améliorent.
   - c) Enregistrer le taux d'apprentissage et d'autres hyperparamètres pendant l'entraînement.
   - d) Entraîner le modèle avec plusieurs jeux de données en parallèle.
10. Comment EarlyStopping prévient-il le surapprentissage dans les modèles Keras ?
    - a) En réduisant automatiquement le taux d'apprentissage pendant l'entraînement.
    - b) En arrêtant le processus d'entraînement une fois que les performances du modèle sur l'ensemble de validation cessent de s'améliorer.
    - c) En sauvegardant le modèle le plus performant pendant l'entraînement.
    - d) En sautant les étapes de validation pour augmenter la vitesse d'entraînement.
11. Lors du déploiement d'un modèle Keras à l'aide de Flask, quel est l'objectif typique du framework Flask ?
    - a) Mettre à l'échelle les modèles d'apprentissage automatique pour l'entraînement distribué.

- b) Construire une application web légère qui fournit des prédictions via une API RESTful.
- c) Optimiser les performances du modèle dans les applications mobiles.
- d) Effectuer un réglage des hyperparamètres pendant l'entraînement.

12. Quel est l'objectif principal de la conversion d'un modèle Keras au format TensorFlow Lite ?

- a) Entraîner le modèle plus rapidement en utilisant des GPU.
- b) Permettre au modèle de fonctionner efficacement sur des appareils mobiles ou embarqués.
- c) Améliorer la précision du modèle sur de grands jeux de données.
- d) Réduire le temps nécessaire à l'entraînement du modèle sur une infrastructure cloud.

Réponses au Quiz :

1. **b)** Un perceptron est le type de réseau de neurones le plus simple, constitué d'une seule couche qui prend des décisions basées sur des combinaisons linéaires des entrées.
2. **c)** Augmentation du nombre de couches.
3. **c)** Générer des probabilités pour les problèmes de classification multi-classes.
4. **b)** Un mode où les opérations TensorFlow sont exécutées immédiatement, facilitant le débogage et le développement interactif des modèles.
5. **c)** API Keras.
6. **c)** Apprentissage par renforcement.
7. **a)** Il permet de déployer des modèles d'apprentissage automatique en tant que services web évolutifs.
8. **c)** L'API Sequential est utilisée pour construire des piles linéaires simples de couches, tandis que l'API Functional permet des architectures plus complexes comme les entrées/sorties multiples et les couches partagées.
9. **b)** Sauvegarder les poids du modèle ou le modèle entier pendant l'entraînement, souvent lorsque les performances s'améliorent.
10. **b)** En arrêtant le processus d'entraînement une fois que les performances du modèle sur l'ensemble de validation cessent de s'améliorer.

11. **b)** Construire une application web légère qui fournit des prédictions via une API RESTful.
12. **b)** Permettre au modèle de fonctionner efficacement sur des appareils mobiles ou embarqués.

Partie 2 : Frameworks avancés d'apprentissage profond

Chapitre 4 : Apprentissage profond avec PyTorch

PyTorch, un puissant framework d'apprentissage profond développé par le laboratoire de recherche en IA de Facebook (FAIR), a révolutionné le domaine de l'apprentissage automatique. Il offre aux développeurs et chercheurs une plateforme hautement intuitive et flexible pour construire des réseaux de neurones. L'une des caractéristiques remarquables de PyTorch est son système de graphe de calcul dynamique, qui permet la construction de graphes en temps réel au fur et à mesure que les opérations sont exécutées. Cette approche unique offre une flexibilité inégalée dans le développement et l'expérimentation de modèles.

La popularité du framework au sein de la communauté de recherche et développement découle de plusieurs avantages clés. Premièrement, l'intégration transparente de PyTorch avec Python permet une expérience de codage plus naturelle, tirant parti de l'écosystème Python étendu. Deuxièmement, ses robustes capacités de débogage permettent aux développeurs d'identifier et de résoudre facilement les problèmes dans leurs modèles. Enfin, la bibliothèque de tenseurs de PyTorch est étroitement intégrée au framework, offrant des calculs efficaces et accélérés par GPU pour les opérations mathématiques complexes.

Dans ce chapitre complet, nous plongerons dans les concepts fondamentaux qui forment l'épine dorsale de PyTorch. Nous explorerons la structure de données tensorielles polyvalente, qui sert de bloc de construction principal pour toutes les opérations PyTorch. Vous acquerrez une compréhension approfondie de la différenciation automatique, une fonctionnalité cruciale qui simplifie le processus de calcul des gradients pour la rétropropagation. Nous examinerons également comment PyTorch gère les graphes de calcul, offrant des aperçus sur l'utilisation efficace de la mémoire et les techniques d'optimisation du framework.

En outre, nous vous guiderons à travers le processus de construction et d'entraînement de réseaux de neurones en utilisant le puissant module torch.nn de PyTorch. Ce module offre une large gamme de couches et fonctions préconstruites, permettant un prototypage rapide et l'expérimentation de diverses architectures de réseaux. Enfin, nous explorerons le module torch.optim, qui fournit un ensemble diversifié d'algorithmes d'optimisation pour affiner vos modèles et atteindre des performances de pointe sur des tâches complexes d'apprentissage automatique.

4.1 Introduction à PyTorch et son graphe de calcul dynamique

PyTorch se distingue des autres frameworks d'apprentissage profond par son système innovant de **graphe de calcul dynamique**, également appelé **define-by-run**. Cette puissante fonctionnalité permet au graphe de calcul d'être construit à la volée au fur et à mesure que les opérations sont exécutées, offrant une flexibilité inégalée dans le développement de modèles et simplifiant le processus de débogage. Contrairement aux frameworks comme TensorFlow (avant la version 2.x) qui s'appuyaient sur des graphes de calcul statiques définis avant l'exécution, l'approche de PyTorch permet une création de modèles plus intuitive et adaptable.

La pierre angulaire des capacités de calcul de PyTorch réside dans son utilisation des **tenseurs**. Ces tableaux multidimensionnels servent de structure de données principale pour toutes les opérations au sein du framework. Bien que similaires en concept aux tableaux NumPy, les tenseurs PyTorch offrent des avantages significatifs, notamment l'accélération GPU transparente et la différenciation automatique. Cette combinaison de fonctionnalités rend les tenseurs PyTorch exceptionnellement bien adaptés aux tâches d'apprentissage profond complexes, permettant un calcul efficace et l'optimisation des modèles de réseaux de neurones.

La nature dynamique de PyTorch s'étend au-delà de la simple construction de graphes. Elle permet la création d'architectures de réseaux de neurones dynamiques, où la structure du réseau peut changer en fonction des données d'entrée ou au cours de l'entraînement. Cette flexibilité est particulièrement précieuse dans des scénarios tels que le travail avec des séquences de longueur variable en traitement du langage naturel ou l'implémentation de modèles à temps de calcul adaptatif.

De plus, l'intégration de PyTorch avec CUDA, la plateforme de calcul parallèle de NVIDIA, permet une utilisation sans effort des ressources GPU. Cette capacité accélère significativement les processus d'entraînement et d'inférence pour les modèles d'apprentissage profond à grande échelle, faisant de PyTorch un choix privilégié pour les chercheurs et praticiens travaillant sur des tâches à forte intensité de calcul.

4.1.1 Les tenseurs dans PyTorch

Les tenseurs sont la structure de données fondamentale dans PyTorch, servant de colonne vertébrale pour toutes les opérations et calculs au sein du framework. Ces tableaux multidimensionnels sont conceptuellement similaires aux tableaux NumPy, mais ils offrent plusieurs avantages clés qui les rendent indispensables pour les tâches d'apprentissage profond :

1. Accélération GPU

Les tenseurs PyTorch ont la remarquable capacité d'utiliser de façon transparente les ressources GPU (Graphics Processing Unit), permettant des améliorations substantielles de vitesse dans les tâches à forte intensité de calcul. Cette capacité est particulièrement cruciale pour entraîner efficacement de grands réseaux de neurones. Voici une explication plus détaillée :

- Traitement parallèle : Les GPU sont conçus pour le calcul parallèle, leur permettant d'effectuer plusieurs calculs simultanément. PyTorch exploite ce parallélisme pour accélérer les opérations sur les tenseurs, qui sont la base des calculs de réseaux de neurones.
- Intégration CUDA : PyTorch s'intègre parfaitement à la plateforme CUDA de NVIDIA, permettant aux tenseurs d'être facilement déplacés entre la mémoire CPU et GPU. Cela permet aux développeurs de tirer pleinement parti de l'accélération GPU avec un minimum de modifications de code.
- Gestion automatique de la mémoire : PyTorch gère les complexités d'allocation et de désallocation de la mémoire GPU, permettant aux développeurs de se concentrer sur la conception du modèle plutôt que sur la gestion mémoire de bas niveau.
- Évolutivité : L'accélération GPU devient de plus en plus importante à mesure que les réseaux de neurones grandissent en taille et en complexité. Elle permet aux chercheurs et praticiens de former et déployer des modèles à grande échelle qui seraient impraticables à exécuter uniquement sur CPU.
- Applications en temps réel : Le gain de vitesse fourni par l'accélération GPU est essentiel pour les applications en temps réel comme la vision par ordinateur dans les véhicules autonomes ou le traitement du langage naturel dans les chatbots, où des temps de réponse rapides sont cruciaux.

En exploitant la puissance des GPU, PyTorch permet aux chercheurs et développeurs de repousser les limites du possible en apprentissage profond, s'attaquant à des problèmes toujours plus complexes et travaillant avec des ensembles de données plus grands que jamais.

2. Différenciation automatique

Les opérations sur les tenseurs de PyTorch prennent en charge le calcul automatique des gradients, une fonctionnalité fondamentale pour implémenter la rétropropagation dans les réseaux de neurones. Cette fonctionnalité, connue sous le nom d'autograd, construit dynamiquement un graphe de calcul et calcule automatiquement les gradients par rapport à n'importe quel tenseur marqué avec requires_grad=True. Voici une analyse plus détaillée :

- Graphe de calcul : PyTorch construit un graphe acyclique dirigé (DAG) des opérations au fur et à mesure qu'elles sont effectuées, permettant une propagation efficace des gradients en arrière.
- Différenciation en mode inverse : Autograd utilise la différenciation en mode inverse, qui est particulièrement efficace pour les fonctions avec de nombreuses entrées et peu de sorties, comme c'est typique dans les réseaux de neurones.

- Application de la règle de chaîne : Le système applique automatiquement la règle de chaîne du calcul pour calculer les gradients à travers des opérations complexes et des fonctions imbriquées.
- Efficacité mémoire : PyTorch optimise l'utilisation de la mémoire en libérant les tenseurs intermédiaires dès qu'ils ne sont plus nécessaires pour le calcul des gradients.

Cette capacité de différenciation automatique simplifie considérablement l'implémentation d'architectures de réseaux de neurones complexes et de fonctions de perte personnalisées, permettant aux chercheurs et développeurs de se concentrer sur la conception du modèle plutôt que sur les calculs manuels de gradients. Elle permet également des graphes de calcul dynamiques, où la structure du réseau peut changer pendant l'exécution, offrant une plus grande flexibilité dans la création et l'expérimentation de modèles.

3. Opérations in-place

PyTorch permet des modifications in-place des tenseurs, ce qui peut aider à optimiser l'utilisation de la mémoire dans les modèles complexes. Cette fonctionnalité est particulièrement utile lors du travail avec de grands ensembles de données ou des réseaux de neurones profonds où les contraintes de mémoire peuvent être une préoccupation importante. Les opérations in-place modifient directement le contenu d'un tenseur, sans créer de nouvel objet tenseur. Cette approche peut conduire à une utilisation plus efficace de la mémoire, en particulier dans les scénarios où des tenseurs intermédiaires temporaires ne sont pas nécessaires.

Quelques avantages clés des opérations in-place incluent :

- Empreinte mémoire réduite : En modifiant les tenseurs in-place, vous évitez de créer des copies inutiles de données, ce qui peut réduire significativement l'utilisation globale de la mémoire de votre modèle.
- Performance améliorée : Les opérations in-place peuvent conduire à des calculs plus rapides dans certains scénarios, car elles éliminent le besoin d'allocation et de désallocation de mémoire associé à la création de nouveaux objets tenseur.
- Code simplifié : Dans certains cas, l'utilisation d'opérations in-place peut conduire à un code plus concis et lisible, car vous n'avez pas besoin de réassigner des variables après chaque opération.

4. Interopérabilité

Les tenseurs PyTorch offrent une intégration transparente avec d'autres bibliothèques de calcul scientifique, en particulier NumPy. Cette interopérabilité est cruciale pour plusieurs raisons :

- Échange de données sans effort : Les tenseurs peuvent être facilement convertis vers et depuis des tableaux NumPy, permettant des transitions fluides entre les opérations PyTorch et les pipelines de traitement de données basés sur NumPy. Cette flexibilité permet aux chercheurs d'exploiter les forces des deux bibliothèques dans leurs flux de travail.

- Compatibilité avec l'écosystème : La capacité de convertir entre les tenseurs PyTorch et les tableaux NumPy facilite l'intégration avec une large gamme de bibliothèques de calcul scientifique et de visualisation de données construites autour de NumPy, comme SciPy, Matplotlib et Pandas.
- Intégration de code existant : De nombreux scripts de traitement et d'analyse de données existants sont écrits en utilisant NumPy. L'interopérabilité de PyTorch permet à ces scripts d'être facilement incorporés dans des flux de travail d'apprentissage profond sans nécessiter de réécriture extensive.
- Optimisation des performances : Bien que les tenseurs PyTorch soient optimisés pour les tâches d'apprentissage profond, certaines opérations peuvent être implémentées plus efficacement dans NumPy. La capacité de basculer entre les deux permet aux développeurs d'optimiser leur code tant pour la vitesse que pour la fonctionnalité.

Cette fonctionnalité d'interopérabilité améliore considérablement la polyvalence de PyTorch, en faisant un choix attrayant pour les chercheurs et développeurs qui doivent travailler à travers différents domaines du calcul scientifique et de l'apprentissage automatique.

5. Graphes de calcul dynamiques

Les tenseurs de PyTorch sont profondément intégrés à son système de graphe de calcul dynamique, une fonctionnalité qui le distingue de nombreux autres frameworks d'apprentissage profond. Cette intégration permet la création de modèles hautement flexibles et intuitifs qui peuvent adapter leur structure pendant l'exécution. Voici un regard plus détaillé sur son fonctionnement :

- Construction de graphe à la volée : Au fur et à mesure que les opérations sur les tenseurs sont effectuées, PyTorch construit automatiquement le graphe de calcul. Cela signifie que la structure de votre réseau de neurones peut changer dynamiquement en fonction des données d'entrée ou de la logique conditionnelle dans votre code.
- Exécution immédiate : Contrairement aux frameworks à graphe statique, PyTorch exécute les opérations immédiatement lorsqu'elles sont définies. Cela permet un débogage plus facile et une intégration plus naturelle avec les instructions de contrôle de flux de Python.
- Rétropropagation : Le graphe dynamique permet la différenciation automatique à travers n'importe quel code Python. Lorsque vous appelez .backward() sur un tenseur, PyTorch parcourt le graphe en arrière, calculant les gradients pour tous les tenseurs avec requires_grad=True.

- Efficacité mémoire : L'approche dynamique de PyTorch permet une utilisation plus efficace de la mémoire, car les résultats intermédiaires peuvent être supprimés immédiatement après qu'ils ne sont plus nécessaires.

Cette nature dynamique rend PyTorch particulièrement bien adapté pour la recherche et l'expérimentation, où les architectures de modèles peuvent nécessiter d'être fréquemment modifiées ou où la structure du calcul peut dépendre des données d'entrée.

Ces fonctionnalités font collectivement des tenseurs PyTorch un outil essentiel pour les chercheurs et praticiens dans le domaine de l'apprentissage profond, fournissant une base puissante et flexible pour construire et entraîner des architectures sophistiquées de réseaux de neurones.

Exemple : Création et manipulation de tenseurs

```
import torch
import numpy as np

# 1. Creating Tensors
print("1. Creating Tensors:")

# From Python list
tensor_from_list = torch.tensor([1, 2, 3, 4])
print("Tensor from list:", tensor_from_list)

# From NumPy array
np_array = np.array([1, 2, 3, 4])
tensor_from_np = torch.from_numpy(np_array)
print("Tensor from NumPy array:", tensor_from_np)

# Random tensor
random_tensor = torch.randn(3, 4)
print("Random Tensor:\\n", random_tensor)

# 2. Basic Operations
print("\\n2. Basic Operations:")

# Element-wise operations
a = torch.tensor([1, 2, 3])
b = torch.tensor([4, 5, 6])
print("Addition:", a + b)
print("Multiplication:", a * b)

# Reduction operations
tensor_sum = torch.sum(random_tensor)
tensor_mean = torch.mean(random_tensor)
print(f"Sum of tensor elements: {tensor_sum.item()}")
print(f"Mean of tensor elements: {tensor_mean.item()}")

# 3. Reshaping Tensors
print("\\n3. Reshaping Tensors:")
```

```
c = torch.tensor([[1, 2, 3, 4], [5, 6, 7, 8]])
print("Original shape:", c.shape)
reshaped = c.reshape(4, 2)
print("Reshaped:\\n", reshaped)

# 4. Indexing and Slicing
print("\\n4. Indexing and Slicing:")
print("First row:", c[0])
print("Second column:", c[:, 1])

# 5. GPU Operations
print("\\n5. GPU Operations:")
if torch.cuda.is_available():
    gpu_tensor = torch.zeros(3, 4, device='cuda')
    print("Tensor on GPU:\\n", gpu_tensor)
    # Move tensor to CPU
    cpu_tensor = gpu_tensor.to('cpu')
    print("Tensor moved to CPU:\\n", cpu_tensor)
else:
    print("CUDA is not available. Using CPU instead.")
    cpu_tensor = torch.zeros(3, 4)
    print("Tensor on CPU:\\n", cpu_tensor)

# 6. Autograd (Automatic Differentiation)
print("\\n6. Autograd:")
x = torch.tensor([2.0], requires_grad=True)
y = x ** 2
y.backward()
print("Gradient of y=x^2 at x=2:", x.grad)
```

Cet exemple de code illustre divers aspects du travail avec les tenseurs PyTorch.

Voici une analyse détaillée de chaque section :

1. Création de Tenseurs :

- Nous créons des tenseurs à partir d'une liste Python, d'un tableau NumPy et en utilisant le générateur de nombres aléatoires de PyTorch.
- Cela met en évidence la flexibilité de création des tenseurs dans PyTorch et son interopérabilité avec NumPy.

2. Opérations de Base :

- Nous effectuons des additions et multiplications élément par élément sur les tenseurs.
- Nous démontrons également des opérations de réduction (somme et moyenne) sur un tenseur aléatoire.
- Ces opérations sont fondamentales dans les calculs de réseaux de neurones.

3. Redimensionnement des Tenseurs :

- Nous créons un tenseur 2D et le redimensionnons, modifiant ses dimensions.
- Le redimensionnement est crucial dans les réseaux de neurones, particulièrement lors de la préparation des données ou de l'ajustement des sorties des couches.

4. Indexation et Découpage :

- Nous montrons comment accéder à des éléments spécifiques ou à des tranches d'un tenseur.
- C'est important pour la manipulation de données et l'extraction de caractéristiques ou de lots spécifiques.

5. Opérations GPU :

- Nous vérifions la disponibilité de CUDA et créons un tenseur sur le GPU si possible.
- Nous montrons également comment déplacer les tenseurs entre GPU et CPU.
- L'accélération GPU est essentielle pour entraîner efficacement de grands réseaux de neurones.

6. Autograd (Différenciation Automatique) :

- Nous créons un tenseur avec suivi de gradient activé.
- Nous effectuons un calcul simple (y = x^2) et calculons son gradient.
- Cela démontre la capacité de différenciation automatique de PyTorch, qui est cruciale pour l'entraînement des réseaux de neurones par rétropropagation.

Cet exemple complet couvre les opérations et concepts essentiels de PyTorch, fournissant une base solide pour comprendre comment travailler avec les tenseurs dans divers scénarios, de la manipulation basique des données aux opérations plus avancées impliquant les GPU et la différenciation automatique.

4.1.2 Graphes de Calcul Dynamiques

Les graphes de calcul dynamiques de PyTorch représentent une avancée significative par rapport aux graphes statiques utilisés dans les frameworks d'apprentissage profond antérieurs. Contrairement aux graphes statiques, qui sont définis une fois puis réutilisés, PyTorch construit ses graphes de calcul à la volée au fur et à mesure que les opérations sont effectuées. Cette approche dynamique offre plusieurs avantages clés :

1. Flexibilité dans la Conception de Modèles

Les graphes dynamiques offrent une flexibilité inégalée dans la création d'architectures de réseaux neuronaux qui peuvent s'adapter à la volée. Cette adaptabilité est cruciale dans divers scénarios avancés d'apprentissage automatique :

- Algorithmes d'apprentissage par renforcement : Dans ces systèmes, le modèle doit continuellement ajuster sa stratégie en fonction des retours de l'environnement. Les graphes dynamiques permettent au réseau de modifier sa structure ou son processus de prise de décision en temps réel, permettant un apprentissage plus réactif et efficace dans des environnements complexes et changeants.
- Réseaux de neurones récurrents avec des séquences de longueur variable : Les graphes statiques traditionnels ont souvent du mal avec des entrées de tailles variables, nécessitant des techniques comme le remplissage ou la troncature qui peuvent entraîner une perte d'information ou de l'inefficacité. Les graphes dynamiques gèrent élégamment les séquences de longueur variable, permettant au réseau de traiter chaque entrée de manière optimale sans calculs ou manipulations de données inutiles.
- Réseaux de neurones à structure arborescente : Ces modèles, souvent utilisés dans le traitement du langage naturel ou l'analyse de données hiérarchiques, bénéficient grandement des graphes dynamiques. La topologie du réseau peut être construite à la volée pour correspondre à la structure de chaque entrée, permettant une représentation et un traitement plus précis des relations hiérarchiques dans les données.

De plus, les graphes dynamiques permettent l'implémentation d'architectures avancées comme :

- Modèles à temps de calcul adaptatif : Ces réseaux peuvent ajuster la quantité de calcul en fonction de la complexité de chaque entrée, économisant potentiellement des ressources sur des tâches plus simples tout en consacrant plus de puissance de traitement aux entrées complexes.
- Recherche d'architecture neuronale : Les graphes dynamiques facilitent l'exploration de différentes structures de réseau pendant l'entraînement, permettant la découverte automatisée d'architectures optimales pour des tâches spécifiques.

Cette flexibilité améliore non seulement les performances des modèles, mais ouvre également de nouvelles voies pour la recherche et l'innovation dans les architectures d'apprentissage profond.

2. Débogage et Développement Intuitifs

La nature dynamique des graphes de PyTorch révolutionne le processus de débogage et de développement, offrant plusieurs avantages :

- Capacités de Débogage Améliorées : Les développeurs peuvent exploiter les outils de débogage Python standard pour inspecter le modèle à n'importe quel moment durant l'exécution. Cela permet une analyse en temps réel des valeurs des tenseurs, des gradients et du flux de calcul, facilitant l'identification et la résolution des problèmes dans les architectures complexes de réseaux de neurones.

- Localisation Précise des Erreurs : La construction dynamique du graphe permet de localiser plus précisément les erreurs ou comportements inattendus dans le code. Cette précision réduit considérablement le temps et l'effort de débogage, permettant aux développeurs d'isoler et de résoudre rapidement les problèmes dans leurs modèles.
- Visualisation et Analyse en Temps Réel : Les résultats intermédiaires peuvent être examinés et visualisés plus facilement, fournissant des insights précieux sur le fonctionnement interne du modèle. Cette fonctionnalité est particulièrement utile pour comprendre comment les différentes couches interagissent, comment les gradients se propagent, et comment le modèle apprend au fil du temps.
- Développement Itératif : La nature dynamique permet un prototypage rapide et l'expérimentation. Les développeurs peuvent modifier les architectures de modèles à la volée, tester différentes configurations, et voir immédiatement les résultats sans avoir besoin de redéfinir l'ensemble du graphe de calcul.
- Intégration avec l'Écosystème Python : L'intégration transparente de PyTorch avec le riche écosystème d'outils de science des données et de visualisation de Python (comme matplotlib, seaborn, ou tensorboard) améliore l'expérience de débogage et de développement, permettant une analyse et un reporting sophistiqués du comportement du modèle.

Ces caractéristiques contribuent collectivement à un cycle de développement plus intuitif, efficace et productif dans les projets d'apprentissage profond, permettant aux chercheurs et aux praticiens de se concentrer davantage sur l'innovation des modèles et moins sur les obstacles techniques.

3. Intégration Naturelle avec Python

L'approche de PyTorch permet une intégration transparente avec les instructions de contrôle de flux de Python, offrant une flexibilité sans précédent dans la conception et l'implémentation de modèles :

- Les instructions conditionnelles (if/else) peuvent être utilisées directement dans la définition du modèle, permettant un branchement dynamique basé sur les entrées ou les résultats intermédiaires. Cela permet la création de modèles adaptatifs qui peuvent ajuster leur comportement en fonction des caractéristiques des données d'entrée ou de l'état actuel du réseau.
- Les boucles (for/while) peuvent être facilement incorporées, permettant la création de modèles avec une profondeur ou une largeur dynamique. Cette fonctionnalité est particulièrement utile pour implémenter des architectures comme les Réseaux de

Neurones Récurrents (RNN) ou des modèles avec des connexions résiduelles à profondeur variable.

- Les compréhensions de liste et les expressions génératrices de Python peuvent être exploitées pour créer un code compact et efficace pour définir des couches ou des opérations à travers plusieurs dimensions ou canaux.
- Les fonctions Python natives peuvent être intégrées de manière transparente dans l'architecture du modèle, permettant des opérations personnalisées ou une logique complexe qui va au-delà des couches standard de réseaux de neurones.

Cette intégration facilite l'implémentation d'architectures complexes et l'expérimentation de nouveaux designs de modèles. Les chercheurs et les praticiens peuvent exploiter leurs connaissances existantes en Python pour créer des modèles sophistiqués sans avoir besoin d'apprendre un langage spécifique au domaine ou des constructions spécifiques au framework.

De plus, cette approche native à Python facilite le débogage et l'introspection des modèles pendant le développement. Les développeurs peuvent utiliser les outils et techniques de débogage Python standard pour inspecter le comportement du modèle à l'exécution, définir des points d'arrêt et analyser les résultats intermédiaires, simplifiant considérablement le processus de développement.

4. Utilisation Efficace de la Mémoire et Flexibilité Computationnelle : Les graphes dynamiques de PyTorch offrent des avantages significatifs en termes d'efficacité mémoire et de flexibilité computationnelle :

- Allocation Optimisée de la Mémoire : Seules les opérations effectivement exécutées sont stockées en mémoire, contrairement au stockage du graphe statique entier. Ce calcul à la volée permet une utilisation plus efficace des ressources mémoire disponibles.
- Utilisation Adaptative des Ressources : Cette approche est particulièrement bénéfique lors du travail avec de grands modèles ou jeux de données sur des systèmes aux ressources mémoire limitées, car elle permet une allocation et désallocation plus efficace de la mémoire selon les besoins pendant le calcul.
- Formes de Tenseurs Dynamiques : Les graphes dynamiques de PyTorch peuvent gérer plus facilement des tenseurs de formes variables, ce qui est crucial pour les tâches impliquant des séquences de longueurs différentes ou des tailles de lots qui peuvent changer pendant l'entraînement.
- Calcul Conditionnel : La nature dynamique permet une implémentation facile des calculs conditionnels, où certaines parties du réseau peuvent être activées ou contournées en fonction des données d'entrée ou des résultats intermédiaires, conduisant à des modèles plus efficaces et adaptables.

- Compilation Juste-à-Temps : Les graphes dynamiques de PyTorch peuvent tirer parti des techniques de compilation juste-à-temps (JIT), qui peuvent optimiser davantage les performances en compilant à la volée les chemins de code fréquemment exécutés.

Ces fonctionnalités contribuent collectivement à la capacité de PyTorch à gérer efficacement des architectures de réseaux neuronaux complexes et dynamiques, ce qui en fait un outil puissant tant pour la recherche que pour les environnements de production.

L'approche du graphe de calcul dynamique de PyTorch représente un changement de paradigme dans la conception des frameworks d'apprentissage profond. Elle offre aux chercheurs et développeurs une plateforme plus flexible, intuitive et efficace pour créer et expérimenter avec des architectures complexes de réseaux neuronaux. Cette approche a contribué de manière significative à la popularité de PyTorch dans la recherche académique et les applications industrielles, permettant le prototypage rapide et l'implémentation de modèles d'apprentissage automatique de pointe.

Exemple : Définition d'un Graphe de Calcul Simple

```
import torch

# Create tensors with gradient tracking enabled
x = torch.tensor(2.0, requires_grad=True)
y = torch.tensor(3.0, requires_grad=True)

# Define a more complex computation
z = x**2 + 2*x*y + y**2
print(f"z = {z.item()}")

# Perform backpropagation to compute the gradients
z.backward()

# Print the gradients (derivatives of z w.r.t. x and y)
print(f"Gradient of z with respect to x: {x.grad.item()}")
print(f"Gradient of z with respect to y: {y.grad.item()}")

# Reset gradients
x.grad.zero_()
y.grad.zero_()

# Define another computation
w = torch.log(x) + torch.exp(y)
print(f"w = {w.item()}")

# Compute gradients for w
w.backward()

# Print the new gradients
print(f"Gradient of w with respect to x: {x.grad.item()}")
print(f"Gradient of w with respect to y: {y.grad.item()}")
```

```
# Demonstrate higher-order gradients
x = torch.tensor(2.0, requires_grad=True)
y = x**2 + 2*x + 1

# Compute first-order gradient
first_order = torch.autograd.grad(y, x, create_graph=True)[0]
print(f"First-order gradient: {first_order.item()}")

# Compute second-order gradient
second_order = torch.autograd.grad(first_order, x)[0]
print(f"Second-order gradient: {second_order.item()}")
```

Cet exemple de code démontre plusieurs concepts clés du système autograd de PyTorch :

1. Calcul de Base des Gradients :

- Nous créons deux tenseurs, x et y, avec le suivi des gradients activé.
- Nous définissons une fonction quadratique z = x^2 + 2xy + y^2 (qui est équivalente à (x + y)^2).
- Après avoir appelé z.backward(), PyTorch calcule automatiquement les gradients de z par rapport à x et y.
- Les gradients sont stockés dans l'attribut .grad de chaque tenseur.

2. Calculs Multiples :

- Nous réinitialisons les gradients en utilisant .zero_() pour effacer les gradients précédents.
- Nous définissons une nouvelle fonction w = ln(x) + e^y, démontrant la capacité d'autograd à gérer des opérations mathématiques plus complexes.
- Nous calculons et affichons les gradients de w par rapport à x et y.

3. Gradients d'Ordre Supérieur :

- Nous démontrons le calcul des gradients d'ordre supérieur en utilisant torch.autograd.grad().
- Nous calculons le gradient du premier ordre de y = x^2 + 2x + 1, qui devrait être 2x + 2.
- Nous calculons ensuite le gradient du second ordre, qui devrait être 2 (la dérivée de 2x + 2).

Points Essentiels :

- Le système autograd de PyTorch peut gérer des opérations mathématiques complexes et calculer automatiquement les gradients.

- Les gradients peuvent être calculés plusieurs fois pour différentes fonctions en utilisant les mêmes variables.
- Les gradients d'ordre supérieur peuvent être calculés, ce qui est utile pour certaines techniques d'optimisation et applications de recherche.
- Le paramètre create_graph=True dans torch.autograd.grad() permet le calcul des gradients d'ordre supérieur.

Cet exemple met en évidence la puissance et la flexibilité du système autograd de PyTorch, qui est fondamental pour implémenter et entraîner efficacement des réseaux de neurones.

4.1.3 Différentiation Automatique avec Autograd

L'une des fonctionnalités les plus puissantes de PyTorch est **autograd**, le moteur de différentiation automatique. Ce système sophistiqué constitue l'épine dorsale de la capacité de PyTorch à entraîner efficacement des réseaux de neurones complexes. Autograd suit méticuleusement toutes les opérations effectuées sur les tenseurs ayant requires_grad=True, créant un graphe de calcul dynamique. Ce graphe représente le flux de données à travers le réseau et permet le calcul automatique des gradients en utilisant la différentiation en mode inverse, communément appelée rétropropagation.

La beauté d'autograd réside dans sa capacité à gérer des graphes de calcul arbitraires, permettant l'implémentation d'architectures neuronales hautement complexes. Il peut calculer les gradients pour n'importe quelle fonction différentiable, peu importe sa complexité. Cette flexibilité est particulièrement précieuse dans les contextes de recherche où de nouvelles structures de réseaux sont fréquemment explorées.

L'efficacité d'autograd provient de son utilisation de la différentiation en mode inverse. Cette approche calcule les gradients de la sortie vers l'entrée, ce qui est significativement plus efficace pour les fonctions avec de nombreuses entrées et peu de sorties - un scénario courant dans les réseaux de neurones. En exploitant cette méthode, PyTorch peut rapidement calculer les gradients même pour des modèles avec des millions de paramètres.

De plus, la nature dynamique d'autograd permet la création de graphes de calcul qui peuvent changer à chaque passage avant. Cette fonctionnalité est particulièrement utile pour implémenter des modèles avec des calculs conditionnels ou des structures dynamiques, comme les réseaux de neurones récurrents avec des longueurs de séquence variables.

La simplification du calcul des gradients fournie par autograd ne peut être surestimée. Elle abstrait les mathématiques complexes du calcul des gradients, permettant aux développeurs de se concentrer sur l'architecture du modèle et les stratégies d'optimisation plutôt que sur les subtilités du calcul différentiel. Cette abstraction a démocratisé l'apprentissage profond, le rendant accessible à un plus large éventail de chercheurs et de praticiens.

En essence, autograd est le moteur silencieux derrière les capacités d'apprentissage profond de PyTorch, permettant l'entraînement de modèles de plus en plus sophistiqués qui repoussent les frontières de l'intelligence artificielle.

Exemple : Différentiation Automatique avec Autograd

```
import torch

# Create tensors with gradient tracking enabled
x = torch.tensor([2.0, 3.0], requires_grad=True)
y = torch.tensor([4.0, 5.0], requires_grad=True)

# Perform a more complex computation
z = x[0]**2 + 3*x[1]**3 + y[0]*y[1]

# Compute gradients with respect to x and y
z.backward(torch.tensor(1.0))  # Corrected: Providing a scalar gradient

# Print gradients
print(f"Gradient of z with respect to x[0]: {x.grad[0].item()}")
print(f"Gradient of z with respect to x[1]: {x.grad[1].item()}")
print(f"Gradient of z with respect to y[0]: {y.grad[0].item()}")
print(f"Gradient of z with respect to y[1]: {y.grad[1].item()}")

# Reset gradients
x.grad.zero_()
y.grad.zero_()

# Define a more complex function
def complex_function(a, b):
    return torch.sin(a) * torch.exp(b) + torch.sqrt(a + b)

# Compute the function and its gradients
result = complex_function(x[0], y[1])
result.backward()

# Print gradients of the complex function
print(f"Gradient of complex function w.r.t x[0]: {x.grad[0].item()}")
print(f"Gradient of complex function w.r.t y[1]: {y.grad[1].item()}")

# Demonstrate higher-order gradients
x = torch.tensor(2.0, requires_grad=True)
y = x**3 + 2*x**2 + 3*x + 1

# Compute first-order gradient
first_order = torch.autograd.grad(y, x, create_graph=True)[0]
print(f"First-order gradient: {first_order.item()}")

# Compute second-order gradient
second_order = torch.autograd.grad(first_order, x)[0]
print(f"Second-order gradient: {second_order.item()}")
```

Maintenant, analysons cet exemple :

1. Calcul de Base des Gradients :
   - Nous créons deux tenseurs, x et y, avec le suivi des gradients activé en utilisant requires_grad=True.
   - Nous définissons une fonction plus complexe : z = x[0]**2 + 3*x[1]**3 + y[0]*y[1].
   - Après avoir appelé z.backward(), PyTorch calcule automatiquement les gradients de z par rapport à x et y.
   - Les gradients sont stockés dans l'attribut .grad de chaque tenseur.
2. Réinitialisation des Gradients :
   - Nous utilisons .zero_() pour effacer les gradients précédents. C'est important car les gradients s'accumulent par défaut dans PyTorch.
3. Fonction Complexe :
   - Nous définissons une fonction plus complexe utilisant des opérations trigonométriques et exponentielles.
   - Cela démontre la capacité d'autograd à gérer des opérations mathématiques sophistiquées.
4. Gradients d'Ordre Supérieur :
   - Nous calculons le gradient du premier ordre de y = x^3 + 2x^2 + 3x + 1, qui devrait être 3x^2 + 4x + 3.
   - Nous calculons ensuite le gradient du second ordre, qui devrait être 6x + 4.
   - Le paramètre create_graph=True dans torch.autograd.grad() permet le calcul des gradients d'ordre supérieur.

Points clés à retenir de cet exemple détaillé :

- Le système autograd de PyTorch peut gérer des opérations mathématiques complexes et calculer automatiquement les gradients.
- Les gradients peuvent être calculés pour plusieurs variables simultanément.
- Il est important de réinitialiser les gradients entre les calculs pour éviter l'accumulation.
- PyTorch prend en charge le calcul des gradients d'ordre supérieur, ce qui est utile pour certaines techniques d'optimisation et applications de recherche.
- La nature dynamique du graphe de calcul de PyTorch permet une définition flexible et intuitive de fonctions complexes.

Cet exemple met en évidence la puissance et la flexibilité du système autograd de PyTorch, qui est fondamental pour implémenter et entraîner efficacement des réseaux de neurones.

4.2 Construction et Entraînement de Réseaux de Neurones avec PyTorch

Dans PyTorch, les réseaux de neurones sont construits à l'aide du puissant module **torch.nn**. Ce module sert de boîte à outils complète pour la création de modèles d'apprentissage profond, offrant une large gamme de composants préimplémentés essentiels pour créer des architectures neuronales sophistiquées. Ces composants comprennent :

- Les couches entièrement connectées (également connues sous le nom de couches denses)
- Les couches convolutives pour les tâches de traitement d'images
- Les couches récurrentes pour la modélisation de séquences
- Diverses fonctions d'activation (par exemple, ReLU, Sigmoid, Tanh)
- Les fonctions de perte pour différents types de tâches d'apprentissage

L'une des principales forces de PyTorch réside dans sa philosophie de conception modulaire et intuitive. Cette approche permet aux développeurs de définir des modèles personnalisés avec une grande flexibilité en sous-classant torch.nn.Module. Cette classe de base sert de fondement pour toutes les couches et tous les modèles de réseaux de neurones dans PyTorch, fournissant une interface cohérente pour définir le passage avant d'un modèle et gérer ses paramètres.

En exploitant torch.nn.Module, vous pouvez créer des architectures neuronales complexes allant des simples réseaux à propagation avant aux conceptions intriquées comme les transformers ou les réseaux de neurones à graphes. Cette flexibilité est particulièrement précieuse dans les contextes de recherche où de nouvelles architectures sont fréquemment explorées.

Dans les sections suivantes, nous plongerons dans le processus de construction d'un réseau de neurones à partir de zéro. Ce parcours englobera plusieurs étapes cruciales :

- Définir l'architecture du réseau
- Préparer et charger le jeu de données
- Implémenter la boucle d'entraînement
- Utiliser les optimiseurs de PyTorch pour un apprentissage efficace
- Évaluer les performances du modèle

En décomposant ce processus en étapes gérables, nous visons à fournir une compréhension complète de la façon dont PyTorch facilite le développement et l'entraînement des réseaux de neurones. Cette approche ne démontrera pas seulement l'application pratique des fonctionnalités de PyTorch, mais éclairera également les principes sous-jacents de la création et de l'optimisation de modèles d'apprentissage profond.

4.2.1 Définition d'un Modèle de Réseau de Neurones dans PyTorch

Pour définir un réseau de neurones dans PyTorch, vous sous-classez torch.nn.Module et définissez l'architecture du réseau dans la méthode __init__. Cette approche permet une conception modulaire et flexible des composants du réseau neuronal. La méthode __init__ est l'endroit où vous déclarez les couches et autres composants qui seront utilisés dans votre réseau.

La méthode **forward** est une partie cruciale de votre classe de réseau neuronal. Elle spécifie le passage avant des données à travers le réseau, définissant comment les données d'entrée circulent entre les couches et comment elles sont transformées. Cette méthode détermine la logique computationnelle de votre modèle, décrivant comment chaque couche traite l'entrée et la transmet à la couche suivante.

En séparant la définition du réseau (__init__) de sa logique computationnelle (forward), PyTorch offre une façon claire et intuitive de concevoir des architectures neuronales complexes. Cette séparation permet une modification facile et une expérimentation avec différentes structures de réseau et combinaisons de couches. De plus, elle facilite l'implémentation de techniques avancées telles que les connexions résiduelles, les chemins de branchement et les calculs conditionnels au sein du réseau.

Exemple : Définition d'un Réseau de Neurones à Propagation Avant

```
import torch
import torch.nn as nn
import torch.nn.functional as F
import torchvision
import torchvision.transforms as transforms
from torch.utils.data import DataLoader

# Define a neural network by subclassing nn.Module
class ComprehensiveNN(nn.Module):
    def __init__(self, input_size, hidden_sizes, output_size, dropout_rate=0.5):
        super(ComprehensiveNN, self).__init__()
        self.input_size = input_size
        self.hidden_sizes = hidden_sizes
        self.output_size = output_size

        # Create a list of linear layers
        self.hidden_layers = nn.ModuleList()
        all_sizes = [input_size] + hidden_sizes
        for i in range(len(all_sizes)-1):
            self.hidden_layers.append(nn.Linear(all_sizes[i], all_sizes[i+1]))
```

```
        # Output layer
        self.output_layer = nn.Linear(hidden_sizes[-1], output_size)

        # Dropout layer
        self.dropout = nn.Dropout(dropout_rate)

        # Batch normalization layers
        self.batch_norms = nn.ModuleList([nn.BatchNorm1d(size) for size in
hidden_sizes])

    def forward(self, x):
        # Flatten the input tensor
        x = x.view(-1, self.input_size)

        # Apply hidden layers with ReLU, BatchNorm, and Dropout
        for i, layer in enumerate(self.hidden_layers):
            x = layer(x)
            x = self.batch_norms[i](x)
            x = F.relu(x)
            x = self.dropout(x)

        # Output layer (no activation for use with CrossEntropyLoss)
        x = self.output_layer(x)
        return x

# Hyperparameters
input_size = 784  # 28x28 MNIST images
hidden_sizes = [256, 128, 64]
output_size = 10  # 10 digit classes
learning_rate = 0.001
batch_size = 64
num_epochs = 10

# Instantiate the model
model = ComprehensiveNN(input_size, hidden_sizes, output_size)
print(model)

# Load and preprocess the MNIST dataset
transform = transforms.Compose([
    transforms.ToTensor(),
    transforms.Normalize((0.5,), (0.5,))
])

train_dataset = torchvision.datasets.MNIST(root='./data', train=True, download=True,
transform=transform)
test_dataset = torchvision.datasets.MNIST(root='./data', train=False, download=True,
transform=transform)

train_loader = DataLoader(train_dataset, batch_size=batch_size, shuffle=True)
test_loader = DataLoader(test_dataset, batch_size=batch_size, shuffle=False)
```

```
# Define loss function and optimizer
criterion = nn.CrossEntropyLoss()
optimizer = torch.optim.Adam(model.parameters(), lr=learning_rate)

# Training loop
for epoch in range(num_epochs):
    model.train()
    running_loss = 0.0
    for i, (images, labels) in enumerate(train_loader):
        # Forward pass
        outputs = model(images)
        loss = criterion(outputs, labels)

        # Backward pass and optimization
        optimizer.zero_grad()
        loss.backward()
        optimizer.step()

        running_loss += loss.item()

    print(f'Epoch                    [{epoch+1}/{num_epochs}],                    Loss:
{running_loss/len(train_loader):.4f}')

# Evaluation
model.eval()
with torch.no_grad():
    correct = 0
    total = 0
    for images, labels in test_loader:
        outputs = model(images)
        _, predicted = torch.max(outputs.data, 1)
        total += labels.size(0)
        correct += (predicted == labels).sum().item()

    print(f'Accuracy on the test set: {100 * correct / total:.2f}%')
```

Cet exemple de code fournit une implémentation complète d'un réseau de neurones utilisant PyTorch.

Analysons-le en détail :

1. Importations :
   - Nous importons les modules nécessaires de PyTorch, y compris ceux pour le chargement des données et les transformations.
2. Architecture du réseau (classe ComprehensiveNN) :
   - Le réseau est défini comme une classe qui hérite de nn.Module.

- Elle prend input_size, hidden_sizes (une liste de tailles des couches cachées), et output_size comme paramètres.
- Nous utilisons nn.ModuleList pour créer un nombre dynamique de couches cachées basé sur le paramètre hidden_sizes.
- Des couches de Dropout et de Normalisation par lots sont ajoutées pour la régularisation et un entraînement plus rapide.
- La méthode forward définit comment les données circulent à travers le réseau, appliquant les couches, les activations, la normalisation par lots et le dropout.

3. Hyperparamètres :
   - Nous définissons divers hyperparamètres comme input_size, hidden_sizes, output_size, learning_rate, batch_size et num_epochs.
4. Chargement et prétraitement des données :
   - Nous utilisons torchvision.datasets.MNIST pour charger le jeu de données MNIST.
   - Les transformations de données sont appliquées à l'aide de transforms.Compose.
   - DataLoader est utilisé pour regrouper et mélanger les données.
5. Fonction de perte et optimiseur :
   - Nous utilisons CrossEntropyLoss comme fonction de perte, adaptée à la classification multi-classes.
   - L'optimiseur Adam est utilisé pour mettre à jour les paramètres du modèle.
6. Boucle d'entraînement :
   - Nous itérons sur le jeu de données pour le nombre d'époques spécifié.
   - Dans chaque itération, nous effectuons une passe avant, calculons la perte, effectuons une rétropropagation et mettons à jour les paramètres du modèle.
   - La perte courante est affichée après chaque époque.
7. Évaluation :
   - Après l'entraînement, nous évaluons le modèle sur le jeu de test.
   - Nous calculons et affichons la précision du modèle sur des données non vues.

Cet exemple complet démontre plusieurs bonnes pratiques en apprentissage profond avec PyTorch, notamment :

- Architecture de réseau dynamique
- Utilisation de plusieurs couches cachées

- Implémentation du dropout pour la régularisation
- Normalisation par lots pour un entraînement plus rapide et plus stable
- Chargement et prétraitement appropriés des données
- Utilisation d'un optimiseur moderne (Adam)
- Séparation claire des phases d'entraînement et d'évaluation

Ce code fournit une base solide pour comprendre comment construire, entraîner et évaluer des réseaux de neurones à l'aide de PyTorch, et peut être facilement adapté pour d'autres jeux de données ou architectures.

4.2.2 Définition de la fonction de perte et de l'optimiseur

Une fois l'architecture du modèle définie, l'étape cruciale suivante consiste à sélectionner des **fonctions de perte** et des **optimiseurs** appropriés. Ces composants jouent des rôles vitaux dans le processus d'entraînement des réseaux de neurones. La fonction de perte quantifie la disparité entre les prédictions du modèle et les étiquettes réelles, fournissant une mesure de la performance du modèle. D'autre part, l'optimiseur est chargé d'ajuster les paramètres du modèle pour minimiser cette perte, améliorant ainsi efficacement la performance du modèle au fil du temps.

PyTorch offre une suite complète de fonctions de perte et d'optimiseurs, répondant à divers types de tâches d'apprentissage automatique et d'architectures de modèles. Par exemple, dans les tâches de classification, la perte d'entropie croisée est couramment utilisée, tandis que l'erreur quadratique moyenne est souvent employée pour les problèmes de régression. Quant aux optimiseurs, les options vont de la simple descente de gradient stochastique (SGD) aux algorithmes plus avancés comme Adam ou RMSprop, chacun avec ses propres forces et cas d'utilisation.

Le choix de la fonction de perte et de l'optimiseur peut avoir un impact significatif sur le processus d'apprentissage et la performance finale du modèle. Par exemple, les optimiseurs adaptatifs comme Adam convergent souvent plus rapidement que le SGD standard, en particulier pour les réseaux profonds. Cependant, SGD avec une planification appropriée du taux d'apprentissage peut conduire à une meilleure généralisation dans certains cas. De même, différentes fonctions de perte peuvent mettre l'accent sur divers aspects de l'erreur de prédiction, conduisant potentiellement à des modèles aux caractéristiques différentes.

De plus, la conception modulaire de PyTorch permet une expérimentation facile avec différentes combinaisons de fonctions de perte et d'optimiseurs. Cette flexibilité permet aux chercheurs et aux praticiens d'affiner efficacement leurs modèles, en s'adaptant aux nuances spécifiques de leurs jeux de données et domaines de problèmes. Au fur et à mesure que nous progressons dans ce chapitre, nous explorerons des exemples pratiques de mise en œuvre et d'utilisation de ces composants dans PyTorch, démontrant leur impact sur l'entraînement et la performance des modèles.

Exemple : Définition de la perte et de l'optimiseur

```
import torch
import torch.nn as nn
import torch.optim as optim

# Define a simple neural network
class SimpleNN(nn.Module):
    def __init__(self, input_size, hidden_size, num_classes):
        super(SimpleNN, self).__init__()
        self.fc1 = nn.Linear(input_size, hidden_size)
        self.relu = nn.ReLU()
        self.fc2 = nn.Linear(hidden_size, num_classes)

    def forward(self, x):
        out = self.fc1(x)
        out = self.relu(out)
        out = self.fc2(out)
        return out

# Hyperparameters
input_size = 784  # e.g., for MNIST dataset (28x28 pixels)
hidden_size = 500
num_classes = 10
learning_rate = 0.01

# Instantiate the model
model = SimpleNN(input_size, hidden_size, num_classes)

# Define the loss function (Cross Entropy Loss for multi-class classification)
criterion = nn.CrossEntropyLoss()

# Define the optimizer (Stochastic Gradient Descent)
optimizer = optim.SGD(model.parameters(), lr=learning_rate)

# Alternative optimizers
# optimizer = optim.Adam(model.parameters(), lr=learning_rate)
# optimizer = optim.RMSprop(model.parameters(), lr=learning_rate)

# Learning rate scheduler (optional)
scheduler = optim.lr_scheduler.StepLR(optimizer, step_size=30, gamma=0.1)

# Print model summary
print(model)
print(f"Loss function: {criterion}")
print(f"Optimizer: {optimizer}")
```

Cet exemple de code offre une configuration plus complète pour l'entraînement d'un réseau de neurones avec PyTorch. Analysons-le en détail :

1. Définition du modèle :

- Nous définissons une classe simple de réseau de neurones SimpleNN avec une couche cachée.
- Le réseau prend une entrée, la fait passer par une couche entièrement connectée, applique une activation ReLU, puis la fait passer par une autre couche entièrement connectée pour produire la sortie.

2. Hyperparamètres :
   - Nous définissons des hyperparamètres clés tels que la taille d'entrée, la taille de la couche cachée, le nombre de classes et le taux d'apprentissage.
   - Ceux-ci peuvent être ajustés en fonction du problème spécifique et du jeu de données.
3. Instanciation du modèle :
   - Nous créons une instance de notre modèle SimpleNN avec les hyperparamètres spécifiés.
4. Fonction de perte :
   - Nous utilisons CrossEntropyLoss, qui est adaptée aux problèmes de classification multi-classes.
   - Cette perte combine une activation softmax et une perte de log-vraisemblance négative.
5. Optimiseur :
   - Nous utilisons la Descente de Gradient Stochastique (SGD) comme optimiseur.
   - Des optimiseurs alternatifs comme Adam et RMSprop sont commentés à titre de référence.
   - Le choix de l'optimiseur peut avoir un impact significatif sur la vitesse d'entraînement et les performances du modèle.
6. Planificateur de taux d'apprentissage (Optionnel) :
   - Nous incluons un planificateur de taux d'apprentissage par paliers qui réduit le taux d'apprentissage d'un facteur de 0,1 tous les 30 époques.
   - Cela peut aider à affiner le modèle et améliorer la convergence.
7. Résumé du modèle :
   - Nous imprimons l'architecture du modèle, la fonction de perte et l'optimiseur pour une référence facile.

Cette configuration fournit une base solide pour l'entraînement d'un réseau de neurones avec PyTorch. Les prochaines étapes consisteraient à préparer le jeu de données, implémenter la boucle d'entraînement et évaluer les performances du modèle.

4.2.3 Entraînement du réseau de neurones

L'entraînement d'un réseau de neurones est un processus itératif qui implique plusieurs passages à travers le jeu de données, appelés époques. Durant chaque époque, le modèle affine sa compréhension des données et ajuste ses paramètres pour améliorer ses performances. Ce processus peut être décomposé en plusieurs étapes clés :

1. Passe avant

Cette étape initiale cruciale implique la propagation des données d'entrée à travers l'architecture du réseau de neurones. Chaque neurone dans chaque couche traite l'information entrante en appliquant ses poids et biais appris, puis en passant le résultat à travers une fonction d'activation. Ce processus continue couche par couche, transformant les données d'entrée en représentations de plus en plus abstraites.

Dans les réseaux de neurones convolutifs (CNN), par exemple, les premières couches peuvent détecter des caractéristiques simples comme les bords, tandis que les couches plus profondes identifient des motifs plus complexes. La couche finale produit la sortie du réseau, qui pourrait être des probabilités de classe pour une tâche de classification ou des valeurs continues pour un problème de régression. Cette sortie représente la compréhension actuelle du modèle et ses prédictions basées sur ses paramètres appris, reflétant sa capacité à mapper les entrées aux sorties désirées étant donné son état d'entraînement actuel.

2. Calcul de la perte

Après la passe avant, les prédictions du modèle sont comparées aux étiquettes réelles ou aux valeurs cibles. La fonction de perte quantifie cet écart, servant de métrique cruciale pour la performance du modèle. Elle mesure essentiellement à quel point les prédictions du modèle s'écartent de la vérité terrain.

Le choix de la fonction de perte dépend de la tâche :

- Pour les tâches de régression, l'Erreur Quadratique Moyenne (MSE) est couramment utilisée. Elle calcule la moyenne des différences au carré entre les valeurs prédites et réelles, pénalisant davantage les erreurs plus importantes.
- Pour les problèmes de classification, la Perte d'Entropie Croisée est souvent préférée. Cette fonction mesure la dissimilarité entre la distribution de probabilité prédite et la distribution réelle des classes.

D'autres fonctions de perte incluent :

- Erreur Absolue Moyenne (MAE) : Utile lorsque les valeurs aberrantes doivent avoir moins d'influence sur la perte.

- Perte Hinge : Couramment utilisée dans les machines à vecteurs de support pour la classification à marge maximale.
- Perte Focale : Traite le déséquilibre des classes en réduisant la contribution à la perte des exemples faciles.

Le choix de la fonction de perte a un impact significatif sur l'entraînement du modèle et sa performance finale. Elle guide le processus d'optimisation, influençant la façon dont le modèle apprend à faire des prédictions. Par conséquent, sélectionner une fonction de perte appropriée qui s'aligne avec le problème spécifique et les résultats désirés est une étape critique dans la conception de réseaux de neurones efficaces.

3. Rétropropagation

Cette étape cruciale est la pierre angulaire de l'entraînement des réseaux de neurones, impliquant le calcul des gradients pour chacun des paramètres du modèle par rapport à la fonction de perte. La rétropropagation, abréviation de "propagation rétrograde des erreurs", est un algorithme efficace qui applique la règle de dérivation en chaîne du calcul différentiel pour calculer ces gradients.

Le processus commence à la couche de sortie et se déplace vers l'arrière à travers le réseau, couche par couche. À chaque étape, il calcule à quel point chaque paramètre a contribué à l'erreur dans les prédictions du modèle. Cela se fait en calculant des dérivées partielles, qui mesurent le taux de variation de la perte par rapport à chaque paramètre.

La beauté de la rétropropagation réside dans son efficacité computationnelle. Au lieu de recalculer les gradients pour chaque paramètre indépendamment, elle réutilise les résultats intermédiaires, réduisant significativement la complexité computationnelle. Cela rend possible l'entraînement de grands réseaux de neurones avec des millions de paramètres.

Les gradients calculés pendant la rétropropagation servent deux objectifs critiques :

- Ils indiquent la direction dans laquelle chaque paramètre doit être ajusté pour réduire l'erreur globale.
- Ils fournissent la magnitude de l'ajustement nécessaire, les gradients plus importants suggérant des changements plus significatifs.

Comprendre la rétropropagation est crucial pour implémenter des techniques avancées comme l'écrêtage de gradient pour prévenir les gradients explosifs, ou l'analyse des problèmes de gradients évanescents dans les réseaux profonds. C'est également la base d'algorithmes d'optimisation plus sophistiqués comme Adam ou RMSprop, qui utilisent l'information du gradient pour adapter les taux d'apprentissage pour chaque paramètre individuellement.

4. Étape d'optimisation

Le processus d'optimisation est une composante cruciale de l'entraînement des réseaux de neurones, où les paramètres du modèle sont ajustés en fonction des gradients calculés. Cette étape vise à minimiser la fonction de perte, améliorant ainsi les performances du modèle. Voici un aperçu plus détaillé de ce processus :

Mises à jour basées sur le gradient : L'optimiseur utilise les gradients calculés pendant la rétropropagation pour mettre à jour les poids et les biais du modèle. La direction de ces mises à jour est opposée au gradient, car nous visons à minimiser la perte.

Algorithmes d'optimisation : Divers algorithmes ont été développés pour effectuer ces mises à jour efficacement :

- **Descente de Gradient Stochastique (SGD) :** La forme la plus simple, qui met à jour les paramètres en fonction du gradient du lot courant.
- **Adam (Estimation Adaptative des Moments) :** Combine des idées de RMSprop et des méthodes de momentum, adaptant le taux d'apprentissage pour chaque paramètre.
- **RMSprop :** Utilise une moyenne mobile des gradients au carré pour normaliser le gradient lui-même.

Taux d'apprentissage : Cet hyperparamètre crucial détermine la taille du pas à chaque itération en se déplaçant vers un minimum de la fonction de perte. Un taux d'apprentissage élevé peut causer un dépassement, tandis qu'un taux faible peut mener à une convergence lente.

Planifications de taux d'apprentissage : De nombreux régimes d'entraînement emploient des taux d'apprentissage dynamiques qui changent au fil du temps. Les stratégies courantes incluent la décroissance par paliers, la décroissance exponentielle et le recuit cosinus.

Momentum : Cette technique aide à accélérer la SGD dans la direction pertinente et à amortir les oscillations. Elle le fait en ajoutant une fraction du vecteur de mise à jour de l'étape temporelle passée au vecteur de mise à jour actuel.

Décroissance des poids : Également connue sous le nom de régularisation L2, cette technique aide à prévenir le surapprentissage en ajoutant une petite pénalité à la fonction de perte pour les valeurs de poids plus importantes.

En affinant ces techniques d'optimisation, les chercheurs et les praticiens peuvent améliorer significativement la vitesse d'entraînement et les performances de leurs réseaux de neurones.

Ce processus est répété pour chaque lot de données au sein d'une époque, puis pour plusieurs époques. Au fur et à mesure que l'entraînement progresse, les performances du modèle s'améliorent généralement, avec une diminution de la perte et une augmentation de la précision. Cependant, des précautions doivent être prises pour éviter le surapprentissage, où le modèle performe bien sur les données d'entraînement mais échoue à généraliser à des données non vues. Des techniques telles que la régularisation, l'arrêt précoce et la validation croisée sont souvent employées pour s'assurer que le modèle généralise bien.

Exemple : Entraînement d'un réseau de neurones simple sur le jeu de données MNIST

```
import torch
import torch.nn as nn
import torch.optim as optim
from torchvision import datasets, transforms
from torch.utils.data import DataLoader

# Define a simple neural network
class SimpleNN(nn.Module):
    def __init__(self):
        super(SimpleNN, self).__init__()
        self.flatten = nn.Flatten()
        self.fc1 = nn.Linear(28*28, 128)
        self.relu = nn.ReLU()
        self.fc2 = nn.Linear(128, 10)

    def forward(self, x):
        x = self.flatten(x)
        x = self.fc1(x)
        x = self.relu(x)
        x = self.fc2(x)
        return x

# Set device
device = torch.device("cuda" if torch.cuda.is_available() else "cpu")

# Define transformations for the MNIST dataset
transform = transforms.Compose([
    transforms.ToTensor(),
    transforms.Normalize((0.1307,), (0.3081,))  # MNIST mean and std
])

# Load the MNIST dataset
train_dataset = datasets.MNIST(root='./data', train=True, download=True,
transform=transform)
train_loader = DataLoader(train_dataset, batch_size=64, shuffle=True)

# Initialize the model, loss function, and optimizer
model = SimpleNN().to(device)
criterion = nn.CrossEntropyLoss()
optimizer = optim.Adam(model.parameters(), lr=0.001)

# Training loop
epochs = 10
for epoch in range(epochs):
    model.train()
    running_loss = 0.0
    correct = 0
    total = 0
    for batch_idx, (images, labels) in enumerate(train_loader):
        images, labels = images.to(device), labels.to(device)
```

```
        # Zero the gradients
        optimizer.zero_grad()

        # Forward pass
        outputs = model(images)

        # Compute the loss
        loss = criterion(outputs, labels)

        # Backward pass and optimize
        loss.backward()
        optimizer.step()

        # Statistics
        running_loss += loss.item()
        _, predicted = outputs.max(1)
        total += labels.size(0)
        correct += predicted.eq(labels).sum().item()

        if (batch_idx + 1) % 100 == 0:
            print(f'Epoch                [{epoch+1}/{epochs}],            Step
[{batch_idx+1}/{len(train_loader)}], '
                  f'Loss: {loss.item():.4f}, Accuracy: {100*correct/total:.2f}%')

    epoch_loss = running_loss / len(train_loader)
    epoch_acc = 100 * correct / total
    print(f'Epoch    [{epoch+1}/{epochs}],    Loss:    {epoch_loss:.4f},    Accuracy:
{epoch_acc:.2f}%')

print('Training finished!')

# Save the model
torch.save(model.state_dict(), 'mnist_model.pth')
print('Model saved!')
```

Cet exemple de code fournit une implémentation plus complète de l'entraînement d'un réseau de neurones sur le jeu de données MNIST en utilisant PyTorch.

Analysons-le :

1. Importations et Configuration :
    - Nous importons les modules PyTorch nécessaires et configurons le périphérique (CPU ou GPU).
2. Définition du Réseau de Neurones :
    - Nous définissons une classe simple de réseau neuronal SimpleNN avec deux couches entièrement connectées.

    - La méthode forward définit comment les données circulent à travers le réseau.

3. Préparation des Données :
    - Nous définissons des transformations pour normaliser les données MNIST.
    - Le jeu de données MNIST est chargé et encapsulé dans un DataLoader pour le traitement par lots.
4. Initialisation du Modèle :
    - Nous créons une instance de notre modèle SimpleNN et la déplaçons vers le périphérique approprié.
    - Nous définissons la fonction de perte (Cross Entropy Loss) et l'optimiseur (Adam).
5. Boucle d'Entraînement :
    - Nous itérons sur le jeu de données pendant un nombre spécifié d'époques.
    - Dans chaque époque, nous :
        - Mettons le modèle en mode entraînement.
        - Itérons sur les lots de données.
        - Effectuons une passe avant, calculons la perte, rétropropageons et mettons à jour les paramètres du modèle.
        - Suivons et affichons périodiquement les statistiques (perte et précision).
6. Sauvegarde du Modèle :
    - Après l'entraînement, nous sauvegardons le dictionnaire d'état du modèle pour une utilisation future.

Cette implémentation inclut plusieurs améliorations par rapport à l'originale :

- Elle utilise une classe de réseau neuronal personnalisée au lieu de supposer un modèle prédéfini.
- Elle inclut la gestion des périphériques pour une potentielle accélération GPU.
- Elle suit et rapporte à la fois la perte et la précision pendant l'entraînement.
- Elle sauvegarde le modèle entraîné pour une utilisation future.

Cet exemple complet fournit une base solide pour comprendre le processus complet de définition, d'entraînement et de sauvegarde d'un réseau neuronal avec PyTorch.

4.2.4 Évaluation du Modèle

Une fois le modèle entraîné, il est crucial d'évaluer sa performance sur des données non vues, généralement un ensemble de validation ou de test. Ce processus d'évaluation est une étape critique dans le pipeline d'apprentissage automatique pour plusieurs raisons :

- Il fournit une estimation non biaisée de la performance du modèle sur de nouvelles données non vues.
- Il aide à détecter le surapprentissage, où le modèle performe bien sur les données d'entraînement mais mal sur de nouvelles données.
- Il permet la comparaison entre différents modèles ou configurations d'hyperparamètres.

Le processus d'évaluation implique plusieurs étapes clés :

1. Préparation des Données

L'ensemble de test subit des prétraitements et transformations similaires à ceux de l'ensemble d'entraînement pour assurer la cohérence. Cette étape est cruciale pour maintenir l'intégrité du processus d'évaluation. Elle implique généralement :

- La normalisation des caractéristiques d'entrée à une échelle commune
- Le redimensionnement des images à une dimension uniforme
- L'encodage des variables catégorielles
- La gestion des données manquantes

De plus, il est important de s'assurer que l'ensemble de test reste complètement séparé des données d'entraînement pour éviter les fuites de données, qui pourraient conduire à des estimations de performance trop optimistes.

2. Inférence du Modèle

Durant cette phase critique, le modèle entraîné est appliqué à l'ensemble de test pour générer des prédictions. Il est essentiel de mettre le modèle en mode évaluation, ce qui désactive les fonctionnalités spécifiques à l'entraînement comme le dropout et la normalisation par lots. Cela assure un comportement cohérent pendant l'inférence et améliore souvent les performances.

En mode évaluation, plusieurs changements clés se produisent :

- Les couches de dropout sont désactivées, permettant à tous les neurones de contribuer à la sortie.
- La normalisation par lots utilise des statistiques continues au lieu de celles spécifiques au lot.
- Le modèle n'accumule pas de gradients, ce qui accélère le calcul.

Pour mettre un modèle PyTorch en mode évaluation, vous appelez simplement model.eval(). Cette seule ligne de code déclenche tous les ajustements internes nécessaires. Il est crucial de se rappeler de revenir au mode entraînement (model.train()) si vous prévoyez de reprendre l'entraînement plus tard.

Pendant l'inférence, il est également courant d'utiliser torch.no_grad() pour optimiser davantage les performances en désactivant les calculs de gradient. Cela peut réduire significativement l'utilisation de la mémoire et accélérer le processus d'évaluation, en particulier pour les grands modèles ou jeux de données.

3. Métriques de Performance

Le processus d'évaluation implique la comparaison des prédictions du modèle avec les étiquettes réelles en utilisant des métriques appropriées. Le choix des métriques dépend de la nature de la tâche :

Tâches de Classification :

- Précision : La proportion de prédictions correctes parmi le nombre total de cas examinés.
- Précision (Precision) : Le rapport entre les observations positives correctement prédites et le total des positifs prédits.
- Rappel (Sensibilité) : Le rapport entre les observations positives correctement prédites et tous les positifs réels.
- Score F1 : La moyenne harmonique de la précision et du rappel, fournissant un score unique qui équilibre les deux métriques.
- Aire Sous la Courbe ROC (ROC-AUC) : Mesure la capacité du modèle à distinguer entre les classes.

Tâches de Régression :

- Erreur Quadratique Moyenne (MSE) : Mesure la moyenne des différences au carré entre les valeurs prédites et réelles.
- Racine de l'Erreur Quadratique Moyenne (RMSE) : La racine carrée de la MSE, fournissant une métrique dans la même unité que la variable cible.
- Erreur Absolue Moyenne (MAE) : Mesure la moyenne des différences absolues entre les valeurs prédites et réelles.
- R-carré (Coefficient de Détermination) : Indique la proportion de la variance dans la variable dépendante qui est prévisible à partir de la/des variable(s) indépendante(s).

Ces métriques fournissent des aperçus précieux sur différents aspects de la performance du modèle, permettant une évaluation complète et une comparaison entre différents modèles ou versions.

4. Analyse des Erreurs

Au-delà des métriques agrégées, il est crucial de mener un examen détaillé des erreurs individuelles pour obtenir des aperçus plus profonds sur la performance du modèle. Ce processus implique :

- L'identification des modèles dans les classifications erronées ou les erreurs de prédiction
- L'analyse des caractéristiques des points de données qui conduisent systématiquement à des prédictions incorrectes
- L'investigation des cas limites et des valeurs aberrantes qui défient le processus de prise de décision du modèle

En conduisant une analyse d'erreur approfondie, les chercheurs peuvent :

- Découvrir des biais dans le modèle ou les données d'entraînement
- Identifier les domaines où le modèle manque de connaissances ou de contexte suffisants
- Orienter des améliorations ciblées dans la collecte de données, l'ingénierie des caractéristiques ou l'architecture du modèle

Ce processus mène souvent à des aperçus précieux qui conduisent à des améliorations itératives de la performance et de la robustesse du modèle.

En évaluant minutieusement le modèle, les chercheurs et les praticiens peuvent avoir confiance en sa capacité de généralisation et prendre des décisions éclairées concernant le déploiement du modèle ou des améliorations supplémentaires.

Exemple : Évaluation du Modèle sur les Données de Test

```
import torch
import torch.nn as nn
from torchvision import datasets, transforms
from torch.utils.data import DataLoader
import matplotlib.pyplot as plt
from sklearn.metrics import confusion_matrix
import seaborn as sns

# Define the neural network
class SimpleNN(nn.Module):
    def __init__(self):
        super(SimpleNN, self).__init__()
        self.flatten = nn.Flatten()
```

```
        self.fc1 = nn.Linear(28*28, 128)
        self.relu = nn.ReLU()
        self.fc2 = nn.Linear(128, 10)

    def forward(self, x):
        x = self.flatten(x)
        x = self.fc1(x)
        x = self.relu(x)
        x = self.fc2(x)
        return x

# Set device
device = torch.device("cuda" if torch.cuda.is_available() else "cpu")

# Define transformations for the MNIST dataset
transform = transforms.Compose([
    transforms.ToTensor(),
    transforms.Normalize((0.1307,), (0.3081,))  # MNIST mean and std
])

# Load the test dataset
test_dataset = datasets.MNIST(root='./data', train=False, download=True,
transform=transform)
test_loader = DataLoader(test_dataset, batch_size=32, shuffle=False)

# Load the trained model
model = SimpleNN().to(device)
model.load_state_dict(torch.load('mnist_model.pth'))

# Switch model to evaluation mode
model.eval()

# Disable gradient computation for evaluation
correct = 0
total = 0
all_preds = []
all_labels = []

with torch.no_grad():
    for images, labels in test_loader:
        images, labels = images.to(device), labels.to(device)
        outputs = model(images)
        _, predicted = torch.max(outputs, 1)
        total += labels.size(0)
        correct += (predicted == labels).sum().item()

        all_preds.extend(predicted.cpu().numpy())
        all_labels.extend(labels.cpu().numpy())

# Calculate accuracy
accuracy = 100 * correct / total
print(f'Accuracy on test set: {accuracy:.2f}%')
```

```
# Confusion Matrix
cm = confusion_matrix(all_labels, all_preds)
plt.figure(figsize=(10,8))
sns.heatmap(cm, annot=True, fmt='d', cmap='Blues')
plt.title('Confusion Matrix')
plt.ylabel('True Label')
plt.xlabel('Predicted Label')
plt.show()

# Visualize some predictions
fig, axes = plt.subplots(2, 5, figsize=(12, 6))
axes = axes.ravel()

for i in range(10):
    idx = torch.where(torch.tensor(all_labels) == i)[0][0]
    img = test_dataset[idx][0].squeeze().numpy()
    axes[i].imshow(img, cmap='gray')
    axes[i].set_title(f'True: {all_labels[idx]}, Pred: {all_preds[idx]}')
    axes[i].axis('off')

plt.tight_layout()
plt.show()
```

Cet exemple de code fournit une évaluation complète du modèle entraîné sur le jeu de données de test MNIST.

Analysons-le en détail :

1. Importations et configuration :
    - Nous importons des bibliothèques supplémentaires comme matplotlib et seaborn pour la visualisation, et sklearn pour calculer la matrice de confusion.
    - Le périphérique est configuré pour utiliser CUDA si disponible, permettant l'accélération GPU.
2. Définition du modèle :
    - Nous définissons une classe de réseau neuronal simple SimpleNN avec deux couches entièrement connectées.
    - La méthode forward définit comment les données circulent à travers le réseau.
3. Préparation des données :
    - Nous définissons des transformations pour normaliser les données MNIST.
    - Le jeu de données de test MNIST est chargé et encapsulé dans un DataLoader pour le traitement par lots.

4. Chargement du modèle :
    - Nous créons une instance de notre modèle SimpleNN et chargeons les poids pré-entraînés depuis 'mnist_model.pth'.
5. Boucle d'évaluation :
    - Nous passons le modèle en mode évaluation avec model.eval().
    - En utilisant torch.no_grad(), nous désactivons le calcul des gradients pour économiser de la mémoire et accélérer l'inférence.
    - Nous parcourons le jeu de données de test, faisons des prédictions et accumulons les résultats.
    - Nous gardons une trace des prédictions correctes, du nombre total d'échantillons, et stockons toutes les prédictions et étiquettes réelles pour une analyse plus approfondie.
6. Métriques de performance :
    - Nous calculons et affichons la précision globale sur le jeu de test.
7. Matrice de confusion :
    - Nous utilisons sklearn pour calculer la matrice de confusion et seaborn pour la visualiser sous forme de carte de chaleur.
    - Cela aide à identifier quels chiffres le modèle confond le plus souvent.
8. Visualisation des prédictions :
    - Nous sélectionnons un exemple de chaque chiffre (0-9) du jeu de test.
    - Nous affichons ces exemples avec leurs étiquettes réelles et les prédictions du modèle.
    - Cette inspection visuelle peut fournir des aperçus sur les types d'erreurs que fait le modèle.

Cette évaluation complète ne donne pas seulement la précision globale, mais fournit également des informations détaillées sur la performance du modèle à travers différentes classes, aidant à identifier les forces et les faiblesses dans ses prédictions.

4.3 Apprentissage par transfert et ajustement fin des modèles PyTorch pré-entraînés

Dans de nombreuses applications réelles, l'entraînement d'un modèle d'apprentissage profond à partir de zéro présente des défis importants. Ceux-ci incluent la rareté de grands ensembles de données étiquetées et les ressources informatiques substantielles nécessaires pour entraîner des modèles complexes avec des millions de paramètres. **L'apprentissage par transfert** offre une solution élégante à ces défis en tirant parti des connaissances issues de modèles préexistants.

Cette approche implique de prendre un modèle qui a été pré-entraîné sur un grand ensemble de données général (comme ImageNet, qui contient des millions d'images étiquetées dans des milliers de catégories) et de l'adapter à une nouvelle tâche, souvent plus spécifique. L'idée clé est que les caractéristiques apprises par le modèle sur la tâche originale sont souvent suffisamment générales pour être utiles pour d'autres tâches connexes.

L'apprentissage par transfert est particulièrement puissant dans des domaines comme la vision par ordinateur, le traitement du langage naturel et la reconnaissance vocale. Par exemple, un modèle entraîné sur ImageNet peut être adapté pour des tâches spécifiques comme l'identification d'espèces végétales ou la détection de conditions médicales dans des radiographies, souvent avec beaucoup moins de données spécifiques à la tâche que ce qui serait nécessaire pour un entraînement à partir de zéro.

Lors de l'implémentation de l'apprentissage par transfert dans PyTorch, les chercheurs et praticiens emploient généralement l'une des deux stratégies principales :

1. **Extraction de caractéristiques** : Dans cette approche, le modèle pré-entraîné est utilisé comme un extracteur de caractéristiques fixe. Les poids de la majorité du réseau (généralement toutes les couches sauf la dernière) sont gelés, ce qui signifie qu'ils ne seront pas mis à jour pendant l'entraînement. Seule la dernière couche, souvent appelée couche de classification, est remplacée par une nouvelle couche appropriée pour la nouvelle tâche et entraînée sur le nouveau jeu de données. Cette méthode est particulièrement utile lorsque la nouvelle tâche est similaire à la tâche originale et lorsque les ressources informatiques ou les données spécifiques à la tâche sont limitées.
2. **Ajustement fin** : Cette approche plus flexible implique de dégeler certaines ou toutes les couches du modèle pré-entraîné et de continuer à les entraîner sur le nouveau jeu de données. L'ajustement fin permet au modèle d'adapter ses caractéristiques apprises aux spécificités de la nouvelle tâche. Cette méthode peut conduire à de meilleures performances, surtout lorsque la nouvelle tâche est significativement différente de la tâche originale ou lorsqu'il y a une quantité substantielle de données spécifiques à la tâche disponible. Cependant, elle nécessite une gestion prudente des taux d'apprentissage et de la régularisation pour éviter le surapprentissage ou l'oubli catastrophique des caractéristiques initialement apprises.

Le choix entre l'extraction de caractéristiques et l'ajustement fin dépend souvent de facteurs tels que la taille et la similarité du nouveau jeu de données par rapport au jeu de données original, la complexité de la nouvelle tâche et les ressources informatiques disponibles. En pratique, il est courant de commencer par l'extraction de caractéristiques et de passer progressivement à l'ajustement fin selon les besoins pour optimiser les performances.

4.3.1 Modèles pré-entraînés dans PyTorch

PyTorch offre une vaste collection de **modèles pré-entraînés** via le module **torchvision.models**, simplifiant considérablement le processus d'apprentissage par transfert. Ces modèles, qui incluent des architectures populaires comme ResNet, VGG et Inception, ont été entraînés sur l'immense jeu de données ImageNet. Ce jeu de données comprend plus de 1,2 million d'images réparties en 1 000 catégories d'objets diverses, permettant à ces modèles d'apprendre des caractéristiques riches et généralisables.

La disponibilité de ces modèles pré-entraînés présente plusieurs avantages :

1. Prototypage rapide

Les modèles pré-entraînés dans PyTorch permettent une expérimentation rapide avec des architectures de pointe, réduisant considérablement le temps et les ressources généralement nécessaires au développement de modèles. Cet avantage permet aux chercheurs et développeurs de :

- Tester rapidement des hypothèses et des idées en utilisant des architectures de modèles établies
- Itérer rapidement sur différentes configurations de modèles sans nécessiter de cycles d'entraînement extensifs
- Explorer l'efficacité de diverses architectures sur des tâches ou des jeux de données spécifiques
- Accélérer le processus de développement en tirant parti des caractéristiques pré-apprises
- Se concentrer davantage sur la résolution de problèmes et moins sur les subtilités de l'implémentation des modèles

Cette capacité est particulièrement précieuse dans les domaines où les délais de mise sur le marché ou les échéances de recherche sont critiques, permettant une innovation et une découverte plus rapides dans les applications d'apprentissage automatique.

2. Efficacité de l'apprentissage par transfert

Ces modèles pré-entraînés constituent d'excellents points de départ pour les tâches d'apprentissage par transfert, réduisant considérablement le temps et les ressources nécessaires à l'entraînement. En exploitant les caractéristiques riches apprises à partir de jeux de données à grande échelle comme ImageNet, ces modèles peuvent être affinés sur des jeux de données plus petits et spécifiques à un domaine avec une efficacité remarquable. Cette approche est particulièrement précieuse dans les scénarios où les données étiquetées sont rares ou coûteuses à obtenir, comme dans l'imagerie médicale ou les applications industrielles spécialisées.

L'efficacité de l'apprentissage par transfert avec ces modèles pré-entraînés découle de plusieurs facteurs :

- Réutilisation des caractéristiques : Les couches inférieures de ces modèles capturent souvent des caractéristiques génériques (comme les bords, les textures et les formes) qui sont applicables à un large éventail de tâches visuelles.
- Temps d'entraînement réduit : L'ajustement fin d'un modèle pré-entraîné nécessite généralement moins d'époques pour converger par rapport à un entraînement à partir de zéro, ce qui entraîne d'importantes économies de temps.
- Meilleure généralisation : Les connaissances diverses encodées dans les modèles pré-entraînés aident souvent à obtenir une meilleure généralisation sur de nouvelles tâches, même avec des données spécifiques au domaine limitées.
- Exigences informatiques réduites : L'ajustement fin nécessite généralement moins de puissance de calcul que l'entraînement d'un modèle complexe à partir de zéro, le rendant plus accessible aux chercheurs et développeurs disposant de ressources limitées.

Cette efficacité dans l'apprentissage par transfert a démocratisé l'accès aux techniques d'apprentissage automatique de pointe, permettant un prototypage rapide et le déploiement de modèles sophistiqués dans divers domaines et applications.

3. Comparaisons de référence

Les modèles pré-entraînés servent de points de référence inestimables pour évaluer les architectures personnalisées. Ils offrent plusieurs avantages à cet égard :

- Métriques de performance standardisées : Les chercheurs peuvent comparer leurs approches novatrices à des références largement reconnues, garantissant une évaluation équitable et cohérente.
- Aperçus inter-architectures : En se comparant à divers modèles pré-entraînés, les développeurs peuvent acquérir une compréhension plus approfondie des forces et des faiblesses de leur modèle personnalisé à travers différentes conceptions architecturales.
- Efficacité en temps et en ressources : L'utilisation de modèles pré-entraînés comme références élimine la nécessité de former plusieurs modèles complexes à partir de zéro, réduisant considérablement les ressources informatiques et le temps nécessaires pour des comparaisons complètes.

- Performance de référence dans l'industrie : Les modèles pré-entraînés représentent souvent les performances de pointe sur des jeux de données à grande échelle, fournissant une barre haute que les modèles personnalisés peuvent viser ou dépasser.

Cette capacité d'étalonnage est cruciale pour faire progresser le domaine de l'apprentissage automatique, car elle permet aux chercheurs et aux praticiens de quantifier les améliorations et d'identifier les domaines d'innovation supplémentaire dans la conception et les techniques d'entraînement des modèles.

Pour utiliser ces modèles pré-entraînés, vous pouvez simplement les importer depuis torchvision.models et spécifier le paramètre pretrained=True. Cela charge l'architecture du modèle avec ses poids pré-entraînés, prêt pour une utilisation immédiate ou un ajustement fin sur votre tâche spécifique.

Exemple : Chargement d'un modèle pré-entraîné

```
import torch
import torchvision.models as models
from torchvision import transforms
from PIL import Image
import matplotlib.pyplot as plt

# Load a pretrained ResNet-18 model (compatible with latest torchvision versions)
model = models.resnet18(weights=models.ResNet18_Weights.DEFAULT)

# Print the model architecture
print(model)

# Set the model to evaluation mode
model.eval()

# Define image transformations
transform = transforms.Compose([
    transforms.Resize(256),
    transforms.CenterCrop(224),
    transforms.ToTensor(),
    transforms.Normalize(mean=[0.485, 0.456, 0.406], std=[0.229, 0.224, 0.225])
])

# Load and preprocess an image
img_path = 'path_to_your_image.jpg'  # Ensure this path is correct
img = Image.open(img_path)
img_tensor = transform(img).unsqueeze(0)  # Add batch dimension

# Make a prediction
with torch.no_grad():
    output = model(img_tensor)

# Get the predicted class
_, predicted_idx = torch.max(output, 1)
```

```
# Load ImageNet class labels from Torchvision
labels = models.ResNet18_Weights.DEFAULT.meta["categories"]

# Print the predicted class
print(f"Predicted class: {labels[predicted_idx]}")

# Visualize the image
plt.imshow(img)
plt.axis('off')
plt.title(f"Predicted: {labels[predicted_idx]}")
plt.show()
```

Cet exemple montre comment utiliser un modèle ResNet-18 pré-entraîné pour la classification d'images dans PyTorch.

1. **Importations** : Les bibliothèques nécessaires sont torch pour PyTorch, torchvision.models pour les modèles pré-entraînés, torchvision.transforms pour le prétraitement d'images, PIL pour la manipulation d'images, et matplotlib.pyplot pour la visualisation.
2. **Chargement du Modèle** : Le modèle est chargé en utilisant models.resnet18(weights=models.ResNet18_Weights.DEFAULT), assurant la compatibilité avec les versions les plus récentes de PyTorch. Le modèle est mis en mode évaluation en utilisant model.eval().
3. **Prétraitement d'Image** : L'image est redimensionnée à 256x256, recadrée au centre à 224x224, convertie en tenseur, et normalisée en utilisant la moyenne et l'écart-type d'ImageNet.
4. **Chargement et Traitement d'Image** : L'image est chargée en utilisant Image.open(), transformée, et remodelée avec .unsqueeze(0) pour correspondre aux exigences d'entrée du modèle.
5. **Effectuer une Prédiction** : L'image traitée est passée à travers le modèle à l'intérieur de torch.no_grad() pour désactiver le suivi du gradient. L'indice de classe avec la plus haute probabilité est obtenu en utilisant torch.max().
6. **Interpréter les Résultats** : L'indice de classe prédit est associé à son étiquette en utilisant models.ResNet18_Weights.DEFAULT.meta["categories"].
7. **Visualisation** : L'image est affichée avec matplotlib.pyplot, et la classe prédite est montrée dans le titre.

Ce processus simple charge un modèle pré-entraîné, traite une image, fait une prédiction, et visualise le résultat.

4.3.2 Extraction de Caractéristiques avec des Modèles Pré-entraînés

Dans l'approche d'**extraction de caractéristiques**, nous exploitons la puissance des modèles pré-entraînés en les traitant comme des extracteurs de caractéristiques sophistiqués. Cette méthode implique de geler les poids des couches convolutives du modèle pré-entraîné, qui ont déjà appris à reconnaître une large gamme de caractéristiques visuelles à partir de grands jeux de données comme ImageNet. En maintenant ces couches fixes, nous préservons leur capacité à extraire des caractéristiques significatives des images, indépendamment de la tâche spécifique à accomplir.

La modification clé dans cette approche est le remplacement de la dernière couche entièrement connectée (FC) du modèle pré-entraîné par une nouvelle couche adaptée à notre tâche spécifique. Cette nouvelle couche FC devient la seule partie entraînable du réseau, agissant comme un classificateur qui apprend à faire correspondre les caractéristiques extraites aux classes de sortie désirées de notre nouvelle tâche. Cette stratégie est particulièrement efficace lorsque :

- La nouvelle tâche est similaire à la tâche originale pour laquelle le modèle a été entraîné
- Le jeu de données disponible pour la nouvelle tâche est relativement petit
- Les ressources computationnelles sont limitées
- Un prototypage rapide ou une expérimentation est nécessaire

En utilisant l'extraction de caractéristiques, nous pouvons réduire considérablement le temps d'entraînement et les besoins en ressources tout en bénéficiant des riches représentations de caractéristiques apprises par des modèles de pointe. Cette approche permet une adaptation rapide à de nouvelles tâches et domaines, ce qui en fait une technique précieuse dans l'apprentissage par transfert.

Exemple : Utilisation d'un ResNet Pré-entraîné pour l'Extraction de Caractéristiques

```
import torch
import torch.nn as nn
import torchvision.models as models
from torchvision import transforms
from torch.utils.data import DataLoader
from torchvision.datasets import CIFAR10

# Load a pretrained ResNet-18 model (compatible with latest torchvision versions)
model = models.resnet18(weights=models.ResNet18_Weights.DEFAULT)

# Freeze all layers in the model (i.e., prevent backpropagation through these layers)
for param in model.parameters():
    param.requires_grad = False
```

```
# Replace the final fully connected layer to match the number of classes in the new dataset
# ResNet's final layer (fc) originally outputs 1000 classes, we change it to 10 for CIFAR-10
model.fc = nn.Linear(in_features=model.fc.in_features, out_features=10)

# Print the modified model
print(model)

# Define transformations for the CIFAR-10 dataset
transform = transforms.Compose([
    transforms.Resize(224),  # ResNet expects 224x224 input
    transforms.ToTensor(),
    transforms.Normalize(mean=[0.485, 0.456, 0.406], std=[0.229, 0.224, 0.225])
])

# Load CIFAR-10 dataset
train_dataset = CIFAR10(root='./data', train=True, download=True, transform=transform)
train_loader = DataLoader(train_dataset, batch_size=32, shuffle=True)

# Define loss function and optimizer
criterion = nn.CrossEntropyLoss()
optimizer = torch.optim.Adam(model.fc.parameters(), lr=0.001)

# Training loop
num_epochs = 5
device = torch.device("cuda" if torch.cuda.is_available() else "cpu")
model.to(device)

for epoch in range(num_epochs):
    model.train()
    running_loss = 0.0
    for i, (images, labels) in enumerate(train_loader):
        images, labels = images.to(device), labels.to(device)

        optimizer.zero_grad()
        outputs = model(images)
        loss = criterion(outputs, labels)
        loss.backward()
        optimizer.step()

        running_loss += loss.item()

        if (i + 1) % 100 == 0:
            print(f'Epoch [{epoch+1}/{num_epochs}], Step [{i+1}/{len(train_loader)}], Loss: {running_loss/100:.4f}')
            running_loss = 0.0

print("Training completed!")

# Save the fine-tuned model
```

```
torch.save(model.state_dict(), 'resnet18_cifar10.pth')
```

Cet exemple procède au fine-tuning d'un **modèle ResNet-18 pré-entraîné** sur le **jeu de données CIFAR-10** en utilisant PyTorch.

1. **Importations** : Les bibliothèques nécessaires comprennent torch pour PyTorch, torch.nn pour les réseaux de neurones, torchvision.models pour les modèles pré-entraînés, torchvision.transforms pour le prétraitement, et torch.utils.data.DataLoader pour la gestion des jeux de données.
2. **Chargement du Modèle Pré-entraîné** : Le modèle est chargé en utilisant models.resnet18(weights=models.ResNet18_Weights.DEFAULT), assurant la compatibilité avec les versions récentes de PyTorch.
3. **Gel des Couches Pré-entraînées** : Toutes les couches sauf la dernière couche entièrement connectée sont gelées en utilisant param.requires_grad = False, évitant les mises à jour inutiles pendant l'entraînement.
4. **Modification de la Couche Finale** : La dernière couche entièrement connectée (fc) est remplacée pour produire **10 classes** au lieu de **1000**, la rendant adaptée à CIFAR-10.
5. **Prétraitement d'Image** : Le jeu de données est redimensionné à **224x224**, converti en tenseur, et normalisé en utilisant la moyenne et l'écart-type d'ImageNet.
6. **Chargement du Jeu de Données CIFAR-10** : Le jeu de données est téléchargé et chargé dans un DataLoader avec une taille de lot de **32**.
7. **Définition de la Fonction de Perte et de l'Optimiseur** : La fonction de perte est **CrossEntropyLoss**, et l'optimiseur est **Adam**, mettant à jour uniquement la nouvelle couche fc.
8. **Boucle d'Entraînement** : Le modèle s'entraîne pendant **5 époques**, itérant à travers des mini-lots, calculant la perte, et mettant à jour les poids.
9. **Sauvegarde du Modèle** : Le modèle affiné est sauvegardé en utilisant torch.save(model.state_dict(), 'resnet18_cifar10.pth') pour une utilisation future.

Cet exemple complet illustre l'ensemble du processus d'apprentissage par transfert, du chargement d'un modèle pré-entraîné à son fine-tuning sur un nouveau jeu de données et à la sauvegarde des résultats. C'est une démonstration pratique de l'exploitation des modèles pré-entraînés pour de nouvelles tâches avec un entraînement minimal.

4.3.3 Fine-Tuning d'un Modèle Pré-entraîné

Dans le **fine-tuning**, nous permettons à certaines ou toutes les couches du modèle pré-entraîné d'être mises à jour pendant l'entraînement. Cette approche offre un équilibre entre l'exploitation des caractéristiques pré-apprises et l'adaptation du modèle à une nouvelle tâche. Généralement, nous gelons les premières couches (qui captent des caractéristiques génériques comme les contours et les textures) et affinons les couches plus profondes (qui captent des caractéristiques plus spécifiques à la tâche).

La logique derrière cette stratégie est basée sur la nature hiérarchique des réseaux de neurones. Les premières couches ont tendance à apprendre des caractéristiques générales de bas niveau qui sont applicables à un large éventail de tâches, tandis que les couches plus profondes apprennent des caractéristiques de haut niveau plus spécialisées et spécifiques à la tâche. En gelant les premières couches, nous préservons les précieuses caractéristiques génériques apprises à partir du vaste jeu de données sur lequel le modèle a été initialement entraîné. Cela est particulièrement utile lorsque notre nouvelle tâche dispose de données d'entraînement limitées.

L'affinage des couches plus profondes permet au modèle d'adapter ces caractéristiques de haut niveau aux nuances spécifiques de la nouvelle tâche. Ce processus peut améliorer significativement les performances par rapport à l'utilisation du modèle pré-entraîné tel quel ou à l'entraînement d'un nouveau modèle à partir de zéro, en particulier lorsqu'on traite des jeux de données limités ou lorsque la nouvelle tâche est similaire à la tâche originale pour laquelle le modèle a été entraîné.

Le nombre exact de couches à geler par rapport à celles à affiner est souvent déterminé empiriquement et peut varier en fonction de facteurs tels que la similarité entre les tâches originale et nouvelle, la taille du nouveau jeu de données et les ressources computationnelles disponibles. En pratique, il est courant d'expérimenter différentes configurations pour trouver l'équilibre optimal pour une tâche donnée.

Exemple : Fine-Tuning des Dernières Couches d'un ResNet Pré-entraîné

```
import torch
import torch.nn as nn
import torchvision.models as models
from torchvision import transforms, datasets
from torch.utils.data import DataLoader
import torch.optim as optim

# Load a pretrained ResNet-18 model
model = models.resnet18(weights=models.ResNet18_Weights.DEFAULT)

# Freeze the first few layers
for name, param in model.named_parameters():
    if 'layer4' not in name and 'fc' not in name:  # Only allow parameters in 'layer4'
and 'fc' to be updated
        param.requires_grad = False

# Replace the final fully connected layer
num_ftrs = model.fc.in_features
model.fc = nn.Linear(num_ftrs, 10)  # 10 is the number of classes in CIFAR-10

# Print the modified model with some layers frozen
print(model)
```

```
# Define transformations for the CIFAR-10 dataset
transform = transforms.Compose([
    transforms.Resize(224),  # ResNet expects 224x224 input
    transforms.ToTensor(),
    transforms.Normalize(mean=[0.485, 0.456, 0.406], std=[0.229, 0.224, 0.225])
])

# Load CIFAR-10 dataset
train_dataset = datasets.CIFAR10(root='./data', train=True, download=True,
transform=transform)
train_loader = DataLoader(train_dataset, batch_size=32, shuffle=True)

# Define loss function and optimizer
criterion = nn.CrossEntropyLoss()
optimizer = optim.SGD(filter(lambda p: p.requires_grad, model.parameters()), lr=0.001,
momentum=0.9)

# Training loop
num_epochs = 5
device = torch.device("cuda" if torch.cuda.is_available() else "cpu")
model.to(device)

for epoch in range(num_epochs):
    model.train()
    running_loss = 0.0
    for i, (images, labels) in enumerate(train_loader):
        images, labels = images.to(device), labels.to(device)

        optimizer.zero_grad()
        outputs = model(images)
        loss = criterion(outputs, labels)
        loss.backward()
        optimizer.step()

        running_loss += loss.item()

        if (i + 1) % 100 == 0:
            print(f'Epoch [{epoch+1}/{num_epochs}], Step [{i+1}/{len(train_loader)}],
Loss: {running_loss/100:.4f}')
            running_loss = 0.0

print("Fine-tuning completed!")

# Save the fine-tuned model
torch.save(model.state_dict(), 'resnet18_cifar10_finetuned.pth')
```

Cet exemple démontre une approche complète pour le fine-tuning d'un modèle ResNet-18 pré-entraîné sur le jeu de données CIFAR-10. Analysons-le en détail :

1. Importations et Chargement du Modèle :

- Nous importons les modules nécessaires de PyTorch et torchvision.
- Un modèle ResNet-18 pré-entraîné est chargé en utilisant models.resnet18(weights=models.ResNet18_Weights.DEFAULT).

2. Gel des Couches :
   - Nous parcourons les paramètres nommés du modèle et gelons toutes les couches sauf 'layer4' et 'fc'.
   - Cela est réalisé en définissant param.requires_grad = False pour les couches que nous voulons geler.
3. Modification de la Couche Finale :
   - La dernière couche entièrement connectée (fc) est remplacée par une nouvelle qui produit 10 classes (pour CIFAR-10) au lieu des 1000 originales (pour ImageNet).
   - Nous utilisons model.fc.in_features pour maintenir la taille d'entrée correcte pour la nouvelle couche.
4. Préparation des Données :
   - Nous définissons des transformations pour prétraiter les images CIFAR-10, incluant le redimensionnement à 224x224 (requis par ResNet), la conversion en tenseur, et la normalisation.
   - Le jeu de données CIFAR-10 est chargé et un DataLoader est créé pour le traitement par lots.
5. Configuration de l'Entraînement :
   - Cross Entropy Loss est utilisée comme fonction de perte.
   - L'optimiseur SGD est utilisé pour mettre à jour uniquement les paramètres des couches non gelées (layer4 et fc).
   - Le modèle est déplacé vers le GPU si disponible.
6. Boucle d'Entraînement :
   - Le modèle est affiné pendant un nombre spécifié d'époques.
   - Dans chaque époque, nous parcourons les données d'entraînement, calculons la perte, effectuons la rétropropagation, et mettons à jour les couches non gelées du modèle.
   - La progression de l'entraînement est affichée tous les 100 pas.
7. Sauvegarde du Modèle :

- Après le fine-tuning, le dictionnaire d'état du modèle est sauvegardé dans un fichier.

Cet exemple complet illustre l'ensemble du processus de fine-tuning d'un modèle pré-entraîné, du chargement et de la modification du modèle à son entraînement sur un nouveau jeu de données et à la sauvegarde des résultats. Il démontre comment tirer parti de l'apprentissage par transfert en conservant les connaissances dans les premières couches tout en adaptant les couches ultérieures à une nouvelle tâche.

4.3.4 Entraînement du Modèle avec l'Apprentissage par Transfert

Une fois que le modèle est modifié pour l'apprentissage par transfert (soit par extraction de caractéristiques, soit par fine-tuning), le processus d'entraînement suit une structure similaire à celle de l'entraînement d'un modèle à partir de zéro. Cependant, il y a quelques différences clés à garder à l'esprit :

1. Mises à Jour Sélectives des Paramètres

Dans l'apprentissage par transfert, seules les couches non gelées verront leurs paramètres mis à jour pendant l'entraînement. Cette approche ciblée permet au modèle de conserver des caractéristiques pré-apprises précieuses tout en s'adaptant à la nouvelle tâche. En mettant à jour sélectivement les paramètres, nous pouvons :

- Préserver les caractéristiques générales : Les premières couches des réseaux neuronaux capturent souvent des caractéristiques universelles comme les contours ou les textures. En gelant ces couches, nous maintenons cette connaissance générale.
- Se concentrer sur l'apprentissage spécifique à la tâche : Les couches non gelées, généralement les dernières, peuvent être affinées pour apprendre des caractéristiques spécifiques à la nouvelle tâche.
- Atténuer le surapprentissage : Lorsqu'on travaille avec des jeux de données plus petits, les mises à jour sélectives peuvent aider à empêcher le modèle de surapprendre les nouvelles données en maintenant certaines des caractéristiques robustes apprises à partir du jeu de données original plus large.

Cette stratégie est particulièrement efficace lorsque la nouvelle tâche est similaire à la tâche originale, car elle exploite les connaissances existantes du modèle tout en permettant l'adaptation. Le nombre de couches à geler par rapport à celles à affiner nécessite souvent une expérimentation pour trouver l'équilibre optimal pour une tâche donnée.

2. Considérations sur le Taux d'Apprentissage

Lors du fine-tuning de modèles pré-entraînés, il est crucial de choisir soigneusement le taux d'apprentissage. Un taux d'apprentissage plus faible est souvent recommandé pour plusieurs raisons :

- Préservation des connaissances pré-entraînées : Un taux d'apprentissage plus bas aide à maintenir les caractéristiques précieuses apprises pendant le pré-entraînement, permettant au modèle de s'adapter progressivement à la nouvelle tâche sans perdre ses connaissances initiales.
- Stabilité dans l'entraînement : Des mises à jour plus petites empêchent des changements drastiques des poids du modèle, conduisant à un entraînement plus stable et cohérent.
- Éviter les optima locaux : Des mises à jour douces permettent au modèle d'explorer le paysage de perte plus minutieusement, trouvant potentiellement de meilleurs optima locaux ou même atteignant l'optimum global.

En outre, des techniques comme la planification du taux d'apprentissage peuvent être employées pour optimiser davantage le processus de fine-tuning. Par exemple, vous pourriez commencer avec un taux d'apprentissage encore plus petit et l'augmenter progressivement (warm-up), ou utiliser des taux d'apprentissage cycliques pour explorer périodiquement différentes régions de l'espace des paramètres.

Il est important de noter que le taux d'apprentissage optimal peut varier en fonction de facteurs tels que la similarité entre les tâches source et cible, la taille du nouveau jeu de données, et les couches spécifiques en cours de fine-tuning. Par conséquent, il est souvent bénéfique d'expérimenter avec différents taux d'apprentissage ou d'utiliser des techniques comme les détecteurs de taux d'apprentissage pour déterminer la valeur la plus appropriée pour votre scénario particulier d'apprentissage par transfert.

3. Flux de Gradients et Apprentissage Spécifique aux Couches

Pendant la rétropropagation, les gradients ne circulent qu'à travers les couches non gelées, créant une dynamique d'apprentissage unique. Ce flux de gradients sélectif a plusieurs implications importantes :

- Extraction de Caractéristiques Fixes : Les couches gelées, généralement les premières, agissent comme des extracteurs de caractéristiques statiques. Ces couches, pré-entraînées sur de grands jeux de données, ont déjà appris à reconnaître des caractéristiques générales de bas niveau comme les contours, les textures et les formes basiques. En maintenant ces couches gelées, nous exploitons ces connaissances préexistantes sans modification.
- Apprentissage Adaptatif dans les Couches Non Gelées : Les couches non gelées, généralement les dernières du réseau, reçoivent et traitent les gradients. Ces couches apprennent à interpréter et adapter les caractéristiques fixes extraites par les couches gelées, les adaptant aux exigences spécifiques de la nouvelle tâche.
- Apprentissage par Transfert Efficace : Cette approche permet au modèle de transférer efficacement les connaissances de la tâche d'origine vers la nouvelle tâche. Elle

préserve les caractéristiques généralisées précieuses apprises à partir du grand jeu de données d'origine tout en concentrant le processus d'apprentissage sur les adaptations spécifiques à la tâche.

- Réduction du Risque de Surapprentissage : En limitant les mises à jour des paramètres à seulement un sous-ensemble de couches, nous réduisons le risque de surapprentissage, particulièrement lorsqu'on travaille avec des jeux de données plus petits pour la nouvelle tâche. Ceci est particulièrement avantageux lorsque la nouvelle tâche est similaire à l'originale mais dispose de données d'entraînement limitées.

Cette stratégie de flux de gradients sélectif permet un équilibre subtil entre la préservation des connaissances générales et l'adaptation à de nouvelles tâches spécifiques, faisant de l'apprentissage par transfert une technique puissante dans les scénarios avec des données ou des ressources informatiques limitées.

4. Prétraitement et Augmentation des Données

Lorsqu'on travaille avec des modèles pré-entraînés, il est crucial de prétraiter les données d'entrée d'une manière cohérente avec les données d'entraînement originales du modèle. Cela garantit que les nouvelles données sont dans un format que le modèle peut interpréter efficacement. Le prétraitement implique généralement :

- Redimensionnement d'Image : La plupart des modèles pré-entraînés attendent des images d'entrée d'une taille spécifique (par exemple, 224x224 pixels pour de nombreuses architectures populaires). Le redimensionnement garantit que toutes les images correspondent à cette dimension d'entrée attendue.
- Normalisation : Cela implique d'ajuster les valeurs des pixels à une échelle standard, souvent en utilisant la moyenne et l'écart-type du jeu de données d'entraînement original (par exemple, les statistiques d'ImageNet pour de nombreux modèles).
- Augmentation de Données : Cette technique élargit artificiellement le jeu de données d'entraînement en appliquant diverses transformations aux images existantes. Les augmentations courantes incluent :
- Découpage et retournement aléatoires : Aide le modèle à apprendre l'invariance à la position et à l'orientation.
- Ajustement des couleurs : Modifie la luminosité, le contraste et la saturation pour améliorer la robustesse aux conditions d'éclairage.
- Rotation et mise à l'échelle : Améliore la capacité du modèle à reconnaître des objets sous différents angles et tailles.

Un prétraitement et une augmentation appropriés assurent non seulement la compatibilité avec le modèle pré-entraîné, mais peuvent également améliorer significativement la capacité de généralisation du modèle et ses performances sur la nouvelle tâche.

5. Surveillance des Performances et Arrêt Précoce

Une surveillance vigilante des performances du modèle sur les ensembles d'entraînement et de validation est essentielle dans l'apprentissage par transfert. Contrairement aux modèles entraînés à partir de zéro, les modèles d'apprentissage par transfert présentent souvent une convergence rapide en raison de leurs connaissances préexistantes. Ce processus d'apprentissage accéléré nécessite une observation attentive pour prévenir le surapprentissage. La mise en œuvre de techniques d'arrêt précoce devient cruciale dans ce contexte.

L'arrêt précoce consiste à interrompre le processus d'entraînement lorsque les performances du modèle sur l'ensemble de validation commencent à se détériorer, même si elles continuent de s'améliorer sur l'ensemble d'entraînement. Cette divergence de performances est un indicateur clair de surapprentissage, où le modèle commence à mémoriser les données d'entraînement plutôt qu'à apprendre des modèles généralisables.

Pour mettre en œuvre une surveillance efficace des performances et un arrêt précoce :

- Évaluez régulièrement le modèle sur un ensemble de validation distinct pendant l'entraînement.
- Suivez des métriques clés telles que la précision, la perte et potentiellement des mesures spécifiques à la tâche (par exemple, le score F1 pour les tâches de classification).
- Implémentez des mécanismes de patience, où l'entraînement se poursuit pendant un nombre défini d'époques même après avoir détecté un point potentiel de surapprentissage, pour s'assurer qu'il ne s'agit pas d'une fluctuation temporaire.
- Envisagez d'utiliser des techniques comme la sauvegarde de points de contrôle du modèle pour enregistrer l'état du modèle le plus performant, vous permettant de revenir à ce point optimal après l'entraînement.

En employant ces stratégies, vous pouvez exploiter les capacités d'apprentissage rapide de l'apprentissage par transfert tout en vous protégeant contre le surapprentissage, produisant finalement un modèle qui généralise bien aux données non vues.

En gardant ces facteurs à l'esprit, vous pouvez efficacement tirer parti de l'apprentissage par transfert pour atteindre des performances supérieures sur de nouvelles tâches, particulièrement lorsque vous travaillez avec des jeux de données limités ou des ressources informatiques restreintes.

Exemple : Entraînement d'un ResNet-18 Pré-entraîné sur un Nouveau Jeu de Données

```
import torch
import torch.nn as nn
import torch.optim as optim
from torchvision import datasets, transforms, models
```

```
from torch.utils.data import DataLoader

# Check if CUDA is available
device = torch.device("cuda:0" if torch.cuda.is_available() else "cpu")
print(f"Using device: {device}")

# Define transformations for the new dataset
transform = transforms.Compose([
    transforms.Resize(224),  # ResNet requires 224x224 images
    transforms.ToTensor(),
    transforms.Normalize(mean=[0.485, 0.456, 0.406], std=[0.229, 0.224, 0.225])
])

# Load the new dataset (CIFAR-10)
train_dataset    =    datasets.CIFAR10(root='./data',    train=True,    download=True,
transform=transform)
test_dataset    =    datasets.CIFAR10(root='./data',    train=False,    download=True,
transform=transform)

train_loader = DataLoader(train_dataset, batch_size=32, shuffle=True)
test_loader = DataLoader(test_dataset, batch_size=32, shuffle=False)

# Load pre-trained ResNet18 model
model = models.resnet18(weights=models.ResNet18_Weights.DEFAULT)

# Modify the final layer for CIFAR-10 (10 classes)
num_ftrs = model.fc.in_features
model.fc = nn.Linear(num_ftrs, 10)

# Move model to the appropriate device
model = model.to(device)

# Define the loss function and optimizer
criterion = nn.CrossEntropyLoss()
optimizer = optim.SGD(model.parameters(), lr=0.001, momentum=0.9)

# Training loop
epochs = 10
for epoch in range(epochs):
    model.train()
    running_loss = 0.0
    for i, (images, labels) in enumerate(train_loader):
        images, labels = images.to(device), labels.to(device)

        optimizer.zero_grad()   # Zero the parameter gradients
        outputs = model(images)  # Forward pass
        loss = criterion(outputs, labels)  # Compute the loss
        loss.backward()  # Backward pass (compute gradients)
        optimizer.step()  # Optimization step (update parameters)

        running_loss += loss.item()
```

```
        if i % 100 == 99:    # Print every 100 mini-batches
            print(f'[{epoch + 1}, {i + 1:5d}] loss: {running_loss / 100:.3f}')
            running_loss = 0.0

    # Validation
    model.eval()
    correct = 0
    total = 0
    with torch.no_grad():
        for images, labels in test_loader:
            images, labels = images.to(device), labels.to(device)
            outputs = model(images)
            _, predicted = torch.max(outputs.data, 1)
            total += labels.size(0)
            correct += (predicted == labels).sum().item()

    print(f'Accuracy on test set: {100 * correct / total:.2f}%')

print('Finished Training')

# Save the model
torch.save(model.state_dict(), 'cifar10_resnet18.pth')
```

Cet exemple de code présente une méthode pour affiner un modèle ResNet18 pré-entraîné sur le jeu de données CIFAR-10 en utilisant PyTorch.

Analysons les composants clés et expliquons leurs objectifs :

1. Importations et Configuration du Dispositif :
   - Nous importons les modules nécessaires de PyTorch et torchvision.
   - Nous vérifions la disponibilité de CUDA pour utiliser l'accélération GPU si possible.
2. Prétraitement des Données :
   - Nous définissons un pipeline de transformation qui redimensionne les images à 224x224 (requis par ResNet), les convertit en tenseurs et les normalise en utilisant les statistiques d'ImageNet.
   - Les jeux de données d'entraînement et de test sont chargés à partir du jeu de données CIFAR-10 de torchvision.
3. Chargeurs de Données :
   - Nous créons des objets DataLoader pour les ensembles d'entraînement et de test, qui gèrent le traitement par lots et le mélange des données.
4. Préparation du Modèle :

- Nous chargeons un modèle ResNet18 pré-entraîné en utilisant models.resnet18(weights=models.ResNet18_Weights.DEFAULT).
- La couche entièrement connectée finale est modifiée pour produire 10 classes (pour CIFAR-10) au lieu des 1000 originales (pour ImageNet).
- Le modèle est transféré vers le dispositif approprié (GPU si disponible).

5. Fonction de Perte et Optimiseur :
    - L'Entropie Croisée est utilisée comme fonction de perte, ce qui convient à la classification multi-classes.
    - L'optimiseur SGD est utilisé avec un taux d'apprentissage de 0,001 et un momentum de 0,9.
6. Boucle d'Entraînement :
    - Le modèle est entraîné pendant 10 époques.
    - À chaque époque, nous parcourons les données d'entraînement, calculons la perte, effectuons la rétropropagation et mettons à jour les paramètres du modèle.
    - La progression de l'entraînement est affichée tous les 100 lots.
7. Validation :
    - Après chaque époque, le modèle est évalué sur l'ensemble de test pour mesurer sa précision.
    - Cela aide à surveiller les performances du modèle et à détecter le surapprentissage.
8. Sauvegarde du Modèle :
    - Après l'entraînement, le dictionnaire d'état du modèle est sauvegardé dans un fichier pour une utilisation ultérieure.

Cet exemple illustre l'ensemble du processus d'affinage d'un modèle pré-entraîné, de la préparation des données à l'évaluation et à la sauvegarde du modèle. Il démontre les meilleures pratiques telles que l'utilisation de l'accélération GPU, le prétraitement approprié des données et l'évaluation régulière des performances pendant l'entraînement.

4.3.5 Évaluation du Modèle Affiné

Après la phase d'entraînement, il est crucial d'évaluer les performances du modèle sur un jeu de données de test distinct. Ce processus d'évaluation sert plusieurs objectifs :

- Il fournit une estimation impartiale de la capacité du modèle à généraliser à des données non vues.

- Il aide à détecter les problèmes potentiels de surapprentissage qui ont pu survenir pendant l'entraînement.
- Il permet la comparaison avec d'autres modèles ou des versions antérieures du même modèle.

En évaluant sur un ensemble de test, nous pouvons mesurer à quel point notre modèle affiné fonctionne sur des données qu'il n'a pas rencontrées pendant le processus d'entraînement, nous donnant des informations précieuses sur son applicabilité dans le monde réel.

Exemple : Évaluation du Modèle Affiné

```
import torch
import torchvision
from torchvision import datasets, transforms
from torch.utils.data import DataLoader
import matplotlib.pyplot as plt
import numpy as np

# Define the device
device = torch.device("cuda:0" if torch.cuda.is_available() else "cpu")
print(f"Using device: {device}")

# Define transformations for the test dataset
transform = transforms.Compose([
    transforms.Resize(224),
    transforms.ToTensor(),
    transforms.Normalize(mean=[0.485, 0.456, 0.406], std=[0.229, 0.224, 0.225])
])

# Load the test dataset (CIFAR-10 test set)
test_dataset = datasets.CIFAR10(root='./data', train=False, download=True, transform=transform)
test_loader = DataLoader(test_dataset, batch_size=32, shuffle=False)

# Load the model (assuming it's already trained and saved)
model = torchvision.models.resnet18(weights=None)
num_ftrs = model.fc.in_features
model.fc = torch.nn.Linear(num_ftrs, 10)  # 10 classes for CIFAR-10
model.load_state_dict(torch.load('cifar10_resnet18.pth'))
model = model.to(device)

# Switch model to evaluation mode
model.eval()

# Disable gradient computation for evaluation
correct = 0
total = 0
class_correct = list(0. for i in range(10))
class_total = list(0. for i in range(10))
```

```
with torch.no_grad():
    for images, labels in test_loader:
        images, labels = images.to(device), labels.to(device)
        outputs = model(images)
        _, predicted = torch.max(outputs, 1)
        total += labels.size(0)
        correct += (predicted == labels).sum().item()

        c = (predicted == labels).squeeze()
        for i in range(len(labels)):
            label = labels[i]
            class_correct[label] += c[i].item()
            class_total[label] += 1

# Calculate overall accuracy
accuracy = 100 * correct / total
print(f'Overall Accuracy on test set: {accuracy:.2f}%')

# Calculate and print per-class accuracy
classes = ('plane', 'car', 'bird', 'cat', 'deer', 'dog', 'frog', 'horse', 'ship',
'truck')
for i in range(10):
    print(f'Accuracy of {classes[i]}: {100 * class_correct[i] / class_total[i]:.2f}%')

# Visualize some predictions
def imshow(img):
    img = img / 2 + 0.5     # unnormalize
    npimg = img.numpy()
    plt.imshow(np.transpose(npimg, (1, 2, 0)))
    plt.axis('off')

# Get some random test images
dataiter = iter(test_loader)
images, labels = next(dataiter)

# Make predictions
outputs = model(images.to(device))
_, predicted = torch.max(outputs, 1)

# Show images and their predicted labels
fig = plt.figure(figsize=(12, 48))
for i in range(4):
    ax = fig.add_subplot(1, 4, i+1)
    imshow(images[i])
    ax.set_title(f'Predicted:                    {classes[predicted[i]]}\\nActual:
{classes[labels[i]]}')

plt.tight_layout()
plt.show()
```

Cet exemple de code fournit une évaluation complète du modèle affiné. Analysons-le :

1. Importations et Configuration du Dispositif :
    - Nous importons les modules nécessaires de PyTorch et torchvision.
    - Nous configurons le dispositif (CPU ou GPU) pour le calcul.
2. Prétraitement des Données :
    - Nous définissons le même pipeline de transformation utilisé pendant l'entraînement.
    - Nous chargeons le jeu de données de test CIFAR-10 et créons un DataLoader.
3. Chargement du Modèle :
    - Nous recréons l'architecture du modèle (ResNet18 avec une couche finale modifiée).
    - Nous chargeons les poids du modèle sauvegardés depuis 'cifar10_resnet18.pth'.
    - Nous déplaçons le modèle vers le dispositif approprié (CPU ou GPU).
4. Boucle d'Évaluation :
    - Nous passons le modèle en mode évaluation en utilisant model.eval().
    - Nous désactivons le calcul des gradients en utilisant torch.no_grad() pour économiser de la mémoire et accélérer le calcul.
    - Nous parcourons les données de test, faisons des prédictions et les comparons aux étiquettes réelles.
    - Nous gardons une trace des prédictions correctes globales et des prédictions correctes par classe.
5. Calcul et Rapport des Résultats :
    - Nous calculons et affichons la précision globale sur l'ensemble de test.
    - Nous calculons et affichons les précisions par classe, ce qui nous donne un aperçu des classes sur lesquelles le modèle performe bien et celles avec lesquelles il a des difficultés.
6. Visualisation :
    - Nous définissons une fonction imshow() pour afficher les images.
    - Nous obtenons un lot d'images de test et faisons des prédictions sur elles.
    - Nous visualisons 4 images de test aléatoires avec leurs étiquettes prédites et réelles.

Cette évaluation complète offre plusieurs avantages :

- Elle nous donne la précision globale, qui est une mesure générale de la performance du modèle.
- Elle fournit des précisions par classe, nous permettant d'identifier si le modèle est biaisé envers ou contre certaines classes.
- La visualisation des prédictions nous aide à évaluer qualitativement la performance du modèle et potentiellement à identifier des modèles dans ses erreurs.

Cette approche d'évaluation du modèle nous donne une compréhension beaucoup plus détaillée des forces et faiblesses de notre modèle, ce qui est crucial pour l'améliorer davantage et pour évaluer son adéquation au déploiement dans des applications réelles.

4.4 Sauvegarde et Chargement de Modèles dans PyTorch

Dans PyTorch, les modèles sont instanciés comme des objets de la classe torch.nn.Module, qui encapsule toutes les couches, paramètres et logique de calcul du réseau neuronal. Cette approche orientée objet permet une conception modulaire et une manipulation facile des architectures de modèles. À la fin du processus d'entraînement, il est crucial de persister l'état du modèle sur le disque pour une utilisation future, que ce soit pour l'inférence ou la poursuite de l'entraînement. PyTorch offre une approche polyvalente pour la sérialisation des modèles, s'adaptant à différents cas d'utilisation et scénarios de déploiement.

Le framework propose deux méthodes principales pour sauvegarder les modèles :

1. Sauvegarder le modèle entier : Cette approche préserve à la fois l'architecture du modèle et ses paramètres appris. Elle est particulièrement utile lorsque vous voulez vous assurer que la structure exacte du modèle est maintenue, y compris les couches personnalisées ou les modifications.
2. Sauvegarder le dictionnaire d'état du modèle (state_dict) : Cette méthode ne stocke que les paramètres appris du modèle. Elle offre une plus grande flexibilité, car elle permet de charger ces paramètres dans différentes architectures de modèles ou versions de votre code.

Le choix entre ces méthodes dépend de facteurs tels que les exigences de déploiement, les considérations de contrôle de version et la nécessité de portabilité du modèle entre différents environnements ou frameworks. Par exemple, sauvegarder uniquement le state_dict est souvent préféré dans les contextes de recherche où les architectures de modèles évoluent rapidement, tandis que sauvegarder le modèle entier peut être plus approprié pour les environnements de production où la cohérence est primordiale.

De plus, les mécanismes de sauvegarde de PyTorch s'intègrent parfaitement à divers flux de travail d'apprentissage profond, y compris le transfert d'apprentissage, l'affinage de modèles et les scénarios d'entraînement distribué. Cette flexibilité permet aux développeurs et chercheurs de gérer efficacement les points de contrôle des modèles, d'expérimenter différentes architectures et de déployer des modèles dans divers environnements informatiques.

4.4.1 Sauvegarde et Chargement du Modèle Entier

Sauvegarder le modèle entier dans PyTorch est une approche complète qui préserve à la fois les paramètres appris du modèle et sa structure architecturale. Cette méthode encapsule tous les aspects du réseau neuronal, y compris les définitions de couches, les fonctions d'activation et la topologie globale. En sauvegardant le modèle complet, vous vous assurez que chaque détail de la conception de votre réseau est conservé, ce qui peut être particulièrement précieux dans les architectures complexes ou personnalisées.

L'avantage principal de cette approche est sa simplicité et son exhaustivité. Lorsque vous rechargez le modèle, vous n'avez pas besoin de recréer ou de redéfinir sa structure dans votre code. Cela peut être particulièrement bénéfique dans les scénarios où :

- Vous travaillez avec des conceptions de modèles complexes qui pourraient être difficiles à recréer à partir de zéro.
- Vous voulez assurer une parfaite reproductibilité entre différents environnements ou collaborateurs.
- Vous déployez des modèles dans des environnements de production où la cohérence est cruciale.

Cependant, il est important de noter que si cette méthode offre de la commodité, elle peut entraîner des tailles de fichiers plus importantes par rapport à la sauvegarde du dictionnaire d'état du modèle uniquement. De plus, elle peut potentiellement limiter la flexibilité si vous souhaitez ultérieurement modifier des parties de l'architecture du modèle sans réentraîner à partir de zéro.

Exemple : Sauvegarde du Modèle Entier

```
import torch
import torch.nn as nn
import torch.optim as optim
from torchvision import datasets, transforms
from torch.utils.data import DataLoader

# Define a simple model
class SimpleNN(nn.Module):
    def __init__(self):
        super(SimpleNN, self).__init__()
        self.fc1 = nn.Linear(784, 128)
        self.fc2 = nn.Linear(128, 64)
        self.fc3 = nn.Linear(64, 10)
        self.relu = nn.ReLU()
```

```
    def forward(self, x):
        x = x.view(-1, 784)
        x = self.relu(self.fc1(x))
        x = self.relu(self.fc2(x))
        x = self.fc3(x)
        return x

# Set device
device = torch.device("cuda" if torch.cuda.is_available() else "cpu")

# Instantiate the model
model = SimpleNN().to(device)

# Define loss function and optimizer
criterion = nn.CrossEntropyLoss()
optimizer = optim.Adam(model.parameters(), lr=0.001)

# Load and preprocess data
transform = transforms.Compose([
    transforms.ToTensor(),
    transforms.Normalize((0.1307,), (0.3081,))
])

train_dataset     =     datasets.MNIST(root='./data',     train=True,     download=True,
transform=transform)
train_loader = DataLoader(train_dataset, batch_size=64, shuffle=True)

# Training loop
num_epochs = 5
for epoch in range(num_epochs):
    model.train()
    for batch_idx, (data, target) in enumerate(train_loader):
        data, target = data.to(device), target.to(device)
        optimizer.zero_grad()
        output = model(data)
        loss = criterion(output, target)
        loss.backward()
        optimizer.step()

        if batch_idx % 100 == 0:
            print(f'Epoch               {epoch+1}/{num_epochs},               Batch
{batch_idx}/{len(train_loader)}, Loss: {loss.item():.4f}')

# Save the entire model
torch.save(model, 'model.pth')

# Save just the model state dictionary
torch.save(model.state_dict(), 'model_state_dict.pth')

# Example of loading the model
loaded_model = torch.load('model.pth')
loaded_model.eval()
```

```
# Example of loading the state dictionary
new_model = SimpleNN()
new_model.load_state_dict(torch.load('model_state_dict.pth'))
new_model.eval()
```

Cet exemple offre une vue complète sur la création, l'entraînement et la sauvegarde d'un modèle PyTorch.

Analysons cela en détail :

1. Définition du Modèle :
   - Nous définissons un réseau neuronal simple (SimpleNN) avec trois couches entièrement connectées.
   - La fonction d'activation ReLU est maintenant définie dans la méthode **init** pour plus de clarté.
2. Configuration du Dispositif :
   - Nous utilisons torch.device pour sélectionner automatiquement le GPU si disponible, sinon le CPU.
3. Instanciation du Modèle :
   - Le modèle est créé et transféré vers le dispositif sélectionné (GPU/CPU).
4. Fonction de Perte et Optimiseur :
   - Nous utilisons CrossEntropyLoss comme fonction de perte, adaptée aux tâches de classification.
   - L'optimiseur Adam est utilisé avec un taux d'apprentissage de 0,001.
5. Chargement et Prétraitement des Données :
   - Nous utilisons le jeu de données MNIST comme exemple.
   - Les données sont transformées à l'aide de ToTensor et Normalize.
   - Un DataLoader est créé pour le traitement par lots pendant l'entraînement.
6. Boucle d'Entraînement :
   - Le modèle est entraîné pendant 5 époques.
   - Dans chaque époque, nous parcourons les données d'entraînement, calculons la perte et mettons à jour les paramètres du modèle.
   - La progression de l'entraînement est affichée tous les 100 lots.
7. Sauvegarde du Modèle :

- Nous démontrons deux façons de sauvegarder le modèle : a. Sauvegarder le modèle entier en utilisant torch.save(model, 'model.pth') b. Sauvegarder uniquement le dictionnaire d'état du modèle en utilisant torch.save(model.state_dict(), 'model_state_dict.pth')

8. Chargement du Modèle :
   - Nous montrons comment charger à la fois le modèle entier et le dictionnaire d'état.
   - Après le chargement, nous mettons le modèle en mode évaluation en utilisant model.eval().

Cet exemple couvre l'ensemble du processus, de la définition d'un modèle à son entraînement, puis à sa sauvegarde et à son chargement, offrant une image plus complète du travail avec les modèles PyTorch.

Exemple : Chargement du Modèle Entier

Une fois le modèle sauvegardé, vous pouvez le recharger dans un nouveau script ou une nouvelle session sans avoir besoin de redéfinir l'architecture du modèle.

```
import torch
import torch.nn as nn

# Define a simple model architecture
class SimpleNN(nn.Module):
    def __init__(self):
        super(SimpleNN, self).__init__()
        self.fc1 = nn.Linear(784, 128)
        self.fc2 = nn.Linear(128, 64)
        self.fc3 = nn.Linear(64, 10)
        self.relu = nn.ReLU()

    def forward(self, x):
        x = x.view(-1, 784)
        x = self.relu(self.fc1(x))
        x = self.relu(self.fc2(x))
        x = self.fc3(x)
        return x

# Load the saved model
model = torch.load('model.pth')

# Print the loaded model architecture
print("Loaded Model Architecture:")
print(model)

# Check if the model is on the correct device (CPU/GPU)
print(f"Model device: {next(model.parameters()).device}")
```

```
# Set the model to evaluation mode
model.eval()

# Example input for inference
example_input = torch.randn(1, 784)  # Assuming input size is 784 (28x28 image)

# Perform inference
with torch.no_grad():
    output = model(example_input)

print(f"Example output shape: {output.shape}")
print(f"Example output: {output}")

# If you want to continue training, set the model back to training mode
model.train()

print("Model set to training mode for further fine-tuning if needed.")
```

Analysons cela en détail :

- Définition du Modèle : Nous définissons une classe de réseau neuronal simple (SimpleNN) pour démontrer à quoi pourrait ressembler le modèle sauvegardé. Cela est utile pour comprendre la structure du modèle chargé.
- Chargement du Modèle : Nous utilisons torch.load('model.pth') pour charger le modèle entier, y compris son architecture et ses paramètres.
- Affichage du Modèle : print(model) affiche la structure du modèle, nous donnant un aperçu de ses couches et connexions.
- Vérification de l'Architecture : Nous imprimons model.architecture pour confirmer l'architecture spécifique du modèle chargé.
- Vérification du Dispositif : Nous vérifions sur quel dispositif (CPU ou GPU) le modèle est chargé, ce qui est important pour des considérations de performance.
- Mode Évaluation : model.eval() met le modèle en mode évaluation, ce qui est crucial pour l'inférence car cela affecte des couches comme Dropout et BatchNorm.
- Exemple d'Inférence : Nous créons un tenseur aléatoire comme exemple d'entrée et effectuons une inférence pour démontrer que le modèle est fonctionnel.
- Inspection de la Sortie : Nous imprimons la forme et le contenu de la sortie pour vérifier le comportement du modèle.
- Mode Entraînement : Enfin, nous montrons comment remettre le modèle en mode entraînement (model.train()) au cas où un affinage supplémentaire serait nécessaire.

Cet exemple complet ne se contente pas de charger le modèle, mais démontre également comment inspecter ses propriétés, vérifier sa fonctionnalité et le préparer pour différents cas d'utilisation (inférence ou entraînement supplémentaire). Il offre une compréhension plus approfondie du travail avec des modèles PyTorch sauvegardés dans divers scénarios.

4.4.2 Sauvegarde et Chargement du state_dict du Modèle

Une pratique plus courante dans PyTorch est de sauvegarder le **state_dict** du modèle, qui contient uniquement les paramètres et les buffers du modèle, pas l'architecture du modèle.

Cette approche offre plusieurs avantages :

- Flexibilité : Sauvegarder le state_dict permet des modifications futures de l'architecture du modèle tout en préservant les paramètres appris. Cette versatilité est inestimable lors du raffinement des conceptions de modèles ou de l'application de techniques d'apprentissage par transfert à de nouvelles architectures.
- Efficacité : Le state_dict offre une solution de stockage plus compacte par rapport à la sauvegarde du modèle entier, car il exclut la structure du graphe de calcul. Cela se traduit par des tailles de fichiers plus petites et des temps de chargement plus rapides.
- Compatibilité : L'utilisation du state_dict assure une meilleure interopérabilité entre différentes versions de PyTorch et environnements de calcul. Cette compatibilité améliorée facilite le partage et le déploiement transparents de modèles sur diverses plateformes et systèmes.

Lorsque vous sauvegardez le state_dict, vous capturez essentiellement un instantané des connaissances apprises par le modèle. Cela inclut les poids des différentes couches, les biais et autres paramètres entraînables. Voici comment cela fonctionne en pratique :

- Sauvegarde : Vous pouvez facilement sauvegarder le state_dict en utilisant torch.save(model.state_dict(), 'model_weights.pth').
- Chargement : Pour utiliser ces paramètres sauvegardés, vous initialisez d'abord un modèle avec l'architecture souhaitée, puis chargez le state_dict en utilisant model.load_state_dict(torch.load('model_weights.pth')).

Cette approche est particulièrement bénéfique dans des scénarios tels que l'apprentissage par transfert, où vous pourriez vouloir utiliser un modèle pré-entraîné comme point de départ pour une nouvelle tâche, ou dans des environnements d'entraînement distribué où vous devez partager efficacement les mises à jour du modèle.

Exemple : Sauvegarde du state_dict du Modèle

```
import torch
import torch.nn as nn

# Define a simple model
class SimpleNN(nn.Module):
    def __init__(self):
        super(SimpleNN, self).__init__()
```

```
        self.fc1 = nn.Linear(784, 128)
        self.fc2 = nn.Linear(128, 64)
        self.fc3 = nn.Linear(64, 10)
        self.relu = nn.ReLU()

    def forward(self, x):
        x = x.view(-1, 784)
        x = self.relu(self.fc1(x))
        x = self.relu(self.fc2(x))
        x = self.fc3(x)
        return x

# Instantiate the model
model = SimpleNN()

# Train the model (simplified for demonstration)
# ... (training code here)

# Save the model's state_dict (only the parameters)
torch.save(model.state_dict(), 'model_state.pth')

# To demonstrate loading:
# Create a new instance of the model
new_model = SimpleNN()

# Load the state_dict into the new model
new_model.load_state_dict(torch.load('model_state.pth'))

# Set the model to evaluation mode
new_model.eval()

print("Model's state_dict:")
for param_tensor in new_model.state_dict():
    print(f"{param_tensor}\\t{new_model.state_dict()[param_tensor].size()}")

# Verify the model works
test_input = torch.randn(1, 784)
with torch.no_grad():
    output = new_model(test_input)
print(f"Test output shape: {output.shape}")
```

Cet exemple de code démontre le processus de sauvegarde et de chargement du state_dict d'un modèle dans PyTorch.

Analysons-le en détail :

- Définition du Modèle : Nous définissons un réseau neuronal simple (SimpleNN) avec trois couches entièrement connectées et des activations ReLU.
- Instanciation du Modèle : Nous créons une instance du modèle SimpleNN.

- Entraînement du Modèle : Dans un scénario réel, vous entraîneriez le modèle ici. Par souci de concision, cette étape est omise.
- Sauvegarde du state_dict : Nous utilisons torch.save() pour sauvegarder uniquement les paramètres du modèle (state_dict) dans un fichier nommé 'model_state.pth'.
- Chargement du state_dict : Nous créons une nouvelle instance de SimpleNN et chargeons le state_dict sauvegardé à l'aide de load_state_dict().
- Passage en Mode Évaluation : Nous mettons le modèle chargé en mode évaluation avec model.eval(), ce qui est important pour l'inférence.
- Inspection du state_dict : Nous affichons les clés et les dimensions du state_dict chargé pour vérifier son contenu.
- Vérification de la Fonctionnalité : Nous créons un tenseur d'entrée aléatoire et le passons à travers le modèle chargé pour nous assurer qu'il fonctionne correctement.

Cet exemple illustre l'ensemble du processus de sauvegarde et de chargement du state_dict d'un modèle, ce qui est crucial pour la persistance et le transfert de modèles dans PyTorch. Il démontre également comment inspecter le state_dict chargé et vérifier que le modèle chargé est fonctionnel.

Exemple : Chargement du state_dict du Modèle

Lors du chargement du state_dict d'un modèle, vous devez d'abord définir l'architecture du modèle (pour que PyTorch sache où charger les paramètres), puis charger le state_dict sauvegardé dans ce modèle.

```
import torch
import torch.nn as nn

# Define the model architecture
class SimpleNN(nn.Module):
    def __init__(self):
        super(SimpleNN, self).__init__()
        self.fc1 = nn.Linear(784, 128)
        self.fc2 = nn.Linear(128, 64)
        self.fc3 = nn.Linear(64, 10)
        self.relu = nn.ReLU()

    def forward(self, x):
        x = x.view(-1, 784)
        x = self.relu(self.fc1(x))
        x = self.relu(self.fc2(x))
        x = self.fc3(x)
        return x

# Instantiate the model (the same architecture as the saved model)
model = SimpleNN()
```

```
# Load the model's state_dict
model.load_state_dict(torch.load('model_state.pth'))

# Switch the model to evaluation mode
model.eval()

# Verify the loaded model
print("Model structure:")
print(model)

# Check model parameters
for name, param in model.named_parameters():
    print(f"Layer: {name} | Size: {param.size()} | Values : {param[:2]}")

# Perform a test inference
test_input = torch.randn(1, 784)  # Create a random input tensor
with torch.no_grad():
    output = model(test_input)
print(f"\\nTest output shape: {output.shape}")
print(f"Test output: {output}")

# If you want to continue training, switch back to train mode
# model.train()
```

Analysons cet exemple complet :

1. Définition du Modèle : Nous définissons la classe SimpleNN, qui possède la même architecture que le modèle sauvegardé. Cette étape est cruciale car PyTorch doit connaître la structure du modèle pour charger correctement le state_dict.

2. Instanciation du Modèle : Nous créons une instance du modèle SimpleNN. Cela crée la structure du modèle mais avec des poids initialisés aléatoirement.

3. Chargement du state_dict : Nous utilisons torch.load() pour charger le state_dict sauvegardé depuis le fichier, puis nous le chargeons dans notre modèle en utilisant model.load_state_dict(). Cela remplace les poids aléatoires par les poids entraînés du fichier.

4. Mode Évaluation : Nous mettons le modèle en mode évaluation en utilisant model.eval(). C'est important pour l'inférence car cela affecte le comportement de certaines couches (comme Dropout et BatchNorm).

5. Vérification du Modèle : Nous affichons la structure du modèle pour vérifier qu'elle correspond à nos attentes.

6. Inspection des Paramètres : Nous parcourons les paramètres du modèle, en affichant leurs noms, tailles et les deux premières valeurs. Cela aide à vérifier que les paramètres ont été chargés correctement.

7. Test d'Inférence : Nous créons un tenseur d'entrée aléatoire et effectuons un test d'inférence pour nous assurer que le modèle fonctionne comme prévu. Nous utilisons torch.no_grad() pour désactiver le calcul du gradient, qui n'est pas nécessaire pour l'inférence et économise de la mémoire.
8. Inspection de la Sortie : Nous affichons la forme et les valeurs de la sortie pour vérifier que le modèle produit des résultats cohérents.

Cet exemple de code fournit une approche plus complète pour charger et vérifier un modèle PyTorch, ce qui est crucial lors du déploiement de modèles dans des environnements de production ou lors de la résolution de problèmes avec des modèles sauvegardés.

4.4.3 Sauvegarde et Chargement des Points de Contrôle du Modèle

Pendant le processus d'entraînement, il est crucial de mettre en œuvre une stratégie pour sauvegarder des **points de contrôle du modèle**. Ces points de contrôle sont essentiellement des instantanés des paramètres du modèle capturés à différentes étapes du cycle d'entraînement. Cette pratique sert plusieurs objectifs importants :

1. Récupération après Interruption

Les points de contrôle servent de protection cruciale contre les interruptions inattendues pendant le processus d'entraînement. Dans le monde imprévisible de l'apprentissage automatique, où les sessions d'entraînement peuvent s'étendre sur plusieurs jours, voire plusieurs semaines, le risque d'interruptions est omniprésent. Les coupures de courant, les plantages système ou les défaillances réseau peuvent interrompre brusquement la progression de l'entraînement, entraînant potentiellement des revers importants.

En mettant en œuvre un système robuste de points de contrôle, vous créez un filet de sécurité qui vous permet de reprendre l'entraînement à partir de l'état sauvegardé le plus récent. Cela signifie qu'au lieu de repartir de zéro après une interruption, vous pouvez reprendre là où vous vous étiez arrêté, préservant ainsi des ressources de calcul et du temps précieux.

Les points de contrôle stockent généralement non seulement les paramètres du modèle, mais aussi des métadonnées importantes telles que l'époque actuelle, le taux d'apprentissage et l'état de l'optimiseur. Cette approche complète garantit que lors de la reprise de l'entraînement, tous les aspects de l'état du modèle sont restaurés avec précision, maintenant l'intégrité du processus d'apprentissage.

2. Suivi et Analyse des Performances

Sauvegarder des points de contrôle à intervalles réguliers tout au long du processus d'entraînement fournit des informations précieuses sur la trajectoire d'apprentissage de votre modèle. Cette pratique vous permet de :

- Surveiller l'évolution des métriques clés telles que la perte et la précision au fil du temps, vous aidant à identifier les tendances et les modèles dans le processus d'apprentissage du modèle.

- Détecter rapidement des problèmes potentiels, tels que le surapprentissage ou le sous-apprentissage, en comparant les performances d'entraînement et de validation à travers les points de contrôle.
- Déterminer les points d'arrêt optimaux pour l'entraînement, en particulier lors de la mise en œuvre de techniques d'arrêt précoce pour prévenir le surapprentissage.
- Mener des analyses post-entraînement pour comprendre quelles époques ou itérations ont donné les meilleures performances, informant ainsi les stratégies d'entraînement futures.
- Comparer différentes versions de modèles ou configurations d'hyperparamètres en analysant leurs historiques de points de contrôle respectifs.

En maintenant un registre complet des performances de votre modèle à différentes étapes, vous obtenez des informations plus approfondies sur son comportement et pouvez prendre des décisions plus éclairées concernant la sélection du modèle, l'ajustement des hyperparamètres et la durée d'entraînement. Cette approche basée sur les données pour le développement de modèles est cruciale pour obtenir des résultats optimaux dans des projets d'apprentissage profond complexes.

3. Versionnage du Modèle et Comparaison des Performances

Les points de contrôle servent d'outil puissant pour maintenir différentes versions de votre modèle tout au long du processus d'entraînement. Cette capacité est inestimable pour plusieurs raisons :

- Suivi de l'Évolution : En sauvegardant des points de contrôle à intervalles réguliers, vous pouvez observer comment les performances de votre modèle évoluent au fil du temps. Cela vous permet d'identifier les points critiques du processus d'entraînement où des améliorations ou des dégradations significatives se produisent.
- Optimisation des Hyperparamètres : Lors de l'expérimentation avec différentes configurations d'hyperparamètres, les points de contrôle vous permettent de comparer systématiquement les performances de diverses configurations. Vous pouvez facilement revenir à la configuration la plus performante ou analyser pourquoi certains paramètres ont conduit à de meilleurs résultats.
- Analyse des Étapes d'Entraînement : Les points de contrôle fournissent des informations sur le comportement de votre modèle à différentes étapes de l'entraînement. Cela peut vous aider à déterminer les durées d'entraînement optimales, à identifier les plateaux d'apprentissage ou à détecter précocement le surapprentissage.
- Tests A/B : Lors du développement de nouvelles architectures de modèles ou techniques d'entraînement, les points de contrôle permettent de conduire des tests

A/B rigoureux. Vous pouvez comparer les performances de différentes approches dans des conditions identiques, garantissant des évaluations justes et précises.

De plus, le versionnage de modèles par points de contrôle facilite le travail collaboratif dans les projets d'apprentissage automatique. Les membres de l'équipe peuvent partager des versions spécifiques du modèle, reproduire les résultats et s'appuyer sur les progrès des uns et des autres plus efficacement. Cette pratique améliore non seulement le processus de développement, mais contribue également à la reproductibilité et à la fiabilité de vos expériences d'apprentissage automatique.

4. Apprentissage par Transfert et Adaptation du Modèle

Les points de contrôle sauvegardés jouent un rôle crucial dans l'apprentissage par transfert, une technique puissante en apprentissage profond où les connaissances acquises pour une tâche sont appliquées à une tâche différente mais connexe. Cette approche est particulièrement précieuse lorsqu'on traite des ensembles de données limités ou lorsqu'on essaie de résoudre efficacement des problèmes complexes.

En utilisant des points de contrôle sauvegardés de modèles pré-entraînés, les chercheurs et praticiens peuvent :

- Accélérer le processus d'apprentissage sur de nouvelles tâches en exploitant les caractéristiques apprises à partir de grands ensembles de données diversifiés.
- Affiner les modèles pour des domaines ou applications spécifiques, réduisant considérablement le temps d'entraînement et les ressources de calcul.
- Surmonter le défi des données étiquetées limitées dans des domaines spécialisés en transférant les connaissances de domaines plus généraux.
- Expérimenter différentes modifications architecturales tout en conservant les connaissances de base du modèle original.

Par exemple, un modèle entraîné sur un grand ensemble de données d'images naturelles peut être adapté pour reconnaître des types spécifiques d'imagerie médicale, même avec une quantité relativement faible de données médicales. Les poids pré-entraînés servent de point de départ intelligent, permettant au modèle de s'adapter rapidement à la nouvelle tâche tout en conservant sa compréhension générale des caractéristiques visuelles.

De plus, les points de contrôle permettent un raffinement itératif des modèles à travers différentes étapes d'un projet. À mesure que de nouvelles données deviennent disponibles ou que la définition du problème évolue, les développeurs peuvent revisiter des points de contrôle antérieurs pour explorer des chemins d'entraînement alternatifs ou pour combiner les connaissances de différentes étapes de l'évolution du modèle.

En outre, les points de contrôle offrent une flexibilité dans le déploiement du modèle, vous permettant de choisir la version la plus performante de votre modèle pour une utilisation en production. Cette approche de sauvegarde et de restauration de modèle est une pierre angulaire des flux de travail d'apprentissage profond robustes et efficaces, garantissant que vos précieux progrès d'entraînement sont préservés et peuvent être exploités efficacement.

Exemple : Sauvegarde d'un Point de Contrôle du Modèle

Un point de contrôle du modèle inclut généralement le **state_dict** du modèle ainsi que d'autres informations importantes d'entraînement, telles que l'état de l'optimiseur et l'époque actuelle.

```
import torch
import torch.nn as nn
import torch.optim as optim

# Define a simple model
class SimpleModel(nn.Module):
    def __init__(self):
        super(SimpleModel, self).__init__()
        self.fc = nn.Linear(10, 5)

    def forward(self, x):
        return self.fc(x)

# Initialize the model
model = SimpleModel()

# Define an optimizer
optimizer = optim.SGD(model.parameters(), lr=0.01)

# Define a loss function
criterion = nn.MSELoss()

# Simulate some training
for epoch in range(10):
    # Dummy data
    inputs = torch.randn(32, 10)
    targets = torch.randn(32, 5)

    # Forward pass
    outputs = model(inputs)
    loss = criterion(outputs, targets)

    # Backward pass and optimize
    optimizer.zero_grad()
    loss.backward()
    optimizer.step()

# Save the model checkpoint (including model state and optimizer state)
checkpoint = {
    'epoch': 10,  # Save the epoch number
    'model_state_dict': model.state_dict(),  # Save the model parameters
    'optimizer_state_dict': optimizer.state_dict(),  # Save the optimizer state
    'loss': loss.item(),  # Save the current loss
}
```

```
torch.save(checkpoint, 'model_checkpoint.pth')

# To demonstrate loading:
# Load the checkpoint
loaded_checkpoint = torch.load('model_checkpoint.pth')

# Create a new model and optimizer
new_model = SimpleModel()
new_optimizer = optim.SGD(new_model.parameters(), lr=0.01)

# Load the state dictionaries
new_model.load_state_dict(loaded_checkpoint['model_state_dict'])
new_optimizer.load_state_dict(loaded_checkpoint['optimizer_state_dict'])

# Set the model to evaluation mode
new_model.eval()

print(f"Loaded model from epoch {loaded_checkpoint['epoch']} with loss
{loaded_checkpoint['loss']}")
```

Explication du code :

1. Définition du modèle : Nous définissons un modèle de réseau neuronal simple SimpleModel avec une couche linéaire. Cela représente une structure de base qui peut être étendue pour des modèles plus complexes.
2. Initialisation du modèle et de l'optimiseur : Nous créons des instances du modèle et de l'optimiseur. L'optimiseur (SGD dans ce cas) est responsable de la mise à jour des paramètres du modèle pendant l'entraînement.
3. Fonction de perte : Nous définissons une fonction de perte (Erreur Quadratique Moyenne) pour mesurer la performance du modèle pendant l'entraînement.
4. Simulation d'entraînement : Nous simulons un processus d'entraînement avec une boucle qui s'exécute pendant 10 époques. Dans chaque époque, nous :
   - Générons des données d'entrée fictives et des sorties cibles
   - Effectuons une passe avant à travers le modèle
   - Calculons la perte
   - Effectuons la rétropropagation et mettons à jour les paramètres du modèle
5. Création du point de contrôle : Après l'entraînement, nous créons un dictionnaire de point de contrôle contenant :
   - Le numéro de l'époque actuelle
   - Le dictionnaire d'état du modèle (contient tous les paramètres du modèle)

    - Le dictionnaire d'état de l'optimiseur (contient l'état de l'optimiseur)
    - La valeur de perte actuelle

6. Sauvegarde du point de contrôle : Nous utilisons torch.save() pour sauvegarder le dictionnaire de point de contrôle dans un fichier nommé 'model_checkpoint.pth'.
7. Chargement du point de contrôle : Pour démontrer comment utiliser le point de contrôle sauvegardé, nous :
    - Chargeons le fichier de point de contrôle en utilisant torch.load()
    - Créons de nouvelles instances du modèle et de l'optimiseur
    - Chargeons les dictionnaires d'état sauvegardés dans le nouveau modèle et optimiseur
    - Mettons le modèle en mode évaluation, ce qui est important pour l'inférence (désactive le dropout, etc.)
8. Vérification : Enfin, nous affichons le numéro d'époque chargé et la perte pour vérifier que le point de contrôle a été correctement chargé.

Cet exemple offre une vision complète du processus de sauvegarde et de chargement de modèle dans PyTorch. Il démontre non seulement comment sauvegarder un point de contrôle, mais aussi comment créer un modèle simple, l'entraîner, puis charger l'état sauvegardé dans une nouvelle instance de modèle. Ceci est particulièrement utile pour reprendre l'entraînement à partir d'un état sauvegardé ou pour déployer des modèles entraînés dans des environnements de production.

Exemple : Chargement d'un point de contrôle de modèle

Lors du chargement d'un point de contrôle, vous pouvez restaurer les paramètres du modèle, l'état de l'optimiseur et d'autres informations d'entraînement, vous permettant de reprendre l'entraînement là où il s'était arrêté.

```
import torch
import torch.nn as nn
import torch.optim as optim

# Define a simple model
class SimpleModel(nn.Module):
    def __init__(self):
        super(SimpleModel, self).__init__()
        self.fc1 = nn.Linear(10, 20)
        self.fc2 = nn.Linear(20, 5)

    def forward(self, x):
        x = torch.relu(self.fc1(x))
        return self.fc2(x)
```

```
# Initialize the model, loss function, and optimizer
model = SimpleModel()
criterion = nn.MSELoss()
optimizer = optim.Adam(model.parameters(), lr=0.001)

# Load the model checkpoint
checkpoint = torch.load('model_checkpoint.pth')

# Restore the model's parameters
model.load_state_dict(checkpoint['model_state_dict'])

# Restore the optimizer's state
optimizer.load_state_dict(checkpoint['optimizer_state_dict'])

# Retrieve other saved information
start_epoch = checkpoint['epoch']
loss = checkpoint['loss']

# Print the restored epoch and loss
print(f"Resuming training from epoch {start_epoch}, with loss: {loss}")

# Set the model to training mode
model.train()

# Resume training
num_epochs = 10
for epoch in range(start_epoch, start_epoch + num_epochs):
    # Dummy data for demonstration
    inputs = torch.randn(32, 10)
    targets = torch.randn(32, 5)

    # Forward pass
    outputs = model(inputs)
    loss = criterion(outputs, targets)

    # Backward pass and optimize
    optimizer.zero_grad()
    loss.backward()
    optimizer.step()

    print(f"Epoch [{epoch+1}/{start_epoch + num_epochs}], Loss: {loss.item():.4f}")

# Save the updated model checkpoint
torch.save({
    'epoch': start_epoch + num_epochs,
    'model_state_dict': model.state_dict(),
    'optimizer_state_dict': optimizer.state_dict(),
    'loss': loss.item(),
}, 'updated_model_checkpoint.pth')

print("Training completed and new checkpoint saved.")
```

Cet exemple démontre une approche plus complète pour charger un point de contrôle de modèle et reprendre l'entraînement.

Voici une analyse détaillée du code :

1. Définition du modèle : Nous définissons un modèle de réseau neuronal simple SimpleModel avec deux couches linéaires et une fonction d'activation ReLU. Cela représente une structure de base qui peut être étendue pour des modèles plus complexes.
2. Initialisation du modèle, de la fonction de perte et de l'optimiseur : Nous créons des instances du modèle, définissons une fonction de perte (Erreur Quadratique Moyenne) et initialisons un optimiseur (Adam).
3. Chargement du point de contrôle : Nous utilisons torch.load() pour charger le fichier de point de contrôle précédemment sauvegardé.
4. Restauration des états du modèle et de l'optimiseur : Nous restaurons les paramètres du modèle et l'état de l'optimiseur en utilisant leurs méthodes respectives load_state_dict(). Cela garantit que nous reprenons l'entraînement exactement là où nous l'avions laissé.
5. Récupération des informations supplémentaires : Nous extrayons le numéro d'époque et la valeur de perte du point de contrôle. Ces informations sont utiles pour suivre la progression et peuvent être utilisées pour définir le point de départ de la poursuite de l'entraînement.
6. Configuration du mode d'entraînement : Nous configurons le modèle en mode entraînement en utilisant model.train(). Ceci est important car il permet aux couches de dropout et de normalisation par lots de se comporter correctement pendant l'entraînement.
7. Reprise de l'entraînement : Nous implémentons une boucle d'entraînement qui continue pendant un nombre spécifié d'époques à partir de la dernière époque sauvegardée. Cela démontre comment poursuivre l'entraînement de manière transparente à partir d'un point de contrôle.
8. Processus d'entraînement : Dans chaque époque, nous :
    - Générons des données d'entrée fictives et des sorties cibles (dans un scénario réel, vous chargeriez vos données d'entraînement réelles ici)
    - Effectuons une passe avant à travers le modèle
    - Calculons la perte
    - Effectuons la rétropropagation et mettons à jour les paramètres du modèle
    - Affichons l'époque actuelle et la perte pour suivre la progression

9. Sauvegarde du point de contrôle mis à jour : Après avoir complété les époques d'entraînement supplémentaires, nous sauvegardons un nouveau point de contrôle. Ce point de contrôle mis à jour comprend :
   - Le nouveau numéro d'époque actuel
   - Le dictionnaire d'état mis à jour du modèle
   - Le dictionnaire d'état mis à jour de l'optimiseur
   - La valeur finale de la perte

Cet exemple complet illustre l'ensemble du processus de chargement d'un point de contrôle, de reprise de l'entraînement et de sauvegarde d'un point de contrôle mis à jour. Il est particulièrement utile pour les sessions d'entraînement longues qui peuvent nécessiter d'être interrompues et reprises, ou pour l'amélioration itérative du modèle où vous souhaitez vous appuyer sur les progrès d'entraînement précédents.

4.4.4 Meilleures pratiques pour la sauvegarde et le chargement de modèles

1. **Utiliser state_dict pour plus de flexibilité** : Sauvegarder le **state_dict** offre plus de flexibilité, car il ne sauvegarde que les paramètres du modèle. Cette approche permet un transfert d'apprentissage et une adaptation de modèle plus faciles. Par exemple, vous pouvez charger ces paramètres dans des modèles avec des architectures légèrement différentes, vous permettant d'expérimenter diverses configurations de modèles sans réentraîner depuis le début.

2. **Sauvegarder des points de contrôle pendant l'entraînement** : Sauvegarder périodiquement des points de contrôle est crucial pour maintenir la progression dans les longues sessions d'entraînement. Cela vous permet de reprendre l'entraînement à partir du dernier état sauvegardé en cas d'interruption, économisant un temps précieux et des ressources informatiques. De plus, les points de contrôle peuvent être utilisés pour analyser la performance du modèle à différentes étapes de l'entraînement, vous aidant à identifier les points d'arrêt optimaux ou à résoudre des problèmes dans le processus d'entraînement.

3. **Utiliser .eval() après le chargement des modèles** : Passez toujours le modèle en mode évaluation après l'avoir chargé pour l'inférence. Cette étape est essentielle car elle affecte le comportement de certaines couches comme le dropout et la normalisation par lots. En mode évaluation, les couches de dropout sont désactivées et la normalisation par lots utilise des statistiques globales au lieu des statistiques par lot, assurant une sortie cohérente à travers différentes exécutions d'inférence.

4. **Sauvegarder l'état de l'optimiseur** : Lors de la sauvegarde des points de contrôle, incluez l'état de l'optimiseur avec les paramètres du modèle. Cette pratique est essentielle pour reprendre précisément l'entraînement, car elle préserve des informations importantes comme les taux d'apprentissage et les valeurs de

momentum pour chaque paramètre. En maintenant l'état de l'optimiseur, vous assurez que le processus d'entraînement continue harmonieusement là où il s'était arrêté, maintenant la trajectoire du processus d'optimisation.

5. **Gérer les versions de vos points de contrôle** : Implémentez un système de versionnage pour vos modèles sauvegardés et points de contrôle. Cela vous permet de suivre les changements au fil du temps, de comparer différentes versions de votre modèle et de revenir facilement à des états précédents si nécessaire. Un bon versionnage peut être inestimable lors de la collaboration avec des membres d'équipe ou lorsque vous devez reproduire des résultats à partir d'étapes spécifiques du développement de votre modèle.

4.5 Déploiement de modèles PyTorch avec TorchServe

Après avoir entraîné un modèle PyTorch, l'étape cruciale suivante est de le déployer dans un environnement de production où il peut traiter de nouvelles données et générer des prédictions. **TorchServe**, une initiative collaborative d'AWS et Facebook, offre une solution robuste et adaptable pour servir des modèles PyTorch. Cet outil puissant permet le déploiement transparent de modèles entraînés sous forme d'API REST, facilite la gestion de plusieurs modèles simultanément, et fournit des capacités de mise à l'échelle horizontale pour accommoder les scénarios à fort trafic.

TorchServe propose une gamme de fonctionnalités conçues pour répondre aux exigences des déploiements de niveau production :

- **Service multi-modèles** : Gérez et servez efficacement plusieurs modèles au sein d'une seule instance, optimisant l'utilisation des ressources.
- **Journalisation et surveillance complètes** : Bénéficiez de fonctionnalités intégrées de métriques et de journalisation, permettant un suivi et une analyse détaillés des performances.
- **Inférence par lots avancée** : Améliorez les performances en regroupant intelligemment les requêtes entrantes en lots, maximisant le débit et l'efficacité.
- **Intégration transparente des GPU** : Exploitez la puissance des GPU pour accélérer considérablement les processus d'inférence, permettant des temps de réponse plus rapides.
- **Gestion dynamique des modèles** : Mettez à jour, versionnez et restaurez facilement des modèles sans interruption de service, assurant une amélioration continue et de la flexibilité.

Cette section fournira un guide complet pour déployer un modèle en utilisant TorchServe. Nous couvrirons l'ensemble du processus, depuis la préparation du modèle dans un format compatible avec TorchServe jusqu'à la configuration et au lancement du serveur de modèle. De plus, nous explorerons les meilleures pratiques pour optimiser votre déploiement et exploiter les fonctionnalités avancées de TorchServe afin d'assurer un service de modèle robuste et évolutif dans des environnements de production.

4.5.1 Préparation du modèle pour TorchServe

Avant de déployer un modèle PyTorch avec TorchServe, il est crucial de préparer le modèle dans un format que TorchServe peut interpréter et utiliser efficacement. Ce processus de préparation implique plusieurs étapes clés :

1. Sérialisation du modèle

La première étape dans la préparation d'un modèle PyTorch pour le déploiement avec TorchServe est de sérialiser le modèle entraîné. La sérialisation est le processus de conversion d'une structure de données complexe ou d'un état d'objet dans un format qui peut être stocké ou transmis et reconstruit ultérieurement. Dans le contexte des modèles PyTorch, cela implique principalement la sauvegarde du dictionnaire d'état du modèle.

Le dictionnaire d'état, accessible via model.state_dict(), est un dictionnaire Python qui associe chaque couche à ses tenseurs de paramètres. Il contient tous les paramètres apprenables (poids et biais) du modèle. PyTorch fournit une fonction pratique, torch.save(), pour sérialiser ce dictionnaire d'état.

Voici un processus typique pour la sérialisation du modèle :

1. Entraînez votre modèle PyTorch jusqu'au niveau de performance souhaité.
2. Accédez au dictionnaire d'état du modèle en utilisant model.state_dict().
3. Utilisez torch.save(model.state_dict(), 'model.pth') pour sauvegarder le dictionnaire d'état dans un fichier. L'extension '.pth' est couramment utilisée pour les fichiers de modèle PyTorch, mais elle n'est pas obligatoire.

Cette étape de sérialisation est cruciale car elle vous permet de :

- Préserver les paramètres du modèle entraîné pour une utilisation future.
- Partager le modèle avec d'autres sans avoir besoin de partager l'ensemble du processus d'entraînement.
- Déployer le modèle dans des environnements de production, comme avec TorchServe.
- Reprendre l'entraînement à partir d'un état précédemment sauvegardé.

Il est important de noter que torch.save() utilise le module pickle de Python pour sérialiser l'objet, vous devez donc être prudent lors du chargement de modèles provenant de sources non fiables. De plus, bien que vous puissiez sauvegarder l'objet modèle entier, il est généralement recommandé de sauvegarder uniquement le dictionnaire d'état pour une meilleure portabilité et flexibilité.

2. Création d'une archive de modèle

TorchServe nécessite que les modèles soient empaquetés dans un fichier d'Archive de Modèle (.mar). Cette archive est un package complet qui encapsule tous les composants nécessaires pour déployer et servir un modèle d'apprentissage automatique. Le format de fichier .mar est spécifiquement conçu pour fonctionner de manière transparente avec TorchServe, garantissant que tous les éléments requis sont regroupés pour un service de modèle efficace. Cette archive comprend :

- Les poids et l'architecture du modèle : C'est le cœur de l'archive, contenant les paramètres entraînés (poids) et la structure (architecture) du réseau neuronal. Ceux-ci sont généralement sauvegardés sous forme de dictionnaire d'état PyTorch (fichier .pth) ou de fichier de modèle sérialisé.
- Tous les fichiers de configuration nécessaires : Ceux-ci peuvent inclure des fichiers JSON ou YAML qui spécifient les paramètres spécifiques au modèle, les hyperparamètres, ou d'autres détails de configuration nécessaires pour l'initialisation et l'exécution appropriées du modèle.
- Code personnalisé pour le prétraitement, le post-traitement, ou la gestion des exigences spécifiques du modèle : Cela inclut souvent un script de gestionnaire personnalisé (généralement un fichier Python) qui définit comment les données d'entrée doivent être prétraitées avant d'être introduites dans le modèle, comment la sortie du modèle doit être post-traitée, et toute autre logique spécifique au modèle requise pour l'inférence.
- Ressources supplémentaires comme les mappages d'étiquettes ou les tokenizers : Ce sont des fichiers supplémentaires qui aident à interpréter l'entrée ou la sortie du modèle. Par exemple, un fichier de mappage d'étiquettes pourrait associer des prédictions de classe numériques à des étiquettes lisibles par l'humain, tandis qu'un tokenizer pourrait être nécessaire pour traiter l'entrée de texte dans les modèles de traitement du langage naturel.

L'Archive de Modèle sert d'unité autonome qui comprend tout ce dont TorchServe a besoin pour déployer et exécuter le modèle. Cette approche d'empaquetage assure la portabilité, facilitant le transfert de modèles entre différents environnements ou leur déploiement sur divers systèmes sans se soucier des problèmes de dépendances ou de configuration manquantes.

3. Gestionnaire de modèle

Créer une classe de gestionnaire personnalisée est une étape cruciale pour définir comment TorchServe interagit avec votre modèle. Ce gestionnaire agit comme une interface entre TorchServe et votre modèle PyTorch, fournissant des méthodes pour :

- Prétraiter les données d'entrée : Cette méthode transforme les données brutes en entrée dans un format adapté à votre modèle. Par exemple, elle pourrait redimensionner des images, tokenizer du texte, ou normaliser des valeurs numériques.
- Exécuter l'inférence : Cette méthode fait passer les données prétraitées à travers votre modèle pour générer des prédictions.
- Post-traiter les résultats : Cette méthode prend la sortie brute du modèle et la formate en une réponse conviviale. Cela peut impliquer le décodage des prédictions, l'application de seuils, ou le formatage de la sortie en JSON.

Le gestionnaire inclut également généralement des méthodes pour l'initialisation et le chargement du modèle. En personnalisant ces méthodes, vous pouvez vous assurer que votre modèle s'intègre parfaitement à TorchServe, gère correctement différents types d'entrées, et fournit des sorties significatives aux utilisateurs finaux ou aux applications consommant les prédictions de votre modèle.

4. Versionnage

Le fichier .mar prend en charge le versionnage, une fonctionnalité cruciale pour gérer différentes itérations de votre modèle. Cette capacité vous permet de :

- Maintenir simultanément plusieurs versions du même modèle, chacune potentiellement optimisée pour différents cas d'utilisation ou métriques de performance.
- Implémenter des tests A/B en déployant différentes versions d'un modèle et en comparant leurs performances dans des scénarios réels.
- Faciliter les déploiements progressifs des mises à jour de modèle, vous permettant de remplacer graduellement une version plus ancienne par une plus récente tout en surveillant les comportements inattendus ou les baisses de performance.
- Revenir facilement à une version précédente si des problèmes surgissent avec un nouveau déploiement, assurant une perturbation minimale de votre service.
- Suivre l'évolution de votre modèle au fil du temps, fournissant des insights précieux sur le processus de développement et aidant à la gouvernance et aux exigences de conformité des modèles.

En exploitant cette fonctionnalité de versionnage, vous pouvez assurer une stratégie de déploiement plus robuste et flexible, permettant l'amélioration continue de vos modèles tout en maintenant la stabilité et la fiabilité de vos services d'apprentissage automatique.

En préparant méticuleusement votre modèle dans ce format compatible avec TorchServe, vous assurez un déploiement fluide et des performances optimales dans des environnements de production. Cette étape de préparation est essentielle pour exploiter les capacités de TorchServe dans le service efficace et à grande échelle des modèles PyTorch.

Étape 1 : Exporter le modèle

Pour utiliser TorchServe efficacement, il y a deux étapes cruciales à suivre dans la préparation de votre modèle :

1. Sauvegarder les poids du modèle : Cela se fait en utilisant la fonction **torch.save()** de PyTorch. Cette fonction sérialise les paramètres du modèle (poids et biais) dans un fichier, généralement avec une extension .pth. Cette étape est essentielle car elle capture les connaissances apprises de votre modèle entraîné.
2. Assurer une sérialisation appropriée : Il ne suffit pas de simplement sauvegarder les poids ; vous devez vous assurer que le modèle est sérialisé d'une manière que TorchServe peut comprendre et charger. Cela implique souvent de sauvegarder non seulement le dictionnaire d'état du modèle, mais aussi toutes les couches personnalisées, les étapes de prétraitement, ou d'autres informations spécifiques au modèle dont TorchServe aura besoin pour instancier et utiliser correctement votre modèle.

En suivant soigneusement ces étapes, vous vous assurez que votre modèle peut être efficacement chargé et servi par TorchServe, permettant un déploiement et une inférence fluides dans des environnements de production.

Exemple : Exportation d'un modèle pré-entraîné

```
import torch
import torchvision.models as models
from torchvision import transforms
from PIL import Image

# Load a pretrained ResNet-18 model
model = models.resnet18(pretrained=True)

# Set the model to evaluation mode
model.eval()

# Save the model's state_dict (required by TorchServe)
torch.save(model.state_dict(), 'resnet18.pth')

# Define a function to preprocess the input image
def preprocess_image(image_path):
    transform = transforms.Compose([
        transforms.Resize(256),
        transforms.CenterCrop(224),
        transforms.ToTensor(),
        transforms.Normalize(mean=[0.485, 0.456, 0.406], std=[0.229, 0.224, 0.225])
    ])
    image = Image.open(image_path)
```

```
    return transform(image).unsqueeze(0)

# Load and preprocess a sample image
sample_image = preprocess_image('sample_image.jpg')

# Perform inference
with torch.no_grad():
    output = model(sample_image)

# Get the predicted class index
_, predicted_idx = torch.max(output, 1)
predicted_label = predicted_idx.item()

print(f"Predicted class index: {predicted_label}")

# Load ImageNet class labels from a file
imagenet_classes = []
with open("imagenet_classes.txt") as f:
    imagenet_classes = [line.strip() for line in f.readlines()]

# Ensure the class index is within range
if predicted_label < len(imagenet_classes):
    print(f"Predicted class: {imagenet_classes[predicted_label]}")
else:
    print("Predicted class index is out of range.")
```

Cet exemple de code démontre un **flux de travail complet** pour utiliser un **modèle ResNet-18 pré-entraîné**, le sauvegarder et effectuer une inférence avec les **étiquettes de classe correctes d'ImageNet**.

Analyse du code :

1. **Importation des bibliothèques nécessaires :**
    - torch : La bibliothèque principale de PyTorch.
    - torchvision.models : Fournit des modèles pré-entraînés.
    - torchvision.transforms : Pour le prétraitement d'images.
    - PIL : Pour charger et manipuler des images.
2. **Chargement du modèle pré-entraîné :**
    - Nous utilisons models.resnet18(pretrained=True) pour charger un **modèle ResNet-18 avec des poids pré-entraînés** sur ImageNet.
3. **Passage du modèle en mode évaluation :**

- model.eval() garantit que le modèle est en **mode inférence**, désactivant le dropout et les mises à jour de normalisation par lots pour des prédictions plus stables.

4. **Sauvegarde du dictionnaire d'état du modèle :**
   - torch.save(model.state_dict(), 'resnet18.pth') sauvegarde **uniquement les paramètres du modèle**, ce qui est la méthode recommandée pour sauvegarder un modèle PyTorch pour le déploiement.
5. **Définition d'une fonction de prétraitement :**
   - preprocess_image(image_path) applique le prétraitement standard **d'ImageNet** :
     - Redimensionnement à 256x256
     - Recadrage central à 224x224
     - Conversion en tenseur
     - Normalisation utilisant les **valeurs moyennes et d'écart-type d'ImageNet**
6. **Chargement et prétraitement d'une image exemple :**
   - Nous appelons preprocess_image('sample_image.jpg') pour **transformer une image dans un format compatible avec le modèle**.
7. **Exécution de l'inférence :**
   - Le bloc with torch.no_grad(): garantit qu'**aucun gradient n'est calculé**, réduisant l'utilisation de mémoire et accélérant l'inférence.
8. **Interprétation de la sortie :**
   - Nous utilisons torch.max(output, 1) pour obtenir **l'indice de classe avec la plus haute probabilité**.
9. **Chargement et mappage des étiquettes de classe :**
   - Le modèle prédit un **indice de classe ImageNet (0-999)**, donc nous **chargeons les étiquettes ImageNet correctes** depuis imagenet_classes.txt.
   - Nous vérifions que l'indice prédit est dans la plage avant d'afficher l'étiquette.
10. **Affichage des résultats :**
    - L'**indice de classe** prédit et le **nom de classe lisible par l'humain** sont affichés pour une meilleure interprétation.

Cet exemple garantit un **flux de travail robuste** pour utiliser un **modèle pré-entraîné, le sauvegarder pour le déploiement**, et **effectuer une inférence avec les étiquettes correctes**, ce qui est essentiel pour les applications d'apprentissage profond dans le monde réel.

4.5.2 Écriture d'un gestionnaire de modèle personnalisé (Optionnel)

TorchServe utilise des **gestionnaires de modèle** comme composant crucial de son architecture. Ces gestionnaires servent de pont entre le framework TorchServe et votre modèle PyTorch spécifique, définissant deux aspects clés du déploiement de modèle :

1. Chargement du modèle : Les gestionnaires spécifient comment votre modèle doit être initialisé et chargé en mémoire. Cela inclut des tâches telles que :

- Chargement de l'architecture et des poids du modèle à partir de fichiers sauvegardés
- Réglage du modèle en mode évaluation pour l'inférence
- Déplacement du modèle vers le périphérique approprié (CPU ou GPU)

1. Gestion des requêtes d'inférence : Les gestionnaires dictent comment TorchServe doit traiter les requêtes d'inférence entrantes, ce qui implique généralement :

- Prétraitement des données d'entrée pour correspondre au format attendu par le modèle
- Passage des données prétraitées à travers le modèle
- Post-traitement de la sortie du modèle pour générer la réponse finale

Bien que TorchServe fournisse des gestionnaires par défaut pour les scénarios courants, vous pourriez avoir besoin de créer un gestionnaire personnalisé si votre modèle nécessite des étapes de prétraitement ou de post-traitement spécifiques. Par exemple :

- Prétraitement d'image personnalisé pour les modèles de vision par ordinateur
- Tokenisation de texte pour les modèles de traitement du langage naturel
- Formatage de sortie spécialisé pour les besoins de votre application

En implémentant un gestionnaire personnalisé, vous vous assurez que votre modèle s'intègre parfaitement à TorchServe, permettant une inférence efficace et précise dans des environnements de production.

Exemple : Écriture d'un gestionnaire personnalisé (Optionnel)

```
import torch
import torchvision.models as models
from torchvision import transforms
from PIL import Image
import json
```

```
import logging

class ResNetHandler:
    def __init__(self):
        self.model = None
        self.device = torch.device('cuda' if torch.cuda.is_available() else 'cpu')
        self.class_to_idx = None
        self.logger = logging.getLogger(__name__)

    def initialize(self, context):
        """
        Initialize the handler at startup.
        :param context: Initial context containing model server system properties.
        """
        self.manifest = context.manifest
        properties = context.system_properties
        model_dir = properties.get("model_dir")
        self.logger.info(f"Model directory: {model_dir}")

        # Load the model architecture
        self.model = models.resnet18(pretrained=False)
        self.model.fc = torch.nn.Linear(self.model.fc.in_features, 1000)  # Adjust if
needed

        # Load the model's state_dict
        state_dict_path = f"{model_dir}/resnet18.pth"
        self.logger.info(f"Loading model from {state_dict_path}")
        self.model.load_state_dict(torch.load(state_dict_path,
map_location=self.device))
        self.model.eval()
        self.model.to(self.device)

        # Load class mapping
        class_mapping_path = f"{model_dir}/class_mapping.json"
        try:
            with open(class_mapping_path, 'r') as f:
                self.class_to_idx = json.load(f)
            self.logger.info("Class mapping loaded successfully")
        except FileNotFoundError:
            self.logger.warning(f"Class mapping file not found at
{class_mapping_path}")

        self.logger.info("Model initialized successfully")

    def preprocess(self, data):
        """
        Preprocess the input data before inference.
        :param data: Input data to be preprocessed.
        :return: Preprocessed data for model input.
        """
        self.logger.info("Preprocessing input data")
        transform = transforms.Compose([
```

```
            transforms.Resize(256),
            transforms.CenterCrop(224),
            transforms.ToTensor(),
            transforms.Normalize(mean=[0.485, 0.456, 0.406], std=[0.229, 0.224,
0.225])
        ])

        images = []
        for row in data:
            image = row.get("data") or row.get("body")
            if isinstance(image, (bytes, bytearray)):
                image = Image.open(io.BytesIO(image))
            elif isinstance(image, str):
                image = Image.open(image)
            else:
                raise ValueError(f"Unsupported image format: {type(image)}")

            images.append(transform(image))

        return torch.stack(images).to(self.device)

    def inference(self, data):
        """
        Perform inference on the preprocessed data.
        :param data: Preprocessed data for model input.
        :return: Raw model output.
        """
        self.logger.info("Performing inference")
        with torch.no_grad():
            output = self.model(data)
        return output

    def postprocess(self, inference_output):
        """
        Postprocess the model output.
        :param inference_output: Raw model output.
        :return: Processed output.
        """
        self.logger.info("Postprocessing inference output")
        probabilities = torch.nn.functional.softmax(inference_output, dim=1)
        top_prob, top_class = torch.topk(probabilities, 5)

        result = []
        for i in range(top_prob.shape[0]):
            item_result = []
            for j in range(5):
                class_idx = top_class[i][j].item()
                if self.class_to_idx:
                    class_name = self.class_to_idx.get(str(class_idx), f"Unknown
class {class_idx}")
                else:
                    class_name = f"Class {class_idx}"
```

```
                item_result.append({
                    "class": class_name,
                    "probability": top_prob[i][j].item()
                })
            result.append(item_result)

        return json.dumps(result)

    def handle(self, data, context):
        """
        Handle a request to the model.
        :param data: Input data for inference.
        :param context: Context object containing request details.
        :return: Processed output.
        """
        self.logger.info("Handling inference request")
        preprocessed_data = self.preprocess(data)
        inference_output = self.inference(preprocessed_data)
        return self.postprocess(inference_output)
```

Cet exemple de code fournit une implémentation complète d'un gestionnaire personnalisé pour TorchServe.

Voici une analyse détaillée des modifications et ajouts :

1. Importations : Ajout des importations nécessaires, notamment la journalisation pour un meilleur débogage et suivi des erreurs.
2. Initialisation :
    - Ajout de la configuration de journalisation.
    - Inclusion de la gestion des erreurs pour le chargement du modèle et le mappage des classes.
    - Amélioration de la robustesse de l'initialisation en utilisant l'objet contexte fourni par TorchServe.
3. Prétraitement :
    - Amélioré pour gérer plusieurs formats d'entrée (octets, chemins de fichiers).
    - Ajout du support pour le traitement par lots.
4. Inférence :
    - Maintenue simple et concentrée sur l'exécution du modèle.
5. Post-traitement :
    - Amélioré pour renvoyer les 5 meilleures prédictions avec leurs probabilités.

- Ajout du support pour le mappage des noms de classe si disponible.

6. Méthode de gestion :
   - Ajout d'une méthode principale de gestion que TorchServe appelle, qui orchestre les étapes de prétraitement, d'inférence et de post-traitement.
7. Gestion des erreurs et journalisation :
   - Intégrées tout au long du code pour faciliter le débogage et améliorer la robustesse.
8. Flexibilité :
   - Le gestionnaire est désormais plus flexible, capable de fonctionner avec ou sans fichier de mappage de classes.

Cette implémentation fournit un gestionnaire plus adapté à la production qui peut gérer divers scénarios et cas limites, le rendant plus approprié pour un déploiement dans le monde réel avec TorchServe.

4.5.3 Création de l'archive de modèle (.mar)

L'archive de modèle, identifiée par l'extension de fichier .mar, est un composant crucial dans le processus de déploiement de TorchServe. Cette archive sert de package complet qui encapsule tous les éléments essentiels requis pour le service de modèle, notamment :

1. Poids du modèle : Les paramètres entraînés de votre réseau de neurones.
2. Gestionnaire de modèle : Un script Python qui définit comment charger le modèle et traiter les requêtes.
3. Configuration du modèle : Tous les fichiers ou métadonnées supplémentaires nécessaires au fonctionnement du modèle.

TorchServe utilise cette archive comme point de référence unique lors du chargement et de l'exécution du modèle, simplifiant le processus de déploiement et garantissant que tous les composants nécessaires sont regroupés ensemble.

Étape 2 : Créer l'archive de modèle à l'aide de torch-model-archiver

Pour faciliter la création de ces archives de modèle, TorchServe fournit un outil en ligne de commande dédié appelé **torch-model-archiver**. Cet utilitaire simplifie le processus d'empaquetage de vos modèles PyTorch et des fichiers associés dans le format .mar requis.

L'outil torch-model-archiver nécessite deux entrées principales :

1. state_dict du modèle : Il s'agit de la forme sérialisée des paramètres de votre modèle, généralement sauvegardée sous forme de fichier .pth ou .pt.

2. Fichier gestionnaire : Un script Python qui définit comment TorchServe doit interagir avec votre modèle, incluant des méthodes pour le prétraitement des entrées, l'exécution de l'inférence et le post-traitement des sorties.

De plus, vous pouvez inclure d'autres fichiers nécessaires tels que des étiquettes de classe, des fichiers de configuration ou tout autre élément requis pour le fonctionnement de votre modèle.

En utilisant torch-model-archiver, vous vous assurez que tous les composants sont correctement empaquetés et prêts pour le déploiement avec TorchServe, favorisant la cohérence et la facilité d'utilisation dans différents environnements.

Commande pour créer le fichier .mar :

```
# Archive the ResNet18 model for TorchServe
torch-model-archiver \\
  --model-name resnet18 \\  # Model name
  --version 1.0 \\  # Version number
  --model-file model.py \\  # Path to model definition (if needed)
  --serialized-file resnet18.pth \\  # Path to saved weights
  --handler handler.py \\  # Path to custom handler (if any)
  --export-path model_store \\  # Output directory
  --extra-files index_to_name.json  # Additional files like class labels
```

4.5.4 Démarrage du serveur de modèle TorchServe

Une fois l'archive du modèle créée, vous pouvez démarrer TorchServe pour déployer le modèle. Ce processus implique l'initialisation du serveur TorchServe, qui sert d'environnement d'exécution pour vos modèles PyTorch. TorchServe charge l'archive du modèle (fichier .mar) que vous avez créée, configure les points de terminaison nécessaires pour l'inférence, et gère le cycle de vie du modèle.

Lorsque vous démarrez TorchServe, il effectue plusieurs actions clés :

- Il charge le modèle depuis le fichier .mar en mémoire
- Il initialise tous les gestionnaires personnalisés que vous avez définis
- Il configure des points de terminaison d'API REST pour la gestion et l'inférence du modèle
- Il prépare le modèle pour le service, garantissant qu'il est prêt à traiter les requêtes entrantes

Cette étape de déploiement est cruciale car elle fait passer votre modèle d'un fichier statique à un service actif et accessible capable de traiter des requêtes d'inférence en temps réel. Une fois que TorchServe est en cours d'exécution avec votre modèle, il est prêt à accepter et à répondre aux demandes de prédiction, amenant efficacement votre modèle d'apprentissage automatique à un état prêt pour la production.

Étape 3 : Démarrer TorchServe

torchserve --start --model-store model_store --models resnet18=resnet18.mar

Voici une analyse de la commande :

- torchserve : C'est la commande principale pour exécuter TorchServe.
- --start : Ce drapeau indique à TorchServe de démarrer le serveur.
- --model-store model_store : Ceci spécifie le répertoire où vos archives de modèle (fichiers .mar) sont stockées. Dans ce cas, c'est un répertoire nommé "model_store".
- --models resnet18=resnet18.mar : Ceci indique à TorchServe quels modèles charger. Ici, il charge un modèle ResNet-18 à partir d'un fichier nommé "resnet18.mar".

Lorsque vous exécutez cette commande, TorchServe démarrera, chargera le modèle ResNet-18 spécifié à partir du fichier .mar dans le magasin de modèles, et le rendra disponible pour servir des prédictions via une API.

4.5.5 Réalisation de prédictions via l'API

Une fois le modèle déployé, vous pouvez envoyer des requêtes d'inférence à l'API pour des prédictions en temps réel. Cette étape est cruciale car elle vous permet d'utiliser votre modèle entraîné dans des applications pratiques. Voici une explication plus détaillée de ce processus :

1. Point de terminaison API : TorchServe crée un point de terminaison API REST pour votre modèle. Ce point de terminaison est généralement accessible à une URL comme http://localhost:8080/predictions/[model_name].
2. Format de requête : Vous pouvez envoyer des requêtes HTTP POST à ce point de terminaison. Le corps de la requête contient généralement les données d'entrée (par exemple, un fichier image pour les tâches de classification d'images) sur lesquelles vous souhaitez faire des prédictions.
3. Traitement en temps réel : Lorsque vous envoyez une requête, TorchServe la traite en temps réel. Il utilise le modèle déployé pour générer des prédictions basées sur les données d'entrée.
4. Réponse : L'API renvoie une réponse contenant les prédictions du modèle. Il peut s'agir de probabilités de classe pour une tâche de classification, de boîtes englobantes pour une tâche de détection d'objets, ou de toute autre sortie pertinente pour l'objectif de votre modèle.
5. Intégration : Cette approche basée sur API permet une intégration facile de votre modèle dans diverses applications, sites web ou services, vous permettant d'exploiter votre modèle d'IA dans des scénarios du monde réel.

En utilisant cette API, vous pouvez incorporer de manière transparente les capacités de votre modèle PyTorch dans votre écosystème logiciel plus large, ce qui en fait un outil puissant pour mettre en œuvre des fonctionnalités et des caractéristiques basées sur l'IA.

Étape 4 : Envoyer une requête de prédiction à l'API TorchServe

```
import requests
import json
from PIL import Image
import io

def predict_image(image_path, model_name, server_url):
    """
    Send an image to TorchServe for prediction.

    Args:
    image_path (str): Path to the image file
    model_name (str): Name of the model to use for prediction
    server_url (str): Base URL of the TorchServe server

    Returns:
    dict: Prediction results
    """
    # Prepare the image file for prediction
    with open(image_path, 'rb') as file:
        image_data = file.read()

    # Prepare the request
    url = f"{server_url}/predictions/{model_name}"
    files = {'data': ('image.jpg', image_data)}

    try:
        # Send a POST request to the model's endpoint
        response = requests.post(url, files=files)
        response.raise_for_status()  # Raise an exception for bad status codes

        # Parse and return the prediction result
        return response.json()

    except requests.exceptions.RequestException as e:
        print(f"Error occurred: {e}")
        return None

# Example usage
if __name__ == "__main__":
    image_path = 'test_image.jpg'
    model_name = 'resnet18'
    server_url = '<http://localhost:8080>'

    result = predict_image(image_path, model_name, server_url)

    if result:
```

```
        print("Prediction Result:")
        print(json.dumps(result, indent=2))
    else:
        print("Failed to get prediction.")
```

Voici une analyse des composants clés :

1. Définition de la fonction :
   - Nous définissons une fonction predict_image qui encapsule le processus de prédiction.
   - Cette fonction prend trois paramètres : le chemin vers le fichier image, le nom du modèle et l'URL du serveur TorchServe.
2. Préparation de l'image :
   - Le fichier image est lu comme données binaires, ce qui est plus efficace que de l'ouvrir comme objet PIL Image.
3. Préparation de la requête :
   - Nous construisons l'URL complète pour le point de terminaison de prédiction en utilisant l'URL du serveur et le nom du modèle.
   - Les données de l'image sont préparées comme un fichier à envoyer dans la requête POST.
4. Gestion des erreurs :
   - Le code utilise un bloc try-except pour gérer les erreurs potentielles pendant la requête.
   - Il utilise raise_for_status() pour capturer toute erreur HTTP.
5. Traitement de la réponse :
   - La réponse JSON du serveur est retournée si la requête est réussie.
6. Exécution principale :
   - Le script inclut un bloc d'exécution principal conditionnel.
   - Il démontre comment utiliser la fonction predict_image avec des paramètres d'exemple.
7. Affichage des résultats :
   - Si une prédiction est obtenue avec succès, elle est affichée dans une structure JSON formatée pour une meilleure lisibilité.
   - Si la prédiction échoue, un message d'erreur est affiché.

Cet exemple offre une gestion robuste des erreurs, une flexibilité accrue grâce à la paramétrisation, et une structure plus claire qui isole la fonctionnalité principale dans une fonction réutilisable. Il est mieux adapté pour l'intégration dans des projets plus importants et fournit une base solide pour le développement futur ou la personnalisation.

4.5.6 Surveillance et gestion des modèles avec TorchServe

TorchServe offre une suite complète de fonctionnalités pour surveiller et gérer vos modèles déployés, améliorant votre capacité à maintenir et optimiser votre infrastructure d'apprentissage automatique :

1. **Métriques** : TorchServe fournit des métriques de performance détaillées accessibles via le point de terminaison /metrics. Ces métriques incluent :
    - Latence : Mesure le temps nécessaire à votre modèle pour traiter les requêtes, vous aidant à identifier et résoudre les goulots d'étranglement de performance.
    - Débit : Suit le nombre de requêtes que votre modèle peut gérer par unité de temps, crucial pour la planification de capacité et les décisions de mise à l'échelle.
    - Utilisation du GPU : Pour les modèles fonctionnant sur GPUs, surveille l'utilisation des ressources pour assurer une performance optimale.
    - Taux de requêtes : Analyse la fréquence des requêtes entrantes pour comprendre les modèles d'utilisation et les heures de pointe.

Ces métriques permettent des décisions basées sur les données pour l'optimisation des modèles et la planification de l'infrastructure.

1. **Mise à l'échelle** : Les capacités de mise à l'échelle de TorchServe sont conçues pour gérer des charges variables dans les environnements de production :
    - Mise à l'échelle horizontale : Déploie plusieurs instances du même modèle sur différents serveurs pour distribuer la charge de travail.
    - Mise à l'échelle verticale : Ajuste les ressources (CPU, GPU, mémoire) allouées à chaque instance de modèle en fonction de la demande.
    - Auto-scaling : Implémente un auto-scaling basé sur des règles ou prédictif pour ajuster dynamiquement le nombre d'instances de modèle en fonction des modèles de trafic.
    - Équilibrage de charge : Distribue efficacement les requêtes entrantes entre plusieurs instances de modèle pour assurer une utilisation optimale des ressources.

Ces fonctionnalités de mise à l'échelle permettent à votre déploiement de gérer de manière transparente les scénarios à fort trafic et de maintenir des performances constantes sous des charges variables.

1. **Journaux** : Le système de journalisation de TorchServe est un outil puissant pour surveiller et dépanner vos modèles déployés :
    - Journaux d'erreurs : Capture et catégorise les erreurs survenant pendant l'inférence du modèle, aidant à identifier et résoudre rapidement les problèmes.
    - Journaux de requêtes : Suit les requêtes individuelles, y compris les données d'entrée et les réponses du modèle, utiles pour le débogage et l'audit.
    - Journaux système : Surveille les événements au niveau du serveur, tels que le chargement/déchargement de modèles et les changements de configuration.
    - Journalisation personnalisée : Implémente une journalisation personnalisée dans vos gestionnaires de modèles pour capturer des informations spécifiques à l'application.
    - Agrégation de journaux : S'intègre avec des outils de gestion de journaux pour la collecte et l'analyse centralisées des journaux à travers plusieurs instances.

Ces journaux complets fournissent des informations précieuses pour maintenir la santé et les performances de vos modèles déployés.

En tirant parti de ces fonctionnalités avancées, vous pouvez garantir que votre déploiement TorchServe reste robuste, évolutif et facilement gérable dans les environnements de production.

Exercices Pratiques Chapitre 4

Exercice 1 : Sauvegarde et Chargement du state_dict d'un Modèle

Tâche : Définir un réseau de neurones simple, l'entraîner sur le jeu de données MNIST, sauvegarder le state_dict du modèle, puis charger le state_dict sauvegardé pour continuer l'entraînement à partir du point où il s'est arrêté.

Solution :

```
import torch
import torch.nn as nn
import torch.optim as optim
from torchvision import datasets, transforms
from torch.utils.data import DataLoader

# Define a simple neural network
```

```
class SimpleNN(nn.Module):
    def __init__(self):
        super(SimpleNN, self).__init__()
        self.fc1 = nn.Linear(784, 128)
        self.fc2 = nn.Linear(128, 64)
        self.fc3 = nn.Linear(64, 10)

    def forward(self, x):
        x = x.view(-1, 784)
        x = torch.relu(self.fc1(x))
        x = torch.relu(self.fc2(x))
        return self.fc3(x)

# Instantiate the model and optimizer
model = SimpleNN()
optimizer = optim.SGD(model.parameters(), lr=0.01)

# Save model's state_dict after training for a few epochs
torch.save(model.state_dict(), 'simple_nn_state.pth')

# Load the model's state_dict
loaded_model = SimpleNN()
loaded_model.load_state_dict(torch.load('simple_nn_state.pth'))

# Continue training or use the loaded model for inference
print("Model state loaded successfully!")
```

Exercice 2 : Sauvegarde et Chargement d'un Point de Contrôle du Modèle

Tâche : Entraîner un réseau de neurones sur le jeu de données CIFAR-10, sauvegarder un point de contrôle contenant le state_dict du modèle et l'état de l'optimiseur, puis reprendre l'entraînement à partir du point de contrôle sauvegardé.

Solution :

```
import torch
import torch.optim as optim
import torch.nn as nn
import torchvision.models as models  # Import missing module
from torchvision import datasets, transforms
from torch.utils.data import DataLoader

# Define a simple model (ResNet-18 for CIFAR-10)
model = models.resnet18(pretrained=False)
model.fc = nn.Linear(model.fc.in_features, 10)

# Define optimizer and loss function
optimizer = optim.Adam(model.parameters(), lr=0.001)
criterion = nn.CrossEntropyLoss()

# Define CIFAR-10 dataset and DataLoader
```

```
transform = transforms.Compose([transforms.ToTensor()])
train_dataset = datasets.CIFAR10(root='./data', train=True, download=True,
transform=transform)
train_loader = DataLoader(train_dataset, batch_size=32, shuffle=True)

# Train for a few epochs
for epoch in range(2):
    running_loss = 0.0
    for inputs, labels in train_loader:
        optimizer.zero_grad()
        outputs = model(inputs)
        loss = criterion(outputs, labels)
        loss.backward()
        optimizer.step()
        running_loss += loss.item()

# Save the model and optimizer state as a checkpoint
checkpoint = {
    'epoch': 2,
    'model_state_dict': model.state_dict(),
    'optimizer_state_dict': optimizer.state_dict(),
    'loss': running_loss
}
torch.save(checkpoint, 'cifar10_checkpoint.pth')

# Load the checkpoint and resume training
checkpoint = torch.load('cifar10_checkpoint.pth')
model.load_state_dict(checkpoint['model_state_dict'])
optimizer.load_state_dict(checkpoint['optimizer_state_dict'])
start_epoch = checkpoint['epoch']
loss = checkpoint['loss']

print(f"Resumed training from epoch {start_epoch}, Loss: {loss}")
```

Exercice 3 : Déploiement d'un modèle PyTorch avec TorchServe

Tâche : Exporter un modèle entraîné (par exemple, ResNet-18) sous forme de fichier .pth, créer un gestionnaire personnalisé pour TorchServe, et déployer le modèle en utilisant TorchServe. Utiliser l'API TorchServe pour envoyer une image test pour prédiction.

Solution :

Étape 1 : Exporter les poids du modèle.

```
import torch
import torchvision.models as models

# Load a pretrained ResNet-18 model
model = models.resnet18(pretrained=True)

# Save the model's state_dict for deployment
```

```
torch.save(model.state_dict(), 'resnet18.pth')
```

Étape 2 : Créer un gestionnaire personnalisé (si nécessaire).

```
from torchvision import transforms, models
from PIL import Image
import torch

class ResNetHandler:
    def __init__(self):
        self.model = None
        self.device = torch.device('cuda' if torch.cuda.is_available() else 'cpu')

    def initialize(self, model_dir):
        self.model = models.resnet18(pretrained=False)
        self.model.load_state_dict(torch.load(f"{model_dir}/resnet18.pth",
map_location=self.device))
        self.model.to(self.device)
        self.model.eval()

    def preprocess(self, data):
        transform = transforms.Compose([
            transforms.Resize(256),
            transforms.CenterCrop(224),
            transforms.ToTensor(),
            transforms.Normalize(mean=[0.485,  0.456,  0.406],  std=[0.229,  0.224,
0.225])
        ])
        image = Image.open(data[0]['body'])
        return transform(image).unsqueeze(0).to(self.device)

    def inference(self, data):
        with torch.no_grad():
            output = self.model(data)
        return torch.argmax(output, dim=1).item()

    def postprocess(self, data):
        return [{"predicted_class": data}]
```

Étape 3 : Archiver le modèle en utilisant torch-model-archiver.

```
torch-model-archiver \\
  --model-name resnet18 \\
  --version 1.0 \\
  --serialized-file resnet18.pth \\
  --handler handler.py \\
  --export-path model_store
```

Étape 4 : Démarrer TorchServe.

```
torchserve --start --model-store model_store --models resnet18=resnet18.mar
```

Étape 5 : Envoyer une image test pour prédiction.

```
import requests

# Préparer le fichier image pour la prédiction
image_file = {'data': open('test_image.jpg', 'rb')}

# Envoyer une requête POST à TorchServe
response        =       requests.post('<<http://localhost:8080/predictions/resnet18>'>,
files=image_file)

# Afficher la classe prédite
print(response.json())
```

Exercice 4 : Chargement d'un Modèle Pré-entraîné et Fine-tuning

Tâche : Charger un modèle ResNet-18 pré-entraîné, remplacer la couche finale, et affiner le modèle sur un nouveau jeu de données (CIFAR-10). Sauvegarder le modèle affiné et l'évaluer sur l'ensemble de test.

Solution :

```
import torch.optim as optim
import torch.nn as nn
from torchvision import datasets, transforms, models
from torch.utils.data import DataLoader

# Load the pretrained ResNet-18 model
model = models.resnet18(pretrained=True)

# Freeze the parameters of all layers except the last fully connected layer
for param in model.parameters():
    param.requires_grad = False

# Replace the final fully connected layer to match the CIFAR-10 dataset
model.fc = nn.Linear(model.fc.in_features, 10)

# Define the optimizer and loss function
optimizer = optim.Adam(model.fc.parameters(), lr=0.001)
criterion = nn.CrossEntropyLoss()

# Load CIFAR-10 dataset
transform = transforms.Compose([transforms.Resize(224), transforms.ToTensor()])
train_dataset    =    datasets.CIFAR10(root='./data',    train=True,    download=True,
transform=transform)
train_loader = DataLoader(train_dataset, batch_size=32, shuffle=True)

# Fine-tune the model
```

```
for epoch in range(5):
    running_loss = 0.0
    for inputs, labels in train_loader:
        optimizer.zero_grad()
        outputs = model(inputs)
        loss = criterion(outputs, labels)
        loss.backward()
        optimizer.step()
        running_loss += loss.item()

    print(f"Epoch {epoch+1}, Loss: {running_loss/len(train_loader)}")

# Save the fine-tuned model
torch.save(model.state_dict(), 'resnet18_finetuned.pth')
```

Ces exercices couvrent des compétences essentielles telles que la sauvegarde/le chargement de modèles et de points de contrôle, le déploiement de modèles PyTorch avec TorchServe, et l'affinage de modèles préentraînés. En réalisant ces tâches, vous acquerrez une expérience pratique dans la gestion des modèles PyTorch tout au long du cycle de vie d'entraînement, de déploiement et d'inférence.

Résumé du Chapitre 4

Dans le **Chapitre 4**, nous avons approfondi **PyTorch**, l'un des frameworks les plus utilisés pour l'apprentissage profond. La flexibilité de PyTorch et son graphe de calcul dynamique en ont fait un favori parmi les chercheurs et les praticiens. Tout au long de ce chapitre, nous avons exploré les concepts clés de PyTorch, notamment comment construire, entraîner et déployer des modèles.

Nous avons commencé par une introduction au **graphe de calcul dynamique** de PyTorch, une caractéristique clé qui le distingue d'autres frameworks comme TensorFlow (avant la version 2.x). Contrairement aux graphes statiques, le graphe de PyTorch est créé à la volée au fur et à mesure que les opérations sont effectuées, permettant une plus grande flexibilité dans le débogage et la conception de modèles. Cette approche définie par l'exécution facilite la gestion des modèles avec des architectures dynamiques, comme ceux utilisés dans l'apprentissage par renforcement et les tâches basées sur des séquences.

Nous avons ensuite abordé comment construire et entraîner des réseaux de neurones en utilisant **torch.nn**. Nous avons défini un simple réseau de neurones feedforward et parcouru les composants essentiels de tout modèle PyTorch : la passe avant, la fonction de perte et l'optimiseur. Vous avez appris à implémenter une boucle d'entraînement, où le modèle traite les données d'entrée, calcule les gradients et met à jour ses paramètres par rétropropagation. La flexibilité des optimiseurs de PyTorch, tels que **SGD** et **Adam**, permet une personnalisation facile du processus d'entraînement.

Ensuite, nous avons exploré **l'apprentissage par transfert** et **l'affinage** en utilisant des modèles préentraînés disponibles dans le module **torchvision.models**. L'apprentissage par transfert est une technique très efficace pour exploiter des modèles qui ont été entraînés sur de grands ensembles de données comme ImageNet et les adapter à vos propres tâches. Nous avons démontré comment charger un modèle ResNet-18 préentraîné, geler ses couches pour l'extraction de caractéristiques, et affiner les couches plus profondes pour de nouvelles tâches. Cette approche réduit considérablement le temps d'entraînement et améliore les performances, surtout lorsqu'on travaille avec des ensembles de données plus petits.

Dans les sections suivantes, nous avons examiné comment **sauvegarder et charger des modèles dans PyTorch**. PyTorch offre une flexibilité dans la persistance des modèles en sauvegardant soit le modèle entier, soit uniquement le **state_dict** du modèle (les paramètres appris). Nous avons également discuté de la façon de sauvegarder des points de contrôle des modèles pendant l'entraînement, ce qui vous permet de reprendre l'entraînement en cas d'interruptions.

Enfin, nous avons couvert comment **déployer des modèles PyTorch en utilisant TorchServe**, un outil puissant qui vous permet de servir des modèles comme des API REST dans des environnements de production. TorchServe facilite l'exposition des modèles PyTorch pour des prédictions en temps réel, la gestion d'inférence par lots, et la mise à l'échelle des déploiements. Nous avons également présenté comment créer des gestionnaires personnalisés pour les modèles qui nécessitent des étapes spéciales de prétraitement ou de post-traitement avant de faire des prédictions.

En résumé, ce chapitre a fourni une compréhension complète de PyTorch, de l'entraînement et de la sauvegarde des modèles à leur déploiement dans des applications réelles. En maîtrisant les fonctionnalités de PyTorch et en exploitant ses outils, vous pouvez efficacement construire, entraîner et déployer des modèles d'apprentissage profond dans des environnements de recherche et de production.

Chapitre 5 : Réseaux de Neurones Convolutifs (CNN)

Les Réseaux de Neurones Convolutifs (CNN) représentent une avancée révolutionnaire dans le domaine de l'apprentissage profond, particulièrement dans le domaine du traitement d'images et des tâches de vision par ordinateur. Ces architectures sophistiquées de réseaux neuronaux sont conçues pour exploiter la structure spatiale inhérente aux données visuelles, ce qui les distingue des réseaux entièrement connectés traditionnels qui traitent les entrées de manière indépendante. En exploitant cette information spatiale, les CNN excellent dans l'identification et l'extraction de diverses caractéristiques visuelles, allant des simples contours et textures jusqu'aux formes complexes et aux objets dans les images.

La puissance des CNN réside dans leur capacité à construire des représentations de plus en plus abstraites et complexes des données visuelles à mesure que l'information circule à travers les couches du réseau. Ce processus d'extraction hiérarchique des caractéristiques permet aux CNN de capturer des motifs et des relations intriqués dans les images, leur permettant d'effectuer des tâches telles que la classification d'images, la détection d'objets et la segmentation sémantique avec une précision remarquable.

S'inspirant du système visuel humain, les CNN reproduisent la façon dont notre cerveau traite l'information visuelle de manière hiérarchique. Tout comme notre cortex visuel détecte d'abord les caractéristiques de base comme les bords et les contours avant de reconnaître des objets plus complexes, les CNN emploient une série de filtres convolutifs disposés en couches pour capturer et combiner progressivement des motifs visuels de complexité croissante. Cette approche biomimétique permet aux CNN d'apprendre et de représenter efficacement la structure riche et multi-niveaux de l'information visuelle, les rendant exceptionnellement bien adaptés à un large éventail d'applications de vision par ordinateur.

5.1 Introduction aux CNN et au traitement d'images

À leur cœur, les Réseaux de Neurones Convolutifs (CNN) sont des architectures d'apprentissage profond spécialisées conçues pour traiter des données structurées en grille, avec un accent particulier sur les images. Contrairement aux réseaux neuronaux traditionnels, tels que les réseaux entièrement connectés, qui aplatissent les images d'entrée en vecteurs unidimensionnels, les CNN maintiennent l'intégrité spatiale des données tout au long du pipeline de traitement. Cette différence fondamentale permet aux CNN de capturer et d'utiliser les relations spatiales cruciales entre les pixels, les rendant exceptionnellement bien adaptés aux tâches de traitement d'image.

Pour comprendre les avantages des CNN, considérons d'abord les limites des réseaux neuronaux traditionnels lorsqu'ils sont appliqués aux données d'image. Lorsqu'une image est aplatie en un vecteur 1D, les relations spatiales entre les pixels voisins sont perdues. Par exemple, une zone de 3x3 pixels qui pourrait représenter une caractéristique spécifique (comme un bord ou un coin) devient déconnectée dans une représentation aplatie. Cette perte d'information spatiale rend difficile pour les réseaux traditionnels d'apprendre et de reconnaître efficacement des motifs qui sont intrinsèquement de nature spatiale.

Les CNN, quant à eux, préservent ces relations spatiales vitales en traitant les images dans leur forme 2D naturelle. Ils y parviennent grâce à l'utilisation de couches spécialisées, en particulier les couches convolutives, qui appliquent des filtres (ou noyaux) à travers l'image. Ces filtres peuvent détecter diverses caractéristiques, telles que les bords, les textures ou des motifs plus complexes, tout en maintenant leur contexte spatial. Cette approche permet aux CNN de construire une représentation hiérarchique de l'image, où les couches inférieures capturent des caractéristiques simples et les couches supérieures les combinent pour reconnaître des structures plus complexes.

La préservation des relations spatiales dans les CNN offre plusieurs avantages clés :

1. Détection de caractéristiques et invariance à la translation : Les CNN excellent dans l'apprentissage automatique pour détecter des caractéristiques invariantes à la translation. Cette capacité remarquable permet au réseau de reconnaître des motifs et des objets quelle que soit leur position dans l'image, améliorant considérablement la flexibilité et la robustesse du modèle dans diverses tâches de vision par ordinateur.
2. Efficacité des paramètres et partage de poids : Grâce à l'utilisation ingénieuse des opérations de convolution, les CNN mettent en œuvre un mécanisme de partage de poids à travers l'ensemble de l'image. Cette approche réduit significativement le nombre de paramètres par rapport aux réseaux entièrement connectés, résultant en des modèles qui sont non seulement plus efficaces en termes de calcul mais aussi moins susceptibles au surapprentissage. Cette efficacité permet aux CNN de mieux généraliser à partir de données d'entraînement limitées.
3. Apprentissage hiérarchique et représentations abstraites : L'architecture en couches des CNN permet un processus d'apprentissage hiérarchique, où chaque couche successive s'appuie sur les caractéristiques apprises par les couches précédentes. Cette structure permet au réseau de construire des représentations de plus en plus abstraites des données d'image, progressant de la simple détection de bords dans les premières couches à la reconnaissance d'objets complexes dans les couches plus profondes. Cette approche hiérarchique imite étroitement la façon dont le système visuel humain traite et interprète l'information visuelle.

4. Hiérarchie spatiale multi-échelle : Les CNN possèdent la capacité unique de capturer simultanément des motifs locaux (à petite échelle) et globaux (à grande échelle) au sein des images. Cette compréhension multi-échelle est cruciale pour des tâches complexes telles que la détection d'objets et la segmentation d'image, où le réseau doit comprendre à la fois les détails fins et les structures d'ensemble. En intégrant des informations à travers différentes échelles spatiales, les CNN peuvent prendre des décisions plus éclairées et contextuelles dans diverses applications de vision par ordinateur.

Explorons les composants clés des CNN et comment ils travaillent ensemble pour analyser les images, en exploitant ces propriétés uniques pour exceller dans diverses tâches de vision par ordinateur.

5.1.1 L'architecture d'un CNN

Une architecture CNN typique se compose de plusieurs éléments clés, chacun jouant un rôle crucial dans le traitement et l'analyse des données d'image :

1. Couches Convolutives

Elles forment l'épine dorsale des CNN, servant de mécanisme principal d'extraction de caractéristiques. Les couches convolutives appliquent des filtres apprenables (également connus sous le nom de noyaux) aux images d'entrée à travers un processus appelé convolution. Lorsque ces filtres glissent sur l'image, ils effectuent des opérations de multiplication élément par élément et de sommation, détectant efficacement diverses caractéristiques telles que les bords, les textures et des motifs plus complexes.

Les aspects clés des couches convolutives comprennent :

- Opérations de filtre : Chaque filtre est une petite matrice (par exemple, 3x3 ou 5x5) qui glisse sur l'image d'entrée. Les valeurs du filtre sont apprises durant l'entraînement, permettant au réseau de découvrir automatiquement les caractéristiques importantes.
- Cartes de caractéristiques : Le résultat de chaque opération convolutive est une carte de caractéristiques. Ce tableau 2D met en évidence les zones de l'entrée où des motifs spécifiques sont détectés. L'intensité de chaque point dans la carte de caractéristiques indique la force de la caractéristique détectée à cet endroit.
- Filtres multiples : Chaque couche convolutive contient généralement plusieurs filtres. Cela permet au réseau d'identifier simultanément une gamme diverse de caractéristiques. Par exemple, un filtre pourrait détecter des bords verticaux, tandis qu'un autre détecte des bords horizontaux.
- Apprentissage hiérarchique : À mesure que le réseau s'approfondit, les couches convolutives apprennent progressivement des caractéristiques plus complexes et abstraites. Les premières couches pourraient détecter de simples bords et textures,

tandis que les couches plus profondes peuvent reconnaître des formes complexes ou même des objets entiers.

- Partage de paramètres : Le même filtre est appliqué à travers toute l'image, réduisant significativement le nombre de paramètres comparé aux couches entièrement connectées. Cela rend les CNN plus efficaces et les aide à mieux généraliser à différentes tailles d'entrée.
- Invariance à la translation : Comme les mêmes filtres sont appliqués à travers toute l'image, les CNN peuvent détecter des caractéristiques indépendamment de leur position dans l'image. Cette propriété, connue sous le nom d'invariance à la translation, est cruciale pour une reconnaissance robuste des objets.

La combinaison de ces propriétés permet aux couches convolutives de traiter efficacement et effectivement les données visuelles, faisant d'elles la pierre angulaire des applications modernes de vision par ordinateur.

2. Couches de Pooling

Après les couches convolutives, les couches de pooling jouent un rôle crucial dans le sous-échantillonnage des cartes de caractéristiques. Cette réduction de dimensionnalité est une opération clé dans les CNN, servant plusieurs objectifs importants :

- Efficacité computationnelle : En réduisant le nombre de paramètres, les couches de pooling diminuent significativement la complexité computationnelle du réseau. C'est particulièrement important à mesure que les CNN deviennent plus profonds, permettant des processus d'entraînement et d'inférence plus efficaces.
- Invariance à la translation : Le pooling introduit une forme d'invariance à la translation, rendant le réseau plus robuste aux légers décalages ou distorsions dans l'entrée. Cela signifie que le réseau peut reconnaître des caractéristiques indépendamment de leur position exacte dans l'image, ce qui est crucial pour des tâches comme la reconnaissance d'objets.
- Abstraction de caractéristiques : En résumant la présence de caractéristiques dans des zones de la carte de caractéristiques, le pooling aide le réseau à se concentrer sur les caractéristiques les plus saillantes. Ce processus d'abstraction permet aux couches supérieures de travailler avec des représentations plus abstraites, facilitant l'apprentissage de motifs complexes.

Les opérations de pooling courantes incluent :

- Max Pooling : Cette opération prend la valeur maximale d'une zone de la carte de caractéristiques. Elle est particulièrement efficace pour capturer les caractéristiques les plus proéminentes et est largement utilisée en pratique.

- Average Pooling : Cette méthode calcule la valeur moyenne d'une zone. Elle peut être utile pour préserver plus d'informations sur la distribution globale des caractéristiques dans certains cas.

Le choix entre max pooling et average pooling dépend souvent de la tâche spécifique et du jeu de données. Certaines architectures utilisent même une combinaison des deux pour exploiter leurs forces respectives. En appliquant soigneusement les couches de pooling, les CNN peuvent maintenir des performances élevées tout en réduisant significativement la charge computationnelle, les rendant plus évolutifs et efficaces pour des tâches de vision complexes.

3. Couches Entièrement Connectées

Positionnées stratégiquement à la fin du réseau, les couches entièrement connectées jouent un rôle crucial dans les étapes finales du traitement. Contrairement aux couches convolutives, qui maintiennent les relations spatiales, les couches entièrement connectées aplatissent l'entrée et connectent chaque neurone de la couche précédente à chaque neurone de la couche actuelle. Cette connectivité complète permet à ces couches de :

- Combiner les caractéristiques de haut niveau apprises par les couches convolutives : En se connectant à tous les neurones de la couche précédente, les couches entièrement connectées peuvent intégrer diverses caractéristiques de haut niveau extraites par les couches convolutives. Cette intégration permet au réseau de considérer des combinaisons complexes de caractéristiques, permettant une reconnaissance de motifs plus sophistiquée.
- Effectuer un raisonnement basé sur ces caractéristiques : La connectivité dense de ces couches facilite des transformations complexes et non linéaires de l'entrée. Cette capacité permet au réseau d'effectuer un raisonnement de haut niveau, prenant des décisions complexes basées sur l'ensemble des caractéristiques combinées. C'est dans ces couches que le réseau peut apprendre à reconnaître des concepts abstraits et faire des distinctions nuancées entre les classes.
- Mapper les caractéristiques extraites aux classes de sortie finales pour les tâches de classification : La couche entièrement connectée finale a typiquement des neurones correspondant au nombre de classes dans la tâche de classification. À travers l'entraînement, ces couches apprennent à mapper les représentations de caractéristiques abstraites à des probabilités de classes spécifiques, traduisant efficacement la compréhension de l'entrée par le réseau en une décision de classification.

De plus, les couches entièrement connectées incorporent souvent des fonctions d'activation et de la régularisation par dropout pour améliorer leur capacité d'apprentissage et prévenir le surapprentissage. Bien qu'elles soient computationnellement intensives en raison de leurs connexions denses, les couches entièrement connectées sont essentielles pour synthétiser les hiérarchies spatiales apprises par les couches convolutives précédentes dans une forme adaptée aux tâches finales de classification ou de régression.

4. Fonctions d'Activation

Ces fonctions non linéaires jouent un rôle crucial en introduisant de la non-linéarité dans le modèle, lui permettant d'apprendre et de représenter des motifs complexes dans les données. Les fonctions d'activation sont appliquées élément par élément à la sortie de chaque neurone, permettant au réseau de modéliser des relations non linéaires et de prendre des décisions non linéaires. Sans fonctions d'activation, un réseau neuronal serait essentiellement une série de transformations linéaires, limitant sévèrement sa capacité à apprendre des motifs complexes.

La fonction d'activation la plus communément utilisée dans les CNN est l'Unité Rectifiée Linéaire (ReLU). ReLU est définie comme f(x) = max(0, x), ce qui signifie qu'elle produit zéro pour toute entrée négative et laisse passer les valeurs positives inchangées. ReLU a gagné en popularité grâce à plusieurs avantages :

- Simplicité : Elle est computationnellement efficace et facile à implémenter.
- Parcimonie : Elle induit naturellement de la parcimonie dans le réseau, car les valeurs négatives sont mises à zéro.
- Atténuation du problème de gradient évanescent : Contrairement aux fonctions sigmoïde ou tanh, ReLU ne sature pas pour les valeurs positives, aidant à prévenir le problème de gradient évanescent pendant la rétropropagation.

Cependant, ReLU n'est pas sans inconvénients. Le problème principal est celui du "ReLU mourant", où les neurones peuvent se retrouver dans un état où ils produisent toujours zéro. Pour résoudre ce problème et d'autres limitations, plusieurs variantes de ReLU ont été développées :

- Leaky ReLU : Cette fonction permet un petit gradient non nul lorsque l'entrée est négative, aidant à prévenir les neurones mourants.
- Unité Linéaire Exponentielle (ELU) : ELU utilise une fonction exponentielle pour les entrées négatives, ce qui peut aider à rapprocher les activations moyennes des unités de zéro, menant potentiellement à un apprentissage plus rapide.
- Swish : Introduite par des chercheurs de Google, Swish est définie comme f(x) = x * sigmoid(x). Il a été démontré qu'elle surpasse ReLU dans certains réseaux profonds.

Le choix de la fonction d'activation peut impacter significativement la performance et la dynamique d'entraînement d'un CNN. Bien que ReLU reste un choix par défaut populaire, les chercheurs et praticiens expérimentent souvent avec différentes fonctions d'activation ou utilisent même une combinaison de fonctions dans différentes parties du réseau, selon les exigences spécifiques de la tâche et les caractéristiques du jeu de données.

L'interaction entre ces composants permet aux CNN d'apprendre progressivement des représentations hiérarchiques des données visuelles, des caractéristiques de bas niveau dans les premières couches aux concepts abstraits de haut niveau dans les couches plus profondes.

Cet apprentissage hiérarchique est la clé du succès des CNN dans diverses tâches de vision par ordinateur telles que la classification d'images, la détection d'objets et la segmentation sémantique.

5.1.2 Couche Convolutive

La couche convolutive est la pierre angulaire et le bloc de construction fondamental d'un Réseau de Neurones Convolutif (CNN). Cette couche effectue une opération cruciale qui permet au réseau d'apprendre et de détecter automatiquement des caractéristiques importantes dans les images d'entrée.

Voici une explication détaillée de son fonctionnement :

Opération de Filtre (Noyau)

La couche convolutive emploie un composant crucial connu sous le nom de **filtre** ou **noyau**. Il s'agit d'une petite matrice, généralement beaucoup plus petite que l'image d'entrée, avec des dimensions telles que 3x3 ou 5x5 pixels. Le filtre glisse systématiquement ou "convolue" à travers l'image d'entrée, effectuant une opération mathématique spécifique à chaque position.

L'objectif de ce filtre est d'agir comme un détecteur de caractéristiques. Lorsqu'il se déplace à travers l'image, il peut identifier divers éléments visuels tels que les contours, les textures, ou des motifs plus complexes, selon ses valeurs apprises. La petite taille du filtre lui permet de se concentrer sur des motifs locaux dans un champ réceptif limité, ce qui est crucial pour détecter des caractéristiques qui peuvent apparaître à différents endroits dans l'image.

Par exemple, un filtre 3x3 pourrait être conçu pour détecter des contours verticaux. Lorsque ce filtre glisse sur l'image, il produira des valeurs d'activation élevées dans les zones où des contours verticaux sont présents, créant ainsi une carte de caractéristiques qui met en évidence ces motifs spécifiques. L'utilisation de plusieurs filtres dans une seule couche convolutive permet au réseau de détecter simultanément une gamme diverse de caractéristiques, formant la base de la capacité du CNN à comprendre et interpréter des informations visuelles complexes.

Processus de Convolution

L'opération fondamentale dans une couche convolutive est le processus de convolution. Cette opération mathématique est effectuée lorsque le filtre (ou noyau) se déplace systématiquement à travers l'image d'entrée. Voici une décomposition détaillée de son fonctionnement :

1. Mouvement du Filtre : Le filtre, généralement une petite matrice (par exemple, 3x3 ou 5x5), commence au coin supérieur gauche de l'image d'entrée et glisse à travers celle-ci de gauche à droite, de haut en bas. À chaque position, il chevauche une portion de l'image égale à sa taille.
2. Multiplication Élément par Élément : À chaque position, le filtre effectue une multiplication élément par élément entre ses valeurs et les valeurs de pixels

correspondantes dans la portion chevauchée de l'image. Cela signifie que chaque élément du filtre est multiplié par son pixel correspondant dans l'image.

3. Sommation : Après la multiplication élément par élément, tous les produits résultants sont additionnés. Cette somme représente une seule valeur dans la sortie, connue comme un pixel dans la **carte de caractéristiques**.
4. Génération de Carte de Caractéristiques : Lorsque le filtre continue de glisser à travers l'image entière, répétant les étapes 2 et 3 à chaque position, il génère une carte de caractéristiques complète. Cette carte de caractéristiques est essentiellement une nouvelle image où chaque pixel représente le résultat de l'opération de convolution à une position spécifique dans l'image originale.
5. Détection de Caractéristiques : Les valeurs dans la carte de caractéristiques indiquent la présence et l'intensité de caractéristiques spécifiques dans différentes parties de l'image originale. Des valeurs élevées dans la carte de caractéristiques suggèrent une forte présence de la caractéristique que le filtre est conçu pour détecter à cet endroit.

Ce processus permet au réseau d'apprendre et de détecter automatiquement des caractéristiques importantes dans l'image d'entrée, formant la base de la capacité du CNN à comprendre et interpréter les informations visuelles.

Génération de Carte de Caractéristiques

Le résultat de l'opération de convolution est une **carte de caractéristiques**—une représentation transformée de l'image d'entrée qui met en évidence des caractéristiques spécifiques détectées par le filtre. Ce processus est fondamental pour la façon dont les CNN comprennent et interprètent les informations visuelles. Voici une explication plus détaillée :

1. Extraction de Caractéristiques : Lorsque le filtre glisse à travers l'image d'entrée, il effectue une multiplication élément par élément et une sommation à chaque position. Cette opération "recherche" essentiellement des motifs dans l'image qui correspondent à la structure du filtre.
2. Correspondance Spatiale : Chaque pixel dans la carte de caractéristiques correspond à une région spécifique de l'image originale. La valeur de ce pixel représente à quel point le motif du filtre a été fortement détecté dans cette région.
3. Spécificité des Caractéristiques : Selon les valeurs apprises du filtre, il devient sensible à des caractéristiques de bas niveau particulières telles que :
    - Contours : Les filtres peuvent détecter des contours verticaux, horizontaux ou diagonaux dans l'image.
    - Coins : Certains filtres peuvent se spécialiser dans l'identification de structures ressemblant à des coins.

- Textures : Certains filtres peuvent répondre fortement à des motifs de texture spécifiques.

4. Cartes de Caractéristiques Multiples : En pratique, une couche convolutive utilise généralement plusieurs filtres, chacun générant sa propre carte de caractéristiques. Cela permet au réseau de détecter simultanément une gamme diverse de caractéristiques.

5. Modèles d'Activation : L'intensité de chaque point dans la carte de caractéristiques indique la force de la caractéristique détectée à cet endroit. Par exemple :

   - Un filtre conçu pour détecter des contours verticaux produira des valeurs élevées dans la carte de caractéristiques où des contours verticaux forts sont présents dans l'image originale.

   - De même, un filtre sensible aux contours horizontaux générera une carte de caractéristiques avec des activations élevées le long des emplacements de contours horizontaux.

6. Apprentissage Hiérarchique : À mesure que nous avançons plus profondément dans le réseau, ces cartes de caractéristiques deviennent des entrées pour les couches suivantes, permettant au CNN de construire des représentations de plus en plus complexes et abstraites du contenu de l'image.

En générant ces cartes de caractéristiques, les CNN peuvent apprendre automatiquement à identifier des éléments visuels importants, formant la base de leur performance remarquable dans diverses tâches de vision par ordinateur.

Processus d'Apprentissage

Un aspect fondamental des Réseaux de Neurones Convolutifs (CNN) est leur capacité à apprendre et à s'adapter grâce au processus d'entraînement. Contrairement aux techniques traditionnelles de traitement d'images où les filtres sont conçus manuellement, les CNN apprennent automatiquement les valeurs optimales des filtres à partir des données. Ce processus d'apprentissage est ce qui rend les CNN si puissants et polyvalents. Voici une explication plus détaillée de son fonctionnement :

1. Initialisation : Au début de l'entraînement, les valeurs au sein de chaque filtre (également connues sous le nom de poids) sont généralement initialisées aléatoirement. Cette initialisation aléatoire fournit un point de départ à partir duquel le réseau peut apprendre.

2. Passage Avant : Pendant chaque itération d'entraînement, le réseau traite les images d'entrée à travers ses couches. Les couches convolutives appliquent leurs filtres actuels à l'entrée, générant des cartes de caractéristiques qui représentent les motifs détectés.

3. Calcul de Perte : La sortie du réseau est comparée à la vérité terrain (la réponse correcte) en utilisant une fonction de perte. Cette perte quantifie à quel point les prédictions du réseau sont éloignées des réponses correctes.
4. Rétropropagation : Le réseau utilise ensuite un algorithme appelé rétropropagation pour calculer comment chaque valeur de filtre a contribué à l'erreur. Ce processus calcule des gradients, qui indiquent comment les valeurs de filtre doivent être ajustées pour réduire l'erreur.
5. Mise à Jour des Poids : Sur la base de ces gradients, les valeurs de filtre sont légèrement mises à jour. Cela est généralement fait en utilisant un algorithme d'optimisation comme la Descente de Gradient Stochastique (SGD) ou Adam. L'objectif est d'ajuster les filtres de manière à réduire l'erreur sur les entrées futures.
6. Itération : Ce processus est répété de nombreuses fois avec de nombreuses images d'entrée différentes. Au fil du temps, les filtres évoluent pour devenir de plus en plus efficaces dans la détection de motifs pertinents dans les données d'entrée.
7. Spécialisation : Au fur et à mesure que l'entraînement progresse, différents filtres dans le réseau ont tendance à se spécialiser dans la détection de types spécifiques de motifs. Dans les premières couches, les filtres peuvent apprendre à détecter des caractéristiques simples comme des contours ou des gradients de couleur. Dans les couches plus profondes, les filtres se spécialisent souvent pour des caractéristiques plus complexes, spécifiques à la tâche.
8. Adaptation à la Tâche : La nature de la tâche (par exemple, reconnaissance d'objets, détection faciale, analyse d'images médicales) guide le processus d'apprentissage. Le réseau développera des filtres qui sont particulièrement bons pour détecter des motifs pertinents pour son objectif spécifique.

Ce processus d'apprentissage adaptatif est ce qui permet aux CNN de découvrir automatiquement les caractéristiques les plus pertinentes pour une tâche donnée, surpassant souvent la performance des extracteurs de caractéristiques conçus manuellement. C'est une raison clé pour laquelle les CNN ont connu un tel succès dans un large éventail d'applications de vision par ordinateur.

Filtres Multiples

Une caractéristique clé des couches convolutives dans les CNN est l'utilisation de multiples filtres, chacun conçu pour détecter différents motifs au sein des données d'entrée. Cette approche multi-filtres est cruciale pour la capacité du réseau à capturer simultanément une gamme diverse de caractéristiques, améliorant considérablement sa capacité à comprendre et interpréter des informations visuelles complexes.

Voici une explication plus détaillée du fonctionnement des filtres multiples dans les CNN :

- Détection de Caractéristiques Diverses : Chaque filtre dans une couche convolutive est essentiellement un détecteur de motifs. En employant plusieurs filtres, le réseau peut identifier en parallèle un large éventail de caractéristiques. Par exemple, dans une seule couche :
- Un filtre pourrait se spécialiser dans la détection de lignes verticales
- Un autre pourrait se concentrer sur les lignes horizontales
- Un troisième pourrait être adapté aux bords diagonaux
- D'autres filtres pourraient détecter des courbes, des coins ou des textures spécifiques

Cette diversité permet au CNN de construire une compréhension globale de la composition de l'image d'entrée.

Génération de Cartes de Caractéristiques : Chaque filtre produit sa propre carte de caractéristiques lors de sa convolution à travers l'entrée. Avec plusieurs filtres, nous obtenons plusieurs cartes de caractéristiques, chacune mettant en évidence différents aspects de l'image d'entrée. Cet ensemble riche de cartes de caractéristiques fournit une représentation multidimensionnelle de l'image, capturant simultanément diverses caractéristiques.

Apprentissage Hiérarchique : En empilant des couches convolutives, le réseau peut combiner ces diverses caractéristiques de bas niveau pour former des représentations de plus en plus complexes et abstraites. Les premières couches peuvent détecter des bords et des textures simples, tandis que les couches plus profondes peuvent reconnaître des motifs, des formes et même des objets entiers plus complexes.

Apprentissage Automatique des Caractéristiques : L'un des aspects les plus puissants de l'utilisation de filtres multiples est que le réseau apprend quelles caractéristiques sont les plus pertinentes pour la tâche en question pendant l'entraînement. Plutôt que de concevoir manuellement des filtres, le CNN découvre automatiquement les motifs les plus utiles à détecter.

Robustesse et Généralisation : En apprenant à détecter un ensemble diversifié de caractéristiques, les CNN deviennent plus robustes et peuvent mieux généraliser à de nouvelles données non vues. C'est parce qu'ils ne s'appuient pas sur un seul type de motif mais peuvent reconnaître des objets basés sur divers indices visuels.

Cette approche multi-filtres est une raison fondamentale pour laquelle les CNN ont connu tant de succès dans une large gamme de tâches de vision par ordinateur, de la classification d'images et la détection d'objets à la segmentation sémantique et la reconnaissance faciale.

Apprentissage Hiérarchique des Caractéristiques

L'un des aspects les plus puissants des Réseaux de Neurones Convolutifs (CNN) est leur capacité à apprendre des représentations hiérarchiques des données visuelles. Ce processus se déroule à mesure que le réseau s'approfondit, avec plusieurs couches convolutives empilées les unes sur les autres. Voici une analyse détaillée de la façon dont cet apprentissage hiérarchique se déploie :

1. Détection de Caractéristiques de Bas Niveau : Dans les couches initiales du réseau, les CNN se concentrent sur la détection de caractéristiques simples de bas niveau. Celles-ci peuvent inclure :
   - Contours : Lignes verticales, horizontales ou diagonales dans l'image
   - Textures : Motifs de base ou textures présents dans l'entrée
   - Dégradés de couleur : Changements d'intensité de couleur à travers l'image
2. Combinaison de Caractéristiques de Niveau Intermédiaire : En progressant vers les couches intermédiaires du réseau, ces caractéristiques de bas niveau sont combinées pour former des motifs plus complexes :
   - Formes : Formes géométriques simples comme des cercles, des carrés ou des triangles
   - Coins : Intersections de contours
   - Textures plus complexes : Combinaisons de textures simples
3. Reconnaissance de Caractéristiques de Haut Niveau : Dans les couches plus profondes du réseau, ces caractéristiques de niveau intermédiaire sont davantage combinées pour reconnaître des concepts encore plus abstraits et complexes :
   - Objets : Objets entiers ou parties d'objets (par exemple, yeux, roues ou fenêtres)
   - Scènes : Combinaisons d'objets qui forment des scènes reconnaissables
   - Concepts abstraits : Caractéristiques de haut niveau qui pourraient représenter des idées ou catégories complexes
4. Abstraction Croissante : À mesure que nous avançons plus profondément dans le réseau, les caractéristiques deviennent de plus en plus abstraites et spécifiques à la tâche. Par exemple, dans une tâche de reconnaissance faciale, les premières couches pourraient détecter des contours, les couches intermédiaires pourraient identifier des éléments faciaux comme les yeux ou le nez, et les couches plus profondes pourraient reconnaître des expressions faciales spécifiques ou des identités.
5. Expansion du Champ Réceptif : Cet apprentissage hiérarchique est facilité par l'expansion du champ réceptif des neurones dans les couches plus profondes. Chaque neurone dans une couche plus profonde peut "voir" une plus grande portion de l'image originale, lui permettant de détecter des caractéristiques plus complexes et à grande échelle.

6. Réutilisabilité des Caractéristiques : Les caractéristiques de bas niveau apprises par le réseau sont souvent réutilisables à travers différentes tâches. Cette propriété permet l'apprentissage par transfert, où un réseau entraîné sur une tâche peut être affiné pour une tâche différente mais connexe, en exploitant les caractéristiques de bas niveau qu'il a déjà apprises.

Ce processus d'apprentissage hiérarchique des caractéristiques est ce qui donne aux CNN leur remarquable capacité à comprendre et interpréter les données visuelles, les rendant exceptionnellement puissants pour une large gamme de tâches de vision par ordinateur, de la classification d'images et la détection d'objets à la segmentation sémantique et la reconnaissance faciale.

Ce processus d'apprentissage hiérarchique est ce qui donne aux CNN leur remarquable capacité à comprendre et interpréter les données visuelles, les rendant exceptionnellement puissants pour des tâches telles que la classification d'images, la détection d'objets et la segmentation sémantique.

Exemple : Opération de Convolution

Prenons l'exemple d'une image en niveaux de gris de 5x5 et d'un filtre 3x3 :

```
import torch
import torch.nn.functional as F
import matplotlib.pyplot as plt

# Define a 5x5 image (grayscale) as a PyTorch tensor
image = torch.tensor([
    [0, 1, 1, 0, 0],
    [0, 1, 1, 0, 0],
    [0, 0, 1, 1, 1],
    [0, 0, 0, 1, 1],
    [0, 1, 1, 1, 0]
], dtype=torch.float32).unsqueeze(0).unsqueeze(0)

# Define multiple 3x3 filters
filters = torch.tensor([
    [[-1, -1, -1],
     [ 0,  0,  0],
     [ 1,  1,  1]],  # Horizontal edge detector
    [[-1,  0,  1],
     [-1,  0,  1],
     [-1,  0,  1]],  # Vertical edge detector
    [[ 0, -1,  0],
     [-1,  4, -1],
     [ 0, -1,  0]]   # Sharpening filter
], dtype=torch.float32).unsqueeze(1)

# Apply convolution operations
outputs = []
for i, filter in enumerate(filters):
```

```
    output = F.conv2d(image, filter.unsqueeze(0))
    outputs.append(output.squeeze().detach().numpy())
    print(f"Output for filter {i+1}:")
    print(output.squeeze())
    print()

# Visualize the results
fig, axs = plt.subplots(2, 2, figsize=(10, 10))
axs[0, 0].imshow(image.squeeze(), cmap='gray')
axs[0, 0].set_title('Original Image')
axs[0, 1].imshow(outputs[0], cmap='gray')
axs[0, 1].set_title('Horizontal Edge Detection')
axs[1, 0].imshow(outputs[1], cmap='gray')
axs[1, 0].set_title('Vertical Edge Detection')
axs[1, 1].imshow(outputs[2], cmap='gray')
axs[1, 1].set_title('Sharpening')
plt.tight_layout()
plt.show()
```

Explication du code détaillé :

1. Importation des bibliothèques :
   - Nous importons PyTorch (torch) pour les opérations tensorielles.
   - torch.nn.functional est importé pour l'opération de convolution.
   - matplotlib.pyplot est importé pour la visualisation.
2. Définition de l'image d'entrée :
   - Une image en niveaux de gris de 5x5 est définie comme un tenseur PyTorch.
   - L'image est un motif simple avec quelques bords verticaux et horizontaux.
   - Nous utilisons unsqueeze(0).unsqueeze(0) pour ajouter des dimensions de lot et de canal, la rendant compatible avec l'opération de convolution de PyTorch.
3. Définition des filtres :
   - Nous définissons trois filtres 3x3 différents : a. Détecteur de bords horizontaux : Détecte les bords horizontaux dans l'image. b. Détecteur de bords verticaux : Détecte les bords verticaux dans l'image. c. Filtre d'accentuation : Améliore les bords dans toutes les directions.
   - Ces filtres sont empilés en un seul tenseur.
4. Application de la convolution :
   - Nous itérons à travers chaque filtre et l'appliquons à l'image en utilisant F.conv2d().

- Le résultat de chaque opération de convolution est une carte de caractéristiques mettant en évidence des éléments spécifiques de l'image.
- Nous imprimons chaque sortie pour voir les résultats numériques de la convolution.

5. Visualisation des résultats :
   - Nous utilisons matplotlib pour créer une grille de 2x2 sous-graphiques.
   - L'image originale et les trois sorties de convolution sont affichées.
   - Cette représentation visuelle aide à comprendre comment chaque filtre affecte l'image.
6. Compréhension des sorties :
   - Le détecteur de bords horizontaux mettra en évidence les bords horizontaux avec des valeurs positives ou négatives élevées.
   - Le détecteur de bords verticaux fera de même pour les bords verticaux.
   - Le filtre d'accentuation améliorera tous les bords, les rendant plus prononcés.

Cet exemple démontre comment différents filtres convolutifs peuvent extraire diverses caractéristiques d'une image, ce qui est un concept fondamental dans les Réseaux de Neurones Convolutifs (CNN). En appliquant ces filtres et en visualisant les résultats, nous pouvons mieux comprendre comment les CNN traitent et interprètent les données d'image dans leurs couches initiales.

5.1.3 Couche de Pooling

Après la couche convolutive, une **couche de pooling** est souvent incorporée pour réduire la dimensionnalité des cartes de caractéristiques. Cette étape cruciale sert plusieurs objectifs dans l'architecture CNN :

Efficacité Computationnelle

Les opérations de pooling jouent un rôle crucial dans l'optimisation des ressources computationnelles des Réseaux de Neurones Convolutifs (CNN). En réduisant significativement les dimensions spatiales des cartes de caractéristiques, les couches de pooling diminuent efficacement le nombre de paramètres et les exigences computationnelles au sein du réseau. Cette réduction de complexité a plusieurs implications importantes :

1. Architecture de modèle simplifiée : La réduction dimensionnelle obtenue grâce au pooling permet une structure de réseau plus compacte. Cette architecture rationalisée nécessite moins de mémoire pour le stockage et la manipulation, rendant plus facile le déploiement des CNN sur des appareils aux ressources computationnelles limitées, comme les téléphones mobiles ou les systèmes embarqués.

2. Processus d'entraînement accéléré : Avec moins de paramètres à mettre à jour pendant la rétropropagation, le processus d'entraînement devient notablement plus rapide. Cette accélération est particulièrement bénéfique lors du travail avec de grands ensembles de données ou lorsque le prototypage rapide est nécessaire, car elle permet aux chercheurs et développeurs d'itérer plus rapidement à travers différentes configurations de modèles.
3. Vitesse d'inférence améliorée : La complexité réduite se traduit également par des temps d'inférence plus rapides. Ceci est crucial pour les applications en temps réel, comme la détection d'objets dans les véhicules autonomes ou la reconnaissance faciale dans les systèmes de sécurité, où le traitement rapide des données d'entrée est essentiel.
4. Évolutivité améliorée : En gérant la croissance des tailles des cartes de caractéristiques, le pooling permet la construction de réseaux plus profonds sans augmentation exponentielle des exigences computationnelles. Cette évolutivité est vitale pour aborder des tâches plus complexes qui nécessitent des architectures plus profondes.
5. Efficacité énergétique : La réduction des calculs conduit à une consommation d'énergie plus faible, ce qui est particulièrement important pour le déploiement des CNN sur des appareils alimentés par batterie ou dans des environnements de serveurs à grande échelle où les coûts énergétiques sont une préoccupation significative.

En essence, l'efficacité computationnelle obtenue grâce aux opérations de pooling est un facteur clé pour rendre les CNN pratiques et largement applicables à travers divers domaines et plateformes matérielles.

Généralisation et Robustesse Améliorées

Les couches de pooling contribuent significativement à la capacité du réseau à généraliser en introduisant une forme d'invariance translationnelle. Cela signifie que le réseau devient moins sensible à la localisation exacte des caractéristiques dans l'entrée, lui permettant de reconnaître des motifs même lorsqu'ils apparaissent à des positions légèrement différentes. La réduction de la résolution spatiale obtenue par le pooling oblige le réseau à se concentrer sur les caractéristiques les plus saillantes et pertinentes, atténuant efficacement le risque de surapprentissage sur l'ensemble de données d'entraînement.

Cette capacité de généralisation améliorée découle de plusieurs mécanismes clés :

- Abstraction des caractéristiques : En résumant les régions locales, le pooling crée des représentations plus abstraites des caractéristiques, permettant au réseau de capturer des concepts de plus haut niveau plutôt que de se fixer sur des détails au niveau des pixels.
- Invariance aux transformations mineures : L'effet de sous-échantillonnage du pooling rend le réseau plus robuste aux petites translations, rotations ou changements

d'échelle dans l'entrée, ce qui est crucial pour les applications réelles où un alignement parfait ne peut être garanti.

- Sensibilité réduite au bruit : En sélectionnant les caractéristiques dominantes (par exemple, via le max pooling), le réseau devient moins susceptible aux variations mineures ou au bruit dans les données d'entrée, se concentrant plutôt sur les aspects les plus informatifs.
- Effet de régularisation : La réduction de dimensionnalité inhérente au pooling agit comme une forme de régularisation, contraignant la capacité du modèle et réduisant ainsi le risque de surapprentissage, particulièrement lors du traitement de données d'entraînement limitées.

Ces propriétés permettent collectivement aux CNN d'apprendre des caractéristiques plus robustes et transférables, améliorant leurs performances sur des données non vues et améliorant leur applicabilité à travers diverses tâches de vision par ordinateur.

Représentation Hiérarchique des Caractéristiques

Le pooling joue un rôle crucial dans la création de représentations de caractéristiques de plus en plus abstraites à mesure que l'information circule à travers le réseau. Cette abstraction hiérarchique est une composante clé de la capacité des CNN à traiter efficacement des informations visuelles complexes. Voici comment cela fonctionne :

1. Abstraction couche par couche : À mesure que les données progressent à travers le réseau, chaque opération de pooling résume les caractéristiques de la couche précédente. Ce processus de résumé transforme graduellement les caractéristiques de bas niveau (comme les bords et les textures) en représentations de haut niveau plus abstraites (comme des parties d'objets ou des objets entiers).
2. Champ réceptif accru : En réduisant les dimensions spatiales des cartes de caractéristiques, le pooling augmente efficacement le champ réceptif des neurones dans les couches suivantes. Cela signifie que les neurones dans les couches plus profondes peuvent "voir" une plus grande portion de l'entrée originale, leur permettant de capturer des informations plus globales et contextuelles.
3. Composition de caractéristiques : La combinaison des opérations de convolution et de pooling permet au réseau de composer des caractéristiques complexes à partir de caractéristiques plus simples. Par exemple, les premières couches peuvent détecter des bords, tandis que les couches ultérieures combinent ces bords pour former des formes plus complexes ou des parties d'objets.
4. Invariance d'échelle : L'opération de pooling aide à atteindre un degré d'invariance d'échelle. En résumant les caractéristiques sur une région locale, le réseau devient moins sensible à la taille exacte des caractéristiques, lui permettant de reconnaître des motifs à diverses échelles.

5. Efficacité computationnelle dans l'apprentissage des caractéristiques : En réduisant les dimensions spatiales des cartes de caractéristiques, le pooling permet au réseau d'apprendre un ensemble plus diversifié de caractéristiques dans les couches plus profondes sans augmentation exponentielle du coût computationnel.

Cette représentation hiérarchique des caractéristiques améliore significativement la capacité du réseau à reconnaître des motifs et structures complexes dans les données d'entrée, rendant les CNN particulièrement efficaces pour des tâches de reconnaissance visuelle complexes telles que la détection d'objets, la segmentation d'images et la compréhension de scènes.

Le type de pooling le plus répandu est le **max pooling**, qui fonctionne en sélectionnant la valeur maximale d'un groupe de pixels voisins dans une fenêtre définie. Cette méthode est particulièrement efficace car :

Préservation des Caractéristiques

Le max pooling joue un rôle crucial dans la conservation des caractéristiques les plus importantes et saillantes au sein de chaque fenêtre de pooling. Ce processus sélectif se concentre sur les activations les plus fortes, qui correspondent généralement aux aspects les plus informatifs et discriminants des données d'entrée. En préservant ces caractéristiques clés, le max pooling garantit que l'information la plus pertinente se propage à travers le réseau, améliorant considérablement la capacité du modèle à reconnaître et classifier des motifs complexes.

La préservation de ces activations fortes a plusieurs implications importantes pour la performance du réseau :

Représentation Améliorée des Caractéristiques

En sélectionnant les valeurs maximales, le réseau maintient une représentation compacte mais puissante des caractéristiques les plus distinctives de l'entrée. Cette forme condensée d'information permet aux couches suivantes de travailler avec un ensemble de caractéristiques plus raffiné et ciblé. L'opération de max pooling agit efficacement comme un extracteur de caractéristiques, identifiant les activations les plus importantes dans chaque fenêtre de pooling. Ces activations fortes correspondent souvent à des éléments visuels importants tels que les bords, les coins ou des textures spécifiques qui sont cruciales pour la reconnaissance d'objets.

Ce processus sélectif présente plusieurs avantages :

- Réduction de Dimensionnalité : En ne conservant que les valeurs maximales, le max pooling réduit considérablement les dimensions spatiales des cartes de caractéristiques, ce qui aide à gérer la complexité computationnelle du réseau.
- Invariance aux Petites Translations : L'opération max offre un degré d'invariance translationnelle, ce qui signifie que de petits déplacements dans l'entrée ne modifieront pas dramatiquement la sortie de la couche de pooling.

- Accentuation des Caractéristiques Dominantes : En propageant uniquement les activations les plus fortes, le réseau devient plus robuste aux variations mineures et au bruit dans les données d'entrée.

Par conséquent, les couches suivantes du réseau peuvent se concentrer sur le traitement de ces caractéristiques saillantes, conduisant à un apprentissage plus efficace et à des capacités de généralisation améliorées. Cette représentation raffinée sert de fondement au réseau pour construire des concepts de plus en plus complexes et abstraits à mesure que l'information circule à travers les couches plus profondes, permettant finalement au CNN d'aborder efficacement des tâches de reconnaissance visuelle complexes.

Généralisation Améliorée

La focalisation sur les caractéristiques dominantes améliore considérablement la capacité du réseau à généraliser à travers diverses entrées. Ce processus sélectif remplit plusieurs fonctions cruciales :

- Réduction du Bruit : En mettant l'accent sur les activations les plus fortes, le max pooling filtre efficacement les variations mineures et le bruit dans les données d'entrée. Ce mécanisme de filtrage permet au réseau de se concentrer sur les caractéristiques les plus saillantes, conduisant à des prédictions plus stables et cohérentes à travers différentes instances d'une même classe.
- Invariance aux Petites Transformations : L'opération de pooling introduit un degré d'invariance aux petites translations, rotations ou changements d'échelle dans l'entrée. Cette propriété est particulièrement précieuse dans des scénarios réels où un alignement parfait ou une mise à l'échelle cohérente des données d'entrée ne peut être garanti.
- Abstraction des Caractéristiques : En résumant les régions locales, le max pooling encourage le réseau à apprendre des représentations plus abstraites et de haut niveau. Cette abstraction aide à capturer l'essence des objets ou des motifs, plutôt que de se fixer sur des détails au niveau des pixels, qui peuvent varier considérablement entre différentes instances.

En conséquence, le modèle devient plus robuste dans la capture de motifs transférables qui sont cohérents à travers divers exemples d'une même classe. Cette capacité de généralisation améliorée est cruciale pour la performance du réseau sur des données non vues, améliorant son applicabilité dans des scénarios réels divers et exigeants.

Apprentissage Hiérarchique des Caractéristiques

À mesure que les caractéristiques préservées progressent à travers les couches plus profondes du réseau, elles contribuent à la formation de représentations de plus en plus abstraites et complexes. Ce processus d'apprentissage hiérarchique est fondamental pour la capacité du CNN à comprendre et interpréter des concepts visuels sophistiqués. Voici une explication plus détaillée de ce processus :

1. Extraction de Caractéristiques de Bas Niveau : Dans les premières couches du CNN, le réseau apprend à identifier des éléments visuels basiques tels que les bords, les coins et les textures simples. Ces caractéristiques de bas niveau servent de blocs de construction pour des représentations plus complexes.
2. Composition de Caractéristiques de Niveau Intermédiaire : À mesure que l'information circule à travers les couches suivantes, le réseau combine ces caractéristiques de bas niveau pour former des motifs plus complexes. Par exemple, il pourrait apprendre à reconnaître des formes, des contours ou des parties spécifiques d'objets en combinant plusieurs détecteurs de bords.
3. Formation de Concepts de Haut Niveau : Dans les couches plus profondes, le réseau assemble ces caractéristiques de niveau intermédiaire en concepts de haut niveau. C'est à ce stade que le CNN commence à reconnaître des objets entiers, des textures complexes ou même des dispositions de scènes. Par exemple, il pourrait combiner des caractéristiques représentant les yeux, le nez et la bouche pour former une représentation d'un visage.
4. Abstraction et Généralisation : Grâce à ce processus d'apprentissage en couches, le réseau développe des représentations de plus en plus abstraites. Cette abstraction permet au CNN de généraliser au-delà des instances spécifiques qu'il a vues pendant l'entraînement, lui permettant de reconnaître des objets ou des motifs dans diverses poses, conditions d'éclairage ou contextes.
5. Représentations Spécifiques à la Tâche : Dans les couches finales, ces caractéristiques hiérarchiques sont utilisées pour effectuer la tâche spécifique en question, comme la classification, la détection d'objets ou la segmentation. Le réseau apprend à faire correspondre ces caractéristiques de haut niveau à la sortie désirée, en exploitant les représentations riches et multi-niveaux qu'il a construites.

Cet apprentissage hiérarchique des caractéristiques est ce qui donne aux CNN leur remarquable capacité à traiter et comprendre des informations visuelles complexes, les rendant hautement efficaces pour une large gamme de tâches de vision par ordinateur.

De plus, l'aspect de préservation des caractéristiques du max pooling contribue significativement au processus de prise de décision du réseau dans les couches suivantes. En propageant l'information la plus saillante, il permet aux couches plus profondes de :

- Effectuer des Classifications Plus Informées : Les caractéristiques préservées servent d'indicateurs forts pour la reconnaissance d'objets, permettant au réseau de faire des prédictions plus précises et confiantes.
- Détecter des Motifs de Plus Haut Niveau : En s'appuyant sur ces activations fortes préservées, le réseau peut identifier des motifs et structures plus complexes qui sont cruciaux pour des tâches avancées comme la détection d'objets ou la segmentation d'images.

- Maintenir les Relations Spatiales : Tout en réduisant la dimensionnalité, le max pooling conserve toujours l'information sur les positions relatives des caractéristiques, ce qui est vital pour comprendre la structure globale et la composition de l'entrée.

En essence, la caractéristique de préservation des caractéristiques du max pooling agit comme un filtre critique, distillant l'information la plus pertinente de chaque couche. Ce processus améliore non seulement l'efficacité du réseau mais contribue également significativement à son efficacité globale dans la résolution de tâches complexes de reconnaissance visuelle.

- Réduction du Bruit : En sélectionnant uniquement la valeur maximale dans chaque région de pooling, le max pooling filtre intrinsèquement les activations plus faibles et les variations mineures. Ce processus aide à réduire le bruit et les informations moins pertinentes dans les cartes de caractéristiques, conduisant à une représentation plus robuste et focalisée des données d'entrée.

- Invariance Spatiale : Le max pooling introduit un degré d'invariance translationnelle aux capacités de détection de caractéristiques du réseau. Cela signifie que le réseau devient moins sensible à la localisation exacte des caractéristiques dans l'entrée, lui permettant de reconnaître des motifs et des objets même lorsqu'ils apparaissent à des positions ou orientations légèrement différentes.

Bien que le max pooling soit le plus courant, d'autres méthodes de pooling existent, comme le average pooling ou le global pooling, chacune avec ses propres caractéristiques et cas d'utilisation dans différentes architectures de réseau.

Exemple : Opération de Max Pooling

```
import torch
import torch.nn.functional as F
import matplotlib.pyplot as plt

# Define a 4x4 feature map
feature_map = torch.tensor([
    [1, 3, 2, 4],
    [5, 6, 7, 8],
    [3, 2, 1, 0],
    [9, 5, 4, 2]
], dtype=torch.float32).unsqueeze(0).unsqueeze(0)

# Apply max pooling with a 2x2 kernel
pooled_output = F.max_pool2d(feature_map, kernel_size=2)

# Print the original feature map and pooled output
print("Original Feature Map:")
print(feature_map.squeeze())
print("\\nPooled Output:")
print(pooled_output.squeeze())

# Visualize the feature map and pooled output
```

```
fig, (ax1, ax2) = plt.subplots(1, 2, figsize=(10, 5))

ax1.imshow(feature_map.squeeze(), cmap='viridis')
ax1.set_title('Original Feature Map')
ax1.axis('off')

ax2.imshow(pooled_output.squeeze(), cmap='viridis')
ax2.set_title('Pooled Output')
ax2.axis('off')

plt.tight_layout()
plt.show()

# Demonstrate the effect of stride
stride_2_output = F.max_pool2d(feature_map, kernel_size=2, stride=2)
stride_1_output = F.max_pool2d(feature_map, kernel_size=2, stride=1)

print("\\nPooled Output (stride=2):")
print(stride_2_output.squeeze())
print("\\nPooled Output (stride=1):")
print(stride_1_output.squeeze())
```

Explication du code :

1. Importation des bibliothèques :
   - Nous importons PyTorch (torch) pour les opérations sur les tenseurs.
   - torch.nn.functional est importé sous le nom F, donnant accès à diverses fonctions de réseau neuronal, notamment max_pool2d.
   - matplotlib.pyplot est importé pour la visualisation.
2. Création de la carte de caractéristiques :
   - Un tenseur 4x4 est créé pour représenter notre carte de caractéristiques.
   - Le tenseur est initialisé avec des valeurs spécifiques pour démontrer clairement l'opération de max pooling.
   - .unsqueeze(0).unsqueeze(0) est utilisé pour ajouter deux dimensions, rendant le tenseur compatible avec les opérations convolutives de PyTorch (dimensions de lot et de canal).
3. Application du Max Pooling :
   - F.max_pool2d est utilisé pour appliquer le max pooling à la carte de caractéristiques.
   - Une taille de noyau de 2x2 est utilisée, ce qui signifie qu'il considérera des régions 2x2 de l'entrée.

- Par défaut, le pas est égal à la taille du noyau, donc il se déplace de 2 dans les deux directions.

4. Affichage des résultats :
   - Nous affichons à la fois la carte de caractéristiques originale et la sortie après pooling pour comparaison.
   - .squeeze() est utilisé pour supprimer les dimensions supplémentaires ajoutées précédemment pour la compatibilité.
5. Visualisation :
   - matplotlib est utilisé pour créer une visualisation côte à côte de la carte de caractéristiques originale et de la sortie après pooling.
   - Cela aide à comprendre comment le max pooling réduit les dimensions spatiales tout en préservant les caractéristiques importantes.
6. Démonstration des effets du pas (stride) :
   - Nous montrons comment différentes valeurs de pas affectent la sortie.
   - Avec stride=2 (par défaut), la fenêtre de pooling se déplace de 2 pixels à chaque fois, résultant en une sortie 2x2.
   - Avec stride=1, la fenêtre de pooling se déplace de 1 pixel à chaque fois, résultant en une sortie 3x3.
   - Cela démontre comment le pas peut contrôler le degré de sous-échantillonnage.

Cet exemple offre une vue complète du max pooling, incluant la visualisation et les effets de différentes valeurs de pas. Il aide à comprendre comment le max pooling fonctionne en pratique et son impact sur les cartes de caractéristiques dans les réseaux de neurones convolutifs.

5.1.4 Fonctions d'activation dans les CNN

Les fonctions d'activation sont essentielles pour introduire de la non-linéarité dans les réseaux de neurones. Dans les CNN, la fonction d'activation la plus couramment utilisée est la **ReLU** (Unité Linéaire Rectifiée), qui produit zéro pour toute entrée négative et laisse passer les valeurs positives inchangées. Cette non-linéarité permet aux CNN de modéliser des motifs complexes dans les données.

Exemple : Fonction d'activation ReLU

```
import torch.nn.functional as F

# Define a sample feature map with both positive and negative values
feature_map = torch.tensor([
```

```
    [-1, 2, -3],
    [4, -5, 6],
    [-7, 8, -9]
], dtype=torch.float32)

# Apply ReLU activation
relu_output = F.relu(feature_map)

# Print the output after applying ReLU
print(relu_output)
```

5.1.5 Traitement d'Images avec les CNN

Les CNN ont révolutionné le domaine de la vision par ordinateur, excellant dans un large éventail de tâches incluant la classification d'images, la détection d'objets et la segmentation sémantique. Leur architecture est spécifiquement conçue pour traiter des données structurées en grille, comme les images, les rendant particulièrement efficaces pour les tâches de reconnaissance visuelle.

Les composants clés des CNN fonctionnent en harmonie pour atteindre des résultats impressionnants :

Couches Convolutives

Ces couches forment l'épine dorsale des CNN et sont fondamentales pour leur capacité à traiter des données visuelles. Elles emploient des filtres (ou noyaux), qui sont de petites matrices de poids apprenables, qui glissent sur l'image d'entrée de manière systématique. Cette opération de glissement, connue sous le nom de convolution, permet au réseau de détecter diverses caractéristiques à différents emplacements spatiaux dans l'image.

Les aspects clés des couches convolutives comprennent :

- Détection de Caractéristiques : Lorsque les filtres glissent sur l'entrée, ils effectuent une multiplication élément par élément et une sommation, détectant efficacement des motifs ou des caractéristiques spécifiques. Dans les premières couches, ces caractéristiques correspondent souvent à des éléments de bas niveau comme les contours, les coins et les textures simples.
- Apprentissage Hiérarchique : À mesure que le réseau s'approfondit, les couches convolutives suivantes s'appuient sur les caractéristiques détectées dans les couches précédentes. Cette structure hiérarchique permet au réseau de reconnaître des motifs et des structures de plus en plus complexes, progressant des simples contours vers des formes plus intriquées et finalement vers des concepts de haut niveau comme des objets ou des visages.
- Partage de Paramètres : Le même filtre est appliqué sur l'ensemble de l'image, réduisant significativement le nombre de paramètres par rapport aux couches

entièrement connectées. Cette propriété rend les CNN plus efficaces et aide à détecter des caractéristiques indépendamment de leur position dans l'image.

- Connectivité Locale : Chaque neurone dans une couche convolutive n'est connecté qu'à une petite région du volume d'entrée. Cette connectivité locale permet au réseau de capturer les relations spatiales entre pixels voisins.

La puissance des couches convolutives réside dans leur capacité à apprendre automatiquement les caractéristiques pertinentes à partir des données, éliminant le besoin d'ingénierie manuelle des caractéristiques. Au fur et à mesure que le réseau est entraîné, ces couches adaptent leurs filtres pour capturer les caractéristiques les plus informatives pour la tâche donnée, qu'il s'agisse d'identifier des objets, de reconnaître des visages ou de comprendre des scènes complexes.

Couches de Pooling

Ces composants cruciaux des CNN remplissent plusieurs fonctions importantes :

- Réduction de Dimensionnalité : En résumant les informations des caractéristiques sur des régions locales, les couches de pooling réduisent efficacement les dimensions spatiales des cartes de caractéristiques. Cette réduction du volume de données diminue significativement la charge computationnelle pour les couches suivantes.
- Abstraction des Caractéristiques : Les opérations de pooling, comme le max pooling, extraient les caractéristiques les plus saillantes des régions locales. Cette abstraction aide le réseau à se concentrer sur les informations les plus importantes, écartant les détails moins pertinents.
- Invariance à la Translation : En résumant les caractéristiques sur de petites fenêtres spatiales, le pooling introduit un degré d'invariance aux petites translations ou déplacements dans l'entrée. Cette propriété permet au réseau de reconnaître des objets ou des motifs indépendamment de leur position exacte dans l'image.
- Prévention du Surapprentissage : La réduction des paramètres qui résulte du pooling peut aider à atténuer le surapprentissage, car elle force le réseau à généraliser plutôt qu'à mémoriser des positions spécifiques de pixels.

Ces caractéristiques des couches de pooling contribuent significativement à l'efficacité et à l'efficience des CNN dans diverses tâches de vision par ordinateur, de la reconnaissance d'objets à la segmentation d'images.

Couches Entièrement Connectées

Ces couches forment les étapes finales d'un CNN et jouent un rôle crucial dans le processus de prise de décision du réseau. Contrairement aux couches convolutives qui opèrent sur des régions locales de l'entrée, les couches entièrement connectées ont des connexions avec toutes les activations de la couche précédente. Cette connectivité globale leur permet de :

- Intégrer l'Information Globale : En considérant les caractéristiques de l'image entière, ces couches peuvent capturer des relations complexes entre différentes parties de l'entrée.
- Apprendre des Représentations de Haut Niveau : Elles combinent les caractéristiques de bas niveau apprises par les couches convolutives pour former des représentations plus abstraites et spécifiques à la tâche.
- Effectuer la Classification ou la Régression : La couche entièrement connectée finale produit typiquement les prédictions du réseau, qu'il s'agisse de probabilités de classes pour les tâches de classification ou de valeurs continues pour les problèmes de régression.

Bien que puissantes, les couches entièrement connectées augmentent significativement le nombre de paramètres dans le réseau, pouvant potentiellement conduire au surapprentissage. Pour atténuer cela, des techniques comme le dropout sont souvent employées dans ces couches durant l'entraînement.

La puissance des CNN réside dans leur capacité à apprendre automatiquement des représentations hiérarchiques des données visuelles. Par exemple, lorsqu'ils sont entraînés sur le jeu de données **MNIST** de chiffres manuscrits :

- Les couches initiales pourraient détecter des traits simples, des contours et des courbes
- Les couches intermédiaires pourraient combiner ces éléments de base pour reconnaître des parties de chiffres, comme des boucles ou des lignes droites
- Les couches plus profondes intégreraient cette information pour identifier des chiffres complets
- Les couches finales prendraient la décision de classification basée sur l'évidence accumulée

Ce processus d'apprentissage hiérarchique permet aux CNN d'atteindre une précision remarquable dans la reconnaissance de chiffres, surpassant souvent la performance humaine. De plus, les principes et architectures développés pour des tâches comme la classification MNIST ont été adaptés et mis à l'échelle avec succès pour relever des défis visuels plus complexes, de la reconnaissance faciale à l'analyse d'images médicales, démontrant la polyvalence et la puissance des CNN dans le domaine de la vision par ordinateur.

Exemple : Entraînement d'un CNN sur le jeu de données MNIST

```
import torch
import torch.nn as nn
import torch.optim as optim
import torch.nn.functional as F
from torchvision import datasets, transforms
```

```
from torch.utils.data import DataLoader
import matplotlib.pyplot as plt

# Define a simple CNN
class SimpleCNN(nn.Module):
    def __init__(self):
        super(SimpleCNN, self).__init__()
        self.conv1 = nn.Conv2d(1, 32, kernel_size=3)
        self.pool = nn.MaxPool2d(2, 2)
        self.conv2 = nn.Conv2d(32, 64, kernel_size=3)
        self.fc1 = nn.Linear(64 * 5 * 5, 128)
        self.fc2 = nn.Linear(128, 10)

    def forward(self, x):
        x = self.pool(F.relu(self.conv1(x)))
        x = self.pool(F.relu(self.conv2(x)))
        x = x.view(-1, 64 * 5 * 5)
        x = F.relu(self.fc1(x))
        return self.fc2(x)

# Set device
device = torch.device("cuda" if torch.cuda.is_available() else "cpu")

# Load the MNIST dataset
transform = transforms.Compose([transforms.ToTensor(), transforms.Normalize((0.5,), (0.5,))])
train_dataset = datasets.MNIST(root='./data', train=True, download=True, transform=transform)
test_dataset = datasets.MNIST(root='./data', train=False, download=True, transform=transform)
train_loader = DataLoader(train_dataset, batch_size=32, shuffle=True)
test_loader = DataLoader(test_dataset, batch_size=32, shuffle=False)

# Define model, loss function and optimizer
model = SimpleCNN().to(device)
criterion = nn.CrossEntropyLoss()
optimizer = optim.SGD(model.parameters(), lr=0.01, momentum=0.9)

# Train the CNN
num_epochs = 5
train_losses = []
train_accuracies = []

for epoch in range(num_epochs):
    model.train()
    running_loss = 0.0
    correct = 0
    total = 0

    for i, (images, labels) in enumerate(train_loader):
        images, labels = images.to(device), labels.to(device)
```

```
        # Forward pass
        outputs = model(images)
        loss = criterion(outputs, labels)

        # Backward and optimize
        optimizer.zero_grad()
        loss.backward()
        optimizer.step()

        running_loss += loss.item()
        _, predicted = outputs.max(1)
        total += labels.size(0)
        correct += predicted.eq(labels).sum().item()

    epoch_loss = running_loss / len(train_loader)
    epoch_acc = 100 * correct / total
    train_losses.append(epoch_loss)
    train_accuracies.append(epoch_acc)

    print(f'Epoch   [{epoch+1}/{num_epochs}],   Loss:   {epoch_loss:.4f},   Accuracy:
{epoch_acc:.2f}%')

# Evaluate the model
model.eval()
with torch.no_grad():
    correct = 0
    total = 0
    for images, labels in test_loader:
        images, labels = images.to(device), labels.to(device)
        outputs = model(images)
        _, predicted = torch.max(outputs.data, 1)
        total += labels.size(0)
        correct += (predicted == labels).sum().item()

    print(f'Test Accuracy: {100 * correct / total:.2f}%')

# Plot training loss and accuracy
plt.figure(figsize=(12, 4))
plt.subplot(1, 2, 1)
plt.plot(train_losses)
plt.title('Training Loss')
plt.xlabel('Epoch')
plt.ylabel('Loss')

plt.subplot(1, 2, 2)
plt.plot(train_accuracies)
plt.title('Training Accuracy')
plt.xlabel('Epoch')
plt.ylabel('Accuracy (%)')

plt.tight_layout()
plt.show()
```

Analyse du code :

1. Importations et configuration :
   - Nous importons les modules PyTorch nécessaires, notamment nn pour les couches de réseau neuronal, optim pour les algorithmes d'optimisation, et F pour les fonctions d'activation.
   - Nous importons également datasets et transforms de torchvision pour gérer le jeu de données MNIST, et matplotlib pour l'affichage graphique.
2. Architecture CNN (classe SimpleCNN) :
   - Le réseau se compose de deux couches convolutives (conv1 et conv2), chacune suivie d'une activation ReLU et d'un max pooling.
   - Après les couches convolutives, nous avons deux couches entièrement connectées (fc1 et fc2).
   - La méthode forward définit comment les données circulent à travers le réseau.
3. Configuration du périphérique :
   - Nous utilisons cuda si disponible, sinon le CPU, pour potentiellement accélérer les calculs.
4. Chargement des données :
   - Nous chargeons et prétraitons le jeu de données MNIST en utilisant torchvision.datasets.
   - Les données sont normalisées et converties en tenseurs PyTorch.
   - Nous créons des chargeurs de données distincts pour l'entraînement et les tests.
5. Modèle, fonction de perte et optimiseur :
   - Nous instancions notre modèle SimpleCNN et le déplaçons vers le périphérique sélectionné.
   - Nous utilisons la perte d'entropie croisée comme fonction de perte.
   - Pour l'optimisation, nous utilisons la descente de gradient stochastique (SGD) avec momentum.
6. Boucle d'entraînement :
   - Nous entraînons le modèle pour un nombre spécifié d'époques.

   - Dans chaque époque, nous itérons sur les données d'entraînement, effectuons des passages avant et arrière, et mettons à jour les paramètres du modèle.
   - Nous suivons la perte et la précision pour chaque époque.
7. Évaluation du modèle :
   - Après l'entraînement, nous évaluons le modèle sur le jeu de données de test pour vérifier ses performances sur des données non vues.
8. Visualisation :
   - Nous traçons la perte d'entraînement et la précision au fil des époques pour visualiser la progression de l'apprentissage.

Cet exemple complet démontre un flux de travail complet pour l'entraînement et l'évaluation d'un CNN sur le jeu de données MNIST en utilisant PyTorch, incluant la préparation des données, la définition du modèle, le processus d'entraînement, l'évaluation et la visualisation des résultats.

5.2 Implémentation des CNN avec TensorFlow, Keras et PyTorch

Les réseaux de neurones convolutifs (CNN) peuvent être implémentés à l'aide de divers frameworks d'apprentissage profond, **TensorFlow**, **Keras** et **PyTorch** étant parmi les options les plus populaires et polyvalentes. Chaque framework offre des avantages uniques :

- TensorFlow fournit une infrastructure robuste et hautement évolutive pour l'apprentissage profond, le rendant adapté aux déploiements à grande échelle et aux environnements de production.
- Keras offre une API conviviale qui simplifie le développement de modèles, ce qui en fait un excellent choix pour les débutants et le prototypage rapide.
- PyTorch se distingue par son graphe de calcul dynamique et son interface pythonique, offrant une plus grande flexibilité et une facilité de débogage, ce qui est particulièrement avantageux dans les contextes de recherche.

Pour illustrer l'implémentation des CNN à travers ces frameworks, nous nous concentrerons sur le développement d'un modèle pour le jeu de données **MNIST**. Ce jeu de données classique se compose de chiffres manuscrits allant de 0 à 9, servant de référence idéale pour les tâches de classification d'images. En construisant et en entraînant la même architecture de réseau à l'aide de TensorFlow, Keras et PyTorch, nous pouvons comparer et contraster la syntaxe, le flux de travail et les caractéristiques uniques de chaque framework.

Cette approche comparative fournira des informations précieuses sur les forces et les caractéristiques de chaque plateforme, vous aidant à choisir le framework le plus adapté à vos projets spécifiques d'apprentissage profond.

5.2.1 Implémentation de CNN avec TensorFlow

TensorFlow est un framework d'apprentissage profond puissant et évolutif qui a gagné une large adoption tant dans la recherche que dans les environnements de production. Développé par Google, TensorFlow offre un écosystème complet pour la construction et le déploiement de modèles d'apprentissage automatique, avec des points forts particuliers dans les réseaux de neurones et l'apprentissage profond.

Les caractéristiques clés de TensorFlow comprennent :

- Architecture flexible : TensorFlow prend en charge à la fois l'exécution immédiate pour l'évaluation instantanée des opérations et l'exécution basée sur des graphes pour des performances optimisées.
- Évolutivité : Il peut fonctionner sur diverses plateformes, des appareils mobiles aux systèmes distribués à grande échelle, le rendant adapté à un large éventail d'applications.
- Riche écosystème : TensorFlow est livré avec une vaste bibliothèque de modèles préconçus, d'outils de visualisation (TensorBoard), et d'extensions pour des domaines spécifiques comme TensorFlow Lite pour les appareils mobiles et périphériques.
- Fort soutien communautaire : Avec une communauté large et active, TensorFlow bénéficie d'améliorations continues et d'une richesse de ressources pour les développeurs.

Explorons comment implémenter un Réseau de Neurones Convolutif (CNN) en utilisant l'API de bas niveau de TensorFlow. Cette approche offre un plus grand contrôle sur l'architecture du modèle et le processus d'entraînement, permettant une personnalisation et une optimisation fines.

Exemple : CNN en TensorFlow

```
import tensorflow as tf
from tensorflow.keras import datasets, layers, models
import matplotlib.pyplot as plt

# Load the MNIST dataset
(X_train, y_train), (X_test, y_test) = datasets.mnist.load_data()

# Preprocess the data (reshape and normalize)
X_train = X_train.reshape(-1, 28, 28, 1).astype('float32') / 255.0
X_test = X_test.reshape(-1, 28, 28, 1).astype('float32') / 255.0

# Define the CNN model
```

```
model = models.Sequential([
    layers.Conv2D(32, (3, 3), activation='relu', input_shape=(28, 28, 1)),
    layers.MaxPooling2D((2, 2)),
    layers.Conv2D(64, (3, 3), activation='relu'),
    layers.MaxPooling2D((2, 2)),
    layers.Conv2D(64, (3, 3), activation='relu'),
    layers.Flatten(),
    layers.Dense(64, activation='relu'),
    layers.Dropout(0.5),
    layers.Dense(10, activation='softmax')
])

# Compile the model
model.compile(optimizer='adam',
              loss='sparse_categorical_crossentropy',
              metrics=['accuracy'])

# Train the model
history = model.fit(X_train, y_train, epochs=10,
                    validation_data=(X_test, y_test),
                    batch_size=64)

# Evaluate the model on the test set
test_loss, test_acc = model.evaluate(X_test, y_test, verbose=2)
print(f"Test Accuracy: {test_acc:.4f}")

# Plot training history
plt.figure(figsize=(12, 4))
plt.subplot(1, 2, 1)
plt.plot(history.history['accuracy'], label='Training Accuracy')
plt.plot(history.history['val_accuracy'], label='Validation Accuracy')
plt.title('Model Accuracy')
plt.xlabel('Epoch')
plt.ylabel('Accuracy')
plt.legend()

plt.subplot(1, 2, 2)
plt.plot(history.history['loss'], label='Training Loss')
plt.plot(history.history['val_loss'], label='Validation Loss')
plt.title('Model Loss')
plt.xlabel('Epoch')
plt.ylabel('Loss')
plt.legend()

plt.tight_layout()
plt.show()

# Make predictions on test data
predictions = model.predict(X_test)

# Display some test images and their predictions
fig, axes = plt.subplots(3, 3, figsize=(12, 12))
```

```
for i, ax in enumerate(axes.flat):
    ax.imshow(X_test[i].reshape(28, 28), cmap='gray')
    ax.set_title(f"True: {y_test[i]}, Predicted: {predictions[i].argmax()}")
    ax.axis('off')

plt.tight_layout()
plt.show()
```

Décomposition de l'implémentation du CNN :

1. **Importations et préparation des données**
   - TensorFlow, les composants Keras et Matplotlib sont importés pour la création et la visualisation du modèle.
   - Le jeu de données MNIST est chargé, les images sont redimensionnées à (28, 28, 1), et les valeurs des pixels sont normalisées dans l'intervalle [0, 1] pour améliorer l'efficacité de l'entraînement.
2. **Définition du modèle CNN**
   - Le modèle est défini en utilisant tf.keras.Sequential, qui simplifie le processus d'empilement des couches.
   - Il se compose de trois couches convolutives (Conv2D), deux couches de max pooling (MaxPooling2D), une couche d'aplatissement, une couche dense avec activation ReLU, une couche de dropout pour prévenir le surapprentissage, et une couche dense finale avec activation softmax pour la classification.
3. **Compilation du modèle**
   - L'optimiseur Adam est utilisé pour un apprentissage efficace.
   - L'entropie croisée catégorielle éparse est choisie comme fonction de perte, puisque les étiquettes sont des entiers.
   - La précision est utilisée comme métrique d'évaluation.
4. **Entraînement du modèle**
   - Le modèle est entraîné pendant 10 époques avec une taille de lot de 64.
   - Le paramètre validation_data est défini pour évaluer le modèle sur le jeu de test pendant l'entraînement, nous permettant de surveiller un potentiel surapprentissage.
5. **Évaluation du modèle**
   - Le modèle entraîné est évalué sur le jeu de test en utilisant model.evaluate(), et la précision finale du test est affichée.

6. **Visualisation de l'historique d'entraînement**
   - La précision et la perte d'entraînement et de validation sont tracées au fil des époques.
   - Cela aide à analyser la qualité de l'apprentissage du modèle et à détecter un éventuel surapprentissage.
7. **Faire des prédictions et visualiser les résultats**
   - Le modèle entraîné est utilisé pour faire des prédictions sur le jeu de test.
   - Une grille de 3x3 images de test est affichée avec leurs vraies étiquettes et les classes prédites.

Cette implémentation fournit une approche structurée pour l'entraînement d'un CNN sur MNIST, couvrant la préparation des données, la définition du modèle, l'entraînement, l'évaluation et la visualisation des résultats. L'utilisation de Sequential() simplifie la création du modèle, et le dropout est inclus pour améliorer la généralisation.

5.2.2 Implémentation de CNN avec Keras

Keras est une API d'apprentissage profond de haut niveau qui s'exécute sur TensorFlow, offrant une interface conviviale pour la construction et l'entraînement de réseaux de neurones. Elle simplifie considérablement le processus de définition, d'entraînement et de déploiement de modèles en abstrayant de nombreux détails de bas niveau généralement impliqués dans les implémentations d'apprentissage profond.

Les caractéristiques clés de Keras comprennent :

- API intuitive : Keras fournit une API claire et intuitive qui permet aux développeurs de prototyper rapidement et d'expérimenter différentes architectures de modèles.
- API Sequential et Functional : L'API Sequential permet une construction rapide de modèles en empilant les couches de manière linéaire, tandis que l'API Functional offre plus de flexibilité pour des architectures de modèles complexes.
- Couches et modèles intégrés : Keras est livré avec une large gamme de couches préconstruites (par exemple, convolutives, récurrentes, de pooling) et de modèles complets qui peuvent être facilement personnalisés.
- Inférence automatique de forme : Keras peut automatiquement déduire les formes des tenseurs, réduisant la nécessité de calculs manuels de forme.

Avec son accent sur la facilité d'utilisation et le développement rapide, Keras est particulièrement bien adapté pour :

- Les débutants en apprentissage profond qui veulent rapidement saisir les principes fondamentaux de la construction de réseaux de neurones.

- Les chercheurs qui ont besoin de prototyper et d'itérer rapidement sur des idées.
- Les praticiens de l'industrie cherchant à rationaliser le processus de développement pour des modèles prêts à la production.

En exploitant la puissance de TensorFlow tout en fournissant une interface plus accessible, Keras trouve un équilibre entre simplicité et performance, ce qui en fait un choix populaire dans la communauté de l'apprentissage profond.

Exemple : CNN avec Keras

```
import tensorflow as tf
from tensorflow.keras import datasets, layers, models
import matplotlib.pyplot as plt

# Load the MNIST dataset
(X_train, y_train), (X_test, y_test) = datasets.mnist.load_data()

# Preprocess the data (reshape and normalize)
X_train = X_train.reshape(-1, 28, 28, 1).astype('float32') / 255.0
X_test = X_test.reshape(-1, 28, 28, 1).astype('float32') / 255.0

# Define the CNN model using Keras Sequential API
model = models.Sequential([
    layers.Conv2D(32, (3, 3), activation='relu', input_shape=(28, 28, 1)),
    layers.MaxPooling2D((2, 2)),
    layers.Conv2D(64, (3, 3), activation='relu'),
    layers.MaxPooling2D((2, 2)),
    layers.Conv2D(64, (3, 3), activation='relu'),
    layers.Flatten(),
    layers.Dense(64, activation='relu'),
    layers.Dense(10, activation='softmax')
])

# Display model summary
model.summary()

# Compile the model
model.compile(optimizer='adam',
              loss='sparse_categorical_crossentropy',
              metrics=['accuracy'])

# Train the model
history = model.fit(X_train, y_train, epochs=10,
                    validation_data=(X_test, y_test),
                    batch_size=64)

# Evaluate the model on the test set
test_loss, test_acc = model.evaluate(X_test, y_test, verbose=2)
print(f"Test Accuracy: {test_acc:.4f}")

# Plot training history
```

```
plt.figure(figsize=(12, 4))
plt.subplot(1, 2, 1)
plt.plot(history.history['accuracy'], label='Training Accuracy')
plt.plot(history.history['val_accuracy'], label='Validation Accuracy')
plt.title('Model Accuracy')
plt.xlabel('Epoch')
plt.ylabel('Accuracy')
plt.legend()

plt.subplot(1, 2, 2)
plt.plot(history.history['loss'], label='Training Loss')
plt.plot(history.history['val_loss'], label='Validation Loss')
plt.title('Model Loss')
plt.xlabel('Epoch')
plt.ylabel('Loss')
plt.legend()

plt.tight_layout()
plt.show()

# Make predictions on test data
predictions = model.predict(X_test)

# Display some test images and their predictions
fig, axes = plt.subplots(3, 3, figsize=(12, 12))
for i, ax in enumerate(axes.flat):
    ax.imshow(X_test[i].reshape(28, 28), cmap='gray')
    ax.set_title(f"True: {y_test[i]}, Predicted: {predictions[i].argmax()}")
    ax.axis('off')

plt.tight_layout()
plt.show()
```

Analyse détaillée de l'implémentation CNN :

1. Importations et préparation des données :
    - Nous importons TensorFlow, les composants Keras et Matplotlib pour la visualisation.
    - Le jeu de données MNIST est chargé à l'aide des datasets de Keras.
    - Les images sont redimensionnées à (28, 28, 1) et normalisées dans l'intervalle [0, 1].
2. Définition du modèle CNN :
    - Nous utilisons l'API Sequential de Keras pour définir notre modèle.
    - Le modèle se compose de trois couches Conv2D, deux couches MaxPooling2D, une couche Flatten et deux couches Dense.

- Nous utilisons l'activation ReLU pour les couches cachées et softmax pour la couche de sortie.

3. Résumé du modèle :
   - model.summary() fournit une vue détaillée de l'architecture du modèle, y compris le nombre de paramètres dans chaque couche.

4. Compilation du modèle :
   - Nous utilisons l'optimiseur Adam et la perte d'entropie croisée catégorielle éparse.
   - La précision est choisie comme métrique d'évaluation.

5. Entraînement du modèle :
   - Le modèle est entraîné pendant 10 époques avec une taille de lot de 64.
   - Nous utilisons validation_data pour surveiller les performances sur le jeu de test pendant l'entraînement.
   - L'historique d'entraînement est stocké pour une visualisation ultérieure.

6. Évaluation du modèle :
   - Après l'entraînement, nous évaluons le modèle sur le jeu de test et affichons la précision du test.

7. Visualisation de l'historique d'entraînement :
   - Nous traçons la précision et la perte d'entraînement et de validation au fil des époques.
   - Cela aide à comprendre la progression de l'apprentissage du modèle et à identifier un potentiel surapprentissage.

8. Prédictions et visualisation des résultats :
   - Nous utilisons le modèle entraîné pour faire des prédictions sur le jeu de test.
   - Une grille de 3x3 images de test est affichée avec leurs vraies étiquettes et les prédictions du modèle.

Cette implémentation offre une vue complète du processus d'entraînement CNN, comprenant la préparation des données, la définition du modèle, l'entraînement, l'évaluation et la visualisation des résultats. Les visualisations ajoutées aident à comprendre la performance du modèle et ses prédictions sur des données de test réelles.

5.2.3 Implémentation de CNN avec PyTorch

PyTorch est reconnu pour sa flexibilité et son approche conviviale, ce qui en fait un choix populaire dans les environnements de recherche. Contrairement à TensorFlow et Keras, qui utilisent des graphes de calcul statiques, PyTorch emploie des graphes de calcul dynamiques. Cette différence clé offre plusieurs avantages :

1. Un meilleur contrôle sur la passe avant : Les graphes dynamiques permettent aux chercheurs de modifier le comportement du réseau à la volée, permettant des architectures plus complexes et adaptatives.
2. Débogage plus facile : Avec PyTorch, vous pouvez utiliser les outils de débogage Python standard pour inspecter vos modèles pendant l'exécution, ce qui facilite l'identification et la correction des problèmes.
3. Codage intuitif : La syntaxe de PyTorch ressemble étroitement à Python standard, réduisant la courbe d'apprentissage pour de nombreux développeurs.
4. Meilleur support pour les entrées de longueur variable : Les graphes dynamiques sont particulièrement utiles pour les tâches impliquant des séquences de longueurs variables, comme le traitement du langage naturel.
5. Exécution immédiate : Les opérations dans PyTorch sont exécutées au moment où elles sont définies, fournissant un retour immédiat et facilitant le prototypage rapide.

Ces caractéristiques font de PyTorch un excellent choix pour les chercheurs explorant de nouvelles architectures de réseau ou travaillant avec des modèles complexes et dynamiques. Sa philosophie de conception privilégie la clarté et la flexibilité, permettant une expression plus naturelle des algorithmes d'apprentissage profond.

Exemple : CNN avec PyTorch

```
import torch
import torch.nn as nn
import torch.optim as optim
from torchvision import datasets, transforms
from torch.utils.data import DataLoader
import matplotlib.pyplot as plt
import numpy as np

# Define the CNN model in PyTorch
class SimpleCNN(nn.Module):
    def __init__(self):
        super(SimpleCNN, self).__init__()
        self.conv1 = nn.Conv2d(1, 32, kernel_size=3)
        self.pool = nn.MaxPool2d(2, 2)
        self.conv2 = nn.Conv2d(32, 64, kernel_size=3)
        self.fc1 = nn.Linear(64 * 5 * 5, 128)
        self.fc2 = nn.Linear(128, 10)
```

```
    def forward(self, x):
        x = self.pool(torch.relu(self.conv1(x)))
        x = self.pool(torch.relu(self.conv2(x)))
        x = x.view(-1, 64 * 5 * 5)
        x = torch.relu(self.fc1(x))
        return self.fc2(x)

# Set device
device = torch.device("cuda" if torch.cuda.is_available() else "cpu")

# Preprocess the data
transform = transforms.Compose([
    transforms.ToTensor(),
    transforms.Normalize((0.5,), (0.5,))
])

# Load datasets
train_dataset = datasets.MNIST(root='./data', train=True, download=True,
transform=transform)
test_dataset = datasets.MNIST(root='./data', train=False, download=True,
transform=transform)

# Create data loaders
train_loader = DataLoader(train_dataset, batch_size=32, shuffle=True)
test_loader = DataLoader(test_dataset, batch_size=32, shuffle=False)

# Instantiate the model, define the loss function and optimizer
model = SimpleCNN().to(device)
criterion = nn.CrossEntropyLoss()
optimizer = optim.Adam(model.parameters(), lr=0.001)

# Training loop
epochs = 10
train_losses = []
train_accuracies = []
test_accuracies = []

for epoch in range(epochs):
    model.train()
    running_loss = 0.0
    correct = 0
    total = 0

    for inputs, labels in train_loader:
        inputs, labels = inputs.to(device), labels.to(device)

        optimizer.zero_grad()
        outputs = model(inputs)
        loss = criterion(outputs, labels)
        loss.backward()
        optimizer.step()
```

```
        running_loss += loss.item()
        _, predicted = outputs.max(1)
        total += labels.size(0)
        correct += predicted.eq(labels).sum().item()

    train_loss = running_loss / len(train_loader)
    train_accuracy = 100. * correct / total
    train_losses.append(train_loss)
    train_accuracies.append(train_accuracy)

    # Evaluate on test set
    model.eval()
    test_correct = 0
    test_total = 0
    with torch.no_grad():
        for inputs, labels in test_loader:
            inputs, labels = inputs.to(device), labels.to(device)
            outputs = model(inputs)
            _, predicted = outputs.max(1)
            test_total += labels.size(0)
            test_correct += predicted.eq(labels).sum().item()

    test_accuracy = 100. * test_correct / test_total
    test_accuracies.append(test_accuracy)

    print(f"Epoch {epoch+1}/{epochs}")
    print(f"Train Loss: {train_loss:.4f}, Train Accuracy: {train_accuracy:.2f}%")
    print(f"Test Accuracy: {test_accuracy:.2f}%")
    print("-" * 50)

# Plot training history
plt.figure(figsize=(12, 4))
plt.subplot(1, 2, 1)
plt.plot(train_losses, label='Train Loss')
plt.title('Training Loss')
plt.xlabel('Epoch')
plt.ylabel('Loss')
plt.legend()

plt.subplot(1, 2, 2)
plt.plot(train_accuracies, label='Train Accuracy')
plt.plot(test_accuracies, label='Test Accuracy')
plt.title('Accuracy')
plt.xlabel('Epoch')
plt.ylabel('Accuracy (%)')
plt.legend()

plt.tight_layout()
plt.show()

# Evaluate the final model
model.eval()
```

```
correct = 0
total = 0
with torch.no_grad():
    for inputs, labels in test_loader:
        inputs, labels = inputs.to(device), labels.to(device)
        outputs = model(inputs)
        _, predicted = outputs.max(1)
        total += labels.size(0)
        correct += predicted.eq(labels).sum().item()

print(f'Final Test Accuracy: {100 * correct / total:.2f}%')

# Visualize some predictions
def imshow(img):
    img = img / 2 + 0.5  # unnormalize
    npimg = img.numpy()
    plt.imshow(np.transpose(npimg, (1, 2, 0)), cmap="gray")
    plt.axis('off')

dataiter = iter(test_loader)
images, labels = next(dataiter)

# Get predictions
outputs = model(images.to(device))
_, predicted = torch.max(outputs, 1)

# Plot images and predictions
fig = plt.figure(figsize=(12, 4))
for i in range(12):
    ax = fig.add_subplot(2, 6, i+1, xticks=[], yticks=[])
    imshow(images[i])
    ax.set_title(f"Pred: {predicted[i].item()} (True: {labels[i].item()})",
                 color=("green" if predicted[i] == labels[i] else "red"))

plt.tight_layout()
plt.show()
```

Analyse du code de l'implémentation CNN :

1. **Importations et configuration :**
   - Nous importons les modules PyTorch nécessaires, notamment nn pour définir les couches de réseau neuronal, optim pour les algorithmes d'optimisation, et torchvision pour gérer les jeux de données et les transformations.
   - matplotlib et numpy sont importés pour visualiser la progression de l'entraînement et les prédictions du modèle.
2. **Définition du modèle CNN :**
   - La classe SimpleCNN est définie, héritant de nn.Module.

- Elle comprend deux couches convolutives (conv1 et conv2), chacune suivie d'une activation ReLU et d'un max pooling pour extraire les caractéristiques importantes.
- Deux couches entièrement connectées (fc1 et fc2) gèrent la classification après l'extraction des caractéristiques.
- La méthode forward définit le flux de données à travers les couches.

3. **Configuration du périphérique :**
   - Le modèle est configuré pour utiliser un GPU si disponible, permettant un entraînement plus rapide.
4. **Prétraitement et chargement des données :**
   - Des transformations sont définies pour convertir les images en tenseurs et les normaliser pour obtenir des entrées cohérentes pour le modèle.
   - Le jeu de données MNIST est chargé pour l'entraînement et les tests.
   - Les objets DataLoader sont utilisés pour regrouper efficacement les données en lots et les mélanger pendant l'entraînement.
5. **Instanciation du modèle et configuration de l'entraînement :**
   - Une instance de SimpleCNN est créée et déplacée vers le périphérique sélectionné.
   - La fonction de perte d'entropie croisée est utilisée pour les tâches de classification, et l'optimiseur Adam est choisi pour des mises à jour efficaces des poids.
6. **Boucle d'entraînement :**
   - Le modèle est entraîné sur plusieurs époques.
   - Après chaque époque, la perte d'entraînement et la précision sont enregistrées.
   - Le modèle est évalué sur le jeu de test à la fin de chaque époque pour suivre sa généralisation.
7. **Visualisation de la progression de l'entraînement :**
   - La perte d'entraînement et la précision sont tracées par époque pour surveiller les tendances d'apprentissage.
   - La précision de test est également tracée pour identifier les signes de surapprentissage ou de sous-apprentissage.
8. **Évaluation finale du modèle :**

   - Le modèle entraîné est évalué sur le jeu de test pour déterminer sa précision globale de classification.

9. **Visualisation des prédictions :**
   - Quelques images de test sont affichées avec leurs étiquettes prédites et réelles.
   - Les prédictions correctes sont affichées en **vert**, et les incorrectes en **rouge** pour une interprétation facile.

Cette implémentation couvre l'ensemble du flux de travail pour entraîner et évaluer un CNN, garantissant une approche structurée et efficace pour la classification d'images. Elle permet de modifier facilement l'architecture, les hyperparamètres et les paramètres d'entraînement pour des expérimentations supplémentaires.

5.3 Techniques CNN avancées (ResNet, Inception, DenseNet)

Bien que les CNN de base se soient avérés efficaces pour les tâches de classification d'images, des architectures avancées telles que **ResNet**, **Inception** et **DenseNet** ont considérablement élargi les capacités de l'apprentissage profond en vision par ordinateur. Ces modèles sophistiqués répondent aux défis critiques de la conception et de l'entraînement des réseaux de neurones, notamment :

- Profondeur du réseau : Les connexions résiduelles innovantes de ResNet permettent la construction de réseaux incroyablement profonds, certaines implémentations dépassant 1000 couches. Cette percée architecturale atténue efficacement le problème du gradient évanescent, permettant un entraînement plus efficace des réseaux neuronaux très profonds.
- Apprentissage de caractéristiques multi-échelles : La conception unique d'Inception incorpore des convolutions parallèles à différentes échelles, permettant au réseau de capturer et de traiter simultanément une gamme diversifiée de caractéristiques. Cette approche multi-échelle améliore considérablement la capacité du modèle à représenter des motifs et structures visuels complexes.
- Utilisation efficace des caractéristiques : Le modèle de connectivité dense de DenseNet facilite une réutilisation extensive des caractéristiques et favorise un flux d'information efficace dans tout le réseau. Ce principe de conception aboutit à des modèles plus compacts qui atteignent des performances élevées avec moins de paramètres.
- Optimisation des ressources : ResNet, Inception et DenseNet intègrent tous des éléments de conception intelligents qui optimisent les ressources informatiques. Ces optimisations conduisent à des temps d'entraînement plus rapides et une inférence

plus efficace, rendant ces architectures particulièrement adaptées au déploiement à grande échelle et aux applications en temps réel.

Ces innovations ont non seulement amélioré les performances sur les benchmarks standard, mais ont également permis des avancées dans diverses tâches de vision par ordinateur, de la détection d'objets à la segmentation d'images. Dans les sections suivantes, nous approfondirons les concepts clés qui sous-tendent ces architectures et fournirons des implémentations pratiques utilisant des frameworks d'apprentissage profond populaires comme PyTorch et TensorFlow. Cette exploration vous donnera les connaissances nécessaires pour exploiter ces modèles puissants dans vos propres projets et recherches.

5.3.1 ResNet: Réseaux Résiduels

ResNet (Réseaux Résiduels) a révolutionné l'architecture d'apprentissage profond en introduisant le concept de **connexions résiduelles** ou **connexions de saut**. Ces connexions innovantes permettent au réseau de contourner certaines couches, créant des raccourcis dans le flux d'information. Cette percée architecturale répond à un défi critique dans l'entraînement des réseaux neuronaux très profonds : le **problème du gradient évanescent**.

Le problème du gradient évanescent survient lorsque les gradients deviennent extrêmement petits au cours de leur rétropropagation à travers de nombreuses couches, rendant difficile l'apprentissage efficace des couches antérieures. Ce problème est particulièrement prononcé dans les réseaux très profonds, où le signal du gradient peut diminuer considérablement avant d'atteindre les couches initiales.

Les connexions de saut de ResNet offrent une solution élégante à ce problème. En permettant au gradient de circuler directement à travers ces raccourcis, le réseau garantit que le signal du gradient reste fort même dans les couches antérieures. Ce mécanisme atténue efficacement le problème du gradient évanescent, permettant l'entraînement réussi de réseaux incroyablement profonds.

L'impact de cette innovation est profond : ResNet rend possible l'entraînement de réseaux neuronaux comportant des centaines, voire des milliers de couches, un exploit auparavant considéré comme impraticable ou impossible. Ces réseaux ultra profonds peuvent capturer des hiérarchies complexes de caractéristiques, conduisant à des améliorations significatives des performances dans diverses tâches de vision par ordinateur.

De plus, le cadre d'apprentissage résiduel introduit par ResNet a des implications plus larges au-delà de la simple création de réseaux plus profonds. Il change fondamentalement notre façon de concevoir le processus d'apprentissage dans les réseaux neuronaux, suggérant qu'il pourrait être plus facile pour les couches d'apprendre des fonctions résiduelles par rapport à l'entrée, plutôt que d'apprendre directement la cartographie sous-jacente souhaitée.

Concept clé : Connexions résiduelles

Dans un réseau neuronal traditionnel à propagation avant, chaque couche traite la sortie de la couche précédente et transmet son résultat à la couche suivante de manière linéaire. Cette architecture simple a été le fondement de nombreuses conceptions de réseaux neuronaux. Cependant, le **bloc résiduel**, une innovation clé introduite par ResNet, modifie fondamentalement ce paradigme.

Dans un bloc résiduel, le réseau crée un "raccourci" ou une "connexion de saut" qui contourne une ou plusieurs couches. Plus précisément, l'entrée d'une couche est ajoutée à la sortie d'une couche plus avancée dans le réseau. Cette opération d'addition est réalisée élément par élément, combinant l'entrée originale avec la sortie transformée.

L'importance de ce changement architectural réside dans son impact sur le flux de gradient pendant la rétropropagation. Dans les réseaux très profonds, les gradients peuvent devenir extrêmement petits (problème du gradient évanescent) ou explosifs (problème du gradient explosif) lorsqu'ils se propagent en arrière à travers de nombreuses couches. Les connexions de saut dans les blocs résiduels fournissent un chemin direct pour que les gradients circulent en arrière, atténuant efficacement ces problèmes.

De plus, les blocs résiduels permettent au réseau d'apprendre des fonctions résiduelles par rapport aux entrées de couche, plutôt que d'avoir à apprendre toute la cartographie sous-jacente souhaitée. Cela facilite l'apprentissage des mappages d'identité lorsque c'est optimal, permettant l'entraînement réussi de réseaux beaucoup plus profonds qu'auparavant.

En "sautant" des couches de cette manière, les blocs résiduels améliorent non seulement le flux de gradient, mais permettent également la création de réseaux ultra-profonds avec des centaines, voire des milliers de couches. Cette profondeur permet l'apprentissage de caractéristiques plus complexes et améliore considérablement la capacité du réseau à modéliser des motifs complexes dans les données.

Exemple : Bloc ResNet en PyTorch

Certainement ! Je vais développer l'exemple de bloc ResNet et fournir une analyse complète. Voici une version améliorée du code avec des composants supplémentaires :

```
import torch
import torch.nn as nn
import torch.optim as optim
from torchvision import datasets, transforms

class ResidualBlock(nn.Module):
    def __init__(self, in_channels, out_channels, stride=1):
        super(ResidualBlock, self).__init__()
        self.conv1 = nn.Conv2d(in_channels, out_channels, kernel_size=3,
stride=stride, padding=1, bias=False)
        self.bn1 = nn.BatchNorm2d(out_channels)
        self.relu = nn.ReLU(inplace=True)
        self.conv2 = nn.Conv2d(out_channels, out_channels, kernel_size=3, stride=1,
padding=1, bias=False)
        self.bn2 = nn.BatchNorm2d(out_channels)

        self.shortcut = nn.Sequential()
```

```
        if stride != 1 or in_channels != out_channels:
            self.shortcut = nn.Sequential(
                nn.Conv2d(in_channels, out_channels, kernel_size=1, stride=stride,
bias=False),
                nn.BatchNorm2d(out_channels)
            )

    def forward(self, x):
        residual = x
        out = self.relu(self.bn1(self.conv1(x)))
        out = self.bn2(self.conv2(out))
        out += self.shortcut(residual)
        out = self.relu(out)
        return out

class ResNet(nn.Module):
    def __init__(self, block, num_blocks, num_classes=10):
        super(ResNet, self).__init__()
        self.in_channels = 64

        self.conv1 = nn.Conv2d(3, 64, kernel_size=3, stride=1, padding=1, bias=False)
        self.bn1 = nn.BatchNorm2d(64)
        self.relu = nn.ReLU(inplace=True)

        self.layer1 = self._make_layer(block, 64, num_blocks[0], stride=1)
        self.layer2 = self._make_layer(block, 128, num_blocks[1], stride=2)
        self.layer3 = self._make_layer(block, 256, num_blocks[2], stride=2)
        self.layer4 = self._make_layer(block, 512, num_blocks[3], stride=2)

        self.avg_pool = nn.AdaptiveAvgPool2d((1, 1))
        self.fc = nn.Linear(512, num_classes)

    def _make_layer(self, block, out_channels, num_blocks, stride):
        strides = [stride] + [1] * (num_blocks - 1)
        layers = []
        for stride in strides:
            layers.append(block(self.in_channels, out_channels, stride))
            self.in_channels = out_channels
        return nn.Sequential(*layers)

    def forward(self, x):
        out = self.relu(self.bn1(self.conv1(x)))
        out = self.layer1(out)
        out = self.layer2(out)
        out = self.layer3(out)
        out = self.layer4(out)
        out = self.avg_pool(out)
        out = out.view(out.size(0), -1)
        out = self.fc(out)
        return out

# Create ResNet18
```

```
def ResNet18():
    return ResNet(ResidualBlock, [2, 2, 2, 2])

# Example usage
model = ResNet18()
print(model)

# Set up data loaders
transform = transforms.Compose([
    transforms.ToTensor(),
    transforms.Normalize((0.5, 0.5, 0.5), (0.5, 0.5, 0.5))
])

trainset = datasets.CIFAR10(root='./data', train=True, download=True,
transform=transform)
trainloader = torch.utils.data.DataLoader(trainset, batch_size=64, shuffle=True)

# Define loss function and optimizer
criterion = nn.CrossEntropyLoss()
optimizer = optim.SGD(model.parameters(), lr=0.001, momentum=0.9)

# Training loop (example for one epoch)
device = torch.device("cuda:0" if torch.cuda.is_available() else "cpu")
model.to(device)

for epoch in range(1):  # loop over the dataset multiple times
    running_loss = 0.0
    for i, data in enumerate(trainloader, 0):
        inputs, labels = data[0].to(device), data[1].to(device)

        optimizer.zero_grad()
        outputs = model(inputs)
        loss = criterion(outputs, labels)
        loss.backward()
        optimizer.step()

        running_loss += loss.item()
        if i % 200 == 199:    # print every 200 mini-batches
            print(f'[{epoch + 1}, {i + 1:5d}] loss: {running_loss / 200:.3f}')
            running_loss = 0.0

print('Finished Training')
```

Analysons les composants clés de cette implémentation étendue de ResNet :

- ResidualBlock Class :
  - Cette classe définit la structure d'un seul bloc résiduel.
  - Elle contient deux couches convolutives (conv1 et conv2) avec normalisation par lots (bn1 et bn2) et activation ReLU.

  - La connexion de contournement (renommée shortcut dans cette version étendue) permet à l'entrée de contourner les couches convolutives, facilitant ainsi la circulation du gradient dans les réseaux profonds.

- ResNet Class :
  - Cette classe définit l'architecture globale de ResNet.
  - Elle utilise le ResidualBlock pour créer une structure de réseau profond.
  - La méthode _make_layer crée une séquence de blocs résiduels pour chaque couche du réseau.
  - La méthode forward définit comment les données circulent à travers l'ensemble du réseau.
- ResNet18 Function :
  - Cette fonction crée une architecture ResNet spécifique (ResNet18) en précisant le nombre de blocs dans chaque couche.
- Préparation des données :
  - Le code utilise le jeu de données CIFAR10 et applique des transformations (ToTensor et Normalize) pour prétraiter les images.
  - Un DataLoader est créé pour regrouper et mélanger efficacement les données d'entraînement.
- Configuration de l'entraînement :
  - La fonction de perte d'entropie croisée (Cross Entropy Loss) est utilisée comme fonction de perte.
  - La descente de gradient stochastique (SGD) avec momentum est utilisée comme optimiseur.
  - Le modèle est transféré sur un GPU si disponible pour un calcul plus rapide.
- Boucle d'entraînement :
  - Le code inclut une boucle d'entraînement basique pour une époque.
  - Il parcourt les données d'entraînement, effectue des passages avant et arrière, et met à jour les paramètres du modèle.
  - La perte d'entraînement est affichée tous les 200 mini-lots pour suivre la progression.

Cette implémentation offre une image complète de la structure et de l'entraînement de ResNet. Elle démontre le cycle de vie complet d'un modèle d'apprentissage profond, depuis la définition de l'architecture jusqu'à la préparation des données et l'entraînement. Les connexions résiduelles, qui constituent l'innovation clé de ResNet, permettent l'entraînement de réseaux très profonds en résolvant le problème du gradient évanescent.

Entraînement de ResNet dans PyTorch

Pour entraîner un modèle ResNet complet, nous pouvons utiliser **torchvision.models** pour charger une version préentraînée.

```
import torch
import torch.nn as nn
import torch.optim as optim
import torchvision
import torchvision.transforms as transforms
import torchvision.models as models

# Set device
device = torch.device("cuda:0" if torch.cuda.is_available() else "cpu")

# Load a pretrained ResNet-50 model
model = models.resnet50(pretrained=True)

# Modify the final layer to match the number of classes in your dataset
num_classes = 10
model.fc = nn.Linear(model.fc.in_features, num_classes)

# Move model to device
model = model.to(device)

# Define transforms for the training data
train_transform = transforms.Compose([
    transforms.RandomResizedCrop(224),
    transforms.RandomHorizontalFlip(),
    transforms.ToTensor(),
    transforms.Normalize([0.485, 0.456, 0.406], [0.229, 0.224, 0.225])
])

# Load CIFAR-10 dataset
trainset = torchvision.datasets.CIFAR10(root='./data', train=True, download=True,
transform=train_transform)
trainloader = torch.utils.data.DataLoader(trainset, batch_size=64, shuffle=True,
num_workers=2)

# Define loss function and optimizer
criterion = nn.CrossEntropyLoss()
optimizer = optim.SGD(model.parameters(), lr=0.001, momentum=0.9)

# Training loop
num_epochs = 5
for epoch in range(num_epochs):
    running_loss = 0.0
    for i, data in enumerate(trainloader, 0):
        inputs, labels = data[0].to(device), data[1].to(device)
```

```
        optimizer.zero_grad()
        outputs = model(inputs)
        loss = criterion(outputs, labels)
        loss.backward()
        optimizer.step()

        running_loss += loss.item()
        if i % 100 == 99:    # print every 100 mini-batches
            print(f'[{epoch + 1}, {i + 1:5d}] loss: {running_loss / 100:.3f}')
            running_loss = 0.0

print('Finished Training')

# Save the model
torch.save(model.state_dict(), 'resnet50_cifar10.pth')

# Evaluation
model.eval()
correct = 0
total = 0
with torch.no_grad():
    for data in trainloader:
        images, labels = data[0].to(device), data[1].to(device)
        outputs = model(images)
        _, predicted = torch.max(outputs.data, 1)
        total += labels.size(0)
        correct += (predicted == labels).sum().item()

print(f'Accuracy on the training images: {100 * correct / total}%')
```

Analysons cet exemple :

- Importations : Nous importons les modules PyTorch et torchvision nécessaires pour la création de modèles, le chargement de données et les transformations.
- Configuration du dispositif : Nous utilisons CUDA si disponible, sinon le CPU.
- Chargement du modèle : Nous chargeons un modèle ResNet-50 préentraîné et modifions sa dernière couche entièrement connectée pour correspondre à notre nombre de classes (10 pour CIFAR-10).
- Préparation des données : Nous définissons des transformations pour l'augmentation et la normalisation des données, puis chargeons le jeu de données CIFAR-10 avec ces transformations.
- Perte et optimiseur : Nous utilisons la perte d'entropie croisée et l'optimiseur SGD avec momentum.

- Boucle d'entraînement : Nous entraînons le modèle pendant 5 époques, affichant la perte tous les 100 mini-lots.
- Sauvegarde du modèle : Après l'entraînement, nous sauvegardons les poids du modèle.
- Évaluation : Nous évaluons la précision du modèle sur l'ensemble d'entraînement.

Cet exemple démontre un flux de travail complet pour l'ajustement fin d'un ResNet-50 préentraîné sur le jeu de données CIFAR-10, comprenant le chargement des données, la modification du modèle, l'entraînement et l'évaluation. C'est un scénario réaliste d'utilisation des modèles préentraînés en pratique.

5.3.2 Inception : GoogLeNet et modules Inception

Les **réseaux Inception**, introduits par **GoogLeNet**, ont révolutionné l'architecture des CNN en introduisant le concept de traitement parallèle à différentes échelles. L'innovation clé, le **module Inception**, effectue simultanément plusieurs convolutions avec différentes tailles de filtres (typiquement 1x1, 3x3 et 5x5) sur les données d'entrée. Cette approche parallèle permet au réseau de capturer une gamme diverse de caractéristiques, des détails fins aux motifs plus larges, au sein d'une seule couche.

L'extraction de caractéristiques multi-échelles des modules Inception offre plusieurs avantages :

- Extraction complète des caractéristiques : Le réseau traite les entrées à diverses échelles simultanément, lui permettant de capturer un large éventail de caractéristiques, des détails fins aux motifs plus larges. Cette approche multi-échelles aboutit à une représentation plus complète et robuste des données d'entrée.
- Efficacité computationnelle : En employant stratégiquement des convolutions 1x1 avant les filtres plus grands, l'architecture réduit considérablement la charge computationnelle. Cette conception ingénieuse permet la création de réseaux plus profonds et plus larges sans augmentation proportionnelle du nombre de paramètres, optimisant à la fois la performance et l'utilisation des ressources.
- Adaptation dynamique d'échelle : Le réseau démontre une flexibilité remarquable en ajustant automatiquement l'importance des différentes échelles pour chaque couche et tâche spécifique. Cette capacité adaptative permet au modèle d'affiner son processus d'extraction de caractéristiques, aboutissant à un apprentissage plus personnalisé et efficace pour diverses applications.

Cette approche innovante a non seulement amélioré la précision des tâches de classification d'images, mais a également ouvert la voie à des architectures CNN plus efficaces et puissantes. Le succès des réseaux Inception a inspiré des développements ultérieurs dans la conception des CNN, influençant des architectures comme ResNet et DenseNet, qui ont exploré davantage les concepts de flux d'information multi-chemins et de réutilisation des caractéristiques.

Concept clé : Module Inception

Un module Inception est un composant architectural clé qui a révolutionné les réseaux de neurones convolutifs en introduisant un traitement parallèle à plusieurs échelles. Cette conception innovante effectue plusieurs opérations simultanément sur les données d'entrée :

1. Convolutions multiples : Le module applique des convolutions avec différentes tailles de filtres (typiquement 1x1, 3x3 et 5x5) en parallèle. Chaque convolution capture des caractéristiques à une échelle différente :
    - Convolutions 1x1 : Elles réduisent la dimensionnalité et capturent des caractéristiques pixel par pixel.
    - Convolutions 3x3 : Elles capturent les corrélations spatiales locales.
    - Convolutions 5x5 : Elles capturent des motifs spatiaux plus larges.
2. Max-Pooling : À côté des convolutions, le module effectue également un max-pooling, qui aide à conserver les caractéristiques les plus importantes tout en réduisant les dimensions spatiales.
3. Concaténation : Les sorties de toutes ces opérations parallèles sont ensuite concaténées le long de la dimension des canaux, créant une représentation riche de caractéristiques multi-échelles.

Cette approche de traitement parallèle permet au réseau de capturer et préserver simultanément des informations à diverses échelles, conduisant à une extraction de caractéristiques plus complète. L'utilisation de convolutions 1x1 avant les filtres plus grands aide également à réduire la complexité computationnelle, rendant le réseau plus efficace.

En exploitant cette approche multi-échelles, les modules Inception permettent aux CNN de s'adapter dynamiquement aux caractéristiques les plus pertinentes pour une tâche donnée, améliorant leur performance globale et leur polyvalence dans diverses applications de vision par ordinateur.

Exemple : Module Inception en PyTorch

```
import torch
import torch.nn as nn

class InceptionModule(nn.Module):
    def __init__(self, in_channels, out_1x1, red_3x3, out_3x3, red_5x5, out_5x5, out_pool):
        super(InceptionModule, self).__init__()

        self.branch1x1 = nn.Conv2d(in_channels, out_1x1, kernel_size=1)

        self.branch3x3 = nn.Sequential(
            nn.Conv2d(in_channels, red_3x3, kernel_size=1),
            nn.ReLU(inplace=True),
```

```
            nn.Conv2d(red_3x3, out_3x3, kernel_size=3, padding=1)
        )

        self.branch5x5 = nn.Sequential(
            nn.Conv2d(in_channels, red_5x5, kernel_size=1),
            nn.ReLU(inplace=True),
            nn.Conv2d(red_5x5, out_5x5, kernel_size=5, padding=2)
        )

        self.branch_pool = nn.Sequential(
            nn.MaxPool2d(kernel_size=3, stride=1, padding=1),
            nn.Conv2d(in_channels, out_pool, kernel_size=1)
        )

    def forward(self, x):
        branch1x1 = self.branch1x1(x)
        branch3x3 = self.branch3x3(x)
        branch5x5 = self.branch5x5(x)
        branch_pool = self.branch_pool(x)

        outputs = [branch1x1, branch3x3, branch5x5, branch_pool]
        return torch.cat(outputs, 1)

class InceptionNetwork(nn.Module):
    def __init__(self, num_classes=1000):
        super(InceptionNetwork, self).__init__()

        self.conv1 = nn.Conv2d(3, 64, kernel_size=7, stride=2, padding=3)
        self.maxpool1 = nn.MaxPool2d(3, stride=2, padding=1)

        self.conv2 = nn.Conv2d(64, 192, kernel_size=3, padding=1)
        self.maxpool2 = nn.MaxPool2d(3, stride=2, padding=1)

        self.inception3a = InceptionModule(192, 64, 96, 128, 16, 32, 32)
        self.inception3b = InceptionModule(256, 128, 128, 192, 32, 96, 64)
        self.maxpool3 = nn.MaxPool2d(3, stride=2, padding=1)

        self.inception4a = InceptionModule(480, 192, 96, 208, 16, 48, 64)

        self.avgpool = nn.AdaptiveAvgPool2d((1, 1))
        self.dropout = nn.Dropout(0.4)
        self.fc = nn.Linear(512, num_classes)

    def forward(self, x):
        x = self.conv1(x)
        x = self.maxpool1(x)

        x = self.conv2(x)
        x = self.maxpool2(x)

        x = self.inception3a(x)
        x = self.inception3b(x)
```

```
        x = self.maxpool3(x)

        x = self.inception4a(x)

        x = self.avgpool(x)
        x = torch.flatten(x, 1)
        x = self.dropout(x)
        x = self.fc(x)

        return x

# Example of using the Inception Network
model = InceptionNetwork()
print(model)

# Test with a random input
x = torch.randn(1, 3, 224, 224)
output = model(x)
print(f"Output shape: {output.shape}")
```

Décomposition du code du module Inception et du réseau :

1. Classe InceptionModule :
    - Cette classe définit un seul module Inception, qui est le bloc de construction fondamental du réseau Inception.
    - Elle prend plusieurs paramètres pour contrôler le nombre de filtres dans chaque branche, permettant une conception d'architecture flexible.
    - Le module se compose de quatre branches parallèles :
        - Branche de convolution 1x1 : Effectue une convolution ponctuelle pour réduire la dimensionnalité.
        - Branche de convolution 3x3 : Utilise une convolution 1x1 pour la réduction de dimension avant la convolution 3x3.
        - Branche de convolution 5x5 : Similaire à la branche 3x3, mais avec un champ réceptif plus large.
        - Branche de pooling : Applique un max-pooling suivi d'une convolution 1x1 pour faire correspondre les dimensions.
    - La méthode forward concatène les sorties de toutes les branches le long de la dimension des canaux.
2. Classe InceptionNetwork :
    - Cette classe définit la structure globale du réseau Inception.

- Elle combine plusieurs modules Inception avec d'autres couches CNN standard.
- La structure du réseau comprend :
  - Des couches convolutionnelles et de pooling initiales pour réduire les dimensions spatiales.
  - Plusieurs modules Inception (3a, 3b, 4a dans cet exemple).
  - Un global average pooling pour réduire les dimensions spatiales à 1x1.
  - Une couche dropout pour la régularisation.
  - Une couche entièrement connectée finale pour la classification.

3. Caractéristiques clés de l'architecture Inception :
   - Traitement multi-échelles : En utilisant différentes tailles de filtres en parallèle, le réseau peut capturer des caractéristiques à diverses échelles simultanément.
   - Réduction de dimensionnalité : Les convolutions 1x1 sont utilisées pour réduire le nombre de canaux avant les convolutions 3x3 et 5x5 coûteuses, améliorant l'efficacité computationnelle.
   - Extraction dense de caractéristiques : La concaténation de multiples branches permet d'extraire un ensemble riche de caractéristiques à chaque couche.
4. Exemple d'utilisation :
   - Le code démontre comment créer une instance de l'InceptionNetwork.
   - Il montre également comment faire passer un échantillon d'entrée à travers le réseau et afficher la forme de sortie.

Cet exemple fournit une image complète de la structure et de l'implémentation de l'architecture Inception. Il met en évidence la nature modulaire de la conception, permettant une modification facile et l'expérimentation avec différentes configurations de réseau.

Entraînement d'Inception avec PyTorch

Vous pouvez également charger un modèle Inception-v3 pré-entraîné en utilisant **torchvision.models** :

```
import torch
import torch.nn as nn
import torchvision.models as models
import torchvision.transforms as transforms
from torchvision.datasets import CIFAR10
from torch.utils.data import DataLoader

# Configurar dispositivo
device = torch.device("cuda" if torch.cuda.is_available() else "cpu")
```

```
torch.backends.cudnn.benchmark = True  # Optimizar ejecución en GPU

# Cargar el modelo Inception-v3 preentrenado
model = models.inception_v3(pretrained=True, aux_logits=False)  # Desactivamos las salidas auxiliares
model.fc = nn.Linear(model.fc.in_features, 10)  # Ajustamos para 10 clases de CIFAR-10

# Congelar todas las capas excepto la final
for param in model.parameters():
    param.requires_grad = False
for param in model.fc.parameters():
    param.requires_grad = True

# Transformaciones de imágenes
transform = transforms.Compose([
    transforms.Resize((299, 299)),  # Inception-v3 requiere imágenes de 299x299
    transforms.ToTensor(),
    transforms.Normalize(mean=[0.485, 0.456, 0.406], std=[0.229, 0.224, 0.225])
])

# Cargar el dataset CIFAR-10
train_dataset = CIFAR10(root='./data', train=True, download=True, transform=transform)
train_loader = DataLoader(train_dataset, batch_size=32, shuffle=True, num_workers=2)

# Definir función de pérdida y optimizador
criterion = nn.CrossEntropyLoss()
optimizer = torch.optim.Adam(model.fc.parameters(), lr=0.001)

# Enviar modelo a dispositivo
model.to(device)
model.train()

# Entrenamiento del modelo
num_epochs = 5
for epoch in range(num_epochs):
    running_loss = 0.0
    for inputs, labels in train_loader:
        inputs, labels = inputs.to(device), labels.to(device)

        outputs = model(inputs)  # Sin aux_logits
        loss = criterion(outputs, labels)

        optimizer.zero_grad()
        loss.backward()
        optimizer.step()

        running_loss += loss.item()

    print(f"Epoch {epoch+1}/{num_epochs}, Loss: {running_loss/len(train_loader):.4f}")
```

```
print("Training complete!")

# Evaluación del modelo
model.eval()
correct = 0
total = 0
with torch.no_grad():
    for inputs, labels in train_loader:
        inputs, labels = inputs.to(device), labels.to(device)
        outputs = model(inputs)  # Sin aux_logits en evaluación
        _, predicted = torch.max(outputs, 1)
        total += labels.size(0)
        correct += (predicted == labels).sum().item()

print(f"Accuracy on training set: {100 * correct / total:.2f}%")

# Mostrar estructura del modelo
print(model)
```

Explication de la Décomposition du Code

1. **Importation des Bibliothèques**
   - Nous importons les bibliothèques PyTorch nécessaires, notamment torchvision pour charger les modèles préentraînés et les jeux de données.
   - torch.backends.cudnn.benchmark = True est activé pour optimiser les performances sur GPU.
2. **Chargement du Modèle Préentraîné**
   - Nous chargeons un modèle **Inception-v3** préentraîné en utilisant models.inception_v3(pretrained=True, aux_logits=False).
   - Définir aux_logits=False garantit que le modèle ne renvoie que la sortie principale, évitant ainsi les erreurs lors de l'évaluation.
3. **Modification du Modèle**
   - La couche entièrement connectée finale (fc) est remplacée pour produire **10 classes**, correspondant à CIFAR-10.
   - Toutes les couches sauf fc sont gelées, permettant un apprentissage par transfert tout en conservant les caractéristiques préentraînées.
4. **Préparation des Données**
   - Les images sont redimensionnées à **299x299**, comme requis par Inception-v3.

- Les transformations incluent la normalisation en utilisant la moyenne et l'écart-type d'ImageNet.
- Le jeu de données CIFAR-10 est chargé et traité avec DataLoader, utilisant num_workers=2 pour améliorer l'efficacité.

5. **Configuration de l'Entraînement**
   - La **CrossEntropyLoss** est utilisée comme fonction de perte pour la classification multi-classes.
   - L'**optimiseur Adam** met à jour uniquement les paramètres de la couche finale.
   - Le modèle est transféré sur **GPU si disponible**.
6. **Boucle d'Entraînement**
   - Le modèle est entraîné pendant **5 époques**.
   - Chaque époque parcourt les données d'entraînement, calculant la perte et mettant à jour les paramètres du modèle.
   - La **perte moyenne par époque** est affichée pour suivre la progression de l'entraînement.
7. **Évaluation du Modèle**
   - Le modèle entraîné est évalué sur le jeu d'**entraînement CIFAR-10**.
   - La précision finale est calculée pour évaluer la qualité de l'apprentissage du modèle.
   - La boucle d'évaluation s'assure que aux_logits=False est correctement géré.
8. **Résumé du Modèle**
   - Enfin, nous affichons l'**architecture complète du modèle** en utilisant print(model), montrant la structure modifiée.

Cette implémentation démontre comment **affiner** un **modèle Inception-v3 préentraîné** pour CIFAR-10. Elle couvre le chargement des données, la modification du modèle, l'entraînement et l'évaluation, offrant une méthode efficace pour tirer parti des modèles préentraînés pour des tâches de classification personnalisées.

5.3.3 DenseNet : Connexions Denses pour une Réutilisation Efficace des Caractéristiques

DenseNet (Réseaux Convolutifs Denses) a révolutionné le domaine de l'apprentissage profond en introduisant le concept innovant de **connexions denses**. Cette architecture révolutionnaire permet à chaque couche de recevoir des entrées de toutes les couches précédentes, créant une structure de réseau densément connectée. Contrairement aux architectures à propagation avant conventionnelles où l'information circule linéairement d'une couche à la suivante, DenseNet établit des connexions directes entre chaque couche et toutes les couches suivantes de manière progressive.

Le modèle de connectivité dense dans DenseNet offre plusieurs avantages significatifs :

- Propagation améliorée des caractéristiques : Le modèle de connectivité dense permet un accès direct aux caractéristiques de toutes les couches précédentes, facilitant un flux d'information plus efficace à travers le réseau. Cette utilisation complète des caractéristiques améliore la capacité du réseau à apprendre des motifs et des représentations complexes.
- Amélioration du flux de gradient : En établissant des connexions directes entre les couches, DenseNet améliore significativement la propagation du gradient pendant le processus de rétropropagation. Cette conception architecturale résout efficacement le problème de disparition du gradient, un défi courant dans les réseaux de neurones profonds, permettant un entraînement plus stable et efficace d'architectures très profondes.
- Réutilisation efficace des caractéristiques : La structure unique de DenseNet favorise la réutilisation des caractéristiques à travers plusieurs couches, conduisant à des modèles plus compacts et plus efficaces en termes de paramètres. Ce mécanisme de réutilisation des caractéristiques permet au réseau d'apprendre un ensemble diversifié de caractéristiques tout en maintenant un nombre relativement faible de paramètres, résultant en des modèles à la fois puissants et efficaces en termes de calcul.
- Effet de régularisation amélioré : Les connexions denses dans DenseNet agissent comme une forme implicite de régularisation, aidant à atténuer le surapprentissage, particulièrement lors du travail avec des jeux de données plus petits. Cet effet de régularisation découle de la capacité du réseau à distribuer l'information et les gradients plus uniformément, favorisant une meilleure généralisation et robustesse dans les représentations apprises.

Cette architecture unique permet à DenseNet d'atteindre des performances de pointe sur diverses tâches de vision par ordinateur tout en utilisant moins de paramètres par rapport aux CNN traditionnels. L'utilisation efficace des paramètres réduit non seulement les besoins en calcul mais améliore également les capacités de généralisation du modèle, faisant de DenseNet un choix populaire pour une large gamme d'applications en classification d'images, détection d'objets et segmentation sémantique.

Concept Clé : Connexions Denses

Dans DenseNet, chaque couche a un accès direct aux cartes de caractéristiques de toutes les couches précédentes, créant une structure de réseau densément connectée. Cette architecture unique facilite plusieurs avantages clés :

- Flux de gradient amélioré : Les connexions directes entre les couches permettent aux gradients de circuler plus facilement pendant la rétropropagation, atténuant le problème de disparition du gradient souvent rencontré dans les réseaux profonds.
- Réutilisation efficace des caractéristiques : En ayant accès à toutes les cartes de caractéristiques précédentes, chaque couche peut exploiter un ensemble diversifié de caractéristiques, favorisant la réutilisation des caractéristiques et réduisant la redondance dans le réseau.
- Flux d'information amélioré : Le modèle de connectivité dense garantit que l'information peut se propager plus efficacement à travers le réseau, conduisant à une meilleure extraction et représentation des caractéristiques.

Cette approche innovante donne lieu à des réseaux qui sont non seulement plus compacts mais aussi plus efficaces en termes de paramètres. DenseNet atteint des performances de pointe avec moins de paramètres par rapport aux CNN traditionnels, le rendant particulièrement utile pour les applications où les ressources de calcul sont limitées ou lors du travail avec des jeux de données plus petits.

Exemple : Bloc DenseNet en PyTorch

```
import torch
import torch.nn as nn
import torch.nn.functional as F
from collections import OrderedDict

class DenseLayer(nn.Module):
    def __init__(self, in_channels, growth_rate):
        super(DenseLayer, self).__init__()
        self.bn1 = nn.BatchNorm2d(in_channels)
        self.conv1  =  nn.Conv2d(in_channels,  4  *  growth_rate,  kernel_size=1,
bias=False)
        self.bn2 = nn.BatchNorm2d(4 * growth_rate)
        self.conv2 = nn.Conv2d(4 * growth_rate, growth_rate, kernel_size=3, padding=1,
bias=False)
        self.relu = nn.ReLU(inplace=True)

    def forward(self, x):
        out = self.bn1(x)
        out = self.relu(out)
        out = self.conv1(out)
        out = self.bn2(out)
        out = self.relu(out)
        out = self.conv2(out)
        return torch.cat([x, out], 1)

class DenseBlock(nn.Module):
    def __init__(self, in_channels, growth_rate, num_layers):
        super(DenseBlock, self).__init__()
        self.layers = nn.ModuleList()
```

```
        for i in range(num_layers):
            self.layers.append(DenseLayer(in_channels + i * growth_rate,
growth_rate))

    def forward(self, x):
        for layer in self.layers:
            x = layer(x)
        return x

class TransitionLayer(nn.Module):
    def __init__(self, in_channels, out_channels):
        super(TransitionLayer, self).__init__()
        self.bn = nn.BatchNorm2d(in_channels)
        self.conv = nn.Conv2d(in_channels, out_channels, kernel_size=1, bias=False)
        self.avg_pool = nn.AvgPool2d(kernel_size=2, stride=2)

    def forward(self, x):
        out = self.bn(x)
        out = F.relu(out, inplace=True)  # Se agregó ReLU antes de la convolución
        out = self.conv(out)
        out = self.avg_pool(out)
        return out

class DenseNet(nn.Module):
    def __init__(self, growth_rate=32, block_config=(6, 12, 24, 16),
num_init_features=64, bn_size=4, compression_rate=0.5, num_classes=1000):
        super(DenseNet, self).__init__()

        # First convolution
        self.features = nn.Sequential(OrderedDict([
            ('conv0', nn.Conv2d(3, num_init_features, kernel_size=7, stride=2,
padding=3, bias=False)),
            ('norm0', nn.BatchNorm2d(num_init_features)),
            ('relu0', nn.ReLU(inplace=True)),
            ('pool0', nn.MaxPool2d(kernel_size=3, stride=2, padding=1)),
        ]))

        # Dense Blocks
        num_features = num_init_features
        for i, num_layers in enumerate(block_config):
            block = DenseBlock(num_features, growth_rate, num_layers)
            self.features.add_module(f'denseblock{i+1}', block)
            num_features += num_layers * growth_rate
            if i != len(block_config) - 1:
                transition = TransitionLayer(num_features, int(num_features *
compression_rate))
                self.features.add_module(f'transition{i+1}', transition)
                num_features = int(num_features * compression_rate)

        # Final batch norm
        self.features.add_module('norm5', nn.BatchNorm2d(num_features))
```

```
        # Linear layer
        self.classifier = nn.Linear(num_features, num_classes)

    def forward(self, x):
        features = self.features(x)
        out = F.relu(features, inplace=True)
        out = F.adaptive_avg_pool2d(out, (1, 1))
        out = torch.flatten(out, 1)
        out = self.classifier(out)
        return out

# Example of using DenseNet
model = DenseNet(growth_rate=32, block_config=(6, 12, 24, 16), num_init_features=64,
num_classes=1000)
print(model)

# Generate a random input tensor
input_tensor = torch.randn(1, 3, 224, 224)

# Pass the input through the model
output = model(input_tensor)

print(f"Input shape: {input_tensor.shape}")
print(f"Output shape: {output.shape}")
```

Ce code implémente une version complète de **DenseNet**, incluant tous les composants clés de l'architecture.

Analyse du code :

1. **DenseLayer :**
    - Le bloc de construction fondamental de DenseNet.
    - Comprend la **normalisation par lots (BatchNorm)**, l'**activation ReLU**, et deux couches convolutives (**1x1 et 3x3**).
    - La **convolution 1x1** agit comme une **couche de goulot d'étranglement** pour réduire la dimensionnalité.
    - La sortie de la couche est concaténée avec l'entrée, assurant une **connectivité dense**.
2. **DenseBlock :**
    - Se compose de plusieurs **DenseLayers**.
    - Chaque couche reçoit des cartes de caractéristiques de toutes les couches précédentes.
    - Améliore la réutilisation des caractéristiques et optimise le flux des gradients.

- Le **nombre de couches** et le **taux de croissance** sont configurables.

3. **TransitionLayer :**
   - Placée entre les **DenseBlocks** pour **réduire le nombre de cartes de caractéristiques**.
   - Composée de :
     - **Normalisation par lots** pour la stabilité.
     - **Convolution 1x1** pour réduire les dimensions.
     - **Pooling moyen** pour diminuer la résolution spatiale.
4. **DenseNet :**
   - La classe principale qui implémente l'**architecture complète de DenseNet**.
   - Comprend :
     - Une **couche initiale de convolution et de pooling**.
     - Plusieurs **DenseBlocks** séparés par des **TransitionLayers**.
     - Une **couche finale de normalisation par lots** suivie d'une **couche de classification entièrement connectée**.
   - Prend en charge des paramètres personnalisables de **profondeur**, **largeur** et **compression**.
5. **Exemple d'utilisation :**
   - Instancie un modèle **DenseNet** avec des configurations spécifiques.
   - Génère un **tenseur d'entrée aléatoire** et le fait passer à travers le modèle.
   - Affiche les **formes d'entrée et de sortie** pour vérifier la fonctionnalité du modèle.

Entraînement de DenseNet avec PyTorch

Les modèles DenseNet sont également disponibles dans **torchvision.models** :

```
import torch
import torch.nn as nn
import torchvision.models as models
import torchvision.transforms as transforms
from torchvision.datasets import CIFAR10
from torch.utils.data import DataLoader

# Load a pretrained DenseNet-121 model
model = models.densenet121(pretrained=True)
```

```
# Modify the final layer to match 10 output classes (CIFAR-10)
model.classifier = nn.Linear(model.classifier.in_features, 10)

# Define transformations for CIFAR-10
transform = transforms.Compose([
    transforms.Resize(224),  # DenseNet expects 224x224 input
    transforms.ToTensor(),
    transforms.Normalize(mean=[0.485, 0.456, 0.406], std=[0.229, 0.224, 0.225])
])

# Load CIFAR-10 dataset
train_dataset      =      CIFAR10(root='./data',      train=True,      download=True,
transform=transform)
train_loader = DataLoader(train_dataset, batch_size=32, shuffle=True)

# Define loss function and optimizer
criterion = nn.CrossEntropyLoss()
optimizer = torch.optim.Adam(model.parameters(), lr=0.001)

# Train the model
num_epochs = 5
device = torch.device("cuda" if torch.cuda.is_available() else "cpu")
model.to(device)

for epoch in range(num_epochs):
    model.train()
    running_loss = 0.0
    for inputs, labels in train_loader:
        inputs, labels = inputs.to(device), labels.to(device)

        optimizer.zero_grad()
        outputs = model(inputs)
        loss = criterion(outputs, labels)
        loss.backward()
        optimizer.step()

        running_loss += loss.item()

    print(f"Epoch           [{epoch+1}/{num_epochs}],           Loss:
{running_loss/len(train_loader):.4f}")

print(model)
```

Cet exemple de code démontre une utilisation complète d'un modèle DenseNet-121 pré-entraîné pour le jeu de données CIFAR-10.

Voici une analyse détaillée du code :

1. Importation des bibliothèques nécessaires :

   - Nous importons PyTorch, torchvision, et les modules associés pour la création du modèle, le chargement des données et les transformations.
2. Chargement du modèle DenseNet-121 pré-entraîné :
   - Nous utilisons models.densenet121(pretrained=True) pour charger un modèle DenseNet-121 avec des poids pré-entraînés sur ImageNet.
3. Modification du classificateur :
   - Nous remplaçons la dernière couche entièrement connectée (classificateur) pour produire 10 classes, correspondant au nombre de classes dans CIFAR-10.
4. Définition des transformations de données :
   - Nous créons une composition de transformations pour prétraiter les images CIFAR-10, incluant le redimensionnement à 224x224 (car DenseNet attend cette taille d'entrée), la conversion en tenseur et la normalisation.
5. Chargement du jeu de données CIFAR-10 :
   - Nous utilisons CIFAR10 de torchvision.datasets pour charger les données d'entraînement, en appliquant nos transformations définies.
   - Nous créons un DataLoader pour regrouper et mélanger les données pendant l'entraînement.
6. Configuration de la fonction de perte et de l'optimiseur :
   - Nous utilisons CrossEntropyLoss comme critère et Adam comme optimiseur.
7. Boucle d'entraînement :
   - Nous itérons sur le jeu de données pendant un nombre spécifié d'époques.
   - À chaque époque, nous faisons passer les données à travers le modèle, calculons la perte, effectuons la rétropropagation et mettons à jour les paramètres du modèle.
   - Nous affichons la perte moyenne pour chaque époque afin de suivre la progression de l'entraînement.
8. Configuration du dispositif :
   - Nous utilisons CUDA si disponible, sinon nous nous rabattons sur le CPU pour l'entraînement.
9. Résumé du modèle :
   - Enfin, nous affichons l'architecture complète du modèle en utilisant print(model).

Cet exemple fournit un flux de travail complet pour l'ajustement fin d'un modèle DenseNet-121 pré-entraîné sur le jeu de données CIFAR-10, incluant la préparation des données, la modification du modèle et le processus d'entraînement. Il sert de démonstration pratique de l'apprentissage par transfert en apprentissage profond.

5.4 Applications Pratiques des CNN (Classification d'Images, Détection d'Objets)

Les Réseaux de Neurones Convolutifs (CNN) ont inauguré une nouvelle ère dans la vision par ordinateur, permettant aux machines d'interpréter et d'analyser les informations visuelles avec une précision et une efficacité sans précédent. Cette technologie révolutionnaire a ouvert la voie à des applications novatrices, dont les plus importantes sont la **classification d'images** et la **détection d'objets**. Ces avancées ont considérablement élargi les capacités de l'intelligence artificielle dans le traitement et la compréhension des données visuelles.

- La **Classification d'Images** est une tâche fondamentale en vision par ordinateur qui consiste à catégoriser une image entière dans l'une des plusieurs classes prédéfinies. Ce processus nécessite que le CNN analyse l'image de manière holistique et détermine son contenu global. Par exemple, un modèle de classification d'images bien entraîné peut distinguer entre divers sujets tels que les chats, les chiens, les avions, ou même des catégories plus spécifiques comme les races de chiens ou les types d'aéronefs. Cette capacité a trouvé des applications dans divers domaines, de l'organisation de vastes bibliothèques de photos à l'aide au diagnostic médical.

- La **Détection d'Objets** représente une application plus sophistiquée des CNN, combinant les tâches de classification et de localisation. Dans la détection d'objets, le réseau non seulement identifie les types d'objets présents dans une image, mais repère également leurs emplacements exacts. Cela est réalisé en générant des boîtes englobantes autour des objets détectés, avec leurs étiquettes de classe correspondantes et leurs scores de confiance. La capacité à détecter plusieurs objets au sein d'une seule image, indépendamment de leur taille ou position, rend la détection d'objets inestimable dans des scénarios complexes tels que la conduite autonome, les systèmes de surveillance et la vision robotique.

Dans les sections suivantes, nous approfondirons ces deux applications cruciales des CNN. Nous commencerons par explorer les subtilités de la classification d'images, en examinant ses méthodologies et ses cas d'utilisation réels. Ensuite, nous passerons au domaine plus complexe de la détection d'objets, en étudiant comment les CNN parviennent à classifier et localiser simultanément plusieurs objets dans une seule image. À travers cette exploration, nous acquerrons une compréhension complète de la façon dont les CNN révolutionnent notre interaction avec les données visuelles.

5.4.1 Classification d'Images Utilisant les CNN

La **Classification d'Images** est une tâche fondamentale en vision par ordinateur où l'objectif est d'attribuer une catégorie ou une étiquette prédéfinie à une image d'entrée entière. Ce processus implique l'analyse du contenu visuel d'une image et la détermination de son sujet ou thème global. Les Réseaux de Neurones Convolutifs (CNN) se sont avérés exceptionnellement efficaces pour cette tâche en raison de leur capacité à apprendre et à extraire automatiquement des caractéristiques significatives à partir des données de pixels brutes.

La puissance des CNN dans la classification d'images provient de leur processus d'apprentissage hiérarchique des caractéristiques. Dans les couches initiales du réseau, les CNN détectent généralement des caractéristiques de bas niveau comme les bords, les coins et les textures simples. À mesure que l'information progresse à travers les couches plus profondes, ces caractéristiques de base sont combinées pour former des motifs plus complexes, des formes, et finalement des concepts sémantiques de haut niveau. Cette représentation hiérarchique permet aux CNN de capturer à la fois les détails fins et les concepts abstraits, les rendant hautement aptes à distinguer entre diverses catégories d'images.

Par exemple, lors de la classification d'une image de chat, les premières couches de CNN pourraient détecter les moustaches, les textures de fourrure et les formes d'oreilles. Les couches intermédiaires pourraient combiner ces caractéristiques pour reconnaître les yeux, les pattes et la queue. Les couches les plus profondes intégreraient ensuite ces informations pour former une représentation complète d'un chat, permettant une classification précise. Cette capacité à apprendre automatiquement les caractéristiques pertinentes, sans nécessiter d'ingénierie manuelle des caractéristiques, est ce qui distingue les CNN des techniques traditionnelles de vision par ordinateur et les rend particulièrement adaptés aux tâches de classification d'images dans un large éventail de domaines, de la reconnaissance d'objets à l'analyse d'images médicales.

Exemple : Classification d'Images avec ResNet Pré-entraîné dans PyTorch

Nous utiliserons un modèle **ResNet-18** pré-entraîné pour classifier des images du jeu de données **CIFAR-10**. ResNet-18 est une architecture CNN largement utilisée qui atteint des performances élevées sur de nombreux benchmarks de classification d'images.

```
import torch
import torch.nn as nn
import torchvision.transforms as transforms
import torchvision.datasets as datasets
import torchvision.models as models
from torch.utils.data import DataLoader
from torchvision.models import ResNet18_Weights
import matplotlib.pyplot as plt

# Define the data transformations for CIFAR-10
transform_train = transforms.Compose([
    transforms.RandomCrop(32, padding=4),
```

```
    transforms.RandomHorizontalFlip(),
    transforms.Resize(224),
    transforms.ToTensor(),
    transforms.Normalize(mean=[0.485, 0.456, 0.406], std=[0.229, 0.224, 0.225])
])

transform_test = transforms.Compose([
    transforms.Resize(224),
    transforms.ToTensor(),
    transforms.Normalize(mean=[0.485, 0.456, 0.406], std=[0.229, 0.224, 0.225])
])

# Load CIFAR-10 dataset
train_dataset = datasets.CIFAR10(root='./data', train=True, download=True,
transform=transform_train)
test_dataset = datasets.CIFAR10(root='./data', train=False, download=True,
transform=transform_test)

train_loader = DataLoader(train_dataset, batch_size=64, shuffle=True)
test_loader = DataLoader(test_dataset, batch_size=64, shuffle=False)

# Load a pretrained ResNet-18 model
model = models.resnet18(weights=ResNet18_Weights.DEFAULT)

# Modify the last fully connected layer to fit CIFAR-10 (10 classes)
num_classes = 10
model.fc = nn.Linear(model.fc.in_features, num_classes)

# Define the loss function and optimizer
criterion = nn.CrossEntropyLoss()
optimizer = torch.optim.Adam(model.parameters(), lr=0.001)

# Training function
def train(model, train_loader, criterion, optimizer, device):
    model.train()
    running_loss = 0.0
    correct = 0
    total = 0
    for inputs, labels in train_loader:
        inputs, labels = inputs.to(device), labels.to(device)
        optimizer.zero_grad()
        outputs = model(inputs)
        loss = criterion(outputs, labels)
        loss.backward()
        optimizer.step()
        running_loss += loss.item()
        _, predicted = outputs.max(1)
        total += labels.size(0)
        correct += predicted.eq(labels).sum().item()
    return running_loss/len(train_loader), 100.*correct/total

# Evaluation function
```

```
def evaluate(model, test_loader, criterion, device):
    model.eval()
    test_loss = 0
    correct = 0
    total = 0
    with torch.no_grad():
        for inputs, labels in test_loader:
            inputs, labels = inputs.to(device), labels.to(device)
            outputs = model(inputs)
            loss = criterion(outputs, labels)
            test_loss += loss.item()
            _, predicted = outputs.max(1)
            total += labels.size(0)
            correct += predicted.eq(labels).sum().item()
    return test_loss/len(test_loader), 100.*correct/total

# Set device
device = torch.device("cuda" if torch.cuda.is_available() else "cpu")
model.to(device)

# Train the model
num_epochs = 10
train_losses, train_accs, test_losses, test_accs = [], [], [], []

for epoch in range(num_epochs):
    train_loss, train_acc = train(model, train_loader, criterion, optimizer, device)
    test_loss, test_acc = evaluate(model, test_loader, criterion, device)

    train_losses.append(train_loss)
    train_accs.append(train_acc)
    test_losses.append(test_loss)
    test_accs.append(test_acc)

    print(f"Epoch {epoch+1}/{num_epochs}")
    print(f"Train Loss: {train_loss:.4f}, Train Acc: {train_acc:.2f}%")
    print(f"Test Loss: {test_loss:.4f}, Test Acc: {test_acc:.2f}%")

# Plot training and testing curves
plt.figure(figsize=(12, 4))
plt.subplot(1, 2, 1)
plt.plot(train_losses, label='Train Loss')
plt.plot(test_losses, label='Test Loss')
plt.xlabel('Epoch')
plt.ylabel('Loss')
plt.legend()

plt.subplot(1, 2, 2)
plt.plot(train_accs, label='Train Accuracy')
plt.plot(test_accs, label='Test Accuracy')
plt.xlabel('Epoch')
plt.ylabel('Accuracy (%)')
plt.legend()
```

```
plt.tight_layout()
plt.show()
```

Cet exemple de code illustre une approche complète pour l'ajustement fin d'un modèle ResNet-18 pré-entraîné sur le jeu de données CIFAR-10.

Voici une analyse détaillée des ajouts et améliorations :

- Augmentation de données : Nous avons ajouté des techniques d'augmentation de données (recadrage aléatoire et retournement horizontal) aux transformations des données d'entraînement. Cela aide à améliorer la généralisation du modèle.
- Jeu de données de test séparé : Nous chargeons désormais les jeux de données d'entraînement et de test, ce qui nous permet d'évaluer correctement les performances du modèle sur des données non vues.
- Taille de lot augmentée : La taille du lot a été augmentée de 32 à 64, ce qui peut conduire à des gradients plus stables et potentiellement à un entraînement plus rapide.
- Chargement approprié du modèle : Nous utilisons ResNet18_Weights.DEFAULT pour nous assurer que nous chargeons les derniers poids pré-entraînés.
- Indépendance du dispositif : Le code vérifie maintenant la disponibilité de CUDA et déplace le modèle et les données vers le dispositif approprié (GPU ou CPU).
- Fonctions d'entraînement et d'évaluation séparées : Ces fonctions encapsulent les processus d'entraînement et d'évaluation, rendant le code plus modulaire et plus facile à comprendre.
- Entraînement prolongé : Le nombre d'époques a été augmenté de 5 à 10, permettant un entraînement plus approfondi.
- Suivi des performances : Nous suivons désormais à la fois la perte et la précision pour les ensembles d'entraînement et de test tout au long du processus d'entraînement.
- Visualisation : Le code inclut des graphiques matplotlib pour visualiser les courbes d'entraînement et de test, offrant un aperçu de la progression d'apprentissage du modèle.

Cet exemple complet fournit une approche réaliste pour l'entraînement d'un modèle d'apprentissage profond, incluant les meilleures pratiques telles que l'augmentation des données, l'évaluation appropriée et la visualisation des performances. Il offre une base solide pour des expérimentations et améliorations ultérieures dans les tâches de classification d'images.

5.4.2 Détection d'objets utilisant les CNN

La détection d'objets représente une avancée significative dans le domaine de la vision par ordinateur, étendant les capacités des Réseaux de Neurones Convolutifs (CNN) au-delà des simples tâches de classification. Alors que la classification d'images attribue une seule étiquette à une image entière, la détection d'objets va plus loin en identifiant non seulement plusieurs objets au sein d'une image, mais aussi en les localisant précisément.

La détection d'objets exploite les CNN pour effectuer deux tâches cruciales simultanément :

- Classification : Cela implique l'identification et la catégorisation de chaque objet détecté dans l'image. Par exemple, le modèle pourrait reconnaître et étiqueter des objets comme "voiture", "personne", "chien" ou autres catégories prédéfinies.
- Localisation : Cette tâche se concentre sur la détermination de l'emplacement précis de chaque objet identifié dans l'image. Généralement, cela est réalisé en générant une boîte englobante - une zone rectangulaire définie par des coordonnées spécifiques - qui encapsule l'objet.

Ces doubles capacités permettent aux modèles de détection d'objets non seulement de reconnaître quels objets sont présents dans une image, mais aussi de déterminer exactement où ils sont situés, les rendant incroyablement précieux pour une large gamme d'applications.

Cette double fonctionnalité permet aux modèles de détection d'objets de répondre à des questions comme "Quels objets sont présents dans cette image ?" et "Où exactement se trouvent ces objets ?", les rendant inestimables dans diverses applications du monde réel telles que la conduite autonome, les systèmes de surveillance et la robotique.

L'une des architectures les plus populaires et efficaces pour la détection d'objets est le **Faster R-CNN** (Réseau de Neurones Convolutifs basé sur les Régions). Ce modèle avancé combine la puissance des CNN avec un composant spécialisé appelé Réseau de Proposition de Régions (RPN). Voici comment fonctionne le Faster R-CNN :

- Extraction de caractéristiques : Le CNN traite l'image d'entrée pour extraire un riche ensemble de caractéristiques de haut niveau, capturant divers aspects du contenu de l'image.
- Génération de propositions de régions : Le Réseau de Proposition de Régions (RPN) analyse la carte de caractéristiques, suggérant des zones potentielles qui pourraient contenir des objets d'intérêt.
- Pooling des Régions d'Intérêt (ROI) : Le système affine les régions proposées et les introduit dans des couches entièrement connectées, permettant une classification précise et un ajustement des boîtes englobantes.

- Génération de la sortie finale : Le modèle produit des probabilités de classe pour chaque objet détecté, ainsi que des coordonnées de boîtes englobantes affinées pour les localiser avec précision dans l'image.

Ce pipeline efficace permet au Faster R-CNN de détecter plusieurs objets dans une image avec une haute précision et un coût computationnel relativement faible, en faisant une pierre angulaire des systèmes modernes de détection d'objets. Sa capacité à gérer des scènes complexes avec plusieurs objets de tailles et positions variées en a fait un choix privilégié pour de nombreuses applications de vision par ordinateur nécessitant une localisation et une classification précises des objets.

Exemple : Détection d'objets avec Faster R-CNN dans PyTorch

Nous utiliserons un modèle **Faster R-CNN** pré-entraîné de **torchvision** pour détecter des objets dans des images.

```
import torch
import torchvision
from torchvision.models.detection import fasterrcnn_resnet50_fpn_v2, FasterRCNN_ResNet50_FPN_V2_Weights
from PIL import Image, ImageDraw, ImageFont
import torchvision.transforms as transforms
import matplotlib.pyplot as plt
import numpy as np

# Load a pretrained Faster R-CNN model
weights = FasterRCNN_ResNet50_FPN_V2_Weights.DEFAULT
model = fasterrcnn_resnet50_fpn_v2(weights=weights)
model.eval()

# Load and preprocess the image
image = Image.open("test_image.jpg").convert("RGB")
transform = transforms.Compose([transforms.ToTensor()])
image_tensor = transform(image).unsqueeze(0)  # Add batch dimension

# Perform object detection
with torch.no_grad():
    predictions = model(image_tensor)

# Get the class names
class_names = weights.meta["categories"]

# Convert image to numpy array for visualization
image_np = np.array(image)

# Function to draw bounding boxes and labels
def draw_boxes(image, boxes, labels, scores):
    draw = ImageDraw.Draw(image)

    for box, label, score in zip(boxes, labels, scores):
```

```
        box = [int(x) for x in box.tolist()]
        label_text = f"{class_names[label]}: {score:.2f}"

        # Draw bounding box
        draw.rectangle(box, outline="red", width=2)

        # Draw label
        text_size = draw.textsize(label_text)
        text_location = (box[0], box[1] - text_size[1])
        draw.rectangle([text_location, (box[0] + text_size[0], box[1])], fill="red")
        draw.text(text_location, label_text, fill="white")

# Filter predictions with high confidence
threshold = 0.9
filtered_boxes = []
filtered_labels = []
filtered_scores = []

for box, label, score in zip(predictions[0]['boxes'], predictions[0]['labels'], predictions[0]['scores']):
    if score >= threshold:
        filtered_boxes.append(box)
        filtered_labels.append(label.item())  # Convert to int
        filtered_scores.append(score.item())  # Convert to float

# Draw bounding boxes on the image
image_with_boxes = image.copy()
draw_boxes(image_with_boxes, filtered_boxes, filtered_labels, filtered_scores)

# Show the image with bounding boxes
plt.figure(figsize=(12, 8))
plt.imshow(image_with_boxes)
plt.axis("off")
plt.show()

# Print detailed prediction information
for i, (box, label, score) in enumerate(zip(filtered_boxes, filtered_labels, filtered_scores)):
    print(f"Detection {i+1}:")
    print(f"  Class: {class_names[label]}")
    print(f"  Confidence: {score:.2f}")
    print(f"  Bounding Box: {box.tolist()}")
    print()
```

Cet exemple de code offre une approche complète pour la détection d'objets en utilisant un modèle Faster R-CNN préentraîné.

Voici une analyse détaillée des ajouts et améliorations:

1. **Chargement du modèle**

- Le code charge un **modèle Faster R-CNN préentraîné** en utilisant fasterrcnn_resnet50_fpn_v2 avec les derniers **FasterRCNN_ResNet50_FPN_V2_Weights** pour une **précision et performance améliorées**.
- Le modèle est mis en **mode évaluation** (model.eval()) pour garantir un comportement d'inférence correct.

2. **Prétraitement et gestion d'image**
    1. L'image est chargée en utilisant **PIL** et convertie en **RGB** pour gérer différents formats d'entrée.
    2. Un **pipeline de transformation** (transforms.ToTensor()) assure que l'image est correctement formatée pour le modèle.
    3. La **dimension de lot** est ajoutée avant de passer l'image au modèle.
3. **Filtrage des prédictions et seuillage de confiance**
    1. Un **seuil de confiance de 0,9** est appliqué pour **filtrer les détections de faible confiance**, garantissant que seules les prédictions de haute confiance sont affichées.
    2. Les boîtes englobantes filtrées, les étiquettes de classe et les scores sont stockés séparément.
4. **Extraction des noms de classe**
    1. Au lieu d'utiliser des **indices de classe numériques**, les **métadonnées du modèle (weights.meta["categories"])** fournissent des étiquettes de classe lisibles par l'humain pour une meilleure interprétabilité.
5. **Visualisation des détections**
    1. Le code **dessine maintenant des boîtes englobantes** et des étiquettes directement sur l'image en utilisant le module **ImageDraw de PIL**.
    2. Chaque détection est étiquetée avec son **nom de classe et score de confiance** dans un format clairement visible.
6. **Gestion des erreurs et améliorations du code**
    1. Le code mis à jour assure une **gestion robuste des images d'entrée**, évitant les erreurs lors du chargement d'images de différents formats.
    2. Les boîtes englobantes et le texte sont dessinés soigneusement pour **éviter les chevauchements et améliorer la lisibilité**.
7. **Affichage des détails de détection**

1. Le **nom de classe, score de confiance et coordonnées de la boîte englobante** de chaque détection sont imprimés pour une représentation textuelle détaillée.
2. Cela facilite l'enregistrement des résultats ou le traitement ultérieur des détections.

Cette implémentation améliorée de Faster R-CNN pour la détection d'objets **non seulement effectue l'inférence mais fournit également une visualisation intuitive et une sortie textuelle claire**. Avec **le filtrage de haute confiance, l'extraction améliorée des noms de classe et la visualisation des boîtes englobantes**, elle constitue une base solide pour les **applications réelles en vision par ordinateur**.

5.4.3 Comparaison entre la classification d'images et la détection d'objets

Bien que la classification d'images et la détection d'objets s'appuient toutes deux sur les Réseaux de Neurones Convolutifs (CNN), ces tâches diffèrent significativement dans leur complexité, leur application et les défis qu'elles présentent:

La **classification d'images** est une tâche fondamentale en vision par ordinateur qui consiste à attribuer une seule étiquette à une image entière. Ce processus apparemment simple constitue la base d'applications plus avancées en vision par ordinateur. Les algorithmes de classification d'images analysent l'image entière, en considérant des facteurs tels que les distributions de couleurs, les textures, les formes et les relations spatiales pour déterminer la catégorie la plus appropriée pour l'image.

L'applicabilité généralisée de la classification d'images a conduit à son intégration dans de nombreux domaines:

- Catégorisation de photos: Au-delà du simple tri des images en catégories prédéfinies, les systèmes modernes peuvent créer des catégories dynamiques basées sur le contenu de l'image, les préférences de l'utilisateur ou les tendances émergentes. Cela permet une organisation plus intuitive de vastes bibliothèques d'images.
- Reconnaissance faciale: Les systèmes avancés de reconnaissance faciale peuvent non seulement identifier les individus, mais aussi détecter les émotions, estimer l'âge et même prédire des problèmes de santé potentiels basés sur les caractéristiques faciales. Cette technologie a des applications dans la sécurité, la personnalisation de l'expérience utilisateur et les soins de santé.
- Systèmes de marquage automatisés: Ces systèmes ont évolué pour comprendre le contexte et les relations entre les objets dans les images. Ils peuvent générer des descriptions détaillées, identifier des logos de marques et même détecter des concepts abstraits comme "bonheur" ou "aventure" dans les images.
- Imagerie médicale: Dans les soins de santé, la classification d'images aide à la détection précoce des maladies, assiste dans la planification des traitements et peut même

prédire les résultats des patients. Elle est utilisée en radiologie, pathologie et dermatologie pour améliorer la précision et la rapidité du diagnostic.

La puissance de la classification d'images s'étend au-delà de ces applications. Elle est maintenant utilisée en agriculture pour la détection des maladies des cultures, dans la surveillance environnementale pour suivre la déforestation et la faune, et dans le commerce de détail pour la recherche visuelle et les recommandations de produits. À mesure que les algorithmes deviennent plus sophistiqués et les ensembles de données plus volumineux, les applications potentielles de la classification d'images continuent de s'élargir, promettant de révolutionner notre façon d'interagir avec et de comprendre l'information visuelle.

La **détection d'objets** est une tâche plus avancée en vision par ordinateur qui va au-delà de la simple classification. Elle combine les défis d'identifier quels objets sont présents dans une image avec la détermination de leurs emplacements précis. Cette double exigence introduit plusieurs défis complexes:

- Gestion de multiples objets: Contrairement aux tâches de classification qui attribuent une seule étiquette à une image entière, la détection d'objets doit identifier et classifier plusieurs objets distincts dans une même image. Cela nécessite des algorithmes sophistiqués capables de distinguer entre des objets qui se chevauchent ou sont partiellement masqués.
- Localisation: Pour chaque objet détecté, le réseau doit déterminer sa position exacte dans l'image. Cela est généralement réalisé en dessinant une boîte englobante autour de l'objet, ce qui nécessite une prédiction précise des coordonnées.
- Invariance d'échelle: Les scènes du monde réel contiennent souvent des objets de tailles très différentes. Un modèle de détection d'objets robuste doit identifier avec précision à la fois des objets grands et proéminents et des objets plus petits et moins visibles dans la même image.
- Traitement en temps réel: De nombreuses applications pratiques de la détection d'objets, comme la conduite autonome ou les systèmes de sécurité, nécessitent des résultats quasi instantanés. Cela impose d'importantes contraintes computationnelles, nécessitant des algorithmes efficaces et des implémentations matérielles optimisées.
- Gestion des occlusions: Les objets dans des scénarios réels sont souvent partiellement cachés ou se chevauchent. Des systèmes de détection efficaces doivent pouvoir inférer la présence et les limites d'objets partiellement visibles.
- Gestion des variations d'éclairage et de perspectives: Les objets peuvent apparaître différemment sous diverses conditions d'éclairage ou lorsqu'ils sont vus sous différents angles. Les systèmes de détection robustes doivent tenir compte de ces variations.

Les applications de la détection d'objets sont diverses et d'une grande portée, révolutionnant de nombreuses industries:

- Conduite autonome: Au-delà de la simple détection des piétons et des véhicules, les systèmes avancés peuvent maintenant interpréter des scénarios de trafic complexes, reconnaître les panneaux de signalisation et les marquages routiers, et même prédire le comportement des autres usagers de la route en temps réel.
- Systèmes de surveillance: Les applications de sécurité modernes non seulement identifient des objets ou des individus, mais peuvent également analyser des modèles de mouvement, détecter des comportements anormaux, et même prédire des menaces de sécurité potentielles avant qu'elles ne se produisent.
- Robotique: La détection d'objets permet aux robots de naviguer dans des environnements complexes, de manipuler des objets avec précision et d'interagir plus naturellement avec les humains. Cela a des applications dans la fabrication, les soins de santé et même l'exploration spatiale.
- Analytique de vente au détail: Les systèmes avancés peuvent suivre le flux de clients, analyser l'efficacité du placement des produits, détecter les ruptures de stock et même surveiller l'engagement des clients avec des produits ou des présentoirs spécifiques.
- Imagerie médicale: Dans les soins de santé, la détection d'objets aide à identifier les tumeurs, à analyser les radiographies et les IRM, et même à guider les systèmes de chirurgie robotique.
- Agriculture: Les drones équipés de détection d'objets peuvent surveiller la santé des cultures, identifier les zones nécessitant une irrigation ou une application de pesticides, et même aider à la récolte automatisée.

Pour répondre à ces exigences complexes, les chercheurs ont développé des architectures CNN de plus en plus sophistiquées. Des modèles comme R-CNN (Réseaux de Neurones Convolutifs basés sur les Régions) et ses variantes (Fast R-CNN, Faster R-CNN) ont considérablement amélioré la précision et l'efficacité de la détection d'objets. La famille de modèles YOLO (You Only Look Once) a repoussé les limites de la détection en temps réel, permettant le traitement de plusieurs images par seconde sur du matériel standard.

Les avancées plus récentes incluent des détecteurs sans ancres comme CornerNet et CenterNet, qui éliminent le besoin de boîtes d'ancrage prédéfinies, et des modèles basés sur les transformers comme DETR (DEtection TRansformer) qui exploitent la puissance des mécanismes d'attention pour une détection d'objets plus flexible et efficace.

À mesure que la technologie de détection d'objets continue d'évoluer, nous pouvons nous attendre à voir des applications encore plus innovantes dans divers domaines, estompant davantage la frontière entre la vision par ordinateur et la perception humaine du monde visuel.

5.4.4 Applications réelles des CNN

Les Réseaux de Neurones Convolutifs (CNN) sont devenus un outil puissant dans le domaine de la vision par ordinateur, révolutionnant la façon dont les machines interprètent et analysent les données visuelles. Leur capacité à apprendre automatiquement des caractéristiques hiérarchiques à partir d'images a conduit à des applications révolutionnaires dans diverses industries.

Cette section explore certaines des applications réelles les plus impactantes des CNN, démontrant comment cette technologie transforme des domaines allant des soins de santé aux véhicules autonomes, aux systèmes de sécurité et aux expériences de vente au détail. En examinant ces applications, nous pouvons mieux comprendre la polyvalence et le potentiel des CNN dans la résolution de tâches complexes de reconnaissance visuelle et leur rôle dans la façon dont ils façonnent l'avenir de l'intelligence artificielle et de l'apprentissage automatique.

1. **Imagerie médicale**: Les CNN ont révolutionné l'analyse d'images médicales, permettant un diagnostic plus précis et efficace. Ces réseaux peuvent analyser divers types d'imagerie médicale, y compris les radiographies, les IRM et les scanners CT, avec une précision remarquable. Par exemple, les CNN peuvent détecter des anomalies subtiles dans les mammographies qui pourraient être négligées par les radiologues humains, potentiellement détectant le cancer du sein à des stades plus précoces et plus traitables. En neurologie, les CNN aident à identifier les tumeurs cérébrales et à prédire leurs modèles de croissance, facilitant la planification du traitement. De plus, en ophtalmologie, ces réseaux peuvent analyser les scans rétiniens pour détecter la rétinopathie diabétique, le glaucome et la dégénérescence maculaire liée à l'âge, souvent avant l'apparition de symptômes visibles.

2. **Véhicules autonomes**: L'intégration des CNN dans les systèmes de conduite autonome a été un changement majeur pour l'industrie automobile. Ces réseaux traitent les flux vidéo en temps réel de plusieurs caméras, permettant aux véhicules de naviguer en toute sécurité dans des environnements urbains complexes. Les CNN peuvent distinguer entre différents types d'usagers de la route, interpréter les panneaux et signaux de circulation, et même prédire le comportement des piétons et autres véhicules. Cette technologie améliore non seulement la sécurité routière, mais optimise également le flux de trafic et réduit la consommation de carburant. Les systèmes avancés peuvent maintenant gérer des scénarios difficiles comme les conditions météorologiques défavorables ou les zones de construction, nous rapprochant du transport entièrement autonome.

3. **Sécurité et surveillance**: Dans le domaine de la sécurité, les CNN ont considérablement amélioré les capacités de surveillance. La reconnaissance faciale alimentée par les CNN peut identifier des individus dans des espaces bondés, aidant les forces de l'ordre et le contrôle aux frontières. Ces réseaux peuvent également détecter des comportements inhabituels, comme des bagages abandonnés dans les aéroports ou des mouvements suspects dans des zones restreintes. Dans les

environnements de vente au détail, les CNN aident à prévenir le vol à l'étalage en suivant le comportement des clients et en alertant le personnel de vols potentiels. De plus, dans les villes intelligentes, ces systèmes contribuent à la sécurité publique en surveillant les infractions au code de la route, en détectant les accidents, et même en prédisant les points chauds de criminalité basés sur des données historiques et des flux de surveillance en temps réel.

4. **Vente au détail et commerce électronique**: Les CNN ont transformé l'expérience d'achat à la fois en ligne et dans les magasins physiques. Dans le commerce électronique, les capacités de recherche visuelle permettent aux clients de trouver des produits en téléchargeant simplement une image, révolutionnant la façon dont les gens achètent des vêtements, de la décoration intérieure et plus encore. Dans les magasins physiques, les CNN alimentent des miroirs intelligents qui permettent des essayages virtuels, permettant aux clients de voir comment les vêtements ou le maquillage leur iraient sans les essayer physiquement. Ces réseaux analysent également le comportement des clients dans les magasins, aidant les détaillants à optimiser le placement des produits et à personnaliser les stratégies marketing. De plus, les CNN sont utilisés dans la gestion des stocks, suivant automatiquement les niveaux de stock et détectant quand les rayons doivent être réapprovisionnés, améliorant ainsi l'efficacité opérationnelle.

Exercices Pratiques Chapitre 5

Exercice 1 : Implémentation d'un CNN Basique pour la Classification d'Images

Tâche : Implémentez un CNN simple à partir de zéro pour classifier les images du jeu de données MNIST. Entraînez le modèle pendant quelques époques et évaluez sa précision.

Solution :

```
import torch
import torch.nn as nn
import torch.optim as optim
from torchvision import datasets, transforms
from torch.utils.data import DataLoader

# Define the CNN model
class SimpleCNN(nn.Module):
    def __init__(self):
        super(SimpleCNN, self).__init__()
        self.conv1 = nn.Conv2d(1, 32, kernel_size=3)
        self.pool = nn.MaxPool2d(2, 2)
        self.conv2 = nn.Conv2d(32, 64, kernel_size=3)
        self.fc1 = nn.Linear(64 * 5 * 5, 128)
        self.fc2 = nn.Linear(128, 10)
```

```
    def forward(self, x):
        x = self.pool(torch.relu(self.conv1(x)))
        x = self.pool(torch.relu(self.conv2(x)))
        x = x.view(-1, 64 * 5 * 5)
        x = torch.relu(self.fc1(x))
        return self.fc2(x)

# Define transformations and load the MNIST dataset
transform = transforms.Compose([transforms.ToTensor(), transforms.Normalize((0.5,),
(0.5,))])
train_dataset = datasets.MNIST(root='./data', train=True, download=True,
transform=transform)
train_loader = DataLoader(train_dataset, batch_size=32, shuffle=True)

# Instantiate the model, define the loss function and optimizer
model = SimpleCNN()
criterion = nn.CrossEntropyLoss()
optimizer = optim.Adam(model.parameters(), lr=0.001)

# Train the model for 5 epochs
epochs = 5
for epoch in range(epochs):
    running_loss = 0.0
    for inputs, labels in train_loader:
        optimizer.zero_grad()
        outputs = model(inputs)
        loss = criterion(outputs, labels)
        loss.backward()
        optimizer.step()
        running_loss += loss.item()

    print(f"Epoch {epoch+1}, Loss: {running_loss/len(train_loader)}")

# Evaluate the model (Optional: Load test set and compute accuracy)
```

Dans cet exercice, nous avons implémenté un CNN simple pour classifier le jeu de données MNIST, entraîné le modèle en utilisant l'optimiseur Adam, et affiché la perte après chaque époque. Vous pouvez étendre ceci en chargeant un jeu de test et en calculant la précision.

Exercice 2 : Ajustement fin d'un ResNet pré-entraîné pour CIFAR-10

Tâche : Effectuer un ajustement fin d'un modèle **ResNet-18** pré-entraîné sur le jeu de données CIFAR-10 en remplaçant la dernière couche entièrement connectée par une couche qui produit 10 classes. Entraînez le modèle et évaluez sa précision sur le jeu de test.

Solution :

```
import torch
import torchvision.models as models
import torchvision.transforms as transforms
```

```
import torchvision.datasets as datasets
from torch.utils.data import DataLoader
import torch.optim as optim

# Set device
device = torch.device("cuda" if torch.cuda.is_available() else "cpu")

# Load CIFAR-10 dataset
transform = transforms.Compose([
    transforms.Resize(224),
    transforms.ToTensor(),
    transforms.Normalize(mean=[0.485, 0.456, 0.406], std=[0.229, 0.224, 0.225])
])
train_dataset    =    datasets.CIFAR10(root='./data',    train=True,    download=True,
transform=transform)
train_loader = DataLoader(train_dataset, batch_size=32, shuffle=True)

# Load pretrained ResNet-18 model and modify the final layer
model = models.resnet18(pretrained=True)
model.fc = torch.nn.Linear(model.fc.in_features, 10)
model.to(device)  # Move model to device

# Define loss function and optimizer
criterion = torch.nn.CrossEntropyLoss()
optimizer = optim.Adam(model.parameters(), lr=0.001)

# Train the model
model.train()
for epoch in range(5):
    running_loss = 0.0
    for inputs, labels in train_loader:
        inputs, labels = inputs.to(device), labels.to(device)  # Move data to device
        optimizer.zero_grad()
        outputs = model(inputs)
        loss = criterion(outputs, labels)
        loss.backward()
        optimizer.step()
        running_loss += loss.item()

    print(f"Epoch {epoch+1}, Loss: {running_loss/len(train_loader)}")

# Evaluate the model (Optional: Load test set and compute accuracy)
```

Dans cet exercice, nous avons chargé un modèle **ResNet-18** pré-entraîné et modifié sa dernière couche entièrement connectée pour l'adapter au jeu de données CIFAR-10 (10 classes). Après quelques époques d'entraînement, le modèle peut être évalué sur le jeu de test.

Exercice 3 : Détection d'objets avec Faster R-CNN

Tâche : Utilisez un modèle **Faster R-CNN** pré-entraîné pour détecter des objets dans une image. Chargez le modèle, prétraitez l'image d'entrée et affichez les objets détectés et leurs boîtes englobantes.

Solution :

```
import torch
import torchvision
from PIL import Image
import torchvision.transforms as transforms

# Load a pretrained Faster R-CNN model
weights = torchvision.models.detection.FasterRCNN_ResNet50_FPN_Weights.DEFAULT
model = torchvision.models.detection.fasterrcnn_resnet50_fpn(weights=weights)
model.eval()  # Set model to evaluation mode

# Load and preprocess the image
image = Image.open("test_image.jpg")
transform = transforms.Compose([transforms.ToTensor()])
image_tensor = transform(image).unsqueeze(0)  # Add batch dimension

# Perform object detection
with torch.no_grad():
    predictions = model(image_tensor)

# Print the predicted bounding boxes and labels
print(predictions)
```

Dans cet exercice :

- Nous avons chargé un modèle **Faster R-CNN** préentraîné pour effectuer la détection d'objets sur une image donnée.
- Les objets détectés et leurs boîtes englobantes sont affichés dans la sortie. Vous pouvez visualiser ces boîtes sur l'image pour une meilleure compréhension des prédictions.

Exercice 4 : Implémentation d'un module Inception dans un CNN personnalisé

Tâche : Implémenter un **module Inception** à partir de zéro et l'intégrer dans un CNN personnalisé. Entraînez ce modèle sur un jeu de données comme CIFAR-10.

Solution :

```
import torch
import torch.nn as nn
import torch.optim as optim
from torchvision import datasets, transforms
```

```
from torch.utils.data import DataLoader

# Define the Inception module
class InceptionModule(nn.Module):
    def __init__(self, in_channels):
        super(InceptionModule, self).__init__()
        self.branch1x1 = nn.Conv2d(in_channels, 64, kernel_size=1)

        self.branch3x3 = nn.Sequential(
            nn.Conv2d(in_channels, 128, kernel_size=1),
            nn.ReLU(inplace=True),
            nn.Conv2d(128, 128, kernel_size=3, padding=1)
        )

        self.branch5x5 = nn.Sequential(
            nn.Conv2d(in_channels, 32, kernel_size=1),
            nn.ReLU(inplace=True),
            nn.Conv2d(32, 32, kernel_size=5, padding=2)
        )

        self.branch_pool = nn.Sequential(
            nn.MaxPool2d(kernel_size=3, stride=1, padding=1),
            nn.Conv2d(in_channels, 32, kernel_size=1)
        )

    def forward(self, x):
        branch1x1 = self.branch1x1(x)
        branch3x3 = self.branch3x3(x)
        branch5x5 = self.branch5x5(x)
        branch_pool = self.branch_pool(x)
        outputs = [branch1x1, branch3x3, branch5x5, branch_pool]
        return torch.cat(outputs, 1)

# Define the custom CNN using the Inception module
class CustomCNN(nn.Module):
    def __init__(self):
        super(CustomCNN, self).__init__()
        self.inception1 = InceptionModule(in_channels=3)
        self.global_avg_pool = nn.AdaptiveAvgPool2d((1, 1))  # Ensure fixed output
size
        self.fc = nn.Linear(256, 10)  # Corrected output channels (64+128+32+32)

    def forward(self, x):
        x = self.inception1(x)
        x = self.global_avg_pool(x)  # Global average pooling
        x = torch.flatten(x, 1)  # Flatten before fully connected layer
        return self.fc(x)

# Define the data transformations and load CIFAR-10 dataset
transform = transforms.Compose([
    transforms.Resize(32),  # Ensure correct input size
    transforms.ToTensor(),
```

```
    transforms.Normalize(mean=[0.485, 0.456, 0.406], std=[0.229, 0.224, 0.225])  #
Normalize
])

train_dataset = datasets.CIFAR10(root='./data', train=True, download=True,
transform=transform)
train_loader = DataLoader(train_dataset, batch_size=32, shuffle=True)

# Instantiate the model, define the loss function and optimizer
device = torch.device("cuda" if torch.cuda.is_available() else "cpu")
model = CustomCNN().to(device)
criterion = nn.CrossEntropyLoss()
optimizer = optim.Adam(model.parameters(), lr=0.001)

# Train the model
for epoch in range(5):
    model.train()
    running_loss = 0.0
    for inputs, labels in train_loader:
        inputs, labels = inputs.to(device), labels.to(device)
        optimizer.zero_grad()
        outputs = model(inputs)
        loss = criterion(outputs, labels)
        loss.backward()
        optimizer.step()
        running_loss += loss.item()

    print(f"Epoch {epoch+1}, Loss: {running_loss/len(train_loader):.4f}")
```

Dans cet exercice, nous avons implémenté un **module Inception** personnalisé et l'avons intégré dans un CNN. Le modèle est entraîné sur le jeu de données **CIFAR-10** en utilisant l'optimiseur Adam.

Ces exercices pratiques offrent une expérience concrète dans les tâches clés des CNN, notamment la construction de CNN simples, l'ajustement fin de modèles préentraînés, la détection d'objets et l'implémentation de modules avancés comme Inception. En complétant ces exercices, vous serez capable d'appliquer les CNN à un large éventail d'applications du monde réel.

Résumé du Chapitre 5

Dans le **Chapitre 5**, nous avons exploré l'architecture puissante des **Réseaux de Neurones Convolutifs (CNN)**, qui sont devenus fondamentaux dans le domaine de la vision par ordinateur. Les CNN sont conçus pour traiter des données en forme de grille, comme des images, tout en préservant les relations spatiales entre les pixels, ce qui les rend idéaux pour des tâches comme la classification d'images, la détection d'objets et la segmentation d'images.

Nous avons commencé par comprendre les composants essentiels des CNN, notamment les **couches convolutives**, les **couches de pooling** et les **couches entièrement connectées**. Les couches convolutives appliquent des filtres (ou noyaux) à l'image d'entrée pour détecter des motifs locaux tels que les contours et les textures, qui sont ensuite passés à travers des fonctions d'activation comme **ReLU** pour introduire de la non-linéarité. Les couches de pooling, comme le **max pooling**, réduisent la dimensionnalité des données tout en conservant les informations essentielles, rendant le modèle plus efficace.

L'implémentation pratique des CNN pour la **classification d'images** a été démontrée à travers le jeu de données **CIFAR-10**, où un modèle CNN simple a été entraîné pour classer des images en 10 catégories. Nous avons mis en évidence le rôle des CNN dans l'apprentissage hiérarchique des caractéristiques, où les couches inférieures capturent des motifs simples et les couches plus profondes apprennent des structures plus complexes. En ajustant le nombre de filtres, les tailles de noyau et les opérations de pooling, les CNN peuvent extraire des représentations de plus en plus abstraites des données d'entrée.

Nous avons ensuite abordé des **architectures CNN plus avancées**, telles que **ResNet**, **Inception** et **DenseNet**. Ces architectures répondent à certaines limitations des CNN traditionnels, comme les gradients qui s'évanouissent, l'utilisation inefficace des paramètres et la difficulté d'entraîner des réseaux très profonds. **ResNet** a introduit le concept de **connexions résiduelles**, qui permettent au gradient de contourner certaines couches, permettant ainsi l'entraînement de réseaux beaucoup plus profonds. Les réseaux **Inception** emploient plusieurs opérations de convolution en parallèle, permettant au réseau de capturer des informations à différentes échelles. **DenseNet**, avec ses connexions denses, favorise la réutilisation des caractéristiques et améliore le flux de gradient, rendant le réseau plus efficace et précis.

Dans la section sur la **détection d'objets**, nous avons exploré comment les CNN, en particulier des architectures comme **Faster R-CNN**, sont utilisés non seulement pour classifier des objets dans des images, mais aussi pour les localiser en prédisant des boîtes englobantes. La détection d'objets joue un rôle crucial dans des applications comme la conduite autonome, la surveillance et l'imagerie médicale.

Enfin, les exercices pratiques ont couvert un éventail de tâches, allant de l'implémentation d'un CNN basique pour la classification d'images à l'ajustement fin de modèles préentraînés comme ResNet-18 et à l'utilisation de modèles de détection d'objets à la pointe de la technologie tels que Faster R-CNN. Grâce à ces exemples pratiques, vous avez acquis une expérience concrète dans l'application des CNN à des problèmes du monde réel.

Dans l'ensemble, les CNN sont des outils essentiels en apprentissage profond, alimentant de nombreuses applications modernes de vision par ordinateur. Leur capacité à apprendre automatiquement des représentations hiérarchiques à partir des données les rend polyvalents pour un large éventail de tâches, de la reconnaissance d'objets dans des images à la détection d'objets dans des scènes complexes.

Chapitre 6 : Réseaux de Neurones Récurrents (RNN) et LSTM

Les réseaux de neurones traditionnels rencontrent des défis importants lors du traitement de données séquentielles en raison de leur conception inhérente, qui traite chaque entrée comme une entité isolée sans prendre en compte le contexte fourni par les entrées précédentes. Cette limitation est particulièrement problématique pour les tâches qui nécessitent la compréhension des relations temporelles ou des modèles qui se déroulent dans le temps. Pour remédier à cette lacune, les chercheurs ont développé les **Réseaux de Neurones Récurrents (RNN)**, une classe spécialisée de réseaux de neurones spécifiquement conçue pour traiter les informations séquentielles.

L'innovation clé des RNN réside dans leur capacité à maintenir un état caché interne, qui agit comme une forme de mémoire, transportant des informations pertinentes d'une étape temporelle à la suivante tout au long du traitement de la séquence. Cette architecture unique permet aux RNN de capturer et d'exploiter les dépendances temporelles, les rendant exceptionnellement bien adaptés à un large éventail d'applications impliquant l'analyse de données séquentielles.

Parmi les domaines les plus importants où les RNN ont démontré un succès remarquable figurent le traitement du langage naturel (NLP), où ils peuvent comprendre le contexte et la signification des mots dans les phrases ; la reconnaissance vocale, où ils peuvent interpréter les modèles temporels dans les signaux audio ; et la prévision de séries temporelles, où ils peuvent identifier les tendances et faire des prédictions basées sur des données historiques.

Malgré leur efficacité dans le traitement des données séquentielles, les RNN standards ne sont pas sans limites. L'un des défis les plus importants qu'ils rencontrent est le **problème du gradient qui s'évanouit**, qui se produit pendant le processus d'apprentissage des réseaux de neurones profonds. Ce problème se manifeste lorsque les gradients utilisés pour mettre à jour les poids du réseau deviennent extrêmement petits lorsqu'ils sont propagés en arrière dans le temps, rendant difficile pour le réseau d'apprendre et de capturer les dépendances à long terme dans les séquences.

Le problème du gradient qui s'évanouit peut gravement altérer la capacité du RNN à retenir des informations sur de longues périodes, limitant son efficacité dans les tâches qui nécessitent la compréhension du contexte sur de longues séquences. Pour surmonter ces limitations et améliorer la capacité des réseaux récurrents à modéliser les dépendances à long terme, les chercheurs ont développé des variantes avancées des RNN.

Deux des architectures les plus notables et largement utilisées sont les réseaux **Long Short-Term Memory (LSTM)** et les **Gated Recurrent Units (GRU)**. Ces modèles sophistiqués introduisent des mécanismes de porte spécialisés qui régulent le flux d'informations au sein du réseau. En permettant ou en bloquant sélectivement le passage de l'information, ces portes permettent au réseau de maintenir une mémoire à long terme pertinente tout en écartant les informations non pertinentes.

Cette approche innovante atténue considérablement le problème du gradient qui s'évanouit et permet au réseau de capturer et d'utiliser efficacement les dépendances à longue portée dans les données séquentielles, élargissant considérablement la gamme d'applications et la complexité des tâches qui peuvent être abordées à l'aide d'architectures neuronales récurrentes.

6.1 Introduction aux RNN, LSTM et GRU

Dans cette section, nous allons approfondir les concepts fondamentaux et les architectures qui constituent l'épine dorsale du traitement moderne des séquences en apprentissage profond. Nous explorerons trois types clés de réseaux de neurones conçus pour traiter les données séquentielles : les Réseaux de Neurones Récurrents (RNN), les réseaux Long Short-Term Memory (LSTM) et les Gated Recurrent Units (GRU).

Chacune de ces architectures s'appuie sur son prédécesseur, abordant des défis spécifiques et améliorant la capacité à capturer les dépendances à long terme dans les données séquentielles. En comprenant ces modèles fondamentaux, vous acquerrez des connaissances cruciales sur la façon dont l'apprentissage profond aborde les tâches impliquant des séries temporelles, le langage naturel et d'autres formes d'informations séquentielles.

6.1.1 Réseaux de Neurones Récurrents (RNN)

Les Réseaux de Neurones Récurrents (RNN) sont une classe de réseaux de neurones artificiels conçus pour traiter des données séquentielles. Au cœur d'un RNN se trouve le concept de récurrence : chaque sortie est influencée non seulement par l'entrée actuelle mais aussi par les informations des étapes temporelles précédentes. Cette architecture unique permet aux RNN de maintenir une forme de mémoire, les rendant particulièrement bien adaptés aux tâches impliquant des séquences, comme le traitement du langage naturel, l'analyse de séries temporelles et la reconnaissance vocale.

La caractéristique clé qui distingue les RNN des réseaux de neurones traditionnels à propagation avant est leur capacité à transmettre des informations à travers les étapes temporelles. Cela est réalisé grâce à un mécanisme de bouclage sur l'état caché, qui sert de mémoire au réseau. En mettant à jour et en transmettant cet état caché d'une étape temporelle à la suivante, les RNN peuvent capturer et utiliser les dépendances temporelles dans les données.

Dans un RNN, l'état caché subit un processus continu de raffinement et de mise à jour à chaque étape temporelle successive. Ce mécanisme itératif forme le cœur de la capacité du réseau à traiter les informations séquentielles.

Le processus de mise à jour se déroule comme suit :

Traitement des Entrées

À chaque étape temporelle t dans la séquence, le RNN reçoit une nouvelle entrée, conventionnellement désignée par x_t. Ce vecteur d'entrée représente l'élément actuel dans les données séquentielles en cours de traitement. La versatilité des RNN leur permet de traiter un large éventail de types de données séquentielles :

- Analyse de Texte : Dans les tâches de traitement du langage naturel, x_t pourrait représenter des mots individuels dans une phrase, encodés sous forme de plongements de mots ou de vecteurs one-hot.
- Traitement au Niveau des Caractères : Pour des tâches comme la génération de texte ou la correction orthographique, x_t pourrait représenter des caractères individuels dans un document, encodés sous forme de vecteurs one-hot ou de plongements de caractères.
- Analyse de Séries Temporelles : Dans des applications comme la prédiction de cours boursiers ou les prévisions météorologiques, x_t pourrait représenter un ensemble de caractéristiques ou de mesures à un moment particulier.
- Reconnaissance Vocale : Pour les tâches de traitement audio, x_t pourrait représenter des caractéristiques acoustiques extraites de courtes fenêtres temporelles du signal audio.

La flexibilité dans la représentation des entrées permet aux RNN d'être appliqués à une gamme diverse de tâches de modélisation séquentielle, de la compréhension du langage à l'analyse de données de capteurs. Cette adaptabilité, combinée à la capacité du réseau à maintenir le contexte grâce à son état caché, fait des RNN un outil puissant pour traiter et générer des données séquentielles dans divers domaines.

Calcul de l'État Caché

L'état caché à l'étape temporelle actuelle t, symbolisé par h_t, est calculé à travers une interaction sophistiquée de deux composants clés : l'entrée actuelle x_t et l'état caché de l'étape temporelle immédiatement précédente h_(t-1). Cette approche de calcul récursif permet au réseau non seulement de maintenir, mais aussi de mettre à jour continuellement sa représentation de mémoire interne au fur et à mesure qu'il traite séquentiellement chaque élément de la séquence d'entrée.

Le calcul de l'état caché est au cœur de la capacité d'un RNN à traiter efficacement les données séquentielles. Il agit comme une représentation compressée de toutes les informations que le réseau a vues jusqu'à ce point dans la séquence. Ce mécanisme permet au RNN de capturer et d'utiliser des informations contextuelles, ce qui est crucial pour des tâches telles que la compréhension du langage, où la signification d'un mot dépend souvent des mots qui l'ont précédé.

Le calcul de l'état caché implique généralement une transformation non linéaire de la somme pondérée de l'entrée actuelle et de l'état caché précédent. Cette non-linéarité, souvent mise en œuvre à l'aide de fonctions d'activation comme tanh ou ReLU, permet au réseau d'apprendre des modèles et des relations complexes dans les données. Les poids appliqués à l'entrée et à l'état caché précédent sont appris pendant le processus d'entraînement, permettant au réseau de s'adapter aux modèles et dépendances spécifiques présents dans les données d'entraînement.

Il convient de noter que bien que ce calcul récursif permette théoriquement aux RNN de capturer des dépendances à long terme, en pratique, les RNN de base ont souvent du mal avec cela en raison de problèmes comme les gradients qui s'évanouissent. Cette limitation a conduit au développement d'architectures plus avancées comme les LSTM et les GRU, que nous explorerons plus tard dans ce chapitre. Ces modèles avancés introduisent des mécanismes supplémentaires pour mieux contrôler le flux d'informations à travers le réseau, permettant un apprentissage plus efficace des dépendances à long terme dans les données séquentielles.

Flux d'Information Temporel

Le mécanisme de mise à jour récursif dans les RNN permet un flux sophistiqué d'informations à travers les étapes temporelles, créant une mémoire dynamique qui évolue au fur et à mesure que le réseau traite les données séquentielles. Cette connectivité temporelle permet au RNN de capturer et d'exploiter des modèles et des dépendances complexes qui s'étendent sur plusieurs étapes temporelles.

La capacité à maintenir et à mettre à jour des informations au fil du temps est cruciale pour les tâches qui nécessitent une conscience du contexte, comme le traitement du langage naturel ou l'analyse de séries temporelles. Par exemple, dans la traduction de langues, la signification d'un mot dépend souvent de mots qui sont apparus bien plus tôt dans la phrase. Les RNN peuvent, en théorie, maintenir ce contexte et l'utiliser pour informer les prédictions ultérieures.

Cependant, il est important de noter que bien que les RNN aient le potentiel de capturer des dépendances à long terme, en pratique, ils ont souvent du mal avec cela en raison de problèmes comme les gradients qui s'évanouissent. Cette limitation a conduit au développement d'architectures plus avancées comme les LSTM et les GRU, que nous explorerons plus tard dans ce chapitre. Ces modèles avancés introduisent des mécanismes supplémentaires pour mieux contrôler le flux d'informations à travers le réseau, permettant un apprentissage plus efficace des dépendances à long terme dans les données séquentielles.

Malgré ces limitations, le concept fondamental de flux d'information temporel dans les RNN reste une pierre angulaire de la modélisation de séquences en apprentissage profond. Il a ouvert la voie à de nombreuses avancées dans des domaines tels que la reconnaissance vocale, la traduction automatique, et même la génération de musique, où la compréhension du contexte temporel est cruciale pour produire des sorties cohérentes et significatives.

La formule mathématique pour mettre à jour l'état caché dans un RNN de base est :

$$h_t = tanh\left(W_h h_{(t-1)} + W_x x_t + b\right)$$

Cette équation résume l'opération fondamentale d'un RNN. Décomposons-la pour comprendre ses composants :

- W_h et W_x sont des matrices de poids. W_h est appliquée à l'état caché précédent, tandis que W_x est appliquée à l'entrée actuelle. Ces matrices sont apprises pendant le processus d'entraînement et déterminent l'importance que le réseau attribue à l'état précédent et à l'entrée actuelle, respectivement.
- b est un terme de biais. Il permet au modèle d'apprendre un décalage par rapport à zéro, offrant une flexibilité supplémentaire pour ajuster les données.
- $tanh$ (tangente hyperbolique) est une fonction d'activation qui introduit une non-linéarité dans le modèle. Elle compresse l'entrée dans une plage entre -1 et 1, aidant à maintenir les valeurs de l'état caché bornées et empêchant les valeurs extrêmes de dominer le calcul. La non-linéarité permet également au réseau d'apprendre des modèles et des relations complexes dans les données.

Ce calcul récursif de l'état caché permet théoriquement aux RNN de capturer des dépendances de longueur arbitraire dans les séquences. Cependant, en pratique, les RNN de base ont souvent du mal avec les dépendances à long terme en raison de problèmes comme les gradients qui s'évanouissent. Cette limitation a conduit au développement d'architectures plus avancées comme les réseaux Long Short-Term Memory (LSTM) et les Gated Recurrent Units (GRU), que nous explorerons dans les sections suivantes.

Exemple : RNN Simple en PyTorch

```
import torch
import torch.nn as nn

class SimpleRNN(nn.Module):
    def __init__(self, input_size, hidden_size, num_layers):
        super(SimpleRNN, self).__init__()
        self.rnn = nn.RNN(input_size, hidden_size, num_layers, batch_first=True)
        self.fc = nn.Linear(hidden_size, 1)  # Output layer

    def forward(self, x, h0):
        out, hn = self.rnn(x, h0)
        out = self.fc(out[:, -1, :])  # Use the last time step's output
        return out, hn
```

```
# Hyperparameters
input_size = 10
hidden_size = 20
num_layers = 1
sequence_length = 5
batch_size = 3

# Create the model
model = SimpleRNN(input_size, hidden_size, num_layers)

# Example input sequence (batch_size, sequence_length, input_size)
input_seq = torch.randn(batch_size, sequence_length, input_size)

# Initial hidden state (num_layers, batch_size, hidden_size)
h0 = torch.zeros(num_layers, batch_size, hidden_size)

# Forward pass through the RNN
output, hn = model(input_seq, h0)

print("Input shape:", input_seq.shape)
print("Output shape:", output.shape)
print("Hidden state shape:", hn.shape)

# Example of using the model for a simple prediction task
x = torch.randn(1, sequence_length, input_size)  # Single sample
h0 = torch.zeros(num_layers, 1, hidden_size)
prediction, _ = model(x, h0)
print("Prediction:", prediction.item())
```

Cet exemple de code démontre une implémentation complète d'un RNN simple en PyTorch.

Analysons-le en détail :

1. Importations : Nous importons PyTorch et son module de réseau de neurones.
2. Définition du modèle : Nous définissons une classe SimpleRNN qui hérite de nn.Module. Cette classe encapsule notre modèle RNN.
    - La méthode __init__ initialise la couche RNN et une couche entièrement connectée (Linear) pour la sortie.
    - La méthode forward définit comment les données circulent à travers le modèle.
3. Hyperparamètres : Nous définissons des paramètres clés comme la taille d'entrée, la taille cachée, le nombre de couches, la longueur de séquence et la taille du lot.
4. Instanciation du modèle : Nous créons une instance de notre modèle SimpleRNN.

5. Données d'entrée : Nous créons un tenseur d'entrée aléatoire pour simuler un lot de séquences.
6. État caché initial : Nous initialisons l'état caché avec des zéros.
7. Passage avant : Nous passons l'entrée et l'état caché initial à travers le modèle.
8. Analyse de sortie : Nous imprimons les formes de l'entrée, de la sortie et de l'état caché pour comprendre les transformations.
9. Exemple de prédiction : Nous démontrons comment utiliser le modèle pour une prédiction unique.

Cet exemple ne montre pas seulement l'utilisation de base du RNN, mais aussi comment l'intégrer dans un modèle complet avec une couche de sortie. Il démontre le traitement par lots et fournit un exemple pratique de prédiction, le rendant plus applicable aux scénarios du monde réel.

6.1.2 Réseaux de neurones à mémoire à long et court terme (LSTM)

Les LSTM (réseaux de neurones à mémoire à long et court terme) sont une évolution sophistiquée des RNN, conçus pour résoudre le problème du gradient qui s'évanouit et capturer efficacement les dépendances à long terme dans les données séquentielles. En introduisant une série de portes et un état de cellule, les LSTM peuvent sélectivement se souvenir ou oublier des informations sur des séquences étendues, les rendant particulièrement efficaces pour les tâches impliquant des dépendances à longue portée.

L'architecture LSTM comprend plusieurs composants clés :

Porte d'oubli

Ce composant crucial de l'architecture LSTM sert de filtre sélectif pour le flux d'information. Il évalue la pertinence des données de l'état de cellule précédent, déterminant quels détails doivent être conservés ou écartés. La porte accomplit cela en analysant deux entrées clés :

- L'état caché précédent : Celui-ci encapsule la compréhension du réseau de la séquence jusqu'à l'étape temporelle précédente.
- L'entrée actuelle : Celle-ci représente les nouvelles informations entrant dans le réseau à l'étape temporelle présente.

En combinant ces entrées, la porte d'oubli génère un vecteur de valeurs entre 0 et 1 pour chaque élément dans l'état de cellule. Une valeur proche de 1 indique que l'information correspondante doit être conservée, tandis qu'une valeur proche de 0 suggère qu'elle doit être oubliée. Ce mécanisme permet au LSTM de gérer adaptativement sa mémoire, en se concentrant sur les informations pertinentes et en écartant les détails non pertinents lorsqu'il traite des séquences.

Un tel oubli sélectif est particulièrement précieux dans les tâches nécessitant une modélisation des dépendances à long terme, car il empêche l'accumulation de bruit et d'informations obsolètes qui pourraient autrement interférer avec la performance du réseau.

Porte d'entrée

Ce composant crucial de l'architecture LSTM est responsable de déterminer quelles nouvelles informations doivent être incorporées dans l'état de cellule. Il fonctionne en analysant l'entrée actuelle et l'état caché précédent pour générer un vecteur de valeurs entre 0 et 1 pour chaque élément dans l'état de cellule.

La porte d'entrée travaille en conjonction avec une couche "candidate", qui propose de nouvelles valeurs à potentiellement ajouter à l'état de cellule. Cette couche candidate utilise généralement une fonction d'activation tanh pour créer un vecteur de nouvelles valeurs candidates dans la plage de -1 à 1.

La sortie de la porte d'entrée est ensuite multipliée élément par élément avec les valeurs candidates. Cette opération filtre efficacement les valeurs candidates, décidant quelles informations sont suffisamment importantes pour être ajoutées à l'état de cellule. Les valeurs plus proches de 1 dans la sortie de la porte d'entrée indiquent que les valeurs candidates correspondantes doivent être fortement considérées pour l'ajout à l'état de cellule, tandis que les valeurs plus proches de 0 suggèrent que les informations correspondantes devraient être largement ignorées.

Ce mécanisme permet au LSTM de mettre à jour sélectivement sa mémoire interne avec de nouvelles informations pertinentes tout en maintenant la capacité de préserver des informations importantes des étapes temporelles précédentes. Cette mise à jour sélective est cruciale pour la capacité du LSTM à capturer et utiliser des dépendances à long terme dans les données séquentielles, le rendant particulièrement efficace pour des tâches telles que le traitement du langage naturel, l'analyse de séries temporelles et la reconnaissance vocale.

État de cellule

L'état de cellule est la pierre angulaire du mécanisme de mémoire du LSTM, servant d'autoroute d'information à long terme à travers le réseau. Ce composant unique permet aux LSTM de maintenir et propager des informations pertinentes à travers des séquences étendues, une capacité qui les distingue des RNN traditionnels. L'état de cellule est méticuleusement géré par les efforts coordonnés des portes d'oubli et d'entrée :

1. **Influence de la porte d'oubli** : La porte d'oubli agit comme un filtre sélectif, déterminant quelles informations de l'état de cellule précédent doivent être conservées ou écartées. Elle analyse l'entrée actuelle et l'état caché précédent pour générer un vecteur de valeurs entre 0 et 1. Ces valeurs sont ensuite appliquées élément par élément à l'état de cellule, "oubliant" efficacement les informations non pertinentes ou obsolètes.

2. **Contribution de la porte d'entrée** : Simultanément, la porte d'entrée décide quelles nouvelles informations doivent être ajoutées à l'état de cellule. Elle travaille en tandem avec une couche "candidate" pour proposer de nouvelles valeurs, puis filtre ces candidats en fonction de leur pertinence et importance pour le contexte actuel.

3. **Gestion adaptative de la mémoire** : Grâce aux actions combinées de ces portes, l'état de cellule peut mettre à jour adaptativement son contenu. Ce processus permet au LSTM de maintenir un équilibre entre la préservation d'informations critiques à long terme et l'incorporation de nouvelles données pertinentes. Une telle flexibilité est cruciale pour les tâches qui nécessitent une compréhension du contexte à la fois immédiat et distant, comme la traduction linguistique ou l'analyse de sentiment dans de longs documents.

4. **Contrôle du flux d'information** : Le flux soigneusement régulé d'informations entrant et sortant de l'état de cellule permet aux LSTM d'atténuer le problème du gradient qui s'évanouit qui afflige les RNN simples. En mettant à jour et maintenant sélectivement les informations, les LSTM peuvent efficacement apprendre et utiliser des dépendances à longue portée dans les données séquentielles.

Ce mécanisme de mémoire sophistiqué permet aux LSTM d'exceller dans une large gamme de tâches de modélisation de séquences, du traitement du langage naturel à la prévision de séries temporelles, où comprendre et exploiter le contexte à long terme est primordial.

Porte de sortie

Ce composant crucial de l'architecture LSTM est responsable de déterminer quelles informations de l'état de cellule mis à jour doivent être exposées comme nouvel état caché. Il joue un rôle vital dans le filtrage et le raffinement des informations que le LSTM communique aux couches ou étapes temporelles suivantes.

La porte de sortie fonctionne en appliquant une fonction d'activation sigmoïde à une combinaison de l'entrée actuelle et de l'état caché précédent. Cela génère un vecteur de valeurs entre 0 et 1, qui est ensuite utilisé pour filtrer sélectivement l'état de cellule. Ce faisant, la porte de sortie permet au LSTM de se concentrer sur les aspects les plus pertinents de sa mémoire pour le contexte actuel.

Ce mécanisme de sortie sélectif est particulièrement bénéfique dans les scénarios où différentes parties de l'état de cellule peuvent être pertinentes à différents moments. Par exemple, dans un modèle de langage, certaines structures grammaticales pourraient être plus importantes au début d'une phrase, tandis que le contexte sémantique pourrait prendre le dessus vers la fin. La porte de sortie permet au LSTM d'accentuer adaptativement différents aspects de sa mémoire en fonction de l'entrée et du contexte actuels.

De plus, la porte de sortie contribue significativement à la capacité du LSTM à atténuer le problème du gradient qui s'évanouit. En contrôlant le flux d'informations de l'état de cellule vers l'état caché, elle aide à maintenir un flux de gradient plus stable pendant la rétropropagation, facilitant un apprentissage plus efficace des dépendances à long terme.

L'interaction complexe de ces composants permet aux LSTM de maintenir et mettre à jour leur mémoire interne (état de cellule) au fil du temps, leur permettant de capturer et d'utiliser des dépendances à long terme dans les données.

La formulation mathématique du processus de mise à jour d'un LSTM peut être décrite par les équations suivantes :

1. **Porte d'oubli** : $f_t = \sigma(W_f \cdot [h_{t-1}, x_t] + b_f)$ Cette fonction sigmoïde détermine ce qu'il faut oublier de l'état de cellule précédent.
2. **Porte d'entrée** : $i_t = \sigma(W_i \cdot [h_{t-1}, x_t] + b_i)$ Cette porte décide quelles nouvelles informations stocker dans l'état de cellule.
3. **État de cellule candidat** : $C_t = tanh(W_c \cdot [h_{t-1}, x_t] + b_c)$ Ceci crée un vecteur de nouvelles valeurs candidates qui pourraient être ajoutées à l'état.
4. **Mise à jour de l'état de cellule** : $C_t = f_t C_{t-1} + i_t C_t$ Le nouvel état de cellule est une combinaison de l'ancien état, filtré par la porte d'oubli, et des nouvelles valeurs candidates, modulées par la porte d'entrée.
5. **Porte de sortie** : $o_t = \sigma(W_o \cdot [h_{t-1}, x_t] + b_o)$ Cette porte détermine quelles parties de l'état de cellule produire en sortie.
6. **État caché** : $h_t = o_t * tanh(C_t)$ Le nouvel état caché est la porte de sortie appliquée à une version filtrée de l'état de cellule.

Ces équations illustrent comment les LSTM utilisent leurs mécanismes de porte pour contrôler le flux d'informations, leur permettant d'apprendre des dynamiques temporelles complexes et de capturer des dépendances à long terme dans les données séquentielles. Cela rend les LSTM particulièrement efficaces pour des tâches telles que le traitement du langage naturel, la reconnaissance vocale et la prévision de séries temporelles, où la compréhension du contexte sur de longues séquences est cruciale.

Exemple : LSTM en PyTorch

```
import torch
import torch.nn as nn

class LSTMModel(nn.Module):
    def __init__(self, input_size, hidden_size, num_layers, output_size):
        super(LSTMModel, self).__init__()
        self.hidden_size = hidden_size
        self.num_layers = num_layers
        self.lstm = nn.LSTM(input_size, hidden_size, num_layers, batch_first=True)
        self.fc = nn.Linear(hidden_size, output_size)

    def forward(self, x):
```

```
        h0 = torch.zeros(self.num_layers, x.size(0), self.hidden_size).to(x.device)
        c0 = torch.zeros(self.num_layers, x.size(0), self.hidden_size).to(x.device)
        out, (hn, cn) = self.lstm(x, (h0, c0))
        out = self.fc(out[:, -1, :])
        return out, (hn, cn)

# Hyperparameters
input_size = 10
hidden_size = 20
num_layers = 2
output_size = 1
sequence_length = 5
batch_size = 3

# Create model instance
model = LSTMModel(input_size, hidden_size, num_layers, output_size)

# Example input sequence
input_seq = torch.randn(batch_size, sequence_length, input_size)

# Forward pass
output, (hn, cn) = model(input_seq)

# Print shapes
print("Input shape:", input_seq.shape)
print("Output shape:", output.shape)
print("Hidden state shape:", hn.shape)
print("Cell state shape:", cn.shape)

# Example of using the model for a simple prediction task
x = torch.randn(1, sequence_length, input_size)  # Single sample
prediction, _ = model(x)
print("Prediction:", prediction.item())
```

Cet exemple démontre une implémentation complète d'un modèle LSTM avec PyTorch.

Analysons-le en détail :

1. Définition du modèle : Nous définissons une classe LSTMModel qui hérite de nn.Module. Cette classe encapsule notre modèle LSTM.
    - La méthode __init__ initialise la couche LSTM et une couche entièrement connectée (Linear) pour la sortie.
    - La méthode forward définit comment les données circulent à travers le modèle, y compris l'initialisation des états cachés et des états de cellule.
2. Hyperparamètres : Nous définissons des paramètres clés comme la taille d'entrée, la taille cachée, le nombre de couches, la taille de sortie, la longueur de séquence et la taille du lot.

3. Instanciation du modèle : Nous créons une instance de notre LSTMModel.
4. Données d'entrée : Nous créons un tenseur d'entrée aléatoire pour simuler un lot de séquences.
5. Passage avant : Nous faisons passer l'entrée à travers le modèle.
6. Analyse de sortie : Nous affichons les formes de l'entrée, de la sortie, de l'état caché et de l'état de cellule pour comprendre les transformations.
7. Exemple de prédiction : Nous démontrons comment utiliser le modèle pour une prédiction unique.

Cet exemple présente non seulement l'utilisation de base du LSTM, mais aussi comment l'intégrer dans un modèle complet avec une couche de sortie. Il démontre le traitement par lots et fournit un exemple pratique de prédiction, le rendant plus applicable aux scénarios réels.

6.1.3 Unités récurrentes à portes (GRUs)

Les **Unités récurrentes à portes (GRUs)** sont une variation innovante des réseaux de neurones récurrents, conçues pour résoudre certaines limitations des RNN traditionnels et des LSTM. Développées par Cho et al. en 2014, les GRUs offrent une architecture simplifiée qui combine les portes d'oubli et d'entrée des LSTM en une seule **porte de mise à jour** plus efficace. Cette simplification réduit le nombre de paramètres, rendant les GRUs moins exigeantes en calcul et souvent plus rapides à entraîner que les LSTM.

L'efficacité des GRUs ne se fait pas au détriment de la performance, car elles ont démontré une efficacité comparable aux LSTM sur diverses tâches. Cela fait des GRUs un choix attrayant pour les applications où les ressources de calcul sont limitées ou lorsqu'une itération rapide du modèle est nécessaire. Elles excellent dans les scénarios qui nécessitent un équilibre entre complexité du modèle, vitesse d'entraînement et précision des performances.

L'architecture GRU se compose de deux composants principaux :

Porte de mise à jour

Cette porte est un composant fondamental de l'architecture GRU, servant de mécanisme sophistiqué pour gérer le flux d'informations à travers le réseau. Elle joue un rôle central dans la détermination de l'équilibre entre la conservation des informations précédentes et l'incorporation de nouvelles entrées. En générant un vecteur de valeurs entre 0 et 1 pour chaque élément de l'état caché, la porte de mise à jour décide efficacement quelles informations doivent être transmises et lesquelles doivent être mises à jour.

La fonctionnalité de la porte de mise à jour peut se décomposer en plusieurs aspects clés :

- Mémoire adaptative : Elle permet au réseau de décider de manière adaptative quelle part de l'état caché précédent doit influencer l'état actuel. Cette nature adaptative permet aux GRUs de gérer efficacement les dépendances à court et à long terme.

- Préservation de l'information : Pour les dépendances à long terme, la porte de mise à jour peut être proche de 1, permettant au réseau de transmettre des informations importantes sur de nombreuses étapes temporelles sans dégradation.
- Flux de gradient : En fournissant un chemin direct pour le flux d'informations (lorsque la porte est proche de 1), elle aide à atténuer le problème du gradient qui s'évanouit qui affecte les RNN simples.
- Sensibilité au contexte : Les valeurs de la porte sont calculées en fonction de l'entrée actuelle et de l'état caché précédent, la rendant sensible au contexte et capable d'adapter son comportement en fonction de la séquence spécifique traitée.

Ce mécanisme de porte sophistiqué permet aux GRUs d'atteindre des performances comparables aux LSTM dans de nombreuses tâches, tout en maintenant une architecture plus simple avec moins de paramètres. La capacité de la porte de mise à jour à mettre à jour sélectivement l'état caché contribue significativement à la capacité des GRUs à modéliser efficacement des données séquentielles complexes.

Porte de réinitialisation

La porte de réinitialisation est un composant crucial de l'architecture GRU qui joue un rôle vital dans la gestion du flux d'informations provenant des étapes temporelles précédentes. Elle détermine quelle part des informations passées doit être "réinitialisée" ou écartée lors du calcul du nouvel état caché candidat. Ce mécanisme est particulièrement important pour plusieurs raisons :

1. **Capture des dépendances à court terme** : En permettant au réseau d'oublier sélectivement certains aspects de l'état caché précédent, la porte de réinitialisation permet au GRU de se concentrer sur la capture des dépendances à court terme lorsqu'elles sont plus pertinentes pour l'entrée actuelle. Ceci est particulièrement utile dans les scénarios où les informations récentes sont plus critiques que le contexte à long terme.
2. **Gestion adaptative de la mémoire** : La porte de réinitialisation fournit au GRU la capacité de gérer sa mémoire de manière adaptative. Elle peut choisir de conserver toutes les informations précédentes (lorsque la porte de réinitialisation est proche de 1) ou de les éliminer complètement (lorsque la porte de réinitialisation est proche de 0), ou tout état intermédiaire. Cette adaptabilité permet au GRU de gérer efficacement des séquences avec des dépendances temporelles variables.
3. **Atténuation des gradients qui s'évanouissent** : En permettant au réseau de "réinitialiser" des parties de sa mémoire, la porte de réinitialisation aide à atténuer le problème du gradient qui s'évanouit. Cela est dû au fait qu'elle peut effectivement créer des chemins plus courts pour le flux de gradient pendant la rétropropagation, facilitant l'apprentissage des dépendances à long terme lorsque nécessaire.

4. **Traitement sensible au contexte** : Les valeurs de la porte de réinitialisation sont calculées en fonction à la fois de l'entrée actuelle et de l'état caché précédent. Cela permet au GRU de prendre des décisions sensibles au contexte concernant les informations à réinitialiser, adaptant son comportement en fonction de la séquence spécifique traitée.
5. **Efficacité computationnelle** : Malgré sa fonctionnalité puissante, la porte de réinitialisation, avec la porte de mise à jour, permet aux GRUs de maintenir une architecture plus simple par rapport aux LSTM. Cela se traduit par moins de paramètres et souvent des temps d'entraînement plus rapides, faisant des GRUs un choix attrayant pour de nombreuses tâches de modélisation de séquences.

La capacité de la porte de réinitialisation à oublier ou retenir sélectivement les informations contribue significativement à la capacité du GRU à modéliser efficacement des données séquentielles complexes, en faisant un outil puissant dans diverses applications telles que le traitement du langage naturel, la reconnaissance vocale et l'analyse de séries temporelles.

L'interaction entre ces portes permet aux GRUs de capturer de manière adaptative des dépendances à différentes échelles temporelles. La formulation mathématique du processus de mise à jour d'un GRU est définie par les équations suivantes :

1. **Porte de mise à jour** : $z_t = \sigma(W_z\backslash cdot[h_{t-1}, x_t])$ Cette équation calcule le vecteur de la porte de mise à jour z_t, qui détermine quelle part de l'état caché précédent conserver.
2. **Porte de réinitialisation** : $r_t = \sigma(W_r \cdot [h_{t-1}, x_t])$ Le vecteur de la porte de réinitialisation r_t est calculé ici, contrôlant quelle part de l'état caché précédent oublier.
3. **État caché candidat** : $\tilde{h}_t = tanh(W\backslash cdot[r_t * h_{t-1}, x_t])$ Cette équation génère un état caché candidat $\tilde{h}_t$, incorporant la porte de réinitialisation pour potentiellement oublier les informations précédentes.
4. **État caché** : $h_t = (1 - z_t)h_{t-1} + z_t\tilde{h}_t$ L'état caché final h_t est une combinaison pondérée de l'état caché précédent et de l'état caché candidat, avec des poids déterminés par la porte de mise à jour.

Ces équations illustrent comment les GRUs gèrent le flux d'informations, leur permettant d'apprendre efficacement les dépendances à long et à court terme. L'absence d'un état de cellule séparé, comme on le trouve dans les LSTM, contribue à l'efficacité computationnelle du GRU tout en maintenant de puissantes capacités de modélisation.

Les GRUs ont trouvé une large application dans divers domaines, notamment le traitement du langage naturel, la reconnaissance vocale et l'analyse de séries temporelles. Leur capacité à gérer des séquences de longueurs variables et à capturer des dynamiques temporelles complexes les rend particulièrement adaptées à des tâches telles que la traduction automatique, l'analyse de sentiment et la génération de texte.

Exemple : GRU avec PyTorch

```
import torch
import torch.nn as nn

class GRUModel(nn.Module):
    def __init__(self, input_size, hidden_size, num_layers, output_size):
        super(GRUModel, self).__init__()
        self.hidden_size = hidden_size
        self.num_layers = num_layers
        self.gru = nn.GRU(input_size, hidden_size, num_layers, batch_first=True)
        self.fc = nn.Linear(hidden_size, output_size)

    def forward(self, x):
        h0 = torch.zeros(self.num_layers, x.size(0), self.hidden_size).to(x.device)
        out, _ = self.gru(x, h0)
        out = self.fc(out[:, -1, :])
        return out

# Hyperparameters
input_size = 10
hidden_size = 20
num_layers = 2
output_size = 1
sequence_length = 5
batch_size = 3

# Create model instance
model = GRUModel(input_size, hidden_size, num_layers, output_size)

# Example input sequence
input_seq = torch.randn(batch_size, sequence_length, input_size)

# Forward pass
output = model(input_seq)

# Print shapes
print("Input shape:", input_seq.shape)
print("Output shape:", output.shape)

# Example of using the model for a simple prediction task
x = torch.randn(1, sequence_length, input_size)  # Single sample
prediction = model(x)
print("Prediction:", prediction.item())
```

Analysons cela en détail :

1. Définition du modèle : Nous définissons une classe GRUModel qui hérite de nn.Module. Cette classe encapsule notre modèle GRU.
    - La méthode __init__ initialise la couche GRU et une couche entièrement connectée (Linear) pour la sortie.

- La méthode forward définit comment les données circulent à travers le modèle, y compris l'initialisation de l'état caché.

2. Hyperparamètres : Nous définissons des paramètres clés comme la taille d'entrée, la taille cachée, le nombre de couches, la taille de sortie, la longueur de séquence et la taille du lot.
3. Instanciation du modèle : Nous créons une instance de notre GRUModel.
4. Données d'entrée : Nous créons un tenseur d'entrée aléatoire pour simuler un lot de séquences.
5. Propagation avant : Nous faisons passer l'entrée à travers le modèle.
6. Analyse de sortie : Nous imprimons les formes de l'entrée et de la sortie pour comprendre les transformations.
7. Exemple de prédiction : Nous démontrons comment utiliser le modèle pour une prédiction unique.

Cet exemple illustre non seulement l'utilisation basique du GRU, mais aussi comment l'intégrer dans un modèle complet avec une couche de sortie. Il démontre le traitement par lots et fournit un exemple pratique de prédiction, le rendant plus applicable aux scénarios réels.

6.2 Implémentation des RNN et LSTM dans TensorFlow, Keras et PyTorch

Les Réseaux de Neurones Récurrents (RNN) et les réseaux Long Short-Term Memory (LSTM) sont des paradigmes architecturaux sophistiqués conçus pour traiter et analyser des données séquentielles avec une efficacité remarquable. Ces outils puissants ont révolutionné le domaine de l'apprentissage automatique, particulièrement dans les domaines où les dépendances temporelles jouent un rôle crucial.

Les trois frameworks principaux — TensorFlow, Keras et PyTorch — offrent chacun un support complet pour la construction et l'entraînement des RNN et LSTM, fournissant aux développeurs et chercheurs une boîte à outils robuste pour aborder des problèmes séquentiels complexes. Bien que ces frameworks partagent l'objectif commun de faciliter l'implémentation d'architectures récurrentes, ils diffèrent significativement en termes de niveaux d'abstraction, de flexibilité et d'approche globale du développement de modèles.

Pour élucider l'application pratique de ces frameworks, nous nous engagerons dans l'implémentation de modèles RNN et LSTM, conçus pour traiter et analyser des données séquentielles telles que des informations textuelles ou des séries temporelles. Notre exploration utilisera les outils de pointe suivants :

- **TensorFlow** : Une bibliothèque open-source haute performance développée par Google Brain, spécifiquement conçue pour des applications d'apprentissage automatique à grande échelle. L'architecture de TensorFlow permet un déploiement transparent sur diverses plateformes, des appareils mobiles aux systèmes distribués, ce qui en fait un choix idéal pour des modèles prêts pour la production.
- **Keras** : Une API de haut niveau intuitive et conviviale qui fonctionne comme une couche d'interface au-dessus de TensorFlow. Réputée pour sa simplicité et sa facilité d'utilisation, Keras abstrait une grande partie de la complexité impliquée dans l'implémentation de réseaux de neurones, permettant un prototypage rapide et l'expérimentation sans sacrifier les performances.
- **PyTorch** : Un framework flexible et dynamique qui a gagné une immense popularité dans la communauté de recherche. L'interface intuitive de PyTorch et son graphe de calcul dynamique permettent des processus de débogage plus naturels et facilitent l'implémentation d'architectures de modèles complexes. Son style de programmation impératif permet un code plus transparent et lisible, le rendant particulièrement attrayant pour ceux engagés dans la recherche et le développement de pointe.

6.2.1 Implémentation des RNN et LSTM dans TensorFlow

L'API de bas niveau de TensorFlow offre aux développeurs un contrôle granulaire sur l'architecture du modèle, permettant une personnalisation précise et l'optimisation des réseaux de neurones. Ce niveau de contrôle se fait au prix d'une complexité et d'une verbosité accrues du code par rapport aux API de plus haut niveau comme Keras. Le compromis entre flexibilité et simplicité rend l'API de bas niveau de TensorFlow particulièrement adaptée aux utilisateurs avancés et aux chercheurs qui nécessitent un contrôle fin sur leurs modèles.

Dans les exemples suivants, nous exploiterons les puissantes capacités de TensorFlow pour implémenter à la fois un Réseau de Neurones Récurrent (RNN) et un réseau Long Short-Term Memory (LSTM). Ces implémentations montreront la flexibilité de l'API dans la définition d'architectures neurales complexes tout en soulignant le code supplémentaire requis pour atteindre ce niveau de contrôle.

En utilisant l'API de bas niveau de TensorFlow, nous pouvons acquérir des insights sur le fonctionnement interne de ces modèles récurrents et avoir la capacité de les personnaliser pour des cas d'utilisation spécifiques ou des configurations expérimentales.

Exemple : RNN dans TensorFlow

```
import tensorflow as tf
import numpy as np

# Define hyperparameters
batch_size = 32
sequence_length = 10
input_size = 8
```

```
hidden_units = 16
output_size = 4

# Create synthetic input data
input_data = tf.random.normal([batch_size, sequence_length, input_size])

# Define an RNN layer
rnn_layer = tf.keras.layers.SimpleRNN(units=hidden_units, return_sequences=True)

# Define a model using the Functional API
inputs = tf.keras.Input(shape=(sequence_length, input_size))
rnn_output = rnn_layer(inputs)
outputs = tf.keras.layers.Dense(output_size)(rnn_output)

model = tf.keras.Model(inputs=inputs, outputs=outputs)

# Compile the model
model.compile(optimizer='adam', loss='mse')

# Generate synthetic target data
target_output = np.random.randn(batch_size, sequence_length, output_size)

# Train the model
history = model.fit(input_data, target_output, epochs=5, batch_size=batch_size)

# Make predictions
predictions = model.predict(input_data)

# Print shapes and sample outputs
print("Input Shape:", input_data.shape)
print("RNN Output Shape:", predictions.shape)
print("\\nSample Prediction (first sequence, first timestep):")
print(predictions[0, 0])
```

Cet exemple de code démontre une **implémentation complète d'un Réseau de Neurones Récurrent (RNN)** utilisant TensorFlow. Voici une analyse étape par étape :

1. **Importations et Hyperparamètres :**
   - Nous importons **TensorFlow** et **NumPy** pour la création du modèle et la manipulation des données.
   - Nous définissons les **hyperparamètres** clés : taille du lot, longueur de séquence, taille d'entrée, nombre d'unités cachées et taille de sortie.
2. **Création de Données Synthétiques :**
   - Nous générons des **données d'entrée aléatoires** en utilisant tf.random.normal, simulant un lot de séquences temporelles.
3. **Définition de la Couche RNN :**

- Une couche **SimpleRNN** est définie avec le nombre spécifié d'unités cachées.
- L'argument return_sequences=True garantit que le RNN renvoie une sortie pour chaque étape temporelle.

4. **Architecture du Modèle utilisant l'API Fonctionnelle :**
   - Nous utilisons **l'API Fonctionnelle de TensorFlow** pour définir la structure du modèle.
   - L'entrée est traitée par une **couche RNN**, suivie d'une **couche Dense** qui génère la sortie finale.
5. **Compilation du Modèle :**
   - Le modèle est compilé en utilisant **l'optimiseur Adam** et la **fonction de perte d'Erreur Quadratique Moyenne (MSE)**, le rendant adapté aux prédictions de valeurs continues.
6. **Données Cibles Synthétiques :**
   - Nous créons des **données cibles** aléatoires pour correspondre à la forme de la sortie du modèle, assurant la compatibilité pendant l'entraînement.
7. **Entraînement du Modèle :**
   - Le modèle est entraîné pendant **5 époques** en utilisant les données synthétiques.
   - Nous utilisons model.fit() pour ajuster les paramètres du modèle en fonction de la fonction de perte.
8. **Prédictions sur les Données d'Entrée :**
   - Après l'entraînement, nous utilisons model.predict() pour générer des prédictions à partir du modèle entraîné.
9. **Analyse des Sorties :**
   - Les formes de **l'entrée, de la sortie RNN et des prédictions** sont imprimées pour vérifier la bonne implémentation.
   - Un **exemple de sortie** est affiché pour illustrer comment le modèle traite et prédit les données temporelles.

Cet exemple ne montre pas seulement l'utilisation basique d'un RNN, mais aussi comment l'intégrer dans un modèle complet avec des couches d'entrée et de sortie. Il démontre l'ensemble du processus, de la création des données à l'entraînement et à la prédiction, fournissant un scénario plus réaliste pour l'utilisation des RNN en pratique.

Exemple : LSTM dans TensorFlow

```
import tensorflow as tf
import numpy as np

# Define hyperparameters
batch_size = 32
sequence_length = 10
input_size = 8
hidden_units = 16
output_size = 4

# Create synthetic input data
input_data = tf.random.normal([batch_size, sequence_length, input_size])

# Define an LSTM layer
lstm_layer = tf.keras.layers.LSTM(units=hidden_units, return_sequences=True, return_state=True)

# Define a model using the Functional API
inputs = tf.keras.Input(shape=(sequence_length, input_size))
lstm_output, final_hidden_state, final_cell_state = lstm_layer(inputs)
outputs = tf.keras.layers.Dense(output_size)(lstm_output)

model = tf.keras.Model(inputs=inputs, outputs=[outputs, final_hidden_state, final_cell_state])

# Compile the model
model.compile(optimizer='adam', loss='mse')

# Generate synthetic target data
target_output = np.random.randn(batch_size, sequence_length, output_size)
target_hidden_state = np.random.randn(batch_size, hidden_units)
target_cell_state = np.random.randn(batch_size, hidden_units)

# Train the model
history = model.fit(
    input_data,
    [target_output, target_hidden_state, target_cell_state],
    epochs=5,
    batch_size=batch_size
)

# Make predictions
predictions, final_hidden_state_pred, final_cell_state_pred = model.predict(input_data)

# Print shapes and sample outputs
print("Input Shape:", input_data.shape)
print("LSTM Output Shape:", predictions.shape)
print("LSTM Final Hidden State Shape:", final_hidden_state_pred.shape)
print("LSTM Final Cell State Shape:", final_cell_state_pred.shape)
print("\\nSample Prediction (first sequence, first timestep):")
print(predictions[0, 0])
```

```
print("\\nSample Final Hidden State:")
print(final_hidden_state_pred[0])
print("\\nSample Final Cell State:")
print(final_cell_state_pred[0])
```

Cet exemple LSTM dans TensorFlow démontre une implémentation plus complète.

Analysons-le en détail :

1. Importations et Hyperparamètres : Nous importons TensorFlow et NumPy, puis définissons les hyperparamètres clés tels que la taille du lot, la longueur de séquence, la taille d'entrée, le nombre d'unités cachées et la taille de sortie.
2. Création de Données Synthétiques : Nous générons des données d'entrée aléatoires en utilisant tf.random.normal pour simuler un lot de séquences.
3. Définition de la Couche LSTM : Nous créons une couche LSTM avec un nombre spécifié d'unités cachées, renvoyant à la fois les séquences et les états.
4. Architecture du Modèle : En utilisant l'API Fonctionnelle, nous définissons un modèle qui traite l'entrée à travers la couche LSTM et une couche Dense pour la sortie.
5. Compilation du Modèle : Le modèle est compilé avec l'optimiseur Adam et la fonction de perte d'Erreur Quadratique Moyenne.
6. Données Cibles Synthétiques : Nous créons des données cibles aléatoires pour la sortie de séquence, l'état caché final et l'état de cellule final.
7. Entraînement du Modèle : Le modèle est entraîné sur les données synthétiques pendant 5 époques.
8. Prédictions : Nous utilisons le modèle entraîné pour faire des prédictions sur les données d'entrée.
9. Analyse des Sorties : Nous affichons les formes de l'entrée, de la sortie, de l'état caché final et de l'état de cellule final, ainsi que des exemples de prédictions pour démontrer la fonctionnalité du modèle.

Cet exemple complet présente non seulement l'utilisation basique du LSTM, mais aussi comment l'intégrer dans un modèle complet avec des couches d'entrée et de sortie. Il démontre l'ensemble du processus, de la création des données à l'entraînement et à la prédiction, fournissant un scénario plus réaliste pour l'utilisation des LSTM en pratique.

6.2.2 Implémentation des RNN et LSTM dans Keras

Keras, en tant qu'API de haut niveau, simplifie considérablement le processus de construction et d'entraînement des modèles d'apprentissage profond. En abstrayant une grande partie de la complexité sous-jacente, Keras permet aux développeurs de se concentrer sur les aspects essentiels de la conception et de l'expérimentation des modèles. Son interface conviviale et son intégration transparente avec TensorFlow en font un choix idéal tant pour les débutants que pour les praticiens expérimentés engagés dans le prototypage rapide.

L'une des principales forces de Keras réside dans sa philosophie de conception intuitive, qui met l'accent sur la facilité d'utilisation sans sacrifier la flexibilité. Cette approche permet aux développeurs d'itérer rapidement à travers différentes architectures de modèles et hyperparamètres, facilitant une expérimentation et une innovation plus rapides. De plus, la structure modulaire de Keras permet une personnalisation et une extension faciles, la rendant adaptable à un large éventail de tâches d'apprentissage profond, incluant mais ne se limitant pas à la vision par ordinateur, au traitement du langage naturel et à l'analyse de séries temporelles.

Les abstractions de haut niveau du framework ne simplifient pas seulement la création de modèles ; elles rationalisent également l'ensemble du flux de travail d'apprentissage profond. De la préparation des données et la compilation du modèle à l'entraînement et l'évaluation, Keras fournit un ensemble cohérent d'outils qui fonctionnent harmonieusement ensemble. Cet écosystème complet réduit significativement la quantité de code standard nécessaire, permettant aux développeurs d'exprimer des architectures de réseaux neuronaux complexes en seulement quelques lignes de code.

En outre, la compatibilité de Keras avec TensorFlow garantit que les modèles peuvent être facilement déployés sur diverses plateformes, des appareils mobiles à l'infrastructure cloud. Cette intégration transparente permet aux développeurs de tirer parti des puissantes capacités backend de TensorFlow tout en bénéficiant de l'interface conviviale de Keras, créant une synergie qui accélère à la fois les processus de développement et de déploiement dans le domaine de l'apprentissage profond.

Exemple : RNN dans Keras

```
import tensorflow as tf
from tensorflow.keras import Sequential
from tensorflow.keras.layers import SimpleRNN, Dense
import numpy as np

# Define hyperparameters
sequence_length = 10
input_features = 8
hidden_units = 16
output_size = 1
batch_size = 32
epochs = 10

# Generate synthetic data
X = np.random.randn(1000, sequence_length, input_features)
y = np.random.randint(0, 2, (1000, 1))  # Binary classification

# Define a sequential model
model = Sequential([
```

```
    SimpleRNN(units=hidden_units,    input_shape=(sequence_length,    input_features),
return_sequences=False),
    Dense(units=output_size, activation='sigmoid')
])

# Compile the model
model.compile(optimizer='adam', loss='binary_crossentropy', metrics=['accuracy'])

# Print the model summary
model.summary()

# Train the model
history = model.fit(X, y, batch_size=batch_size, epochs=epochs, validation_split=0.2)

# Evaluate the model
test_loss, test_accuracy = model.evaluate(X, y)
print(f"Test accuracy: {test_accuracy:.4f}")

# Make predictions
sample_input = np.random.randn(1, sequence_length, input_features)
prediction = model.predict(sample_input)
print(f"Sample prediction: {prediction[0][0]:.4f}")

# Plot training history
import matplotlib.pyplot as plt

plt.figure(figsize=(12, 4))
plt.subplot(1, 2, 1)
plt.plot(history.history['loss'], label='Training Loss')
plt.plot(history.history['val_loss'], label='Validation Loss')
plt.title('Model Loss')
plt.xlabel('Epoch')
plt.ylabel('Loss')
plt.legend()

plt.subplot(1, 2, 2)
plt.plot(history.history['accuracy'], label='Training Accuracy')
plt.plot(history.history['val_accuracy'], label='Validation Accuracy')
plt.title('Model Accuracy')
plt.xlabel('Epoch')
plt.ylabel('Accuracy')
plt.legend()

plt.tight_layout()
plt.show()
```

Cet exemple démontre une implémentation plus complète d'un Réseau de Neurones Récurrent (RNN) utilisant Keras.

Analysons-le en détail :

1. Importation des bibliothèques nécessaires : Nous importons TensorFlow, les couches Keras, NumPy pour la manipulation des données, et Matplotlib pour la visualisation.
2. Définition des hyperparamètres : Nous configurons les paramètres clés tels que la longueur de séquence, les caractéristiques d'entrée, les unités cachées, la taille de sortie, la taille du lot et le nombre d'époques.
3. Génération de données synthétiques : Nous créons des séquences d'entrée aléatoires (X) et des étiquettes binaires (y) pour simuler une tâche de classification.
4. Définition du modèle : Nous utilisons l'API Sequential pour créer un modèle avec une couche SimpleRNN suivie d'une couche Dense pour la classification binaire.
5. Compilation du modèle : Nous spécifions l'optimiseur (Adam), la fonction de perte (entropie croisée binaire) et les métriques (précision) pour l'entraînement.
6. Résumé du modèle : Nous affichons un résumé de l'architecture du modèle.
7. Entraînement du modèle : Nous ajustons le modèle à nos données synthétiques, en utilisant une division de validation pour surveiller les performances.
8. Évaluation du modèle : Nous évaluons les performances du modèle sur l'ensemble du jeu de données.
9. Réalisation de prédictions : Nous démontrons comment utiliser le modèle entraîné pour faire des prédictions sur de nouvelles données.
10. Visualisation de l'historique d'entraînement : Nous traçons la perte et la précision d'entraînement et de validation au fil des époques pour analyser la progression de l'apprentissage du modèle.

Cet exemple présente non seulement l'utilisation basique du RNN, mais inclut également la génération de données, l'entraînement du modèle, l'évaluation, la prédiction et la visualisation des métriques d'entraînement. Il fournit un scénario plus réaliste pour l'utilisation des RNN en pratique et démontre l'ensemble du flux de travail, de la préparation des données à l'analyse du modèle.

Exemple : LSTM dans Keras

```
import tensorflow as tf
from tensorflow.keras import Sequential
from tensorflow.keras.layers import LSTM, Dense
import numpy as np
import matplotlib.pyplot as plt

# Define hyperparameters
sequence_length = 10
input_features = 8
hidden_units = 16
output_size = 1
```

```
batch_size = 32
epochs = 50

# Generate synthetic data
X = np.random.randn(1000, sequence_length, input_features)
y = np.random.randint(0, 2, (1000, 1))  # Binary classification

# Define a sequential model
model = Sequential([
    LSTM(units=hidden_units,      input_shape=(sequence_length,      input_features),
return_sequences=False),
    Dense(units=output_size, activation='sigmoid')
])

# Compile the model
model.compile(optimizer='adam', loss='binary_crossentropy', metrics=['accuracy'])

# Print the model summary
model.summary()

# Train the model
history = model.fit(X, y, batch_size=batch_size, epochs=epochs, validation_split=0.2)

# Evaluate the model
test_loss, test_accuracy = model.evaluate(X, y)
print(f"Test accuracy: {test_accuracy:.4f}")

# Make predictions
sample_input = np.random.randn(1, sequence_length, input_features)
prediction = model.predict(sample_input)
print(f"Sample prediction: {prediction[0][0]:.4f}")

# Plot training history
plt.figure(figsize=(12, 4))
plt.subplot(1, 2, 1)
plt.plot(history.history['loss'], label='Training Loss')
plt.plot(history.history['val_loss'], label='Validation Loss')
plt.title('Model Loss')
plt.xlabel('Epoch')
plt.ylabel('Loss')
plt.legend()

plt.subplot(1, 2, 2)
plt.plot(history.history['accuracy'], label='Training Accuracy')
plt.plot(history.history['val_accuracy'], label='Validation Accuracy')
plt.title('Model Accuracy')
plt.xlabel('Epoch')
plt.ylabel('Accuracy')
plt.legend()

plt.tight_layout()
plt.show()
```

Cet exemple de LSTM dans Keras démontre une implémentation complète.

Analysons-le en détail :

1. Importation des bibliothèques nécessaires : Nous importons TensorFlow, les couches Keras, NumPy pour la manipulation des données, et Matplotlib pour la visualisation.
2. Définition des hyperparamètres : Nous configurons les paramètres clés tels que la longueur de séquence, les caractéristiques d'entrée, les unités cachées, la taille de sortie, la taille du lot et le nombre d'époques.
3. Génération de données synthétiques : Nous créons des séquences d'entrée aléatoires (X) et des étiquettes binaires (y) pour simuler une tâche de classification.
4. Définition du modèle : Nous utilisons l'API Sequential pour créer un modèle avec une couche LSTM suivie d'une couche Dense pour la classification binaire.
5. Compilation du modèle : Nous spécifions l'optimiseur (Adam), la fonction de perte (entropie croisée binaire) et les métriques (précision) pour l'entraînement.
6. Résumé du modèle : Nous affichons un résumé de l'architecture du modèle.
7. Entraînement du modèle : Nous ajustons le modèle à nos données synthétiques, en utilisant une division de validation pour surveiller les performances.
8. Évaluation du modèle : Nous évaluons les performances du modèle sur l'ensemble du jeu de données.
9. Réalisation de prédictions : Nous démontrons comment utiliser le modèle entraîné pour faire des prédictions sur de nouvelles données.
10. Visualisation de l'historique d'entraînement : Nous traçons la perte et la précision d'entraînement et de validation au fil des époques pour analyser la progression de l'apprentissage du modèle.

Cet exemple présente non seulement l'utilisation basique du LSTM, mais inclut également la génération de données, l'entraînement du modèle, l'évaluation, la prédiction et la visualisation des métriques d'entraînement. Il fournit un scénario plus réaliste pour l'utilisation des LSTM en pratique et démontre l'ensemble du flux de travail, de la préparation des données à l'analyse du modèle.

6.2.3 Implémentation des RNN et LSTM dans PyTorch

PyTorch est reconnu pour son graphe de calcul dynamique et sa flexibilité, ce qui en fait un favori dans les environnements de recherche. Ce framework permet des implémentations plus intuitives et pythoniques d'architectures de réseaux neuronaux complexes. Lorsqu'ils travaillent avec des RNN et des LSTM dans PyTorch, les développeurs ont l'avantage de définir manuellement la passe avant et de gérer les données à travers des boucles explicites. Ce niveau de contrôle permet aux chercheurs et aux praticiens d'expérimenter de nouvelles architectures et de personnaliser leurs modèles avec une plus grande facilité.

La nature dynamique du graphe de calcul de PyTorch signifie que la structure de votre réseau neuronal peut changer à la volée, s'adaptant à différentes entrées ou conditions. Cela est particulièrement utile lorsqu'on travaille avec des séquences de longueur variable, un scénario courant dans les tâches de traitement du langage naturel. De plus, le système autograd de PyTorch calcule automatiquement les gradients, simplifiant l'implémentation de fonctions de perte personnalisées et de procédures d'entraînement.

Pour les RNN et LSTM spécifiquement, PyTorch fournit à la fois des modules de haut niveau (comme nn.RNN et nn.LSTM) pour des implémentations rapides, ainsi que la flexibilité de construire ces architectures à partir de zéro en utilisant des opérations de plus bas niveau. Cela permet aux chercheurs d'approfondir les aspects internes de ces modèles, conduisant potentiellement à des innovations dans la conception d'architecture ou les méthodologies d'entraînement. La nature explicite des implémentations de PyTorch facilite également le débogage et la compréhension du flux de données à travers le réseau, ce qui peut être crucial lorsqu'on travaille avec des modèles séquentiels complexes.

Exemple : RNN dans PyTorch

```
import torch
import torch.nn as nn
import torch.optim as optim
import numpy as np
import matplotlib.pyplot as plt

# Define an RNN-based model
class RNNModel(nn.Module):
    def __init__(self, input_size, hidden_size, output_size, num_layers=1):
        super(RNNModel, self).__init__()
        self.hidden_size = hidden_size
        self.num_layers = num_layers
        self.rnn = nn.RNN(input_size, hidden_size, num_layers, batch_first=True)
        self.fc = nn.Linear(hidden_size, output_size)

    def forward(self, x):
        # Initialize hidden state with zeros
        h0 = torch.zeros(self.num_layers, x.size(0), self.hidden_size).to(x.device)

        # RNN forward pass
        out, hn = self.rnn(x, h0)
        out = self.fc(out[:, -1, :])  # Get the last output for classification
        return out

# Set random seed for reproducibility
torch.manual_seed(42)

# Hyperparameters
```

```
input_size = 8
hidden_size = 16
output_size = 1
num_layers = 2
batch_size = 32
sequence_length = 10
num_epochs = 100
learning_rate = 0.001

# Generate synthetic data
X = torch.randn(500, sequence_length, input_size)
y = torch.randint(0, 2, (500, 1)).float()

# Split data into train and test sets
train_size = int(0.8 * len(X))
X_train, X_test = X[:train_size], X[train_size:]
y_train, y_test = y[:train_size], y[train_size:]

# Create data loaders
train_dataset = torch.utils.data.TensorDataset(X_train, y_train)
test_dataset = torch.utils.data.TensorDataset(X_test, y_test)
train_loader  =  torch.utils.data.DataLoader(train_dataset,  batch_size=batch_size,
shuffle=True)
test_loader = torch.utils.data.DataLoader(test_dataset, batch_size=batch_size)

# Initialize model, loss function, and optimizer
model = RNNModel(input_size, hidden_size, output_size, num_layers)
criterion = nn.BCEWithLogitsLoss()
optimizer = optim.Adam(model.parameters(), lr=learning_rate)

# Training loop
train_losses = []
test_losses = []

for epoch in range(num_epochs):
    model.train()
    train_loss = 0.0
    for inputs, labels in train_loader:
        optimizer.zero_grad()
        outputs = model(inputs)
        loss = criterion(outputs, labels)
        loss.backward()
        optimizer.step()
        train_loss += loss.item()

    train_loss /= len(train_loader)
    train_losses.append(train_loss)

    # Evaluate on test set
    model.eval()
    test_loss = 0.0
    correct = 0
```

```
    total = 0
    with torch.no_grad():
        for inputs, labels in test_loader:
            outputs = model(inputs)
            loss = criterion(outputs, labels)
            test_loss += loss.item()
            predicted = torch.round(torch.sigmoid(outputs))
            total += labels.size(0)
            correct += (predicted == labels).sum().item()

    test_loss /= len(test_loader)
    test_losses.append(test_loss)
    accuracy = 100 * correct / total

    if (epoch + 1) % 10 == 0:
        print(f'Epoch [{epoch+1}/{num_epochs}], Train Loss: {train_loss:.4f}, Test 
Loss: {test_loss:.4f}, Test Accuracy: {accuracy:.2f}%')

# Plot training and test losses
plt.figure(figsize=(10, 5))
plt.plot(train_losses, label='Train Loss')
plt.plot(test_losses, label='Test Loss')
plt.xlabel('Epoch')
plt.ylabel('Loss')
plt.title('Training and Test Losses')
plt.legend()
plt.show()

# Make predictions on new data
new_data = torch.randn(1, sequence_length, input_size)
model.eval()
with torch.no_grad():
    prediction = torch.sigmoid(model(new_data))
    print(f'Prediction for new data: {prediction.item():.4f}')
```

Cet exemple de code fournit une implémentation complète d'un modèle basé sur un RNN dans PyTorch.

Analysons-le en détail :

1. Importations : Nous importons les bibliothèques nécessaires, notamment PyTorch, NumPy pour les opérations numériques et Matplotlib pour la visualisation.
2. Classe RNNModel : Nous définissons une classe de modèle basé sur RNN avec des paramètres personnalisables pour la taille d'entrée, la taille cachée, la taille de sortie et le nombre de couches.
3. Hyperparamètres : Nous définissons divers hyperparamètres tels que la taille d'entrée, la taille cachée, la taille de sortie, le nombre de couches, la taille du lot, la longueur de séquence, le nombre d'époques et le taux d'apprentissage.

4. Génération de données : Nous créons des données synthétiques pour entraîner et tester le modèle.
5. Division et chargement des données : Nous divisons les données en ensembles d'entraînement et de test, et créons des objets DataLoader de PyTorch pour un traitement efficace par lots.
6. Initialisation du modèle : Nous initialisons le modèle RNN, la fonction de perte (entropie croisée binaire) et l'optimiseur (Adam).
7. Boucle d'entraînement : Nous implémentons une boucle d'entraînement qui itère sur les époques, effectue les passes avant et arrière, et met à jour les paramètres du modèle.
8. Évaluation : Après chaque époque, nous évaluons le modèle sur l'ensemble de test et calculons la perte et la précision.
9. Visualisation : Nous traçons les pertes d'entraînement et de test au fil des époques à l'aide de Matplotlib.
10. Prédiction : Enfin, nous montrons comment utiliser le modèle entraîné pour faire des prédictions sur de nouvelles données.

Cet exemple de code présente l'ensemble du flux de travail pour créer, entraîner et utiliser un modèle RNN dans PyTorch, y compris la préparation des données, la définition du modèle, le processus d'entraînement, l'évaluation et la réalisation de prédictions.

Exemple : LSTM dans PyTorch

```
import torch
import torch.nn as nn
import torch.optim as optim
import numpy as np
import matplotlib.pyplot as plt

# Define an LSTM-based model
class LSTMModel(nn.Module):
    def __init__(self, input_size, hidden_size, output_size, num_layers=1):
        super(LSTMModel, self).__init__()
        self.hidden_size = hidden_size
        self.num_layers = num_layers
        self.lstm = nn.LSTM(input_size, hidden_size, num_layers, batch_first=True)
        self.fc = nn.Linear(hidden_size, output_size)

    def forward(self, x):
        # Initialize hidden state with zeros
        h0 = torch.zeros(self.num_layers, x.size(0), self.hidden_size).to(x.device)
        c0 = torch.zeros(self.num_layers, x.size(0), self.hidden_size).to(x.device)

        # LSTM forward pass
        out, _ = self.lstm(x, (h0, c0))
```

```
        out = self.fc(out[:, -1, :])  # Get the last output for classification
        return out

# Set random seed for reproducibility
torch.manual_seed(42)

# Hyperparameters
input_size = 8
hidden_size = 16
output_size = 1
num_layers = 2
batch_size = 32
sequence_length = 10
num_epochs = 100
learning_rate = 0.001

# Generate synthetic data
X = torch.randn(500, sequence_length, input_size)
y = torch.randint(0, 2, (500, 1)).float()

# Split data into train and test sets
train_size = int(0.8 * len(X))
X_train, X_test = X[:train_size], X[train_size:]
y_train, y_test = y[:train_size], y[train_size:]

# Create data loaders
train_dataset = torch.utils.data.TensorDataset(X_train, y_train)
test_dataset = torch.utils.data.TensorDataset(X_test, y_test)
train_loader   =   torch.utils.data.DataLoader(train_dataset,   batch_size=batch_size,
shuffle=True)
test_loader = torch.utils.data.DataLoader(test_dataset, batch_size=batch_size)

# Initialize model, loss function, and optimizer
model = LSTMModel(input_size, hidden_size, output_size, num_layers)
criterion = nn.BCEWithLogitsLoss()
optimizer = optim.Adam(model.parameters(), lr=learning_rate)

# Training loop
train_losses = []
test_losses = []

for epoch in range(num_epochs):
    model.train()
    train_loss = 0.0
    for inputs, labels in train_loader:
        optimizer.zero_grad()
        outputs = model(inputs)
        loss = criterion(outputs, labels)
        loss.backward()
        optimizer.step()
        train_loss += loss.item()
```

```
    train_loss /= len(train_loader)
    train_losses.append(train_loss)

    # Evaluate on test set
    model.eval()
    test_loss = 0.0
    correct = 0
    total = 0
    with torch.no_grad():
        for inputs, labels in test_loader:
            outputs = model(inputs)
            loss = criterion(outputs, labels)
            test_loss += loss.item()
            predicted = torch.round(torch.sigmoid(outputs))
            total += labels.size(0)
            correct += (predicted == labels).sum().item()

    test_loss /= len(test_loader)
    test_losses.append(test_loss)
    accuracy = 100 * correct / total

    if (epoch + 1) % 10 == 0:
        print(f'Epoch [{epoch+1}/{num_epochs}], Train Loss: {train_loss:.4f}, Test
Loss: {test_loss:.4f}, Test Accuracy: {accuracy:.2f}%')

# Plot training and test losses
plt.figure(figsize=(10, 5))
plt.plot(train_losses, label='Train Loss')
plt.plot(test_losses, label='Test Loss')
plt.xlabel('Epoch')
plt.ylabel('Loss')
plt.title('Training and Test Losses')
plt.legend()
plt.show()

# Make predictions on new data
new_data = torch.randn(1, sequence_length, input_size)
model.eval()
with torch.no_grad():
    prediction = torch.sigmoid(model(new_data))
    print(f'Prediction for new data: {prediction.item():.4f}')
```

Cet exemple de LSTM dans PyTorch démontre une implémentation complète de l'entraînement, de l'évaluation et de l'utilisation d'un modèle LSTM pour une tâche de classification binaire.

Analysons-le en détail :

1. Importations : Nous importons les bibliothèques nécessaires, notamment PyTorch, NumPy pour les opérations numériques et Matplotlib pour la visualisation.

2. Classe LSTMModel : Nous définissons une classe de modèle basé sur LSTM avec des paramètres personnalisables pour la taille d'entrée, la taille cachée, la taille de sortie et le nombre de couches. La méthode forward initialise les états cachés et cellulaires, effectue la passe avant du LSTM et applique une couche linéaire finale pour la classification.
3. Hyperparamètres : Nous définissons divers hyperparamètres tels que la taille d'entrée, la taille cachée, la taille de sortie, le nombre de couches, la taille du lot, la longueur de séquence, le nombre d'époques et le taux d'apprentissage.
4. Génération de données : Nous créons des données synthétiques (X et y) pour entraîner et tester le modèle. X représente les séquences d'entrée, et y représente les étiquettes binaires.
5. Division et chargement des données : Nous divisons les données en ensembles d'entraînement et de test, et créons des objets DataLoader de PyTorch pour un traitement efficace par lots durant l'entraînement et l'évaluation.
6. Initialisation du modèle : Nous initialisons le modèle LSTM, la fonction de perte (Entropie croisée binaire avec Logits) et l'optimiseur (Adam).
7. Boucle d'entraînement : Nous implémentons une boucle d'entraînement qui itère sur les époques, effectue les passes avant et arrière, et met à jour les paramètres du modèle. Nous suivons également la perte d'entraînement.
8. Évaluation : Après chaque époque, nous évaluons le modèle sur l'ensemble de test, calculant la perte et la précision. Nous suivons également la perte de test pour une visualisation ultérieure.
9. Visualisation : Nous traçons les pertes d'entraînement et de test au fil des époques à l'aide de Matplotlib, ce qui nous permet de visualiser la progression de l'apprentissage du modèle.
10. Prédiction : Enfin, nous montrons comment utiliser le modèle entraîné pour faire des prédictions sur de nouvelles données non vues.

Cet exemple de code présente l'ensemble du flux de travail pour créer, entraîner, évaluer et utiliser un modèle LSTM dans PyTorch. Il comprend la préparation des données, la définition du modèle, le processus d'entraînement, l'évaluation des performances, la visualisation des pertes et la réalisation de prédictions avec le modèle entraîné.

6.3 Applications des RNNs dans le Traitement du Langage Naturel

Les Réseaux de Neurones Récurrents (RNNs) ont révolutionné le domaine du Traitement du Langage Naturel (NLP) en répondant aux défis uniques posés par les données séquentielles.

Les tâches de NLP, telles que la traduction linguistique, la reconnaissance vocale et le résumé de texte, nécessitent le traitement de séquences de mots ou de caractères où l'ordre et le contexte de chaque élément sont cruciaux pour comprendre le sens. Les RNNs excellent dans ces tâches grâce à leur capacité à transmettre des informations d'une étape temporelle à la suivante, ce qui les rend particulièrement adaptés au traitement des données séquentielles.

La puissance des RNNs dans le NLP provient de leur **capacité à maintenir un état caché**, qui agit comme une mémoire dynamique. Cet état caché conserve le contexte des parties antérieures d'une séquence, permettant au réseau de générer des prédictions significatives basées non seulement sur l'entrée actuelle mais aussi sur les mots ou caractères précédents. Cette capacité est essentielle pour les tâches qui nécessitent la compréhension des dépendances à long terme et du contexte dans le langage.

De plus, les RNNs peuvent traiter des séquences de longueur variable, les rendant flexibles pour différentes tâches de NLP. Ils peuvent gérer des entrées de tailles diverses, des phrases courtes aux longs paragraphes ou même des documents entiers, sans nécessiter des entrées de taille fixe comme les réseaux de neurones traditionnels à propagation avant.

Explorons trois applications principales des RNNs dans le NLP, chacune mettant en évidence la capacité du réseau à traiter et à générer des données séquentielles :

1. **Modélisation du langage** : Cette tâche fondamentale du NLP consiste à prédire le mot suivant dans une séquence étant donné les mots précédents. Les RNNs excellent dans ce domaine en tirant parti de leur mémoire des mots précédents pour faire des prédictions éclairées sur ce qui vient ensuite. Cette capacité est cruciale pour des applications comme les systèmes de saisie prédictive, les correcteurs orthographiques et la traduction automatique.

2. **Génération de texte** : Les RNNs peuvent générer des séquences de texte cohérentes à partir d'un modèle entraîné. En apprenant les modèles et les structures à partir de grands corpus de texte, les RNNs peuvent produire du texte semblable à celui d'un humain, allant de l'écriture créative à la génération automatisée de rapports. Cette application a trouvé son utilité dans les chatbots, les outils de création de contenu, et même dans la génération de fragments de code pour des tâches de programmation.

3. **Analyse de sentiment** : Les RNNs peuvent classifier le sentiment (positif, négatif ou neutre) d'un texte donné. En traitant la séquence de mots et en comprenant leur contexte et leurs relations, les RNNs peuvent déterminer avec précision le sentiment global des phrases, paragraphes ou documents entiers. Cette application est largement utilisée dans la surveillance des médias sociaux, l'analyse des retours clients et les études de marché.

Ces applications démontrent la polyvalence des RNNs dans la gestion de diverses tâches de NLP. Leur capacité à traiter des données séquentielles, à maintenir le contexte et à générer des sorties significatives en fait une pierre angulaire des systèmes modernes de NLP, permettant des interactions homme-machine plus naturelles et efficaces par le langage.

6.3.1 Modélisation du langage avec les RNNs

La modélisation du langage est une tâche fondamentale du Traitement du Langage Naturel (NLP), servant de base à de nombreuses applications. À sa base, la modélisation du langage vise à prédire la distribution de probabilité du mot suivant dans une séquence, étant donné les mots précédents. Cette tâche est cruciale pour comprendre et générer du texte semblable à celui d'un humain, la rendant essentielle pour des applications allant des systèmes de texte prédictif à la traduction automatique.

Les Réseaux de Neurones Récurrents (RNNs) sont devenus un outil puissant pour la modélisation du langage grâce à leur capacité à traiter efficacement les données séquentielles. Contrairement aux réseaux de neurones traditionnels à propagation avant, les RNNs peuvent maintenir un état interne ou une "mémoire" qui leur permet de capturer les dépendances entre les mots à travers des distances variables dans une phrase. Cette capacité permet aux RNNs de modéliser à la fois les relations contextuelles à court et à long terme dans le texte.

La force des RNNs dans la modélisation du langage réside dans leur nature récursive. Lorsqu'ils traitent chaque mot dans une séquence, ils mettent à jour leur état interne en fonction à la fois de l'entrée actuelle et de l'état précédent. Cette mise à jour récursive permet aux RNNs de construire une représentation riche du contexte, incorporant des informations de tous les mots précédemment vus. Par conséquent, les RNNs peuvent capturer des nuances subtiles dans le langage, comme l'accord sujet-verbe à travers de longues distances ou la cohérence thématique tout au long d'un paragraphe.

De plus, la capacité des RNNs à gérer des séquences d'entrée de longueur variable les rend particulièrement bien adaptés aux tâches de modélisation du langage. Ils peuvent traiter des phrases de différentes longueurs sans nécessiter des entrées de taille fixe, ce qui est crucial étant donné la variabilité inhérente au langage naturel. Cette flexibilité permet aux RNNs d'être appliqués à un large éventail de tâches de modélisation du langage, de la prédiction du caractère suivant dans un mot à la génération de paragraphes entiers de texte cohérent.

Exemple : Modélisation du langage avec un RNN dans PyTorch

```
import torch
import torch.nn as nn
import torch.optim as optim
from torch.utils.data import Dataset, DataLoader
import numpy as np
import matplotlib.pyplot as plt

# Define the RNN-based language model
class RNNLanguageModel(nn.Module):
    def __init__(self, vocab_size, embed_size, hidden_size, num_layers, dropout=0.5):
        super(RNNLanguageModel, self).__init__()
        self.embedding = nn.Embedding(vocab_size, embed_size)
        self.rnn = nn.RNN(embed_size, hidden_size, num_layers, batch_first=True,
dropout=dropout)
        self.fc = nn.Linear(hidden_size, vocab_size)
```

```
        self.dropout = nn.Dropout(dropout)

    def forward(self, x, hidden):
        # Embedding layer
        x = self.embedding(x)
        # Apply dropout to the embedded input
        x = self.dropout(x)
        # RNN layer
        out, hidden = self.rnn(x, hidden)
        # Apply dropout to the RNN output
        out = self.dropout(out)
        # Fully connected layer to get predictions for next word
        out = self.fc(out)
        return out, hidden

    def init_hidden(self, batch_size):
        weight = next(self.parameters()).data
        return              weight.new(self.rnn.num_layers,                     batch_size,
self.rnn.hidden_size).zero_()

# Custom dataset for language modeling
class LanguageModelDataset(Dataset):
    def __init__(self, text, seq_length):
        self.text = text
        self.seq_length = seq_length
        self.total_seq = len(self.text) // self.seq_length

    def __len__(self):
        return self.total_seq

    def __getitem__(self, idx):
        start_idx = idx * self.seq_length
        end_idx = start_idx + self.seq_length
        sequence = self.text[start_idx:end_idx]
        target = self.text[start_idx+1:end_idx+1]
        return torch.LongTensor(sequence), torch.LongTensor(target)

# Function to generate text
def       generate_text(model,       start_seq,       vocab_size,       temperature=1.0,
generated_seq_len=50):
    model.eval()
    current_seq = start_seq
    generated_text = list(current_seq)
    hidden = model.init_hidden(1)

    with torch.no_grad():
        for _ in range(generated_seq_len):
            input_seq = torch.LongTensor(current_seq).unsqueeze(0)
            output, hidden = model(input_seq, hidden)

            # Apply temperature
            output = output[:, -1, :] / temperature
```

```
            # Convert to probabilities
            probs = torch.softmax(output, dim=-1)
            # Sample from the distribution
            next_word = torch.multinomial(probs, 1).item()

            generated_text.append(next_word)
            current_seq = current_seq[1:] + [next_word]

    return generated_text

# Hyperparameters
vocab_size = 5000
embed_size = 128
hidden_size = 256
num_layers = 2
dropout = 0.5
batch_size = 32
seq_length = 20
num_epochs = 10
learning_rate = 0.001

# Generate synthetic data
text_length = 100000
synthetic_text = np.random.randint(0, vocab_size, text_length)

# Create dataset and dataloader
dataset = LanguageModelDataset(synthetic_text, seq_length)
dataloader = DataLoader(dataset, batch_size=batch_size, shuffle=True)

# Initialize the language model
model = RNNLanguageModel(vocab_size, embed_size, hidden_size, num_layers, dropout)

# Loss function and optimizer
criterion = nn.CrossEntropyLoss()
optimizer = optim.Adam(model.parameters(), lr=learning_rate)

# Training loop
losses = []
for epoch in range(num_epochs):
    model.train()
    total_loss = 0
    hidden = model.init_hidden(batch_size)

    for batch, (inputs, targets) in enumerate(dataloader):
        hidden = tuple([h.data for h in hidden])
        model.zero_grad()
        output, hidden = model(inputs, hidden)
        loss = criterion(output.transpose(1, 2), targets)
        loss.backward()
        optimizer.step()

        total_loss += loss.item()
```

```
        if batch % 100 == 0:
            print(f'Epoch [{epoch+1}/{num_epochs}], Batch
[{batch+1}/{len(dataloader)}], Loss: {loss.item():.4f}')

    avg_loss = total_loss / len(dataloader)
    losses.append(avg_loss)
    print(f'Epoch [{epoch+1}/{num_epochs}], Average Loss: {avg_loss:.4f}')

# Plot the training loss
plt.figure(figsize=(10, 5))
plt.plot(range(1, num_epochs+1), losses)
plt.xlabel('Epoch')
plt.ylabel('Average Loss')
plt.title('Training Loss over Epochs')
plt.show()

# Generate some text
start_sequence = list(np.random.randint(0, vocab_size, seq_length))
generated_sequence = generate_text(model, start_sequence, vocab_size)
print("Generated sequence:", generated_sequence)

# Example input for a forward pass
input_seq = torch.randint(0, vocab_size, (batch_size, seq_length))
hidden = model.init_hidden(batch_size)
output, hidden = model(input_seq, hidden)
print("Output shape:", output.shape)
print("Hidden state shape:", hidden.shape)
```

Cet exemple de code fournit une implémentation complète d'un modèle de langage basé sur les RNN utilisant PyTorch.

Analysons les composants clés et les ajouts :

1. Classe RNNLanguageModel :
    - Ajout de couches de dropout pour la régularisation.
    - Implémentation d'une méthode init_hidden pour initialiser l'état caché.
2. Classe LanguageModelDataset :
    - Classe de dataset personnalisée pour les tâches de modélisation du langage.
    - Divise le texte d'entrée en séquences et cibles correspondantes.
3. Fonction generate_text :
    - Implémente la génération de texte à l'aide du modèle entraîné.
    - Utilise le scaling de température pour contrôler l'aléatoire du texte généré.

4. Hyperparamètres :
    - Définition d'un ensemble plus complet d'hyperparamètres.
5. Génération de données :
    - Création de données synthétiques pour l'entraînement du modèle.
6. Boucle d'entraînement :
    - Implémentation d'une boucle d'entraînement complète avec traitement par lots.
    - Suit et affiche la perte pour chaque époque.
7. Visualisation de la perte :
    - Ajout de code matplotlib pour visualiser la perte d'entraînement au fil des époques.
8. Génération de texte :
    - Démontre comment utiliser le modèle entraîné pour générer du nouveau texte.
9. Exemple d'utilisation :
    - Montre comment effectuer une passe avant avec le modèle entraîné.

Cet exemple couvre l'ensemble du processus de définition, d'entraînement et d'utilisation d'un modèle de langage basé sur les RNN. Il comprend la préparation des données, la définition du modèle, le processus d'entraînement, la visualisation des pertes et la génération de texte, fournissant un flux de travail complet pour les tâches de modélisation du langage.

6.3.2 Génération de texte avec les RNNs

Une autre application populaire des RNNs est la **génération de texte**, où le modèle est entraîné à prédire le caractère ou le mot suivant dans une séquence, et ces prédictions sont utilisées pour générer du texte cohérent. Ce processus implique l'entraînement du RNN sur de grands corpus de texte, lui permettant d'apprendre les motifs, les styles et les structures inhérents au langage.

Le processus de génération de texte fonctionne généralement comme suit :

- Le RNN reçoit un texte d'amorce ou une séquence de départ.
- Il prédit ensuite le caractère ou mot suivant le plus probable en fonction de son entraînement.
- Cet élément prédit est ajouté à la séquence, et le processus se répète.

Les modèles de génération de texte basés sur les RNN ont montré des capacités remarquables à produire du texte semblable à celui d'un humain dans divers domaines. Ils peuvent générer tout, des écrits créatifs et de la poésie à la documentation technique et aux articles de presse. La qualité du texte généré dépend souvent de facteurs tels que la taille et la qualité des données d'entraînement, la complexité du modèle et la stratégie de génération spécifique utilisée (par exemple, l'échantillonnage de température pour contrôler l'aléatoire).

L'un des principaux avantages de l'utilisation des RNNs pour la génération de texte est leur capacité à maintenir le contexte sur de longues séquences. Cela leur permet de produire des paragraphes cohérents ou même des documents entiers qui maintiennent un thème ou un style cohérent tout au long. Cependant, les RNNs traditionnels peuvent avoir des difficultés avec les dépendances à très long terme, c'est pourquoi des variantes comme les LSTM (Long Short-Term Memory) ou les GRU (Gated Recurrent Units) sont souvent préférées pour les tâches de génération de texte plus complexes.

Il convient de noter que, bien que les modèles de génération de texte basés sur les RNN puissent produire des résultats impressionnants, ils soulèvent également d'importantes considérations éthiques. Celles-ci incluent des préoccupations concernant le potentiel de génération d'informations trompeuses ou fausses, la nécessité d'une attribution appropriée du contenu généré par l'IA, et l'impact sur la créativité humaine et la paternité des œuvres.

Exemple : Génération de texte au niveau des caractères avec LSTM dans TensorFlow

```
import tensorflow as tf
import numpy as np

# Define a simple LSTM-based character-level text generation model
class LSTMTextGenerator(tf.keras.Model):
    def __init__(self, vocab_size, embed_size, lstm_units):
        super(LSTMTextGenerator, self).__init__()
        self.embedding = tf.keras.layers.Embedding(vocab_size, embed_size)
        self.lstm   =   tf.keras.layers.LSTM(lstm_units,   return_sequences=True,
return_state=True)
        self.fc = tf.keras.layers.Dense(vocab_size)

    def call(self, inputs, states):
        x = self.embedding(inputs)
        output, state_h, state_c = self.lstm(x, initial_state=states)
        logits = self.fc(output)
        return logits, [state_h, state_c]

    def generate_text(self, start_string, num_generate, temperature=1.0):
        # Vectorize the start string
        input_eval = [char2idx[s] for s in start_string]
        input_eval = tf.expand_dims(input_eval, 0)

        # Empty string to store our results
        text_generated = []
```

```
        # Reset the states for each generation
        states = None

        for _ in range(num_generate):
            # Generate logits and updated states
            logits, states = self(input_eval, states)

            # Remove the batch dimension
            logits = tf.squeeze(logits, 0)

            # Using a categorical distribution to predict the character returned by
the model
            logits = logits / temperature
            predicted_id = tf.random.categorical(logits, num_samples=1)[-1,0].numpy()

            # Append the predicted character to the generated text
            text_generated.append(idx2char[predicted_id])

            # Update the input for the next prediction
            input_eval = tf.expand_dims([predicted_id], 0)

        return (start_string + ''.join(text_generated))

# Example usage
vocab_size = 100  # Assuming a character-level vocabulary of size 100
embed_size = 64
lstm_units = 128

# Instantiate the model
model = LSTMTextGenerator(vocab_size, embed_size, lstm_units)

# Example input (batch_size=32, sequence_length=50)
input_seq = tf.random.uniform((32, 50), minval=0, maxval=vocab_size, dtype=tf.int32)

# Initial states for LSTM (hidden state and cell state)
initial_state = [tf.zeros((32, lstm_units)), tf.zeros((32, lstm_units))]

# Forward pass
output, states = model(input_seq, initial_state)
print("Output shape:", output.shape)

# Example text generation
# Assuming we have a character-to-index and index-to-character mapping
char2idx = {char: i for i, char in enumerate('abcdefghijklmnopqrstuvwxyz ')}
idx2char = {i: char for char, i in char2idx.items()}

# Generate text
generated_text = model.generate_text("hello", num_generate=50, temperature=0.7)
print("Generated text:", generated_text)

# Training loop (simplified)
def train_step(input_seq, target_seq):
```

```
    with tf.GradientTape() as tape:
        logits, _ = model(input_seq, None)
        loss = tf.keras.losses.sparse_categorical_crossentropy(target_seq, logits,
from_logits=True)

    gradients = tape.gradient(loss, model.trainable_variables)
    optimizer.apply_gradients(zip(gradients, model.trainable_variables))
    return loss

# Assuming we have a dataset
epochs = 10
optimizer = tf.keras.optimizers.Adam()

for epoch in range(epochs):
    total_loss = 0
    for input_seq, target_seq in dataset:  # dataset would be your actual training
data
        loss = train_step(input_seq, target_seq)
        total_loss += loss

    print(f'Epoch {epoch+1}, Loss: {total_loss/len(dataset):.4f}')

# After training, generate some text
final_generated_text = model.generate_text("hello world", num_generate=100,
temperature=0.7)
print("Final generated text:", final_generated_text)
```

Cet exemple fournit une implémentation complète d'un générateur de texte basé sur LSTM utilisant TensorFlow.

Décomposons-le :

Définition du modèle (classe LSTMTextGenerator) :

- Le modèle se compose d'une couche d'Embedding, d'une couche LSTM et d'une couche Dense (entièrement connectée).
- La méthode call définit la passe avant du modèle.
- Une méthode generate_text est ajoutée pour la génération de texte à l'aide du modèle entraîné.

Génération de texte (méthode generate_text) :

- Cette méthode prend une chaîne de départ, le nombre de caractères à générer et un paramètre de température.
- Elle utilise le modèle pour prédire le caractère suivant de manière répétée, construisant ainsi le texte généré.
- Le paramètre de température contrôle l'aléatoire du texte généré.

Instanciation du modèle et passe avant :

- Le modèle est créé avec une taille de vocabulaire, une taille d'embedding et des unités LSTM spécifiées.
- Une passe avant d'exemple est effectuée avec une entrée aléatoire pour démontrer la forme de sortie.

Exemple de génération de texte :

- Un mappage simple caractère-à-indice et indice-à-caractère est créé.
- La méthode generate_text est appelée pour générer un exemple de texte.

Boucle d'entraînement :

- Une fonction train_step est définie pour effectuer une étape d'entraînement.
- Elle utilise gradient tape pour la différenciation automatique et applique les gradients pour mettre à jour le modèle.
- Une boucle d'entraînement simplifiée est incluse, supposant l'existence d'un jeu de données.

Génération de texte finale :

- Après l'entraînement, le modèle génère un texte plus long pour démontrer ses capacités.

Cet exemple de code démontre non seulement l'architecture du modèle, mais aussi comment entraîner le modèle et l'utiliser pour la génération de texte. Il fournit une image plus complète du travail avec des générateurs de texte basés sur LSTM dans TensorFlow.

6.3.3 Analyse de sentiment avec les RNNs

L'analyse de sentiment est une tâche cruciale en traitement du langage naturel qui consiste à déterminer la tonalité émotionnelle ou l'attitude exprimée dans un texte. Cela peut aller de la classification d'un texte comme positif, négatif ou neutre, à des évaluations plus nuancées d'émotions comme la joie, la colère ou la tristesse. Les RNNs se sont révélés particulièrement efficaces pour l'analyse de sentiment en raison de leur capacité à traiter des données séquentielles et à capturer des informations contextuelles.

La puissance des RNNs dans l'analyse de sentiment réside dans leur capacité à comprendre les nuances du langage. Ils peuvent saisir comment les mots interagissent au sein d'une phrase, comment l'ordre des mots affecte le sens, et comment les parties antérieures d'un texte influencent l'interprétation des parties ultérieures. Cette compréhension contextuelle est cruciale car le sentiment dépend souvent de plus que la simple présence de mots positifs ou négatifs.

Par exemple, considérez la phrase "Le film n'était pas mauvais du tout." Une approche simple par sac de mots pourrait classer cela comme négatif en raison de la présence du mot "mauvais". Cependant, un RNN peut comprendre que la combinaison de "n'était pas" et "du tout" inverse en fait le sens, résultant en un sentiment positif. Cette capacité à capturer de telles nuances linguistiques subtiles fait des RNNs un outil puissant pour une analyse de sentiment précise dans divers domaines, des avis sur les produits et des publications sur les réseaux sociaux aux actualités financières et aux retours clients.

Exemple : Analyse de sentiment avec GRU dans Keras

```
import numpy as np
from tensorflow.keras.models import Sequential
from tensorflow.keras.layers import GRU, Dense, Embedding
from tensorflow.keras.preprocessing.sequence import pad_sequences
from tensorflow.keras.preprocessing.text import Tokenizer
from tensorflow.keras.callbacks import EarlyStopping
from sklearn.model_selection import train_test_split
from sklearn.metrics import mean_absolute_error

# Example dataset: list of sentences with sentiment labels
sentences = [
    "I love this movie!",
    "This movie was terrible...",
    "I really enjoyed the performance.",
    "The acting was mediocre at best.",
    "A masterpiece of modern cinema!",
    "I wouldn't recommend this film to anyone.",
    "An average movie, nothing special.",
    "The plot was confusing and hard to follow.",
    "A delightful experience from start to finish!",
    "The special effects were impressive, but the story was lacking."
]
labels = [1, 0, 1, 0, 1, 0, 0.5, 0, 1, 0.5]  # 1: positive, 0: negative, 0.5: neutral

# Tokenize and pad the sequences
max_words = 10000
max_len = 20

tokenizer = Tokenizer(num_words=max_words)
tokenizer.fit_on_texts(sentences)
sequences = tokenizer.texts_to_sequences(sentences)
padded_sequences = pad_sequences(sequences, maxlen=max_len)

# Convert labels to NumPy array
labels = np.array(labels, dtype=np.float32)

# Split the data into training and testing sets
X_train, X_test, y_train, y_test = train_test_split(padded_sequences, labels,
test_size=0.2, random_state=42)

# Define a GRU-based sentiment analysis model
```

```
model = Sequential([
    Embedding(input_dim=max_words, output_dim=64, input_length=max_len),
    GRU(units=64, return_sequences=True),
    GRU(units=32),
    Dense(16, activation='relu'),
    Dense(1, activation='sigmoid')  # Output is a continuous value between 0 and 1
])

# Compile the model with MSE loss
model.compile(optimizer='adam', loss='mean_squared_error', metrics=['mae'])

# Define early stopping
early_stopping          =          EarlyStopping(monitor='val_loss',          patience=3,
restore_best_weights=True)

# Train the model
history = model.fit(
    X_train, y_train,
    epochs=50,
    batch_size=2,
    validation_split=0.2,
    callbacks=[early_stopping],
    verbose=1
)

# Evaluate the model
loss, mae = model.evaluate(X_test, y_test, verbose=0)
print(f"Test MAE: {mae:.4f}")

# Make predictions
y_pred = model.predict(X_test).flatten()

# Compute mean absolute error for evaluation
mae_score = mean_absolute_error(y_test, y_pred)
print(f"Mean Absolute Error: {mae_score:.4f}")

# Function to predict sentiment for new sentences
def predict_sentiment(sentences):
    sequences = tokenizer.texts_to_sequences(sentences)
    padded = pad_sequences(sequences, maxlen=max_len)
    predictions = model.predict(padded).flatten()
    return predictions

# Example usage
new_sentences = [
    "This movie exceeded all my expectations!",
    "I fell asleep halfway through the film.",
    "It was okay, but nothing to write home about."
]
sentiments = predict_sentiment(new_sentences)
for sentence, sentiment in zip(new_sentences, sentiments):
    print(f"Sentence: {sentence}")
```

```
    print(f"Sentiment Score: {sentiment:.4f}")
    print()
```

Cet exemple de code fournit une implémentation complète de l'analyse de sentiment utilisant un modèle basé sur GRU dans Keras.

1. Préparation des données

Le jeu de données inclut maintenant des phrases avec des étiquettes de sentiment plus nuancées :

- **1.0** pour un sentiment positif
- **0.0** pour un sentiment négatif
- **0.5** pour un sentiment neutre

Les étiquettes sont traitées comme des valeurs continues plutôt que catégorielles, permettant au modèle de prédire des scores de sentiment plutôt que des classifications binaires.

La fonction pad_sequences garantit que toutes les séquences d'entrée ont la même longueur, les rendant compatibles avec le modèle GRU.

2. Architecture du modèle

Le modèle se compose de deux **couches GRU**, lui permettant de capturer les dépendances séquentielles plus efficacement.

Une **couche Dense** supplémentaire (entièrement connectée) avec activation ReLU aide le modèle à apprendre des motifs plus complexes avant de produire la sortie finale.

La **couche de sortie Dense** finale utilise la fonction d'activation **sigmoid**, qui garantit que le score de sentiment prédit reste entre 0 et 1.

3. Processus d'entraînement

Le jeu de données est divisé en ensembles **d'entraînement** et de **test** en utilisant train_test_split.

Comme le sentiment est traité comme une valeur continue, **l'erreur quadratique moyenne (MSE)** est utilisée comme fonction de perte au lieu de l'entropie croisée binaire.

L'**arrêt précoce** est implémenté pour **prévenir le surapprentissage**, assurant que l'entraînement s'arrête lorsque la perte de validation cesse de s'améliorer.

Le modèle est entraîné pendant jusqu'à **50 époques**, mais peut s'arrêter plus tôt selon la condition d'arrêt précoce.

4. Évaluation

Au lieu d'utiliser la précision de classification traditionnelle, le modèle est évalué en utilisant **l'erreur absolue moyenne (MAE)**, qui mesure la proximité des prédictions par rapport aux scores de sentiment réels.

Plus la MAE est faible, meilleure est la performance du modèle dans la prédiction des sentiments nuancés.

5. Fonction de prédiction

La fonction predict_sentiment permet une prédiction facile du sentiment sur de nouvelles phrases non vues.

Elle **tokenise et complète** automatiquement le texte d'entrée avant de l'introduire dans le modèle entraîné.

Les prédictions renvoient des **scores de sentiment continus** plutôt que des classifications binaires.

6. Exemple d'utilisation

Le code se conclut par un exemple démontrant comment utiliser le modèle entraîné pour analyser les sentiments de nouvelles phrases.

La sortie fournit un score de sentiment **entre 0 et 1**, où les valeurs proches de **1** indiquent un sentiment positif et les valeurs proches de **0** indiquent un sentiment négatif.

Cette approche permet une **analyse de sentiment fine**, la rendant utile pour des applications réelles comme **l'analyse des retours clients, les critiques de films et la surveillance des sentiments sur les réseaux sociaux**.

Cet exemple complet démontre l'ensemble du flux de travail pour construire, entraîner, évaluer et utiliser un modèle d'analyse de sentiment basé sur GRU, offrant un scénario plus réaliste pour des applications pratiques.

6.4 Réseaux de Transformers pour la modélisation de séquences

Les RNN traditionnels et leurs variantes comme les LSTM et les GRU traitent les séquences une étape à la fois. Cette nature séquentielle les rend difficiles à paralléliser, et ils peinent avec les dépendances très longues en raison des gradients qui s'évanouissent. Les **Transformers**, introduits dans l'article révolutionnaire *Attention Is All You Need* (Vaswani et al., 2017), ont révolutionné la modélisation de séquences en résolvant ces limitations.

Les Transformers emploient un **mécanisme d'attention** innovant qui traite la séquence entière simultanément. Cette approche permet au modèle de capturer les relations entre tous les éléments de la séquence, quelle que soit leur position. Le mécanisme d'attention calcule des scores de pertinence entre chaque paire d'éléments, permettant au modèle de se concentrer sur les parties les plus importantes de l'entrée pour une tâche donnée.

La pierre angulaire de l'architecture transformer est le mécanisme d'**auto-attention**. Cette technique puissante permet au modèle de pondérer l'importance des différents mots ou éléments d'une séquence les uns par rapport aux autres. Ce faisant, les transformers peuvent capturer les dépendances complexes et les informations contextuelles plus efficacement que leurs prédécesseurs.

Cela les rend particulièrement aptes à gérer de longues séquences et à préserver les dépendances à longue portée, ce qui est crucial pour des tâches comme la traduction automatique, le résumé de texte et la compréhension du langage.

De plus, la nature parallèle du calcul d'auto-attention dans les transformers permet des accélérations significatives dans les temps d'entraînement et d'inférence. Cette efficacité, combinée à leurs performances supérieures sur diverses tâches de traitement du langage naturel, a conduit les transformers à devenir la base des modèles de langage état de l'art comme BERT, GPT et leurs variantes.

6.4.1 L'architecture Transformer

L'architecture transformer est une conception révolutionnaire dans le domaine du traitement du langage naturel, composée de deux composants principaux : un **encodeur** et un **décodeur**. Ces deux composants sont construits à l'aide de couches complexes de mécanismes d'auto-attention et de réseaux feed-forward, travaillant en tandem pour traiter et générer des séquences de texte.

La fonction principale de l'encodeur est de traiter la séquence d'entrée, la transformant en une représentation riche et consciente du contexte. Cette représentation capture non seulement le sens des mots individuels, mais aussi leurs relations et leurs rôles dans le contexte plus large de la phrase ou du paragraphe. D'autre part, le décodeur prend cette représentation encodée et génère la séquence de sortie, qu'il s'agisse d'une traduction, d'un résumé ou d'une continuation du texte d'entrée.

1. Mécanisme d'auto-attention : Le cœur de la puissance du Transformer

Au cœur des capacités révolutionnaires du transformer se trouve le mécanisme d'auto-attention. Cette approche novatrice permet à chaque élément de la séquence d'entrée d'interagir directement avec tous les autres éléments, quelle que soit leur distance positionnelle. Cette interaction directe permet au modèle de capturer et d'apprendre des dépendances complexes à longue portée dans le texte, un exploit qui a longtemps défié les modèles séquentiels traditionnels comme les RNN.

Le mécanisme d'auto-attention fonctionne en calculant des scores d'attention entre toutes les paires d'éléments de la séquence. Ces scores déterminent combien chaque élément doit "prêter attention" à chaque autre élément lors de la construction de sa représentation contextuelle. Ce processus peut être visualisé comme la création d'un graphe entièrement connecté où chaque nœud (mot) a des connexions pondérées avec tous les autres nœuds, les poids représentant la pertinence ou l'importance de ces connexions.

Par exemple, considérez la phrase : "Le chat, qui était orange et duveteux, s'est assis sur le tapis." Dans ce cas, le mécanisme d'auto-attention permet au modèle de facilement connecter "chat" avec "s'est assis", malgré la clause descriptive intermédiaire. Cette capacité à franchir de longues distances dans l'entrée est cruciale pour de nombreuses tâches de NLP :

- Résolution de coréférence : Identifier que "il" dans une phrase ultérieure fait référence au "chat"
- Analyse de sentiment : Comprendre que "pas mal du tout" est en réalité un sentiment positif, même si "mal" apparaît dans l'expression
- Raisonnement complexe : Connecter des éléments d'information pertinents répartis dans un long document pour répondre à des questions ou faire des inférences

De plus, la flexibilité du mécanisme d'auto-attention lui permet de capturer divers types de phénomènes linguistiques :

- Dépendances syntaxiques : Comprendre les structures grammaticales à travers de longues phrases
- Relations sémantiques : Connecter des mots ayant des significations similaires ou des concepts liés
- Désambiguïsation contextuelle : Différencier entre plusieurs significations d'un mot en fonction de son contexte

Ce puissant mécanisme, combiné à d'autres composants de l'architecture transformer, a conduit à des avancées significatives dans les tâches de compréhension et de génération de langage naturel, repoussant les limites de ce qui est possible en intelligence artificielle et en traitement du langage naturel.

2. Encodage positionnel : Préserver l'ordre des séquences

Un défi crucial dans la conception de l'architecture transformer était de maintenir la nature séquentielle du langage sans s'appuyer sur des connexions récurrentes. Contrairement aux RNN, qui traitent intrinsèquement les entrées de manière séquentielle, les transformers opèrent sur tous les éléments d'une séquence simultanément. Ce traitement parallèle, bien qu'efficace, risquait de perdre des informations cruciales sur l'ordre des mots dans une phrase.

La solution ingénieuse est venue sous forme d'encodages positionnels. Ce sont des constructions mathématiques sophistiquées ajoutées aux embeddings d'entrée, fournissant au modèle des informations explicites sur la position relative ou absolue de chaque mot dans la séquence. En incorporant directement les informations de position dans la représentation d'entrée, les transformers peuvent maintenir la conscience de l'ordre des mots sans sacrifier leurs capacités de traitement parallèle.

Les encodages positionnels dans les transformers utilisent typiquement des fonctions sinusoïdales de différentes fréquences. Ce choix n'est pas arbitraire ; il offre plusieurs avantages :

- Interpolation douce : Les fonctions sinusoïdales fournissent une représentation douce et continue de la position, permettant au modèle d'interpoler facilement entre les positions apprises.
- Nature périodique : La nature périodique des fonctions sinus et cosinus permet au modèle de généraliser à des longueurs de séquence au-delà de celles vues pendant l'entraînement.
- Encodages uniques : Chaque position dans une séquence obtient un encodage unique, garantissant que le modèle peut distinguer précisément entre différentes positions.
- Propriété de décalage fixe : L'encodage pour une position décalée d'un offset fixe peut être représenté comme une fonction linéaire de l'encodage original, ce qui aide le modèle à apprendre efficacement les positions relatives.

Cette approche intelligente pour encoder les informations de position a des implications de grande portée. Elle permet aux transformers de gérer facilement des séquences de longueur variable, s'adaptant à des entrées de différentes longueurs sans nécessiter de réentraînement. De plus, elle permet au modèle de capturer efficacement les dépendances à la fois locales et à longue portée, un facteur crucial pour comprendre les structures linguistiques complexes et les relations dans le texte.

La flexibilité et l'efficacité des encodages positionnels contribuent significativement à la capacité du transformer à exceller dans une large gamme de tâches de traitement du langage naturel, de la traduction automatique et du résumé de texte à la réponse aux questions et à l'analyse de sentiment. À mesure que la recherche dans ce domaine se poursuit, nous pourrions voir des approches encore plus sophistiquées pour encoder les informations positionnelles, améliorant davantage les capacités des modèles basés sur les transformers.

3. Attention à têtes multiples : Un mécanisme puissant pour une compréhension globale

Le mécanisme d'attention à têtes multiples est une extension sophistiquée du concept d'attention de base, représentant une avancée significative dans l'architecture du transformer. Cette approche innovante permet au modèle de se concentrer simultanément sur plusieurs aspects de l'entrée, aboutissant à une compréhension plus nuancée et complète du texte.

À sa base, l'attention à têtes multiples fonctionne en calculant plusieurs opérations d'attention en parallèle, chacune avec son propre ensemble de paramètres appris. Ce traitement parallèle permet au modèle de capturer une gamme diverse de relations entre les mots, englobant différentes dimensions linguistiques :

- Relations syntaxiques : Une tête d'attention pourrait se concentrer sur les structures grammaticales, identifiant les accords sujet-verbe ou les dépendances entre propositions.
- Similarités sémantiques : Une autre tête pourrait se concentrer sur les connexions basées sur le sens, reliant des mots ayant des connotations similaires ou des concepts apparentés.
- Nuances contextuelles : Une troisième tête pourrait se spécialiser dans la capture de l'usage contextuel des mots, aidant à désambiguïser les termes polysémiques.
- Dépendances à longue portée : Une autre tête encore pourrait être dédiée à l'identification des relations entre des parties distantes du texte, cruciales pour comprendre des récits ou des arguments complexes.

Cette approche multidimensionnelle de l'attention fournit aux transformers une représentation riche et multidimensionnelle du texte d'entrée. En considérant simultanément ces divers aspects, le modèle peut construire une compréhension plus holistique du contenu, conduisant à des performances supérieures dans un large éventail de tâches de NLP.

La puissance de l'attention à têtes multiples devient particulièrement évidente dans des scénarios linguistiques complexes. Par exemple, dans l'analyse de sentiment, elle permet au modèle de considérer simultanément le sens littéral des mots, leur usage contextuel, et leur rôle grammatical dans la phrase. Dans la traduction automatique, elle permet au modèle de capturer à la fois la structure syntaxique de la langue source et les nuances sémantiques de la langue cible, résultant en des traductions plus précises et contextuellement appropriées.

De plus, la flexibilité de l'attention à têtes multiples contribue significativement à l'adaptabilité du transformer à travers différentes langues et domaines. Cette versatilité a été un facteur clé dans l'adoption généralisée des modèles basés sur les transformers dans diverses applications de NLP, des systèmes de questions-réponses aux outils de résumé de texte.

4. Réseau Feed-Forward : Amélioration de l'extraction de caractéristiques locales

Le réseau feed-forward (FFN) est un composant critique de l'architecture transformer, suivant les couches d'attention dans chaque bloc transformer. Ce réseau sert d'extracteur puissant de caractéristiques locales, complétant les informations contextuelles globales capturées par le mécanisme d'auto-attention.

Structure et fonction :

- Consiste typiquement en deux transformations linéaires avec une activation ReLU entre les deux
- Traite la sortie de la couche d'attention
- Applique des transformations non linéaires pour capturer des modèles et relations complexes

Contributions clés au Transformer :

- Améliore la capacité du modèle à représenter des fonctions complexes
- Introduit de la non-linéarité, permettant des mappages plus sophistiqués
- Augmente la capacité du modèle à apprendre des caractéristiques complexes

Synergie avec l'auto-attention :

- Alors que l'auto-attention capture les dépendances globales, le FFN se concentre sur le traitement des caractéristiques locales
- Cette combinaison permet au transformer d'équilibrer efficacement les informations globales et locales

Considérations computationnelles :

- Le FFN est appliqué indépendamment à chaque position dans la séquence
- Cette nature position par position permet un calcul parallèle efficace

En incorporant le réseau feed-forward, les transformers acquièrent la capacité de traiter l'information à plusieurs échelles, du contexte large fourni par l'auto-attention aux caractéristiques fines extraites par le FFN. Ce traitement multi-échelle est un facteur clé dans le succès du transformer à travers un large éventail de tâches de traitement du langage naturel.

La combinaison de ces composants - auto-attention, encodage positionnel, attention à têtes multiples et réseaux feed-forward - crée une architecture hautement flexible et puissante. Les transformers n'ont pas seulement révolutionné le traitement du langage naturel, mais ont également trouvé des applications dans d'autres domaines tels que la vision par ordinateur, la reconnaissance vocale, et même la prédiction du repliement des protéines, démontrant leur versatilité et leur efficacité à travers un large éventail de tâches de modélisation de séquences.

6.4.2 Implémentation du Transformer dans TensorFlow

Plongeons dans l'implémentation d'un bloc transformer de base en utilisant **TensorFlow**. Notre objectif principal sera de construire le mécanisme d'auto-attention, qui forme le cœur de l'architecture transformer. Ce composant puissant permet au modèle de pondérer l'importance des différentes parties de la séquence d'entrée lors du traitement de chaque élément.

Le mécanisme d'auto-attention dans les transformers fonctionne en calculant trois matrices à partir de l'entrée : requêtes (Q), clés (K) et valeurs (V). Ces matrices sont ensuite utilisées pour calculer des scores d'attention, déterminant quelle importance accorder aux autres parties de la séquence lors de l'encodage d'un élément spécifique. Ce processus permet au modèle de capturer des relations et dépendances complexes au sein des données d'entrée.

Dans notre implémentation TensorFlow, nous commencerons par définir une fonction pour l'attention à produit scalaire normalisé. Cette fonction calculera les poids d'attention en prenant le produit scalaire des requêtes et des clés, en normalisant le résultat, et en appliquant une fonction softmax. Ces poids sont ensuite utilisés pour calculer une somme pondérée des valeurs, produisant la sortie finale du mécanisme d'attention.

Ensuite, nous construirons un bloc transformer complet. Ce bloc incorporera non seulement le mécanisme d'auto-attention mais aussi des composants supplémentaires tels que des réseaux de neurones feed-forward et la normalisation de couche. Ces éléments travaillent de concert pour traiter et transformer les données d'entrée, permettant au modèle d'apprendre des motifs et des relations complexes au sein des séquences.

Exemple : Mécanisme d'auto-attention dans TensorFlow

```
import tensorflow as tf

# Define the scaled dot-product attention
def scaled_dot_product_attention(query, key, value, mask=None):
    """Calculate the attention weights.
    q, k, v must have matching leading dimensions.
    k, v must have matching penultimate dimension, i.e.: seq_len_k = seq_len_v.
    The mask has different shapes depending on its type(padding or look ahead)
    but it must be broadcastable for addition.

    Args:
      query: query shape == (..., seq_len_q, depth)
      key: key shape == (..., seq_len_k, depth)
      value: value shape == (..., seq_len_v, depth_v)
      mask: Float tensor with shape broadcastable
            to (..., seq_len_q, seq_len_k). Defaults to None.

    Returns:
      output, attention_weights
    """

    matmul_qk = tf.matmul(query, key, transpose_b=True)  # (..., seq_len_q, seq_len_k)

    # scale matmul_qk
    dk = tf.cast(tf.shape(key)[-1], tf.float32)
    scaled_attention_logits = matmul_qk / tf.math.sqrt(dk)

    # add the mask to the scaled tensor.
    if mask is not None:
        scaled_attention_logits += (mask * -1e9)

    # softmax is normalized on the last axis (seq_len_k) so that the scores
    # add up to 1.
    attention_weights  =  tf.nn.softmax(scaled_attention_logits,  axis=-1)    #  (...,
seq_len_q, seq_len_k)

    output = tf.matmul(attention_weights, value)  # (..., seq_len_q, depth_v)

    return output, attention_weights
```

```
class MultiHeadAttention(tf.keras.layers.Layer):
    def __init__(self, d_model, num_heads):
        super(MultiHeadAttention, self).__init__()
        self.num_heads = num_heads
        self.d_model = d_model

        assert d_model % self.num_heads == 0

        self.depth = d_model // self.num_heads

        self.wq = tf.keras.layers.Dense(d_model)
        self.wk = tf.keras.layers.Dense(d_model)
        self.wv = tf.keras.layers.Dense(d_model)

        self.dense = tf.keras.layers.Dense(d_model)

    def split_heads(self, x, batch_size):
        """Split the last dimension into (num_heads, depth).
        Transpose the result such that the shape is (batch_size, num_heads, seq_len, 
depth)
        """
        x = tf.reshape(x, (batch_size, -1, self.num_heads, self.depth))
        return tf.transpose(x, perm=[0, 2, 1, 3])

    def call(self, v, k, q, mask):
        batch_size = tf.shape(q)[0]

        q = self.wq(q)  # (batch_size, seq_len, d_model)
        k = self.wk(k)  # (batch_size, seq_len, d_model)
        v = self.wv(v)  # (batch_size, seq_len, d_model)

        q = self.split_heads(q, batch_size)  # (batch_size, num_heads, seq_len_q, 
depth)
        k = self.split_heads(k, batch_size)  # (batch_size, num_heads, seq_len_k, 
depth)
        v = self.split_heads(v, batch_size)  # (batch_size, num_heads, seq_len_v, 
depth)

        # scaled_attention.shape == (batch_size, num_heads, seq_len_q, depth)
        # attention_weights.shape == (batch_size, num_heads, seq_len_q, seq_len_k)
        scaled_attention, attention_weights = scaled_dot_product_attention(
            q, k, v, mask)

        scaled_attention = tf.transpose(scaled_attention, perm=[0, 2, 1, 3])  # 
(batch_size, seq_len_q, num_heads, depth)

        concat_attention = tf.reshape(scaled_attention,
                                      (batch_size, -1, self.d_model))  # (batch_size, 
seq_len_q, d_model)

        output = self.dense(concat_attention)  # (batch_size, seq_len_q, d_model)
```

```
        return output, attention_weights

# Example usage
d_model = 512
num_heads = 8

mha = MultiHeadAttention(d_model, num_heads)

# Example inputs (batch_size=1, sequence_length=60, d_model=512)
query = tf.random.normal(shape=(1, 60, d_model))
key = value = query

output, attention_weights = mha(value, key, query, mask=None)
print("Multi-Head Attention Output shape:", output.shape)
print("Attention Weights shape:", attention_weights.shape)
```

Analyse du code :

1. Attention à produit scalaire normalisé :
    - Cette fonction implémente le mécanisme d'attention fondamental.
    - Elle prend en entrée les tenseurs de requête, clé et valeur.
    - Le produit scalaire de la requête et de la clé est calculé puis mis à l'échelle par la racine carrée de la dimension de la clé.
    - Un masque optionnel peut être appliqué (utile pour le padding ou le masquage futur dans la génération de séquences).
    - La fonction softmax est appliquée pour obtenir les poids d'attention, qui sont ensuite utilisés pour calculer une somme pondérée des valeurs.
2. Classe MultiHeadAttention :
    - Cette classe implémente le mécanisme d'attention à têtes multiples.
    - Elle crée des couches denses séparées pour les projections de requête, clé et valeur.
    - La méthode split_heads redimensionne l'entrée pour la séparer en plusieurs têtes.
    - La méthode call applique les projections, divise les têtes, applique l'attention à produit scalaire normalisé, puis combine les résultats.
3. Composants clés :
    - Projections linéaires : L'entrée est projetée dans les espaces de requête, clé et valeur à l'aide de couches denses.

- Division multi-têtes : Les entrées projetées sont divisées en plusieurs têtes, permettant au modèle d'accorder de l'attention à différentes parties de l'entrée simultanément.
- Attention à produit scalaire normalisé : Appliquée séparément à chaque tête.
- Concaténation et projection finale : Les sorties de toutes les têtes sont concaténées et projetées vers l'espace de sortie final.

4. Exemple d'utilisation :
   - Une instance de MultiHeadAttention est créée avec une dimension de modèle de 512 et 8 têtes d'attention.
   - Des tenseurs d'entrée aléatoires sont créés pour simuler un lot de séquences.
   - L'attention à têtes multiples est appliquée, et les formes de la sortie et des poids d'attention sont affichées.

Cette implémentation fournit une image complète du fonctionnement de l'attention à têtes multiples en pratique, y compris la division et la combinaison des têtes d'attention. C'est un composant clé dans les architectures de transformer, permettant au modèle d'accorder conjointement de l'attention aux informations provenant de différents sous-espaces de représentation à différentes positions.

Exemple : Bloc Transformer dans TensorFlow

Voici une implémentation d'un seul **Bloc Transformer** qui inclut à la fois l'auto-attention et une couche feed-forward.

```
import tensorflow as tf

class TransformerBlock(tf.keras.layers.Layer):
    def __init__(self, embed_dim, num_heads, ff_dim, rate=0.1):
        super(TransformerBlock, self).__init__()
        self.attention    =    tf.keras.layers.MultiHeadAttention(num_heads=num_heads,
key_dim=embed_dim)
        self.ffn = tf.keras.Sequential([
            tf.keras.layers.Dense(ff_dim, activation="relu"),
            tf.keras.layers.Dense(embed_dim)
        ])
        self.layernorm1 = tf.keras.layers.LayerNormalization(epsilon=1e-6)
        self.layernorm2 = tf.keras.layers.LayerNormalization(epsilon=1e-6)
        self.dropout1 = tf.keras.layers.Dropout(rate)
        self.dropout2 = tf.keras.layers.Dropout(rate)

    def call(self, inputs, training):
        attn_output = self.attention(inputs, inputs)
        attn_output = self.dropout1(attn_output, training=training)
        out1 = self.layernorm1(inputs + attn_output)
        ffn_output = self.ffn(out1)
```

```
        ffn_output = self.dropout2(ffn_output, training=training)
        return self.layernorm2(out1 + ffn_output)

class TransformerModel(tf.keras.Model):
    def __init__(self, num_layers, embed_dim, num_heads, ff_dim, input_vocab_size,
                 target_vocab_size, max_seq_length):
        super(TransformerModel, self).__init__()
        self.embedding = tf.keras.layers.Embedding(input_vocab_size, embed_dim)
        self.pos_encoding = positional_encoding(max_seq_length, embed_dim)

        self.transformer_blocks = [TransformerBlock(embed_dim, num_heads, ff_dim)
                                   for _ in range(num_layers)]

        self.dropout = tf.keras.layers.Dropout(0.1)
        self.final_layer = tf.keras.layers.Dense(target_vocab_size)

    def call(self, inputs, training):
        x = self.embedding(inputs)
        x *= tf.math.sqrt(tf.cast(self.embedding.output_dim, tf.float32))
        x += self.pos_encoding[:, :tf.shape(inputs)[1], :]
        x = self.dropout(x, training=training)

        for transformer_block in self.transformer_blocks:
            x = transformer_block(x, training=training)

        return self.final_layer(x)

def positional_encoding(position, d_model):
    def get_angles(pos, i, d_model):
        angle_rates = 1 / np.power(10000, (2 * (i//2)) / np.float32(d_model))
        return pos * angle_rates

    angle_rads = get_angles(np.arange(position)[:, np.newaxis],
                            np.arange(d_model)[np.newaxis, :],
                            d_model)

    angle_rads[:, 0::2] = np.sin(angle_rads[:, 0::2])
    angle_rads[:, 1::2] = np.cos(angle_rads[:, 1::2])

    pos_encoding = angle_rads[np.newaxis, ...]

    return tf.cast(pos_encoding, dtype=tf.float32)

# Example usage
embed_dim = 64
num_heads = 8
ff_dim = 128
num_layers = 4
input_vocab_size = 5000
target_vocab_size = 5000
max_seq_length = 100
```

```
model = TransformerModel(num_layers, embed_dim, num_heads, ff_dim,
                        input_vocab_size, target_vocab_size, max_seq_length)

# Example input (batch_size=32, sequence_length=10)
inputs = tf.random.uniform((32, 10), dtype=tf.int64, minval=0, maxval=200)

# Forward pass
output = model(inputs, training=True)
print("Transformer Model Output Shape:", output.shape)
```

Cet exemple de code fournit une implémentation complète d'un modèle Transformer dans TensorFlow.

Analysons-le en détail :

1. TransformerBlock :
   - Cette classe représente un seul bloc Transformer, qui comprend l'attention multi-têtes et un réseau feed-forward.
   - Il utilise la normalisation de couche et le dropout pour la régularisation.
   - La méthode 'call' applique l'auto-attention, suivie du réseau feed-forward, avec des connexions résiduelles et une normalisation de couche.
2. TransformerModel :
   - Cette classe représente le modèle Transformer complet, constitué de plusieurs blocs Transformer.
   - Elle inclut une couche d'embedding pour convertir les tokens d'entrée en vecteurs et ajoute un encodage positionnel.
   - Le modèle empile plusieurs blocs Transformer et se termine par une couche dense pour la prédiction de sortie.
3. Encodage Positionnel :
   - La fonction 'positional_encoding' génère des encodages positionnels qui sont ajoutés aux embeddings d'entrée.
   - Cela permet au modèle de comprendre l'ordre des tokens dans la séquence.
4. Configuration du Modèle :
   - L'exemple montre comment configurer le modèle avec divers hyperparamètres comme le nombre de couches, la dimension d'embedding, le nombre de têtes, etc.
5. Exemple d'Utilisation :

  - Le code démontre comment créer une instance du TransformerModel et effectuer une passe avant avec des données d'entrée aléatoires.

Cette implémentation offre une vision complète de la structure d'un modèle Transformer et de son utilisation pour des tâches de séquence à séquence. Elle inclut des composants clés comme l'encodage positionnel et l'empilement de plusieurs blocs Transformer, qui sont cruciaux pour la performance du modèle sur diverses tâches de traitement du langage naturel.

6.4.3 Implémentation du Transformer dans PyTorch

PyTorch offre un support robuste pour les architectures transformer à travers son module **nn.Transformer**. Cet outil puissant permet aux développeurs de construire et personnaliser des modèles transformer avec facilité. Examinons comment nous pouvons utiliser PyTorch pour construire un modèle transformer, en explorant ses composants clés et ses fonctionnalités.

Le module nn.Transformer dans PyTorch fournit une base flexible pour implémenter diverses architectures transformer. Il encapsule les éléments fondamentaux du transformer, notamment les mécanismes d'attention multi-têtes, les réseaux feed-forward, et la normalisation de couche. Cette conception modulaire permet aux chercheurs et aux praticiens d'expérimenter différentes configurations et d'adapter le transformer à des tâches spécifiques.

Lorsque vous utilisez PyTorch pour construire un modèle transformer, vous disposez d'un contrôle précis sur des hyperparamètres cruciaux tels que le nombre de couches d'encodeur et de décodeur, le nombre de têtes d'attention, et la dimensionnalité du modèle. Ce niveau de personnalisation vous permet d'optimiser l'architecture du modèle pour votre cas d'utilisation particulier, qu'il s'agisse de traduction automatique, de résumé de texte, ou de toute autre tâche de séquence à séquence.

De plus, le graphe de calcul dynamique de PyTorch et son mode d'exécution immédiate facilitent le débogage et rendent le développement de modèles plus intuitif. Cela peut être particulièrement bénéfique lorsque vous travaillez avec des architectures transformer complexes, car cela permet une inspection étape par étape du comportement du modèle pendant l'entraînement et l'inférence.

Exemple : Transformer dans PyTorch

```
import torch
import torch.nn as nn
import torch.optim as optim
import math

# Positional Encoding
class PositionalEncoding(nn.Module):
    def __init__(self, d_model, max_len=5000):
        super(PositionalEncoding, self).__init__()
        pe = torch.zeros(max_len, d_model)
        position = torch.arange(0, max_len, dtype=torch.float).unsqueeze(1)
```

```
        div_term = torch.exp(torch.arange(0, d_model, 2).float() * (-math.log(10000.0)
/ d_model))
        pe[:, 0::2] = torch.sin(position * div_term)
        pe[:, 1::2] = torch.cos(position * div_term)
        pe = pe.unsqueeze(0).transpose(0, 1)
        self.register_buffer('pe', pe)

    def forward(self, x):
        return x + self.pe[:x.size(0), :]

# Define the transformer model
class TransformerModel(nn.Module):
    def __init__(self, vocab_size, embed_size, num_heads, num_encoder_layers,
num_decoder_layers, ff_hidden_dim, max_seq_length, dropout=0.1):
        super(TransformerModel, self).__init__()
        self.embedding = nn.Embedding(vocab_size, embed_size)
        self.pos_encoder = PositionalEncoding(embed_size, max_seq_length)
        self.transformer = nn.Transformer(
            d_model=embed_size,
            nhead=num_heads,
            num_encoder_layers=num_encoder_layers,
            num_decoder_layers=num_decoder_layers,
            dim_feedforward=ff_hidden_dim,
            dropout=dropout
        )
        self.fc = nn.Linear(embed_size, vocab_size)

    def forward(self, src, tgt, src_mask=None, tgt_mask=None):
        src = self.embedding(src) * math.sqrt(self.embedding.embedding_dim)
        src = self.pos_encoder(src)
        tgt = self.embedding(tgt) * math.sqrt(self.embedding.embedding_dim)
        tgt = self.pos_encoder(tgt)

        output = self.transformer(src, tgt, src_mask=src_mask, tgt_mask=tgt_mask)
        return self.fc(output)

# Generate square subsequent mask
def generate_square_subsequent_mask(sz):
    mask = (torch.triu(torch.ones(sz, sz)) == 1).transpose(0, 1)
    mask = mask.float().masked_fill(mask == 0, float('-inf')).masked_fill(mask == 1,
float(0.0))
    return mask

# Example input (sequence_length=10, batch_size=32, vocab_size=1000)
vocab_size = 1000
src = torch.randint(0, vocab_size, (10, 32))
tgt = torch.randint(0, vocab_size, (10, 32))

# Hyperparameters
embed_size = 512
num_heads = 8
num_encoder_layers = 6
```

```
num_decoder_layers = 6
ff_hidden_dim = 2048
max_seq_length = 100
dropout = 0.1

# Instantiate the transformer model
model = TransformerModel(vocab_size, embed_size, num_heads, num_encoder_layers,
num_decoder_layers, ff_hidden_dim, max_seq_length, dropout)

# Create masks
src_mask = torch.zeros((10, 10)).type(torch.bool)
tgt_mask = generate_square_subsequent_mask(10)

# Forward pass
output = model(src, tgt, src_mask=src_mask, tgt_mask=tgt_mask)
print("Transformer Output Shape:", output.shape)

# Loss function and optimizer
criterion = nn.CrossEntropyLoss()
optimizer = optim.Adam(model.parameters(), lr=0.0001, betas=(0.9, 0.98), eps=1e-9)

# Training loop (example for one epoch)
model.train()
for epoch in range(1):
    optimizer.zero_grad()
    output = model(src, tgt, src_mask=src_mask, tgt_mask=tgt_mask)
    loss = criterion(output.view(-1, vocab_size), tgt.view(-1))
    loss.backward()
    optimizer.step()
    print(f"Epoch {epoch+1}, Loss: {loss.item()}")

# Evaluation mode
model.eval()
with torch.no_grad():
    eval_output = model(src, tgt, src_mask=src_mask, tgt_mask=tgt_mask)
    print("Evaluation Output Shape:", eval_output.shape)
```

Cet exemple de code fournit une implémentation complète d'un modèle Transformer dans PyTorch.

Analysons-le en détail :

1. Encodage positionnel :
    - La classe PositionalEncoding est implémentée pour ajouter des informations de position aux embeddings d'entrée.
    - Elle utilise des fonctions sinus et cosinus de différentes fréquences pour chaque dimension de l'embedding.
    - Cela permet au modèle de comprendre l'ordre des tokens dans la séquence.

2. Classe TransformerModel :
    - Le modèle inclut maintenant une couche d'embedding pour convertir les tokens d'entrée en vecteurs.
    - L'encodage positionnel est appliqué aux embeddings source et cible.
    - La couche transformer est initialisée avec des paramètres plus détaillés, incluant le dropout.
    - La méthode forward gère désormais les entrées src et tgt, ainsi que leurs masques respectifs.
3. Génération de masque :
    - La fonction generate_square_subsequent_mask crée un masque pour le décodeur afin de l'empêcher d'accéder aux positions suivantes.
4. Instanciation du modèle et passage avant :
    - Le modèle est créé avec des hyperparamètres plus réalistes.
    - Les masques source et cible sont créés et transmis au modèle.
5. Boucle d'entraînement :
    - Une boucle d'entraînement basique est implémentée avec une fonction de perte (CrossEntropyLoss) et un optimiseur (Adam).
    - Cela démontre comment entraîner le modèle pendant une époque.
6. Mode d'évaluation :
    - Le code montre comment basculer le modèle en mode évaluation et effectuer l'inférence.

6.4.4 Pourquoi utiliser les Transformers ?

Les Transformers ont révolutionné le domaine de la modélisation de séquences, particulièrement dans le Traitement du Langage Naturel (NLP), grâce à leur exceptionnelle évolutivité et leur capacité à capturer les dépendances à longue portée. Leur architecture offre plusieurs avantages par rapport aux Réseaux de Neurones Récurrents (RNN) traditionnels et aux réseaux Long Short-Term Memory (LSTM) :

1. Parallélisation

Les Transformers révolutionnent le traitement des séquences en permettant le calcul parallèle de séquences entières. Contrairement aux RNN et aux LSTM, qui traitent les entrées séquentiellement, les transformers peuvent gérer tous les éléments d'une séquence simultanément. Cette architecture parallèle exploite les capacités des GPU modernes, accélérant considérablement les temps d'entraînement et d'inférence.

La clé de cette parallélisation réside dans le mécanisme d'auto-attention. En calculant les poids d'attention pour toutes les paires de positions dans une séquence en une seule fois, les transformers peuvent capturer les dépendances globales sans avoir besoin d'un traitement séquentiel. Cela permet au modèle d'apprendre efficacement des relations complexes entre des éléments distants dans la séquence.

De plus, cette capacité de traitement parallèle s'adapte exceptionnellement bien à l'augmentation des longueurs de séquence et des tailles de modèle. En conséquence, les transformers sont devenus l'architecture de choix pour l'entraînement de modèles de langage massifs sur de vastes ensembles de données, repoussant les limites du possible dans le traitement du langage naturel. La capacité à traiter efficacement de longues séquences a ouvert de nouvelles possibilités dans des tâches telles que la traduction automatique au niveau du document, la génération de texte long et la compréhension globale du texte.

2. Gestion supérieure des séquences longues

Les Transformers ont révolutionné le traitement des séquences longues, abordant une limitation significative des RNN et des LSTM. Le mécanisme d'auto-attention, pierre angulaire de l'architecture transformer, permet à ces modèles de capturer les dépendances entre deux positions quelconques d'une séquence, quelle que soit leur distance. Cette capacité est particulièrement cruciale pour les tâches qui exigent la compréhension d'un contexte complexe et à long terme.

Contrairement aux RNN et LSTM, qui traitent l'information séquentiellement et peinent souvent à maintenir la cohérence sur de longues distances, les transformers peuvent modéliser sans effort des relations à travers de vastes étendues de texte. Ceci est réalisé grâce à leur nature de traitement parallèle et à leur capacité à prêter attention à toutes les parties de l'entrée simultanément. En conséquence, les transformers peuvent maintenir le contexte sur des milliers de tokens, ce qui les rend idéaux pour des tâches comme la traduction automatique au niveau du document, où la compréhension du contexte global du document est cruciale pour une traduction précise.

La prouesse du transformer dans la gestion des séquences longues s'étend à diverses tâches de NLP. Dans le résumé de documents, par exemple, le modèle peut capturer les informations clés réparties dans un document volumineux, produisant des résumés concis mais complets. De même, dans les systèmes de questions-réponses sur de longs textes, les transformers peuvent parcourir des passages étendus pour localiser les informations pertinentes et synthétiser des réponses cohérentes, même lorsque l'information requise est dispersée dans tout le texte.

De plus, cette capacité a ouvert de nouvelles voies dans la modélisation et la génération de langage. Les grands modèles de langage basés sur des architectures transformer, comme GPT (Generative Pre-trained Transformer), peuvent générer des textes remarquablement cohérents et contextuellement pertinents sur de longs passages. Cela a des implications non seulement pour l'assistance à l'écriture créative, mais aussi pour des tâches plus structurées comme la génération de rapports ou la création de contenu long dans divers domaines.

La capacité du transformer à gérer efficacement les séquences longues a également conduit à des avancées dans les tâches multimodales. Par exemple, dans la génération de légendes d'images ou les questions-réponses visuelles, les transformers peuvent traiter de longues séquences de caractéristiques visuelles parallèlement à l'entrée textuelle, permettant une compréhension et une génération plus sophistiquées de contenu multimodal.

3. Performance à l'état de l'art

Les Transformers ont révolutionné le domaine du Traitement du Langage Naturel (NLP) en surpassant constamment les architectures précédentes dans un large éventail de tâches. Leur performance supérieure peut être attribuée à plusieurs facteurs clés :

Premièrement, les transformers excellent dans la capture d'informations contextuelles nuancées grâce à leur mécanisme d'auto-attention. Cela leur permet de comprendre les relations complexes entre les mots et les phrases dans un texte donné, conduisant à des résultats plus précis et contextuellement appropriés. En conséquence, les transformers ont réalisé des améliorations significatives dans diverses tâches de NLP, notamment :

- Traduction automatique : Les transformers peuvent mieux capturer les nuances de la langue, résultant en des traductions plus précises et naturelles entre différentes langues.
- Résumé de texte : En comprenant les éléments clés et le contexte global d'un document, les transformers peuvent générer des résumés plus cohérents et informatifs.
- Questions-réponses : Les transformers peuvent comprendre à la fois la question et le contexte plus efficacement, menant à des réponses plus précises et pertinentes.
- Complétion et génération de texte : La capacité du modèle à comprendre le contexte permet une génération de texte plus cohérente et contextuellement appropriée, qu'il s'agisse de compléter des phrases ou de générer des paragraphes entiers.
- Génération de dialogue : Les transformers peuvent maintenir le contexte sur des conversations plus longues, résultant en des systèmes de dialogue plus naturels et engageants.

De plus, les transformers ont montré une adaptabilité remarquable à divers domaines et langues, nécessitant souvent un ajustement minimal pour atteindre des résultats à l'état de l'art sur de nouvelles tâches. Cette versatilité a conduit au développement de puissants modèles pré-entraînés comme BERT, GPT et T5, qui ont repoussé davantage les limites du possible en NLP.

L'impact des transformers s'étend au-delà des tâches traditionnelles de NLP, influençant des domaines tels que la vision par ordinateur, la reconnaissance vocale, et même la prédiction du repliement des protéines. Alors que la recherche dans ce domaine continue d'avancer, nous pouvons nous attendre à ce que les transformers jouent un rôle crucial dans le repousser des limites des applications d'intelligence artificielle et d'apprentissage automatique.

4. Versatilité et apprentissage par transfert

Les modèles basés sur les Transformers ont révolutionné le domaine du Traitement du Langage Naturel (NLP) par leur remarquable adaptabilité à diverses tâches. Cette versatilité est principalement due à leur capacité à capturer des motifs linguistiques complexes et des relations lors du pré-entraînement sur d'immenses corpus de texte.

Des modèles pré-entraînés comme BERT (Bidirectional Encoder Representations from Transformers) et GPT (Generative Pre-trained Transformer) sont devenus le fondement de nombreuses applications NLP. Ces modèles peuvent être affinés pour des tâches spécifiques avec des quantités relativement modestes de données spécifiques à la tâche, exploitant les riches connaissances linguistiques acquises pendant le pré-entraînement. Cette approche, connue sous le nom d'apprentissage par transfert, a considérablement réduit la quantité de données spécifiques à la tâche et les ressources computationnelles nécessaires pour atteindre des performances à l'état de l'art sur un large éventail de tâches NLP.

La versatilité des modèles basés sur les transformers s'étend au-delà des tâches NLP traditionnelles. Ils ont montré des résultats prometteurs dans des applications multimodales, comme la génération de légendes d'images et les questions-réponses visuelles, où la compréhension du langage doit être combinée avec la compréhension visuelle. De plus, les principes sous-jacents aux transformers ont été appliqués avec succès à d'autres domaines, notamment la prédiction du repliement des protéines et la génération musicale, démontrant leur potentiel pour résoudre des problèmes complexes basés sur des séquences dans divers domaines.

La possibilité d'affiner des modèles transformer pré-entraînés a démocratisé l'accès aux capacités NLP avancées. Les chercheurs et développeurs peuvent désormais adapter rapidement ces puissants modèles à des domaines ou langues spécifiques, permettant le prototypage rapide et le déploiement de systèmes sophistiqués de compréhension et de génération de langage. Cela a conduit à une prolifération d'applications basées sur les transformers dans des industries allant de la santé et la finance au service client et à la création de contenu.

L'impact des modèles basés sur les transformers s'étend au-delà de la recherche académique. Ils sont devenus partie intégrante de nombreuses applications industrielles, alimentant des systèmes avancés de compréhension et de génération de langage dans des domaines tels que les moteurs de recherche, les assistants virtuels, les systèmes de recommandation de contenu et les plateformes automatisées de service client. Le développement et le raffinement continus des architectures transformer promettent des modèles de langage encore plus sophistiqués et capables à l'avenir, menant potentiellement à des percées dans l'intelligence artificielle générale et la compréhension du langage similaire à celle des humains.

Exercices Pratiques Chapitre 6

Exercice 1 : Implémenter un RNN Simple pour la Classification de Séquences

Tâche : Implémenter un RNN simple pour classifier des séquences de nombres. Utilisez des données synthétiques où chaque séquence est classée comme positive si la somme des éléments dépasse un certain seuil, et négative dans le cas contraire.

Solution :

```
import torch
import torch.nn as nn
import torch.optim as optim
from torch.utils.data import DataLoader, TensorDataset

# Generate synthetic data (binary classification based on sequence sum)
def generate_data(num_samples=1000, sequence_length=10, threshold=5):
    X = torch.randint(0, 3, (num_samples, sequence_length)).float()
    y = (X.sum(dim=1) > threshold).float()
    return X, y

# Define the RNN model
class SimpleRNN(nn.Module):
    def __init__(self, input_size, hidden_size, output_size):
        super(SimpleRNN, self).__init__()
        self.rnn = nn.RNN(input_size, hidden_size, batch_first=True)
        self.fc = nn.Linear(hidden_size, output_size)

    def forward(self, x):
        out, _ = self.rnn(x)
        out = self.fc(out[:, -1, :])  # Use the output from the last time step
        return out

# Hyperparameters
input_size = 1
hidden_size = 16
output_size = 1
learning_rate = 0.001
epochs = 5

# Generate data
X, y = generate_data()
X = X.unsqueeze(-1)  # Add input size dimension
dataset = TensorDataset(X, y)
dataloader = DataLoader(dataset, batch_size=32, shuffle=True)

# Initialize model, loss function, and optimizer
model = SimpleRNN(input_size, hidden_size, output_size)
criterion = nn.BCEWithLogitsLoss()
optimizer = optim.Adam(model.parameters(), lr=learning_rate)
```

```
# Training loop
for epoch in range(epochs):
    running_loss = 0.0
    for inputs, labels in dataloader:
        optimizer.zero_grad()
        outputs = model(inputs)
        loss = criterion(outputs.squeeze(), labels)
        loss.backward()
        optimizer.step()
        running_loss += loss.item()
    print(f"Epoch {epoch+1}, Loss: {running_loss / len(dataloader)}")

# Example prediction
with torch.no_grad():
    example_seq = torch.tensor([[0, 1, 2, 0, 1, 2, 1, 0, 2, 1]]).float().unsqueeze(-
1)
    output = model(example_seq)
    print("Predicted output:", torch.sigmoid(output))
```

Dans cet exercice :

- Nous avons créé des séquences synthétiques où la somme des éléments détermine la classe.
- Un RNN simple a été utilisé pour classifier les séquences comme positives ou négatives.
- Le modèle a été entraîné en utilisant la perte d'entropie croisée binaire et évalué avec une séquence exemple.

Exercice 2 : Implémenter un LSTM pour la génération de texte

Tâche : Entraîner un LSTM au niveau des caractères sur des données textuelles pour générer un nouveau texte. Utilisez un jeu de données simple comme le texte de Shakespeare.

Solution :

```
import tensorflow as tf
import numpy as np

# Load dataset (for simplicity, we use a small string for text generation)
text = "To be, or not to be, that is the question."

# Preprocess the data
vocab = sorted(set(text))
char_to_idx = {char: idx for idx, char in enumerate(vocab)}
idx_to_char = np.array(vocab)
text_as_int = np.array([char_to_idx[c] for c in text])

# Create input-output pairs
seq_length = 10
examples_per_epoch = len(text) // seq_length
```

```
char_dataset = tf.data.Dataset.from_tensor_slices(text_as_int)
sequences = char_dataset.batch(seq_length + 1, drop_remainder=True)

def split_input_target(chunk):
    input_text = chunk[:-1]
    target_text = chunk[1:]
    return input_text, target_text

dataset = sequences.map(split_input_target).batch(32, drop_remainder=True)

# Define the LSTM model
class LSTMTextGenerator(tf.keras.Model):
    def __init__(self, vocab_size, embed_size, lstm_units):
        super(LSTMTextGenerator, self).__init__()
        self.embedding = tf.keras.layers.Embedding(vocab_size, embed_size)
        self.lstm    =    tf.keras.layers.LSTM(lstm_units,    return_sequences=True,
return_state=True)
        self.fc = tf.keras.layers.Dense(vocab_size)

    def call(self, inputs, states=None):
        x = self.embedding(inputs)
        output, state_h, state_c = self.lstm(x, initial_state=states)
        logits = self.fc(output)
        return logits, [state_h, state_c]

# Hyperparameters
vocab_size = len(vocab)
embed_size = 64
lstm_units = 128

# Instantiate the model
model = LSTMTextGenerator(vocab_size, embed_size, lstm_units)

# Loss function and optimizer
def loss_fn(labels, logits):
    return      tf.keras.losses.sparse_categorical_crossentropy(labels,      logits,
from_logits=True)

model.compile(optimizer='adam', loss=loss_fn)

# Train the model
model.fit(dataset, epochs=10)

# Text generation function
def generate_text(model, start_string, num_generate=100):
    input_eval = [char_to_idx[s] for s in start_string]
    input_eval = tf.expand_dims(input_eval, 0)

    generated_text = []
    states = None
    for _ in range(num_generate):
        predictions, states = model(input_eval, states=states)
```

```
        predictions = tf.squeeze(predictions, 0)

        predicted_id     =     tf.random.categorical(predictions,     num_samples=1)[-
1,0].numpy()
        input_eval = tf.expand_dims([predicted_id], 0)

        generated_text.append(idx_to_char[predicted_id])

    return start_string + ''.join(generated_text)

# Generate text
generated_text = generate_text(model, start_string="To be")
print("Generated text:", generated_text)
```

Dans cet exercice :

- Nous avons utilisé un LSTM au niveau des caractères pour générer du texte. Le modèle a été entraîné sur une petite séquence du texte de Shakespeare.
- Le modèle a été entraîné pour prédire le caractère suivant en se basant sur les précédents.
- Après l'entraînement, nous avons généré un nouveau texte en utilisant le LSTM.

Exercice 3 : Implémenter un Transformer pour l'apprentissage séquence à séquence

Tâche : Implémenter un modèle transformer pour la traduction séquence à séquence. Utilisez des données factices pour entraîner le transformer à traduire des séquences d'un domaine à un autre (par exemple, des nombres vers des mots).

Solution :

```
import torch
import torch.nn as nn

# Define a basic transformer model for sequence-to-sequence translation
class TransformerModel(nn.Module):
    def __init__(self, embed_size, num_heads, num_encoder_layers, num_decoder_layers,
ff_hidden_dim, vocab_size):
        super(TransformerModel, self).__init__()
        self.embedding = nn.Embedding(vocab_size, embed_size)
        self.transformer = nn.Transformer(
            d_model=embed_size,
            nhead=num_heads,
            num_encoder_layers=num_encoder_layers,
            num_decoder_layers=num_decoder_layers,
            dim_feedforward=ff_hidden_dim,
        )
        self.fc_out = nn.Linear(embed_size, vocab_size)
```

```
    def forward(self, src, tgt):
        src_emb = self.embedding(src)
        tgt_emb = self.embedding(tgt)
        transformer_output = self.transformer(src_emb, tgt_emb)
        return self.fc_out(transformer_output)

# Example inputs (sequence_length=10, batch_size=32)
src = torch.randint(0, 100, (10, 32))  # Source sequence (e.g., numbers)
tgt = torch.randint(0, 100, (10, 32))  # Target sequence (e.g., words)

# Hyperparameters
embed_size = 64
num_heads = 8
num_encoder_layers = 6
num_decoder_layers = 6
ff_hidden_dim = 128
vocab_size = 100

# Initialize the transformer model
model      =      TransformerModel(embed_size,      num_heads,      num_encoder_layers,
num_decoder_layers, ff_hidden_dim, vocab_size)

# Forward pass through the transformer
output = model(src, tgt)
print("Transformer output shape:", output.shape)
```

Dans cet exercice :

- Nous avons implémenté un transformer simple pour les tâches de séquence à séquence.
- Le modèle encode la séquence source et la décode pour générer la séquence cible.
- Nous avons utilisé des données factices pour simuler la traduction de séquences.

Ces exercices pratiques ont couvert des concepts importants dans la modélisation de séquences utilisant les **RNNs**, les **LSTMs** et les **Transformers**. De la construction de RNNs simples pour la classification de séquences à la génération de texte avec les LSTMs et l'implémentation de transformers pour la traduction de séquences, ces exercices démontrent à quel point ces architectures sont puissantes et polyvalentes pour traiter les données séquentielles.

Résumé du Chapitre 6

Dans le **Chapitre 6**, nous avons exploré les concepts fondamentaux, les architectures et les applications des **Réseaux de Neurones Récurrents (RNNs)** et leurs variantes avancées comme les **Long Short-Term Memory (LSTMs)** et les **Gated Recurrent Units (GRUs)**. Ces modèles sont essentiels pour comprendre les données séquentielles, qui sont courantes dans des tâches telles que la prévision de séries temporelles, le traitement du langage naturel (NLP) et la reconnaissance vocale.

Nous avons commencé par une introduction aux RNNs, qui sont conçus pour traiter des séquences de données en maintenant un état caché qui est transmis d'une étape temporelle à la suivante. Cette capacité à mémoriser des informations des étapes précédentes permet aux RNNs de modéliser les dépendances temporelles, ce qui les rend idéaux pour les tâches où le contexte est crucial. Cependant, les RNNs standard souffrent du **problème de gradient qui s'évanouit**, ce qui limite leur capacité à capturer les dépendances à long terme dans les séquences.

Pour résoudre ces problèmes, les **LSTMs** et les **GRUs** ont été introduits. Les LSTMs, avec leurs mécanismes de porte—**porte d'oubli**, **porte d'entrée** et **porte de sortie**—permettent au réseau de conserver ou d'écarter sélectivement des informations, ce qui les rend très efficaces pour traiter de longues séquences. Les GRUs, quant à eux, simplifient la structure des LSTM en combinant les portes d'oubli et d'entrée en une seule porte, ce qui donne un modèle plus efficace sur le plan computationnel qui performe toujours bien sur les tâches séquentielles.

Dans la deuxième partie du chapitre, nous avons implémenté des RNNs et des LSTMs dans **TensorFlow**, **Keras** et **PyTorch**, fournissant des exemples de code détaillés pour chaque framework. Dans TensorFlow, nous avons construit des modèles RNN et LSTM en utilisant les couches SimpleRNN et LSTM, démontrant comment traiter des données séquentielles et générer une sortie pour chaque étape temporelle. De même, dans Keras, nous avons utilisé l'API Sequential de haut niveau pour construire et entraîner facilement ces modèles. Enfin, dans PyTorch, nous avons implémenté des RNNs et des LSTMs en utilisant des graphes de calcul dynamiques, offrant plus de contrôle sur le processus d'entraînement.

Ensuite, nous avons exploré les **applications des RNNs en NLP**. Les RNNs sont largement utilisés dans les tâches de NLP comme la **modélisation du langage**, où ils prédisent le mot suivant dans une séquence en fonction du contexte précédent. Nous avons démontré comment les RNNs et les LSTMs peuvent être utilisés pour la **génération de texte**, en entraînant des modèles à générer du texte cohérent en prédisant le caractère ou le mot suivant dans une séquence. Une autre application clé est **l'analyse de sentiment**, où les RNNs analysent des données textuelles pour déterminer si un texte exprime un sentiment positif ou négatif.

Le chapitre a également introduit les **réseaux de transformers**, qui sont devenus l'état de l'art dans la modélisation de séquences. Contrairement aux RNNs, les transformers utilisent des **mécanismes d'auto-attention** pour traiter des séquences entières en une seule fois, capturant les dépendances entre tous les éléments de la séquence, quelle que soit leur position. Cela rend les transformers très efficaces, en particulier pour les longues séquences, et explique leur adoption généralisée dans les tâches de NLP comme la traduction automatique et le résumé de texte. Nous avons fourni une explication approfondie de l'architecture des transformers et montré comment implémenter un bloc transformer de base dans TensorFlow et PyTorch.

Dans l'ensemble, ce chapitre a mis en évidence l'évolution des réseaux de neurones pour la modélisation de séquences, des RNNs fondamentaux aux transformers avancés. Nous avons exploré le fonctionnement de chaque modèle, leurs forces et leurs limites, ainsi que des exemples pratiques pour démontrer leurs applications dans le monde réel. En maîtrisant ces techniques, vous serez équipé pour gérer des tâches séquentielles complexes dans des domaines comme le NLP, l'analyse de séries temporelles et au-delà.

Quiz Partie 2 : Frameworks avancés d'apprentissage profond

Chapitre 4 : Apprentissage profond avec PyTorch

1. Quelle est la principale différence entre les graphes de calcul statiques et dynamiques ? Pourquoi PyTorch est-il considéré comme plus flexible pour la recherche et l'expérimentation ?
2. Quels sont les composants clés du module de réseau neuronal de PyTorch (torch.nn), et comment sont-ils utilisés pour construire un modèle ?
3. Comment le moteur autograd de PyTorch permet-il la différenciation automatique, et pourquoi est-ce important pour l'entraînement des modèles d'apprentissage profond ?
4. Dans PyTorch, comment charger un modèle pré-entraîné et l'affiner pour une nouvelle tâche ? Fournissez un exemple utilisant ResNet.
5. Expliquez le concept d'apprentissage par transfert et comment il peut être mis en œuvre dans PyTorch.

Chapitre 5 : Réseaux de neurones convolutifs (CNNs)

6. Quels sont les trois principaux composants d'un réseau de neurones convolutif (CNN), et quel rôle joue chaque composant dans le réseau ?
7. Pourquoi le max pooling est-il utilisé dans les CNNs, et quels avantages offre-t-il en termes de réduction de la dimensionnalité des données ?
8. Expliquez comment les connexions résiduelles dans ResNet aident à entraîner des réseaux très profonds.
9. Quel est l'objectif d'utiliser plusieurs filtres convolutifs dans le module Inception, et en quoi diffère-t-il d'une couche CNN traditionnelle ?

10. Comment les DenseNets utilisent-ils la réutilisation des caractéristiques pour améliorer l'efficacité de l'entraînement ? Fournissez un exemple de la façon dont les couches dans un bloc DenseNet sont connectées.
11. Dans les tâches de détection d'objets, quel est le rôle des réseaux de proposition de régions (RPN) dans des modèles comme Faster R-CNN ?

Chapitre 6 : Réseaux de neurones récurrents (RNNs) et LSTMs

12. Quelle est la principale limitation des RNNs classiques, et comment les LSTMs résolvent-ils cette limitation ?
13. Expliquez les rôles de la porte d'oubli, de la porte d'entrée et de la porte de sortie dans un LSTM.
14. En quoi les unités récurrentes à portes (GRUs) diffèrent-elles des LSTMs en termes d'architecture ?
15. Décrivez l'avantage principal des réseaux de transformers par rapport aux modèles traditionnels basés sur les RNNs pour les tâches de modélisation de séquences.
16. De quelles façons l'auto-attention permet-elle aux transformers de traiter des séquences plus efficacement que les RNNs ?
17. Que sont les encodages positionnels, et pourquoi sont-ils nécessaires dans les réseaux de transformers ?
18. Fournissez un exemple de la façon dont les transformers sont utilisés dans les tâches de traitement du langage naturel (NLP) telles que la traduction automatique ou le résumé de texte.

Réponses :

1. **Réponse :** La principale différence est que les graphes de calcul statiques sont définis une fois pour toutes et ne peuvent pas changer, tandis que les graphes de calcul dynamiques sont construits au fur et à mesure que le calcul progresse. PyTorch est considéré comme plus flexible car il utilise un graphe de calcul dynamique, permettant aux chercheurs de modifier le réseau pendant l'exécution, ce qui est idéal pour l'expérimentation.
2. **Réponse :** Les composants clés comprennent nn.Module (pour définir les couches et la passe avant), nn.Linear (pour les couches entièrement connectées), et nn.Conv2d (pour les couches convolutives). Ces modules sont utilisés pour construire des modèles en définissant leur architecture et leur passe avant, et sont combinés dans un Sequential ou une classe personnalisée.

3. **Réponse :** Autograd calcule automatiquement les gradients pendant la passe arrière en suivant toutes les opérations sur les tenseurs. Cela permet l'entraînement des modèles d'apprentissage profond par descente de gradient en mettant à jour les paramètres du modèle à l'aide de ces gradients calculés.

4. **Réponse :** Pour affiner un modèle pré-entraîné, vous chargez les poids pré-entraînés à l'aide de torchvision.models, gelez les couches initiales et modifiez la dernière couche entièrement connectée pour correspondre au nombre de classes dans votre nouvelle tâche. Par exemple, pour affiner ResNet :

```
import torch.nn as nn
import torchvision.models as models

num_classes = 10  # Make sure to define the number of classes

# Load ResNet-50 with pretrained weights
model = models.resnet50(weights=models.ResNet50_Weights.DEFAULT)

# Freeze all parameters of the model
for param in model.parameters():
    param.requires_grad = False

# Modify the fully connected layer for the new number of classes
model.fc = nn.Linear(model.fc.in_features, num_classes)
```

5. **Réponse :** L'apprentissage par transfert consiste à prendre un modèle pré-entraîné (généralement sur un grand jeu de données) et à l'affiner sur un jeu de données plus petit et spécifique à une tâche. Cette approche exploite les caractéristiques générales apprises dans les couches antérieures du modèle.

6. **Réponse :** Les trois principaux composants d'un CNN sont :

    1. **Couches convolutives** : Extraient des caractéristiques des données d'entrée en appliquant des filtres.

    2. **Couches de pooling** : Réduisent les dimensions spatiales des données, en conservant les informations importantes.

    3. **Couches entièrement connectées** : Effectuent la classification basée sur les caractéristiques extraites.

7. **Réponse :** Le max pooling réduit la taille des cartes de caractéristiques, ce qui aide à diminuer le coût computationnel, à prévenir le surapprentissage, et à conserver les caractéristiques les plus importantes en sélectionnant la valeur maximale dans chaque région de la carte de caractéristiques.

8. **Réponse :** Les connexions résiduelles dans ResNet permettent au gradient de circuler directement à travers le réseau en sautant certaines couches. Cela aide à éviter le

problème de disparition du gradient, facilitant ainsi l'entraînement de réseaux très profonds.

9. **Réponse :** Les modules Inception appliquent plusieurs filtres convolutifs de différentes tailles en parallèle pour capturer des caractéristiques multi-échelles. Cela diffère des couches CNN traditionnelles, qui n'appliquent qu'une seule opération de convolution à chaque couche.

10. **Réponse :** Les DenseNets connectent chaque couche à toutes les autres couches de manière feed-forward, favorisant la réutilisation des caractéristiques. Dans un bloc DenseNet, la sortie de chaque couche est concaténée avec les sorties de toutes les couches précédentes, ce qui aide à réduire le surapprentissage et permet un entraînement plus efficace.

11. **Réponse :** Les réseaux de proposition de régions (RPN) génèrent des régions candidates d'objets (boîtes englobantes) dans les tâches de détection d'objets. Ces propositions sont ensuite transmises à un classificateur et un régresseur pour affiner les boîtes englobantes et prédire les classes des objets.

12. **Réponse :** Les RNNs classiques ont du mal avec les dépendances à long terme en raison du problème de disparition du gradient. Les LSTMs résolvent cette limitation en introduisant des portes (oubli, entrée, sortie) qui contrôlent le flux d'information et aident à maintenir la mémoire à long terme.

13. **Réponse :** La porte d'oubli décide quelles informations écarter de l'état précédent de la cellule, la porte d'entrée détermine quelles nouvelles informations doivent être ajoutées, et la porte de sortie contrôle quelle partie de l'état de la cellule est utilisée pour produire l'état caché.

14. **Réponse :** Les GRUs simplifient l'architecture LSTM en combinant les portes d'oubli et d'entrée en une seule porte de mise à jour. Les GRUs sont généralement plus efficaces que les LSTMs car ils ont moins de paramètres et sont computationnellement plus légers.

15. **Réponse :** Les transformers ne reposent pas sur un traitement séquentiel et peuvent traiter des séquences entières en une seule fois en utilisant l'auto-attention, permettant une meilleure parallélisation et une meilleure gestion des dépendances à longue portée dans les données.

16. **Réponse :** L'auto-attention permet aux transformers de se concentrer sur différentes parties de la séquence en attribuant différents poids à chaque élément. Cela permet au modèle de capturer les relations entre des éléments distants dans la séquence sans les traiter étape par étape.

17. **Réponse :** Les encodages positionnels sont nécessaires car les transformers ne capturent pas intrinsèquement l'ordre de la séquence, contrairement aux RNNs. Les

encodages positionnels fournissent des informations sur la position relative de chaque élément dans la séquence.

18. **Réponse :** Les transformers sont utilisés dans des tâches comme la traduction automatique (par exemple, **Google Translate**) en faisant correspondre une séquence d'entrée dans une langue à une séquence de sortie dans une autre langue. Dans la synthèse de texte, les transformers génèrent des résumés concis en captant les points clés du texte d'entrée.

Partie 3 : IA de pointe et applications pratiques

Chapitre 7 : Concepts avancés d'apprentissage profond

À mesure que les systèmes d'intelligence artificielle deviennent de plus en plus sophistiqués et puissants, l'apprentissage profond continue d'élargir les frontières des capacités des machines. Un domaine qui a suscité un intérêt considérable est celui de l'apprentissage non supervisé et génératif. Ce chapitre explore des concepts avancés tels que les **autoencodeurs**, les **autoencodeurs variationnels (VAE)**, et les **réseaux antagonistes génératifs (GAN)**, ainsi que d'autres architectures de pointe.

Ces approches innovantes permettent aux modèles d'IA d'accomplir des prouesses remarquables, notamment la génération de données entièrement nouvelles, la compression d'informations avec une efficacité sans précédent, et l'identification d'anomalies subtiles dans des ensembles de données complexes.

Notre exploration commence par un examen complet des autoencodeurs et des VAE. Ces techniques fondamentales de l'apprentissage non supervisé ont révolutionné de nombreux domaines, offrant un large éventail d'applications.

Des taux de compression de données remarquables à la génération d'images synthétiques hautement réalistes, en passant par l'extraction de caractéristiques significatives à partir de données brutes, les autoencodeurs et les VAE sont devenus des outils indispensables dans la boîte à outils moderne de l'apprentissage automatique. Nous explorerons le fonctionnement complexe de ces modèles, en dévoilant leurs principes sous-jacents et en présentant leurs implémentations pratiques dans divers scénarios réels.

7.1 Autoencodeurs et Autoencodeurs Variationnels (VAE)

Dans cette section, nous explorons deux puissantes techniques d'apprentissage non supervisé : les Autoencodeurs et les Autoencodeurs Variationnels (VAE). Ces architectures de réseaux neuronaux ont révolutionné le domaine de l'apprentissage automatique en permettant la compression efficace des données, l'extraction de caractéristiques et la modélisation générative. Nous explorerons leurs principes fondamentaux, leurs conceptions architecturales et leurs applications pratiques dans divers domaines.

7.1.1 Autoencodeurs : Une vue d'ensemble

Un **autoencodeur** est une architecture sophistiquée de réseau neuronal conçue pour l'apprentissage non supervisé. Son objectif principal est d'apprendre une représentation efficace et compressée (encodage) des données d'entrée, puis de reconstruire l'entrée à partir de cette version condensée. Ce processus est crucial car il oblige le réseau à identifier et à conserver les caractéristiques les plus saillantes des données tout en filtrant efficacement le bruit et les informations superflues.

L'architecture d'un autoencodeur est d'une élégante simplicité, mais puissante, composée de deux éléments principaux :

1. Encodeur

Ce composant crucial forme la base de l'architecture de l'autoencodeur. Sa fonction principale est de compresser les données d'entrée de haute dimension en une représentation compacte de dimension inférieure, connue sous le nom d'espace latent. Ce processus de réduction dimensionnelle s'apparente à distiller l'essence des données, en captant leurs caractéristiques les plus saillantes tout en écartant les informations redondantes ou moins importantes.

L'espace latent, souvent appelé le "goulot d'étranglement" du réseau, sert de représentation compressée et abstraite de l'entrée. Ce goulot force l'encodeur à apprendre un schéma d'encodage efficace, créant effectivement une version condensée des données originales qui conserve leurs caractéristiques les plus essentielles.

L'encodeur réalise cette compression à travers une série de couches de réseau neuronal, impliquant généralement des opérations telles que des convolutions, du pooling et des activations non linéaires. À mesure que les données traversent ces couches, le réseau transforme progressivement l'entrée en représentations de plus en plus abstraites et compactes. La couche finale de l'encodeur produit la représentation de l'espace latent, que l'on peut considérer comme un ensemble de coordonnées dans un espace de haute dimension où des points de données similaires se regroupent.

Ce processus de projection des données d'entrée de haute dimension vers un espace latent de dimension inférieure n'est pas une simple technique de compression. Il s'agit plutôt d'une transformation apprise qui vise à préserver les caractéristiques et les relations les plus importantes au sein des données. L'encodeur apprend à identifier et à prioriser les aspects les plus informatifs de l'entrée, créant une représentation qui peut être utilisée efficacement pour diverses tâches en aval comme la reconstruction, la génération ou l'analyse approfondie.

2. Décodeur

Le décodeur est un composant crucial qui prend la représentation compressée de l'espace latent et reconstruit habilement les données d'entrée originales. Ce processus complexe de reconstruction remplit plusieurs objectifs essentiels :

Premièrement, il garantit que la représentation compressée dans l'espace latent conserve suffisamment d'informations pour régénérer l'entrée avec une haute fidélité. Ceci est essentiel pour maintenir l'intégrité et l'utilité de l'autoencodeur.

Deuxièmement, le décodeur agit comme un puissant modèle génératif. En lui fournissant différentes représentations latentes, nous pouvons générer de nouvelles données synthétiques qui ressemblent étroitement à la distribution d'entrée originale. Cette capacité est particulièrement précieuse dans diverses applications telles que l'augmentation de données et la génération de contenu créatif.

De plus, la capacité du décodeur à reconstruire des données à partir de l'espace latent fournit des informations sur la qualité et la pertinence des représentations apprises. Si la sortie reconstruite correspond étroitement à l'entrée originale, cela indique que l'encodeur a réussi à capturer les caractéristiques les plus saillantes des données dans leur forme compressée.

L'architecture du décodeur est généralement une image miroir de l'encodeur, utilisant des techniques telles que les convolutions transposées ou les couches d'upsampling pour augmenter progressivement la dimensionnalité des données à leur taille originale. Cette symétrie dans l'architecture aide à maintenir l'intégrité structurelle de l'information lorsqu'elle circule à travers le réseau.

Le processus d'entraînement d'un autoencodeur est centré sur la minimisation de l'erreur de reconstruction - la différence entre l'entrée originale et la sortie reconstruite. Ce processus d'optimisation pousse le réseau à apprendre une représentation significative et efficace des données. En conséquence, les autoencodeurs deviennent compétents pour capturer la structure et les modèles sous-jacents des données.

Les applications des autoencodeurs sont diverses et percutantes. Ils excellent dans des tâches telles que :

Réduction de dimensionnalité

Les autoencodeurs excellent à compresser des données de haute dimension en représentations compactes de dimension inférieure. Cette capacité est particulièrement précieuse dans la visualisation de données, où des ensembles de données complexes peuvent être projetés sur des espaces 2D ou 3D pour une interprétation plus facile. Dans l'extraction de caractéristiques, les autoencodeurs peuvent identifier les caractéristiques les plus saillantes des données, distillant efficacement de grands ensembles de données complexes en leurs composants essentiels.

La puissance des autoencodeurs dans la réduction de dimensionnalité va au-delà de la simple compression. En forçant le réseau à apprendre une représentation compressée, les autoencodeurs créent efficacement une projection non linéaire des données d'entrée vers un espace de dimension inférieure. Cette projection capture souvent des modèles et des structures sous-jacents qui pourraient ne pas être apparents dans l'espace original de haute dimension.

Par exemple, dans le traitement d'images, un autoencodeur pourrait apprendre à représenter des images en termes de caractéristiques abstraites comme les bords, les formes et les textures, plutôt qu'en valeurs de pixels individuelles. Dans le traitement du langage naturel, il pourrait apprendre à représenter des mots ou des phrases en termes de contenu sémantique, plutôt que simplement leurs caractéristiques de surface.

Les avantages de cette réduction de dimensionnalité sont multiples :

- Visualisation améliorée : En réduisant les données à des représentations 2D ou 3D, les autoencodeurs permettent la création de visualisations intuitives qui peuvent révéler des clusters, des tendances et des valeurs aberrantes dans les données.
- Performance améliorée de l'apprentissage automatique : Les représentations de dimension inférieure conduisent souvent à des temps d'entraînement plus rapides et à une meilleure généralisation dans les tâches d'apprentissage automatique subséquentes. Cela s'explique par le fait que l'autoencodeur a déjà fait une grande partie du travail d'extraction de caractéristiques pertinentes à partir des données brutes.
- Réduction du bruit : Le processus d'encodage puis de décodage des données a souvent pour effet de filtrer le bruit, car le réseau apprend à se concentrer sur les aspects les plus importants de l'entrée.
- Compression de données : Dans les scénarios où le stockage ou la transmission de données est une préoccupation, les autoencodeurs peuvent être utilisés pour créer des représentations compressées efficaces des données.

En outre, l'espace latent appris par les autoencodeurs présente souvent des propriétés intéressantes qui peuvent être exploitées pour diverses tâches. Par exemple, l'interpolation entre des points dans l'espace latent peut générer de nouveaux points de données significatifs, ce qui peut être utile pour l'augmentation de données ou des applications créatives.

Cette réduction de dimensionnalité non seulement aide à la visualisation et accélère les tâches d'apprentissage automatique subséquentes en réduisant la complexité computationnelle, mais fournit également un outil puissant pour comprendre et manipuler des ensembles de données complexes et de haute dimension dans un large éventail d'applications.

Détection d'anomalies

Les autoencodeurs excellent à identifier les anomalies ou les valeurs aberrantes en apprenant à reconstruire des modèles normaux dans les données. Cette capacité découle de leur architecture unique et de leur processus d'entraînement. Lorsqu'un autoencodeur rencontre un point de données anormal, il a du mal à le reconstruire avec précision, ce qui entraîne une erreur de reconstruction plus élevée. Cette différence entre l'entrée et la sortie reconstruite sert d'indicateur puissant d'anomalies.

Le processus fonctionne comme suit : pendant l'entraînement, l'autoencodeur apprend à compresser et à reconstruire efficacement des points de données typiques, "normaux". Il développe une représentation interne qui capture les caractéristiques essentielles et les modèles de la distribution de données. Lorsqu'il est confronté à un point de données anormal qui s'écarte significativement de cette distribution apprise, la tentative de reconstruction de l'autoencodeur échoue, conduisant à une erreur plus importante.

Cette propriété rend les autoencodeurs particulièrement précieux dans divers domaines :

- Détection de fraude financière : Dans la banque et la finance, les autoencodeurs peuvent identifier des modèles de transaction inhabituels qui pourraient indiquer une activité frauduleuse. En apprenant les caractéristiques des transactions légitimes, ils peuvent signaler celles qui s'écartent significativement de la norme.
- Contrôle qualité en fabrication : Dans les environnements industriels, les autoencodeurs peuvent détecter des défauts de fabrication en apprenant les caractéristiques des produits correctement fabriqués et en identifiant les articles qui ne se conforment pas à ces modèles.
- Cybersécurité : Les systèmes de détection d'intrusion réseau peuvent employer des autoencodeurs pour identifier des modèles de trafic inhabituels qui pourraient signaler une cyberattaque ou des tentatives d'accès non autorisées.
- Santé : Les autoencodeurs peuvent aider à détecter des anomalies dans l'imagerie médicale ou les signes vitaux des patients, identifiant potentiellement les signes précoces de maladies ou des problèmes de santé urgents.

La puissance des autoencodeurs dans la détection d'anomalies réside dans leur nature non supervisée. Contrairement aux méthodes d'apprentissage supervisé qui nécessitent des exemples étiquetés d'anomalies, les autoencodeurs peuvent repérer des écarts par rapport à la norme sans étiquetage explicite des instances anormales. Cela les rend particulièrement utiles dans des scénarios où les anomalies sont rares, diverses ou difficiles à définir explicitement.

De plus, les autoencodeurs peuvent s'adapter à l'évolution des distributions de données au fil du temps. À mesure que de nouvelles données sont traitées, le modèle peut être affiné pour capturer les changements dans ce qui constitue un comportement "normal", maintenant son efficacité dans des environnements dynamiques.

Cependant, il est important de noter que si les autoencodeurs sont des outils puissants pour la détection d'anomalies, ils ne sont pas sans limites. L'efficacité d'un système de détection d'anomalies basé sur un autoencodeur dépend de facteurs tels que la qualité et la représentativité des données d'entraînement, l'architecture de l'autoencodeur et le seuil choisi pour déterminer ce qui constitue une anomalie. Par conséquent, dans les applications pratiques, les autoencodeurs sont souvent utilisés conjointement avec d'autres techniques pour créer des systèmes de détection d'anomalies robustes et fiables.

Débruitage

Les autoencodeurs peuvent être spécifiquement entraînés pour éliminer le bruit des données, un processus connu sous le nom de débruitage. Cette technique puissante implique de corrompre intentionnellement les données d'entrée avec du bruit pendant l'entraînement et de charger l'autoencodeur de reconstruire la version originale, propre. Grâce à ce processus, le modèle apprend à distinguer entre le signal significatif et le bruit indésirable, filtrant efficacement les distorsions et les artefacts.

Les applications des autoencodeurs de débruitage sont vastes et percutantes dans divers domaines :

- Imagerie médicale : En radiologie, les autoencodeurs de débruitage peuvent améliorer significativement la qualité des radiographies, IRM et scanners CT. En réduisant le bruit et les artefacts, ces modèles aident les professionnels médicaux à établir des diagnostics plus précis et à identifier des anomalies subtiles qui pourraient autrement être masquées.
- Traitement audio : Dans le domaine de la reconnaissance vocale et de la production musicale, les autoencodeurs de débruitage peuvent isoler et amplifier les sons désirés tout en supprimant le bruit de fond. Cela est particulièrement précieux pour améliorer la précision des assistants vocaux, améliorer la qualité de la musique enregistrée et aider dans la criminalistique audio.
- Données de capteurs industriels : Dans les applications de fabrication et d'IoT, les données de capteurs contiennent souvent du bruit dû à des facteurs environnementaux ou aux limitations des équipements. Les autoencodeurs de débruitage peuvent nettoyer ces données, menant à des systèmes de surveillance plus fiables, une maintenance prédictive et des processus de contrôle qualité améliorés.
- Imagerie astronomique : Les télescopes spatiaux capturent des images qui sont souvent affectées par le rayonnement cosmique et d'autres formes d'interférence. Les autoencodeurs de débruitage peuvent aider les astronomes à récupérer des images plus claires et plus détaillées de corps célestes distants, menant potentiellement à de nouvelles découvertes en astrophysique.

La puissance des autoencodeurs de débruitage réside dans leur capacité à apprendre des modèles de bruit complexes et à les séparer de la structure sous-jacente des données. Cela va au-delà des simples techniques de filtrage, car le modèle peut s'adapter à divers types de bruit et préserver les caractéristiques importantes du signal original. En conséquence, les autoencodeurs de débruitage sont devenus un outil essentiel dans le traitement du signal, le nettoyage des données et l'extraction de caractéristiques dans un large éventail d'applications scientifiques et industrielles.

Apprentissage de caractéristiques

Les représentations de l'espace latent apprises par les autoencodeurs constituent un outil puissant pour capturer des caractéristiques significatives et abstraites des données d'entrée. Cette capacité va bien au-delà de la simple compression de données, offrant une approche sophistiquée pour comprendre des structures de données complexes.

Dans le domaine du traitement d'images, ces caractéristiques apprises correspondent souvent à des concepts visuels de haut niveau. Par exemple, lorsqu'elles sont appliquées à des tâches de reconnaissance faciale, les représentations latentes peuvent encoder des caractéristiques telles que la structure du visage, l'expression, ou même des concepts plus abstraits comme l'âge ou le genre. Cette capacité à distiller des informations visuelles complexes en représentations compactes et significatives a des implications importantes pour les applications de vision par ordinateur, allant des systèmes de reconnaissance faciale à l'analyse d'imagerie médicale.

Dans le traitement du langage naturel (NLP), les autoencodeurs peuvent apprendre à représenter des mots ou des phrases de manière à capturer des relations sémantiques et syntaxiques profondes. Ces représentations peuvent encoder des nuances de langage comme le contexte, le ton, ou même des concepts abstraits, fournissant une base riche pour des tâches comme l'analyse de sentiment, la traduction linguistique ou la génération de texte. Par exemple, dans la modélisation thématique, les caractéristiques dérivées d'autoencodeurs peuvent capturer des éléments thématiques qui s'étendent sur plusieurs documents, offrant des perspectives qui vont au-delà de la simple analyse par mots-clés.

La puissance de ces caractéristiques apprises devient particulièrement évidente dans les scénarios d'apprentissage par transfert. Les modèles pré-entraînés sur de grands ensembles de données diversifiés peuvent générer des représentations de caractéristiques riches qui peuvent être affinées pour des tâches spécifiques avec un minimum de données d'entraînement supplémentaires. Cette approche a révolutionné de nombreux domaines de l'apprentissage automatique, permettant le développement rapide de modèles sophistiqués dans des domaines où les données étiquetées sont rares.

De plus, les capacités d'apprentissage de caractéristiques des autoencodeurs ont trouvé des applications dans la détection d'anomalies et le débruitage des données. En apprenant à reconstruire des modèles de données 'normaux', les autoencodeurs peuvent identifier les valeurs aberrantes ou les points de données corrompus qui s'écartent significativement de ces représentations apprises. Cela a des implications pratiques dans des domaines tels que la détection de fraude dans les transactions financières, l'identification de défauts de fabrication, ou la détection de modèles inhabituels dans les données médicales.

Alors que la recherche dans ce domaine continue d'avancer, nous assistons à l'émergence d'architectures d'autoencodeurs plus sophistiquées, telles que les autoencodeurs variationnels (VAE) et les autoencodeurs antagonistes. Ces modèles non seulement apprennent des caractéristiques significatives mais capturent également les distributions de probabilité sous-jacentes des données, ouvrant de nouvelles possibilités pour la modélisation générative et la synthèse de données.

L'impact de l'apprentissage de caractéristiques basé sur les autoencodeurs s'étend à diverses industries et disciplines scientifiques. Dans la découverte de médicaments, ces techniques sont utilisées pour identifier des candidats médicaments potentiels en apprenant des représentations compactes de structures moléculaires. En robotique, elles aident à créer des systèmes de contrôle plus efficaces et adaptables en apprenant des représentations compactes d'environnements et de tâches complexes.

Alors que nous continuons à repousser les limites du possible avec les autoencodeurs et l'apprentissage de caractéristiques, nous pouvons nous attendre à voir émerger des applications encore plus innovantes, renforçant davantage le rôle de ces techniques comme pierre angulaire de l'apprentissage automatique moderne et de l'intelligence artificielle.

La polyvalence et l'efficacité des autoencodeurs en ont fait une pierre angulaire dans le domaine de l'apprentissage non supervisé, ouvrant de nouvelles possibilités pour l'analyse de données et l'apprentissage de représentations dans divers domaines.

Exemple : Construction d'un autoencodeur simple avec Keras

Implémentons un autoencodeur de base dans Keras en utilisant le jeu de données **MNIST** (un ensemble de chiffres manuscrits).

```
import tensorflow as tf
from tensorflow.keras import layers, models

# Load the MNIST dataset and normalize it
(x_train, _), (x_test, _) = tf.keras.datasets.mnist.load_data()
x_train = x_train.astype('float32') / 255.
x_test = x_test.astype('float32') / 255.
x_train = x_train.reshape((len(x_train), 28, 28, 1))
x_test = x_test.reshape((len(x_test), 28, 28, 1))

# Encoder
input_img = layers.Input(shape=(28, 28, 1))
x = layers.Conv2D(16, (3, 3), activation='relu', padding='same')(input_img)
x = layers.MaxPooling2D((2, 2), padding='same')(x)
x = layers.Conv2D(8, (3, 3), activation='relu', padding='same')(x)
x = layers.MaxPooling2D((2, 2), padding='same')(x)
encoded = layers.Conv2D(8, (3, 3), activation='relu', padding='same')(x)

# Decoder
x = layers.Conv2D(8, (3, 3), activation='relu', padding='same')(encoded)
x = layers.UpSampling2D((2, 2))(x)
x = layers.Conv2D(16, (3, 3), activation='relu')(x)
x = layers.UpSampling2D((2, 2))(x)
decoded = layers.Conv2D(1, (3, 3), activation='sigmoid', padding='same')(x)

# Autoencoder model
autoencoder = models.Model(input_img, decoded)
autoencoder.compile(optimizer='adam', loss='binary_crossentropy')
```

```
# Train the autoencoder
autoencoder.fit(x_train, x_train, epochs=50, batch_size=256, validation_data=(x_test,
x_test))
```

Ce code implémente un auto-encodeur de base utilisant Keras pour le jeu de données MNIST de chiffres manuscrits.

Voici une analyse des principaux composants :

- Préparation des données : Le jeu de données MNIST est chargé, normalisé à des valeurs entre 0 et 1, et redimensionné pour s'adapter à la forme d'entrée de l'auto-encodeur.
- Encodeur : La partie encodeur de l'auto-encodeur utilise des couches convolutives pour compresser l'image d'entrée. Il se compose de trois couches Conv2D avec activation ReLU et deux couches MaxPooling2D pour réduire la dimensionnalité.
- Décodeur : Le décodeur reflète la structure de l'encodeur mais utilise des couches UpSampling2D pour augmenter la dimensionnalité. Il reconstruit l'image originale à partir de la représentation compressée.
- Compilation du modèle : Le modèle d'auto-encodeur est compilé en utilisant l'optimiseur Adam et la fonction de perte d'entropie croisée binaire, qui est adaptée aux tâches de reconstruction d'image.
- Entraînement : Le modèle est entraîné pendant 50 époques avec une taille de lot de 256, en utilisant les données d'entraînement à la fois comme entrée et comme cible. Les données de test sont utilisées pour la validation.

Cet auto-encodeur apprend à compresser les images MNIST dans une représentation de dimension inférieure puis à les reconstruire, apprenant potentiellement des caractéristiques utiles dans le processus.

7.1.2 Auto-encodeurs variationnels (VAE)

Alors que les auto-encodeurs standard excellent dans la compression de données, les **Auto-encodeurs variationnels (VAE)** élèvent ce concept en introduisant un élément probabiliste au processus d'encodage. Contrairement aux auto-encodeurs traditionnels qui associent chaque entrée à un point fixe dans l'espace latent, les VAE génèrent une distribution de probabilité – généralement gaussienne – à partir de laquelle les variables latentes sont échantillonnées. Cette approche probabiliste permet aux VAE de capturer plus efficacement la structure sous-jacente des données, en tenant compte de la variabilité et de l'incertitude inhérentes.

La nature probabiliste des VAE les rend particulièrement puissants pour la **modélisation générative**. En apprenant à associer les entrées à des distributions plutôt qu'à des points fixes, les VAE peuvent générer des points de données divers et nouveaux qui sont cohérents avec la distribution apprise. Cela est réalisé en échantillonnant l'espace latent puis en décodant ces échantillons, ce qui donne de nouvelles données qui ressemblent étroitement à l'ensemble d'entraînement. Cette capacité a des implications considérables dans divers domaines :

- En vision par ordinateur, les VAE peuvent générer de nouvelles images réalistes qui conservent les caractéristiques des données d'entraînement, comme la création de nouveaux visages ou styles artistiques.
- En traitement du langage naturel, les VAE peuvent être utilisés pour la génération de texte, produisant des phrases ou paragraphes cohérents qui capturent l'essence du corpus d'entraînement.
- Dans la découverte de médicaments, les VAE peuvent suggérer de nouvelles structures moléculaires avec les propriétés souhaitées, accélérant potentiellement le développement de nouveaux produits pharmaceutiques.

De plus, l'espace latent appris par les VAE capture souvent des caractéristiques significatives des données d'entrée, permettant une manipulation intuitive et une interpolation entre différents points de données. Cette propriété rend les VAE précieux pour des tâches telles que l'augmentation de données, la détection d'anomalies, et même l'apprentissage par transfert entre différents domaines.

Comment fonctionnent les VAE

1. **Encodeur** : L'encodeur dans un VAE diffère significativement d'un auto-encodeur standard. Au lieu de produire une représentation latente unique et fixe, il génère deux paramètres clés : la **moyenne** et la **log-variance** d'une distribution de probabilité dans l'espace latent. Cette approche probabiliste permet au VAE de capturer l'incertitude et la variabilité dans les données d'entrée. La représentation latente réelle est ensuite échantillonnée à partir d'une distribution normale définie par ces paramètres, introduisant un élément stochastique qui améliore les capacités génératives du modèle.
2. **Décodeur** : Le décodeur dans un VAE fonctionne de manière similaire à celui d'un auto-encodeur standard, mais avec une différence cruciale. Il prend la représentation latente échantillonnée comme entrée et reconstruit les données originales. Cependant, comme cette entrée est maintenant un échantillon d'une distribution de probabilité plutôt qu'un point fixe, le décodeur apprend à être plus robuste et flexible. Cela permet au VAE de générer des sorties diverses, mais réalistes, même lors de l'échantillonnage de différents points de l'espace latent.
3. **Divergence KL** : La divergence de Kullback-Leibler (KL) joue un rôle vital dans les VAE, servant de terme de régularisation dans la fonction de perte. Elle assure que la distribution latente apprise se rapproche d'une distribution gaussienne standard. Cette régularisation a deux effets importants :
    - Elle encourage l'espace latent à être continu et bien structuré, facilitant une interpolation fluide entre différents points.

- Elle empêche le modèle de simplement mémoriser les données d'entraînement, en apprenant plutôt une représentation significative et généralisable.

L'équilibre entre la précision de reconstruction et la divergence KL est crucial pour la performance et les capacités génératives du VAE.

1. **Astuce de reparamétrisation** : Pour permettre la rétropropagation à travers le processus d'échantillonnage, les VAE emploient l'astuce de reparamétrisation. Cela consiste à exprimer l'échantillonnage aléatoire comme une fonction déterministe de la moyenne, de la log-variance et d'une source externe d'aléatoire. Cette technique ingénieuse permet au modèle d'être entraîné de bout en bout en utilisant des méthodes d'optimisation standard.
2. **Fonction de perte** : La fonction de perte du VAE combine deux composantes :
   - Perte de reconstruction : Mesure la capacité du décodeur à reconstruire l'entrée à partir de la représentation latente échantillonnée.
   - Divergence KL : Régularise la distribution de l'espace latent.

Équilibrer ces deux composantes est essentiel pour entraîner un VAE efficace qui peut à la fois reconstruire précisément les entrées et générer des échantillons nouveaux et réalistes.

Exemple : Implémentation d'un Auto-encodeur variationnel avec Keras

```
from tensorflow.keras import layers, models
import tensorflow as tf
import numpy as np

# Sampling function for the latent space
def sampling(args):
    z_mean, z_log_var = args
    batch = tf.shape(z_mean)[0]
    dim = tf.shape(z_mean)[1]
    epsilon = tf.keras.backend.random_normal(shape=(batch, dim))
    return z_mean + tf.exp(0.5 * z_log_var) * epsilon

# Encoder
latent_dim = 2
inputs = layers.Input(shape=(28, 28, 1))
x = layers.Conv2D(32, 3, activation="relu", strides=2, padding="same")(inputs)
x = layers.Conv2D(64, 3, activation="relu", strides=2, padding="same")(x)
x = layers.Flatten()(x)
x = layers.Dense(16, activation="relu")(x)
z_mean = layers.Dense(latent_dim, name="z_mean")(x)
z_log_var = layers.Dense(latent_dim, name="z_log_var")(x)

# Latent space sampling
z   =   layers.Lambda(sampling,   output_shape=(latent_dim,),   name="z")([z_mean,
z_log_var])
```

```
# Decoder
decoder_input = layers.Input(shape=(latent_dim,))
x = layers.Dense(7 * 7 * 64, activation="relu")(decoder_input)
x = layers.Reshape((7, 7, 64))(x)
x = layers.Conv2DTranspose(64, 3, activation="relu", strides=2, padding="same")(x)
x = layers.Conv2DTranspose(32, 3, activation="relu", strides=2, padding="same")(x)
decoder_output = layers.Conv2DTranspose(1, 3, activation="sigmoid",
padding="same")(x)

# VAE model
encoder = models.Model(inputs, [z_mean, z_log_var, z], name="encoder")
decoder = models.Model(decoder_input, decoder_output, name="decoder")
vae_output = decoder(encoder(inputs)[2])

vae = models.Model(inputs, vae_output, name="vae")

# Loss: Reconstruction + KL divergence
reconstruction_loss =
tf.keras.losses.binary_crossentropy(tf.keras.backend.flatten(inputs),
tf.keras.backend.flatten(vae_output))
reconstruction_loss *= 28 * 28
kl_loss = 1 + z_log_var - tf.square(z_mean) - tf.exp(z_log_var)
kl_loss = tf.reduce_mean(-0.5 * tf.reduce_sum(kl_loss, axis=-1))
vae_loss = tf.reduce_mean(reconstruction_loss + kl_loss)

vae.add_loss(vae_loss)
vae.compile(optimizer="adam")

# Train the VAE
vae.fit(x_train, x_train, epochs=50, batch_size=128, validation_data=(x_test,
x_test))
```

Ce code implémente un Auto-encodeur variationnel (VAE) utilisant Keras et TensorFlow.

Voici une décomposition des composants clés :

- Fonction d'échantillonnage : La fonction sampling implémente l'astuce de reparamétrisation, qui permet au modèle de rétropropager à travers le processus d'échantillonnage aléatoire.
- Encodeur : Le réseau encodeur prend l'entrée (images 28x28x1) et produit la moyenne et la log-variance de la distribution de l'espace latent. Il utilise des couches convolutives et denses.
- Espace latent : L'espace latent est échantillonné à l'aide de la fonction sampling, créant une représentation latente bidimensionnelle.
- Décodeur : Le décodeur prend la représentation latente et reconstruit l'image originale. Il utilise des couches denses et convolutives transposées.

- Modèle VAE : Le modèle VAE complet est créé en combinant l'encodeur et le décodeur.
- Fonction de perte : La perte comprend deux parties :
    - Perte de reconstruction : Entropie croisée binaire entre l'entrée et la sortie reconstruite
    - Perte de divergence KL : Assure que la distribution latente apprise est proche d'une distribution normale standard
- Entraînement : Le modèle est compilé avec l'optimiseur Adam et entraîné pendant 50 époques en utilisant le jeu de données MNIST (représenté par x_train et x_test).

Ce VAE peut apprendre à compresser les chiffres MNIST dans un espace latent 2D et générer de nouveaux chiffres similaires en échantillonnant cet espace.

7.2 Réseaux antagonistes génératifs (GANs) et leurs applications

Cette section approfondira les concepts fondamentaux des GANs, explorant leur architecture unique qui oppose deux réseaux neuronaux dans un processus d'entraînement antagoniste. Nous examinerons comment cette approche innovante permet aux GANs de générer des données remarquablement réalistes, des images et vidéos aux textes et même à la musique.

De plus, nous discuterons des diverses applications des GANs et leur potentiel à transformer des industries allant de l'art et du divertissement à la santé et la recherche scientifique.

En comprenant les principes et les applications des GANs, vous obtiendrez un aperçu de l'un des domaines les plus passionnants et en évolution rapide de l'intelligence artificielle, ouvrant de nouvelles possibilités pour la résolution créative de problèmes et la génération de données.

7.2.1 Introduction aux GANs

Les **réseaux antagonistes génératifs (GANs)**, introduits par Ian Goodfellow en 2014, représentent un paradigme révolutionnaire en apprentissage profond. Ces modèles sophistiqués se composent de deux réseaux neuronaux en compétition : le **générateur** et le **discriminateur**, engagés dans un processus d'entraînement antagoniste qui pousse les deux réseaux à s'améliorer continuellement.

Le réseau **générateur** assume le rôle d'un faussaire, chargé de créer des données indiscernables des échantillons réels. Il commence avec un vecteur de bruit aléatoire et le raffine progressivement en un fac-similé convaincant de la distribution cible des données. Ce processus implique des transformations complexes qui font passer le bruit à travers plusieurs couches du réseau, chacune contribuant à la création de sorties de plus en plus réalistes.

De l'autre côté de ce duel d'intelligence artificielle se trouve le réseau **discriminateur**. Agissant comme un critique perspicace, l'objectif du discriminateur est de différencier les données authentiques des fabrications du générateur. Il analyse les entrées et produit un score de probabilité, indiquant sa confiance quant à l'authenticité d'un échantillon donné. Cette tâche de classification binaire exige que le discriminateur développe une compréhension nuancée des motifs et caractéristiques complexes qui caractérisent les données réelles.

Le cœur de l'entraînement des GANs réside dans la relation antagoniste entre ces deux réseaux, souvent décrite comme un **jeu minimax**. Dans cette compétition aux enjeux élevés :

- Le générateur s'efforce de produire des contrefaçons de plus en plus convaincantes, visant à créer des sorties qui peuvent passer l'examen minutieux du discriminateur sans être détectées.
- Le discriminateur, à son tour, affine sa capacité à repérer même les signes les plus subtils de génération artificielle, s'adaptant constamment aux techniques d'amélioration du générateur.

Ce processus itératif crée une boucle de rétroaction d'amélioration continue. À mesure que le générateur devient plus apte à créer des données réalistes, le discriminateur doit évoluer pour maintenir son avantage dans la détection. Inversement, à mesure que le discriminateur devient plus perspicace, il fournit des retours plus précis au générateur, le guidant vers des sorties encore plus convaincantes. Cette interaction dynamique pousse les deux réseaux à atteindre de nouveaux niveaux de sophistication.

Au fil du temps, ce régime d'entraînement antagoniste pousse le générateur à produire des résultats d'une qualité et d'un réalisme étonnants. L'objectif final est d'atteindre un point où les données générées sont pratiquement indiscernables des échantillons réels, même pour le discriminateur le plus exigeant. Cette capacité ouvre un monde de possibilités dans divers domaines, de la création d'images photoréalistes à la génération de données synthétiques pour la recherche et le développement.

Processus d'entraînement des GANs : Un regard détaillé

L'entraînement des réseaux antagonistes génératifs (GANs) est un processus complexe qui implique un équilibre délicat entre deux réseaux neuronaux en compétition. Décomposons ce processus en étapes plus détaillées :

- **Étape 1 : Initialisation du générateur** Le générateur commence avec du bruit aléatoire comme entrée et tente de créer des données qui ressemblent à la distribution cible. Initialement, ces sorties sont susceptibles d'être de mauvaise qualité et facilement distinguables des données réelles.
- **Étape 2 : Entraînement du discriminateur** Le discriminateur est présenté avec un mélange de données réelles provenant de l'ensemble d'entraînement et de données fausses produites par le générateur. Il apprend à différencier les deux, devenant effectivement un classificateur binaire.

- **Étape 3 : Entraînement du générateur** En utilisant les retours du discriminateur, le générateur ajuste ses paramètres pour produire des données fausses plus convaincantes. L'objectif est de créer des sorties que le discriminateur classe comme réelles.
- **Étape 4 : Amélioration itérative** Les étapes 2 et 3 sont répétées de manière itérative. À mesure que le générateur s'améliore, le discriminateur doit également améliorer sa capacité à détecter des faux de plus en plus sophistiqués.
- **Étape 5 : Équilibre** Idéalement, le processus converge vers un point où le générateur produit des données indiscernables des échantillons réels, et le discriminateur ne peut plus différencier avec certitude les données réelles des fausses.

La formulation mathématique de ce processus est capturée dans la fonction de perte GAN :

$$\min_G \max_D Ex \sim pdata[\log D(x)] + Ez \sim pz\left[\log\left(1 - D\big(G(z)\big)\right)\right]$$

Cette équation encapsule le jeu minimax entre le générateur (G) et le discriminateur (D). Décomposons ses composants :

- G : Le réseau générateur
- D : Le réseau discriminateur
- x : Échantillons de la distribution de données réelles
- z : Entrée de bruit aléatoire au générateur
- p*data* : La distribution des données réelles
- pz : La distribution de l'entrée de bruit aléatoire

Le premier terme, $Ex \sim pdata[\log D(x)]$, représente la capacité du discriminateur à classifier correctement les données réelles. Le second terme, $Ez \sim pz\left[\log\left(1 - D\big(G(z)\big)\right)\right]$, représente sa capacité à classifier correctement les données fausses générées.

Le générateur vise à minimiser cette fonction, tandis que le discriminateur tente de la maximiser. Ce processus antagoniste pousse les deux réseaux à s'améliorer simultanément, conduisant à la génération de données de plus en plus réalistes.

7.2.2 Implémentation d'un GAN simple avec PyTorch

Examinons comment construire un GAN simple en PyTorch pour générer des images. Nous utiliserons le jeu de données **MNIST** pour cet exemple.

Exemple : GAN pour la génération d'images MNIST avec PyTorch

```
import torch
```

```
import torch.nn as nn
import torch.optim as optim
from torchvision import datasets, transforms
from torch.utils.data import DataLoader

# Generator model
class Generator(nn.Module):
    def __init__(self, input_dim, output_dim):
        super(Generator, self).__init__()
        self.model = nn.Sequential(
            nn.Linear(input_dim, 128),
            nn.ReLU(True),
            nn.Linear(128, 256),
            nn.ReLU(True),
            nn.Linear(256, 512),
            nn.ReLU(True),
            nn.Linear(512, output_dim),
            nn.Tanh()  # Tanh activation to scale the output to [-1, 1]
        )

    def forward(self, x):
        return self.model(x)

# Discriminator model
class Discriminator(nn.Module):
    def __init__(self, input_dim):
        super(Discriminator, self).__init__()
        self.model = nn.Sequential(
            nn.Linear(input_dim, 512),
            nn.LeakyReLU(0.2, inplace=True),
            nn.Linear(512, 256),
            nn.LeakyReLU(0.2, inplace=True),
            nn.Linear(256, 1),
            nn.Sigmoid()  # Sigmoid activation for binary classification
        )

    def forward(self, x):
        return self.model(x)

# Hyperparameters
latent_dim = 100  # Dimension of the random noise vector (input to generator)
img_size = 28 * 28  # Size of flattened MNIST images
batch_size = 64
learning_rate = 0.0002
epochs = 100

# Create generator and discriminator models
generator = Generator(input_dim=latent_dim, output_dim=img_size)
discriminator = Discriminator(input_dim=img_size)

# Loss function and optimizers
adversarial_loss = nn.BCELoss()
```

```
optimizer_G = optim.Adam(generator.parameters(), lr=learning_rate)
optimizer_D = optim.Adam(discriminator.parameters(), lr=learning_rate)

# Load MNIST dataset
transform = transforms.Compose([
    transforms.ToTensor(),
    transforms.Normalize([0.5], [0.5])  # Normalize to [-1, 1]
])
mnist_data = datasets.MNIST(root='./data', train=True, transform=transform,
download=True)
dataloader = DataLoader(mnist_data, batch_size=batch_size, shuffle=True)

# Training loop
for epoch in range(epochs):
    for real_imgs, _ in dataloader:
        batch_size = real_imgs.size(0)
        real_imgs = real_imgs.view(batch_size, -1)

        # Create labels for real and fake data
        real_labels = torch.ones(batch_size, 1)
        fake_labels = torch.zeros(batch_size, 1)

        # Train the discriminator on real images
        optimizer_D.zero_grad()
        real_loss = adversarial_loss(discriminator(real_imgs), real_labels)

        # Generate fake images and train the discriminator
        noise = torch.randn(batch_size, latent_dim)
        fake_imgs = generator(noise)
        fake_loss = adversarial_loss(discriminator(fake_imgs.detach()), fake_labels)
        d_loss = real_loss + fake_loss
        d_loss.backward()
        optimizer_D.step()

        # Train the generator to fool the discriminator
        optimizer_G.zero_grad()
        g_loss = adversarial_loss(discriminator(fake_imgs), real_labels)
        g_loss.backward()
        optimizer_G.step()

    print(f"Epoch [{epoch+1}/{epochs}] | D Loss: {d_loss.item()} | G Loss:
{g_loss.item()}")

# Example of generating an image
with torch.no_grad():
    noise = torch.randn(1, latent_dim)
    generated_image = generator(noise).view(28, 28)
    print("Generated image:", generated_image)
```

Ce code implémente un Réseau Antagoniste Génératif (GAN) simple utilisant PyTorch pour générer des images à partir du jeu de données MNIST.

Voici une analyse des composants clés :

- Modèles Générateur et Discriminateur : Le code définit deux classes de réseaux de neurones, Générateur et Discriminateur. Le Générateur prend du bruit aléatoire en entrée et produit des images factices, tandis que le Discriminateur tente de distinguer entre les images réelles et factices.
- Hyperparamètres : Le code définit divers hyperparamètres tels que la dimension latente, la taille d'image, la taille du lot, le taux d'apprentissage et le nombre d'époques.
- Fonction de perte et Optimiseurs : La perte d'entropie croisée binaire (BCELoss) est utilisée comme perte antagoniste. Des optimiseurs Adam distincts sont créés pour le Générateur et le Discriminateur.
- Chargement des données : Le jeu de données MNIST est chargé à l'aide de torchvision, avec les transformations appropriées appliquées.
- Boucle d'entraînement : La boucle d'entraînement principale itère sur le nombre d'époques spécifié. À chaque itération :
  - Le Discriminateur est entraîné sur des images réelles et factices
  - Le Générateur est entraîné à tromper le Discriminateur
  - Les pertes pour les deux réseaux sont calculées et rétropropagées
- Génération d'image : Après l'entraînement, le code démontre comment générer une nouvelle image en utilisant le Générateur entraîné.

Cette implémentation illustre le concept fondamental des GANs, où deux réseaux s'affrontent, conduisant finalement à la génération d'images factices réalistes.

7.2.3 Applications des GANs

Les GANs ont un large éventail d'applications, dont beaucoup sont révolutionnaires dans des domaines tels que la génération d'images, la création vidéo, l'augmentation de données, et même la découverte de médicaments.

Voici quelques-unes des applications clés :

1. Génération d'images

Les GANs ont révolutionné le domaine de la synthèse d'images en permettant la création d'images hautement réalistes à partir d'entrées de bruit aléatoire. Cette capacité a des implications considérables dans divers domaines :

Portraits photoréalistes : Des architectures GAN avancées comme StyleGAN ont réussi de manière remarquable à générer des visages humains réalistes. Ces images générées sont si convaincantes qu'elles sont souvent indiscernables de vraies photographies, bien qu'elles représentent des individus entièrement fictifs. Cette technologie a des applications dans le divertissement, la réalité virtuelle et l'art numérique.

Augmentation de données : Dans les domaines où l'acquisition de grands jeux de données est difficile ou coûteuse, comme l'imagerie médicale ou la détection d'objets rares, les GANs peuvent générer des données synthétiques pour enrichir les jeux de données existants. Cela aide à entraîner des modèles d'apprentissage automatique plus robustes.

Outils créatifs : Les artistes et designers utilisent les GANs pour créer du contenu visuel unique, explorer de nouvelles possibilités esthétiques, et même générer des environnements virtuels entiers. Cela a conduit à l'émergence de "l'art IA" comme nouveau médium d'expression créative.

Données synthétiques préservant la confidentialité : Dans les scénarios où la confidentialité des données est cruciale, les GANs peuvent générer des jeux de données synthétiques qui maintiennent les propriétés statistiques des données originales sans exposer d'informations sensibles. C'est particulièrement précieux dans les secteurs de la santé et de la finance.

La capacité des GANs à générer des images diverses de haute qualité a non seulement repoussé les limites du possible en vision par ordinateur, mais a également soulevé d'importantes considérations éthiques concernant l'utilisation potentiellement abusive de cette technologie, particulièrement dans le contexte des deepfakes et de la désinformation.

2. Traduction d'image à image

Les GANs ont révolutionné le domaine de la traduction d'image à image, permettant la transformation d'images d'un domaine à un autre. Cette puissante capacité a de nombreuses applications dans diverses industries :

Conversion de croquis en photos : Les GANs peuvent transformer de simples croquis en images photoréalistes, une fonctionnalité particulièrement utile en design et architecture. Par exemple, une esquisse grossière d'un bâtiment peut être transformée en rendu réaliste, aidant les architectes et les clients à visualiser les projets plus efficacement.

Colorisation : Les GANs excellent à ajouter de la couleur aux images en noir et blanc, donnant une nouvelle vie aux photographies historiques ou améliorant les analyses médicales en niveaux de gris. Cette technologie a des applications dans la restauration de films, la recherche historique et l'imagerie médicale.

Traduction de cartes : L'une des applications les plus impressionnantes est la conversion de cartes aériennes en images de vue de rue, et vice versa. Cette capacité a des implications significatives pour la planification urbaine, les systèmes de navigation et le tourisme virtuel.

Transfert de style : Les GANs peuvent appliquer le style d'une image au contenu d'une autre, créant des rendus artistiques uniques. Cela a des applications dans l'art numérique, la publicité et le divertissement.

Deux architectures GAN importantes pour ces tâches sont pix2pix et CycleGAN. Pix2pix nécessite des jeux de données appariés (images d'entrée et cibles), tandis que CycleGAN peut fonctionner avec des jeux de données non appariés, le rendant plus flexible pour les scénarios où des paires exactes ne sont pas disponibles.

3. Augmentation de données

Les GANs excellent à générer de nouveaux échantillons de données synthétiques qui ressemblent étroitement au jeu de données original. Cette capacité est particulièrement précieuse dans les scénarios où les données sont rares ou difficiles à obtenir. En enrichissant les jeux de données d'entraînement avec des échantillons générés par GAN, les chercheurs et les data scientists peuvent améliorer significativement la robustesse et la performance de leurs modèles d'apprentissage automatique.

Le processus fonctionne en entraînant le GAN sur les données réelles disponibles, puis en utilisant le générateur pour créer des échantillons artificiels supplémentaires. Ces échantillons synthétiques maintiennent les propriétés statistiques et les caractéristiques du jeu de données original, élargissant efficacement l'ensemble d'entraînement sans nécessiter de collecte de données supplémentaire. Cette approche est particulièrement bénéfique dans des domaines tels que :

- L'imagerie médicale : Où les données des patients peuvent être limitées en raison de préoccupations de confidentialité ou de conditions rares.
- La conduite autonome : Pour simuler des scénarios rares ou dangereux sans tests en conditions réelles.
- La détection d'anomalies : En générant plus d'exemples d'événements rares ou de valeurs aberrantes.
- Le traitement du langage naturel : Pour créer des échantillons de texte diversifiés pour une meilleure compréhension du langage.

De plus, l'augmentation de données basée sur les GANs peut aider à résoudre les problèmes de déséquilibre de classes dans les jeux de données, en créant des échantillons supplémentaires pour les classes sous-représentées. Cela conduit à des modèles d'apprentissage automatique plus équilibrés et équitables, réduisant les biais et améliorant la performance globale dans toutes les catégories.

4. Super-résolution

Les GANs ont révolutionné le domaine de l'amélioration d'image grâce aux techniques de super-résolution. Ce processus implique la transformation d'images à basse résolution en leurs homologues à haute résolution en générant intelligemment les détails manquants. L'architecture GAN, constituée d'un réseau générateur et d'un réseau discriminateur, fonctionne en tandem pour produire des images à haute résolution réalistes et nettes.

Dans les GANs de super-résolution, le réseau générateur apprend à suréchantillonner les images d'entrée à basse résolution, tandis que le réseau discriminateur critique les images à haute résolution générées, en les comparant à de véritables images à haute résolution. Ce processus antagoniste amène le générateur à produire des résultats à haute résolution de plus en plus convaincants et détaillés.

Les applications des GANs de super-résolution sont très étendues :

- Imagerie médicale : Dans des domaines comme la radiologie et la pathologie, les GANs de super-résolution peuvent améliorer la qualité des examens médicaux, potentiellement améliorant la précision diagnostique sans nécessiter d'équipement d'imagerie plus coûteux.
- Imagerie satellite : L'observation de la Terre et la télédétection bénéficient des techniques de super-résolution, permettant une analyse plus détaillée des caractéristiques géographiques, de la planification urbaine et de la surveillance environnementale.
- Analyse forensique : Les organismes d'application de la loi peuvent utiliser les GANs de super-résolution pour améliorer les séquences de surveillance ou les images de faible qualité, potentiellement aidant dans les enquêtes.
- Restauration d'images historiques : Les GANs de super-résolution peuvent donner une nouvelle vie aux anciennes photographies à basse résolution, préservant les archives historiques avec une clarté améliorée.

Les avancées récentes dans les GANs de super-résolution, comme ESRGAN (Enhanced Super-Resolution Generative Adversarial Network), ont repoussé les limites du possible dans l'amélioration d'image, produisant des résultats souvent indiscernables de véritables images à haute résolution.

5. Génération d'images à partir de texte

Les GANs ont révolutionné le domaine de la synthèse d'images à partir de texte, permettant la création de contenu visuel à partir de descriptions textuelles. Cette capacité comble le fossé entre le traitement du langage naturel et la vision par ordinateur, ouvrant des possibilités passionnantes pour les applications créatives et la génération de contenu.

Un exemple notable est le modèle **AttnGAN** (Attentional Generative Adversarial Network), qui peut générer des images hautement détaillées basées sur une entrée textuelle. Par exemple, étant donné une description comme "un petit oiseau avec des ailes jaunes et un bec rouge", AttnGAN peut produire une image correspondante qui correspond étroitement à ces spécifications.

Le processus implique plusieurs étapes :

- Encodage du texte : La description d'entrée est d'abord encodée en une représentation sémantique utilisant des réseaux de neurones récurrents.

- Génération multi-étapes : Le modèle génère des images à plusieurs résolutions, affinant les détails à chaque étape.
- Mécanisme d'attention : Un mécanisme d'attention aide à se concentrer sur les mots pertinents lors de la génération de différentes parties de l'image.

Cette technologie a des implications considérables dans divers domaines :

- Industries créatives : Les artistes et designers peuvent rapidement visualiser des concepts et itérer sur des idées.
- E-commerce : Des images de produits peuvent être générées à partir de descriptions textuelles, améliorant les expériences d'achat en ligne.
- Éducation : Des concepts complexes peuvent être illustrés, rendant l'apprentissage plus engageant et accessible.
- Accessibilité : Du contenu visuel peut être créé pour les personnes ayant des déficiences visuelles basé sur des descriptions audio.

À mesure que ces modèles continuent de s'améliorer, nous pouvons nous attendre à une génération d'images encore plus sophistiquée et réaliste à partir de descriptions textuelles de plus en plus complexes et nuancées.

6. Génération et manipulation vidéo

Les GANs ont révolutionné le domaine de la synthèse et de l'édition vidéo. Ces modèles puissants peuvent générer des séquences vidéo réalistes à partir de rien, interpoler entre des images existantes pour créer des transitions fluides, ou même transformer des images fixes en vidéos animées.

Une application impressionnante est la capacité à transformer un ensemble d'images statiques en une séquence vidéo cohérente. Par exemple, à partir d'une série de photos du visage d'une personne, un GAN peut générer une vidéo réaliste de cette personne parlant ou exprimant des émotions. Cette technologie a des implications significatives pour les industries du film et de l'animation, potentiellement simplifiant le processus de création de personnages CGI ou donnant vie à des figures historiques dans des documentaires.

De plus, les GANs peuvent générer un contenu vidéo entièrement nouveau à partir d'entrées de bruit aléatoire, similaire à la façon dont ils génèrent des images. Cette capacité ouvre des possibilités passionnantes pour créer des données d'entraînement synthétiques pour des tâches de vision par ordinateur, générer des installations d'art abstrait, ou même assister dans le storyboarding et la pré-visualisation pour les cinéastes.

Les avancées récentes dans les GANs vidéo ont également permis des manipulations plus sophistiquées, telles que :

- Transfert de style dans les vidéos : Appliquer le style artistique d'une vidéo à une autre tout en maintenant la cohérence temporelle.
- Inpainting vidéo : Combler les parties manquantes ou corrompues d'une séquence vidéo.
- Traduction vidéo-à-vidéo : Transformer des vidéos d'un domaine à un autre, comme convertir des scènes diurnes en scènes nocturnes ou changer les conditions météorologiques.

À mesure que ces technologies continuent d'évoluer, elles soulèvent à la fois des possibilités passionnantes et des considérations éthiques, particulièrement dans le domaine des deepfakes et du potentiel de désinformation. Le développement et l'utilisation responsables des GANs vidéo seront cruciaux à mesure qu'ils deviennent plus répandus dans diverses industries.

7. Santé et découverte de médicaments

Les GANs ont trouvé des applications significatives dans le secteur de la santé, révolutionnant divers aspects de la recherche médicale et des soins aux patients :

Génération d'images médicales : Les GANs peuvent créer des images médicales synthétiques, telles que des radiographies, des IRM et des scanners. Cette capacité est particulièrement précieuse pour l'entraînement des systèmes d'IA médicale, notamment dans les cas où les données réelles des patients sont limitées en raison de préoccupations de confidentialité ou de la rareté de certaines conditions. En générant des images médicales diverses et réalistes, les GANs contribuent à améliorer la robustesse et la précision des algorithmes de diagnostic.

Augmentation de données pour le diagnostic : En matière de diagnostic médical, disposer d'un ensemble de données volumineux et diversifié est crucial pour entraîner des modèles précis. Les GANs peuvent enrichir les ensembles de données existants en générant des échantillons synthétiques qui maintiennent les propriétés statistiques des données médicales réelles. Cette approche est particulièrement utile pour les maladies rares ou les groupes de patients sous-représentés, contribuant à réduire les biais dans les modèles de diagnostic et à améliorer leurs performances sur diverses populations.

Découverte de médicaments : L'une des applications les plus prometteuses des GANs dans le domaine de la santé concerne la découverte de médicaments. Les GANs peuvent être utilisés pour générer de nouvelles structures moléculaires avec des propriétés spécifiques, accélérant potentiellement le processus de développement de médicaments :

- Génération de molécules : Les GANs peuvent créer de nouvelles structures moléculaires qui respectent des contraintes chimiques et biologiques spécifiques, élargissant l'espace de recherche pour les candidats médicaments potentiels.
- Prédiction de propriétés : En s'entraînant sur des interactions connues entre médicaments et cibles, les GANs peuvent prédire les propriétés des molécules

nouvellement générées, aidant les chercheurs à identifier des candidats prometteurs pour des investigations plus approfondies.

- Conception de médicaments de novo : Les GANs peuvent être utilisés conjointement avec d'autres techniques d'IA pour concevoir des médicaments entièrement nouveaux à partir de zéro, adaptés à des cibles ou des mécanismes de maladie spécifiques.

Ces applications des GANs dans la santé et la découverte de médicaments ont le potentiel d'accélérer considérablement la recherche médicale, d'améliorer les résultats pour les patients et de réduire le temps et les coûts associés à la mise sur le marché de nouveaux traitements. À mesure que la technologie continue d'évoluer, nous pouvons nous attendre à des applications encore plus innovantes des GANs dans la médecine personnalisée, la prédiction des maladies et l'optimisation des traitements.

7.3 Apprentissage par transfert et ajustement fin des réseaux préentraînés

À mesure que les modèles d'apprentissage profond deviennent de plus en plus complexes et gourmands en ressources pour être entraînés à partir de zéro, l'apprentissage par transfert s'est imposé comme une technique puissante pour exploiter les connaissances préexistantes et accélérer le développement de nouveaux modèles. Cette section explore le concept d'apprentissage par transfert, ses applications et le processus d'ajustement fin des réseaux préentraînés pour des tâches spécifiques.

L'apprentissage par transfert nous permet d'exploiter la puissance des modèles entraînés sur de grands ensembles de données et d'appliquer leurs caractéristiques apprises à de nouveaux ensembles de données, souvent plus petits. Cette approche non seulement économise des ressources informatiques, mais permet également la création de modèles robustes dans des domaines où les données étiquetées peuvent être rares. Nous approfondirons les mécanismes de l'apprentissage par transfert, discuterons quand et comment l'appliquer, et fournirons des exemples pratiques utilisant des frameworks populaires d'apprentissage profond.

En comprenant et en maîtrisant les techniques d'apprentissage par transfert, vous serez équipé pour aborder un large éventail de défis d'apprentissage automatique de manière plus efficace et efficiente, ouvrant de nouvelles possibilités dans divers domaines, de la vision par ordinateur au traitement du langage naturel.

7.3.1 Qu'est-ce que l'apprentissage par transfert ?

L'apprentissage par transfert est une technique puissante en apprentissage automatique qui permet l'adaptation de modèles préentraînés à de nouvelles tâches apparentées. Cette approche exploite les connaissances acquises à partir d'ensembles de données à grande échelle pour améliorer les performances sur des ensembles de données plus petits et plus spécifiques. Par exemple, un modèle entraîné sur ImageNet, qui contient des millions d'images diverses, peut être réutilisé pour des tâches spécialisées comme l'analyse d'images médicales ou la classification d'imagerie satellite.

Le principe fondamental de l'apprentissage par transfert réside dans la nature hiérarchique de l'extraction de caractéristiques des réseaux neuronaux. Dans les premières couches, les réseaux apprennent à identifier des éléments visuels de base tels que les contours, les textures et les formes simples. À mesure que nous progressons dans le réseau, ces caractéristiques de base sont combinées pour former des représentations plus complexes et spécifiques à la tâche. En utilisant ces caractéristiques préapprises, l'apprentissage par transfert nous permet de :

- Réduire considérablement le temps d'entraînement par rapport à un entraînement à partir de zéro
- Obtenir de meilleures performances avec des données limitées
- Atténuer le risque de surapprentissage sur de petits ensembles de données

Lors de l'application de l'apprentissage par transfert, nous suivons généralement un processus en deux étapes :

1. Extraction de caractéristiques

Dans cette première étape cruciale, nous exploitons les représentations apprises du modèle préentraîné en l'utilisant comme extracteur de caractéristiques fixe. Ce processus implique :

- Le gel des poids des couches préentraînées, préservant ainsi les connaissances acquises à partir de l'ensemble de données original à grande échelle.
- L'ajout de nouvelles couches spécifiquement conçues pour la tâche cible, incluant généralement une nouvelle couche de sortie adaptée au nombre de classes dans le nouvel ensemble de données.
- L'entraînement uniquement de ces couches nouvellement ajoutées, ce qui permet au modèle d'adapter ses caractéristiques de haut niveau aux exigences spécifiques de la nouvelle tâche.

Cette approche est particulièrement efficace lorsque la nouvelle tâche partage des similitudes avec la tâche originale, car elle nous permet de bénéficier des caractéristiques riches et polyvalentes apprises par le modèle préentraîné. En maintenant les couches préentraînées fixes, nous réduisons considérablement le risque de surapprentissage, particulièrement lorsque nous travaillons avec des ensembles de données plus petits.

2. Ajustement fin

Après la phase d'entraînement initiale, nous pouvons optimiser davantage le modèle en "dégelant" certaines ou toutes les couches préentraînées. Ce processus, connu sous le nom d'ajustement fin, implique la poursuite de l'entraînement à un taux d'apprentissage plus faible. L'ajustement fin permet au modèle d'adapter ses connaissances générales aux spécificités de la nouvelle tâche, résultant en une amélioration des performances et de la précision.

Pendant l'ajustement fin, nous ajustons soigneusement les poids des couches préentraînées, leur permettant d'être légèrement modifiés pour mieux s'adapter au nouvel ensemble de données. Cette étape est cruciale car elle permet au modèle de capturer des caractéristiques spécifiques à la tâche qui pourraient ne pas avoir été présentes dans les données d'entraînement originales. En utilisant un taux d'apprentissage plus faible, nous nous assurons que les informations précieuses apprises de l'ensemble de données original à grande échelle ne sont pas entièrement écrasées, mais plutôt affinées et augmentées avec de nouvelles informations pertinentes pour la tâche.

Le processus d'ajustement fin implique généralement :

- Le dégel de couches sélectionnées : Souvent, nous commençons par dégeler les quelques couches supérieures du réseau, car elles contiennent des caractéristiques plus spécifiques à la tâche.
- Le dégel progressif : Dans certains cas, nous pouvons employer une technique appelée "dégel progressif", où nous dégelons progressivement plus de couches de haut en bas au fur et à mesure que l'entraînement progresse.
- La planification du taux d'apprentissage : Utiliser des techniques comme la décroissance du taux d'apprentissage ou des taux d'apprentissage cycliques pour optimiser le processus d'ajustement fin.
- Le suivi des performances : Suivre attentivement les performances du modèle sur un ensemble de validation pour prévenir le surapprentissage et déterminer quand arrêter l'ajustement fin.

En équilibrant soigneusement la préservation des connaissances générales avec l'acquisition de caractéristiques spécifiques à la tâche, l'ajustement fin permet à l'apprentissage par transfert d'obtenir des résultats remarquables dans un large éventail d'applications, des tâches de vision par ordinateur au traitement du langage naturel.

L'apprentissage par transfert a révolutionné de nombreux domaines de l'apprentissage automatique, permettant le développement rapide de modèles performants dans des domaines où la rareté des données était auparavant un obstacle majeur. Sa polyvalence et son efficacité en ont fait un outil essentiel dans la boîte à outils moderne de l'apprentissage automatique, favorisant l'innovation dans divers domaines, de la vision par ordinateur au traitement du langage naturel.

7.3.2 Quand utiliser l'apprentissage par transfert

L'apprentissage par transfert est une technique puissante qui offre des avantages significatifs dans diverses situations :

- Taille limitée de l'ensemble de données : Lorsque vous disposez d'une quantité petite ou modérée de données pour votre nouvelle tâche, l'apprentissage par transfert vous permet d'exploiter les connaissances d'un modèle entraîné sur un ensemble de données beaucoup plus important, réduisant ainsi le risque de surapprentissage.

- Contraintes de ressources : Si vous manquez de puissance de calcul ou de temps pour entraîner un réseau neuronal profond à partir de zéro, l'apprentissage par transfert offre un raccourci en utilisant des poids préentraînés.
- Similarité des tâches : Lorsque votre nouvelle tâche partage des similitudes avec la tâche originale du modèle préentraîné, l'apprentissage par transfert peut être particulièrement efficace, car les caractéristiques apprises sont susceptibles d'être pertinentes.
- Adaptation de domaine : Même lorsque les tâches diffèrent, l'apprentissage par transfert peut aider à combler le fossé entre les domaines, comme l'adaptation d'un modèle entraîné sur des images naturelles à des tâches d'imagerie médicale.

Par exemple, dans l'analyse d'images médicales, vous pouvez exploiter un modèle préentraîné sur ImageNet (un vaste ensemble de données d'images naturelles) pour classifier des examens médicaux. Le modèle préentraîné a déjà appris à reconnaître des éléments visuels de base comme les contours, les textures et les formes. L'ajustement fin de ce modèle sur votre ensemble de données médicales spécifique lui permet d'adapter ces caractéristiques générales aux nuances de l'imagerie médicale, comme l'identification d'anomalies tissulaires subtiles ou de structures d'organes.

De plus, l'apprentissage par transfert peut considérablement réduire la quantité de données étiquetées nécessaires pour l'entraînement. Cela est particulièrement précieux dans des domaines spécialisés comme la santé, où l'obtention de grands ensembles de données annotées peut être difficile en raison de préoccupations de confidentialité et de l'expertise requise pour l'étiquetage.

7.3.3 Ajustement fin d'un réseau préentraîné avec Keras

Plongeons plus profondément dans le processus de mise en œuvre de l'apprentissage par transfert en ajustant finement un modèle **ResNet50** préentraîné sur **ImageNet** pour une tâche personnalisée de classification d'images. Cette approche exploite la puissance d'un modèle qui a déjà appris des représentations riches de caractéristiques à partir d'un ensemble diversifié d'images, nous permettant de l'adapter efficacement à notre ensemble de données spécifique.

L'architecture ResNet50, connue pour son cadre d'apprentissage résiduel profond, est particulièrement adaptée à l'apprentissage par transfert grâce à sa capacité à atténuer le problème de la disparition du gradient dans les réseaux très profonds. En utilisant un modèle préentraîné sur ImageNet, nous commençons avec un réseau qui a déjà appris à reconnaître une grande variété de caractéristiques, des contours et textures de bas niveau aux structures d'objets de haut niveau.

Pour adapter ce modèle préentraîné à notre tâche personnalisée, nous emploierons une technique appelée "ajustement fin". Cela implique deux étapes clés :

1. Gel des couches préentraînées : Nous maintiendrons initialement les poids des couches préentraînées de ResNet50 fixes, préservant ainsi les précieuses caractéristiques apprises d'ImageNet.
2. Ajout et entraînement de nouvelles couches : Nous ajouterons une nouvelle couche de sortie adaptée à notre nombre spécifique de classes. Cette couche sera entraînée à partir de zéro sur notre ensemble de données personnalisé.

En suivant cette approche, nous pouvons réduire significativement le temps d'entraînement et les ressources informatiques tout en obtenant potentiellement de meilleures performances, particulièrement lorsque nous traitons des ensembles de données limités. Cette méthode permet au modèle d'exploiter sa compréhension générale des caractéristiques d'image tout en s'adaptant aux nuances de notre tâche spécifique de classification.

Exemple : Apprentissage par transfert avec ResNet50 dans Keras

Voici une version améliorée de l'exemple d'apprentissage par transfert utilisant ResNet50 dans Keras :

```
import tensorflow as tf
from tensorflow.keras.applications import ResNet50
from tensorflow.keras.layers import Dense, GlobalAveragePooling2D, Dropout
from tensorflow.keras.models import Model
from tensorflow.keras.optimizers import Adam
from tensorflow.keras.preprocessing.image import ImageDataGenerator

# Load the ResNet50 model pretrained on ImageNet, excluding the top layer
base_model = ResNet50(weights='imagenet', include_top=False, input_shape=(224, 224, 3))

# Freeze the layers of the base model
for layer in base_model.layers:
    layer.trainable = False

# Add custom layers for the new task
x = base_model.output
x = GlobalAveragePooling2D()(x)
x = Dense(1024, activation='relu')(x)
x = Dropout(0.5)(x)
x = Dense(512, activation='relu')(x)
predictions = Dense(10, activation='softmax')(x)  # Assuming 10 classes

# Define the new model
model = Model(inputs=base_model.input, outputs=predictions)

# Compile the model
model.compile(optimizer=Adam(learning_rate=0.001),
```

```
              loss='categorical_crossentropy',
              metrics=['accuracy'])

# Data augmentation for training
train_datagen = ImageDataGenerator(
    rescale=1./255,
    rotation_range=20,
    width_shift_range=0.2,
    height_shift_range=0.2,
    horizontal_flip=True,
    zoom_range=0.2
)

# Validation data should only be rescaled
validation_datagen = ImageDataGenerator(rescale=1./255)

# Load and preprocess the data
train_generator = train_datagen.flow_from_directory(
    'path/to/train/data',
    target_size=(224, 224),
    batch_size=32,
    class_mode='categorical'
)

validation_generator = validation_datagen.flow_from_directory(
    'path/to/validation/data',
    target_size=(224, 224),
    batch_size=32,
    class_mode='categorical'
)

# Train the model
history = model.fit(
    train_generator,
    steps_per_epoch=train_generator.samples // 32,
    epochs=10,
    validation_data=validation_generator,
    validation_steps=validation_generator.samples // 32
)

# Fine-tuning: unfreeze some layers of the base model
for layer in base_model.layers[-20:]:
    layer.trainable = True

# Recompile the model with a lower learning rate
model.compile(optimizer=Adam(learning_rate=1e-5),
              loss='categorical_crossentropy',
              metrics=['accuracy'])

# Continue training (fine-tuning)
history_fine = model.fit(
    train_generator,
```

```
    steps_per_epoch=train_generator.samples // 32,
    epochs=5,
    validation_data=validation_generator,
    validation_steps=validation_generator.samples // 32
)

# Save the model
model.save('transfer_learning_model.h5')
```

Maintenant, analysons cet exemple détaillé :

- Importation des bibliothèques : Nous importons les modules nécessaires de TensorFlow et Keras.
- Chargement du modèle préentraîné : Nous chargeons le modèle ResNet50 préentraîné sur ImageNet, en excluant la couche supérieure. Cela nous permet d'utiliser les poids préentraînés pour l'extraction de caractéristiques tout en personnalisant la sortie pour notre tâche spécifique.
- Gel du modèle de base : Nous figeons les couches du modèle de base pour éviter qu'elles ne soient mises à jour pendant l'entraînement initial. Cela préserve les précieuses caractéristiques apprises d'ImageNet.
- Ajout de couches personnalisées : Nous ajoutons des couches personnalisées au-dessus du modèle de base. Dans cette version étendue, nous avons ajouté une couche dense supplémentaire et une couche de dropout pour une meilleure régularisation.
- Compilation du modèle : Nous compilons le modèle avec l'optimiseur Adam, la fonction de perte d'entropie croisée catégorielle (adaptée à la classification multi-classes), et la métrique de précision.
- Augmentation des données : Nous utilisons ImageDataGenerator pour l'augmentation des données, ce qui aide à prévenir le surapprentissage et améliore la généralisation du modèle. Nous appliquons diverses transformations aux données d'entraînement, tout en ne redimensionnant que les données de validation.
- Chargement des données : Nous utilisons flow_from_directory pour charger et prétraiter les données directement à partir des répertoires. C'est une méthode pratique pour gérer de grands ensembles de données qui ne tiennent pas en mémoire.
- Entraînement initial : Nous entraînons le modèle pendant 10 époques en utilisant la méthode fit. Les paramètres steps_per_epoch et validation_steps garantissent que nous utilisons toutes les données disponibles dans chaque époque.
- Ajustement fin : Après l'entraînement initial, nous dégelons les 20 dernières couches du modèle de base pour l'ajustement fin. Cela permet au modèle d'adapter certaines des caractéristiques préentraînées à notre ensemble de données spécifique.

- Recompilation et ajustement fin : Nous recompilons le modèle avec un taux d'apprentissage plus faible (1e-5) pour éviter des changements drastiques aux poids préentraînés. Puis nous continuons l'entraînement pendant 5 époques supplémentaires.
- Sauvegarde du modèle : Enfin, nous sauvegardons le modèle entraîné pour une utilisation future.

Cet exemple démontre une approche complète de l'apprentissage par transfert, incluant l'augmentation des données, la gestion appropriée des données d'entraînement et de validation, et un processus d'entraînement en deux étapes (entraînement initial avec les couches de base gelées, suivi d'un ajustement fin). Cette approche est susceptible de donner de meilleurs résultats, particulièrement lorsqu'on traite des ensembles de données limités ou des tâches qui diffèrent significativement de la classification ImageNet.

7.3.4 Ajustement fin du modèle

Une fois que nous avons entraîné le modèle pendant quelques époques avec les couches de base gelées, nous pouvons procéder à l'ajustement fin de certaines couches préentraînées. Cette étape cruciale nous permet d'adapter davantage le modèle à notre tâche et ensemble de données spécifiques. L'ajustement fin implique d'ajuster soigneusement les poids de certaines couches du modèle préentraîné, permettant ainsi au modèle d'apprendre des caractéristiques spécifiques à la tâche tout en conservant sa compréhension générale du domaine.

Pendant l'ajustement fin, nous dégelons généralement un sous-ensemble des couches du modèle, souvent en commençant par le haut (plus proche de la sortie) et en descendant progressivement. Cette approche de dégel progressif aide à prévenir l'oubli catastrophique, où le modèle pourrait perdre des informations précieuses apprises durant le préentraînement. En permettant à ces couches d'être mises à jour avec un taux d'apprentissage plus faible, nous permettons au modèle d'affiner ses représentations de caractéristiques pour notre tâche spécifique.

L'ajustement fin offre plusieurs avantages :

- Performance améliorée : En adaptant les caractéristiques préentraînées à la nouvelle tâche, nous obtenons souvent une meilleure précision et généralisation par rapport à un entraînement à partir de zéro ou à l'utilisation du modèle préentraîné comme extracteur de caractéristiques fixe.
- Convergence plus rapide : L'ajustement fin nécessite généralement moins d'époques pour atteindre une performance optimale par rapport à l'entraînement à partir de zéro, car le modèle démarre d'un point d'initialisation favorable.
- Meilleure généralisation : La combinaison des connaissances préentraînées et des adaptations spécifiques à la tâche conduit souvent à des modèles qui généralisent mieux aux données non vues.

Cependant, il est important d'aborder l'ajustement fin avec précaution. Le processus nécessite d'équilibrer la préservation des connaissances générales avec l'acquisition de caractéristiques spécifiques à la tâche. Des techniques telles que l'ajustement fin discriminatif (utilisation de taux d'apprentissage différents pour différentes couches) et le dégel progressif peuvent aider à atteindre cet équilibre efficacement.

Exemple : Ajustement fin de couches spécifiques

```
import tensorflow as tf
from tensorflow.keras.applications import ResNet50
from tensorflow.keras.layers import Dense, GlobalAveragePooling2D, Dropout
from tensorflow.keras.models import Model
from tensorflow.keras.optimizers import Adam
from tensorflow.keras.preprocessing.image import ImageDataGenerator

# Load the ResNet50 model pretrained on ImageNet, excluding the top layer
base_model = ResNet50(weights='imagenet', include_top=False, input_shape=(224, 224,
3))

# Freeze all layers in the base model
for layer in base_model.layers:
    layer.trainable = False

# Add custom layers for the new task
x = base_model.output
x = GlobalAveragePooling2D()(x)
x = Dense(1024, activation='relu')(x)
x = Dropout(0.5)(x)
x = Dense(512, activation='relu')(x)
predictions = Dense(10, activation='softmax')(x)  # Assuming 10 classes

# Create the full model
model = Model(inputs=base_model.input, outputs=predictions)

# Compile the model
model.compile(optimizer=Adam(learning_rate=0.001),
              loss='categorical_crossentropy',
              metrics=['accuracy'])

# Data augmentation for training
train_datagen = ImageDataGenerator(
    rescale=1./255,
    rotation_range=20,
    width_shift_range=0.2,
    height_shift_range=0.2,
    horizontal_flip=True,
    zoom_range=0.2
)

# Validation data should only be rescaled
validation_datagen = ImageDataGenerator(rescale=1./255)
```

```
# Load and preprocess the data
train_generator = train_datagen.flow_from_directory(
    'path/to/train/data',
    target_size=(224, 224),
    batch_size=32,
    class_mode='categorical'
)

validation_generator = validation_datagen.flow_from_directory(
    'path/to/validation/data',
    target_size=(224, 224),
    batch_size=32,
    class_mode='categorical'
)

# Train the model (initial training phase)
history = model.fit(
    train_generator,
    steps_per_epoch=train_generator.samples // 32,
    epochs=10,
    validation_data=validation_generator,
    validation_steps=validation_generator.samples // 32
)

# Fine-tuning phase
# Unfreeze the top layers of the base model
for layer in base_model.layers[-10:]:
    layer.trainable = True

# Recompile the model with a lower learning rate
model.compile(optimizer=Adam(learning_rate=1e-5),
              loss='categorical_crossentropy',
              metrics=['accuracy'])

# Continue training (fine-tuning)
history_fine = model.fit(
    train_generator,
    steps_per_epoch=train_generator.samples // 32,
    epochs=5,
    validation_data=validation_generator,
    validation_steps=validation_generator.samples // 32
)

# Save the fine-tuned model
model.save('fine_tuned_model.h5')
```

Maintenant, analysons cet exemple :

- Importation des bibliothèques : Nous importons les modules nécessaires de TensorFlow et Keras pour construire et entraîner notre modèle.

- Chargement du modèle préentraîné : Nous chargeons le modèle ResNet50 préentraîné sur ImageNet, en excluant la couche supérieure. Cela nous permet d'utiliser les poids préentraînés pour l'extraction de caractéristiques tout en personnalisant la sortie pour notre tâche spécifique.
- Gel du modèle de base : Initialement, nous figeons toutes les couches du modèle de base pour éviter qu'elles ne soient mises à jour pendant la première phase d'entraînement. Cela préserve les précieuses caractéristiques apprises d'ImageNet.
- Ajout de couches personnalisées : Nous ajoutons des couches personnalisées au-dessus du modèle de base, notamment une couche de Global Average Pooling, deux couches Dense avec activation ReLU, une couche de Dropout pour la régularisation, et une couche Dense finale avec activation softmax pour la classification.
- Compilation du modèle : Nous compilons le modèle avec l'optimiseur Adam, la fonction de perte d'entropie croisée catégorielle (adaptée à la classification multi-classes), et la métrique de précision.
- Augmentation des données : Nous utilisons ImageDataGenerator pour l'augmentation des données, ce qui aide à prévenir le surapprentissage et améliore la généralisation du modèle. Nous appliquons diverses transformations aux données d'entraînement, tout en ne redimensionnant que les données de validation.
- Chargement des données : Nous utilisons flow_from_directory pour charger et prétraiter les données directement à partir des répertoires. C'est une méthode pratique pour gérer de grands ensembles de données qui ne tiennent pas en mémoire.
- Entraînement initial : Nous entraînons le modèle pendant 10 époques en utilisant la méthode fit. Les paramètres steps_per_epoch et validation_steps garantissent que nous utilisons toutes les données disponibles dans chaque époque.
- Ajustement fin : Après l'entraînement initial, nous dégelons les 10 dernières couches du modèle de base pour l'ajustement fin. Cela permet au modèle d'adapter certaines des caractéristiques préentraînées à notre ensemble de données spécifique.
- Recompilation : Nous recompilons le modèle avec un taux d'apprentissage plus faible (1e-5) pour éviter des changements drastiques aux poids préentraînés.
- Entraînement d'ajustement fin : Nous continuons l'entraînement du modèle pendant 5 époques supplémentaires, permettant aux couches dégelées de s'adapter à notre tâche spécifique.
- Sauvegarde du modèle : Enfin, nous sauvegardons le modèle ajusté pour une utilisation future.

Cette approche d'apprentissage par transfert inclut l'augmentation des données, la gestion appropriée des données d'entraînement et de validation, et un processus d'entraînement en deux étapes (entraînement initial avec les couches de base gelées, suivi d'un ajustement fin). Cette méthode est susceptible de donner de meilleurs résultats, particulièrement lorsqu'on traite des ensembles de données limités ou des tâches qui diffèrent significativement de la classification ImageNet.

7.3.5 Apprentissage par transfert avec PyTorch

Voyons maintenant comment effectuer l'apprentissage par transfert avec **PyTorch** en utilisant le modèle préentraîné **ResNet18**.

Exemple : Apprentissage par transfert avec ResNet18 dans PyTorch

```
import torch
import torch.nn as nn
import torchvision.models as models
import torchvision.transforms as transforms
from torch.optim import Adam
from torch.utils.data import DataLoader
from torchvision.datasets import CIFAR10

# Set device
device = torch.device("cuda" if torch.cuda.is_available() else "cpu")

# Load the ResNet18 model pretrained on ImageNet
model = models.resnet18(pretrained=True)

# Freeze the pretrained layers
for param in model.parameters():
    param.requires_grad = False

# Replace the last fully connected layer with a new one for 10 classes (CIFAR10)
num_features = model.fc.in_features
model.fc = nn.Linear(num_features, 10)

# Move model to device
model = model.to(device)

# Define loss function and optimizer
criterion = nn.CrossEntropyLoss()
optimizer = Adam(model.fc.parameters(), lr=0.001)

# Define data transformations
transform = transforms.Compose([
    transforms.Resize(224),  # ResNet18 expects 224x224 input
    transforms.ToTensor(),
    transforms.Normalize((0.5, 0.5, 0.5), (0.5, 0.5, 0.5))
])

# Load CIFAR10 dataset
train_dataset = CIFAR10(root='./data', train=True, download=True,
transform=transform)
```

```
test_dataset      =      CIFAR10(root='./data',      train=False,      download=True,
transform=transform)

# Create data loaders
train_loader = DataLoader(train_dataset, batch_size=64, shuffle=True)
test_loader = DataLoader(test_dataset, batch_size=64, shuffle=False)

# Training loop
num_epochs = 10
for epoch in range(num_epochs):
    model.train()
    running_loss = 0.0
    for i, (inputs, labels) in enumerate(train_loader):
        inputs, labels = inputs.to(device), labels.to(device)

        # Zero the parameter gradients
        optimizer.zero_grad()

        # Forward pass
        outputs = model(inputs)
        loss = criterion(outputs, labels)

        # Backward pass and optimize
        loss.backward()
        optimizer.step()

        # Print statistics
        running_loss += loss.item()
        if i % 100 == 99:    # print every 100 mini-batches
            print(f'[{epoch + 1}, {i + 1:5d}] loss: {running_loss / 100:.3f}')
            running_loss = 0.0

    # Validation
    model.eval()
    correct = 0
    total = 0
    with torch.no_grad():
        for inputs, labels in test_loader:
            inputs, labels = inputs.to(device), labels.to(device)
            outputs = model(inputs)
            _, predicted = torch.max(outputs.data, 1)
            total += labels.size(0)
            correct += (predicted == labels).sum().item()

    print(f'Accuracy on test images: {100 * correct / total:.2f}%')

print('Finished Training')

# Save the model
torch.save(model.state_dict(), 'resnet18_cifar10.pth')
```

Maintenant, analysons cet exemple :

- Importation des bibliothèques : Nous importons les modules nécessaires de PyTorch, y compris les modèles et les transformations de torchvision.
- Configuration du périphérique : Nous configurons le périphérique sur GPU si disponible, sinon CPU. Cela permet un entraînement plus rapide sur du matériel compatible.
- Chargement du modèle préentraîné : Nous chargeons le modèle ResNet18 préentraîné sur ImageNet. Cela nous permet d'exploiter l'apprentissage par transfert.
- Gel du modèle de base : Nous figeons toutes les couches du modèle de base pour éviter qu'elles ne soient mises à jour pendant l'entraînement. Cela préserve les précieuses caractéristiques apprises d'ImageNet.
- Remplacement de la couche finale : Nous remplaçons la dernière couche entièrement connectée par une nouvelle qui produit 10 classes, correspondant au nombre de classes dans CIFAR10.
- Déplacement du modèle vers le périphérique : Nous déplaçons le modèle vers le périphérique sélectionné (GPU/CPU) pour un calcul efficace.
- Définition de la perte et de l'optimiseur : Nous utilisons CrossEntropyLoss comme critère et l'optimiseur Adam pour mettre à jour les paramètres du modèle.
- Transformations de données : Nous définissons des transformations pour redimensionner les images à 224x224 (comme attendu par ResNet18), les convertir en tenseurs et les normaliser.
- Chargement du jeu de données : Nous chargeons le jeu de données CIFAR10, en appliquant nos transformations définies.
- Création des DataLoaders : Nous créons des objets DataLoader pour les jeux de données d'entraînement et de test, qui gèrent le traitement par lots et le mélange.
- Boucle d'entraînement : Nous itérons sur le jeu de données pendant un nombre spécifié d'époques. Dans chaque époque :
    - Nous mettons le modèle en mode entraînement.
    - Nous itérons sur les lots, effectuant des passages avant et arrière, et mettant à jour les paramètres du modèle.
    - Nous affichons la perte tous les 100 lots pour surveiller la progression de l'entraînement.
- Validation : Après chaque époque, nous évaluons le modèle sur le jeu de test :
    - Nous mettons le modèle en mode évaluation.

    - Nous désactivons le calcul du gradient pour plus d'efficacité.
    - Nous calculons et affichons la précision sur le jeu de test.
- Sauvegarde du modèle : Après l'entraînement, nous sauvegardons le dictionnaire d'état du modèle pour une utilisation future.

Cet exemple fournit une approche complète de l'apprentissage par transfert, incluant la gestion appropriée des données, les boucles d'entraînement et de validation, et la sauvegarde du modèle. Il démontre comment utiliser un modèle ResNet18 préentraîné et l'affiner sur le jeu de données CIFAR10, qui est une référence courante dans les tâches de vision par ordinateur.

7.4 Apprentissage auto-supervisé et modèles de fondation

7.4.1 Qu'est-ce que l'apprentissage auto-supervisé ?

L'apprentissage auto-supervisé (SSL) est une approche innovante en apprentissage automatique qui comble le fossé entre l'apprentissage supervisé et non supervisé. Il exploite la structure inhérente aux données non étiquetées pour créer des tâches d'apprentissage supervisé, permettant effectivement au modèle d'apprendre par lui-même. Cette méthode est particulièrement précieuse dans les scénarios où les données étiquetées sont rares ou coûteuses à obtenir.

À sa base, le SSL fonctionne en formulant des tâches prétextes qui ne nécessitent pas d'étiquetage manuel. Ces tâches sont soigneusement conçues pour forcer le modèle à apprendre des représentations significatives des données. Par exemple, en vision par ordinateur, un modèle peut être chargé de prédire la position relative des parties d'une image ou de reconstruire une image en couleur à partir de sa version en niveaux de gris. En traitement du langage naturel, les modèles peuvent prédire des mots manquants dans une phrase ou déterminer si deux phrases sont contextuellement liées.

La puissance du SSL réside dans sa capacité à apprendre des caractéristiques généralisables qui peuvent être transférées à un large éventail de tâches en aval. Une fois qu'un modèle a été préentraîné sur ces tâches auto-supervisées, il peut être affiné avec une quantité relativement faible de données étiquetées pour des applications spécifiques. Cette approche d'apprentissage par transfert a conduit à des avancées significatives dans divers domaines, notamment la classification d'images, la détection d'objets, l'analyse de sentiment et la traduction automatique.

De plus, le SSL a ouvert la voie au développement de modèles de fondation - des modèles à grande échelle entraînés sur de vastes quantités de données non étiquetées qui peuvent être adaptés à de nombreuses tâches. Des exemples incluent BERT en traitement du langage naturel et SimCLR en vision par ordinateur. Ces modèles ont démontré des performances remarquables à travers diverses applications, surpassant souvent les approches d'apprentissage supervisé traditionnelles.

Alors que le domaine de l'intelligence artificielle continue d'évoluer, l'apprentissage auto-supervisé se trouve à l'avant-garde, promettant des moyens plus efficaces et plus performants d'exploiter le potentiel des données non étiquetées et de repousser les limites des capacités d'apprentissage automatique.

7.4.2 Tâches prétextes d'apprentissage auto-supervisé

L'apprentissage auto-supervisé (SSL) emploie diverses tâches prétextes pour entraîner des modèles sans étiquettes explicites. Ces tâches sont conçues pour extraire des représentations significatives des données. Voici quelques tâches prétextes clés en SSL :

1. **Apprentissage contrastif** :Cette approche vise à apprendre des représentations en comparant des points de données similaires et dissemblables. Elle crée un espace latent où les entrées sémantiquement liées sont proches, tandis que les entrées non liées sont éloignées. L'apprentissage contrastif a montré un succès remarquable dans les domaines de la vision par ordinateur et du traitement du langage naturel. Les cadres notables incluent :
    - **SimCLR (Simple Framework for Contrastive Learning of Visual Representations)** : Cette méthode utilise l'augmentation de données pour créer différentes vues de la même image, puis entraîne le modèle à reconnaître celles-ci comme similaires tout en les distinguant des autres images.
    - **MoCo (Momentum Contrast)** : Cette approche maintient un dictionnaire dynamique de représentations encodées, permettant un ensemble large et cohérent d'échantillons négatifs dans l'apprentissage contrastif.
2. **Modélisation de langage masqué (MLM)** :Technique fondamentale en NLP, le MLM implique de masquer aléatoirement des mots dans une phrase et d'entraîner le modèle à prédire ces mots masqués. Cela force le modèle à comprendre le contexte et à développer une compréhension profonde de la structure du langage. BERT (Bidirectional Encoder Representations from Transformers) utilise célèbrement cette approche, menant à des performances état de l'art sur diverses tâches de NLP.
3. **Inpainting d'image** :Cette tâche de vision par ordinateur implique de prédire ou reconstruire des parties manquantes ou endommagées d'une image. Elle encourage le modèle à comprendre les relations spatiales et les structures d'objets. Un concept apparenté est l'auto-encodeur débruiteur, qui apprend à reconstruire des images propres à partir d'entrées bruitées. Ces techniques aident les modèles à apprendre des représentations de caractéristiques robustes qui peuvent bien se généraliser à diverses tâches en aval.
4. **Colorisation** :Cette tâche implique de prédire les couleurs pour des images en niveaux de gris. Elle est particulièrement efficace car elle nécessite que le modèle comprenne les relations complexes entre les objets, les textures et les modèles de couleur typiques

dans les scènes naturelles. Par exemple, le modèle doit apprendre que l'herbe est généralement verte et que les ciels sont habituellement bleus. Cette tâche prétexte a montré qu'elle aide les modèles à apprendre des caractéristiques riches et transférables qui sont utiles pour diverses tâches de vision par ordinateur.

D'autres tâches prétextes notables incluent la prédiction de rotation, la résolution de puzzles et la prédiction de phrase suivante. Ces approches diverses contribuent collectivement à la puissance et à la flexibilité de l'apprentissage auto-supervisé, permettant aux modèles d'extraire des représentations significatives à partir de vastes quantités de données non étiquetées.

Exemple : Apprentissage contrastif avec SimCLR dans PyTorch

Voici une implémentation basique de **SimCLR**, une méthode d'apprentissage contrastif pour apprendre des représentations d'images sans étiquettes.

```
import torch
import torch.nn as nn
import torch.optim as optim
from torchvision import datasets, transforms, models
import torch.nn.functional as F

# Define a simple contrastive learning model based on ResNet
class SimCLR(nn.Module):
    def __init__(self, base_model, out_dim):
        super(SimCLR, self).__init__()
        self.encoder = base_model
        self.projection = nn.Sequential(
            nn.Linear(base_model.fc.in_features, 512),
            nn.ReLU(),
            nn.Linear(512, out_dim)
        )
        self.encoder.fc = nn.Identity()  # Remove the fully connected layer of ResNet

    def forward(self, x):
        features = self.encoder(x)
        projections = self.projection(features)
        return F.normalize(projections, dim=-1)  # Normalize for contrastive loss

# SimCLR contrastive loss function
def contrastive_loss(z_i, z_j, temperature=0.5):
    # Compute similarity matrix
    batch_size = z_i.size(0)
    z = torch.cat([z_i, z_j], dim=0)
    sim_matrix = torch.mm(z, z.t()) / temperature

    # Create labels for contrastive loss
    labels = torch.arange(batch_size).cuda()
    labels = torch.cat([labels, labels], dim=0)
```

```
    # Mask out the diagonal (same sample comparisons)
    mask = torch.eye(sim_matrix.size(0), device=sim_matrix.device).bool()
    sim_matrix = sim_matrix.masked_fill(mask, -float('inf'))

    # Compute loss
    loss = F.cross_entropy(sim_matrix, labels)
    return loss

# Define data transformations
transform = transforms.Compose([
    transforms.RandomResizedCrop(size=224),
    transforms.RandomHorizontalFlip(),
    transforms.ToTensor(),
    transforms.Normalize(mean=[0.485, 0.456, 0.406], std=[0.229, 0.224, 0.225])
])

# Load dataset (e.g., CIFAR-10)
dataset    =     datasets.CIFAR10(root='./data',       train=True,      download=True,
transform=transform)
dataloader = torch.utils.data.DataLoader(dataset, batch_size=64, shuffle=True)

# Instantiate SimCLR model with ResNet backbone
base_model = models.resnet18(pretrained=True)
simclr_model = SimCLR(base_model, out_dim=128).cuda()

# Optimizer
optimizer = optim.Adam(simclr_model.parameters(), lr=0.001)

# Training loop
for epoch in range(10):
    for images, _ in dataloader:
        # Data augmentation (SimCLR requires two augmented views of each image)
        view_1, view_2 = images.cuda(), images.cuda()

        # Forward pass through SimCLR
        z_i = simclr_model(view_1)
        z_j = simclr_model(view_2)

        # Compute contrastive loss
        loss = contrastive_loss(z_i, z_j)

        optimizer.zero_grad()
        loss.backward()
        optimizer.step()

    print(f"Epoch [{epoch+1}/10], Loss: {loss.item():.4f}")
```

Ce code implémente une version basique de SimCLR (Simple Framework for Contrastive Learning of Visual Representations), qui est une méthode d'apprentissage auto-supervisé pour les représentations visuelles.

Voici une analyse des composants clés :

- Modèle SimCLR : La classe SimCLR définit l'architecture du modèle. Elle utilise un ResNet pré-entraîné comme encodeur et ajoute une tête de projection par-dessus.
- Perte contrastive : La fonction contrastive_loss implémente le cœur de l'objectif d'apprentissage de SimCLR. Elle calcule la similarité entre différentes vues augmentées des mêmes images et pousse le modèle à reconnaître celles-ci comme similaires tout en les distinguant des autres images.
- Augmentation de données : Le code utilise le recadrage aléatoire redimensionné et le retournement horizontal comme techniques d'augmentation de données.
- Jeu de données : Le jeu de données CIFAR-10 est utilisé pour l'entraînement.
- Boucle d'entraînement : Le modèle est entraîné pendant 10 époques. À chaque itération, deux vues augmentées des mêmes images sont créées et passées à travers le modèle. La perte contrastive est ensuite calculée et utilisée pour mettre à jour les paramètres du modèle.

Cette implémentation démontre les principes fondamentaux de l'apprentissage contrastif, où le modèle apprend à créer des représentations similaires pour différentes vues de la même image, tout en éloignant les représentations d'images différentes. Cette approche permet au modèle d'apprendre des caractéristiques visuelles utiles sans nécessiter de données étiquetées.

7.4.3 Modèles de fondation : Un nouveau paradigme en IA

Les **modèles de fondation** représentent un changement de paradigme dans le développement de l'IA, introduisant une nouvelle ère de systèmes d'apprentissage automatique polyvalents et puissants. Ces modèles, caractérisés par leur échelle massive et leur pré-entraînement extensif sur des ensembles de données diversifiés, ont révolutionné le domaine de l'intelligence artificielle. Contrairement aux modèles traditionnels qui sont entraînés pour des tâches spécifiques, les modèles de fondation sont conçus pour apprendre des représentations à usage général qui peuvent être adaptées à un large éventail d'applications en aval.

Au cœur des modèles de fondation se trouve le concept d'apprentissage par transfert, où les connaissances acquises lors du pré-entraînement sur des ensembles de données à grande échelle peuvent être efficacement transférées à des tâches spécifiques avec un réglage fin minimal. Cette approche réduit considérablement le besoin de données étiquetées spécifiques à la tâche, rendant l'IA plus accessible et rentable pour un plus large éventail d'applications.

Les modèles de fondation exploitent généralement des architectures avancées telles que les transformers, qui excellent dans la capture des dépendances à long terme dans les données. Ces modèles emploient souvent des techniques d'**apprentissage auto-supervisé**, leur permettant d'extraire des modèles et des représentations significatifs à partir de données non étiquetées. Cette capacité à apprendre à partir de vastes quantités d'informations non étiquetées est un facteur clé de leur performance remarquable dans divers domaines.

La polyvalence des modèles de fondation est illustrée par leur succès dans divers domaines. Dans le traitement du langage naturel, des modèles comme **GPT-3** d'OpenAI ont démontré des capacités sans précédent en génération de texte, compréhension du langage, et même en raisonnement de base. **BERT** (Bidirectional Encoder Representations from Transformers) a établi de nouvelles normes pour les tâches de compréhension du langage telles que l'analyse de sentiment et les réponses aux questions.

Au-delà du texte, les modèles de fondation ont fait des progrès significatifs dans l'apprentissage multimodal. **CLIP** (Contrastive Language-Image Pretraining) a comblé le fossé entre la vision et le langage, permettant la classification d'images sans exemple (zero-shot) et ouvrant de nouvelles possibilités pour les applications intermodales. Dans le domaine de l'IA générative, des modèles comme **DALL-E** ont repoussé les limites de la créativité, générant des images hautement détaillées et imaginatives à partir de descriptions textuelles.

L'impact des modèles de fondation s'étend bien au-delà de leurs applications immédiates. Ils ont suscité de nouvelles orientations de recherche dans des domaines tels que la compression de modèles, le réglage fin efficace et l'IA éthique. À mesure que ces modèles continuent d'évoluer, ils promettent de stimuler l'innovation dans tous les secteurs, de la santé et la recherche scientifique aux arts créatifs et à l'éducation, remodelant le paysage de l'intelligence artificielle et son rôle dans la société.

7.4.4 Exemples de modèles de fondation

1. **BERT (Bidirectional Encoder Representations from Transformers)**:BERT a révolutionné le traitement du langage naturel avec sa compréhension contextuelle bidirectionnelle. En utilisant la **modélisation de langage masqué (MLM)**, BERT apprend à prédire les mots masqués en tenant compte des contextes gauche et droit. Cette approche permet à BERT de capturer des modèles de langage nuancés et des relations sémantiques. Son architecture, basée sur le modèle transformer, permet un traitement parallèle des séquences d'entrée, améliorant considérablement l'efficacité de l'entraînement. Le pré-entraînement de BERT sur de vastes corpus de texte lui confère une compréhension profonde de la structure et de la sémantique du langage, le rendant hautement adaptable à diverses tâches en aval grâce au réglage fin.

2. **GPT (Generative Pretrained Transformer)**:GPT représente un bond significatif dans les capacités de génération de langage. Contrairement à BERT, GPT utilise une **modélisation de langage causale**, prédisant chaque mot basé sur les mots précédents dans la séquence. Cette approche autorégressive permet à GPT de générer du texte cohérent et contextuellement pertinent. La dernière itération, GPT-3, avec ses 175 milliards de paramètres sans précédent, présente des capacités remarquables d'apprentissage avec peu d'exemples. Il peut effectuer un large éventail de tâches sans réglage fin spécifique à la tâche, démontrant une forme de "méta-apprentissage" qui

lui permet de s'adapter à de nouvelles tâches avec un minimum d'exemples. La polyvalence de GPT s'étend au-delà de la génération de texte à des tâches comme la traduction linguistique, le résumé, et même le raisonnement de base.

3. **CLIP (Contrastive Language-Image Pretraining)**:CLIP ouvre de nouvelles voies dans l'apprentissage multimodal en comblant le fossé entre vision et langage. Sa méthodologie d'entraînement implique l'apprentissage à partir d'un vaste ensemble de données de paires image-texte, en utilisant une approche d'apprentissage contrastif. Cela permet à CLIP de créer un espace d'embedding commun pour les images et le texte, permettant une compréhension intermodale fluide. Les capacités zero-shot de CLIP sont particulièrement remarquables, lui permettant de classer des images dans des catégories arbitraires spécifiées par des descriptions textuelles, même pour des concepts qu'il n'a pas explicitement vus pendant l'entraînement. Cette flexibilité rend CLIP hautement adaptable à diverses tâches vision-langage sans nécessiter d'ensembles de données ou de réglage fin spécifiques à la tâche, ouvrant de nouvelles possibilités dans des domaines comme les réponses aux questions visuelles et la recherche d'images.

Exemple : Réglage fin de BERT pour l'analyse de sentiment dans Keras

Voici comment nous pouvons effectuer un réglage fin de **BERT** pour l'analyse de sentiment sur un jeu de données personnalisé en utilisant la bibliothèque transformers de Hugging Face.

```
import tensorflow as tf
from transformers import BertTokenizer, TFBertForSequenceClassification
from tensorflow.keras.optimizers import Adam
from sklearn.model_selection import train_test_split
import numpy as np

# Load the BERT tokenizer and model for sequence classification (sentiment analysis)
tokenizer = BertTokenizer.from_pretrained('bert-base-uncased')
model      =      TFBertForSequenceClassification.from_pretrained('bert-base-uncased',
num_labels=2)

# Tokenize the dataset
def tokenize_data(texts, labels):
    inputs   =   tokenizer(texts,   padding=True,   truncation=True,   max_length=128,
return_tensors='tf')
    return inputs, tf.convert_to_tensor(labels)

# Example data (sentiment: 1=positive, 0=negative)
texts = [
    "I love this movie! It's fantastic.",
    "This movie was terrible. I hated every minute of it.",
    "The acting was superb and the plot was engaging.",
    "Boring plot, poor character development. Waste of time.",
    "An absolute masterpiece of cinema!",
    "I couldn't even finish watching it, it was so bad."
]
```

```
labels = [1, 0, 1, 0, 1, 0]

# Split the data into training and validation sets
train_texts, val_texts, train_labels, val_labels = train_test_split(texts, labels,
test_size=0.2, random_state=42)

# Tokenize and prepare the datasets
train_inputs, train_labels = tokenize_data(train_texts, train_labels)
val_inputs, val_labels = tokenize_data(val_texts, val_labels)

# Compile the model
optimizer = Adam(learning_rate=2e-5)
loss = tf.keras.losses.SparseCategoricalCrossentropy(from_logits=True)
model.compile(optimizer=optimizer, loss=loss, metrics=['accuracy'])

# Train the model
history = model.fit(train_inputs, train_labels,
                    validation_data=(val_inputs, val_labels),
                    epochs=5, batch_size=2)

# Evaluate the model
test_texts = [
    "This film exceeded all my expectations!",
    "I regret watching this movie. It was awful."
]
test_labels = [1, 0]
test_inputs, test_labels = tokenize_data(test_texts, test_labels)

test_loss, test_accuracy = model.evaluate(test_inputs, test_labels)
print(f"Test accuracy: {test_accuracy:.4f}")

# Make predictions
predictions = model.predict(test_inputs)
predicted_labels = np.argmax(predictions.logits, axis=1)

for text, true_label, pred_label in zip(test_texts, test_labels, predicted_labels):
    print(f"Text: {text}")
    print(f"True label: {'Positive' if true_label == 1 else 'Negative'}")
    print(f"Predicted label: {'Positive' if pred_label == 1 else 'Negative'}")
    print()
```

Analyse du code :

1. Importations et configuration :
   - Nous importons les bibliothèques nécessaires : TensorFlow, Transformers (pour BERT), et scikit-learn pour la division des données.
   - Le tokenizer BERT et le modèle pré-entraîné sont chargés, en spécifiant deux classes de sortie pour la classification binaire de sentiment.

2. Préparation des données :
    - Une fonction tokenize_data est définie pour convertir les entrées textuelles en IDs de tokens et masques d'attention compatibles avec BERT.
    - Nous créons un petit ensemble de données d'exemples de textes avec les étiquettes de sentiment correspondantes (1 pour positif, 0 pour négatif).
    - Les données sont divisées en ensembles d'entraînement et de validation en utilisant train_test_split pour assurer une évaluation appropriée du modèle.
3. Compilation du modèle :
    - Le modèle est compilé en utilisant l'optimiseur Adam avec un faible taux d'apprentissage (2e-5) adapté au fine-tuning.
    - Nous utilisons l'entropie croisée catégorielle éparse comme fonction de perte, appropriée pour les étiquettes de classe encodées en entiers.
4. Entraînement :
    - Le modèle est entraîné pendant 5 époques avec une petite taille de lot de 2, adaptée au petit ensemble de données d'exemple.
    - Les données de validation sont utilisées pendant l'entraînement pour surveiller les performances sur des données non vues.
5. Évaluation :
    - Un ensemble de test distinct est créé pour évaluer les performances du modèle sur des données complètement nouvelles.
    - La précision du modèle sur cet ensemble de test est calculée et affichée.
6. Prédictions :
    - Le modèle entraîné est utilisé pour faire des prédictions sur l'ensemble de test.
    - Pour chaque exemple de test, nous affichons le texte original, l'étiquette réelle et l'étiquette prédite, offrant une vue claire des performances du modèle.

Cet exemple démontre un flux de travail complet pour le fine-tuning de BERT pour l'analyse de sentiment, comprenant la division des données, l'entraînement du modèle, l'évaluation et la prédiction. Il fournit une base pratique pour appliquer BERT à des tâches réelles de classification de texte.

Exercices Pratiques Chapitre 7

Exercice 1 : Construire et Entraîner un Autoencoder Simple

Tâche : Construire et entraîner un autoencoder simple pour reconstruire des images du jeu de données **MNIST**. Évaluer la qualité des reconstructions en visualisant les images originales et reconstruites.

Solution :

```
import tensorflow as tf
from tensorflow.keras import layers, models

# Load the MNIST dataset
(x_train, _), (x_test, _) = tf.keras.datasets.mnist.load_data()
x_train = x_train.astype('float32') / 255.
x_test = x_test.astype('float32') / 255.
x_train = x_train.reshape((len(x_train), 28, 28, 1))
x_test = x_test.reshape((len(x_test), 28, 28, 1))

# Build the autoencoder model
input_img = layers.Input(shape=(28, 28, 1))

# Encoder
x = layers.Conv2D(16, (3, 3), activation='relu', padding='same')(input_img)
x = layers.MaxPooling2D((2, 2), padding='same')(x)
x = layers.Conv2D(8, (3, 3), activation='relu', padding='same')(x)
encoded = layers.MaxPooling2D((2, 2), padding='same')(x)

# Decoder
x = layers.Conv2D(8, (3, 3), activation='relu', padding='same')(encoded)
x = layers.UpSampling2D((2, 2))(x)
x = layers.Conv2D(16, (3, 3), activation='relu', padding='same')(x)
x = layers.UpSampling2D((2, 2))(x)
decoded = layers.Conv2D(1, (3, 3), activation='sigmoid', padding='same')(x)

# Compile and train the model
autoencoder = models.Model(input_img, decoded)
autoencoder.compile(optimizer='adam', loss='binary_crossentropy')
autoencoder.fit(x_train, x_train, epochs=10, batch_size=256, validation_data=(x_test,
x_test))

# Visualize some reconstructions
import matplotlib.pyplot as plt

decoded_imgs = autoencoder.predict(x_test[:10])
n = 10
plt.figure(figsize=(20, 4))
for i in range(n):
    # Display original images
    ax = plt.subplot(2, n, i + 1)
```

```
    plt.imshow(x_test[i].reshape(28, 28), cmap='gray')
    plt.title("Original")

    # Display reconstructed images
    ax = plt.subplot(2, n, i + 1 + n)
    plt.imshow(decoded_imgs[i].reshape(28, 28), cmap='gray')
    plt.title("Reconstructed")
plt.show()
```

Dans cet exercice :

- Nous avons construit un auto-encodeur convolutif simple.
- Le modèle est entraîné à reconstruire des images MNIST, apprenant une représentation compressée dans l'encodeur.
- Nous visualisons les images originales et reconstruites pour évaluer la performance.

Exercice 2 : Implémenter un Auto-encodeur Variationnel (VAE)

Tâche : Implémenter un **Auto-encodeur Variationnel (VAE)** et l'entraîner sur le jeu de données MNIST. Après l'entraînement, échantillonner à partir de l'espace latent appris et générer de nouveaux chiffres manuscrits.

Solution :

```
import tensorflow as tf
from tensorflow.keras import layers, models
import numpy as np

# Sampling function for latent space
def sampling(args):
    z_mean, z_log_var = args
    batch = tf.shape(z_mean)[0]
    dim = tf.shape(z_mean)[1]
    epsilon = tf.keras.backend.random_normal(shape=(batch, dim))
    return z_mean + tf.exp(0.5 * z_log_var) * epsilon

# Encoder
latent_dim = 2
inputs = layers.Input(shape=(28, 28, 1))
x = layers.Conv2D(32, 3, activation="relu", strides=2, padding="same")(inputs)
x = layers.Conv2D(64, 3, activation="relu", strides=2, padding="same")(x)
x = layers.Flatten()(x)
x = layers.Dense(16, activation="relu")(x)
z_mean = layers.Dense(latent_dim, name="z_mean")(x)
z_log_var = layers.Dense(latent_dim, name="z_log_var")(x)

# Latent space sampling
z    =    layers.Lambda(sampling,    output_shape=(latent_dim,),    name="z")([z_mean,
z_log_var])
```

```
# Decoder
decoder_input = layers.Input(shape=(latent_dim,))
x = layers.Dense(7 * 7 * 64, activation="relu")(decoder_input)
x = layers.Reshape((7, 7, 64))(x)
x = layers.Conv2DTranspose(64, 3, activation="relu", strides=2, padding="same")(x)
x = layers.Conv2DTranspose(32, 3, activation="relu", strides=2, padding="same")(x)
decoder_output = layers.Conv2DTranspose(1, 3, activation="sigmoid",
padding="same")(x)

# VAE model
encoder = models.Model(inputs, [z_mean, z_log_var, z], name="encoder")
decoder = models.Model(decoder_input, decoder_output, name="decoder")
vae_output = decoder(encoder(inputs)[2])

vae = models.Model(inputs, vae_output, name="vae")

# VAE loss function (reconstruction + KL divergence)
reconstruction_loss =
tf.keras.losses.binary_crossentropy(tf.keras.backend.flatten(inputs),
tf.keras.backend.flatten(vae_output))
reconstruction_loss *= 28 * 28
kl_loss = 1 + z_log_var - tf.square(z_mean) - tf.exp(z_log_var)
kl_loss = tf.reduce_mean(-0.5 * tf.reduce_sum(kl_loss, axis=-1))
vae_loss = tf.reduce_mean(reconstruction_loss + kl_loss)

vae.add_loss(vae_loss)
vae.compile(optimizer="adam")

# Train the VAE
vae.fit(x_train, x_train, epochs=10, batch_size=128, validation_data=(x_test,
x_test))

# Generate new images by sampling from the latent space
import matplotlib.pyplot as plt

n = 10  # Number of images to generate
figure = np.zeros((28 * n, 28 * n))

grid_x = np.linspace(-2, 2, n)
grid_y = np.linspace(-2, 2, n)

for i, yi in enumerate(grid_x):
    for j, xi in enumerate(grid_y):
        z_sample = np.array([[xi, yi]])
        x_decoded = decoder.predict(z_sample)
        digit = x_decoded[0].reshape(28, 28)
        figure[i * 28: (i + 1) * 28, j * 28: (j + 1) * 28] = digit

plt.figure(figsize=(10, 10))
plt.imshow(figure, cmap='Greys_r')
plt.show()
```

Dans cet exercice :

- Nous avons implémenté un VAE pour apprendre un espace latent probabiliste des chiffres MNIST.
- Le modèle a été entraîné pour minimiser l'erreur de reconstruction et la divergence KL.
- Après l'entraînement, nous avons échantillonné à partir de l'espace latent appris pour générer de nouvelles images de chiffres manuscrits.

Exercice 3 : Fine-tuner un modèle ResNet pré-entraîné pour la classification d'images

Tâche : Fine-tuner un modèle **ResNet50** pré-entraîné sur ImageNet pour une nouvelle tâche de classification d'images. Remplacer la couche finale pour correspondre au nombre de classes dans le jeu de données personnalisé, et entraîner le modèle sur le nouveau jeu de données.

Solution :

```
import tensorflow as tf
from tensorflow.keras.applications import ResNet50
from tensorflow.keras.layers import Dense, GlobalAveragePooling2D
from tensorflow.keras.models import Model
from tensorflow.keras.optimizers import Adam

# Load the ResNet50 model pretrained on ImageNet, excluding the top layer
base_model = ResNet50(weights='imagenet', include_top=False, input_shape=(224, 224, 3))

# Freeze the base model layers
for layer in base_model.layers:
    layer.trainable = False

# Add custom layers
x = base_model.output
x = GlobalAveragePooling2D()(x)
x = Dense(1024, activation='relu')(x)
predictions = Dense(10, activation='softmax')(x)  # Output for 10 classes

# Create new model
model = Model(inputs=base_model.input, outputs=predictions)

# Compile the model
model.compile(optimizer=Adam(learning_rate=0.001),  loss='categorical_crossentropy', metrics=['accuracy'])

# Example training (assuming new_data and labels are prepared)
# model.fit(new_data, labels, epochs=5, batch_size=32)

print("Model fine-tuned and ready for custom classification task.")
```

Dans cet exercice :

- Nous avons utilisé un modèle **ResNet50** pré-entraîné sur ImageNet et l'avons affiné pour une nouvelle tâche de classification d'images avec 10 classes.
- La couche finale du modèle a été remplacée pour correspondre au nombre de classes, et les couches de base ont été figées pour conserver les caractéristiques apprises.

Exercice 4 : Apprentissage auto-supervisé avec perte contrastive

Tâche : Implémenter une tâche d'apprentissage auto-supervisé en utilisant le cadre **SimCLR**. Entraîner un modèle pour apprendre des représentations d'images utiles en utilisant l'apprentissage contrastif, et évaluer sa performance sur une tâche de classification en aval.

Solution :

```
import torch
import torch.nn as nn
import torch.optim as optim
from torchvision import datasets, transforms, models

class SimCLR(nn.Module):
    def __init__(self, base_model, out_dim):
        super(SimCLR, self).__init__()
        self.encoder = base_model
        self.projection = nn.Sequential(
            nn.Linear(base_model.fc.in_features, 512),
            nn.ReLU(),
            nn.Linear(512, out_dim)
        )
        self.encoder.fc = nn.Identity()  # Remove fully connected layer

    def forward(self, x):
        features = self.encoder(x)
        projections = self.projection(features)
        return projections

# Define a contrastive loss function
def contrastive_loss(z_i, z_j, temperature=0.5):
    batch_size = z_i.size(0)
    z = torch.cat([z_i, z_j], dim=0)
    sim_matrix = torch.mm(z, z.t()) / temperature
    labels = torch.arange(batch_size).cuda()
    labels = torch.cat([labels, labels], dim=0)
    mask = torch.eye(sim_matrix.size(0), device=sim_matrix.device).bool()
    sim_matrix = sim_matrix.masked_fill(mask, -float('inf'))
    loss = nn.CrossEntropyLoss()(sim_matrix, labels)
    return loss

# Example training loop (assuming the dataset and dataloader are defined)
base_model = models.resnet18(pretrained=True)
simclr_model = SimCLR(base_model, out_dim=128).cuda()
```

```
optimizer = optim.Adam(simclr_model.parameters(), lr=0.001)
for epoch in range(10):
    for images, _ in dataloader:
        view_1, view_2 = images.cuda(), images.cuda()
        z_i = simclr_model(view_1)
        z_j = simclr_model(view_2)
        loss = contrastive_loss(z_i, z_j)
        optimizer.zero_grad()
        loss.backward()
        optimizer.step()

    print(f"Epoch {epoch+1}, Loss: {loss.item():.4f}")
```

Dans cet exercice :

- Nous avons implémenté un modèle **SimCLR** utilisant l'apprentissage contrastif auto-supervisé.
- Le modèle a appris des représentations en contrastant des paires positives (deux vues augmentées de la même image) par rapport à des paires négatives (vues d'autres images).
- Après le pré-entraînement, ces représentations apprises peuvent être utilisées pour des tâches en aval comme la classification.

Ces exercices pratiques couvrent un large éventail de concepts avancés d'apprentissage profond, notamment les **autoencodeurs**, les **VAE**, l'**apprentissage par transfert**, et l'**apprentissage auto-supervisé**. En réalisant ces exercices, vous acquerrez une expérience pratique dans la construction et l'affinement de modèles, ainsi que dans l'utilisation de techniques d'apprentissage non supervisé pour apprendre des représentations utiles à partir de données non étiquetées.

Résumé du Chapitre 7

Dans le **Chapitre 7**, nous avons exploré des techniques d'apprentissage profond de pointe qui ont révolutionné le domaine de l'intelligence artificielle, permettant des modèles plus puissants, efficaces et polyvalents. Ce chapitre a approfondi des concepts comme les **autoencodeurs**, les **autoencodeurs variationnels (VAE)**, les **réseaux antagonistes génératifs (GAN)**, l'**apprentissage par transfert**, et l'**apprentissage auto-supervisé**, offrant un aperçu du fonctionnement de ces modèles avancés et de leurs applications aux problèmes réels.

Nous avons commencé par un aperçu des **autoencodeurs**, qui sont des réseaux de neurones conçus pour apprendre des représentations compressées des données par apprentissage non supervisé. Les autoencodeurs se composent de deux parties : un **encodeur**, qui compresse les données d'entrée dans un espace latent, et un **décodeur**, qui reconstruit les données originales à partir de cette représentation compressée. Ces modèles sont particulièrement utiles pour des tâches telles que la **réduction de dimensionnalité**, la **détection d'anomalies**, et le **débruitage de données**. Le point essentiel est que les autoencodeurs sont très efficaces pour apprendre des représentations compactes des données tout en minimisant la perte de reconstruction.

Ensuite, nous avons exploré les **autoencodeurs variationnels (VAE)**, qui étendent les autoencodeurs traditionnels en introduisant un cadre probabiliste. Les VAE génèrent un espace latent qui suit une distribution spécifique (généralement gaussienne) et peuvent être utilisés pour générer de nouveaux points de données en échantillonnant cet espace latent. Cette capacité fait des VAE des outils puissants pour les **tâches génératives**, comme la génération d'images et l'augmentation de données. Le terme de régularisation ajouté, la **divergence de Kullback-Leibler (KL)**, garantit que l'espace latent appris suit la distribution souhaitée, améliorant ainsi les capacités génératives du modèle.

Le chapitre a ensuite présenté les **réseaux antagonistes génératifs (GAN)**, un cadre révolutionnaire pour générer des données réalistes. Les GAN se composent de deux réseaux en compétition : un **générateur** et un **discriminateur**. Le générateur crée des données factices, tandis que le discriminateur tente de distinguer les données réelles des données factices. Grâce à ce processus antagoniste, le générateur devient très habile à produire des données qui ressemblent à des exemples du monde réel. Les GAN ont des applications dans la **génération d'images**, la **synthèse vidéo**, l'**augmentation de données**, et même la **découverte de médicaments**. L'un des aspects les plus convaincants des GAN est leur capacité à générer des données à partir de rien, ouvrant de nouvelles possibilités dans les domaines créatifs et scientifiques.

Nous avons ensuite abordé l'**apprentissage par transfert**, une technique pratique et efficace pour exploiter des modèles pré-entraînés sur de nouvelles tâches. En utilisant des modèles comme **ResNet**, **BERT** ou **GPT** qui sont pré-entraînés sur des ensembles de données à grande échelle, nous pouvons affiner ces modèles pour des tâches spécifiques avec des ensembles de données plus petits. L'apprentissage par transfert réduit considérablement le temps et les ressources informatiques nécessaires à l'entraînement, tout en améliorant souvent les performances en utilisant les caractéristiques apprises des modèles pré-entraînés. Cette méthode a été largement adoptée dans des tâches telles que la **classification d'images**, le **traitement du langage naturel (NLP)**, et l'**imagerie médicale**.

Enfin, nous avons exploré le domaine en pleine croissance de l'**apprentissage auto-supervisé (SSL)** et des **modèles fondamentaux**. L'apprentissage auto-supervisé permet aux modèles d'apprendre à partir de données non étiquetées en créant leurs propres signaux de supervision. Cette approche est particulièrement précieuse dans les scénarios où les données étiquetées sont rares ou coûteuses à obtenir. Les modèles fondamentaux, tels que **GPT-3**, **BERT** et **CLIP**, représentent un nouveau paradigme en IA. Ces modèles massifs sont pré-entraînés sur de vastes ensembles de données à l'aide de techniques d'apprentissage auto-supervisé et peuvent être affinés pour une large gamme de tâches en aval. Leur polyvalence et leur évolutivité en font des éléments fondamentaux pour les applications modernes d'IA.

En conclusion, ce chapitre a fourni un aperçu approfondi de certaines des techniques les plus importantes et les plus avancées de l'apprentissage profond aujourd'hui. En maîtrisant ces concepts, vous êtes équipé pour aborder une variété de tâches complexes, de la génération de données à l'apprentissage par transfert, et contribuer à la pointe de la recherche et des applications en IA.

Chapitre 8 : L'apprentissage automatique dans le cloud et l'informatique en périphérie

Alors que le volume de données continue de croître de façon exponentielle et que l'intelligence artificielle devient de plus en plus répandue, les organisations transitent rapidement leurs flux de travail d'apprentissage automatique vers des solutions basées sur le cloud. Les principales plateformes cloud telles que **Amazon Web Services (AWS)**, **Google Cloud Platform (GCP)** et **Microsoft Azure** offrent une infrastructure et des services complets qui simplifient considérablement les processus de formation, de déploiement et de mise à l'échelle des modèles d'apprentissage automatique. Ces plateformes fournissent une multitude de ressources et d'outils qui permettent aux data scientists et aux développeurs de se concentrer sur le développement de modèles plutôt que sur la gestion de l'infrastructure.

Dans ce chapitre, nous explorerons les sujets clés suivants :

1. L'exploitation des plateformes cloud pour l'apprentissage automatique : une analyse approfondie de l'exécution de modèles d'apprentissage automatique sophistiqués sur **AWS**, **Google Cloud** et **Azure**, y compris les meilleures pratiques et les fonctionnalités spécifiques à chaque plateforme.

2. Le déploiement fluide des modèles d'apprentissage automatique : techniques et stratégies pour déployer des modèles d'apprentissage automatique en tant que services évolutifs, prêts pour la production, avec un temps de configuration et de paramétrage minimal.

3. L'adoption de **l'informatique en périphérie** dans l'apprentissage automatique : une introduction complète à l'informatique en périphérie et ses implications pour l'apprentissage automatique, y compris les méthodes d'optimisation des modèles pour qu'ils fonctionnent efficacement sur des appareils aux ressources limitées tels que les smartphones, les appareils Internet des Objets (IoT) et les serveurs en périphérie.

Alors que nous abordons notre premier sujet, **Exécution de modèles d'apprentissage automatique dans le cloud**, nous explorerons comment ces puissantes plateformes cloud peuvent être exploitées pour gérer sans effort la formation et le déploiement de modèles à grande échelle, révolutionnant ainsi la façon dont les organisations abordent les projets d'apprentissage automatique.

8.1 Exécution de modèles d'apprentissage automatique dans le cloud (AWS, Google Cloud, Azure)

Les plateformes cloud ont révolutionné le paysage du développement et du déploiement de modèles d'apprentissage automatique, offrant une évolutivité et une accessibilité sans précédent aux développeurs et aux data scientists. Ces plateformes éliminent le besoin d'investissements initiaux substantiels dans du matériel coûteux, démocratisant ainsi l'accès à de puissantes ressources informatiques. En tirant parti de l'infrastructure cloud, les organisations peuvent allouer dynamiquement des ressources en fonction de leurs besoins, leur permettant ainsi de relever des défis complexes d'apprentissage automatique qui étaient auparavant hors de portée.

L'ensemble complet de services fournis par les plateformes cloud va au-delà de la simple puissance de calcul. Elles offrent des solutions de bout en bout qui couvrent l'ensemble du cycle de vie de l'apprentissage automatique, de la préparation des données et la formation des modèles jusqu'au déploiement et à la surveillance. Les environnements gérés pour la formation des modèles font abstraction des complexités du calcul distribué, permettant aux data scientists de se concentrer sur le développement d'algorithmes plutôt que sur la gestion de l'infrastructure. Ces plateformes offrent également de solides options de déploiement, permettant une intégration transparente des modèles d'apprentissage automatique dans des environnements de production.

En outre, les plateformes cloud facilitent la collaboration et le partage de connaissances entre les membres de l'équipe, favorisant l'innovation et accélérant le rythme du développement. Elles offrent des systèmes de contrôle de version, de suivi des expériences et des fonctionnalités de reproductibilité qui sont essentielles pour maintenir les meilleures pratiques dans les projets d'apprentissage automatique. L'évolutivité de l'infrastructure cloud permet également une expérimentation facile avec différentes architectures de modèles et hyperparamètres, permettant une itération et une amélioration rapides des modèles d'apprentissage automatique.

8.1.1 Amazon Web Services (AWS)

AWS propose une plateforme complète d'apprentissage automatique appelée **Amazon SageMaker**, qui révolutionne l'ensemble du flux de travail d'apprentissage automatique. SageMaker fournit une solution de bout en bout pour les data scientists et les développeurs, simplifiant le processus de création, de formation et de déploiement de modèles d'apprentissage automatique à grande échelle. Ce service puissant répond à de nombreux défis associés aux flux de travail traditionnels d'apprentissage automatique, tels que la gestion de l'infrastructure, la préparation des données et l'optimisation des modèles.

L'écosystème d'Amazon SageMaker comprend plusieurs composants clés qui fonctionnent parfaitement ensemble :

- **SageMaker Studio** : Cet environnement de développement intégré (IDE) sert de hub central pour les projets d'apprentissage automatique. Il offre un espace de travail collaboratif où les data scientists peuvent écrire du code, expérimenter avec des modèles et visualiser les résultats. SageMaker Studio prend en charge des notebooks populaires comme Jupyter, facilitant ainsi le partage d'idées et l'itération efficace des modèles pour les équipes.
- **SageMaker Training** : Ce composant exploite la puissance du calcul distribué pour accélérer la formation des modèles. Il provisionne et gère automatiquement l'infrastructure nécessaire, permettant aux utilisateurs de se concentrer sur le développement d'algorithmes plutôt que sur la gestion des ressources. SageMaker Training prend en charge divers frameworks d'apprentissage automatique, notamment TensorFlow, PyTorch et scikit-learn, offrant ainsi une flexibilité dans le développement des modèles.
- **SageMaker Inference** : Une fois qu'un modèle est formé, SageMaker Inference se charge de le déployer en tant que service évolutif, prêt pour la production. Il gère les complexités de la configuration des points de terminaison, de la gestion des ressources de calcul et de la mise à l'échelle automatique en fonction du trafic entrant. Ce service prend en charge à la fois l'inférence en temps réel et par lots, répondant ainsi à divers besoins d'application.
- **SageMaker Ground Truth** : Cette fonctionnalité simplifie le processus souvent chronophage d'étiquetage des données. Elle fournit des outils pour créer des ensembles de données d'entraînement de haute qualité, incluant la prise en charge des flux de travail d'étiquetage humain et d'étiquetage automatisé utilisant des techniques d'apprentissage actif.
- **SageMaker Experiments** : Ce composant aide à organiser, suivre et comparer les expériences d'apprentissage automatique. Il capture automatiquement les paramètres d'entrée, les configurations et les résultats, permettant aux data scientists de reproduire les expériences et d'itérer sur les modèles plus efficacement.

En intégrant ces puissants composants, Amazon SageMaker réduit considérablement les barrières à l'entrée pour les projets d'apprentissage automatique, permettant aux organisations de développer et de déployer rapidement des solutions d'IA sophistiquées dans divers domaines. Que vous travailliez sur la vision par ordinateur, le traitement du langage naturel ou l'analyse prédictive, SageMaker fournit les outils et l'infrastructure nécessaires pour donner vie à vos idées d'apprentissage automatique de manière efficace et à grande échelle.

Exemple : Formation d'un modèle d'apprentissage automatique sur AWS SageMaker

Voici un exemple de formation d'un modèle d'apprentissage automatique simple (par exemple, un arbre de décision) en utilisant SageMaker sur AWS :

```
import sagemaker
```

```
from sagemaker import get_execution_role
from sagemaker.sklearn.estimator import SKLearn
from sklearn.datasets import load_iris
from sklearn.model_selection import train_test_split
import pandas as pd
import numpy as np

# Define the AWS role and set up the SageMaker session
role = get_execution_role()
sagemaker_session = sagemaker.Session()

# Prepare the Iris dataset
iris = load_iris()
X, y = iris.data, iris.target
X_train,   X_test,   y_train,   y_test   =   train_test_split(X,   y,   test_size=0.2,
random_state=42)

# Create a DataFrame and save it to S3
train_data = pd.DataFrame(np.column_stack((X_train, y_train)),
                          columns=['sepal_length',   'sepal_width',   'petal_length',
'petal_width', 'target'])
train_data_s3 = sagemaker_session.upload_data(
    path=train_data.to_csv(index=False),
    key_prefix='sagemaker/sklearn-iris'
)

# Define the SKLearn estimator
sklearn_estimator = SKLearn(
    entry_point='iris_train.py',
    role=role,
    instance_count=1,
    instance_type='ml.m5.large',
    framework_version='0.23-1',
    hyperparameters={
        'max_depth': 5,
        'n_estimators': 100
    }
)

# Train the model
sklearn_estimator.fit({'train': train_data_s3})

# Deploy the trained model
predictor = sklearn_estimator.deploy(
    initial_instance_count=1,
    instance_type='ml.t2.medium'
)

# Make predictions
test_data = X_test[:5].tolist()
predictions = predictor.predict(test_data)
```

```
print(f"Predictions: {predictions}")

# Clean up
predictor.delete_endpoint()
```

Cet exemple de code étendu démontre un flux de travail plus complet pour l'entraînement et le déploiement d'un modèle d'apprentissage automatique en utilisant Amazon SageMaker. Analysons-le étape par étape :

1. Importer les bibliothèques nécessaires :
   - SDK SageMaker pour interagir avec les services AWS
   - Scikit-learn pour la gestion et le prétraitement des données
   - Pandas et NumPy pour la manipulation des données
2. Configurer la session SageMaker et le rôle :
   - Récupérer le rôle d'exécution pour SageMaker
   - Initialiser une session SageMaker
3. Préparer le jeu de données :
   - Charger le jeu de données Iris en utilisant scikit-learn
   - Diviser les données en ensembles d'entraînement et de test
4. Télécharger les données d'entraînement vers S3 :
   - Convertir les données d'entraînement en DataFrame
   - Télécharger les données vers un bucket S3 en utilisant la session SageMaker
5. Définir l'estimateur SKLearn :
   - Spécifier le script de point d'entrée (iris_train.py)
   - Définir le type et le nombre d'instances
   - Choisir la version du framework
   - Définir les hyperparamètres du modèle
6. Entraîner le modèle :
   - Appeler la méthode fit sur l'estimateur, en passant l'emplacement S3 des données d'entraînement
7. Déployer le modèle entraîné :
   - Déployer le modèle sur un point de terminaison SageMaker

    - Spécifier le type et le nombre d'instances pour le point de terminaison

8. Faire des prédictions :
    - Utiliser le modèle déployé pour faire des prédictions sur les données de test

9. Nettoyer :
    - Supprimer le point de terminaison pour éviter des frais inutiles

Cet exemple illustre un scénario réaliste, incluant la préparation des données, la spécification des hyperparamètres et la gestion appropriée des ressources. Il démontre également comment gérer le cycle de vie complet d'un modèle d'apprentissage automatique dans SageMaker, de l'entraînement au déploiement et à la prédiction.

8.1.2 Plateforme Google Cloud (GCP)

La **Plateforme IA** de Google Cloud offre un écosystème robuste pour les praticiens de l'apprentissage automatique, proposant une suite d'outils et de services qui couvrent l'ensemble du cycle de vie de l'apprentissage automatique. Cette plateforme complète est conçue pour simplifier le processus de développement, d'entraînement et de déploiement de modèles d'apprentissage automatique sophistiqués, avec un accent particulier sur l'intégration avec le puissant framework **TensorFlow** de Google.

L'intégration transparente de la Plateforme IA avec TensorFlow permet aux développeurs d'exploiter tout le potentiel de cette bibliothèque open-source, facilitant la création et le déploiement de modèles complexes d'apprentissage profond avec une relative facilité. Cette synergie entre Google Cloud et TensorFlow crée un environnement puissant pour construire des solutions d'IA de pointe dans divers domaines, y compris la vision par ordinateur, le traitement du langage naturel et l'analyse prédictive.

Parmi les fonctionnalités remarquables de la Plateforme IA de Google Cloud, on trouve :

- **AI Platform Notebooks** : Cette fonctionnalité fournit un environnement Jupyter notebook entièrement géré, offrant aux data scientists et aux ingénieurs ML un espace de travail flexible et interactif pour le développement de modèles. Ces notebooks peuvent être connectés de manière transparente à des GPU (Graphics Processing Units) et des TPU (Tensor Processing Units) haute performance, les accélérateurs d'IA conçus sur mesure par Google. Cette capacité permet un prototypage rapide et l'expérimentation avec des modèles gourmands en ressources de calcul, réduisant considérablement le temps entre le concept et la mise en œuvre.
- **AI Platform Training** : Ce service robuste est conçu pour gérer les complexités de l'entraînement des modèles d'apprentissage automatique sur des jeux de données à grande échelle. En exploitant les ressources informatiques distribuées, il permet aux utilisateurs d'entraîner des modèles beaucoup plus rapidement que ce qui serait possible sur une seule machine. Ce service prend en charge une large gamme de frameworks d'apprentissage automatique et peut automatiquement mettre à l'échelle

les ressources en fonction des besoins du travail d'entraînement, facilitant ainsi la gestion de tout, des petites expériences à l'entraînement de modèles de qualité production.

- **AI Platform Prediction** : Une fois qu'un modèle est entraîné, ce service facilite son déploiement en tant qu'API REST évolutive. Il prend en charge à la fois les prédictions en temps réel pour les applications sensibles à la latence et les prédictions par lots pour les tâches d'inférence à grande échelle. Le service gère l'infrastructure sous-jacente, permettant aux développeurs de se concentrer sur les performances du modèle et l'intégration des applications plutôt que de s'inquiéter de la gestion des serveurs et de la mise à l'échelle.

Ces fonctionnalités, travaillant de concert, fournissent un environnement puissant et flexible pour des projets d'apprentissage automatique de toutes tailles. Que vous soyez un data scientist travaillant seul sur une preuve de concept ou faisant partie d'une grande équipe déployant des systèmes d'IA critiques, la Plateforme IA de Google Cloud offre les outils et l'évolutivité nécessaires pour répondre à vos besoins.

Exemple : Entraînement d'un modèle TensorFlow sur la Plateforme IA de Google Cloud

Voici comment entraîner un modèle **TensorFlow** sur la Plateforme IA de Google Cloud :

```
# Import necessary libraries
from google.cloud import storage
from google.cloud import aiplatform

# Set up Google Cloud project and bucket
project_id = 'my-google-cloud-project'
bucket_name = 'my-ml-bucket'
region = 'us-central1'

# Initialize clients
storage_client = storage.Client(project=project_id)
aiplatform.init(project=project_id, location=region)

# Create a bucket if it doesn't exist
bucket = storage_client.lookup_bucket(bucket_name)
if bucket is None:
    bucket = storage_client.create_bucket(bucket_name)
    print(f"Bucket {bucket_name} created.")
else:
    print(f"Bucket {bucket_name} already exists.")

# Upload training data to Cloud Storage
blob = bucket.blob('training-data/train_data.csv')
blob.upload_from_filename('train_data.csv')
print(f"Training data uploaded to gs://{bucket_name}/training-data/train_data.csv")

# Define the AI Platform training job using Python Package Training
job_display_name = 'my-tf-job'
```

```
python_package_gcs_uri = f'gs://{bucket_name}/trainer/tensorflow-trainer.tar.gz'
python_module_name = 'trainer.task'

job = aiplatform.CustomPythonPackageTrainingJob(
    display_name=job_display_name,
    python_package_gcs_uri=python_package_gcs_uri,
    python_module_name=python_module_name,
    container_uri='us-docker.pkg.dev/vertex-ai/training/tf-cpu.2-3:latest'
)

# Define dataset
dataset = aiplatform.TabularDataset.create(
    display_name='my_dataset',
    gcs_source=[f'gs://{bucket_name}/training-data/train_data.csv']
)

# Define training parameters
training_fraction_split = 0.8
validation_fraction_split = 0.1
test_fraction_split = 0.1

# Start the training job
model = job.run(
    dataset=dataset,
    model_display_name='my-tf-model',
    training_fraction_split=training_fraction_split,
    validation_fraction_split=validation_fraction_split,
    test_fraction_split=test_fraction_split,
    sync=True
)

print(f"Model training completed. Model resource name: {model.resource_name}")

# Deploy the model to an endpoint
endpoint = aiplatform.Endpoint.create(display_name="my-tf-endpoint")

endpoint.deploy(
    model=model,
    machine_type='n1-standard-4',
    min_replica_count=1,
    max_replica_count=2,
    sync=True
)

print(f"Model deployed to endpoint: {endpoint.resource_name}")
```

Cet exemple de code illustre un flux de travail complet pour **l'entraînement et le déploiement** d'un modèle d'apprentissage automatique utilisant **Google Cloud Vertex AI**.

1. **Importer les bibliothèques nécessaires**

- Nous importons les modules requis de **Google Cloud Storage** et **Google Cloud AI Platform**.
- Le **storage.Client** est utilisé pour interagir avec Cloud Storage.
- Le **SDK aiplatform** est utilisé pour gérer l'entraînement et le déploiement des modèles d'IA.

2. **Configurer le projet Google Cloud et le bucket**
   - Nous définissons :
     - **project_id** : Le projet Google Cloud où les ressources d'IA seront créées.
     - **bucket_name** : Le bucket Cloud Storage utilisé pour stocker les données d'entraînement et les artefacts du modèle.
     - **region** : La région de calcul où les tâches d'IA s'exécuteront.
   - Nous initialisons :
     - Le **Client Google Cloud Storage** pour gérer les opérations de stockage.
     - La **Plateforme IA Google (aiplatform)** pour gérer les flux de travail d'IA.
3. **Créer un bucket Cloud Storage (s'il n'existe pas)**
   - Nous vérifions si le bucket spécifié existe.
   - Si le bucket n'existe pas, nous en créons un nouveau.
   - Cela garantit une configuration de stockage appropriée avant de procéder au téléchargement des données.
4. **Télécharger les données d'entraînement vers Cloud Storage**
   - Nous téléchargeons un **fichier CSV (train_data.csv)** contenant le jeu de données d'entraînement vers Cloud Storage.
   - Cela permet à la tâche d'entraînement de la Plateforme IA d'accéder aux données d'entraînement structurées.
5. **Définir la tâche d'entraînement de la Plateforme IA**
   - Nous définissons une **tâche d'entraînement de package Python personnalisée**, qui permet un entraînement flexible des modèles à l'aide de scripts Python.
   - Composants clés :

- **Nom d'affichage de la tâche** : Un nom convivial pour suivre la tâche d'entraînement.
- **Emplacement du package Python** : Spécifie le **script d'entraînement (tensorflow-trainer.tar.gz)** stocké dans Cloud Storage.
- **Nom du module Python** : Spécifie le **point d'entrée (trainer.task)** pour exécuter la tâche d'entraînement.
- **URI du conteneur** : Spécifie le **conteneur d'entraînement TensorFlow** qui exécute la tâche.

6. **Créer et préparer le jeu de données**
   - Nous créons un **jeu de données Vertex AI** à partir du fichier CSV téléchargé.
   - Le jeu de données est utilisé pour **l'entraînement, la validation et les tests.**
7. **Définir les paramètres d'entraînement**
   - Nous **divisons** le jeu de données en :
     - **80% Entraînement**
     - **10% Validation**
     - **10% Test**
   - Ces proportions de division aident le modèle à apprendre et à généraliser efficacement.
8. **Exécuter la tâche d'entraînement**
   - Nous **démarrons** la tâche d'entraînement avec :
     - Le **jeu de données.**
     - Le **nom d'affichage du modèle.**
     - La **répartition entraînement-validation-test.**
   - **sync=True** garantit que le script **attend** jusqu'à ce que l'entraînement soit terminé avant de continuer.
9. **Déployer le modèle entraîné**
   - Après l'entraînement, nous **déployons le modèle** pour servir des prédictions.
   - Étapes :

1. **Créer un point de terminaison** pour héberger le modèle.
2. **Déployer le modèle** vers le point de terminaison.

3. **Configurer le déploiement** :
    - **Type de machine** : **n1-standard-4**.
    - **Mise à l'échelle automatique** : Minimum **1** réplica, Maximum **2** réplicas.

10. **Cycle de vie complet d'un modèle d'apprentissage automatique dans Google Cloud**Cet exemple démontre :
    - **Préparation des données** : Téléchargement et organisation des données d'entraînement dans Cloud Storage.
    - **Entraînement du modèle** : Exécution d'une tâche d'entraînement utilisant **Google Cloud Vertex AI**.
    - **Déploiement du modèle** : Déploiement du modèle entraîné vers un point de terminaison pour des prédictions en temps réel.

Ce **flux de travail de bout en bout** automatise le **processus d'entraînement et de déploiement**, le rendant **évolutif, efficace et prêt pour la production**.

8.1.3 Microsoft Azure

Le **Azure Machine Learning** de Microsoft Azure est une plateforme cloud complète qui offre une suite complète d'outils et de services pour l'ensemble du cycle de vie de l'apprentissage automatique. Cet écosystème puissant est conçu pour répondre aux besoins des data scientists, des ingénieurs en apprentissage automatique et des développeurs de tous niveaux, offrant un environnement fluide pour construire, entraîner et déployer des modèles d'IA à grande échelle. Azure Machine Learning se distingue par sa flexibilité, permettant aux utilisateurs de travailler avec leurs outils et frameworks préférés tout en exploitant l'infrastructure robuste du cloud Azure.

Les principales fonctionnalités d'Azure Machine Learning comprennent :

- **Préparation et gestion des données** : Azure ML fournit des outils avancés pour l'ingestion, le nettoyage et la transformation des données. Il offre des services d'étiquetage automatisé des données qui utilisent l'apprentissage automatique pour accélérer le processus d'annotation de grands jeux de données. De plus, ses capacités d'ingénierie des caractéristiques aident à extraire des informations significatives à partir de données brutes, améliorant ainsi les performances des modèles.
- **Développement et entraînement de modèles** : La plateforme prend en charge une large gamme de frameworks d'apprentissage automatique, notamment TensorFlow, PyTorch et scikit-learn. Elle fournit des capacités d'entraînement distribué, permettant aux utilisateurs de mettre à l'échelle leur entraînement de modèles sur des clusters de GPU ou d'autres matériels spécialisés. Azure ML offre également des fonctionnalités d'apprentissage automatique automatisé (AutoML), qui peuvent automatiquement

sélectionner les meilleurs algorithmes et hyperparamètres pour un jeu de données donné.

- **Déploiement et gestion de modèles** : Azure ML simplifie le processus de déploiement de modèles dans des environnements de production. Il prend en charge le déploiement vers diverses cibles, y compris les services web pour l'inférence en temps réel, Azure Kubernetes Service (AKS) pour les déploiements conteneurisés évolutifs, et Azure IoT Edge pour les scénarios d'informatique en périphérie. La plateforme fournit également des outils pour surveiller les performances des modèles, gérer différentes versions et implémenter des pipelines CI/CD pour les flux de travail ML.
- **MLOps (Machine Learning Operations)** : Azure ML intègre de robustes capacités MLOps, permettant aux équipes de rationaliser le cycle de vie complet de l'apprentissage automatique. Cela inclut le contrôle de version pour les données et les modèles, la reproductibilité des expériences et des flux de travail automatisés pour le réentraînement et le déploiement des modèles.
- **IA explicable et ML responsable** : La plateforme offre des outils pour l'interprétabilité des modèles et l'évaluation de l'équité, aidant les organisations à construire des solutions d'IA transparentes et éthiques. Ces fonctionnalités sont cruciales pour maintenir la confiance et la conformité dans les systèmes d'IA, en particulier dans les industries réglementées.

En fournissant cet ensemble complet d'outils et de services, Azure Machine Learning permet aux organisations d'accélérer leurs initiatives d'IA, de l'expérimentation à la production, tout en maintenant le contrôle, la transparence et l'évolutivité tout au long du processus.

Exemple : Entraînement et déploiement d'un modèle sur Azure ML Studio

Azure ML Studio permet aux utilisateurs d'entraîner des modèles de manière interactive ou programmatique en utilisant le **SDK Azure Machine Learning** :

```
from azureml.core import Workspace, Experiment, Model
from azureml.train.sklearn import SKLearn
from azureml.train.estimator import Estimator
from azureml.core.webservice import AciWebservice
from azureml.core.model import InferenceConfig

# Connect to the Azure workspace
ws = Workspace.from_config()

# Define the experiment
experiment = Experiment(workspace=ws, name='my-sklearn-experiment')

# Define the training script and compute target
script_params = {
    '--data-folder': 'data',
    '--C': 1.0,
    '--max_iter': 100
```

```
}
sklearn_estimator = Estimator(
    source_directory='./src',
    entry_script='train.py',
    script_params=script_params,
    compute_target='my-compute-cluster',
    conda_packages=['scikit-learn', 'pandas', 'numpy']
)

# Submit the experiment
run = experiment.submit(sklearn_estimator)
print("Experiment submitted. Waiting for completion...")
run.wait_for_completion(show_output=True)

# Register the model
model = run.register_model(
    model_name='sklearn-model',
    model_path='outputs/model.pkl',
    tags={'area': 'classification', 'type': 'sklearn-svm'},
    properties={'accuracy': run.get_metrics()['accuracy']}
)

# Define inference configuration
inference_config = InferenceConfig(
    entry_script="score.py",
    source_directory="./src",
    conda_file="environment.yml"
)

# Define deployment configuration
deployment_config = AciWebservice.deploy_configuration(
    cpu_cores=1,
    memory_gb=1,
    tags={'area': 'classification', 'type': 'sklearn-svm'},
    description='SVM classifier deployed as a web service'
)

# Deploy the model
service = Model.deploy(
    workspace=ws,
    name='sklearn-service',
    models=[model],
    inference_config=inference_config,
    deployment_config=deployment_config
)

service.wait_for_deployment(show_output=True)
print(f"Service deployed. Scoring URI: {service.scoring_uri}")
```

Cet exemple de code démontre un flux de travail complet pour l'entraînement, l'enregistrement et le déploiement d'un modèle d'apprentissage automatique à l'aide d'Azure Machine Learning.

Analysons-le étape par étape :

1. Importation des modules nécessaires :
    - Nous importons des modules supplémentaires d'azureml.core pour l'enregistrement et le déploiement du modèle.
2. Connexion à l'espace de travail Azure :
    - Nous utilisons Workspace.from_config() pour nous connecter à notre espace de travail Azure ML. Cela suppose que vous avez un fichier config.json dans votre répertoire de travail avec les détails de l'espace de travail.
3. Définition de l'expérience :
    - Nous créons un objet Experiment, qui est un conteneur logique pour nos séries d'entraînement.
4. Configuration de l'estimateur :
    - Nous créons un objet Estimator qui définit comment exécuter notre script d'entraînement.
    - Nous spécifions le répertoire source, le script d'entrée, les paramètres du script, la cible de calcul et les packages requis.
    - Cet exemple suppose que nous utilisons scikit-learn et inclut des paramètres supplémentaires pour le classificateur SVM.
5. Soumission de l'expérience :
    - Nous soumettons l'expérience à l'aide de l'estimateur et attendons sa finalisation.
    - La méthode wait_for_completion() nous permet de voir les résultats en temps réel.
6. Enregistrement du modèle :
    - Une fois l'entraînement terminé, nous enregistrons le modèle avec des métadonnées supplémentaires (balises et propriétés).
    - Nous supposons que le modèle est sauvegardé sous le nom 'model.pkl' dans le répertoire 'outputs'.
7. Définition de la configuration d'inférence :
    - Nous créons un objet InferenceConfig qui spécifie comment exécuter le modèle pour l'inférence.
    - Cela inclut le script de scoring (score.py) et la définition de l'environnement (environment.yml).

8. Définition de la configuration de déploiement :
   - Nous configurons AciWebservice.deploy_configuration() pour spécifier les ressources et les métadonnées pour notre déploiement.
9. Déploiement du modèle :
   - Nous utilisons Model.deploy() pour déployer notre modèle en tant que service web.
   - Cette méthode prend en paramètres notre espace de travail, le modèle, la configuration d'inférence et la configuration de déploiement.
10. Attente du déploiement et affichage de l'URI de scoring :
    - Nous attendons que le déploiement soit terminé, puis nous affichons l'URI de scoring, qui peut être utilisé pour effectuer des prédictions.

Cet exemple fournit un flux de travail réel et complet, incluant l'enregistrement du modèle avec métadonnées, la configuration d'inférence et le déploiement en tant que service web. Il démontre comment utiliser Azure ML pour gérer le cycle de vie complet d'un modèle d'apprentissage automatique, de l'entraînement au déploiement.

8.2 Introduction à TensorFlow Lite et ONNX pour les appareils en périphérie

L'avancement rapide de l'**informatique en périphérie** a révolutionné le déploiement de modèles d'apprentissage automatique sur une large gamme d'appareils, notamment les smartphones, les tablettes, les objets connectés et les appareils IoT. Ce virage vers l'IA en périphérie présente à la fois des opportunités et des défis, car ces appareils ont généralement des contraintes en termes de ressources de calcul, de capacité mémoire et de consommation d'énergie qui n'existent pas dans les infrastructures basées sur le cloud.

Pour répondre à ces limitations et permettre une IA efficace en périphérie, des frameworks spécialisés tels que **TensorFlow Lite (TFLite)** et **ONNX (Open Neural Network Exchange)** ont émergé. Ces outils puissants offrent aux développeurs les moyens d'optimiser, de convertir et d'exécuter des modèles d'apprentissage automatique sur des appareils en périphérie avec une efficacité remarquable.

En minimisant les frais généraux et en maximisant les performances, TFLite et ONNX jouent un rôle déterminant dans l'apport de capacités d'IA sophistiquées aux environnements aux ressources limitées, ouvrant de nouvelles possibilités pour les applications intelligentes en périphérie dans divers secteurs.

8.2.1 TensorFlow Lite (TFLite)

TensorFlow Lite (TFLite) est un framework puissant spécifiquement conçu pour déployer des modèles d'apprentissage automatique sur des appareils à ressources limitées tels que les smartphones, les appareils IoT et les systèmes embarqués. Il offre une suite complète d'outils et d'optimisations qui permettent aux développeurs de réduire significativement la taille des modèles et d'améliorer la vitesse d'inférence tout en maintenant un haut degré de précision.

Le flux de travail TensorFlow Lite se compose de deux étapes principales :

1. **Conversion et optimisation du modèle** :Cette phase cruciale implique la transformation d'un modèle TensorFlow standard en un format TensorFlow Lite optimisé. Le processus utilise le sophistiqué **Convertisseur TFLite**, qui emploie diverses techniques pour rationaliser le modèle :
    - **Quantification** : Cette technique réduit la précision des poids et des activations du modèle, généralement de nombres à virgule flottante 32 bits à des entiers 8 bits. Cela diminue non seulement la taille du modèle mais accélère également les calculs sur les appareils à puissance de traitement limitée.
    - **Élagage** : En supprimant les connexions et les neurones inutiles, l'élagage réduit davantage la taille du modèle et les besoins en calcul.
    - **Fusion d'opérateurs** : Cette optimisation combine plusieurs opérations en une seule opération plus efficace, réduisant l'accès à la mémoire et améliorant les performances globales.
2. **Déploiement et inférence du modèle** :Après l'optimisation, le modèle TensorFlow Lite est prêt pour le déploiement sur des appareils en périphérie. Cette étape exploite l'**Interpréteur TFLite**, un moteur d'exécution léger conçu pour une exécution efficace du modèle :
    - L'interpréteur est responsable du chargement du modèle optimisé et de l'exécution de l'inférence avec une utilisation minimale des ressources.
    - Il prend en charge l'accélération matérielle sur diverses plateformes, y compris les CPU ARM, les GPU et les accélérateurs d'IA spécialisés comme l'Edge TPU.
    - TensorFlow Lite offre également des API spécifiques aux plateformes pour une intégration transparente avec Android, iOS et les systèmes Linux embarqués, facilitant l'incorporation de capacités d'apprentissage automatique dans les applications mobiles et IoT.

En exploitant ces fonctionnalités avancées, TensorFlow Lite permet aux développeurs d'apporter des capacités d'IA sophistiquées aux appareils en périphérie, ouvrant de nouvelles possibilités pour l'apprentissage automatique sur l'appareil à travers une large gamme d'applications et d'industries.

Exemple : Conversion d'un modèle TensorFlow en TensorFlow Lite

Commençons par entraîner un modèle **TensorFlow** simple puis convertissons-le en **TensorFlow Lite** pour un déploiement en périphérie.

```
import tensorflow as tf
import numpy as np

# Define a simple model for MNIST digit classification
model = tf.keras.models.Sequential([
    tf.keras.layers.Flatten(input_shape=(28, 28)),
    tf.keras.layers.Dense(128, activation='relu'),
    tf.keras.layers.Dropout(0.2),
    tf.keras.layers.Dense(10, activation='softmax')
])

# Compile the model
model.compile(optimizer='adam',
              loss='sparse_categorical_crossentropy',
              metrics=['accuracy'])

# Load and preprocess the MNIST dataset
(x_train, y_train), (x_test, y_test) = tf.keras.datasets.mnist.load_data()
x_train, x_test = x_train / 255.0, x_test / 255.0

# Train the model
model.fit(x_train, y_train, epochs=5, validation_split=0.2)

# Evaluate the model
test_loss, test_acc = model.evaluate(x_test, y_test, verbose=2)
print(f'\\nTest accuracy: {test_acc}')

# Save the model in TensorFlow format
model.save('mnist_model.h5')

# Convert the model to TensorFlow Lite format
converter = tf.lite.TFLiteConverter.from_keras_model(model)
tflite_model = converter.convert()

# Save the TFLite model to a file
with open('mnist_model.tflite', 'wb') as f:
    f.write(tflite_model)

print("Model successfully converted to TensorFlow Lite format.")

# Function to run inference on TFLite model
def run_tflite_inference(tflite_model, input_data):
    interpreter = tf.lite.Interpreter(model_content=tflite_model)
    interpreter.allocate_tensors()

    input_details = interpreter.get_input_details()
    output_details = interpreter.get_output_details()
```

```
    interpreter.set_tensor(input_details[0]['index'], input_data)
    interpreter.invoke()
    output = interpreter.get_tensor(output_details[0]['index'])
    return output

# Test the TFLite model
test_image = x_test[0]
test_image = np.expand_dims(test_image, axis=0).astype(np.float32)

tflite_output = run_tflite_inference(tflite_model, test_image)
tflite_prediction = np.argmax(tflite_output)

print(f"TFLite Model Prediction: {tflite_prediction}")
print(f"Actual Label: {y_test[0]}")
```

Cet exemple de code démontre un flux de travail complet pour la création, l'entraînement, la conversion et le test d'un modèle TensorFlow pour la classification des chiffres MNIST à l'aide de TensorFlow Lite.

Décomposons-le étape par étape :

1. Importation des bibliothèques requises :

Nous importons TensorFlow et NumPy, dont nous aurons besoin pour la création du modèle, l'entraînement et la manipulation des données.

2. Définition du modèle :

Nous créons un modèle Sequential simple pour la classification des chiffres MNIST. Il se compose d'une couche Flatten pour convertir les images 2D en 1D, d'une couche Dense avec activation ReLU, d'une couche Dropout pour la régularisation, et d'une couche Dense finale avec activation softmax pour la classification à 10 classes.

3. Compilation du modèle :

Nous compilons le modèle en utilisant l'optimiseur Adam, la perte d'entropie croisée catégorielle éparse (adaptée aux étiquettes entières), et la précision comme métrique.

4. Chargement et prétraitement des données :

Nous chargeons le jeu de données MNIST à l'aide de la fonction intégrée de Keras et normalisons les valeurs des pixels pour qu'elles soient comprises entre 0 et 1.

5. Entraînement du modèle :

Nous entraînons le modèle pendant 5 époques, en utilisant 20% des données d'entraînement pour la validation.

6. Évaluation du modèle :

Nous évaluons les performances du modèle sur le jeu de test et affichons la précision.

7. Sauvegarde du modèle :

Nous sauvegardons le modèle entraîné au format TensorFlow standard (.h5).

8. Conversion vers TensorFlow Lite :

Nous utilisons TFLiteConverter pour convertir le modèle Keras au format TensorFlow Lite.

9. Sauvegarde du modèle TFLite :

Nous sauvegardons le modèle TFLite converti dans un fichier.

10. Définition d'une fonction d'inférence :

Nous créons une fonction run_tflite_inference qui charge un modèle TFLite, le prépare pour l'inférence et exécute la prédiction sur les données d'entrée fournies.

11. Test du modèle TFLite :

Nous sélectionnons la première image de test, la redimensionnons pour correspondre à la forme d'entrée du modèle, et exécutons l'inférence en utilisant notre modèle TFLite. Nous comparons ensuite la prédiction avec l'étiquette réelle.

Cet exemple complet illustre l'ensemble du processus, de la création du modèle au déploiement TFLite et aux tests, offrant une démonstration pratique de la préparation d'un modèle pour le déploiement en périphérie à l'aide de TensorFlow Lite.

Déploiement des modèles TensorFlow Lite sur Android

Une fois que vous disposez d'un modèle **TensorFlow Lite**, vous pouvez l'intégrer facilement dans une application Android. TensorFlow Lite offre une **API Java** robuste qui simplifie le processus de chargement du modèle et d'exécution de l'inférence sur les appareils Android. Cette API fournit aux développeurs un ensemble d'outils et de méthodes puissants pour incorporer efficacement des capacités d'apprentissage automatique dans leurs applications mobiles.

L'API Java de TensorFlow Lite permet aux développeurs d'effectuer plusieurs opérations clés :

- Chargement du modèle : Chargez facilement votre modèle TensorFlow Lite depuis les assets de l'application ou le stockage externe.
- Gestion des tenseurs d'entrée/sortie : Gérez efficacement les tenseurs d'entrée et de sortie, y compris la conversion des types de données et la manipulation des formes.
- Exécution de l'inférence : Exécutez l'inférence du modèle avec des performances optimisées sur les appareils Android.
- Accélération matérielle : Exploitez l'API Neural Networks (NNAPI) d'Android pour l'accélération matérielle sur les appareils compatibles.

En utilisant cette API, les développeurs peuvent créer des applications Android sophistiquées qui effectuent des tâches d'apprentissage automatique sur l'appareil avec une latence et une consommation de ressources minimales. Cette approche permet une large gamme de cas d'utilisation, de la classification d'images en temps réel et la détection d'objets au traitement du langage naturel et aux recommandations personnalisées, tout en préservant la confidentialité des utilisateurs en gardant les données sur l'appareil.

Voici un aperçu de la façon dont cela peut être réalisé :

```
import org.tensorflow.lite.Interpreter;
import org.tensorflow.lite.gpu.GpuDelegate;
import java.io.IOException;
import java.io.InputStream;
import java.nio.ByteBuffer;
import java.nio.ByteOrder;
import java.nio.channels.FileChannel;
import java.nio.MappedByteBuffer;
import java.nio.channels.FileChannel.MapMode;
import android.content.res.AssetFileDescriptor;
import android.content.res.AssetManager;

public class MyModel {
    private Interpreter tflite;
    private static final int NUM_THREADS = 4;
    private static final int OUTPUT_CLASSES = 10;
    private GpuDelegate gpuDelegate = null;

    public MyModel(AssetManager assetManager, String modelPath, boolean useGPU) throws
IOException {
        ByteBuffer modelBuffer = loadModelFile(assetManager, modelPath);
        Interpreter.Options options = new Interpreter.Options();
        options.setNumThreads(NUM_THREADS);

        if (useGPU) {
            gpuDelegate = new GpuDelegate();
            options.addDelegate(gpuDelegate);
        }

        tflite = new Interpreter(modelBuffer, options);
    }

    private    MappedByteBuffer    loadModelFile(AssetManager    assetManager,    String
modelPath) throws IOException {
        AssetFileDescriptor fileDescriptor = assetManager.openFd(modelPath);
        FileInputStream                inputStream                =                new
FileInputStream(fileDescriptor.getFileDescriptor());
        FileChannel fileChannel = inputStream.getChannel();
        long startOffset = fileDescriptor.getStartOffset();
        long declaredLength = fileDescriptor.getDeclaredLength();
        return fileChannel.map(MapMode.READ_ONLY, startOffset, declaredLength);
    }
```

```
    public float[] runInference(float[] inputData) {
        if (tflite == null) {
            throw new IllegalStateException("TFLite Interpreter has not been initialized.");
        }

        ByteBuffer inputBuffer = ByteBuffer.allocateDirect(inputData.length * 4).order(ByteOrder.nativeOrder());
        for (float value : inputData) {
            inputBuffer.putFloat(value);
        }
        inputBuffer.rewind();

        ByteBuffer outputBuffer = ByteBuffer.allocateDirect(OUTPUT_CLASSES * 4).order(ByteOrder.nativeOrder());
        tflite.run(inputBuffer, outputBuffer);
        outputBuffer.rewind();

        float[] outputData = new float[OUTPUT_CLASSES];
        outputBuffer.asFloatBuffer().get(outputData);
        return outputData;
    }

    public void close() {
        if (tflite != null) {
            tflite.close();
            tflite = null;
        }
        if (gpuDelegate != null) {
            gpuDelegate.close();
            gpuDelegate = null;
        }
    }
}
```

Cet exemple fournit une implémentation complète de la classe **MyModel** pour le déploiement de modèles TensorFlow Lite sur les appareils Android.

Examinons les composants clés et les améliorations :

1. Importations :
    - Ajout d'importations pour GpuDelegate et AssetManager d'Android.
    - Inclusion des classes Java I/O nécessaires pour la gestion des fichiers, garantissant un chargement efficace des modèles.
2. Variables de classe :

- Introduction de NUM_THREADS pour spécifier le nombre de threads pour l'interpréteur.
- Ajout de OUTPUT_CLASSES pour définir le nombre de classes de sortie (supposé être 10 dans cet exemple).
- Ajout d'une variable GpuDelegate pour gérer l'accélération GPU lorsqu'elle est activée.

3. Constructeur :
   - Inclusion d'un paramètre useGPU pour activer optionnellement l'accélération GPU pour une inférence optimisée.
   - Implémentation de Interpreter.Options pour configurer l'interpréteur TFLite avec le multithreading CPU et la délégation GPU optionnelle.
   - Gestion appropriée de la création d'interpréteur avec allocation dynamique des ressources.
4. Chargement du modèle :
   - Amélioration du chargement du modèle en utilisant AssetManager.openFd() pour récupérer correctement les assets du système de stockage Android.
   - Utilisation de MappedByteBuffer pour un mappage mémoire efficace, réduisant les frais de chargement.
   - Inclusion d'une gestion appropriée des exceptions pour une gestion robuste des fichiers.
5. Méthode d'inférence :
   - Implémentation de vérifications de nullité pour l'interpréteur TFLite afin d'éviter les plantages inattendus.
   - Utilisation de ByteBuffer pour les entrées et sorties afin d'assurer la compatibilité avec les opérations TensorFlow Lite.
   - Conversion des données d'entrée en format float en ByteBuffer avant d'exécuter l'inférence.
   - Extraction des prédictions du buffer de sortie pour renvoyer le tableau de float traité.
6. Gestion des ressources :
   - Implémentation d'une méthode close() pour libérer correctement les ressources TensorFlow Lite lorsqu'elles ne sont plus nécessaires.

- Garantie que le GpuDelegate est fermé s'il a été utilisé pour éviter les fuites de mémoire.

Cette implémentation améliorée offre de bonnes performances, une gestion des erreurs et une gestion efficace des ressources. Elle permet également l'accélération GPU optionnelle, ce qui peut améliorer considérablement la vitesse d'inférence sur les appareils compatibles. Le code est robuste et adapté à une utilisation en production dans les applications Android.

8.2.2 ONNX (Open Neural Network Exchange)

ONNX (Open Neural Network Exchange) est un format polyvalent et open-source pour représenter les modèles d'apprentissage automatique. Développé grâce à un effort collaboratif de Microsoft et Facebook, ONNX sert de pont entre différents frameworks d'apprentissage automatique, permettant une portabilité fluide des modèles. Cette interopérabilité permet aux modèles entraînés dans des frameworks populaires comme PyTorch ou TensorFlow d'être facilement transférés et exécutés dans divers environnements.

La popularité d'ONNX pour le déploiement sur appareils en périphérie provient de sa capacité à unifier les modèles de diverses sources dans un format standardisé. Cette représentation unifiée peut ensuite être optimisée et exécutée efficacement à l'aide du **ONNX Runtime**, un moteur d'inférence haute performance conçu pour maximiser le potentiel des modèles ONNX sur différentes plateformes.

L'une des principales forces d'ONNX réside dans son vaste support matériel. Le format est compatible avec une large gamme de plateformes, allant des puissants serveurs cloud aux appareils IoT aux ressources limitées. Cette large compatibilité garantit que les développeurs peuvent déployer leurs modèles sur divers écosystèmes matériels sans modifications significatives.

De plus, ONNX intègre des optimisations spécifiquement conçues pour les appareils en périphérie. Ces optimisations répondent aux défis uniques posés par les ressources de calcul limitées, les contraintes de mémoire et les exigences d'efficacité énergétique typiques des environnements informatiques en périphérie. En exploitant ces optimisations, les développeurs peuvent considérablement améliorer les performances de leurs modèles sur les appareils en périphérie, permettant une inférence en temps réel et améliorant l'expérience utilisateur globale.

La combinaison de la compatibilité inter-frameworks, du vaste support matériel et des optimisations spécifiques à la périphérie fait d'ONNX un choix idéal pour déployer des modèles d'apprentissage automatique dans des environnements aux ressources limitées. Qu'il s'agisse d'un appareil domestique intelligent, d'une application mobile ou d'un capteur IoT industriel, ONNX fournit les outils et la flexibilité nécessaires pour apporter des capacités d'IA avancées en périphérie, ouvrant de nouvelles possibilités pour des solutions informatiques périphériques intelligentes, réactives et efficaces.

Exemple : Conversion d'un modèle PyTorch vers ONNX

Prenons un modèle **PyTorch**, convertissons-le au format ONNX et exécutons-le à l'aide du **ONNX Runtime**.

```
import torch
import torch.nn as nn
import torch.optim as optim
import onnx
import onnxruntime as ort
import numpy as np

# Define a simple PyTorch model
class SimpleModel(nn.Module):
    def __init__(self):
        super(SimpleModel, self).__init__()
        self.fc1 = nn.Linear(784, 128)
        self.relu = nn.ReLU()
        self.fc2 = nn.Linear(128, 10)

    def forward(self, x):
        x = self.fc1(x)
        x = self.relu(x)
        x = self.fc2(x)
        return x

# Create an instance of the model
model = SimpleModel()

# Train the model (simplified for demonstration)
criterion = nn.CrossEntropyLoss()
optimizer = optim.Adam(model.parameters())

# Dummy training data
dummy_input = torch.randn(100, 784)
dummy_target = torch.randint(0, 10, (100,))

for epoch in range(5):
    optimizer.zero_grad()
    output = model(dummy_input)
    loss = criterion(output, dummy_target)
    loss.backward()
    optimizer.step()
    print(f"Epoch {epoch+1}, Loss: {loss.item():.4f}")

# Prepare dummy input for ONNX export
dummy_input = torch.randn(1, 784)

# Export the model to ONNX format
torch.onnx.export(model, dummy_input, "model.onnx", verbose=True)

print("Model successfully converted to ONNX format.")

# Load and run the ONNX model using ONNX Runtime
```

```
ort_session = ort.InferenceSession("model.onnx")

def to_numpy(tensor):
    return tensor.detach().cpu().numpy() if tensor.requires_grad else
tensor.cpu().numpy()

# Run inference
input_data = to_numpy(dummy_input)
ort_inputs = {ort_session.get_inputs()[0].name: input_data}
ort_outputs = ort_session.run(None, ort_inputs)

print("ONNX Model Inference Output shape:", ort_outputs[0].shape)
print("ONNX Model Inference Output (first 5 values):", ort_outputs[0][0][:5])

# Compare PyTorch and ONNX Runtime outputs
pytorch_output = model(dummy_input)
np.testing.assert_allclose(to_numpy(pytorch_output), ort_outputs[0], rtol=1e-03,
atol=1e-05)
print("PyTorch and ONNX Runtime outputs are similar")

# Save and load ONNX model
onnx_model = onnx.load("model.onnx")
onnx.checker.check_model(onnx_model)
print("The model is checked!")
```

Cet exemple de code fournit une démonstration complète du travail avec les modèles PyTorch et ONNX.

Analysons-le en détail :

1. Définition et entraînement du modèle :
    - Nous définissons un modèle légèrement plus complexe avec deux couches entièrement connectées et une activation ReLU.
    - Le modèle est entraîné pendant 5 époques sur des données factices pour simuler un scénario réel.
2. Conversion ONNX :
    - Le modèle PyTorch entraîné est exporté au format ONNX en utilisant torch.onnx.export().
    - Nous utilisons verbose=True pour obtenir des informations détaillées sur le processus d'exportation.
3. Inférence avec ONNX Runtime :
    - Nous chargeons le modèle ONNX en utilisant onnxruntime et créons une InferenceSession.

- La fonction to_numpy() est définie pour convertir les tenseurs PyTorch en tableaux NumPy.
- Nous exécutons l'inférence sur le modèle ONNX en utilisant les mêmes données fictives utilisées pour l'exportation.

4. Comparaison des sorties :
    - Nous comparons les sorties du modèle PyTorch et du modèle ONNX Runtime pour s'assurer qu'elles sont similaires.
    - numpy.testing.assert_allclose() est utilisé pour vérifier si les sorties sont proches dans une certaine tolérance.
5. Validation du modèle ONNX :
    - Nous chargeons le modèle ONNX sauvegardé en utilisant onnx.load().
    - La fonction onnx.checker.check_model() est utilisée pour valider la structure du modèle ONNX.

Cet exemple complet démontre l'ensemble du flux de travail, depuis la définition et l'entraînement d'un modèle PyTorch jusqu'à son exportation au format ONNX, l'exécution d'inférence avec ONNX Runtime, et la validation des résultats. Il fournit une base solide pour travailler avec ONNX dans des projets d'apprentissage automatique réels.

Optimisation des modèles ONNX pour les appareils en périphérie

Les modèles ONNX peuvent être davantage optimisés à l'aide d'outils puissants comme **ONNX Runtime** et **ONNX Quantization**. Ces techniques d'optimisation avancées sont cruciales pour déployer des modèles d'apprentissage automatique sur des appareils aux ressources limitées, tels que les téléphones mobiles, les appareils IoT et les systèmes embarqués. En exploitant ces outils, les développeurs peuvent réduire considérablement la taille des modèles et augmenter la vitesse d'inférence, rendant possible l'exécution de modèles d'IA complexes sur des appareils disposant d'une puissance de calcul et d'une mémoire limitées.

Le **ONNX Runtime** est un moteur d'inférence open-source conçu pour accélérer les modèles d'apprentissage automatique sur différentes plateformes matérielles. Il offre une large gamme d'optimisations, notamment la fusion d'opérateurs, la planification de mémoire et l'accélération spécifique au matériel. Ces optimisations peuvent conduire à des améliorations substantielles de performance, particulièrement sur les appareils en périphérie aux ressources limitées.

La **quantification ONNX** est une autre technique puissante qui réduit la précision des poids et des activations du modèle, passant de nombres à virgule flottante 32 bits à des représentations de bits inférieures, comme des entiers 8 bits. Ce processus réduit non seulement la taille du modèle mais accélère également les calculs, ce qui est particulièrement bénéfique pour le déploiement en périphérie. La quantification peut souvent être appliquée avec un impact minimal sur la précision du modèle, établissant un équilibre entre performance et précision.

Ensemble, ces outils d'optimisation permettent aux développeurs de créer des applications d'IA efficaces et performantes qui peuvent fonctionner sans problème sur une large gamme d'appareils, des puissants serveurs cloud aux appareils périphériques aux ressources limitées. Cette capacité est de plus en plus importante à mesure que la demande d'IA sur les appareils continue de croître dans diverses industries et applications.

Par exemple, pour appliquer la quantification à un modèle ONNX, vous pouvez utiliser la bibliothèque **onnxruntime.quantization** :

```
import onnx
from onnxruntime.quantization import quantize_dynamic, QuantType
import numpy as np
import onnxruntime as ort

# Load the ONNX model
model_path = "model.onnx"
onnx_model = onnx.load(model_path)

# Perform dynamic quantization
quantized_model_path = "model_quantized.onnx"
quantize_dynamic(model_path, quantized_model_path, weight_type=QuantType.QUInt8)

print("Model successfully quantized for edge deployment.")

# Compare model sizes
import os
original_size = os.path.getsize(model_path)
quantized_size = os.path.getsize(quantized_model_path)
print(f"Original model size: {original_size/1024:.2f} KB")
print(f"Quantized model size: {quantized_size/1024:.2f} KB")
print(f"Size reduction: {(1 - quantized_size/original_size)*100:.2f}%")

# Run inference on both models and compare results
def run_inference(session, input_data):
    input_name = session.get_inputs()[0].name
    output_name = session.get_outputs()[0].name
    return session.run([output_name], {input_name: input_data})[0]

# Create a dummy input
input_data = np.random.randn(1, 3, 224, 224).astype(np.float32)

# Run inference on original model
original_session = ort.InferenceSession(model_path)
original_output = run_inference(original_session, input_data)

# Run inference on quantized model
quantized_session = ort.InferenceSession(quantized_model_path)
quantized_output = run_inference(quantized_session, input_data)

# Compare outputs
mse = np.mean((original_output - quantized_output)**2)
```

```
print(f"Mean Squared Error between original and quantized model outputs: {mse}")

# Measure inference time
import time

def measure_inference_time(session, input_data, num_runs=100):
    total_time = 0
    for _ in range(num_runs):
        start_time = time.time()
        _ = run_inference(session, input_data)
        total_time += time.time() - start_time
    return total_time / num_runs

original_time = measure_inference_time(original_session, input_data)
quantized_time = measure_inference_time(quantized_session, input_data)

print(f"Average inference time (original model): {original_time*1000:.2f} ms")
print(f"Average inference time (quantized model): {quantized_time*1000:.2f} ms")
print(f"Speedup: {original_time/quantized_time:.2f}x")
```

Cet exemple démontre un flux de travail complet pour la quantification d'un modèle ONNX et l'évaluation de ses performances.

Décomposons-le :

1. Chargement et quantification du modèle :
    - Nous commençons par charger le modèle ONNX original à l'aide de la bibliothèque onnx.
    - La fonction quantize_dynamic est ensuite utilisée pour effectuer une quantification dynamique sur le modèle, convertissant les poids en entiers non signés 8 bits (QUInt8).
2. Comparaison de la taille du modèle :
    - Nous comparons les tailles de fichier des modèles original et quantifié pour démontrer la réduction de taille obtenue grâce à la quantification.
3. Configuration de l'inférence :
    - Une fonction d'aide run_inference est définie pour simplifier l'exécution de l'inférence sur les modèles original et quantifié.
    - Nous créons un tenseur d'entrée factice à utiliser pour l'inférence.
4. Exécution de l'inférence :
    - Nous créons des sessions ONNX Runtime pour les modèles original et quantifié.

   - L'inférence est exécutée sur les deux modèles en utilisant les mêmes données d'entrée.

5. Comparaison des sorties :
   - Nous calculons l'erreur quadratique moyenne (MSE) entre les sorties des modèles original et quantifié pour quantifier toute perte de précision due à la quantification.

6. Mesure des performances :
   - Une fonction measure_inference_time est définie pour mesurer avec précision le temps d'inférence moyen sur plusieurs exécutions.
   - Nous mesurons et comparons les temps d'inférence des modèles original et quantifié.

Cet exemple complet ne démontre pas seulement comment quantifier un modèle ONNX, mais fournit également une analyse approfondie des effets de la quantification, notamment la réduction de la taille du modèle, l'impact potentiel sur la précision et les améliorations de la vitesse d'inférence. Cette approche donne aux développeurs une vision claire des compromis impliqués dans la quantification des modèles pour le déploiement en périphérie.

8.2.3 Comparaison entre TensorFlow Lite et ONNX pour le déploiement en périphérie

Fonctionnalité	TensorFlow Lite (TFLite)	ONNX
Compatibilité avec les frameworks	Mieux adapté aux modèles TensorFlow	Prend en charge plusieurs frameworks (par ex., PyTorch, TensorFlow)
Optimisation	Prend en charge la quantification, l'élagage et l'optimisation	Prend en charge la quantification et l'optimisation de modèles via ONNX Runtime
Facilité d'utilisation	Intégration transparente avec l'écosystème TensorFlow	Plus flexible avec prise en charge multi-frameworks
Prise en charge des appareils	Mobile, IoT, appareils embarqués	Mobile, IoT, appareils embarqués et plus encore

À la fois **TensorFlow Lite (TFLite)** et **Open Neural Network Exchange (ONNX)** offrent de puissantes capacités pour déployer des modèles d'apprentissage automatique sur des appareils en périphérie, chacun avec ses propres forces et cas d'utilisation. **TensorFlow Lite** est particulièrement bien adapté aux flux de travail basés sur TensorFlow, offrant une intégration transparente et des outils d'optimisation spécifiquement conçus pour l'écosystème TensorFlow.

8.3 Déploiement de modèles sur les appareils mobiles et en périphérie

Le déploiement de modèles d'apprentissage automatique sur des appareils mobiles et en périphérie implique un processus complet qui englobe plusieurs étapes critiques, chacune jouant un rôle vital pour assurer des performances et une efficacité optimales :

1. **Optimisation et compression du modèle** : Cette étape cruciale implique le raffinement et la compression du modèle pour garantir qu'il fonctionne efficacement sur des appareils aux ressources limitées. Des techniques telles que la quantification, l'élagage et la distillation des connaissances sont employées pour réduire la taille du modèle et les exigences computationnelles tout en maintenant la précision.
2. **Sélection du framework et conversion du modèle** : Choisir le framework approprié, tel que **TensorFlow Lite** ou **ONNX**, est essentiel pour convertir et exécuter le modèle sur l'appareil cible. Ces frameworks fournissent des outils spécialisés et des optimisations pour le déploiement en périphérie, assurant la compatibilité et les performances sur diverses plateformes matérielles.
3. **Intégration dans l'application mobile** : Cette étape implique l'incorporation transparente du modèle optimisé dans le code de l'application mobile ou en périphérie. Les développeurs doivent implémenter des pipelines d'inférence efficaces, gérer le chargement et le déchargement du modèle, et traiter les entrées/sorties pour assurer une intégration fluide avec les fonctionnalités de l'application
4. **Accélération spécifique au matériel** : Maximiser les performances sur les appareils en périphérie nécessite souvent de tirer parti des accélérateurs matériels spécifiques tels que les GPU (Graphics Processing Units), les TPU (Tensor Processing Units) ou les NPU (Neural Processing Units). Cette étape implique d'optimiser le modèle et le code d'inférence pour profiter pleinement de ces composants matériels spécialisés, améliorant considérablement la vitesse d'inférence et l'efficacité énergétique.
5. **Surveillance et optimisation des performances** : La surveillance continue des performances du modèle déployé sur les appareils en périphérie est cruciale. Cela implique le suivi de métriques telles que le temps d'inférence, l'utilisation de la mémoire et la consommation de batterie. Sur la base de ces informations, des optimisations supplémentaires peuvent être appliquées pour améliorer l'efficacité du modèle et l'expérience utilisateur.

Examinons chaque étape plus en détail.

8.3.1 Techniques d'optimisation de modèles pour les appareils en périphérie

Avant de déployer un modèle d'apprentissage automatique sur un appareil mobile ou en périphérie, il est crucial d'implémenter des techniques d'optimisation pour minimiser sa taille et réduire ses exigences computationnelles. Ce processus d'optimisation est essentiel pour assurer des performances efficaces sur des appareils aux ressources limitées, tels que les smartphones, les tablettes ou les capteurs IoT.

En simplifiant le modèle, les développeurs peuvent considérablement améliorer sa vitesse et réduire son empreinte mémoire, ce qui conduit finalement à une meilleure expérience utilisateur et à une autonomie de batterie accrue sur l'appareil cible.

Plusieurs techniques sont couramment utilisées pour atteindre cet objectif :

1. Quantification : La quantification réduit la précision des poids et des activations du modèle, passant de valeurs à virgule flottante 32 bits (FP32) à des formats de précision inférieure comme 16 bits (FP16) ou 8 bits (INT8). Cela réduit significativement la taille du modèle et accélère l'inférence avec un impact minimal sur la précision.

```
# TensorFlow Lite example of post-training quantization
converter = tf.lite.TFLiteConverter.from_saved_model('my_model')
converter.optimizations = [tf.lite.Optimize.DEFAULT]
tflite_quantized_model = converter.convert()
```

2. Élagage : Cette technique implique la suppression systématique de connexions ou de neurones inutiles d'un réseau neuronal. En identifiant et en éliminant les paramètres qui contribuent de façon minimale à la performance du modèle, l'élagage peut réduire considérablement la taille du modèle et ses besoins computationnels. Ce processus implique souvent des cycles itératifs d'entraînement et d'élagage, où le modèle est réentraîné après chaque étape d'élagage pour maintenir sa précision. L'élagage peut être particulièrement efficace pour les modèles volumineux et surparamétrés, leur permettant de fonctionner efficacement sur des appareils aux ressources limitées sans perte significative de performance.

3. Distillation de modèle : Également connue sous le nom de **Distillation des connaissances**, cette technique implique le transfert de connaissances d'un modèle large et complexe (l'enseignant) vers un modèle plus petit et plus simple (l'élève). Le processus implique généralement l'entraînement du modèle élève à imiter les probabilités de sortie ou les représentations intermédiaires du modèle enseignant, plutôt que simplement les étiquettes de classe strictes. Cette approche permet au modèle élève de capturer les frontières de décision nuancées apprises par l'enseignant, aboutissant souvent à des performances qui dépassent ce que le modèle plus petit pourrait atteindre s'il était entraîné directement sur les données. La distillation est particulièrement utile pour le déploiement en périphérie car elle peut produire des modèles à la fois compacts et hautement performants, offrant un équilibre optimal entre efficacité et précision.

L'élagage et la distillation peuvent être utilisés en combinaison avec d'autres techniques d'optimisation, comme la quantification, pour améliorer davantage l'efficacité des modèles pour le déploiement en périphérie. Ces méthodes sont cruciales dans la boîte à outils des ingénieurs en apprentissage automatique visant à déployer des capacités d'IA sophistiquées sur des appareils en périphérie aux ressources limitées, permettant des fonctionnalités avancées tout en maintenant la réactivité et l'efficacité énergétique.

8.3.2 Déploiement de modèles sur les appareils Android

Pour les appareils Android, **TensorFlow Lite (TFLite)** se distingue comme le framework de référence pour le déploiement de modèles d'apprentissage automatique. Cet outil puissant offre une gamme d'avantages qui le rendent idéal pour le développement mobile :

- Runtime léger : TFLite est spécifiquement conçu pour fonctionner efficacement sur les appareils mobiles, minimisant l'utilisation des ressources et la consommation de batterie.
- Intégration transparente : Il fournit une suite d'outils qui simplifient le processus d'incorporation de modèles ML dans les applications Android.
- Inférence sur l'appareil : Avec TFLite, les développeurs peuvent exécuter l'inférence du modèle directement sur l'appareil, éliminant le besoin d'une connectivité cloud constante et réduisant la latence.
- Performance optimisée : TFLite inclut des optimisations intégrées pour le matériel mobile, exploitant l'accélération GPU et d'autres fonctionnalités spécifiques aux appareils pour améliorer la vitesse et l'efficacité.
- Respect de la vie privée : En traitant les données localement, TFLite aide à maintenir la confidentialité des utilisateurs, car les informations sensibles n'ont pas besoin de quitter l'appareil.

Ces fonctionnalités permettent collectivement aux développeurs de créer des applications Android sophistiquées et alimentées par l'IA qui sont à la fois réactives et économes en ressources, ouvrant de nouvelles possibilités pour les expériences utilisateur mobiles.

Exemple : Déploiement d'un modèle TensorFlow Lite sur Android

1. **Convertir le modèle en TensorFlow Lite** :Tout d'abord, convertissez votre modèle TensorFlow entraîné au format TensorFlow Lite, comme indiqué dans la section précédente.

```
converter = tf.lite.TFLiteConverter.from_saved_model('my_model')
tflite_model = converter.convert()

# Save the TFLite model
with open('model.tflite', 'wb') as f:
    f.write(tflite_model)
```

2. **Intégrer le modèle dans une application Android**:

Une fois que vous avez le modèle .tflite, vous pouvez l'intégrer dans une application Android en utilisant l'**Interpréteur TensorFlow Lite**. Voici un exemple de comment charger le modèle et exécuter l'inférence:

```
import org.tensorflow.lite.Interpreter;
import android.content.res.AssetManager;
import java.nio.ByteBuffer;
import java.nio.ByteOrder;
import java.io.IOException;
import java.io.InputStream;
import java.nio.channels.FileChannel;
import java.io.FileInputStream;
import java.io.File;

public class MyModel {
    private Interpreter tflite;

    // Constructor: loads the model from assets
    public MyModel(AssetManager assetManager, String modelPath) throws IOException {
        ByteBuffer modelBuffer = loadModelFile(assetManager, modelPath);
        tflite = new Interpreter(modelBuffer);
    }

    // Method to load the model from assets
    private ByteBuffer loadModelFile(AssetManager assetManager, String modelPath)
throws IOException {
        try (InputStream inputStream = assetManager.open(modelPath)) {
            byte[] modelBytes = new byte[inputStream.available()];
            inputStream.read(modelBytes);
            ByteBuffer buffer = ByteBuffer.allocateDirect(modelBytes.length)
                    .order(ByteOrder.nativeOrder());
            buffer.put(modelBytes);
            buffer.rewind();
            return buffer.asReadOnlyBuffer(); // Makes the buffer read-only
        }
    }

    // Performs inference with input data
    public float[] runInference(float[] inputData) {
        float[][] outputData = new float[1][10]; // Assuming 10 output classes
        ByteBuffer inputBuffer = ByteBuffer.allocateDirect(inputData.length * 4)
                .order(ByteOrder.nativeOrder());

        for (float value : inputData) {
            inputBuffer.putFloat(value);
        }
        inputBuffer.rewind();

        tflite.run(inputBuffer, outputData);
        return outputData[0]; // Returns the results
```

```
    }
}
```

Ce code démontre comment intégrer un modèle TensorFlow Lite dans une application Android.

Analysons-le en détail :

1. **Définition de classe** : La classe MyModel est définie pour gérer les opérations du modèle TensorFlow Lite.
2. **Chargement du modèle** : Le constructeur MyModel(AssetManager assetManager, String modelPath) charge le modèle depuis les ressources de l'application. Il utilise la méthode loadModelFile pour lire le fichier du modèle dans un ByteBuffer.
3. **Interpréteur TFLite** : Une instance d'Interpreter est créée en utilisant le buffer du modèle chargé. Cet interpréteur est utilisé pour exécuter l'inférence.
4. **Lecture de fichier** : La méthode loadModelFile lit le fichier du modèle TensorFlow Lite en utilisant AssetManager.open() au lieu de FileInputStream, assurant ainsi la compatibilité avec les ressources Android. Elle charge le modèle dans un ByteBuffer, qui est marqué comme lecture seule pour empêcher les modifications.
5. **Inférence** : La méthode runInference effectue l'inférence sur les données d'entrée. Elle prend un tableau de nombres flottants en entrée et renvoie un autre tableau de nombres flottants en sortie. La méthode convertit correctement le tableau d'entrée en ByteBuffer avant de le passer à l'interpréteur TFLite, assurant ainsi la compatibilité avec le format d'entrée attendu par TensorFlow Lite.

Cet exemple fournit une structure robuste et efficace pour utiliser TensorFlow Lite dans une application Android, permettant une inférence d'apprentissage automatique optimisée sur l'appareil.

1. **Optimiser pour l'accélération matérielle**:De nombreux appareils Android sont équipés d'accélérateurs matériels spécialisés conçus pour améliorer les performances d'apprentissage automatique. Ceux-ci incluent les **Processeurs de Signal Numérique (DSP)**, qui excellent dans le traitement et la manipulation des signaux numériques, et les **Unités de Traitement Neuronal (NPU)**, qui sont spécifiquement optimisées pour les calculs de réseaux neuronaux. TensorFlow Lite fournit aux développeurs les outils pour exploiter ces puissants composants matériels, résultant en des temps d'inférence significativement plus rapides pour les modèles d'apprentissage automatique.En tirant parti de ces accélérateurs, les développeurs peuvent obtenir des améliorations substantielles de performance dans leurs applications alimentées par l'IA. Par exemple, des tâches comme la reconnaissance d'images, le traitement du langage naturel et la

détection d'objets en temps réel peuvent être exécutées avec une latence beaucoup plus faible et une efficacité plus élevée. Cette optimisation est particulièrement cruciale pour les applications gourmandes en ressources comme la réalité augmentée, les assistants vocaux et les caméras IA sur appareil, où la réactivité et l'autonomie de la batterie sont primordiales.De plus, la capacité de TensorFlow Lite à utiliser ces accélérateurs matériels va au-delà des simples améliorations de vitesse. Elle permet également à des modèles plus complexes et sophistiqués de fonctionner en douceur sur des appareils mobiles, ouvrant des possibilités pour des fonctionnalités IA avancées qui n'étaient auparavant réalisables que sur du matériel plus puissant. Cette capacité comble le fossé entre les services IA basés sur le cloud et l'intelligence sur l'appareil, offrant aux utilisateurs une confidentialité améliorée et une fonctionnalité hors ligne tout en délivrant des capacités IA haute performance.Vous pouvez configurer l'**Interpréteur TFLite** pour utiliser ces accélérateurs matériels en activant le **délégué GPU**:

```
Interpreter.Options options = new Interpreter.Options();
GpuDelegate delegate = new GpuDelegate();
options.addDelegate(delegate);

Interpreter tflite = new Interpreter(modelBuffer, options);
```

8.3.3 Déploiement de modèles sur les appareils iOS

Pour les appareils iOS, TensorFlow Lite offre un support robuste, reflétant le processus de déploiement utilisé pour les applications Android. Cependant, le développement iOS exploite généralement **Core ML**, le framework d'apprentissage automatique natif d'Apple, pour l'exécution des modèles. Ce framework est profondément intégré à iOS et optimisé pour le matériel d'Apple, offrant d'excellentes performances et une efficacité énergétique.

Pour combler le fossé entre TensorFlow et Core ML, les développeurs peuvent utiliser le **Convertisseur TF Lite**. Cet outil puissant permet la transformation transparente des modèles TensorFlow Lite au format Core ML, assurant la compatibilité avec les appareils iOS. Le processus de conversion préserve l'architecture et les poids du modèle tout en l'adaptant aux spécifications de Core ML.

La capacité de convertir les modèles TensorFlow Lite au format Core ML offre plusieurs avantages :

- Développement multiplateforme : Les développeurs peuvent maintenir un seul modèle TensorFlow pour les plateformes Android et iOS, simplifiant ainsi le processus de développement.
- Optimisation matérielle : Core ML tire parti du moteur neuronal et du GPU d'Apple, ce qui se traduit par des temps d'inférence plus rapides et une consommation d'énergie réduite.

- Intégration avec l'écosystème iOS : Les modèles convertis peuvent facilement interagir avec d'autres frameworks et API iOS, améliorant la fonctionnalité globale de l'application.

De plus, le processus de conversion inclut souvent des optimisations spécifiques aux appareils iOS, telles que la quantification et l'élagage, qui peuvent réduire considérablement la taille du modèle et améliorer les performances sans sacrifier la précision. Cela permet de déployer des modèles d'apprentissage automatique complexes sur des appareils iOS aux ressources limitées, élargissant les possibilités pour les applications mobiles alimentées par l'IA.

Exemple : Conversion des modèles TensorFlow Lite vers Core ML

Voici comment convertir un modèle TensorFlow au format Core ML :

```
import coremltools as ct
import tensorflow as tf
import numpy as np

# Load the TensorFlow model
model = tf.keras.models.load_model('my_model.h5')

# Convert the model to Core ML format
coreml_model = ct.convert(
    model,
    inputs=[ct.TensorType(shape=(1,) + model.input_shape[1:])],  # Ensure batch dimension is included
    minimum_deployment_target=ct.target.iOS13
)

# Set metadata
coreml_model.author = "Your Name"
coreml_model.license = "Your License"
coreml_model.short_description = "Brief description of your model"
coreml_model.version = "1.0"

# Save the Core ML model
coreml_model_path = 'MyCoreMLModel.mlmodel'
coreml_model.save(coreml_model_path)

# Verify the converted model
import coremltools.proto
from coremltools.models import MLModel

# Load the saved Core ML model
mlmodel = MLModel(coreml_model_path)

# Generate a sample input for testing
input_shape = model.input_shape[1:]  # Exclude batch dimension
sample_input = np.random.rand(1, *input_shape).astype(np.float32)  # Add batch dimension
```

```
# Run inference with TensorFlow
tf_out = model.predict(sample_input)

# Run inference with Core ML
coreml_input_name = mlmodel.input_description._fd_spec[0].name
coreml_out = mlmodel.predict({coreml_input_name: sample_input})

# Extract Core ML output
output_names = [output.name for output in mlmodel.get_spec().description.output]
coreml_output = coreml_out[output_names[0]]

# Compare outputs
print("Core ML output shape:", coreml_output.shape)
print("TensorFlow output shape:", tf_out.shape)
print("Outputs match:", np.allclose(coreml_output, tf_out, atol=1e-5))

print("Model successfully converted to Core ML format and verified.")
```

Cet exemple de code illustre un processus complet de conversion d'un modèle TensorFlow au format Core ML. Analysons-le :

1. **Importation des bibliothèques nécessaires** : Nous importons coremltools pour le processus de conversion, tensorflow pour charger le modèle original, et numpy pour gérer les opérations sur les tableaux.
2. **Chargement du modèle TensorFlow** : Nous utilisons tf.keras.models.load_model pour charger un modèle TensorFlow pré-entraîné à partir d'un fichier H5.
3. **Génération d'entrée échantillon** : Nous créons un tenseur d'entrée échantillon correspondant à la forme d'entrée du modèle, en veillant à inclure la dimension de lot. Cela est utile pour vérifier la conversion ultérieurement.
4. **Conversion du modèle** : Nous utilisons coremltools.convert() pour transformer le modèle TensorFlow au format Core ML. Nous spécifions correctement la forme d'entrée, assurant la compatibilité avec Core ML, et définissons une cible de déploiement minimale (iOS13 dans ce cas).
5. **Définition des métadonnées** : Nous ajoutons des métadonnées au modèle Core ML, incluant l'auteur, la licence, la description et la version. Ces informations sont utiles pour la gestion et la documentation du modèle.
6. **Sauvegarde du modèle** : Nous sauvegardons le modèle converti dans un fichier avec l'extension .mlmodel, qui est le format standard pour les modèles Core ML.
7. **Vérification de la conversion** : Nous chargeons le modèle Core ML sauvegardé en utilisant MLModel et générons une entrée échantillon pour les tests. Nous exécutons ensuite l'inférence sur les modèles TensorFlow et Core ML et comparons les sorties pour assurer que la conversion a réussi.

8. **Affichage des résultats** : Enfin, nous imprimons les formes de sortie des deux modèles et vérifions si elles correspondent dans une petite marge de tolérance. Cette étape de validation garantit que le modèle converti produit des résultats cohérents avec le modèle TensorFlow original.

Cet exemple complet non seulement convertit le modèle mais inclut également des étapes pour la vérification et l'ajout de métadonnées, qui sont cruciales pour déployer des modèles fiables et bien documentés dans les applications iOS.

8.3.4 Déploiement de modèles sur les appareils en périphérie (IoT et systèmes embarqués)

Les appareils en périphérie, tels que les **capteurs IoT**, le **Raspberry Pi** et le **NVIDIA Jetson**, présentent des défis uniques pour le déploiement de l'apprentissage automatique en raison de leurs ressources de calcul limitées et de leurs contraintes énergétiques. Pour relever ces défis, des environnements d'exécution optimisés comme **TensorFlow Lite** et **ONNX Runtime** ont été développés spécifiquement pour les scénarios d'informatique en périphérie.

Ces environnements d'exécution spécialisés offrent plusieurs avantages clés pour le déploiement en périphérie :

- Taille de modèle réduite : Ils prennent en charge des techniques de compression de modèle comme la quantification et l'élagage, réduisant considérablement l'empreinte de stockage des modèles d'apprentissage automatique.
- Inférence optimisée : Ces environnements d'exécution sont conçus pour maximiser la vitesse d'inférence sur du matériel à ressources limitées, exploitant souvent des optimisations spécifiques aux appareils.
- Faible consommation d'énergie : En minimisant les coûts de calcul, ils contribuent à prolonger la durée de vie de la batterie des appareils en périphérie portables.
- Compatibilité multiplateforme : TensorFlow Lite et ONNX Runtime prennent en charge une large gamme d'appareils en périphérie et de systèmes d'exploitation, facilitant le déploiement à travers divers écosystèmes matériels.

De plus, ces environnements d'exécution fournissent souvent des outils supplémentaires pour l'optimisation des modèles et l'analyse des performances, permettant aux développeurs d'affiner leurs déploiements pour des scénarios en périphérie spécifiques. Cet écosystème d'outils et d'optimisations rend possible l'exécution de modèles d'apprentissage automatique sophistiqués sur des appareils aux ressources limitées, ouvrant de nouvelles possibilités pour les applications en périphérie alimentées par l'IA dans des domaines tels que l'IoT, la robotique et les systèmes embarqués.

Exemple : Exécution de TensorFlow Lite sur un Raspberry Pi

1. **Installer TensorFlow Lite sur le Raspberry Pi** :

Tout d'abord, installez TensorFlow Lite sur le Raspberry Pi :

```
pip install tflite-runtime
```

2. **Exécuter l'inférence avec TensorFlow Lite** :

Utilisez le code Python suivant pour charger et exécuter un modèle TensorFlow Lite sur le Raspberry Pi :

```
import numpy as np
import tensorflow as tf

def load_tflite_model(model_path):
    # Load the TFLite model
    interpreter = tf.lite.Interpreter(model_path=model_path)
    interpreter.allocate_tensors()
    return interpreter

def get_input_output_details(interpreter):
    # Get input and output tensors
    input_details = interpreter.get_input_details()
    output_details = interpreter.get_output_details()
    return input_details, output_details

def prepare_input_data(shape, dtype=np.float32):
    # Prepare sample input data
    return np.random.rand(*shape).astype(dtype)

def run_inference(interpreter, input_data, input_details, output_details):
    # Set the input tensor
    interpreter.set_tensor(input_details[0]['index'], input_data)

    # Run inference
    interpreter.invoke()

    # Get the output
    output_data = interpreter.get_tensor(output_details[0]['index'])
    return output_data

def main():
    model_path = 'model.tflite'

    # Load model
    interpreter = load_tflite_model(model_path)

    # Get input and output details
    input_details, output_details = get_input_output_details(interpreter)

    # Prepare input data
    input_shape = input_details[0]['shape']
    input_data = prepare_input_data(input_shape)
```

```
    # Run inference
    output_data = run_inference(interpreter, input_data, input_details, output_details)

    print("Input shape:", input_shape)
    print("Input data:", input_data)
    print("Output shape:", output_data.shape)
    print("Prediction:", output_data)

if __name__ == "__main__":
    main()
```

Cet exemple fournit une implémentation complète pour exécuter l'inférence avec un modèle TensorFlow Lite.

Analysons-le :

1. Instructions d'importation : Nous importons NumPy pour les opérations numériques et TensorFlow pour les fonctionnalités TFLite.
2. Fonction load_tflite_model : Cette fonction charge le modèle TFLite à partir d'un chemin donné et alloue les tenseurs.
3. Fonction get_input_output_details : Récupère les détails des tenseurs d'entrée et de sortie depuis l'interpréteur.
4. Fonction prepare_input_data : Génère des données d'entrée aléatoires basées sur la forme d'entrée et le type de données.
5. Fonction run_inference : Définit le tenseur d'entrée, invoque l'interpréteur, et récupère la sortie.
6. Fonction main : Orchestre l'ensemble du processus ;
   - Charge le modèle
   - Obtient les détails d'entrée et de sortie
   - Prépare les données d'entrée
   - Exécute l'inférence
   - Affiche les résultats

Cette structure rend le code modulaire, plus facile à comprendre et plus flexible pour différents cas d'utilisation. Elle inclut également la gestion des erreurs et fournit plus d'informations sur les formes d'entrée et de sortie, ce qui peut être crucial pour le débogage et la compréhension du comportement du modèle.

8.3.5 Meilleures pratiques pour le déploiement en périphérie

Compression de modèle : La mise en œuvre de techniques de compression comme la **quantification** ou l'**élagage** est cruciale pour le déploiement en périphérie. La quantification réduit la précision des poids du modèle, souvent de nombres à virgule flottante 32 bits à des entiers 8 bits, diminuant considérablement la taille du modèle et le temps d'inférence avec une perte minimale de précision. L'élagage consiste à supprimer les connexions inutiles dans les réseaux de neurones, réduisant davantage la complexité du modèle. Ces techniques sont essentielles pour déployer des modèles larges et complexes sur des appareils à stockage et puissance de traitement limités.

Accélération matérielle : L'exploitation de matériel spécifique aux appareils comme les **GPU** (Graphics Processing Units) ou les **NPU** (Neural Processing Units) peut améliorer considérablement la vitesse d'inférence sur les appareils en périphérie. Les GPU excellent dans le traitement parallèle, les rendant idéaux pour les calculs de réseaux neuronaux. Les NPU, conçus spécifiquement pour les tâches d'IA, offrent une efficacité encore plus grande. En optimisant les modèles pour ces processeurs spécialisés, les développeurs peuvent atteindre des performances quasi temps réel pour de nombreuses applications, même sur des appareils mobiles.

Traitement par lots : Pour les applications exigeant des performances en temps réel, le traitement par lots peut améliorer significativement le débit des modèles sur les appareils en périphérie. Au lieu de traiter les entrées une par une, le traitement par lots regroupe plusieurs entrées pour un traitement simultané. Cette approche maximise l'utilisation du matériel, particulièrement lors de l'utilisation de GPU ou NPU, et peut conduire à des accélérations substantielles du temps d'inférence. Cependant, les développeurs doivent équilibrer la taille des lots avec les exigences de latence pour assurer une performance optimale.

Mises à jour périodiques : Pour les appareils en périphérie disposant d'une connectivité internet, la mise en place d'un système de mises à jour périodiques des modèles est vitale. Cette approche garantit que les modèles déployés reflètent les données les plus récentes et maintiennent une haute précision au fil du temps. Des mises à jour régulières peuvent résoudre des problèmes comme la dérive conceptuelle, où la relation entre les données d'entrée et les variables cibles change avec le temps. De plus, les mises à jour permettent l'incorporation de nouvelles fonctionnalités, corrections de bugs et améliorations de performance, assurant que les appareils en périphérie continuent d'apporter de la valeur longtemps après le déploiement initial.

Efficacité énergétique : Lors du déploiement de modèles sur des appareils en périphérie fonctionnant sur batterie, l'optimisation de l'efficacité énergétique devient cruciale. Cela implique non seulement de sélectionner du matériel économe en énergie, mais aussi de concevoir des modèles et des pipelines d'inférence qui minimisent la consommation d'énergie. Des techniques comme l'adaptation dynamique de la tension et de la fréquence (DVFS) peuvent être employées pour ajuster les performances du processeur en fonction de la charge de travail, conservant davantage d'énergie pendant les périodes de faible activité.

Considérations de sécurité : Le déploiement en périphérie introduit des défis de sécurité uniques. Protéger à la fois le modèle et les données qu'il traite est primordial. La mise en œuvre du chiffrement pour les poids du modèle et l'utilisation de protocoles de communication sécurisés pour la transmission de données sont essentielles. De plus, des techniques comme l'apprentissage fédéré peuvent être employées pour améliorer les modèles sans compromettre la confidentialité des données, en gardant les données sensibles sur l'appareil en périphérie et en ne partageant que les mises à jour du modèle.

Exercices Pratiques Chapitre 8

Exercice 1: Convertir un Modèle TensorFlow en TensorFlow Lite

Tâche: Convertir un modèle TensorFlow pré-entraîné (par exemple, un modèle simple de classification d'images) au format **TensorFlow Lite** pour un déploiement en périphérie. Appliquer la quantification pour réduire la taille du modèle.

Solution:

```
import tensorflow as tf

# Load a pre-trained model (for example, from a saved model directory)
model = tf.keras.models.load_model('my_saved_model')

# Convert the model to TensorFlow Lite format
converter = tf.lite.TFLiteConverter.from_keras_model(model)

# Apply quantization to optimize the model
converter.optimizations = [tf.lite.Optimize.DEFAULT]
tflite_model = converter.convert()

# Save the TensorFlow Lite model to a file
with open('model_quantized.tflite', 'wb') as f:
    f.write(tflite_model)

print("Model successfully converted and quantized to TensorFlow Lite format.")
```

Dans cet exercice :

- Nous chargeons un modèle TensorFlow et le convertissons au format **TensorFlow Lite**.
- La **quantification post-entraînement** est appliquée pour optimiser le modèle, réduisant sa taille et améliorant la vitesse d'inférence sur les appareils en périphérie.

Exercice 2 : Exécuter un modèle TensorFlow Lite sur Android

Tâche : Intégrer un modèle **TensorFlow Lite** dans une application Android et effectuer l'inférence. Supposons que vous disposez d'un modèle TFLite prêt (model.tflite), et l'objectif est d'exécuter l'inférence sur un appareil Android.

Solution :

```
import org.tensorflow.lite.Interpreter;
import android.content.res.AssetManager;
import java.io.IOException;
import java.io.InputStream;
import java.nio.ByteBuffer;
import java.nio.ByteOrder;

public class TFLiteModel {
    private Interpreter tflite;

    // Constructor: Load the TensorFlow Lite model from assets
    public TFLiteModel(AssetManager assetManager, String modelPath) throws IOException
{
        ByteBuffer modelBuffer = loadModelFile(assetManager, modelPath);
        tflite = new Interpreter(modelBuffer);
    }

    // Load model from assets into ByteBuffer
    private ByteBuffer loadModelFile(AssetManager assetManager, String modelPath)
throws IOException {
        try (InputStream inputStream = assetManager.open(modelPath)) {
            byte[] modelBytes = new byte[inputStream.available()];
            inputStream.read(modelBytes);
            ByteBuffer buffer = ByteBuffer.allocateDirect(modelBytes.length)
                    .order(ByteOrder.nativeOrder());
            buffer.put(modelBytes);
            buffer.rewind();
            return buffer.asReadOnlyBuffer(); // Make buffer read-only
        }
    }

    // Perform inference with input data
    public float[] runInference(float[] inputData) {
        float[][] outputData = new float[1][10]; // Assuming 10 output classes
        ByteBuffer inputBuffer = ByteBuffer.allocateDirect(inputData.length * 4)
                .order(ByteOrder.nativeOrder());

        for (float value : inputData) {
            inputBuffer.putFloat(value);
        }
        inputBuffer.rewind();

        tflite.run(inputBuffer, outputData);
        return outputData[0]; // Return results
```

```
    }
}
```

Dans cet exercice :

- Nous chargeons le modèle **TensorFlow Lite** en utilisant l'**Interpréteur TFLite** dans une application Android.
- Le modèle est utilisé pour effectuer l'inférence sur des données d'entrée, comme des caractéristiques d'image, retournant des prédictions.

Exercice 3 : Déployer un modèle avec ONNX Runtime

Tâche : Convertir un modèle **PyTorch** au format **ONNX** et exécuter l'inférence en utilisant **ONNX Runtime** sur un appareil aux ressources limitées comme un Raspberry Pi.

Solution :

```
import torch
import torch.nn as nn
import onnx
import onnxruntime as ort

# Define a simple PyTorch model
class SimpleModel(nn.Module):
    def __init__(self):
        super(SimpleModel, self).__init__()
        self.fc = nn.Linear(784, 10)

    def forward(self, x):
        return self.fc(x)

# Create an instance of the model
model = SimpleModel()

# Create a dummy input for model tracing
dummy_input = torch.randn(1, 784)

# Export the model to ONNX format
torch.onnx.export(
    model,
    dummy_input,
    "model.onnx",
    opset_version=11,  # Specify opset version for compatibility
    verbose=True,  # Enable verbosity for debugging
    input_names=["input"],  # Define input name
    output_names=["output"]  # Define output name
)

print("Model successfully converted to ONNX format.")
```

```
# Run inference using ONNX Runtime
ort_session = ort.InferenceSession("model.onnx")

def to_numpy(tensor):
    return    tensor.detach().cpu().numpy()    if    tensor.requires_grad    else
tensor.cpu().numpy()

# Run inference
input_data = to_numpy(dummy_input)
input_name = ort_session.get_inputs()[0].name  # Dynamically obtain input name
outputs = ort_session.run(None, {input_name: input_data})

print("ONNX Model Inference Output:", outputs)
```

Dans cet exercice :

- Nous définissons un modèle **PyTorch** simple et le convertissons au format **ONNX** en utilisant torch.onnx.export().
- Le **Runtime ONNX** est utilisé pour exécuter l'inférence sur le modèle converti, le rendant adapté aux appareils en périphérie comme le **Raspberry Pi**.

Exercice 4 : Déployer un modèle TensorFlow Lite sur Raspberry Pi

Tâche : Déployer un modèle **TensorFlow Lite** sur un Raspberry Pi et exécuter l'inférence sur un jeu de données échantillon.

Solution :

```
import numpy as np
import tensorflow as tf

# Load the TensorFlow Lite model
interpreter = tf.lite.Interpreter(model_path="model.tflite")
interpreter.allocate_tensors()

# Get input and output tensor details
input_details = interpreter.get_input_details()
output_details = interpreter.get_output_details()

# Prepare a sample input (assuming the model expects a 1D array)
input_data = np.array([[1.0, 2.0, 3.0, 4.0]], dtype=np.float32)
interpreter.set_tensor(input_details[0]['index'], input_data)

# Run inference
interpreter.invoke()

# Retrieve the output from the model
output_data = interpreter.get_tensor(output_details[0]['index'])
print(f"Model output: {output_data}")
```

Dans cet exercice :

- Nous déployons un modèle **TensorFlow Lite** sur un **Raspberry Pi** en utilisant l'**Interpréteur TFLite**.
- Le modèle effectue l'inférence sur les données d'entrée, réalisant des prédictions basées sur le modèle entraîné.

Exercice 5 : Convertir un modèle TensorFlow Lite en Core ML

Tâche : Convertir un modèle **TensorFlow Lite** au format **Core ML** pour un déploiement sur un appareil iOS.

Solution :

```
import coremltools
import tensorflow as tf

# Load the TensorFlow Lite model
model = tf.keras.models.load_model('my_model.h5')

# Convert the model to Core ML format
coreml_model = coremltools.convert(model)

# Save the Core ML model
coreml_model.save('MyCoreMLModel.mlmodel')

print("Model successfully converted to Core ML format.")
```

Dans cet exercice :

- Nous convertissons un modèle **TensorFlow Lite** au format **Core ML** en utilisant la bibliothèque **coremltools**.
- Le modèle peut maintenant être déployé dans une application iOS en utilisant **Core ML**.

Ces exercices pratiques ont couvert les étapes clés pour déployer des modèles d'apprentissage automatique sur des appareils mobiles et en périphérie en utilisant des frameworks comme **TensorFlow Lite**, **ONNX**, et **Core ML**. En réalisant ces exercices, vous acquerrez une expérience pratique dans l'optimisation et l'exécution de modèles sur des appareils aux ressources limitées, rendant vos applications d'apprentissage automatique plus polyvalentes et efficaces.

Résumé du Chapitre 8

Dans le **Chapitre 8**, nous avons exploré les concepts clés du déploiement de modèles d'apprentissage automatique dans des environnements cloud et sur des appareils en périphérie. Le chapitre s'est concentré sur la façon dont la transition de l'informatique locale traditionnelle vers l'informatique cloud et en périphérie a transformé l'évolutivité, l'efficacité et l'accessibilité des systèmes d'apprentissage automatique. Avec la complexité croissante des modèles et le besoin d'inférence en temps réel, l'utilisation des services cloud et le déploiement de modèles optimisés sur des appareils en périphérie sont essentiels pour les applications d'IA modernes.

Nous avons commencé par discuter de **l'apprentissage automatique basé sur le cloud**, qui permet aux organisations de décharger les lourdes exigences de calcul pour l'entraînement et le déploiement de modèles vers des plateformes cloud puissantes. Les principaux fournisseurs de services cloud tels que **Amazon Web Services (AWS)**, **Google Cloud Platform (GCP)** et **Microsoft Azure** offrent une infrastructure et des outils robustes pour rationaliser l'ensemble du flux de travail d'apprentissage automatique, de l'entraînement du modèle au déploiement. Ces plateformes permettent aux développeurs de mettre à l'échelle leurs modèles sans effort tout en fournissant des services gérés qui traitent de grands ensembles de données et l'inférence en temps réel. Par exemple, **AWS SageMaker** et **Google AI Platform** simplifient le processus de création et de déploiement de modèles d'apprentissage automatique avec une configuration minimale. Avec ces services, les utilisateurs peuvent entraîner des modèles sur du matériel distribué, les optimiser pour le déploiement et les déployer en tant qu'API ou services évolutifs.

Le chapitre a ensuite approfondi **TensorFlow Lite (TFLite)** et **ONNX (Open Neural Network Exchange)**, deux frameworks cruciaux conçus pour apporter des modèles d'apprentissage automatique aux appareils en périphérie aux ressources limitées. **TensorFlow Lite** est adapté aux appareils mobiles et embarqués, permettant aux développeurs de convertir des modèles TensorFlow en un format léger qui peut être déployé sur des smartphones, des capteurs IoT et d'autres matériels à faible consommation. **ONNX**, quant à lui, est une norme ouverte qui permet aux modèles de plusieurs frameworks, tels que PyTorch et TensorFlow, d'être déployés de manière transparente dans différents environnements. En optimisant les modèles grâce à des techniques comme la **quantification**, l'**élagage** et la **distillation**, TensorFlow Lite et ONNX offrent tous deux une inférence rapide et efficace sur les appareils en périphérie.

Nous avons également examiné les étapes pratiques pour déployer des modèles sur **Android**, **iOS** et des **appareils IoT** comme le **Raspberry Pi**. Pour Android, TensorFlow Lite fournit l'**Interpréteur TFLite**, qui s'intègre facilement aux applications Android pour exécuter l'inférence sur l'appareil. De même, les modèles TensorFlow Lite peuvent être convertis en **Core ML** pour le déploiement sur iOS, permettant aux développeurs mobiles d'utiliser des modèles d'apprentissage automatique dans leurs applications. De plus, nous avons exploré comment **ONNX Runtime** prend en charge l'exécution de modèles sur des appareils comme le Raspberry Pi, permettant des applications d'IA puissantes dans des environnements informatiques en périphérie.

Le chapitre s'est conclu par une discussion sur les meilleures pratiques pour déployer des modèles sur des appareils en périphérie, notamment en tirant parti de l'accélération matérielle (par exemple, en utilisant des GPU, NPU ou DSP), en compressant les modèles pour une inférence plus rapide et en maintenant les modèles à jour avec un ré-entraînement périodique. Ces pratiques aident à garantir que les modèles fonctionnent efficacement tout en maintenant la précision, même dans des environnements aux ressources limitées.

En résumé, le **Chapitre 8** a fourni un aperçu approfondi de la façon dont les plateformes cloud et les frameworks informatiques en périphérie comme TensorFlow Lite et ONNX permettent aux développeurs de mettre à l'échelle leurs modèles d'apprentissage automatique pour des applications réelles. En comprenant ces concepts, vous êtes mieux équipé pour tirer parti de la flexibilité du cloud et de la réactivité de la périphérie, permettant à l'IA d'être intégrée dans tout, des appareils mobiles aux systèmes IoT.

Chapitre 9 : Projets pratiques

Dans ce chapitre, nous explorerons les applications concrètes des techniques d'apprentissage automatique pour résoudre des problèmes réels. Notre parcours nous mènera à travers une série de projets qui démontrent la puissance et la polyvalence des algorithmes d'apprentissage automatique dans divers domaines.

Chaque projet de ce chapitre est conçu pour vous offrir une expérience pratique dans l'application des concepts d'apprentissage automatique, du prétraitement des données et de la sélection des modèles à l'évaluation et l'interprétation des résultats. En travaillant sur ces projets, vous acquerrez des connaissances précieuses sur l'ensemble du processus d'apprentissage automatique et développerez les compétences nécessaires pour relever des défis complexes basés sur les données.

Nous commençons par un problème classique dans le domaine de l'immobilier : la prédiction des prix des logements. Ce projet servira d'introduction complète aux techniques de régression, à l'ingénierie des caractéristiques et à l'évaluation des modèles. Au fur et à mesure que nous progresserons dans le chapitre, nous rencontrerons des projets de plus en plus sophistiqués qui s'appuient sur ces compétences fondamentales, explorant des sujets tels que la classification, le clustering et les techniques avancées de régression.

À la fin de ce chapitre, vous disposerez d'une boîte à outils robuste de compétences pratiques en apprentissage automatique, vous permettant d'aborder avec confiance un large éventail de problèmes de science des données. Plongeons-y et commençons à construire des modèles prédictifs puissants !

9.1 Projet 1 : Prédiction des prix immobiliers par régression

La prédiction des prix immobiliers représente un défi fondamental de l'apprentissage automatique avec des implications profondes pour l'industrie immobilière. Ce problème complexe implique l'analyse d'une multitude de facteurs qui influencent la valeur des propriétés, allant de l'emplacement et la taille du bien aux indicateurs économiques locaux et aux tendances du marché. Dans le monde dynamique de l'immobilier, la capacité à prévoir avec précision les prix des logements constitue un outil puissant pour divers acteurs.

Les acheteurs peuvent prendre des décisions d'achat plus éclairées, identifiant potentiellement des propriétés sous-évaluées ou évitant celles surévaluées. Les vendeurs, armés d'estimations précises de valorisation, peuvent fixer stratégiquement le prix de leurs biens pour maximiser les rendements tout en assurant leur compétitivité sur le marché. Les investisseurs bénéficient de ces prédictions en identifiant des opportunités lucratives et en optimisant leurs stratégies de gestion de portefeuille.

Ce projet se penche sur l'application de techniques avancées d'apprentissage automatique, avec un accent particulier sur les méthodologies de régression, pour développer un modèle robuste de prédiction des prix immobiliers. En exploitant un ensemble diversifié de caractéristiques et en employant des algorithmes sophistiqués, nous visons à créer un cadre prédictif capable de naviguer dans les complexités du marché immobilier et de fournir des informations précieuses aux professionnels du secteur et aux consommateurs.

9.1.1 Énoncé du problème et jeu de données

Pour ce projet, nous utiliserons le jeu de données California Housing, une collection complète d'informations sur diverses propriétés résidentielles dans la région métropolitaine de Californie. Ce jeu de données englobe un large éventail de caractéristiques qui peuvent potentiellement influencer les prix des logements, incluant, sans s'y limiter, les taux de criminalité dans le quartier, le nombre moyen de pièces par habitation, et la proximité de la propriété aux centres d'emploi.

Notre objectif principal est de développer un modèle prédictif sophistiqué et précis qui puisse estimer les prix des logements en fonction de ces attributs divers. En analysant des facteurs tels que les statistiques de criminalité locale, les caractéristiques des logements et les considérations géographiques comme l'accessibilité aux autoroutes, nous visons à créer un algorithme robuste capable de fournir des prédictions de prix fiables dans le marché immobilier dynamique de Californie.

Chargement et exploration du jeu de données

```
import pandas as pd
import numpy as np
import matplotlib.pyplot as plt
import seaborn as sns
from sklearn.datasets import fetch_california_housing
from sklearn.model_selection import train_test_split
from sklearn.preprocessing import StandardScaler
from sklearn.linear_model import LinearRegression, Ridge
from sklearn.metrics import mean_squared_error, r2_score, mean_absolute_error

# Load the California Housing dataset
california = fetch_california_housing(as_frame=True)
data = california.frame  # Directly use the DataFrame

# Rename target column for clarity
data.rename(columns={'MedHouseVal': 'PRICE'}, inplace=True)
```

```
# Display the first few rows and summary statistics
print(data.head())
print(data.describe())

# Visualize correlations
plt.figure(figsize=(12, 10))
sns.heatmap(data.corr(), annot=True, cmap='coolwarm')
plt.title('Correlation Matrix of California Housing Data')
plt.show()

# Check for missing values
missing_values = data.isnull().sum().sum()
print(f"Total missing values: {missing_values}")
```

Voici une présentation de ce que fait le code :

- **Importe les bibliothèques nécessaires** pour la manipulation des données (pandas, numpy), la visualisation (seaborn, matplotlib) et l'apprentissage automatique (scikit-learn).
- **Charge le jeu de données California Housing** en utilisant la fonction fetch_california_housing(as_frame=True) de scikit-learn.
- **Crée un DataFrame pandas** à partir du jeu de données, en utilisant california.frame et en renommant la variable cible en PRICE pour plus de clarté.
- **Affiche les premières lignes et les statistiques récapitulatives** en utilisant print(data.head()) et print(data.describe()).
- **Visualise la matrice de corrélation** entre les caractéristiques à l'aide d'une carte thermique avec seaborn.heatmap().
- **Vérifie les valeurs manquantes** dans le jeu de données et affiche le nombre total.

Ce code constitue l'étape initiale du processus d'analyse des données, fournissant une compréhension fondamentale de la structure du jeu de données, des relations entre les caractéristiques et des problèmes potentiels de qualité des données avant de passer aux étapes plus avancées de prétraitement et de construction de modèle.

9.1.2 Prétraitement des données

Avant de pouvoir construire notre modèle prédictif, il est essentiel de procéder à un prétraitement approfondi des données. Cette étape cruciale comprend plusieurs tâches importantes qui préparent notre jeu de données pour une analyse optimale. Tout d'abord, nous devons traiter les valeurs manquantes dans notre jeu de données, en employant des techniques appropriées telles que l'imputation ou la suppression, selon la nature et l'étendue des données manquantes.

Ensuite, nous devons identifier et gérer soigneusement les valeurs aberrantes, qui pourraient potentiellement fausser nos résultats si elles ne sont pas traitées. Cela peut impliquer des méthodes statistiques pour détecter les anomalies et des décisions éclairées sur la transformation, le plafonnement ou l'exclusion des valeurs extrêmes. Enfin, nous mettrons à l'échelle nos caractéristiques pour garantir qu'elles se situent dans une plage numérique comparable, ce qui est particulièrement important pour que de nombreux algorithmes d'apprentissage automatique fonctionnent efficacement.

Ce processus de mise à l'échelle implique généralement des techniques comme la standardisation ou la normalisation, qui ajustent les caractéristiques à une échelle commune sans déformer les différences dans les plages de valeurs ou perdre des informations.

```
from sklearn.model_selection import train_test_split
from sklearn.preprocessing import StandardScaler

# Handle outliers (example for 'AveRooms' feature)
Q1 = data['AveRooms'].quantile(0.25)
Q3 = data['AveRooms'].quantile(0.75)
IQR = Q3 - Q1

# Filtering outliers using the IQR method
data = data[(data['AveRooms'] >= Q1 - 1.5 * IQR) & (data['AveRooms'] <= Q3 + 1.5 *
IQR)]

# Split the dataset
X = data.drop('PRICE', axis=1)
y = data['PRICE']
X_train, X_test, y_train, y_test = train_test_split(X, y, test_size=0.2,
random_state=42)

# Scale the features
scaler = StandardScaler()
X_train_scaled = scaler.fit_transform(X_train)
X_test_scaled = scaler.transform(X_test)
```

Voici une explication de ce que fait le code :

1. **Gestion des valeurs aberrantes :**
   - Il se concentre sur la caractéristique **'AveRooms'** (nombre moyen de pièces par logement), car **'RM' n'existe pas dans le jeu de données California Housing**.
   - Calcule **l'écart interquartile (IQR)** pour cette caractéristique.
   - Supprime les points de données qui se situent en dehors de **1,5 fois l'IQR** en dessous de **Q1** ou au-dessus de **Q3**, ce qui est une méthode courante d'élimination des valeurs aberrantes.

2. **Division du jeu de données :**
    - Sépare les caractéristiques (X) de la variable cible (y, qui est 'PRICE').
    - Utilise **train_test_split** pour diviser les données en **ensembles d'entraînement et de test**, avec **20% des données réservées aux tests**.
3. **Mise à l'échelle des caractéristiques :**
    - Applique **StandardScaler** pour normaliser les valeurs des caractéristiques.
    - Ajuste le scaler sur les **données d'entraînement** et transforme à la fois les **données d'entraînement et de test** pour garantir une mise à l'échelle cohérente.

9.1.3 Construction et évaluation du modèle de régression linéaire

Nous commencerons notre analyse en implémentant un modèle de régression linéaire fondamental comme approche de référence. Cette technique simple mais puissante nous permettra d'établir une base solide pour notre cadre prédictif. Une fois le modèle construit, nous procéderons à une évaluation complète de sa performance en utilisant un ensemble varié de métriques.

Ces métriques fourniront des informations précieuses sur la précision du modèle, sa puissance prédictive et son efficacité globale dans l'estimation des prix des logements en fonction des caractéristiques données. En commençant par ce modèle simple, nous pourrons acquérir une compréhension claire des relations sous-jacentes dans nos données et établir un point de référence par rapport auquel nous pourrons comparer des modèles plus complexes dans les étapes ultérieures de notre analyse.

```
# Create and train the Linear Regression model
model = LinearRegression()
model.fit(X_train_scaled, y_train)

# Make predictions
y_pred = model.predict(X_test_scaled)

# Evaluate the model
mse = mean_squared_error(y_test, y_pred)
rmse = np.sqrt(mse)
mae = mean_absolute_error(y_test, y_pred)
r2 = r2_score(y_test, y_pred)

print(f"Mean Squared Error: {mse}")
print(f"Root Mean Squared Error: {rmse}")
print(f"Mean Absolute Error: {mae}")
print(f"R-squared: {r2}")

# Perform cross-validation
```

```
cv_scores = cross_val_score(model, X_train_scaled, y_train, cv=5, scoring='neg_mean_squared_error')
print(f"Cross-validation scores: {-cv_scores}")
print(f"Average CV score: {-cv_scores.mean()}")
```

Voici une analyse de ce que fait le code :

- Crée et entraîne un modèle de Régression Linéaire en utilisant les données d'entraînement mises à l'échelle
- Effectue des prédictions sur les données de test mises à l'échelle
- Évalue la performance du modèle à l'aide de plusieurs métriques :
    - Erreur Quadratique Moyenne (MSE)
    - Racine de l'Erreur Quadratique Moyenne (RMSE)
    - Erreur Absolue Moyenne (MAE)
    - Coefficient de détermination (R^2)
- Réalise une validation croisée pour évaluer la performance du modèle sur différents sous-ensembles des données d'entraînement

Cette étape affiche ces métriques d'évaluation, offrant des informations sur la qualité des prédictions du modèle concernant les prix des logements. Les scores de validation croisée donnent une indication de la cohérence du modèle à travers différents sous-ensembles de données.

9.1.4 Interprétation des coefficients du modèle

Comprendre les coefficients de notre modèle de régression linéaire est crucial car cela fournit des informations précieuses sur l'importance relative des différentes caractéristiques dans la détermination des prix des logements. En examinant ces coefficients, nous pouvons identifier quels attributs ont l'impact le plus significatif sur les valeurs immobilières sur le marché californien. Cette analyse nous aide non seulement à interpréter le processus de décision du modèle, mais offre également des perspectives pratiques pour les professionnels de l'immobilier, les investisseurs et les décideurs politiques.

L'amplitude de chaque coefficient indique la force de l'influence de la caractéristique correspondante sur les prix des logements, tandis que le signe (positif ou négatif) révèle si la caractéristique tend à augmenter ou à diminuer les valeurs immobilières.

Par exemple, un coefficient positif élevé pour la caractéristique 'nombre de pièces' suggérerait que les maisons avec plus de pièces commandent généralement des prix plus élevés, toutes choses égales par ailleurs. À l'inverse, un coefficient négatif pour une caractéristique comme le 'taux de criminalité' indiquerait que des taux de criminalité plus élevés dans une zone sont associés à des prix immobiliers plus bas.

```
# Store and sort coefficients by absolute value
coefficients = pd.DataFrame(model.coef_, index=X.columns, columns=['Coefficient'])
coefficients = coefficients.sort_values(by='Coefficient', key=lambda x: x.abs(),
ascending=False)

# Print sorted coefficients
print(coefficients)

# Plot feature coefficients
plt.figure(figsize=(12, 8))
coefficients.plot(kind='bar', legend=False)
plt.title('Feature Coefficients in Linear Regression')
plt.xlabel('Features')
plt.ylabel('Coefficient Value')
plt.xticks(rotation=45, ha='right')
plt.tight_layout()
plt.show()
```

Voici une analyse de ce que fait le code :

- **Crée un DataFrame** appelé **coefficients** qui stocke les coefficients du modèle avec leurs noms de caractéristiques correspondants.
- **Trie les coefficients** par leurs **valeurs absolues** en ordre décroissant, facilitant l'identification des caractéristiques les plus **influentes** sur les prix des logements.
- **Affiche les coefficients triés**, nous permettant d'analyser l'impact numérique de chaque caractéristique sur les prix des logements.
- **Génère un graphique en barres pour visualiser les coefficients :**
    - Assure une visibilité claire en définissant une **taille de figure appropriée (12x8 pouces)**.
    - Représente les coefficients sous forme de **barres**, distinguant les influences positives et négatives.
    - Ajoute un **titre**, une **étiquette pour l'axe x** et une **étiquette pour l'axe y** pour fournir du contexte.
    - **Fait pivoter les étiquettes de l'axe x de 45 degrés** pour une meilleure lisibilité, garantissant que les noms des caractéristiques ne se chevauchent pas.
    - **Ajuste la mise en page** en utilisant plt.tight_layout() pour que tous les éléments s'intègrent correctement dans la figure.

9.1.5 Amélioration du modèle avec la régression Ridge

Pour améliorer les performances de notre modèle et atténuer le risque de surapprentissage, nous allons mettre en œuvre la régression Ridge, une technique puissante qui introduit un terme de régularisation à l'équation de régression linéaire standard.

Cette approche, également connue sous le nom de régularisation de Tikhonov, ajoute un terme de pénalité à la fonction de perte, réduisant efficacement les coefficients des caractéristiques moins importantes vers zéro. Ce faisant, la régression Ridge aide à réduire la sensibilité du modèle aux points de données individuels et favorise une solution plus stable et généralisable. Ceci est particulièrement utile lorsqu'on traite des jeux de données présentant une multicolinéarité entre les caractéristiques ou lorsque le nombre de prédicteurs est important par rapport au nombre d'observations.

Le terme de régularisation dans la régression Ridge est contrôlé par un hyperparamètre, alpha, qui détermine la force de la pénalité. Nous utiliserons la validation croisée pour trouver la valeur optimale de cet hyperparamètre, garantissant que notre modèle trouve le bon équilibre entre biais et variance.

```
# Create a Ridge Regression model with hyperparameter tuning
from sklearn.model_selection import GridSearchCV

param_grid = {'alpha': [0.1, 1, 10, 100]}
ridge = Ridge()
grid_search = GridSearchCV(ridge, param_grid, cv=5, scoring='neg_mean_squared_error')
grid_search.fit(X_train_scaled, y_train)

best_ridge = grid_search.best_estimator_
y_pred_ridge = best_ridge.predict(X_test_scaled)

mse_ridge = mean_squared_error(y_test, y_pred_ridge)
r2_ridge = r2_score(y_test, y_pred_ridge)

print(f"Best alpha: {grid_search.best_params_['alpha']}")
print(f"Ridge Regression Mean Squared Error: {mse_ridge}")
print(f"Ridge Regression R-squared: {r2_ridge}")
```

Voici une analyse de ce que fait le code :

- Il importe GridSearchCV de scikit-learn, qui est utilisé pour l'optimisation des hyperparamètres
- Il établit une grille de paramètres pour l'hyperparamètre 'alpha' de la Régression Ridge, avec les valeurs [0.1, 1, 10, 100]
- Il crée un modèle de Régression Ridge et utilise GridSearchCV pour trouver la meilleure valeur d'alpha grâce à une validation croisée à 5 plis

- Le meilleur modèle est ensuite utilisé pour faire des prédictions sur l'ensemble de test
- Enfin, il calcule et affiche l'Erreur Quadratique Moyenne et le score R^2 pour le modèle de Régression Ridge

Cette approche aide à prévenir le surapprentissage en ajoutant un terme de pénalité à la fonction de perte, contrôlé par le paramètre 'alpha'. Cette étape automatise le processus de recherche de la valeur optimale d'alpha, qui équilibre la complexité et la performance du modèle

9.1.6 Hypothèses et diagnostics du modèle

Assurer la validité des **hypothèses de régression linéaire** est une étape cruciale dans notre processus de modélisation. Nous allons effectuer un examen approfondi de trois hypothèses clés :

- **Linéarité**
- **Normalité des résidus**
- **Homoscédasticité** (variance constante des résidus)

Ces hypothèses constituent le fondement de la régression linéaire et, lorsqu'elles sont respectées, contribuent à la **fiabilité et à l'interprétabilité** des résultats de notre modèle.

1. **Linéarité :**
   - Suppose une **relation linéaire** entre les prédicteurs et la variable de réponse.
   - Nous évaluerons cela en traçant les **résidus en fonction des valeurs prédites**, en recherchant une **dispersion aléatoire** (sans motifs).
2. **Normalité des résidus :**
   - Suppose que les **erreurs suivent une distribution normale**.
   - Nous évaluerons cela à l'aide d'**histogrammes**, de **graphiques Q-Q** et de tests statistiques.
3. **Homoscédasticité :**
   - Assure que la **dispersion des résidus reste constante** à travers les valeurs prédites.
   - Ceci est **crucial** car l'**hétéroscédasticité** peut conduire à des erreurs standard et des intervalles de confiance peu fiables.

En testant rigoureusement ces hypothèses, nous pouvons identifier d'éventuelles violations qui pourraient compromettre la validité de notre modèle. Si des violations sont détectées, nous pouvons explorer des **mesures correctives**, telles que :

- **Transformations logarithmiques ou puissance** des variables prédictives
- **Modèles de régression pondérée**
- **Techniques de modélisation alternatives (par ex., modèles basés sur les arbres)**

```
import matplotlib.pyplot as plt
import scipy.stats as stats

# Compute residuals
residuals = y_test - y_pred_ridge  # Ensure correct y_pred usage

# Create subplots for assumption diagnostics
fig, axes = plt.subplots(1, 3, figsize=(15, 5))

# 1. Residuals vs. Predicted values (Linearity & Homoscedasticity)
axes[0].scatter(y_pred_ridge, residuals, alpha=0.5)
axes[0].axhline(y=0, color='r', linestyle='--', linewidth=1)  # Reference line at y=0
axes[0].set_xlabel('Predicted Values')
axes[0].set_ylabel('Residuals')
axes[0].set_title('Residuals vs Predicted')

# 2. Histogram of residuals (Normality)
axes[1].hist(residuals, bins=30, edgecolor='black', alpha=0.7)
axes[1].set_xlabel('Residuals')
axes[1].set_ylabel('Frequency')
axes[1].set_title('Histogram of Residuals')

# 3. Q-Q plot (Normality Check)
stats.probplot(residuals, dist="norm", plot=axes[2])
axes[2].set_title('Q-Q Plot')

plt.tight_layout()
plt.show()
```

Voici une analyse de ce que cela fait:

- **Calcule les résidus** en soustrayant les **valeurs prédites** des valeurs réelles de test.
- **Crée une figure avec trois sous-graphiques** pour les diagnostics d'hypothèses:
    1. **Résidus vs. Valeurs Prédites (graphique de gauche)**
        - Vérifie la **linéarité et l'homoscédasticité**.
        - Si les points montrent un **motif** clair, la linéarité est violée.
        - Si les résidus ont une **dispersion croissante ou décroissante**, une **hétéroscédasticité** peut être présente.
    2. **Histogramme des Résidus (graphique du milieu)**

- Évalue la **normalité** des résidus.
- Si l'histogramme est **symétrique et en forme de cloche**, l'hypothèse de normalité est respectée.

3. **Graphique Q-Q (graphique de droite)**
    - Compare les résidus à une **distribution normale théorique**.
    - Si les points **suivent étroitement la ligne diagonale**, l'hypothèse de normalité est valide.

9.1.7 Analyse de l'importance des caractéristiques

Pour obtenir une compréhension plus complète de l'importance des caractéristiques dans notre modèle de prédiction des prix immobiliers, nous utiliserons un Régresseur de Forêt Aléatoire. Cette puissante méthode d'apprentissage d'ensemble offre non seulement une perspective alternative sur l'importance des caractéristiques, mais présente également plusieurs avantages par rapport aux modèles linéaires traditionnels.

Les Forêts Aléatoires sont particulièrement habiles à capturer les relations non linéaires et les interactions entre les caractéristiques, qui peuvent ne pas être apparentes dans nos analyses précédentes. En agrégeant les scores d'importance à travers de multiples arbres de décision, nous pouvons obtenir un classement robuste et fiable de l'importance des caractéristiques.

Cette approche nous aidera à identifier quels facteurs ont l'impact le plus substantiel sur les prix des logements, révélant potentiellement des informations qui n'étaient pas évidentes dans notre modèle de régression linéaire.

```
from sklearn.ensemble import RandomForestRegressor

rf_model = RandomForestRegressor(n_estimators=100, random_state=42)
rf_model.fit(X_train_scaled, y_train)

feature_importance = pd.DataFrame({'feature': X.columns, 'importance': rf_model.feature_importances_})
feature_importance = feature_importance.sort_values('importance', ascending=False)

plt.figure(figsize=(10, 6))
sns.barplot(x='importance', y='feature', data=feature_importance)
plt.title('Feature Importance (Random Forest)')
plt.tight_layout()
plt.show()
```

Voici une analyse de ce qu'il fait :

- Importe le RandomForestRegressor de scikit-learn

- Crée un modèle de Forêt Aléatoire avec 100 arbres et un état aléatoire fixe pour la reproductibilité
- Entraîne le modèle sur les données d'entraînement mises à l'échelle (X_train_scaled et y_train)
- Crée un DataFrame avec deux colonnes : 'feature' (noms des caractéristiques) et 'importance' (scores d'importance du modèle de Forêt Aléatoire)
- Trie les caractéristiques par importance en ordre décroissant
- Configure un graphique en utilisant matplotlib et seaborn :
    - Crée une figure de taille 10x6 pouces
    - Utilise le barplot de seaborn pour visualiser l'importance des caractéristiques
    - Définit le titre comme "Feature Importance (Random Forest)"
    - Ajuste la mise en page pour une meilleure visibilité
    - Affiche le graphique

Cette visualisation aide à identifier quelles caractéristiques ont l'impact le plus substantiel sur les prix des logements selon le modèle de Forêt Aléatoire, révélant potentiellement des informations non évidentes dans le modèle de régression linéaire

9.1.8 Améliorations potentielles et travaux futurs

Bien que notre modèle actuel fournisse des informations précieuses, il existe plusieurs façons dont nous pourrions potentiellement améliorer sa performance :

- Ingénierie des caractéristiques : Créer de nouvelles caractéristiques ou transformer celles existantes pour capturer des relations plus complexes.
- Essayer d'autres algorithmes : Expérimenter avec des algorithmes plus avancés comme le Gradient Boosting (par ex., XGBoost) ou la Régression par Vecteurs de Support.
- Méthodes d'ensemble : Combiner les prédictions de plusieurs modèles pour créer une prédiction plus robuste.
- Recueillir plus de données : Si possible, collecter des données plus récentes et diversifiées pour améliorer la généralisation du modèle.
- Traiter la non-linéarité : Si des relations non linéaires fortes sont présentes, envisager d'utiliser des caractéristiques polynomiales ou des modèles plus flexibles.

9.1.9 Conclusion

Ce projet démontre l'application complète des techniques de régression pour prédire les prix des logements dans le marché immobilier dynamique. Nous avons méticuleusement couvert plusieurs aspects cruciaux du pipeline de science des données, incluant l'analyse exploratoire des données, le prétraitement rigoureux, la construction sophistiquée de modèles, l'évaluation approfondie et l'interprétation détaillée des résultats. Grâce à notre analyse minutieuse de diverses caractéristiques et de leur impact sur les prix des logements, nous avons développé un modèle qui offre des informations précieuses et basées sur les données pour un large éventail d'acteurs de l'industrie immobilière.

Les professionnels de l'immobilier peuvent exploiter ce modèle pour prendre des décisions plus éclairées concernant les évaluations de propriétés et les tendances du marché. Les propriétaires pourraient le trouver utile pour comprendre les facteurs qui influencent la valeur de leur propriété au fil du temps. Les investisseurs peuvent utiliser ces informations pour identifier des propriétés potentiellement sous-évaluées ou des opportunités émergentes du marché. Cependant, il est crucial de se rappeler que, bien que notre modèle fournisse une base solide pour comprendre la dynamique des prix immobiliers, le marché immobilier réel est intrinsèquement complexe et influencé par une multitude de facteurs, dont beaucoup peuvent ne pas être capturés dans notre ensemble de données actuel.

Des facteurs tels que les conditions économiques locales, les changements dans les lois de zonage, les évolutions des modèles démographiques, et même les tendances économiques mondiales peuvent tous jouer des rôles significatifs dans la formation des marchés immobiliers. Ces éléments interagissent souvent de manière complexe qui peut être difficile à modéliser avec précision. Par conséquent, bien que notre modèle prédictif offre des informations précieuses, il devrait être considéré comme un outil parmi d'autres dans le contexte plus large de l'analyse immobilière et de la prise de décision.

9.2 Projet 2 : Analyse de sentiment utilisant des modèles basés sur les Transformers

L'analyse de sentiment est une tâche fondamentale et hautement significative dans le domaine du Traitement du Langage Naturel (NLP), se concentrant sur le processus complexe de déchiffrage et d'interprétation du ton émotionnel ou de l'attitude sous-jacente exprimée dans un texte donné.

Ce projet s'immerge dans l'application de modèles de pointe basés sur les transformers, avec un accent particulier sur BERT (Bidirectional Encoder Representations from Transformers), pour mener une analyse de sentiment sophistiquée sur des données textuelles.

En exploitant ces architectures avancées de réseaux neuronaux, nous visons à développer un système robuste capable de discerner et catégoriser avec précision les sentiments véhiculés dans diverses formes de communication écrite, allant des publications sur les réseaux sociaux et des avis sur les produits jusqu'aux articles de presse et au-delà.

9.2.1 Énoncé du problème et ensemble de données

Pour ce projet, nous utiliserons l'ensemble de données IMDB Movie Reviews, une collection complète comprenant 50 000 critiques de films. Chaque critique dans cet ensemble de données a été méticuleusement étiquetée comme positive ou négative, fournissant une riche source de données annotées par sentiment.

Notre objectif principal est de développer et d'entraîner un modèle sophistiqué capable de discerner et classifier avec précision le sentiment sous-jacent exprimé dans ces critiques de films. Cette tâche présente une excellente opportunité d'appliquer des techniques avancées de traitement du langage naturel à des données textuelles réelles, avec l'objectif ultime de créer un système d'analyse de sentiment robuste qui peut interpréter efficacement les opinions nuancées et les émotions véhiculées dans les critiques de films écrites.

Chargement et exploration de l'ensemble de données

```
import pandas as pd
from datasets import load_dataset
from sklearn.model_selection import train_test_split

# Load the IMDB dataset
dataset = load_dataset('imdb')

# Convert to pandas DataFrame
train_df = dataset['train'].to_pandas()
test_df = dataset['test'].to_pandas()

# Display basic information about the dataset
print("Training Data Info:")
print(train_df.info())
print("\\nLabel Distribution in Training Data:")
print(train_df['label'].value_counts(normalize=True))

# Display a few examples
print("\\nSample Reviews:")
print(train_df.head())

# Optional: Split train data into train and validation sets
train_df,  val_df  =  train_test_split(train_df,  test_size=0.2,  random_state=42,
stratify=train_df['label'])

print(f"\\nTrain size: {len(train_df)}, Validation size: {len(val_df)}, Test size:
{len(test_df)}")
```

Voici une analyse de ce qu'il fait :

- **Importe les bibliothèques nécessaires :**
    - pandas pour la manipulation des données

  - load_dataset de la bibliothèque datasets pour charger le **jeu de données IMDB**
  - train_test_split de sklearn.model_selection pour le fractionnement optionnel du jeu de données

- **Charge le jeu de données IMDB** en utilisant load_dataset('imdb').
- **Convertit les ensembles d'entraînement et de test en DataFrames pandas** en utilisant .to_pandas(), facilitant l'analyse et la manipulation des données.
- **Affiche les informations de base sur le jeu de données d'entraînement** en utilisant train_df.info(), qui fournit des détails sur le nombre d'entrées, les noms de colonnes et les types de données.
- **Montre la distribution des étiquettes (sentiment positif/négatif)** dans l'ensemble d'entraînement en utilisant train_df['label'].value_counts(normalize=True), aidant à vérifier si le jeu de données est équilibré.
- **Affiche les premiers exemples de l'ensemble d'entraînement** en utilisant train_df.head(), donnant un aperçu rapide des critiques textuelles et de leurs étiquettes de sentiment correspondantes.
- **(Optionnel) Divise les données d'entraînement en ensembles d'entraînement et de validation** en utilisant train_test_split() pour l'évaluation du modèle si nécessaire.

9.2.2 Prétraitement des données

Avant de pouvoir alimenter notre modèle BERT avec nos données pour analyse, il est crucial de procéder à une étape complète de prétraitement. Cette étape essentielle implique plusieurs processus clés qui préparent les données textuelles brutes pour un traitement optimal par notre réseau neuronal avancé.

Les composantes principales de cette phase de prétraitement comprennent la tokenisation, qui décompose le texte en unités individuelles ou tokens que le modèle peut interpréter ; le rembourrage (padding), qui garantit que toutes les séquences d'entrée sont de longueur uniforme pour le traitement par lots ; et la création de masques d'attention, qui orientent l'attention du modèle vers les parties pertinentes de l'entrée tout en ignorant les tokens de rembourrage.

Ces étapes de prétraitement sont fondamentales pour transformer nos données textuelles brutes en un format qui peut être traité efficacement et effectivement par notre modèle BERT, permettant en fin de compte des résultats d'analyse de sentiment plus précis.

```
from transformers import BertTokenizer
import torch

tokenizer = BertTokenizer.from_pretrained('bert-base-uncased')
```

```
def preprocess_data(texts, labels, max_length=256):
    encoded = tokenizer.batch_encode_plus(
        texts,
        add_special_tokens=True,
        max_length=max_length,
        padding='max_length',
        truncation=True,
        return_attention_mask=True,
        return_tensors='pt'
    )
    return {
        'input_ids': encoded['input_ids'],
        'attention_mask': encoded['attention_mask'],
        'labels': torch.tensor(labels)
    }

# Preprocess the data
train_data = preprocess_data(train_df['text'].tolist(), train_df['label'].tolist())
test_data = preprocess_data(test_df['text'].tolist(), test_df['label'].tolist())
```

Voici une analyse de ce qu'il fait :

- Il importe les bibliothèques nécessaires : BertTokenizer de transformers et torch
- Il initialise un tokenizer BERT en utilisant le modèle 'bert-base-uncased'
- La fonction preprocess_data est définie, qui prend des textes et des étiquettes en entrée, ainsi qu'un paramètre max_length optionnel
- À l'intérieur de la fonction, elle utilise la méthode batch_encode_plus du tokenizer pour encoder les textes d'entrée. Cette méthode :
    - Ajoute des tokens spéciaux (comme [CLS] et [SEP])
    - Remplit ou tronque les séquences à une longueur maximale
    - Crée des masques d'attention
    - Renvoie des tenseurs adaptés à PyTorch
- La fonction renvoie un dictionnaire contenant :
    - input_ids : les séquences de texte encodées et rembourrées
    - attention_mask : un masque indiquant quels tokens sont du rembourrage (0) et lesquels ne le sont pas (1)
    - labels : les étiquettes de sentiment converties en tenseur PyTorch
- Enfin, le code applique cette fonction de prétraitement aux données d'entraînement et de test, créant train_data et test_data

Cette étape de prétraitement est cruciale car elle transforme les données textuelles brutes en un format qui peut être traité efficacement par le modèle BERT pour l'analyse de sentiment

9.2.3 Construction et entraînement du modèle BERT

Pour ce projet, nous exploiterons la puissance du modèle BertForSequenceClassification, un outil sophistiqué disponible dans la bibliothèque transformers. Ce modèle avancé est méticuleusement conçu et optimisé pour les tâches de classification de texte, ce qui en fait un choix idéal pour notre analyse de sentiment.

En tirant parti de cette architecture de pointe, nous pouvons capturer efficacement les sentiments nuancés exprimés dans notre jeu de données de critiques de films, permettant une classification hautement précise des sentiments positifs et négatifs.

```
from transformers import BertForSequenceClassification, AdamW
from torch.utils.data import DataLoader, TensorDataset
import torch.nn as nn

# Set up the model
model      =      BertForSequenceClassification.from_pretrained('bert-base-uncased',
num_labels=2)

# Set up the optimizer
optimizer = AdamW(model.parameters(), lr=2e-5)

# Create DataLoader
train_dataset = TensorDataset(train_data['input_ids'], train_data['attention_mask'],
train_data['labels'])
train_loader = DataLoader(train_dataset, batch_size=32, shuffle=True)

# Training loop
device = torch.device('cuda' if torch.cuda.is_available() else 'cpu')
model.to(device)

num_epochs = 3
for epoch in range(num_epochs):
    model.train()
    for batch in train_loader:
        input_ids, attention_mask, labels = [b.to(device) for b in batch]

        optimizer.zero_grad()
        outputs = model(input_ids, attention_mask=attention_mask, labels=labels)
        loss = outputs.loss
        loss.backward()
        optimizer.step()

    print(f"Epoch {epoch+1}/{num_epochs} completed")

# Save the model
torch.save(model.state_dict(), 'bert_sentiment_model.pth')
```

Voici une analyse des principaux composants :

1. Configuration du modèle : Le code initialise un modèle BertForSequenceClassification, qui est pré-entraîné et affiné pour les tâches de classification de séquences comme l'analyse de sentiment.
2. Optimiseur : Il configure un optimiseur AdamW, qui est une version améliorée d'Adam, couramment utilisé pour l'entraînement des modèles d'apprentissage profond.
3. Préparation des données : Le code crée un TensorDataset et un DataLoader pour traiter efficacement les données d'entraînement par lots et les mélanger.
4. Boucle d'entraînement : Le modèle est entraîné pendant 3 époques. Dans chaque époque :
    -
        - Il parcourt les lots de données
    -
        - Calcule la perte
    -
        - Effectue la rétropropagation
    -
        - Met à jour les paramètres du modèle
5. Utilisation des périphériques : Le code vérifie la disponibilité d'un GPU et déplace le modèle vers le périphérique approprié (CPU ou GPU) pour un calcul efficace.
6. Sauvegarde du modèle : Après l'entraînement, le dictionnaire d'état du modèle est enregistré dans un fichier pour une utilisation future.

Cette implementation permet un entraînement efficace d'un modèle BERT sur le jeu de données de critiques de films IMDB, lui permettant d'apprendre et de classifier le sentiment (positif ou négatif) des critiques de films.

9.2.4 Évaluation du modèle

Après avoir terminé la phase d'entraînement, il est crucial d'évaluer l'efficacité et la précision de notre modèle en évaluant ses performances sur l'ensemble de test. Cette étape d'évaluation nous permet de mesurer la capacité de notre modèle d'analyse de sentiment basé sur BERT à généraliser à des données non vues et fournit des informations précieuses sur son applicabilité dans le monde réel.

En analysant diverses métriques telles que la précision, l'exactitude, le rappel et le score F1, nous pouvons acquérir une compréhension complète des forces de notre modèle et des domaines potentiels d'amélioration.

```
from sklearn.metrics import accuracy_score, classification_report
import torch
from torch.utils.data import TensorDataset, DataLoader

# Ensure model is in evaluation mode
model.eval()

# Create test dataset and DataLoader
test_dataset = TensorDataset(test_data['input_ids'], test_data['attention_mask'],
test_data['labels'])
test_loader = DataLoader(test_dataset, batch_size=32, shuffle=False, drop_last=False)

# Store predictions and true labels
all_preds = []
all_labels = []

# Disable gradient calculations during evaluation
device = torch.device('cuda' if torch.cuda.is_available() else 'cpu')
model.to(device)

with torch.no_grad():
    for batch in test_loader:
        input_ids, attention_mask, labels = [b.to(device) for b in batch]

        outputs = model(input_ids, attention_mask=attention_mask)
        preds = torch.argmax(outputs.logits, dim=1)  # Get predicted class

        all_preds.extend(preds.cpu().numpy())  # Move to CPU and convert to NumPy
        all_labels.extend(labels.cpu().numpy())

# Compute accuracy and classification report
accuracy = accuracy_score(all_labels, all_preds)
print(f"Accuracy: {accuracy:.4f}")
print(classification_report(all_labels, all_preds))
```

Voici une analyse de ce qu'il fait :

- Il importe les métriques nécessaires de sklearn pour l'évaluation du modèle
- Configure le modèle en mode évaluation avec model.eval()
- Crée un TensorDataset et un DataLoader pour les données de test, ce qui facilite le traitement par lots
- Initialise des listes vides pour stocker toutes les prédictions et les vraies étiquettes

- Utilise un contexte with torch.no_grad() pour désactiver les calculs de gradient pendant l'inférence, ce qui économise de la mémoire et accélère le calcul
- Parcourt les données de test par lots :
    - Déplace les données d'entrée vers le périphérique approprié (CPU ou GPU)
    - Génère des prédictions en utilisant le modèle
    - Extrait la classe prédite (sentiment) pour chaque échantillon
    - Ajoute les prédictions et les vraies étiquettes à leurs listes respectives
- Calcule la précision globale du modèle en utilisant accuracy_score
- Affiche un rapport de classification détaillé, qui inclut généralement la précision, le rappel et le score F1 pour chaque classe

Ce processus d'évaluation nous permet d'évaluer les performances du modèle sur des données non vues, nous donnant ainsi un aperçu de son efficacité pour les tâches d'analyse de sentiment.

9.2.5 Inférence avec du nouveau texte

Notre modèle étant maintenant entièrement entraîné et optimisé, nous pouvons exploiter ses capacités pour analyser et prédire le sentiment de nouveaux textes jamais vus auparavant. Cette application pratique de notre modèle d'analyse de sentiment nous permet d'obtenir des informations précieuses à partir de données réelles et nouvelles, démontrant l'efficacité du modèle au-delà du jeu de données d'entraînement.

En exploitant la puissance de notre modèle basé sur BERT affiné, nous pouvons désormais évaluer avec confiance la tonalité émotionnelle de divers textes, allant des avis clients et publications sur les réseaux sociaux aux articles de presse et au-delà, offrant ainsi un outil robuste pour comprendre l'opinion publique et le sentiment des consommateurs dans divers domaines.

```
def predict_sentiment(text):
    encoded = tokenizer.encode_plus(
        text,
        add_special_tokens=True,
        max_length=256,
        padding='max_length',
        truncation=True,
        return_attention_mask=True,
        return_tensors='pt'
    )

    input_ids = encoded['input_ids'].to(device)
    attention_mask = encoded['attention_mask'].to(device)

    with torch.no_grad():
```

```
        outputs = model(input_ids, attention_mask=attention_mask)
        pred = torch.argmax(outputs.logits, dim=1)

    return "Positive" if pred.item() == 1 else "Negative"

# Example usage
new_review = "This movie was absolutely fantastic! I loved every minute of it."
sentiment = predict_sentiment(new_review)
print(f"Predicted sentiment: {sentiment}")
```

Voici une analyse de ce que fait le code :

1. La fonction prend un texte en entrée et le prétraite à l'aide du tokenizer BERT
2. Elle encode le texte, en ajoutant des tokens spéciaux, du remplissage et en créant un masque d'attention
3. L'entrée encodée est ensuite passée dans le modèle BERT pour obtenir des prédictions
4. Les logits de sortie du modèle sont utilisés pour déterminer le sentiment (positif ou négatif)
5. La fonction renvoie "Positive" si la prédiction est 1, et "Negative" dans le cas contraire

Le code inclut également un exemple d'utilisation de la fonction :

1. Une critique exemple est fournie : "This movie was absolutely fantastic! I loved every minute of it."
2. La fonction predict_sentiment est appelée avec cette critique
3. Le sentiment prédit est ensuite affiché

Cette fonction permet une analyse de sentiment facile de nouveaux textes jamais vus en utilisant le modèle BERT entraîné, démontrant son application pratique pour analyser divers textes comme des avis clients ou des publications sur les réseaux sociaux

9.2.6 Techniques avancées

Ajustement fin avec des taux d'apprentissage discriminatifs

Pour améliorer les performances de notre modèle, nous pouvons implémenter des taux d'apprentissage discriminatifs, une technique sophistiquée où différents composants du modèle sont entraînés à des rythmes variables. Cette approche permet une optimisation plus nuancée, car elle reconnaît que différentes couches du réseau neuronal peuvent nécessiter différentes vitesses d'apprentissage.

En appliquant des taux d'apprentissage plus élevés aux couches supérieures du modèle, qui sont plus spécifiques à la tâche, et des taux plus bas aux couches inférieures, qui captent des caractéristiques plus générales, nous pouvons affiner le modèle plus efficacement.

Cette méthode est particulièrement bénéfique lorsqu'on travaille avec des modèles pré-entraînés comme BERT, car elle nous permet d'ajuster soigneusement les paramètres du modèle sans perturber les informations précieuses apprises pendant le pré-entraînement.

```
from transformers import get_linear_schedule_with_warmup

# Prepare optimizer and schedule (linear warmup and decay)
no_decay = ['bias', 'LayerNorm.weight']
optimizer_grouped_parameters = [
    {'params': [p for n, p in model.named_parameters() if not any(nd in n for nd in
no_decay)], 'weight_decay': 0.01},
    {'params': [p for n, p in model.named_parameters() if any(nd in n for nd in
no_decay)], 'weight_decay': 0.0}
]

optimizer = AdamW(optimizer_grouped_parameters, lr=2e-5, eps=1e-8)
scheduler = get_linear_schedule_with_warmup(optimizer, num_warmup_steps=0,
num_training_steps=len(train_loader) * num_epochs)

# Update the training loop to use the scheduler
for epoch in range(num_epochs):
    model.train()
    for batch in train_loader:
        input_ids, attention_mask, labels = [b.to(device) for b in batch]

        optimizer.zero_grad()
        outputs = model(input_ids, attention_mask=attention_mask, labels=labels)
        loss = outputs.loss
        loss.backward()
        optimizer.step()
        scheduler.step()

    print(f"Epoch {epoch+1}/{num_epochs} completed")
```

Voici une analyse des composants clés :

1. Importation du planificateur : Le code importe get_linear_schedule_with_warmup de la bibliothèque transformers.
2. Configuration de l'optimiseur :
    - Il établit deux groupes de paramètres : un avec décroissance de poids et un sans.
    - Cette approche aide à appliquer différents taux d'apprentissage à différentes parties du modèle.
3. Initialisation de l'optimiseur et du planificateur :
    - L'optimiseur AdamW est initialisé avec les paramètres groupés.

- Un planificateur de taux d'apprentissage linéaire avec période de chauffe est créé, qui ajustera le taux d'apprentissage pendant l'entraînement.

4. Boucle d'entraînement :
   - Le code met à jour la boucle d'entraînement pour intégrer le planificateur.
   - Après chaque étape d'optimisation, le planificateur est avancé pour ajuster le taux d'apprentissage.

Cette implémentation permet un réglage fin plus efficace du modèle BERT en appliquant différents taux d'apprentissage à différentes parties du modèle et en ajustant progressivement le taux d'apprentissage tout au long du processus d'entraînement.

Augmentation des données

Pour enrichir notre jeu de données et potentiellement améliorer les performances du modèle, nous pouvons employer diverses techniques d'augmentation de données. Une méthode particulièrement efficace est la rétro-traduction, qui consiste à traduire le texte original dans une autre langue puis à le retraduire dans la langue d'origine. Ce processus introduit des variations subtiles dans le texte tout en préservant sa signification globale et son sentiment.

De plus, nous pouvons explorer d'autres stratégies d'augmentation comme le remplacement par synonymes, l'insertion ou la suppression aléatoire de mots, et la paraphrase de texte. Ces techniques contribuent collectivement à accroître la diversité et la taille de nos données d'entraînement, menant potentiellement à un modèle d'analyse de sentiment plus robuste et généralisable.

```
from transformers import MarianMTModel, MarianTokenizer

# Load translation models
en_to_fr = MarianMTModel.from_pretrained('Helsinki-NLP/opus-mt-en-fr')
fr_to_en = MarianMTModel.from_pretrained('Helsinki-NLP/opus-mt-fr-en')
en_tokenizer = MarianTokenizer.from_pretrained('Helsinki-NLP/opus-mt-en-fr')
fr_tokenizer = MarianTokenizer.from_pretrained('Helsinki-NLP/opus-mt-fr-en')

def back_translate(text):
    # Translate to French
    fr_text = en_to_fr.generate(**en_tokenizer(text, return_tensors="pt",
padding=True))
    fr_text = [en_tokenizer.decode(t, skip_special_tokens=True) for t in fr_text][0]

    # Translate back to English
    en_text = fr_to_en.generate(**fr_tokenizer(fr_text, return_tensors="pt",
padding=True))
    en_text = [fr_tokenizer.decode(t, skip_special_tokens=True) for t in en_text][0]

    return en_text
```

```
# Augment the training data
augmented_texts = [back_translate(text) for text in train_df['text'][:1000]]  # Augment first 1000 samples
augmented_labels = train_df['label'][:1000]

train_df = pd.concat([train_df, pd.DataFrame({'text': augmented_texts, 'label': augmented_labels})])
```

Voici une explication des composants clés :

- Le code importe les modèles et tokenizers nécessaires de la bibliothèque Transformers pour les tâches de traduction.
- Il charge des modèles pré-entraînés pour la traduction anglais-français et français-anglais.
- La fonction back_translate est définie pour effectuer l'augmentation :
    - Elle traduit le texte anglais d'entrée en français
    - Puis traduit le texte français de nouveau en anglais
    - Ce processus introduit des variations subtiles tout en préservant le sens global
- Le code augmente ensuite les données d'entraînement :
    - Il applique la rétro-traduction aux 1000 premiers échantillons des données d'entraînement
    - Les textes augmentés et leurs étiquettes correspondantes sont ajoutés au jeu de données d'entraînement

Cette technique aide à accroître la diversité des données d'entraînement, menant potentiellement à un modèle d'analyse de sentiment plus robuste et généralisable.

Méthodes d'ensemble

Pour potentiellement améliorer les performances et la robustesse de notre modèle, nous pouvons implémenter une approche d'ensemble. Cette technique implique la création de plusieurs modèles, chacun avec ses propres forces et caractéristiques, et la combinaison de leurs prédictions pour générer un résultat final plus précis et fiable.

En exploitant l'intelligence collective de divers modèles, nous pouvons souvent obtenir de meilleurs résultats qu'en nous appuyant sur un seul modèle. Cette méthode d'ensemble peut aider à atténuer les faiblesses des modèles individuels et à capturer un éventail plus large de motifs dans les données, conduisant finalement à une meilleure précision dans l'analyse de sentiment.

```
# Train multiple models (e.g., BERT, RoBERTa, DistilBERT)
```

```
from            transformers            import          RobertaForSequenceClassification,
DistilBertForSequenceClassification

models = [
    BertForSequenceClassification.from_pretrained('bert-base-uncased',
num_labels=2),
    RobertaForSequenceClassification.from_pretrained('roberta-base', num_labels=2),
    DistilBertForSequenceClassification.from_pretrained('distilbert-base-uncased',
num_labels=2)
]

# Train each model (code omitted for brevity)

def ensemble_predict(text):
    encoded = tokenizer.encode_plus(
        text,
        add_special_tokens=True,
        max_length=256,
        padding='max_length',
        truncation=True,
        return_attention_mask=True,
        return_tensors='pt'
    )

    input_ids = encoded['input_ids'].to(device)
    attention_mask = encoded['attention_mask'].to(device)

    predictions = []
    with torch.no_grad():
        for model in models:
            outputs = model(input_ids, attention_mask=attention_mask)
            pred = torch.softmax(outputs.logits, dim=1)
            predictions.append(pred)

    # Average predictions
    avg_pred = torch.mean(torch.stack(predictions), dim=0)
    final_pred = torch.argmax(avg_pred, dim=1)

    return "Positive" if final_pred.item() == 1 else "Negative"
```

Ce code implémente une méthode d'ensemble pour l'analyse de sentiment en utilisant plusieurs modèles basés sur les transformers. Voici une analyse de ses composants clés :

1. Initialisation des modèles : Le code importe et initialise trois modèles pré-entraînés différents : BERT, RoBERTa et DistilBERT. Chaque modèle est configuré pour la classification binaire (sentiment positif/négatif).

2. Fonction de prédiction d'ensemble : La fonction ensemble_predict est définie pour faire des prédictions en utilisant les trois modèles :

- Elle tokenise et encode le texte d'entrée à l'aide d'un tokenizer (probablement celui de BERT, bien que cela ne soit pas explicitement montré dans l'extrait).
- L'entrée encodée est ensuite passée à travers chaque modèle pour obtenir des prédictions.
- Les logits bruts de chaque modèle sont convertis en probabilités à l'aide de softmax.
- Les prédictions de tous les modèles sont moyennées pour obtenir une prédiction finale.
- La fonction renvoie "Positive" ou "Negative" basé sur la prédiction moyennée.

Cette approche d'ensemble vise à améliorer la précision des prédictions en combinant les forces de plusieurs modèles, conduisant potentiellement à des résultats d'analyse de sentiment plus robustes.

9.2.7 Conclusion

Dans ce projet amélioré, nous avons réussi à implémenter un modèle sophistiqué d'analyse de sentiment exploitant la puissance de l'architecture BERT. Nous avons approfondi des techniques avancées pour stimuler significativement sa performance et sa polyvalence. Notre approche complète a couvert des aspects cruciaux incluant un prétraitement méticuleux des données, un entraînement rigoureux du modèle, une évaluation approfondie et des processus d'inférence fluides.

De plus, nous avons introduit et exploré des techniques de pointe pour repousser les limites de performance du modèle. Celles-ci incluent l'implémentation de taux d'apprentissage discriminatifs, qui permettent une optimisation finement ajustée à travers différentes couches du modèle. Nous avons également incorporé des stratégies d'augmentation de données, particulièrement la rétro-traduction, pour enrichir notre jeu de données et améliorer la capacité du modèle à généraliser. En outre, nous nous sommes aventurés dans les méthodes d'ensemble, combinant les forces de plusieurs modèles pour atteindre des prédictions plus robustes et précises.

Ces techniques avancées servent un double objectif : elles améliorent non seulement potentiellement la précision et les capacités de généralisation du modèle, mais démontrent également l'immense potentiel des modèles basés sur les transformers pour aborder des tâches complexes d'analyse de sentiment. En employant ces méthodes, nous avons montré comment exploiter toute la puissance des architectures NLP de pointe, fournissant une base solide et extensible pour une exploration et un raffinement ultérieurs.

Les connaissances et l'expérience acquises grâce à ce projet ouvrent de nombreuses voies d'application dans des scénarios NLP du monde réel. De l'analyse des retours clients et du sentiment sur les médias sociaux à l'évaluation de l'opinion publique sur divers sujets, les techniques explorées ici ont des implications considérables. Ce projet sert de tremplin pour les data scientists et les praticiens du NLP pour plonger plus profondément dans le monde fascinant de l'analyse de sentiment, encourageant davantage d'innovation et de progrès dans ce domaine crucial de l'intelligence artificielle et de l'apprentissage automatique.

9.3 Projet 3 : Classification d'images avec les CNN

La classification d'images se présente comme une tâche fondamentale et cruciale dans le domaine de la vision par ordinateur, avec des applications de grande portée qui s'étendent à travers diverses industries et domaines. De l'amélioration des capacités de perception des véhicules autonomes à la révolution du diagnostic médical grâce à l'analyse automatisée d'images, l'impact de la classification d'images est à la fois profond et transformateur. Ce projet explore l'univers fascinant des Réseaux de Neurones Convolutifs (CNN), en explorant leurs puissantes capacités dans le contexte de la classification d'images.

Notre attention se porte sur le jeu de données CIFAR-10, largement reconnu, une riche collection de 60 000 images en couleur, chacune mesurant 32x32 pixels. Ces images sont méticuleusement catégorisées en 10 classes distinctes, offrant un ensemble de données diversifié et stimulant pour notre tâche de classification. Le jeu de données CIFAR-10 constitue une excellente référence pour évaluer et affiner les modèles d'apprentissage automatique, offrant un équilibre entre complexité et facilité de gestion.

En nous appuyant sur les fondements posés par le projet initial, nous visons à repousser les limites de performance et de robustesse dans notre système de classification d'images basé sur les CNN. Grâce à la mise en œuvre de plusieurs améliorations stratégiques et de techniques de pointe, nous cherchons à améliorer divers aspects de notre modèle. Ces améliorations sont conçues pour optimiser non seulement la précision de nos classifications, mais aussi l'efficacité globale et la capacité de généralisation de notre approche, ouvrant la voie à des applications de vision par ordinateur plus sophistiquées et fiables.

9.3.1 Augmentation de données et prétraitement

Pour améliorer la capacité du modèle à généraliser et à bien performer sur des données inédites, nous allons considérablement étendre nos techniques d'augmentation de données. Allant au-delà des transformations basiques comme les simples rotations et retournements, nous mettrons en œuvre un ensemble plus complet de stratégies d'augmentation.

Ces techniques avancées introduiront des variations contrôlées dans les images d'entraînement, augmentant efficacement la diversité de notre jeu de données sans réellement collecter plus de données. En exposant le modèle à ces variations créées artificiellement, nous visons à améliorer sa robustesse et sa capacité à reconnaître des objets dans différentes conditions, conduisant finalement à de meilleures performances sur des entrées d'images diverses et réelles.

```
from tensorflow.keras.preprocessing.image import ImageDataGenerator
```

```
datagen = ImageDataGenerator(
    rotation_range=15,
    width_shift_range=0.1,
    height_shift_range=0.1,
    horizontal_flip=True,
    zoom_range=0.1,
    shear_range=0.1,
    channel_shift_range=0.1,
    fill_mode='nearest'
)

# Normalize pixel values
X_train = X_train.astype('float32') / 255.0
X_test = X_test.astype('float32') / 255.0

# One-hot encode labels
y_train = tf.keras.utils.to_categorical(y_train, 10)
y_test = tf.keras.utils.to_categorical(y_test, 10)
```

Analysons cela en détail :

1. Augmentation de données :
   - Le ImageDataGenerator est utilisé pour créer des versions augmentées des images d'entraînement.
   - Diverses transformations sont appliquées, notamment des rotations, des décalages en largeur et en hauteur, des retournements horizontaux, des zooms, des cisaillements et des décalages de canaux.
   - Ces augmentations aident à accroître la diversité des données d'entraînement, améliorant la capacité du modèle à généraliser.
2. Normalisation des données :
   - Les valeurs des pixels des images d'entraînement et de test sont normalisées en divisant par 255.0, les ramenant à une plage de 0 à 1.
   - Cette normalisation favorise une convergence plus rapide pendant l'entraînement et assure une mise à l'échelle cohérente des entrées.
3. Encodage des étiquettes :
   - Les étiquettes (y_train et y_test) sont converties au format one-hot encodé à l'aide de tf.keras.utils.to_categorical().
   - Cela transforme les étiquettes de classe en une représentation matricielle binaire, qui est adaptée aux tâches de classification multi-classes.

Ces étapes de prétraitement préparent les données pour l'entraînement d'un Réseau de Neurones Convolutif (CNN) sur le jeu de données CIFAR-10, améliorant la capacité du modèle à apprendre et à généraliser à partir des images.

9.3.2 Architecture CNN améliorée

Nous allons concevoir une architecture CNN plus sophistiquée et plus profonde intégrant des connexions résiduelles. Cette structure avancée facilitera un flux de gradient amélioré pendant le processus d'entraînement, permettant un apprentissage plus efficace des caractéristiques complexes.

Les connexions résiduelles, également connues sous le nom de connexions de contournement, permettent au réseau de contourner certaines couches, ce qui aide à atténuer le problème de disparition du gradient souvent rencontré dans les réseaux de neurones profonds. Cette amélioration architecturale favorise non seulement une meilleure propagation de l'information à travers le réseau, mais permet également l'entraînement de modèles considérablement plus profonds, conduisant potentiellement à une précision et des performances améliorées dans notre tâche de classification d'images.

```
from tensorflow.keras.models import Model
from tensorflow.keras.layers import Input, Conv2D, BatchNormalization, Activation,
MaxPooling2D, Add, GlobalAveragePooling2D, Dense, Dropout

def residual_block(x, filters, kernel_size=3, stride=1):
    shortcut = x

    x = Conv2D(filters, kernel_size, strides=stride, padding='same')(x)
    x = BatchNormalization()(x)
    x = Activation('relu')(x)

    x = Conv2D(filters, kernel_size, padding='same')(x)
    x = BatchNormalization()(x)

    if stride != 1 or shortcut.shape[-1] != filters:
        shortcut = Conv2D(filters, 1, strides=stride, padding='same')(shortcut)
        shortcut = BatchNormalization()(shortcut)

    x = Add()([x, shortcut])
    x = Activation('relu')(x)
    return x

def build_improved_cnn():
    inputs = Input(shape=(32, 32, 3))

    x = Conv2D(64, 3, padding='same')(inputs)
    x = BatchNormalization()(x)
    x = Activation('relu')(x)

    x = residual_block(x, 64)
    x = residual_block(x, 64)
```

```
    x = MaxPooling2D()(x)

    x = residual_block(x, 128)
    x = residual_block(x, 128)
    x = MaxPooling2D()(x)

    x = residual_block(x, 256)
    x = residual_block(x, 256)
    x = GlobalAveragePooling2D()(x)

    x = Dense(512, activation='relu')(x)
    x = Dropout(0.5)(x)
    outputs = Dense(10, activation='softmax')(x)

    model = Model(inputs=inputs, outputs=outputs)
    return model

model = build_improved_cnn()
model.compile(optimizer='adam',                    loss='categorical_crossentropy',
metrics=['accuracy'])
```

Analysons les principaux composants :

- **Fonction de bloc résiduel :** La fonction residual_block implémente une connexion résiduelle, qui aide à l'entraînement de réseaux plus profonds en permettant au gradient de circuler plus facilement à travers le réseau.
- **Architecture CNN améliorée :** La fonction build_improved_cnn construit le modèle en utilisant ces éléments clés :
- Couche d'entrée pour les images RVB de 32x32
- Couche convolutive initiale suivie d'une normalisation par lots et d'une activation ReLU
- Plusieurs blocs résiduels avec des tailles de filtres croissantes (64, 128, 256)
- Pooling global moyen pour réduire les dimensions spatiales
- Couche dense avec dropout pour la régularisation
- Couche de sortie avec activation softmax pour la classification à 10 classes

Le modèle est ensuite compilé en utilisant l'optimiseur Adam, la perte d'entropie croisée catégorielle (adaptée à la classification multi-classes), et la précision comme métrique d'évaluation.

Cette architecture incorpore plusieurs techniques avancées comme les connexions résiduelles, la normalisation par lots, et le dropout, qui sont conçues pour améliorer les performances du modèle et sa capacité à apprendre des caractéristiques complexes à partir du jeu de données CIFAR-10.

9.3.3 Planification du taux d'apprentissage

Mettre en œuvre un planificateur de taux d'apprentissage pour ajuster dynamiquement le taux d'apprentissage pendant le processus d'entraînement. Cette technique permet d'affiner le processus d'apprentissage du modèle, menant potentiellement à une convergence et des performances améliorées.

En diminuant progressivement le taux d'apprentissage au fur et à mesure que l'entraînement progresse, nous pouvons aider le modèle à naviguer plus efficacement dans le paysage de perte, lui permettant de se stabiliser dans des minima optimaux tout en évitant les dépassements ou les oscillations. Cette approche adaptative de la gestion du taux d'apprentissage peut être particulièrement bénéfique lorsqu'on traite des jeux de données complexes comme CIFAR-10, où le modèle doit apprendre des caractéristiques et des motifs complexes à travers plusieurs classes.

```
from tensorflow.keras.callbacks import LearningRateScheduler

def lr_schedule(epoch):
    lr = 0.001
    if epoch > 75:
        lr *= 0.5e-3
    elif epoch > 50:
        lr *= 1e-3
    elif epoch > 25:
        lr *= 1e-2
    return lr

lr_scheduler = LearningRateScheduler(lr_schedule)
```

Voici une analyse détaillée de ses composants :

- Le LearningRateScheduler est importé depuis les callbacks de Keras.
- Une fonction personnalisée lr_schedule est définie pour ajuster le taux d'apprentissage en fonction de l'époque actuelle :
- Elle commence avec un taux d'apprentissage initial de 0,001.
- Le taux d'apprentissage est réduit à des seuils d'époques spécifiques :
    - Après 25 époques, il est multiplié par 0,01
    - Après 50 époques, il est multiplié par 0,001
    - Après 75 époques, il est multiplié par 0,0005
- Le LearningRateScheduler est instancié avec la fonction lr_schedule.

Ce planificateur diminue progressivement le taux d'apprentissage pendant l'entraînement, ce qui peut aider à affiner le processus d'apprentissage du modèle et potentiellement améliorer la convergence et les performances.

9.3.4 Entraînement avec arrêt précoce

Mettre en œuvre l'arrêt précoce comme technique cruciale pour atténuer le surapprentissage et optimiser l'efficacité de l'entraînement. Cette méthode arrête automatiquement le processus d'entraînement lorsque les performances du modèle sur l'ensemble de validation commencent à stagner ou à décliner, empêchant efficacement le modèle de mémoriser les données d'entraînement et de perdre sa capacité à généraliser.

Ce faisant, l'arrêt précoce aide non seulement à maintenir la capacité du modèle à bien performer sur des données non vues, mais réduit également considérablement le temps d'entraînement global, permettant une utilisation plus efficace des ressources informatiques.

Cette approche est particulièrement précieuse lorsqu'on travaille avec des jeux de données complexes comme CIFAR-10, où le risque de surapprentissage est élevé en raison des motifs et caractéristiques complexes présents dans les images.

```
from tensorflow.keras.callbacks import EarlyStopping

early_stopping = EarlyStopping(monitor='val_loss', patience=10,
restore_best_weights=True)

history = model.fit(
    datagen.flow(X_train, y_train, batch_size=64),
    epochs=100,
    validation_data=(X_test, y_test),
    callbacks=[lr_scheduler, early_stopping]
)
```

Analysons cela :

- from tensorflow.keras.callbacks import EarlyStopping : Ceci importe le callback EarlyStopping de Keras.
- early_stopping = EarlyStopping(monitor='val_loss', patience=10, restore_best_weights=True) : Ceci crée un objet EarlyStopping avec les paramètres suivants :
    - 'val_loss' est surveillée pour déterminer quand arrêter l'entraînement
    - 'patience=10' signifie que l'entraînement s'arrêtera s'il n'y a pas d'amélioration pendant 10 époques consécutives
    - 'restore_best_weights=True' garantit que le modèle conserve les poids de sa meilleure performance

- history = model.fit(...) : Ceci entraîne le modèle avec les composants clés suivants :
    - Utilise l'augmentation de données avec datagen.flow()
    - Entraîne pendant un maximum de 100 époques
    - Utilise les données de test pour la validation
    - Applique à la fois le planificateur de taux d'apprentissage et les callbacks d'arrêt précoce

Cette configuration aide à optimiser le processus d'entraînement en ajustant dynamiquement le taux d'apprentissage et en arrêtant l'entraînement lorsque le modèle cesse de s'améliorer, ce qui est particulièrement utile pour des jeux de données complexes comme CIFAR-10.

9.3.5 Évaluation et visualisation du modèle

Mettre en œuvre une évaluation plus complète des performances du modèle pour obtenir des aperçus plus profonds de son efficacité et de son comportement. Ce processus d'évaluation amélioré impliquera de multiples métriques et techniques de visualisation, permettant une compréhension plus nuancée des forces du modèle et des domaines potentiels d'amélioration.

En employant un ensemble diversifié de méthodes d'évaluation, nous pouvons évaluer divers aspects des performances du modèle, y compris sa précision à travers différentes classes, sa capacité à généraliser à des données non vues, et son processus de prise de décision.

Cette approche multidimensionnelle de l'évaluation fournira une évaluation plus robuste et informative de notre modèle de classification d'images, contribuant finalement à son perfectionnement et à son optimisation.

```
import numpy as np
import matplotlib.pyplot as plt
from sklearn.metrics import confusion_matrix, classification_report

# Evaluate the model
test_loss, test_acc = model.evaluate(X_test, y_test, verbose=0)
print(f"Test accuracy: {test_acc:.4f}")

# Confusion Matrix
y_pred = model.predict(X_test)
y_pred_classes = np.argmax(y_pred, axis=1)
y_true = np.argmax(y_test, axis=1)

cm = confusion_matrix(y_true, y_pred_classes)
plt.figure(figsize=(10, 8))
plt.imshow(cm, interpolation='nearest', cmap=plt.cm.Blues)
plt.title('Confusion Matrix')
plt.colorbar()
tick_marks = np.arange(10)
plt.xticks(tick_marks, class_names, rotation=45)
plt.yticks(tick_marks, class_names)
```

```
plt.tight_layout()
plt.ylabel('True label')
plt.xlabel('Predicted label')
plt.show()

# Classification Report
print(classification_report(y_true, y_pred_classes, target_names=class_names))

# Learning Curves
plt.figure(figsize=(12, 4))
plt.subplot(1, 2, 1)
plt.plot(history.history['accuracy'], label='Train Accuracy')
plt.plot(history.history['val_accuracy'], label='Validation Accuracy')
plt.title('Model Accuracy')
plt.xlabel('Epoch')
plt.ylabel('Accuracy')
plt.legend()

plt.subplot(1, 2, 2)
plt.plot(history.history['loss'], label='Train Loss')
plt.plot(history.history['val_loss'], label='Validation Loss')
plt.title('Model Loss')
plt.xlabel('Epoch')
plt.ylabel('Loss')
plt.legend()
plt.show()
```

Voici une analyse détaillée :

- **Évaluation du modèle :** La performance du modèle est évaluée sur l'ensemble de test, affichant la précision du test.
- **Matrice de confusion :** Celle-ci visualise les prédictions du modèle à travers différentes classes, aidant à identifier où le modèle pourrait confondre certaines catégories.
- **Rapport de classification :** Celui-ci fournit une analyse détaillée de la précision, du rappel et du score F1 pour chaque classe.
- **Courbes d'apprentissage :** Deux graphiques sont générés pour montrer comment la précision et la perte du modèle évoluent au fil des époques pour les ensembles d'entraînement et de validation. Cela aide à comprendre si le modèle est en surapprentissage ou en sous-apprentissage.

Ces techniques d'évaluation offrent une vue complète de la performance du modèle, permettant une meilleure compréhension et d'éventuelles améliorations dans la tâche de classification d'images.

9.3.6 Visualisation Grad-CAM

Mettre en œuvre la Cartographie d'Activation de Classe pondérée par Gradient (Grad-CAM), une technique de visualisation avancée qui fournit des aperçus précieux du processus de prise de décision de notre réseau neuronal convolutif. Grad-CAM génère des cartes de chaleur qui mettent en évidence les régions d'une image d'entrée qui sont les plus influentes dans la décision de classification du modèle.

En visualisant ces zones, nous pouvons acquérir une compréhension plus profonde des parties d'une image que le modèle considère importantes pour ses prédictions, améliorant l'interprétabilité et la transparence de notre modèle d'apprentissage profond.

Cette technique aide non seulement au débogage et à l'amélioration du modèle, mais renforce également la confiance dans le processus de prise de décision du modèle en fournissant des explications interprétables par l'humain pour ses classifications.

```
import tensorflow as tf
import numpy as np
import matplotlib.pyplot as plt

def grad_cam(model, image, class_index, layer_name="conv2d_5"):
    """
    Generates a Grad-CAM heatmap for the given image and class index.
    """
    # Define a model that outputs feature maps and predictions
    grad_model = tf.keras.models.Model(
        inputs=model.input,
        outputs=[model.get_layer(layer_name).output, model.output]
    )

    # Compute gradients
    with tf.GradientTape() as tape:
        conv_outputs, predictions = grad_model(image)
        loss = predictions[:, class_index]  # Focus on the target class

    # Compute gradients
    grads = tape.gradient(loss, conv_outputs)

    # Compute importance of feature maps
    pooled_grads = tf.reduce_mean(grads, axis=(0, 1, 2))
    conv_outputs = conv_outputs[0]

    # Compute Grad-CAM heatmap
    cam = tf.reduce_sum(tf.multiply(conv_outputs, pooled_grads), axis=-1)
    cam = tf.maximum(cam, 0)  # ReLU operation
    cam = cam / tf.reduce_max(cam)  # Normalize

    # Resize CAM to match image size
    cam = tf.image.resize(cam[..., tf.newaxis], (32, 32))
    cam = tf.squeeze(cam)
```

```
    cam = cam.numpy()

    return cam

# Select a sample image
sample_image = X_test[0]
sample_label = np.argmax(y_test[0])

# Convert to tensor and expand dimensions
input_image = np.expand_dims(sample_image, axis=0)
input_image = tf.convert_to_tensor(input_image, dtype=tf.float32)

# Generate Grad-CAM heatmap
cam = grad_cam(model, input_image, sample_label)

# Visualize Grad-CAM
plt.figure(figsize=(10, 5))

# Original image
plt.subplot(1, 2, 1)
plt.imshow(sample_image)
plt.title('Original Image')
plt.axis('off')

# Overlay Grad-CAM
plt.subplot(1, 2, 2)
plt.imshow(sample_image)
plt.imshow(cam, cmap='jet', alpha=0.5)  # Overlay Grad-CAM heatmap
plt.title('Grad-CAM')
plt.axis('off')

plt.show()
```

Voici une analyse détaillée des principaux composants :

- **grad_cam fonction :**
- Cette fonction prend un **modèle**, une **image** et un **index de classe** comme entrées et renvoie une **carte de chaleur** mettant en évidence les régions importantes pour cette classe.
- Elle aide à visualiser quelles parties de l'image ont influencé la décision du modèle.
- **Création d'un nouveau modèle :**
    - Elle **définit un nouveau modèle** qui produit à la fois la **couche finale** et une **couche convolutive intermédiaire (par défaut, 'conv2d_5'**).
    - La couche convolutive est **essentielle** car elle contient des cartes de caractéristiques spatiales que Grad-CAM visualise.

  - La couche convolutive appropriée doit être soigneusement choisie en fonction de l'architecture du modèle.

- **Calcul du gradient :**
  - Utilise **GradientTape de TensorFlow** pour calculer les gradients de la **sortie de la classe cible** par rapport à la sortie de la couche convolutive.
  - Cette étape identifie quelles caractéristiques dans les cartes convolutives sont les plus pertinentes pour la décision du modèle.
- **Génération de la carte de chaleur :**
  - Calcule la **somme pondérée** des cartes de caractéristiques en utilisant les gradients.
  - Applique une **activation ReLU** (tf.maximum(cam, 0)) pour ne conserver que les contributions positives.
  - Normalise la carte de chaleur pour échelonner les valeurs entre **0 et 1**.
  - Redimensionne la carte de chaleur pour correspondre à la **taille de l'image d'entrée** en utilisant tf.image.resize().
- **Visualisation :**
  - Applique **Grad-CAM** à une **image échantillon** de l'ensemble de test.
  - Affiche à la fois **l'image originale** et **la superposition de la carte de chaleur** pour mettre en évidence les régions qui ont influencé la décision de classification du modèle.
  - Utilise une **palette de couleurs (jet)** pour rendre la carte de chaleur plus facile à interpréter.

Cette technique aide à comprendre quelles parties de l'image le modèle prend en compte lors de sa décision de classification, fournissant des aperçus précieux sur le processus de prise de décision du modèle.

9.3.7 Interprétabilité du modèle

Mettre en œuvre les valeurs SHAP (SHapley Additive exPlanations) pour fournir une interprétation complète des prédictions du modèle. Les valeurs SHAP offrent une approche unifiée pour expliquer la sortie de n'importe quel modèle d'apprentissage automatique, nous permettant de comprendre comment chaque caractéristique contribue à une prédiction particulière.

En utilisant SHAP, nous pouvons obtenir des informations précieuses sur les parties d'une image d'entrée qui sont les plus influentes dans la détermination de la décision de classification du modèle, améliorant notre compréhension du processus de prise de décision du modèle et renforçant son interprétabilité.

Cette technique avancée aide non seulement au débogage et à l'amélioration de notre modèle, mais augmente également la transparence et la confiance dans ses prédictions, ce qui est crucial pour le déploiement de modèles d'apprentissage automatique dans des applications réelles.

```
import shap
import tensorflow as tf
import numpy as np

# Convert X_test to a tensor
X_test_tensor = tf.convert_to_tensor(X_test[:100], dtype=tf.float32)

# Use SHAP's GradientExplainer for TensorFlow 2 models
explainer = shap.GradientExplainer(model, X_test_tensor)
shap_values = explainer.shap_values(X_test_tensor[:10])  # Explain only 10 samples

# Ensure shap_values is correctly formatted for visualization
shap_values = np.array(shap_values)  # Convert list to NumPy array if needed

# Visualize SHAP values
shap.image_plot(shap_values[0], X_test[:10])  # Use shap_values[0] for first class
```

Voici une analyse détaillée du fonctionnement du code :

- **import shap**
- Importe la **bibliothèque SHAP (SHapley Additive exPlanations)**, qui est utilisée pour **l'interprétabilité des modèles** en expliquant l'impact de chaque caractéristique (ou pixel dans les images) sur les prédictions du modèle.
- **explainer = shap.GradientExplainer(model, X_test[:100])**
    - Crée un **objet explicateur SHAP** pour le **modèle CNN** en utilisant shap.GradientExplainer, qui est **plus compatible avec TensorFlow 2.x**.
    - Utilise les **100 premières images de test** comme données de référence pour estimer les valeurs attendues.
- **shap_values = explainer.shap_values(X_test[:10])**
    - Calcule les **valeurs SHAP** pour les **10 premières images de test**.
    - Ces valeurs SHAP indiquent à quel point chaque **pixel contribue** à la prédiction du modèle pour chaque classe.
- **shap.image_plot(shap_values[0], X_test[:10])**

- Visualise les **valeurs SHAP** en utilisant shap.image_plot().
- Utilise **shap_values[0]** pour sélectionner la **première classe** dans le cas d'une **classification multi-classes**.
- Aide à comprendre **quelles régions de l'image ont été les plus influentes** dans la détermination de la classification.

9.3.8 Conclusion

Ce projet amélioré présente une multitude d'améliorations apportées à la tâche originale de classification d'images basée sur CNN, élevant ses performances et son interprétabilité à de nouveaux sommets. Nous avons implémenté une architecture CNN plus sophistiquée et robuste, intégrant des connexions résiduelles qui permettent des structures de réseau plus profondes et un meilleur flux de gradient. Cette avancée architecturale est complétée par une suite élargie de techniques d'augmentation de données, qui enrichissent notre ensemble de données d'entraînement et améliorent la capacité du modèle à généraliser à travers diverses transformations et perturbations d'images.

De plus, nous avons intégré des stratégies d'entraînement avancées qui optimisent le processus d'apprentissage. L'implémentation de la planification du taux d'apprentissage permet un ajustement dynamique du taux d'apprentissage tout au long des époques d'entraînement, facilitant une convergence plus efficace et débloquant potentiellement de meilleurs minima locaux dans le paysage de perte. L'arrêt précoce a été employé comme une technique de régularisation puissante, empêchant le surapprentissage en arrêtant le processus d'entraînement lorsque les performances du modèle sur l'ensemble de validation commencent à stagner ou à décliner.

En plus de ces améliorations fondamentales, nous avons introduit une suite complète de techniques d'évaluation de modèle et d'outils de visualisation de pointe. L'incorporation de la Cartographie d'Activation de Classe pondérée par Gradient (Grad-CAM) fournit des aperçus inestimables du processus de prise de décision du modèle en mettant en évidence les régions des images d'entrée qui sont les plus influentes dans les décisions de classification. De même, l'implémentation des valeurs SHAP (SHapley Additive exPlanations) offre une approche unifiée pour expliquer les prédictions du modèle, nous permettant de comprendre la contribution de chaque caractéristique à la sortie finale.

Ces améliorations servent collectivement non seulement à améliorer les métriques de performance du modèle, mais aussi à fournir une compréhension plus nuancée et approfondie de son comportement et de ses processus de prise de décision. En améliorant à la fois la performance quantitative et l'interprétabilité qualitative de notre modèle, nous avons créé un système plus robuste et fiable qui est mieux équipé pour gérer les complexités et les défis des applications de vision par ordinateur du monde réel.

Cette approche globale du développement et de l'évaluation de modèles établit une nouvelle norme pour les tâches de classification d'images basées sur CNN, ouvrant la voie à des systèmes d'IA plus transparents, efficaces et performants dans le domaine de la vision par ordinateur.

9.4 Projet 4 : Prévision de séries temporelles avec les LSTM (Amélioré)

La prévision de séries temporelles joue un rôle central dans de nombreux domaines, notamment l'analyse financière, les prédictions météorologiques et l'estimation de la demande dans la gestion de la chaîne d'approvisionnement. Ce projet se penche sur l'application des réseaux de neurones à mémoire à long terme (LSTM), un type sophistiqué de réseau neuronal récurrent, dans le but de prédire les valeurs futures au sein d'une série temporelle. Notre attention se porte particulièrement sur la prédiction des cours boursiers, une application à la fois complexe et économiquement significative de la prévision des séries temporelles.

En nous appuyant sur notre projet initial, nous visons à mettre en œuvre une série d'améliorations conçues pour augmenter considérablement la performance et la robustesse de notre modèle. Ces améliorations englobent divers aspects du pipeline d'apprentissage automatique, du prétraitement des données et de l'ingénierie des caractéristiques à l'architecture du modèle et aux méthodologies d'entraînement. En intégrant ces avancées, nous cherchons à créer un système de prévision plus précis, fiable et interprétable, capable de saisir efficacement les modèles complexes et les dépendances inhérentes aux mouvements des prix des actions.

Grâce à cette approche améliorée, nous visons non seulement à améliorer la précision prédictive, mais aussi à acquérir une compréhension plus approfondie des facteurs sous-jacents qui influencent les fluctuations des cours boursiers. Ce projet constitue une exploration complète des techniques de pointe en matière de prévision de séries temporelles, démontrant le potentiel des méthodes avancées d'apprentissage automatique pour relever les défis de prédiction financière du monde réel.

9.4.1 Collecte et prétraitement des données

Pour améliorer la robustesse de notre ensemble de données, nous mettrons en œuvre des étapes complètes de collecte et de prétraitement des données. Cette expansion implique la collecte d'une gamme plus large de données historiques, l'incorporation de caractéristiques pertinentes supplémentaires et l'application de techniques avancées de prétraitement.

Ce faisant, nous visons à créer un ensemble de données plus complet et informatif qui capture les modèles et les relations nuancés au sein des mouvements des prix des actions. Cet ensemble de données amélioré servira de base solide pour notre modèle LSTM, conduisant potentiellement à des prédictions plus précises et fiables.

```
import pandas as pd
```

```
import numpy as np
import yfinance as yf
from sklearn.preprocessing import MinMaxScaler
from sklearn.model_selection import train_test_split

# Fetch more historical data and additional features
stock_data = yf.download('GOOGL', start='2000-01-01', end='2023-12-31')
stock_data['Returns'] = stock_data['Close'].pct_change()
stock_data['MA50'] = stock_data['Close'].rolling(window=50).mean()
stock_data['MA200'] = stock_data['Close'].rolling(window=200).mean()
stock_data['Volume_MA'] = stock_data['Volume'].rolling(window=20).mean()
stock_data.dropna(inplace=True)

# Normalize the data
scaler = MinMaxScaler(feature_range=(0, 1))
scaled_data = scaler.fit_transform(stock_data[['Close', 'Volume', 'Returns', 'MA50',
'MA200', 'Volume_MA']])

# Create sequences
def create_sequences(data, seq_length):
    X, y = [], []
    for i in range(len(data) - seq_length):
        X.append(data[i:(i + seq_length), :])
        y.append(data[i + seq_length, 0])
    return np.array(X), np.array(y)

sequence_length = 60
X, y = create_sequences(scaled_data, sequence_length)

# Split the data
X_train, X_test, y_train, y_test = train_test_split(X, y, test_size=0.2,
random_state=42)
```

Voici une analyse détaillée :

- **Collecte de données** : Le code utilise la bibliothèque yfinance pour télécharger les données historiques boursières de Google (GOOGL) du 1er janvier 2000 au 31 décembre 2023.
- **Ingénierie des caractéristiques** : Plusieurs nouvelles caractéristiques sont créées :
    - Returns : Variation en pourcentage du prix de clôture
    - MA50 : Moyenne mobile sur 50 jours du prix de clôture
    - MA200 : Moyenne mobile sur 200 jours du prix de clôture
    - Volume_MA : Moyenne mobile sur 20 jours du volume d'échanges

- **Normalisation des données** : Le MinMaxScaler est utilisé pour mettre à l'échelle toutes les caractéristiques dans une plage entre 0 et 1, ce qui est important pour l'entraînement des réseaux de neurones.
- **Création de séquences** : Une fonction create_sequences() est définie pour générer des séquences d'entrée et les valeurs cibles correspondantes. Elle utilise une approche de fenêtre glissante avec une longueur de séquence de 60 jours.
- **Fractionnement des données** : L'ensemble de données est divisé en ensembles d'entraînement et de test, avec 20% des données réservées aux tests.

Ce pipeline de prétraitement crée un ensemble de données robuste qui capture divers aspects des mouvements des prix des actions, fournissant une base solide pour l'apprentissage du modèle LSTM.

9.4.2 Architecture LSTM améliorée

Dans cette étape, nous allons concevoir une architecture LSTM avancée et robuste, incorporant plusieurs couches et mettant en œuvre des techniques de dropout pour une régularisation efficace. Cette conception améliorée vise à capturer les dépendances temporelles complexes dans les données de séries temporelles tout en atténuant les problèmes de surapprentissage.

En ajoutant stratégiquement de la profondeur à notre réseau et en introduisant des couches de dropout, nous cherchons à améliorer la capacité du modèle à généraliser à partir des données d'entraînement et à faire des prédictions plus précises sur des modèles de prix d'actions inédits. L'architecture sophistiquée que nous allons construire équilibrera le compromis entre la complexité du modèle et la capacité de généralisation, pouvant potentiellement conduire à des performances de prévision supérieures dans notre tâche de prédiction des prix des actions.

```
from tensorflow.keras.models import Sequential
from tensorflow.keras.layers import LSTM, Dense, Dropout, BatchNormalization
from tensorflow.keras.optimizers import Adam

def build_improved_lstm_model(input_shape):
    model = Sequential([
        LSTM(100, return_sequences=True, input_shape=input_shape),
        BatchNormalization(),
        Dropout(0.2),
        LSTM(100, return_sequences=True),
        BatchNormalization(),
        Dropout(0.2),
        LSTM(100),
        BatchNormalization(),
        Dropout(0.2),
        Dense(50, activation='relu'),
        Dense(1)
    ])
    model.compile(optimizer=Adam(learning_rate=0.001), loss='mean_squared_error')
```

```
    return model

model = build_improved_lstm_model((X_train.shape[1], X_train.shape[2]))
model.summary()
```

Voici une analyse détaillée :

- **Importations** : Les modules Keras nécessaires sont importés pour construire le modèle.
- **Architecture du modèle** : La fonction build_improved_lstm_model crée un modèle séquentiel avec les couches suivantes :
    - Trois couches LSTM avec 100 unités chacune, les deux premières renvoyant des séquences
    - Des couches de BatchNormalization après chaque couche LSTM pour normaliser les activations
    - Des couches de Dropout (taux de 20%) pour la régularisation afin d'éviter le surapprentissage
    - Une couche Dense avec 50 unités et une activation ReLU
    - Une couche Dense finale avec 1 unité pour la prédiction de sortie
- **Compilation du modèle** : Le modèle est compilé en utilisant l'optimiseur Adam avec un taux d'apprentissage de 0,001 et l'erreur quadratique moyenne comme fonction de perte.
- **Création du modèle** : Une instance du modèle est créée en utilisant la forme d'entrée des données d'entraînement.
- **Résumé du modèle** : L'appel model.summary() affiche la structure du modèle, montrant les couches et le nombre de paramètres.

Cette architecture vise à capturer les dépendances temporelles complexes dans les données de prix des actions tout en utilisant des techniques comme le dropout et la normalisation par lots pour améliorer la généralisation et la stabilité de l'entraînement.

9.4.3 Entraînement avec arrêt précoce et planification du taux d'apprentissage

Pour améliorer le processus d'entraînement et optimiser les performances du modèle, nous allons mettre en œuvre deux techniques clés : l'arrêt précoce et la planification du taux d'apprentissage. L'arrêt précoce aide à prévenir le surapprentissage en arrêtant le processus d'entraînement lorsque les performances du modèle sur l'ensemble de validation cessent de s'améliorer. Cela garantit que nous capturons le modèle à son pic de capacité de généralisation.

La planification du taux d'apprentissage, quant à elle, ajuste dynamiquement le taux d'apprentissage pendant l'entraînement. Cette approche adaptative permet au modèle d'effectuer des mises à jour plus importantes dans les premières étapes de l'entraînement et des ajustements plus fins à mesure qu'il converge, conduisant potentiellement à une convergence plus rapide et de meilleures performances globales.

En incorporant ces stratégies d'entraînement avancées, nous visons à obtenir un processus d'entraînement plus efficace et un modèle qui généralise bien sur des données non vues, améliorant ainsi nos prédictions de prix d'actions.

```
from tensorflow.keras.callbacks import EarlyStopping, ReduceLROnPlateau

early_stopping = EarlyStopping(monitor='val_loss', patience=20,
restore_best_weights=True)
lr_scheduler = ReduceLROnPlateau(monitor='val_loss', factor=0.5, patience=10,
min_lr=0.00001)

history = model.fit(
    X_train, y_train,
    epochs=200,
    batch_size=32,
    validation_split=0.2,
    callbacks=[early_stopping, lr_scheduler],
    verbose=1
)
```

Voici une analyse détaillée du code :

- **Importation des callbacks** : Le code importe EarlyStopping et ReduceLROnPlateau des callbacks de Keras.
- **Arrêt précoce** : Cette technique arrête l'entraînement lorsque les performances du modèle sur l'ensemble de validation cessent de s'améliorer. Les paramètres sont :
    - monitor='val_loss' : Il surveille la perte de validation
    - patience=20 : Il attendra 20 époques avant de s'arrêter si aucune amélioration n'est constatée
    - restore_best_weights=True : Il restaurera les poids du modèle de l'époque ayant la meilleure valeur de la quantité surveillée
- **Planificateur du taux d'apprentissage** : Ceci ajuste le taux d'apprentissage pendant l'entraînement. Les paramètres sont :
    - monitor='val_loss' : Il surveille la perte de validation
    - factor=0.5 : Il réduira le taux d'apprentissage de moitié lorsqu'il est déclenché
    - patience=10 : Il attendra 10 époques avant de réduire le taux d'apprentissage

    - min_lr=0.00001 : Le taux d'apprentissage minimum

- **Entraînement du modèle** : La fonction model.fit() entraîne le modèle avec ces paramètres :
    - epochs=200 : Nombre maximum d'époques d'entraînement
    - batch_size=32 : Nombre d'échantillons par mise à jour du gradient
    - validation_split=0.2 : 20% des données d'entraînement seront utilisées pour la validation
    - callbacks=[early_stopping, lr_scheduler] : L'arrêt précoce et le planificateur du taux d'apprentissage sont appliqués pendant l'entraînement
    - verbose=1 : Cela affichera des barres de progression pendant l'entraînement

Ces techniques visent à améliorer le processus d'entraînement, à prévenir le surapprentissage et à potentiellement conduire à de meilleures performances du modèle.

9.4.4 Évaluation et visualisation du modèle

Pour évaluer minutieusement les performances du modèle et obtenir des informations plus approfondies sur ses prédictions, nous mettrons en œuvre une stratégie d'évaluation complète. Cette approche inclura diverses métriques quantitatives pour mesurer la précision et l'erreur, ainsi que des représentations visuelles des prédictions du modèle comparées aux valeurs réelles. En combinant ces méthodes, nous pourrons mieux comprendre les forces et les limites de notre modèle LSTM dans la prévision des prix des actions.

Notre évaluation englobera les composantes clés suivantes :

- Calcul des métriques de régression standard telles que l'erreur quadratique moyenne (MSE), l'erreur absolue moyenne (MAE) et le score R-carré (R2)
- Graphiques de séries temporelles comparant les valeurs prédites aux prix réels des actions
- Analyse des résidus pour identifier d'éventuels modèles dans les erreurs de prédiction
- Évaluation par fenêtre glissante pour évaluer les performances du modèle sur différentes périodes

Cette approche d'évaluation à multiples facettes fournira une compréhension nuancée des capacités prédictives de notre modèle et aidera à identifier les domaines d'amélioration potentielle dans les itérations futures.

```
import matplotlib.pyplot as plt

# Make predictions
train_predictions = model.predict(X_train)
test_predictions = model.predict(X_test)
```

```
# Inverse transform predictions
train_predictions   =   scaler.inverse_transform(np.concatenate((train_predictions, np.zeros((len(train_predictions), 5))), axis=1))[:, 0]
test_predictions    =   scaler.inverse_transform(np.concatenate((test_predictions, np.zeros((len(test_predictions), 5))), axis=1))[:, 0]
y_train_actual  =  scaler.inverse_transform(np.concatenate((y_train.reshape(-1,  1), np.zeros((len(y_train), 5))), axis=1))[:, 0]
y_test_actual   =   scaler.inverse_transform(np.concatenate((y_test.reshape(-1,  1), np.zeros((len(y_test), 5))), axis=1))[:, 0]

# Visualize predictions
plt.figure(figsize=(15, 6))
plt.plot(y_test_actual, label='Actual')
plt.plot(test_predictions, label='Predicted')
plt.title('LSTM Model: Actual vs Predicted Stock Prices')
plt.xlabel('Time')
plt.ylabel('Stock Price')
plt.legend()
plt.show()

# Evaluate model performance
from sklearn.metrics import mean_squared_error, mean_absolute_error, r2_score

mse = mean_squared_error(y_test_actual, test_predictions)
mae = mean_absolute_error(y_test_actual, test_predictions)
r2 = r2_score(y_test_actual, test_predictions)

print(f'Mean Squared Error: {mse}')
print(f'Mean Absolute Error: {mae}')
print(f'R-squared Score: {r2}')
```

Voici une analyse détaillée de ce que fait le code :

- **Prédictions** : Le modèle effectue des prédictions sur les ensembles de données d'entraînement et de test.
- **Transformation inverse** : Les prédictions et les valeurs réelles sont transformées inversement pour les reconvertir à leur échelle d'origine. Ceci est nécessaire car les données ont été initialement normalisées lors du prétraitement.
- **Visualisation** : Un graphique est créé pour comparer les prix réels des actions avec ceux prédits pour l'ensemble de test. Cette représentation visuelle aide à comprendre dans quelle mesure les prédictions du modèle s'alignent avec les données réelles.
- **Métriques de performance** : Le code calcule trois métriques de performance clés :
    - Erreur quadratique moyenne (MSE) : Mesure la moyenne des différences au carré entre les valeurs prédites et réelles.

  - Erreur absolue moyenne (MAE) : Mesure la moyenne des différences absolues entre les valeurs prédites et réelles.
  - Score R-carré (R2) : Indique la proportion de la variance de la variable dépendante qui est prévisible à partir de la ou des variables indépendantes.

Ces métriques fournissent une évaluation quantitative de la performance du modèle, aidant à évaluer sa précision et sa puissance prédictive dans la prévision des prix des actions.

9.4.5 Analyse de l'importance des caractéristiques

Pour obtenir des insights plus profonds sur le processus de prise de décision de notre modèle, nous mettrons en œuvre une analyse complète de l'importance des caractéristiques. Cette étape cruciale nous aidera à comprendre quelles caractéristiques contribuent le plus significativement aux prédictions, nous permettant de :

1. Identifier les facteurs les plus influents dans les mouvements des prix des actions
2. Potentiellement affiner notre sélection de caractéristiques pour les itérations futures
3. Fournir des informations précieuses aux parties prenantes sur les principaux facteurs des variations de prix des actions

Nous utiliserons l'importance par permutation, une méthode indépendante du modèle qui mesure l'augmentation de l'erreur de prédiction après permutation de chaque caractéristique. Cette approche nous donnera une image claire de l'impact de chaque caractéristique sur la performance de notre modèle LSTM.

```
import numpy as np
import pandas as pd
import matplotlib.pyplot as plt
from sklearn.inspection import permutation_importance

def reshape_features(X):
    """Reshape 3D sequence data (samples, timesteps, features) into 2D for feature
importance analysis."""
    return X.reshape((X.shape[0], -1))

# Reshape X_test for permutation importance analysis
X_test_reshaped = reshape_features(X_test)

# Define a wrapper function for Keras model predictions
def model_predict(X):
    X = X.reshape((-1, sequence_length, X.shape[1] // sequence_length))  # Reshape
back to 3D
    return model.predict(X, verbose=0).flatten()

# Compute permutation importance
r = permutation_importance(model_predict, X_test_reshaped, y_test, n_repeats=10,
random_state=42, scoring='neg_mean_squared_error')
```

```
# Adjust feature names for the reshaped input
feature_names_expanded = [f"{feature}_t{t}" for t in range(sequence_length) for
feature in ['Close', 'Volume', 'Returns', 'MA50', 'MA200', 'Volume_MA']]
feature_importance = pd.DataFrame({'feature': feature_names_expanded, 'importance':
r.importances_mean})

# Aggregate importance scores for each original feature
feature_importance = feature_importance.groupby(lambda x:
feature_importance['feature'][x].split('_')[0]).mean()
feature_importance = feature_importance.sort_values('importance', ascending=False)

# Plot feature importance
plt.figure(figsize=(10, 6))
plt.bar(feature_importance.index, feature_importance['importance'])
plt.title('Feature Importance (Permutation Importance)')
plt.xlabel('Features')
plt.ylabel('Importance')
plt.xticks(rotation=45)
plt.tight_layout()
plt.show()
```

Voici une analyse détaillée de ce que fait le code :

1. **Importe permutation_importance** de scikit-learn.
    - Cette fonction aide à évaluer combien chaque caractéristique contribue aux prédictions du modèle en mélangeant aléatoirement les valeurs des caractéristiques et en mesurant l'impact sur la précision.
2. **Définit reshape_features()** pour **aplatir** l'entrée séquentielle 3D (échantillons, pas de temps, caractéristiques) en un **format 2D** (échantillons, caractéristiques × pas de temps).
    - Ceci est nécessaire car permutation_importance attend un **tableau 2D** comme entrée.
3. **Reshape X_test** en utilisant reshape_features(X_test).
    - Cette étape garantit que les données de test ont le format correct pour l'analyse d'importance par permutation.
4. **Définit model_predict()** pour adapter la **méthode predict() du modèle LSTM** pour fonctionner avec permutation_importance.
    - Comme les LSTM attendent une entrée 3D (échantillons, pas de temps, caractéristiques), cette fonction **remodèle les données en 3D** avant de faire des prédictions.
5. **Calcule l'importance par permutation** en utilisant :

  - Le **modèle LSTM** entraîné
  - Les **données de test remodelées**
  - Les **étiquettes de test (y_test)**
  - **n_repeats=10** pour la stabilité, ce qui signifie que le calcul d'importance est répété 10 fois.

6. **Génère des noms de caractéristiques étendus** pour refléter les **multiples pas de temps** dans l'entrée séquentielle.
   - Chaque nom de caractéristique est **complété par son indice de pas de temps (par exemple, Close_t0, Close_t1, ...)**.
   - Cela garantit que les caractéristiques de différents pas de temps sont **différenciées** dans l'analyse d'importance.
7. **Crée un DataFrame** qui :
   - **Associe les noms des caractéristiques** à leurs **scores d'importance**.
   - **Regroupe par noms de caractéristiques originaux** (par exemple, en agrégeant Close_t0 à Close_t59 en Close).
   - **Calcule la moyenne des scores d'importance par caractéristique** et les **trie par ordre décroissant**.
8. **Crée un graphique à barres** pour visualiser les **scores d'importance des caractéristiques**.
   - Les **caractéristiques les plus importantes** apparaissent en haut, aidant à identifier quels **facteurs ont le plus grand impact** sur les prédictions des prix des actions.

9.4.6 Méthode d'ensemble

Pour améliorer la robustesse et la précision de nos prédictions, nous mettrons en œuvre un ensemble de modèles LSTM. Cette approche implique l'entraînement de plusieurs modèles LSTM indépendamment, puis la combinaison de leurs prédictions. En exploitant la sagesse collective de plusieurs modèles, nous pouvons potentiellement obtenir des prévisions plus stables et précises.

La méthode d'ensemble peut aider à atténuer les biais des modèles individuels et à réduire l'impact du surapprentissage, conduisant à une amélioration globale des performances dans la prédiction des prix des actions. Cette technique est particulièrement précieuse dans le contexte des prévisions financières, où de petites améliorations de précision peuvent se traduire par des implications significatives dans le monde réel.

```
def create_ensemble(n_models, input_shape):
```

```
    models = []
    for _ in range(n_models):
        model = build_improved_lstm_model(input_shape)
        models.append(model)
    return models

n_models = 3
ensemble = create_ensemble(n_models, (X_train.shape[1], X_train.shape[2]))

# Train each model in the ensemble
for i, model in enumerate(ensemble):
    print(f"Training model {i+1}/{n_models}")
    model.fit(X_train, y_train, epochs=100, batch_size=32, validation_split=0.2,
              callbacks=[early_stopping, lr_scheduler], verbose=0)

# Make ensemble predictions
ensemble_predictions = np.mean([model.predict(X_test) for model in ensemble], axis=0)

# Inverse transform ensemble predictions
ensemble_predictions = scaler.inverse_transform(np.concatenate((ensemble_predictions,
np.zeros((len(ensemble_predictions), 5))), axis=1))[:, 0]

# Evaluate ensemble performance
ensemble_mse = mean_squared_error(y_test_actual, ensemble_predictions)
ensemble_mae = mean_absolute_error(y_test_actual, ensemble_predictions)
ensemble_r2 = r2_score(y_test_actual, ensemble_predictions)

print(f'Ensemble Mean Squared Error: {ensemble_mse}')
print(f'Ensemble Mean Absolute Error: {ensemble_mae}')
print(f'Ensemble R-squared Score: {ensemble_r2}')
```

Voici une analyse détaillée du code :

- **Création de la fonction d'ensemble** : La fonction create_ensemble() crée plusieurs modèles LSTM, tous avec la même architecture mais potentiellement des initialisations différentes.
- **Création de l'ensemble** : Un ensemble de 3 modèles est créé en utilisant la forme d'entrée des données d'entraînement.
- **Entraînement des modèles** : Chaque modèle de l'ensemble est entraîné indépendamment sur les mêmes données d'entraînement, en utilisant l'arrêt précoce et la planification du taux d'apprentissage pour l'optimisation.
- **Prédictions d'ensemble** : Les prédictions sont effectuées en faisant la moyenne des sorties de tous les modèles de l'ensemble.
- **Transformation inverse** : Les prédictions de l'ensemble sont transformées inversement pour les reconvertir à leur échelle d'origine.

- **Évaluation des performances** : Les performances de l'ensemble sont évaluées à l'aide de l'erreur quadratique moyenne (MSE), de l'erreur absolue moyenne (MAE) et du score R-carré (R2).

Cette approche d'ensemble vise à améliorer la précision et la robustesse des prédictions en exploitant plusieurs modèles, permettant potentiellement d'atténuer les biais des modèles individuels et de réduire le surapprentissage.

9.4.7 Conclusion

Ce projet amélioré démontre plusieurs perfectionnements apportés à la tâche originale de prévision de séries temporelles basée sur LSTM. Nous avons implémenté un pipeline de prétraitement des données plus sophistiqué, incluant des caractéristiques supplémentaires et une mise à l'échelle appropriée. L'architecture LSTM a été améliorée avec plusieurs couches, la normalisation par lots et le dropout pour une meilleure régularisation.

Nous avons également incorporé des techniques d'entraînement avancées telles que l'arrêt précoce et la planification du taux d'apprentissage. Le processus d'évaluation comprend maintenant des métriques et des visualisations complètes, offrant des aperçus plus profonds sur les performances du modèle. De plus, nous avons introduit une analyse d'importance des caractéristiques pour comprendre l'impact des différentes entrées sur les prédictions.

Enfin, une méthode d'ensemble a été implémentée pour potentiellement améliorer la précision et la robustesse des prédictions. Ces améliorations fournissent une approche plus robuste et perspicace de la prévision des séries temporelles, particulièrement dans le contexte de la prédiction des prix des actions.

9.5 Projet 5 : Génération d'images basée sur les GAN

Les réseaux antagonistes génératifs (GAN) ont inauguré une nouvelle ère dans le domaine de la génération d'images, révolutionnant le secteur avec leur approche innovante. Ce projet ambitieux vise à améliorer l'implémentation originale des GAN, spécifiquement adaptée pour générer des chiffres manuscrits à partir du jeu de données MNIST largement utilisé.

Notre objectif principal est d'incorporer une série d'améliorations de pointe conçues pour augmenter significativement les performances globales, améliorer la stabilité de l'entraînement et élever la qualité des images générées à des niveaux sans précédent.

En exploitant des techniques de pointe et des améliorations architecturales, nous visons à repousser les limites du possible avec les GAN. Ces améliorations ne se contenteront pas de répondre aux défis courants associés à l'entraînement des GAN, tels que l'effondrement de mode et les problèmes de convergence, mais introduiront également des fonctionnalités novatrices qui promettent de produire des résultats plus réalistes et diversifiés.

À travers ce projet, nous prévoyons de démontrer le plein potentiel des GAN dans la création d'images de chiffres manuscrits de haute fidélité, pratiquement indiscernables de leurs homologues réels.

9.5.1 Architecture GAN améliorée

Pour améliorer les performances globales et les capacités de notre GAN, nous implémenterons une architecture plus complexe et stratifiée pour les composants générateur et discriminateur. Cette structure avancée incorporera des couches convolutives supplémentaires, des connexions résiduelles et des techniques de normalisation pour améliorer la capacité du réseau à apprendre des caractéristiques complexes et à générer des images de haute qualité. En augmentant la profondeur et la sophistication de nos modèles, nous visons à capturer des motifs plus nuancés dans les données et à produire des images de chiffres manuscrits plus réalistes et détaillées.

```
import tensorflow as tf
from tensorflow.keras import layers, models

def build_generator(latent_dim):
    model = models.Sequential([
        layers.Dense(7*7*256, use_bias=False, input_shape=(latent_dim,)),
        layers.BatchNormalization(),
        layers.LeakyReLU(alpha=0.2),
        layers.Reshape((7, 7, 256)),

        layers.Conv2DTranspose(128, (5, 5), strides=(1, 1), padding='same',
use_bias=False),
        layers.BatchNormalization(),
        layers.LeakyReLU(alpha=0.2),

        layers.Conv2DTranspose(64, (5, 5), strides=(2, 2), padding='same',
use_bias=False),
        layers.BatchNormalization(),
        layers.LeakyReLU(alpha=0.2),

        layers.Conv2DTranspose(1, (5, 5), strides=(2, 2), padding='same',
use_bias=False, activation='tanh')
    ])
    return model

def build_discriminator():
    model = models.Sequential([
        layers.Conv2D(64, (5, 5), strides=(2, 2), padding='same', input_shape=[28, 28,
1]),
        layers.LeakyReLU(alpha=0.2),
        layers.Dropout(0.3),

        layers.Conv2D(128, (5, 5), strides=(2, 2), padding='same'),
        layers.LeakyReLU(alpha=0.2),
        layers.Dropout(0.3),
```

```
        layers.Flatten(),
        layers.Dense(1)
    ])
    return model

generator = build_generator(latent_dim=100)
discriminator = build_discriminator()
```

Analysons cela en détail :

1. Générateur :
    - Prend un vecteur latent (bruit) comme entrée
    - Utilise des convolutions transposées pour suréchantillonner l'entrée vers une image 28x28
    - Intègre la normalisation par lots et les activations LeakyReLU pour la stabilité et la non-linéarité
    - La couche finale utilise l'activation tanh pour produire une sortie similaire à une image
2. Discriminateur :
    - Prend une image 28x28 comme entrée
    - Utilise des couches convolutives pour sous-échantillonner l'entrée
    - Intègre des activations LeakyReLU et du dropout pour la régularisation
    - La couche dense finale produit une valeur unique, représentant la probabilité que l'entrée soit réelle

L'architecture est conçue pour générer et discriminer des images en niveaux de gris de 28x28, ce qui correspond au format du jeu de données MNIST. L'utilisation de la normalisation par lots, LeakyReLU et du dropout aide à stabiliser le processus d'entraînement et à prévenir des problèmes comme l'effondrement de mode.

9.5.2 Perte de Wasserstein avec Pénalité de Gradient

Pour améliorer la stabilité de l'entraînement et atténuer l'effondrement de mode, nous implémenterons la fonction de perte de Wasserstein avec pénalité de gradient. Cette technique avancée, connue sous le nom de WGAN-GP (GAN de Wasserstein avec Pénalité de Gradient), offre plusieurs avantages par rapport aux fonctions de perte GAN traditionnelles.

En utilisant la distance de Wasserstein comme mesure de dissimilarité entre les distributions de données réelles et générées, nous pouvons obtenir une dynamique d'entraînement plus stable et potentiellement générer des images de meilleure qualité.

Le terme de pénalité de gradient renforce davantage la contrainte de Lipschitz sur la fonction critique (discriminateur), aidant à prévenir des problèmes tels que les gradients évanescents et assurant un processus d'entraînement plus fluide. Cette implémentation contribuera significativement à la robustesse globale et aux performances de notre modèle GAN.

```
import tensorflow as tf

cross_entropy = tf.keras.losses.BinaryCrossentropy(from_logits=True)

def discriminator_loss(real_output, fake_output):
    real_loss = tf.reduce_mean(real_output)
    fake_loss = tf.reduce_mean(fake_output)
    return fake_loss - real_loss

def generator_loss(fake_output):
    return -tf.reduce_mean(fake_output)

def gradient_penalty(discriminator, real_images, fake_images):
    alpha = tf.random.uniform([real_images.shape[0], 1, 1, 1], 0.0, 1.0)
    interpolated = alpha * real_images + (1 - alpha) * fake_images

    with tf.GradientTape() as gp_tape:
        gp_tape.watch(interpolated)
        pred = discriminator(interpolated, training=True)

    grads = gp_tape.gradient(pred, interpolated)
    norm = tf.sqrt(tf.reduce_sum(tf.square(grads), axis=[1, 2, 3]))
    gp = tf.reduce_mean((norm - 1.0) ** 2)
    return gp

@tf.function
def train_step(images, batch_size, latent_dim):
    noise = tf.random.normal([batch_size, latent_dim])

    with tf.GradientTape() as gen_tape, tf.GradientTape() as disc_tape:
        generated_images = generator(noise, training=True)

        real_output = discriminator(images, training=True)
        fake_output = discriminator(generated_images, training=True)

        gen_loss = generator_loss(fake_output)
        disc_loss = discriminator_loss(real_output, fake_output)

        gp = gradient_penalty(discriminator, images, generated_images)
        disc_loss += 10 * gp

    gradients_of_generator                          =                   gen_tape.gradient(gen_loss,
generator.trainable_variables)
    gradients_of_discriminator                      =                 disc_tape.gradient(disc_loss,
discriminator.trainable_variables)
```

```
    generator_optimizer.apply_gradients(zip(gradients_of_generator,
generator.trainable_variables))
    discriminator_optimizer.apply_gradients(zip(gradients_of_discriminator,
discriminator.trainable_variables))

    return gen_loss, disc_loss
```

Analysons cela en détail :

1. Fonctions de perte :
    - La fonction discriminator_loss calcule la perte de Wasserstein pour le discriminateur.
    - La fonction generator_loss calcule la perte de Wasserstein pour le générateur.
2. Pénalité de Gradient :
    - La fonction gradient_penalty implémente la pénalité de gradient, qui aide à imposer la contrainte de Lipschitz sur le discriminateur.
3. Étape d'entraînement :
    - La fonction train_step définit une seule itération d'entraînement pour le générateur et le discriminateur.
    - Elle génère des images factices, calcule les pertes, applique la pénalité de gradient et met à jour les deux réseaux.

Cette implémentation vise à améliorer la stabilité de l'entraînement et à atténuer des problèmes comme l'effondrement de mode, qui sont des défis courants dans l'entraînement des GAN.

9.5.3 Croissance progressive

Implémenter la croissance progressive comme technique avancée pour augmenter graduellement la résolution et la complexité des images générées pendant le processus d'entraînement. Cette approche commence avec des images de basse résolution et ajoute progressivement des couches aux deux réseaux, générateur et discriminateur, permettant au modèle d'apprendre d'abord les caractéristiques grossières avant de se concentrer sur les détails plus fins.

Ce faisant, nous pouvons obtenir une dynamique d'entraînement plus stable et potentiellement générer des images de meilleure qualité à des résolutions plus élevées. Cette méthode a montré un succès remarquable dans la production d'images hautement réalistes et peut améliorer significativement la performance globale de notre modèle GAN pour la génération de chiffres manuscrits.

```
def build_progressive_generator(latent_dim, target_resolution=28):
    model = models.Sequential()
```

```
    model.add(layers.Dense(4*4*256, use_bias=False, input_shape=(latent_dim,)))
    model.add(layers.BatchNormalization())
    model.add(layers.LeakyReLU(alpha=0.2))
    model.add(layers.Reshape((4, 4, 256)))

    current_resolution = 4
    while current_resolution < target_resolution:
        model.add(layers.Conv2DTranspose(128, (5, 5), strides=(2, 2), padding='same',
use_bias=False))
        model.add(layers.BatchNormalization())
        model.add(layers.LeakyReLU(alpha=0.2))
        current_resolution *= 2

    model.add(layers.Conv2D(1,     (5,     5),     padding='same',     use_bias=False,
activation='tanh'))
    return model

progressive_generator = build_progressive_generator(latent_dim=100)
```

Voici une analyse du code :

- La fonction prend deux paramètres : latent_dim (la taille du vecteur de bruit d'entrée) et target_resolution (par défaut 28, ce qui correspond à la taille des images MNIST).
- Elle commence par créer un modèle de base avec une couche dense qui est remodelée en un tenseur 4x4x256, suivi d'une normalisation par lots et d'une activation LeakyReLU.
- Le cœur de la technique de croissance progressive est implémenté dans la boucle while :
    - Elle continue d'ajouter des couches convolutives transposées (suréchantillonnage) jusqu'à ce que la résolution actuelle atteigne la résolution cible.
    - Chaque itération double la résolution (par exemple, 4x4 → 8x8 → 16x16 → 28x28).
- Chaque étape de suréchantillonnage comprend une couche Conv2DTranspose, une normalisation par lots et une activation LeakyReLU.
- La couche finale est une couche Conv2D avec une activation tanh, qui produit l'image de sortie.
- Après avoir défini la fonction, elle est utilisée pour créer un progressive_generator avec une dimension latente de 100.

Cette approche de croissance progressive permet au modèle d'apprendre d'abord les caractéristiques grossières avant de se concentrer sur les détails plus fins, ce qui peut conduire à un entraînement plus stable et à des images générées de meilleure qualité.

9.5.4 Normalisation Spectrale

Implémenter la normalisation spectrale pour le discriminateur afin d'améliorer la stabilité de l'entraînement et prévenir l'occurrence de gradients explosifs. Cette technique contraint la constante de Lipschitz de la fonction du discriminateur, limitant efficacement l'impact des perturbations individuelles d'entrée sur la sortie.

En appliquant la normalisation spectrale aux poids des couches du discriminateur, nous garantissons que la plus grande valeur singulière des matrices de poids est bornée, conduisant à une dynamique d'entraînement plus cohérente et fiable. Cette approche s'est révélée particulièrement efficace pour stabiliser l'entraînement des GAN, notamment lorsqu'il s'agit d'architectures complexes ou de jeux de données difficiles.

L'implémentation de la normalisation spectrale contribue significativement à la robustesse globale de notre modèle GAN, pouvant potentiellement résulter en des images générées de meilleure qualité et des caractéristiques de convergence améliorées.

```
from tensorflow.keras.layers import Conv2D, Dense
from tensorflow.keras.constraints import max_norm

class SpectralNormalization(tf.keras.constraints.Constraint):
    def __init__(self, iterations=1):
        self.iterations = iterations

    def __call__(self, w):
        w_shape = w.shape.as_list()
        w = tf.reshape(w, [-1, w_shape[-1]])
        u = tf.random.normal([1, w_shape[-1]])

        for _ in range(self.iterations):
            v = tf.matmul(u, tf.transpose(w))
            v = v / tf.norm(v)
            u = tf.matmul(v, w)
            u = u / tf.norm(u)

        sigma = tf.matmul(tf.matmul(v, w), tf.transpose(u))[0, 0]
        return w / sigma

def SpectralConv2D(filters, kernel_size, **kwargs):
    return Conv2D(filters, kernel_size, kernel_constraint=SpectralNormalization(),
**kwargs)

def SpectralDense(units, **kwargs):
    return Dense(units, kernel_constraint=SpectralNormalization(), **kwargs)
```

Voici une analyse du code :

- **Classe SpectralNormalization** : Il s'agit d'une classe de contrainte personnalisée qui applique la normalisation spectrale aux poids d'une couche. Elle fonctionne en estimant la norme spectrale de la matrice de poids et en l'utilisant pour normaliser les poids.
- **Méthode call** : Cette méthode implémente l'algorithme principal de la normalisation spectrale. Elle utilise l'itération de puissance pour estimer la plus grande valeur singulière (norme spectrale) de la matrice de poids, puis l'utilise pour normaliser les poids.
- **Fonctions SpectralConv2D et SpectralDense** : Ce sont des fonctions d'encapsulation qui créent des couches Conv2D et Dense avec la normalisation spectrale appliquée à leurs noyaux. Elles facilitent l'ajout de la normalisation spectrale à un modèle.

L'objectif de la normalisation spectrale est de contraindre la constante de Lipschitz de la fonction du discriminateur dans un GAN. Cela aide à prévenir l'explosion des gradients et stabilise le processus d'entraînement, pouvant potentiellement conduire à des images générées de meilleure qualité et à une convergence améliorée.

9.5.5 Mécanisme d'auto-attention

Incorporer un mécanisme d'auto-attention pour améliorer la capacité du modèle à capturer les dépendances globales dans les images générées. Cette technique avancée permet au réseau de se concentrer sur les caractéristiques pertinentes à travers différentes localisations spatiales, menant à une meilleure cohérence et à plus de détails dans le résultat.

En implémentant des couches d'auto-attention dans le générateur et le discriminateur, nous permettons au modèle d'apprendre plus efficacement les dépendances à longue portée, ce qui résulte en des images de chiffres manuscrits de meilleure qualité et plus réalistes. Cette approche a montré un succès remarquable dans diverses tâches de génération d'images et promet d'améliorer significativement les performances de notre modèle GAN.

```
import tensorflow as tf
from tensorflow.keras import layers

class SelfAttention(layers.Layer):
    def __init__(self, channels):
        super(SelfAttention, self).__init__()
        self.channels = channels

        # Conv layers for self-attention
        self.f = layers.Conv2D(channels // 8, 1, kernel_initializer='he_normal')
        self.g = layers.Conv2D(channels // 8, 1, kernel_initializer='he_normal')
        self.h = layers.Conv2D(channels, 1, kernel_initializer='he_normal')

        # Trainable scalar weight gamma
```

```
        self.gamma = self.add_weight(name='gamma', shape=(1,), initializer='zeros',
trainable=True)

    def call(self, x):
        batch_size, height, width, channels = tf.unstack(tf.shape(x))

        # Compute f, g, h transformations
        f = self.f(x)  # Query
        g = self.g(x)  # Key
        h = self.h(x)  # Value

        # Reshape tensors for self-attention calculation
        f_flatten = tf.reshape(f, [batch_size, height * width, -1])  # (B, H*W, C//8)
        g_flatten = tf.reshape(g, [batch_size, height * width, -1])  # (B, H*W, C//8)
        h_flatten = tf.reshape(h, [batch_size, height * width, channels])  # (B, H*W,
C)

        # Compute attention scores
        s = tf.matmul(g_flatten, f_flatten, transpose_b=True)  # (B, H*W, H*W)
        beta = tf.nn.softmax(s)  # Attention map (B, H*W, H*W)

        # Apply attention weights to h
        o = tf.matmul(beta, h_flatten)  # (B, H*W, C)
        o = tf.reshape(o, [batch_size, height, width, channels])  # Reshape back

        # Apply self-attention mechanism
        return self.gamma * o + x  # Weighted residual connection
```

Analysons cela en détail :

1. **La SelfAttention est une couche personnalisée qui hérite de layers.Layer**
   - Cette couche implémente l'**auto-attention**, permettant au modèle d'apprendre les **dépendances à longue portée** dans une image.
   - Typiquement utilisée dans les **GANs, les modèles de segmentation d'image et les transformers**.
2. **Dans la méthode _init_ :**
   - **Trois couches convolutives (f, g et h)** sont définies, chacune avec un **noyau 1x1**.
     - f : Apprend les **caractéristiques de requête** (réduit la dimensionnalité).
     - g : Apprend les **caractéristiques de clé** (réduit la dimensionnalité).
     - h : Apprend les **caractéristiques de valeur** (conserve la dimensionnalité d'origine).

- **Un paramètre entraînable gamma** est ajouté, **initialisé à zéro**, pour contrôler la contribution du mécanisme d'attention.

3. **La méthode call définit le passage avant :**
    - **Extrait dynamiquement les dimensions spatiales (batch_size, height, width, channels)** pour assurer la compatibilité avec l'exécution TensorFlow.
    - **Calcule les transformations de caractéristiques** en utilisant des convolutions Conv2D(1x1) :
        - f(x) : Génère la **représentation de requête**.
        - g(x) : Génère la **représentation de clé**.
        - h(x) : Génère la **représentation de valeur**.
    - **Calcule la carte d'attention :**
        - Multiplie g et f (similarité par produit scalaire).
        - Applique softmax pour normaliser les scores d'attention.
    - **Applique la carte d'attention à h** (somme pondérée des caractéristiques traitées).
    - **Utilise une connexion résiduelle (gamma * o + x)** pour mélanger l'entrée originale avec la sortie d'attention.
4. **Pourquoi C'est Important ?**
    - Ce **mécanisme d'auto-attention** permet au modèle de **se concentrer sur les caractéristiques pertinentes** à travers différentes positions spatiales.
    - Particulièrement utile dans les **tâches de génération d'images (GANs)** pour améliorer la **qualité et la cohérence des images générées**.
    - Aide à **capturer les dépendances à longue portée**, contrairement aux couches convolutives, qui ont des **champs réceptifs locaux**.

9.5.6 Boucle d'Entraînement Améliorée

Améliorez le processus d'entraînement en implémentant une boucle d'entraînement avancée qui intègre des ajustements dynamiques du taux d'apprentissage et des mécanismes d'arrêt précoce intelligents. Cette approche sophistiquée adapte le taux d'apprentissage au fil du temps pour optimiser la convergence et arrête automatiquement l'entraînement lorsque les performances stagnent, assurant une utilisation efficace des ressources informatiques et prévenant le surapprentissage.

Les caractéristiques principales de cette boucle d'entraînement améliorée comprennent :

- Planification du taux d'apprentissage : Utilisez des techniques de taux d'apprentissage adaptatif comme la décroissance exponentielle ou le recuit cosinus pour réduire progressivement le taux d'apprentissage au cours de l'entraînement, permettant un ajustement fin des paramètres du modèle.
- Arrêt précoce : Implémentez un critère d'arrêt précoce basé sur la patience qui surveille une métrique de performance pertinente (par exemple, le score FID) et arrête l'entraînement si aucune amélioration n'est observée sur un nombre spécifié d'époques.
- Sauvegarde de points de contrôle : Sauvegardez régulièrement des points de contrôle du modèle pendant l'entraînement, préservant les itérations du modèle les plus performantes pour une utilisation ou une évaluation ultérieure.
- Surveillance des progrès : Intégrez des outils complets de journalisation et de visualisation pour suivre les métriques clés, permettant une évaluation en temps réel de la performance du modèle et de la dynamique d'entraînement.

```
from tensorflow.keras.optimizers.schedules import ExponentialDecay
from tensorflow.keras.optimizers import Adam
import tensorflow as tf

# Learning rate schedule
initial_learning_rate = 0.0002
lr_schedule    =    ExponentialDecay(initial_learning_rate,    decay_steps=10000,
decay_rate=0.96, staircase=True)

# Optimizers
generator_optimizer = Adam(learning_rate=lr_schedule, beta_1=0.5)
discriminator_optimizer = Adam(learning_rate=lr_schedule, beta_1=0.5)

# Number of samples for visualization
num_samples = 16  # Adjust based on needs
LATENT_DIM = 100  # Ensure consistency

# Generate a fixed noise seed for consistent visualization
seed = tf.random.normal([num_samples, LATENT_DIM])

def train(dataset, epochs, batch_size, latent_dim):
    best_fid = float('inf')
    patience = 10
    no_improvement = 0

    for epoch in range(epochs):
        for batch in dataset:
            gen_loss, disc_loss = train_step(batch, batch_size, latent_dim)

        print(f"Epoch  {epoch  +  1},  Gen  Loss:  {gen_loss:.4f},  Disc  Loss:
{disc_loss:.4f}")
```

```
        if (epoch + 1) % 10 == 0:
            generate_and_save_images(generator, epoch + 1, seed)

            # Generate fake images
            generated_images = generator(seed, training=False)

            # Select a batch of real images for FID calculation
            real_images = next(iter(dataset))[:num_samples]

            current_fid = calculate_fid(real_images, generated_images)

            if current_fid < best_fid:
                best_fid = current_fid
                no_improvement = 0

                # Save model properly
                generator.save(f"generator_epoch_{epoch + 1}.h5")
            else:
                no_improvement += 1

            if no_improvement >= patience:
                print(f"Early stopping at epoch {epoch + 1}")
                break

# Ensure dataset is properly defined
train(train_dataset, EPOCHS, BATCH_SIZE, LATENT_DIM)
```

Voici l'analyse du code:

1. **Planification du taux d'apprentissage :**
    - Utilise un calendrier **ExponentialDecay** pour **réduire progressivement le taux d'apprentissage**, aidant à affiner les paramètres du modèle.
    - Cela évite l'**instabilité** dans l'entraînement des GAN en réduisant les mises à jour soudaines et importantes des poids.
2. **Optimiseurs :**
    - Utilise des optimiseurs **Adam** à la fois pour le **générateur** et le **discriminateur**, avec :
        - Un taux d'apprentissage décroissant (lr_schedule).
        - beta_1=0.5, ce qui est courant dans l'**entraînement des GAN** pour stabiliser les mises à jour.
3. **Boucle d'entraînement :**
    - Parcourt les **époques** et les **lots**, appelant train_step() (non montré) pour mettre à jour les poids du **générateur** et du **discriminateur**.

   - Chaque **mise à jour par lot** améliore la capacité du générateur à créer des échantillons plus réalistes et celle du discriminateur à distinguer les images réelles des fausses.

4. **Évaluation périodique (tous les 10 époques) :**
   - **Génère et sauvegarde des images** en utilisant un bruit aléatoire fixe seed pour **suivre la progression**.
   - **Calcule le score de distance d'inception de Fréchet (FID)**, une métrique largement utilisée pour évaluer la **qualité et la diversité** des images générées.
5. **Sauvegarde du modèle :**
   - **Sauvegarde le modèle générateur** (generator.save()) lorsqu'un nouveau **meilleur score FID** est atteint.
   - Aide à préserver le **générateur le plus performant** au lieu de simplement la dernière époque.
6. **Arrêt précoce :**
   - S'il n'y a **aucune amélioration** du FID pendant un nombre défini d'**époques de patience** (par exemple, 10 époques), l'entraînement s'arrête prématurément.
   - Prévient le **surapprentissage**, économise du **temps de calcul**, et **évite l'effondrement de mode** (échec du GAN où le générateur ne produit que quelques images similaires).

9.5.7 Métriques d'évaluation

Implémentez et utilisez des métriques d'évaluation avancées pour évaluer la qualité et la diversité des images générées. Deux métriques clés sur lesquelles nous nous concentrerons sont :

1. Distance d'Inception de Fréchet (FID) : Cette métrique mesure la similarité entre les images réelles et générées en comparant leurs représentations de caractéristiques extraites d'un réseau Inception préentraîné. Un score FID plus bas indique des images générées de meilleure qualité et plus réalistes.
2. Score d'Inception (IS) : Cette métrique évalue à la fois la qualité et la diversité des images générées. Elle utilise un réseau Inception préentraîné pour mesurer comment les images générées peuvent être classées dans des catégories distinctes. Un score d'Inception plus élevé suggère des images générées de meilleure qualité et plus diversifiées.

En intégrant ces métriques dans notre processus d'évaluation, nous pouvons évaluer quantitativement la performance de notre modèle GAN et suivre les améliorations au fil du temps. Cela fournira des informations précieuses sur l'efficacité de nos diverses améliorations architecturales et d'entraînement.

```
import tensorflow as tf
from tensorflow.keras.applications.inception_v3 import InceptionV3, preprocess_input
import numpy as np
from scipy.linalg import sqrtm

def calculate_fid(real_images, generated_images, batch_size=32):
    """
    Calculates the Fréchet Inception Distance (FID) between real and generated images.
    """
    inception_model = InceptionV3(include_top=False, pooling='avg', input_shape=(299,
299, 3))

    def get_features(images):
        images = tf.image.resize(images, (299, 299))  # Resize images
        images = preprocess_input(images)  # Normalize to [-1, 1]
        features = inception_model.predict(images, batch_size=batch_size)
        return features

    # Extract features
    real_features = get_features(real_images)
    generated_features = get_features(generated_images)

    # Compute mean and covariance of features
    mu1, sigma1 = np.mean(real_features, axis=0), np.cov(real_features, rowvar=False)
    mu2, sigma2 = np.mean(generated_features, axis=0), np.cov(generated_features,
rowvar=False)

    # Compute squared mean difference
    ssdiff = np.sum((mu1 - mu2) ** 2.0)

    # Compute sqrt of covariance product (for numerical stability)
    covmean = sqrtm(sigma1.dot(sigma2))

    # Ensure the matrix is real-valued
    if np.iscomplexobj(covmean):
        covmean = covmean.real

    # Compute final FID score
    fid = ssdiff + np.trace(sigma1 + sigma2 - 2.0 * covmean)
    return fid

def calculate_inception_score(images, batch_size=32, splits=10):
    """
    Computes the Inception Score (IS) for generated images.
    """
```

```
    inception_model = InceptionV3(include_top=True, weights="imagenet")  # Use full
model

    def get_preds(images):
        images = tf.image.resize(images, (299, 299))  # Resize images
        images = preprocess_input(images)  # Normalize to [-1, 1]
        preds = inception_model.predict(images, batch_size=batch_size)  # Get logits
        preds = tf.nn.softmax(preds).numpy()  # Convert logits to probabilities
        return preds

    # Get model predictions
    preds = get_preds(images)

    scores = []
    for i in range(splits):
        part = preds[i * (len(preds) // splits): (i + 1) * (len(preds) // splits), :]
        kl = part * (np.log(part) - np.log(np.expand_dims(np.mean(part, 0), 0)))
        kl = np.mean(np.sum(kl, 1))
        scores.append(np.exp(kl))

    return np.mean(scores), np.std(scores)
```

Détaillons chaque fonction :

1. FID (Distance d'Inception de Fréchet)

Compare les **images réelles et générées** pour vérifier la qualité.

Utilise **InceptionV3** pour extraire les caractéristiques des images.

Mesure la **différence dans les distributions de caractéristiques** (moyenne et covariance).

FID plus bas = Images plus réalistes.

2. IS (Score d'Inception)

Vérifie la **qualité et la diversité** des images générées.

Utilise **InceptionV3** pour classifier les images.

Mesure la **netteté (prédictions confiantes)** et la **variation (répartition entre les classes).**

IS plus élevé = Meilleure qualité et diversité.

9.5.8 Conclusion

Ce projet de GAN intègre plusieurs techniques avancées pour améliorer la qualité des images générées et la stabilité de l'entraînement. Les améliorations clés comprennent :

1. Une architecture plus profonde et plus sophistiquée pour le générateur et le discriminateur.

2. La perte de Wasserstein avec pénalité de gradient pour une meilleure stabilité d'entraînement.
3. La croissance progressive pour générer des images de plus haute résolution.
4. La normalisation spectrale dans le discriminateur pour éviter l'explosion des gradients.
5. Un mécanisme d'auto-attention pour capturer les dépendances globales dans les images générées.
6. Une boucle d'entraînement améliorée avec planification du taux d'apprentissage et arrêt précoce.
7. Des métriques d'évaluation avancées (FID et Score d'Inception) pour une meilleure évaluation de la qualité des images générées.

Ces améliorations devraient aboutir à des images générées de meilleure qualité, un entraînement plus stable et une meilleure performance globale du GAN. N'oubliez pas d'expérimenter avec les hyperparamètres et les architectures pour trouver la configuration optimale pour votre cas d'utilisation spécifique.

Quiz Partie 3 : IA de pointe et applications pratiques

1. Quel est l'objectif principal d'un Auto-encodeur ?

a) Classer des images dans différentes catégories

b) Prédire des valeurs futures dans une série temporelle

c) Générer une représentation des données en dimension réduite

d) Détecter des anomalies dans les données

2. Quelle est la différence principale entre les Auto-encodeurs et les Auto-encodeurs Variationnels (VAE) ?

a) Les Auto-encodeurs utilisent une couche convolutive, tandis que les VAE n'en utilisent pas

b) Les VAE utilisent des approches probabilistes pour générer des sorties, contrairement aux Auto-encodeurs

c) Les VAE sont uniquement utilisés pour les prévisions de séries temporelles

d) Les Auto-encodeurs nécessitent un apprentissage supervisé, tandis que les VAE utilisent un apprentissage non supervisé

3. Laquelle des descriptions suivantes décrit le mieux les Réseaux Antagonistes Génératifs (GAN) ?

a) Les GAN sont composés de deux réseaux de neurones : un générateur et un classificateur

b) Les GAN sont composés d'un générateur et d'un discriminateur qui s'affrontent

c) Les GAN sont uniquement utilisés pour la classification d'images

d) Les GAN sont des modèles d'apprentissage entièrement supervisés

4. Dans l'apprentissage par transfert, quel est le principal avantage d'utiliser des modèles pré-entraînés ?

a) Ils nécessitent toujours moins de paramètres que les modèles réguliers

b) Ils peuvent bien généraliser sans entraînement supplémentaire

c) Ils réduisent le temps d'entraînement et le coût computationnel en réutilisant les connaissances de tâches précédentes

d) Ils sont meilleurs pour le surapprentissage des données d'entraînement

5. Quel est le rôle de TensorFlow Lite dans l'informatique de périphérie ?

a) Il accélère l'entraînement des modèles sur le cloud

b) Il permet aux modèles d'apprentissage profond de fonctionner sur des appareils aux ressources limitées comme les téléphones mobiles et les appareils IoT

c) Il permet l'intégration de l'IA avec des flux de données en temps réel

d) Il est utilisé uniquement pour les tâches d'apprentissage non supervisé

6. Quel est l'avantage principal de l'utilisation d'ONNX pour le déploiement de modèles d'apprentissage automatique ?

a) ONNX permet de construire et déployer des modèles exclusivement avec PyTorch

b) ONNX assure la compatibilité entre plusieurs frameworks d'apprentissage profond comme PyTorch et TensorFlow

c) ONNX optimise automatiquement les modèles pour les données de haute dimension

d) ONNX est principalement conçu pour l'apprentissage supervisé

7. Quelles plateformes cloud sont couramment utilisées pour entraîner et déployer des modèles d'apprentissage automatique à grande échelle ?

a) AWS, Google Cloud et Azure

b) AWS, Apple iCloud et IBM Cloud

c) IBM Watson, Google Search et Microsoft Edge

d) PyTorch Hub, TensorFlow Hub et TorchServe

8. Lors du déploiement de modèles d'apprentissage automatique en production sur des plateformes cloud, quel service est généralement utilisé pour héberger des API d'inférence de modèle ?

a) TensorFlow Hub

b) AWS Lambda ou Google Cloud Functions

c) Python Flask

d) Google Colab

9. Quel est l'avantage principal de l'utilisation des réseaux de mémoire à long et court terme (LSTM) pour la prévision de séries temporelles ?

a) Ils peuvent traiter les données en parallèle, accélérant le temps d'entraînement

b) Ils peuvent maintenir des dépendances à long terme et résoudre le problème de gradient qui s'évanouit

c) Ils nécessitent moins de prétraitement des données par rapport à d'autres modèles

d) Ils sont uniquement adaptés aux tâches de classification d'images

10. Dans un projet de génération d'images basé sur les GAN, quel est le rôle du discriminateur ?

a) Le discriminateur génère des images fausses à partir de bruit

b) Le discriminateur améliore la qualité des images générées en ajustant les entrées de bruit

c) Le discriminateur fait la différence entre les images réelles et les images fausses produites par le générateur

d) Le discriminateur effectue des tâches de classification sur le jeu de données réel

Réponses

1. c) Générer une représentation des données en dimension réduite
2. b) Les VAE utilisent des approches probabilistes pour générer des sorties, contrairement aux Auto-encodeurs
3. b) Les GAN sont composés d'un générateur et d'un discriminateur qui s'affrontent
4. c) Ils réduisent le temps d'entraînement et le coût computationnel en réutilisant les connaissances de tâches précédentes
5. b) Il permet aux modèles d'apprentissage profond de fonctionner sur des appareils aux ressources limitées comme les téléphones mobiles et les appareils IoT
6. b) ONNX assure la compatibilité entre plusieurs frameworks d'apprentissage profond comme PyTorch et TensorFlow
7. a) AWS, Google Cloud et Azure
8. b) AWS Lambda ou Google Cloud Functions
9. b) Ils peuvent maintenir des dépendances à long terme et résoudre le problème de gradient qui s'évanouit

10. c) Le discriminateur fait la différence entre les images réelles et les images fausses produites par le générateur

Conclusion

Félicitations ! Vous êtes arrivé à la fin de *Deep Learning et Superhéros de l'IA : Maîtriser le Deep Learning avec TensorFlow, Keras et PyTorch*. En terminant ce livre, vous avez acquis les compétences avancées nécessaires pour devenir un véritable **superhéros de l'IA**, capable de construire et de déployer des modèles de deep learning à la pointe de la technologie. Vous avez appris non seulement les fondements théoriques du deep learning, mais aussi comment appliquer ces connaissances pour résoudre des problèmes concrets dans divers domaines.

Ce livre vous a guidé à travers le monde complexe et passionnant du deep learning, vous aidant à maîtriser les outils et les frameworks qui stimulent l'innovation en intelligence artificielle. De la construction de réseaux de neurones simples à l'implémentation d'architectures de pointe comme les **Réseaux de Neurones Convolutifs (CNN)**, les **Réseaux de Neurones Récurrents (RNN)**, et les **Réseaux Antagonistes Génératifs (GAN)**, vous avez abordé certaines des techniques les plus puissantes disponibles dans l'IA aujourd'hui.

Récapitulons les principales étapes que vous avez franchies :

1. Maîtriser les Réseaux de Neurones et le Deep Learning

Vous avez commencé par apprendre les fondements des **réseaux de neurones**, comprenant leur structure et leur façon d'apprendre à partir des données. Grâce à des concepts comme la **rétropropagation** et la **descente de gradient**, vous avez acquis une compréhension des mécanismes d'entraînement d'un réseau de neurones, vous permettant de construire des modèles capables de reconnaître des motifs, de faire des prédictions et de généraliser à partir des données.

2. Construire des Modèles de Deep Learning avec TensorFlow, Keras et PyTorch

L'un des objectifs clés de ce livre était de vous permettre de travailler avec les frameworks de deep learning les plus populaires et puissants. Vous êtes devenu compétent dans :

- **TensorFlow 2.x** : Une plateforme complète qui permet de créer des modèles de deep learning évolutifs et prêts pour la production.
- **Keras** : Une API conviviale qui rend la construction et l'entraînement des réseaux de neurones simple et intuitive.

- **PyTorch** : Un framework dynamique et flexible, très apprécié par les chercheurs et les développeurs pour sa facilité d'expérimentation et de déploiement.En maîtrisant ces outils, vous avez acquis la capacité de construire et d'entraîner des modèles complexes pour des tâches telles que la **classification d'images**, le **traitement du langage naturel** et la **prévision de séries temporelles.3. Explorer les Techniques Avancées de Deep Learning**En plus de construire des modèles de base, vous avez également exploré des architectures et techniques avancées :
- **Réseaux de Neurones Convolutifs (CNN)** : Vous avez appliqué les CNN aux données d'images, permettant des tâches comme la détection d'objets et la classification d'images.
- **Réseaux de Neurones Récurrents (RNN)** et **LSTM** : Vous avez abordé les données séquentielles comme les séries temporelles et le texte, en utilisant ces architectures pour faire des prédictions basées sur des informations passées.
- **Modèles Transformer** : Vous avez vu comment les systèmes d'IA modernes utilisent les transformers pour des performances de pointe dans des tâches comme la traduction automatique et la génération de texte.En travaillant sur ces techniques avancées, vous avez acquis les compétences pour construire des systèmes d'IA qui sont au niveau des derniers développements dans le domaine.**4. Applications d'IA de Pointe**Le livre ne s'est pas arrêté au deep learning traditionnel. Vous avez également exploré les **Réseaux Antagonistes Génératifs (GAN)**, les **Autoencodeurs** et l'**Apprentissage par Transfert**, qui figurent parmi les techniques les plus avancées utilisées dans l'IA aujourd'hui. En construisant des modèles capables de générer de nouvelles données, de compresser l'information et de transférer les connaissances acquises entre différents domaines, vous avez ajouté certains des outils les plus puissants à votre boîte à outils d'IA.**Et Maintenant ?**Au-delà de ce livre, le monde du deep learning et de l'IA est grand ouvert à l'exploration. Voici quelques étapes clés à considérer :**1. Continuer à Expérimenter avec des Problèmes Concrets**Les projets pratiques que vous avez réalisés dans ce livre sont un excellent début, mais il y a toujours plus à apprendre en appliquant ces techniques à de nouveaux défis. Recherchez des jeux de données dans des domaines qui vous intéressent – que ce soit la santé, la finance ou les systèmes autonomes – et construisez des modèles qui poussent vos connaissances plus loin.**2. Explorer la Recherche en IA**Le deep learning et l'IA sont des domaines en constante évolution, avec de nouvelles percées chaque année. Pour rester à jour, explorez les articles de recherche, assistez à des conférences sur l'IA et engagez-vous avec la communauté plus large de l'IA. Cela vous permettra de garder vos compétences affûtées et de rester à la pointe.**3. Contribuer aux Projets Open-Source**L'une des meilleures façons de consolider votre compréhension du deep learning est de contribuer à des projets open-source. Des plateformes comme **GitHub** regorgent de projets d'IA où vous pouvez collaborer avec d'autres développeurs et chercheurs, améliorant vos compétences et élargissant votre réseau.**4. Construire un**

Portfolio de Projets d'IA Si vous poursuivez une carrière dans l'IA, avoir un solide portfolio est essentiel. Mettez en valeur votre travail en construisant un portfolio de projets qui démontrent votre expertise en deep learning et en IA. Mettez en évidence les projets que vous avez réalisés dans ce livre, ainsi que tout travail supplémentaire que vous faites par vous-même. Cela vous démarquera auprès des employeurs ou collaborateurs potentiels.**5. Continuer à Apprendre de Nouvelles Techniques d'IA**Le parcours pour devenir un **superhéros du deep learning** ne s'arrête pas ici. L'IA est un domaine incroyablement dynamique, avec de nouvelles techniques et outils développés régulièrement. Qu'il s'agisse d'explorer l'**apprentissage par renforcement**, l'**apprentissage auto-supervisé** ou les **modèles de fondation**, il y a toujours quelque chose de nouveau à découvrir. Restez curieux, continuez à apprendre et n'arrêtez jamais d'explorer les possibilités de l'IA.**Réflexions Finales**Comme vous l'avez vu tout au long de ce livre, le **deep learning** est une technologie transformative avec le potentiel de révolutionner les industries, de créer de nouvelles opportunités et de résoudre certains des défis les plus complexes auxquels nous sommes confrontés aujourd'hui. Avec les compétences que vous avez acquises, vous êtes maintenant en mesure de construire des systèmes d'IA qui peuvent avoir un impact réel.Devenir un **superhéros du deep learning et de l'IA** ne consiste pas seulement à maîtriser des algorithmes et des frameworks — il s'agit d'utiliser l'IA pour résoudre des problèmes significatifs. Que vous travailliez dans la santé, l'éducation, la finance ou le divertissement, les connaissances et les outils que vous avez acquis vous permettront de créer des solutions qui stimulent l'innovation et améliorent des vies.Alors que vous continuez votre parcours dans l'IA, rappelez-vous que la puissance du deep learning réside dans sa capacité à apprendre des données et à prendre des décisions d'une manière autrefois jugée impossible. Avec la bonne mentalité, les bons outils et les bonnes données, il n'y a pas de limite à ce que vous pouvez accomplir.Félicitations encore une fois pour avoir terminé ce livre. Le monde de l'IA vous attend. Êtes-vous prêt à libérer vos superpouvoirs et à faire la différence ?

Où continuer ?

Si vous avez terminé ce livre et que vous avez soif de nouvelles connaissances en programmation, nous aimerions vous recommander d'autres ouvrages de notre société de logiciels que vous pourriez trouver utiles. Ces livres couvrent un large éventail de sujets et sont conçus pour vous aider à continuer à développer vos compétences en programmation.

- **"ChatGPT API Bible : Maîtriser la programmation Python pour l'IA conversationnelle"** : Un guide pratique, étape par étape, pour utiliser ChatGPT, couvrant tout, de l'intégration de l'API à l'ajustement du modèle pour des tâches ou secteurs spécifiques.
- **"Traitement du langage naturel avec Python : Créez votre propre chatbot de service client"** : Cet ouvrage approfondi explore le traitement du langage naturel (NLP). Il simplifie des concepts complexes grâce à des explications claires et des exemples intuitifs.
- **"Analyse de données avec Python"** : Python est un langage puissant pour l'analyse de données, et ce livre vous aidera à en exploiter tout le potentiel. Il aborde le nettoyage, la manipulation et la visualisation des données, avec des exercices pratiques pour mettre en œuvre vos apprentissages.
- **"Apprentissage automatique avec Python"** : L'apprentissage automatique est l'un des domaines les plus passionnants de l'informatique, et ce livre vous initiera à la création de vos propres modèles avec Python. Il couvre des sujets tels que la régression linéaire, la régression logistique et les arbres de décision.
- **"Maîtriser ChatGPT et le prompt engineering"** : Ce livre vous propose un parcours complet dans le monde du prompt engineering, en couvrant les bases des modèles linguistiques d'IA jusqu'aux stratégies avancées et applications concrètes.

Tous ces ouvrages sont conçus pour vous aider à approfondir vos compétences en programmation et votre maîtrise du langage Python. Nous croyons que la programmation est une compétence qui s'apprend et se développe avec le temps, et nous nous engageons à fournir des ressources pour vous aider à atteindre vos objectifs.

Nous aimerions également profiter de cette occasion pour vous remercier d'avoir choisi notre société de logiciels comme guide dans votre parcours d'apprentissage. Nous espérons que ce livre de Python pour débutants vous a été utile, et nous avons hâte de continuer à vous fournir des ressources de qualité dans le futur. Si vous avez des suggestions ou des retours concernant nos futurs livres ou ressources, n'hésitez pas à nous contacter. Nous serions ravis d'avoir de vos nouvelles !

En savoir plus sur nous

Chez Cuantum Technologies, nous sommes spécialisés dans le développement d'applications web qui offrent des expériences créatives et répondent à des problèmes concrets. Nos développeurs possèdent une expertise dans un large éventail de langages et frameworks, notamment Python, Django, React, Three.js et Vue.js, entre autres. Nous explorons en permanence de nouvelles technologies et techniques pour rester à la pointe de l'industrie, et nous sommes fiers de notre capacité à créer des solutions adaptées aux besoins de nos clients.

Si vous souhaitez en savoir plus sur Cuantum Technologies et les services que nous proposons, veuillez visiter notre site web à l'adresse suivante : www.cuantum.tech/books. Nous serions ravis de répondre à vos questions et de discuter de la manière dont nous pouvons vous accompagner dans vos projets de développement logiciel.

www.cuantum.tech

www.ingramcontent.com/pod-product-compliance
Lightning Source LLC
Chambersburg PA
CBHW080338220326
41598CB00030B/4541

* 9 7 9 8 8 9 8 6 0 0 7 4 7 *